"十四五"国家重点出版物出版规划项目

浙江文化艺术发展基金资助项目
PROJECTS SUPPORTED BY ZHEJIANG CULTURE AND ARTS DEVELOPMENT FUND

让文明复活

—— 中德纸质文物修复技术

褚树青　[德]舞弍·洛恩茨
潘美娣　杜伟生

主编

浙江科学技术出版社·杭州

版权所有　侵权必究

图书在版编目（CIP）数据

让文明复活：中德纸质文物修复技术 / 褚树青等主编 . — 杭州：浙江科学技术出版社，2024.6
ISBN 978-7-5739-0960-2

Ⅰ . ①让… Ⅱ . ①褚… Ⅲ . ①纸—文物—修复 Ⅳ . ① K876.9

中国国家版本馆 CIP 数据核字（2023）第 245352 号

书　　名	让文明复活——中德纸质文物修复技术		
主　　编	褚树青　舞忒·洛恩茨　潘美娣　杜伟生		
出版发行	浙江科学技术出版社 杭州市拱墅区环城北路 177 号　　邮政编码：310006 办公室电话：0571-85176593 销售部电话：0571-85062597		
排　　版	杭州万方图书有限公司		
印　　刷	浙江新华数码印务有限公司		
开　　本	889mm×1194mm　1/16	印　张	28.5
字　　数	655 千字		
版　　次	2024 年 6 月第 1 版	印　次	2024 年 6 月第 1 次印刷
书　　号	ISBN 978-7-5739-0960-2	定　价	258.00 元

策划编辑	莫亚元	责任编辑	苏亚娟　杜宇洁　朱　莉
责任校对	赵　艳　陈宇珊	责任美编	金　晖
责任印务	田　文		

如发现印、装问题，请与承印厂联系。电话：0571-85155604

《让文明复活——中德纸质文物修复技术》编写委员会

主　编	褚树青　舞忒·洛恩茨　潘美娣　杜伟生
副主编	金新秀　赵　凌　陈　硕　沈少英　陈锋平
编　者	王　荻　侯　然　刘丽东　周宇麟　汪　帆
	杨晓荣　彭喜双　沈　静

前言
PREFACE

　　纸质文献修复是一项古老的技艺,其伴随着文献的产生而产生,伴随着文献事业的发展而发展。现有资料显示,纸质文献修复技艺的成熟期在明清时期,是时公私刻书、藏书事业发达,民间书肆业兴盛,保护和修复受损文献就成为必然。尤其是书肆业主,为了经营盈利,需要将破损文献修缮,霉旧文献翻新,缺字补全,断栏描齐,图画写整。也因此,书肆业主中,会修复翻拓文献者不少,一些有实力的书肆业主,还会聘请专门的修补技师,负责修复工作。这些技师在长期的工作中不断摸索、完善修复技术,师徒相传、口手相授,心感相承,终成一个行业。不过在当时的中国,技,属于匠的范畴。纸质文献修复和文献雕版、石刻,以及陶瓷器修复(修缸补瓮、钉碗)、木制器具修复(箍桶修盆、旧家具翻新)、金银玉器具修复等一样,都只是一种劳动的技能、生存的本领。从事这些行业的人,俗称工匠,不被人们看重,也没有社会地位。而从事纸质文献修复的匠人,缘于与图书文献联系在一起,跟士大夫和读书阶层打交道,所以与别的行业匠人相较,有了雅的意趣,因此受到了社会一定的尊重。近代以来,随着中国文物观念的觉醒和不断变迁,文物概念的内涵和外延不断发展演变,出土纸质文献和历代遗留的传世纸质文献如古籍、古代书画、经卷、信札、碑帖、地图等均具有了文物属性,对这些文献的修复也因此被称为纸质文物修复。

　　图书馆作为收藏图书文献的重要机构,保护和传承文献,一直是其工作重点,古今中外概莫有外。所以图书馆在内部管理上,除了有严格的库房管理制度,一般都设有文献修复岗。文献修复,分非古籍类文献修复和古籍类纸质文物修复两大部分。非古籍类文献修复即普通文献修补,大抵由辅助工进行,内容大致有封面加固、内页破损粘接、书边角起卷匀平等等。古籍类纸质文物修复中的珍贵古籍修复,地市级图书馆一般外聘有较高技术的老师傅进行,也有边干边带队伍的;较大型图书馆则会成立专门的修复小组,有计划、有步骤地开展这项工作。近年来,随着古籍文献的文物属性越来越受重视,各图书馆更是增加了对古籍文献的保护力度。在我国文化和旅游部的指导下，国家古籍保护中心和省级分中心相继成立，指导全国古籍保护工作。同时制定了国家级古籍修复中心申报制度，有效地推动了古籍保护工作。

其实，我国自新中国成立伊始，就对古籍保护工作给予了特别的关注，在当时经济尚不宽裕的情况下，对古籍文献购买、库房建设、人才队伍培养等都出台了具体政策予以支持。20世纪60年代，原文化部就陆续举办了多届古籍文献修复培训班。如今活跃在古籍修复岗位上的大家，几乎都是那个阶段培养出来的。当然，曾经有一个阶段，图书馆文献修复被列为技工岗位，不能参评职称，影响了青年人对这一岗位的选择热情，好在随着政策的调整，这一制度得以改变。2007年以来，"中华古籍保护计划"的实施和装裱修复技艺（古字画装裱修复技艺、古籍修复技艺）被认定为国家级非物质文化遗产代表性项目，推动了古籍修复工作的迅速发展，古籍修复人才队伍也从全国不足百人发展到近千人，令人欣喜。不过古籍修复技术入门简单，提高很难，成为大师更是难上加难。以我为例，我在图书馆古籍部工作期间，整理鉴定古籍之余，也曾跟着老师傅学习修复技术。虽然师傅教得仔细，我也学得认真，但进步很慢，只得技术之皮毛。师傅思忖我不是这块料，笑曰："你是君子。"意谓"君子只能动口，不能动手"，我因此没有持续学习下去，不过也大致知晓了古籍修复的技术。这也使我明白了一个道理：做学问研究与做技术实务，要做精做好都是不容易的。从技能走向技巧，从技巧走向技术，再从技术走向技艺，是一个漫长的过程，需要天赋加努力。所以修复人才队伍看似有近千人之多，但仍有待时间的打磨。

最近几年，国家弘扬和强调"工匠精神"。中央电视台拍摄和播放了一部3集文物修复类纪录片——《我在故宫修文物》，有一集专门介绍纸质文物修复，引起了社会轰动，反响热烈，引发追捧。一时有颜值、有技术的修复师亦成明星，社会上也有不少人愿意自费学习修复技术，以此当作个人爱好，提升文化修养。千年冷业，一朝沸腾，让人惊喜，使人感喟。一个行业或一种技术，欲要可持续发展，不外社会有需求，群众有热情，从之者众，所谓技藏于野，基则实，然也。这使我想起一则往事，20世纪70年代初，楼下邻居外婆自上海来，打扮洋气，与楼里其他老人质朴的气质迥然不同，所以彼此间甚少有共同语言。闲暇时，她常找我借小人书看。一次她来借书，其中有本连环画，内有数页中间撕裂，我告诉她此本不方便借阅了，她轻描淡写地说："我会帮你修好的。"碍于面子，我让她拿走。数日后归还，破损处已然修好。令人称奇的是，竟然找不到修复的印迹。我惊讶地问她，怎么把两张断裂的纸粘在一起又了无痕迹。她得意地笑笑，没有回答。这个谜，时至今日我都没能破解。虽然，我在后来的工作中，曾请教过一些做修复的老师傅，也先后与数位古籍修复大家成为朋友，但在我问起该技术时，他们也均茫然。可见，任何一门技艺，传于不同之人，只要是有心人，一定研有独门暗技。匠人师傅的神秘之处，就在于此。我想这是否和以前手工时代的裁缝师傅一样，老道的裁缝师傅缝补衣服，可以让人根本找不到原来的破洞，衣服整体自然一色。上海博物馆王运天先生曾介绍过该馆老专家饶鸿发。饶先生祖籍扬州，尤其擅长修复古陶瓷，名震海内外藏家。经他修复的古瓷，在X光检测下也找不到痕迹。可见踏雪无痕、水过无迹的修复技术是存在的，邻居外婆的补书技能抑或是纸质文物修复行业已经失传的一种技艺？因为在修复历史的长河中，修复技艺因地域、审美等诸多因素，自然形成许多不同派别。大的如南派、北派，小的如蜀派、海派、京派、津派、苏派等，流派有别，技有异同，代际传承之际，难免会因诸多不可测因素，而使一些技艺湮没失传。同理，金石拓片、字画、图书等修补方式都有同异，所以所谓的大师，一定精研各派，融汇各类型文献修复技艺，达到"技可进乎道，艺可通乎神"的境界。期待大师纷呈的时代早日到来。

　　杭州姑娘侯然，出身于知识世家，大学毕业迷上纸质文物修复，来杭州图书馆拜师学艺。她资质聪慧，不久就熟悉掌握了基本功。而后赴德国埃尔福特应用科技大学深造，专攻纸质文物修复。这所大学是一所标准的专业学院，文物保护与修复专业是学校的特色专业。她师从舞忒·洛恩茨（Ute Lorenz）教授，舞忒教授是文物保护与修复工作室主任，研究方向为考古与手工艺品（纸张、纺织品、乐器）修复。舞忒很喜欢来自东方中国的学生侯然。她也从侯然这里知道了杭州和杭州图书馆，知道了中国传统的纸张修复技艺。她热情邀请杭州图书馆古籍部修复组的人员去德国交流。2013年杭州图书馆古籍修复人员赴德访问顺利进行，回国时，舞忒教授向访问组赠送了一份她修复的民国时期的地契及该地契的修复报告——《一份中国地契的维护报告》。同事们将该地契转交给我看的时候，我很诧异。该件修复后，不仅仍保留了很好的原生状态，而且还有专门撰写的详细报告附后。报告分为目录、引言、修复对象鉴定、修复对象描述、中国基本国情、制造技术研究、破损状态、修复思路建构、实际修复措施、结论、参考文献、材料清单等12个部分，共计5000余字，还有修复流程中各个环节的图片予以佐证，真是应详尽详，其严谨的科学态度让我钦佩不已。

　　之后，舞忒教授与其先生来访，我们又一起认真交流了彼此的工作方法和技艺。我的感受是，我们的古籍修复更像是一种纯手工技艺，用一种近乎自然的法则，给书治病；而德方则是用物理、化学、生物等各个方面的专业知识来制定方案，明确配方和剂量，严格按规定的程序完成对文献的修复。打一个比方，中国用的是中医医术，德国用的是西医技术，真的十分不同。但毫不夸张地说，虽然技术、手段、方法不同，但双方都实现了为纸质文物延命的目标，殊途同归。同时，在交流过程中，德方的一些修复理念，如"存旧原则""能不修则不修""不必一定装订""不必润饰文字或图画"等，与我们实际工作中的做法存在不同之处。"修旧如旧"与"修旧存旧"两者是有差别的。显然，德方是从文物的角度来定位和开展修复工作，我们在很长一个时期内，则是从图书的维保角度来思考和设计古籍修复方案，较多地关心内容的完整性以及阅读的方便性。近年来，我们虽然对古籍的文物属性有了较高认识，但在上述方面仍有争论。舞弎教授对此也十分感叹，双方遂有了共写一本书，介绍彼此的技艺，让东西方的纸质文物修复技术实现跨文化交流的愿望。由此，开启了为期近10年的编写工程。用时如此之长，不仅仅与双方之间的语境文化的差异，及不同语种之间的翻译转换有关，还缘于各人行文风格及国内外出版界之间要求与习惯的差异。这里要特别感谢舞弎教授的丈夫王荻先生。本编写项目，由王先生负责将舞弎教授的德文书稿翻译成中文，再把我们的调整修改意见，包括国内出版的规范要求转译给妻子。王先生虽未从事修复职业，但他对纸质文物修复的理解及中德两种语言准确、专业、形象的翻译，为我们之间的合作提供了最大的保障。

本书有幸得到潘美娣、杜伟生两位前辈的支持，他们的加入，对中国纸质文物修复部分的编写起到了至关重要的作用。因此，本书既是从事古籍修复的老中青三代努力的结果，也是东西方技术交流的成果，我们希望此书能够为纸质文物修复的同行打开一扇窗户，提供一种借鉴，引发一种思考。

通古今中外之变，成一时之言，然一时之言究竟不能长远。技术在发展，科学在进步，相信纸质文物修复的技艺，一定会追随时代的变化而不断发展。所以，真诚地希望社会各界更多地关注纸质文物修复事业，也盼望业界同道给本书以批评、指教。

褚树青

2024年1月2日

目录

综述 1
  参考文献 12

上篇 中国纸质文物修复 13

1 纸质文物修复概述 15
  1.1 纸质文物修复简史 15
  1.2 修复意义 38
  1.3 当代纸质文物修复原则 40
  1.4 纸质文物修复基本程序 46

2 纸质文物修复技术 50
  2.1 修复常用设备、工具和材料 50
  2.2 纸质文物修复技法 68
  2.3 纸质文物装帧的基本技术 112
  2.4 纸质文物的保存 168

3 纸质文物修复档案的制作 175
  3.1 修复档案的结构及著录内容 175
  3.2 修复档案实例 177

4 纸质文物修复案例 182
  4.1 太仓出土文物的修复 182
  4.2 敦煌遗书的修复 186
  4.3 线装古籍《唐诗拾遗》的修复 189

参考文献 197

下篇　德国纸质文物修复　201

5　纸质文物保护与修复基础　203

5.1　文物修复的伦理基础　203

5.2　常见纸张受损方式　220

5.3　自然科学检测方法　250

6　纸质文物的保护与修复　266

6.1　保护、修复和预防的概念界定　266

6.2　工具、设备和材料　267

6.3　纸质文物的保护与修复技术　277

6.4　预防措施和长期维护方案　333

7　馆藏编目与修复信息管理　360

7.1　馆藏编目在文物保护中的作用　361

7.2　馆藏数据库的实际应用　361

8　纸质文物保护与修复报告及修复案例　373

8.1　文物移交报告和文物修复报告的结构内容和书写形式　374

8.2　19世纪会计账簿修复案例　388

8.3　木托羊皮纸文物修复案例　402

参考文献　420

附录　429

后记　442

综述

综 述

纸张易于书写，便于保存，利于传播，是人类记录和传播知识信息的理想载体。造纸术的发明和改进，是中国对世界文明的一项伟大贡献。东汉蔡伦总结前人经验，以树皮、麻头等植物纤维为原料造出便于书写的"蔡侯纸"，纸得以推广。至魏晋南北朝时期，中国的造纸工艺和效率进一步提高，纸张已取代竹木简牍成为主要的书写材料，文献记录进入纸本时代。

此后，随着中国造纸术广泛传播于世界各地，"纸"成为使用最广泛的文明载体，为人类传播文化、交流思想、发展科学技术做出了卓越的贡献。与此同时，这些记录着人类智慧的物质载体，也在历史长河中被收藏和保存，成为宝贵的可移动物质文化遗产。

虽说"纸寿千年"，但海量的纸质文物之所以能够流传至今，除了收藏机构和藏家的用心保藏，更离不开纸质文物修复技术的保驾护航。所谓"纸质文物修复"，广义上是指对一切纸质文物的修复，是在充分尊重纸质文物的历史性、真实性、美学性的基础上，为中止或延缓纸质文物病害、劣化，恢复纸质文物原貌，保证其文化价值，并使其能更好地保存、传承下去而采取的一系列处理措施。[1-2]

纸质文物种类繁多，其收藏分散在图书馆、博物馆、档案馆、美术馆、寺院、教堂及私人藏家中。不同收藏机构因收藏内容的不同，其修复纸质文物的侧重点也有所不同。一般来说，纸质文物修复在图书馆领域多指古籍文献的修复，金石拓片、舆图亦有所涉及；博物馆多侧重于书画、金石拓片、信札等文物的修复；档案馆更侧重于文书、契约、税票、户口单等档案的修复。

中国纸质文物修复

在中国古代，纸质文物修复技术包含在"装潢"中，与"装潢"意义相关的词语还有"装褫""装裱""装治""裱褫""装䌽""装池"与"装订"等。其中，文献记载中出现最早的是"装治"，使用最多的是"装潢"。"装"原意为"裹"，后引申为"装治""装束"。[3]"潢"是指用黄檗汁染纸，以防虫蛀，《齐民要术》卷三《杂说》中"染潢及治书法"条所记即为此法。"装潢"二字连用成为一词在唐朝时已出现，《唐六典》与《新唐书·百官志》均记载门下省、弘文馆、秘书省与崇文馆等配有装潢匠。"装潢"一词后为历代所沿用，成为古人保护与保存纸质文献的重要方法之一。例如，成书于明代末期的《装潢志》，是中国古代第一部系统总结书画装裱、修复经验的专门著作，其论述裱装技艺均用"装潢"一词；清代叶德辉《藏书十约》中亦称"书不装潢，则破叶断线，触手可厌"[4]。

在雕版印刷术发明之前，"装潢"与"装裱"的意义大致相同，既包括书籍、书画制作过程中的装裱工艺，又包括破损书籍与书画的修复工艺。雕版印刷术发明之后，书籍的装订形制逐渐由卷轴向册页发展，装订工艺走向了不同于书画装裱的发展道路，演变出蝴蝶装、包背装、线装等装潢形式。至此，书籍的装潢与书画的装潢逐渐分离。其中，新书的装潢主要包括书籍的装订和装具的制作，由雕版印刷行业完成，而旧书的装潢则多集中在书肆业和藏书家手中。书贾为谋利，藏书家为保护文献，往往会对书籍进行修复和重装，在数百年的历史岁月中逐渐形成了具有中国特色的古籍修复技艺，并发展成一个行业，且因地制宜地形成了南、北两派。与此同时，书画装潢技艺也已发展成为设店裱画的专门行业，并呈现出不同的地域特色，有了南裱、北裱之分。

清代末期，随着西方书籍形式的传入，"装帧"一词传入中国，成为书籍装订的专业术语。而"装潢"一词则随着历史的演进在纸质文物修复领域的使用频次逐渐减少：书画的装潢，现在一般称作装裱；书籍的装潢，则多称为装帧。

在中国，传统的古籍修复技术历经千百年的传承与发展，至今仍是古籍善本等传世纸质文物的主要保护手段和方法。这种技艺初创于魏晋南北朝时期，时人将书画装为卷轴，以代壁书壁画及屏风之设。唐代张彦远《历代名画记》记载：自晋代以前，装背不佳，宋时范晔，始能装背。[5]范晔（398—445年），南朝宋时期著名史学家、《后汉书》作者，善于装褫。不过从文献记载来看，当时的装褫尚处于发轫阶段，比其稍晚的虞龢评价"范晔装褫，微为小胜，犹绪不精"[6]，当是中肯之词。

至唐代，装潢成为一种专业技术。唐太宗、唐玄宗皆重视书画的整理与装潢，在秘书省等机构中设置装潢匠若干人。至宋代，宋徽宗在画院内设六种待诏，装褫匠即为其一，列入正式官职，成为专官。此后，装潢技艺不断发展，精益求精，出神入化。

然而，中国古代上至君王，下至士商，都以赏鉴为乐事，不重艺事，史籍中关于装潢能手的记载，寥寥可数。潘景郑先生曾作《历代装潢工人考略》，采录史籍中装潢工匠的姓名逸事，从唐代至清代前后约一千三百年，所得不满百人。[7]

中国纸质文物修复技术最初出于实用的目的，追求"结实""平整"，主要是便于阅读和欣赏，利于保护和收藏。随着社会生产力的发展，单一的使用功能已不能满足人们的审美要求，人们对审美的追求促进了修复技术的进一步发展，这在一定意义上实现了实用与审美的结合，技术与艺术的统一。例如，古籍修复技法中有一种形制称"金镶玉"，因其天头、地脚、书脑三边都镶衬有白色衬纸，原书叶古旧泛黄如金，衬纸洁白如玉，恰似白玉镶边，精致美观，故而得名。"金镶玉"也称"惜古衬"，是为了避免破损书叶继续磨损而采取的一种修复方式，最适合批注文字顶天立地、书脑过窄等类型的破损古籍，为历代文人雅客所青睐。

可见，中国传统"装潢品式"的设计同时蕴含了文物保护理念和东方美学思想，是纸质文物修复技术实用性与审美性融合的重要体现。

其中，"古籍装潢"通过纸墨、饰料与色彩等艺术性元素，实现了功能与艺术的完美融合，体现出中国传统哲学思想和美学思想，颇具东方文化神韵。[8]例如，古籍版面中天头、地脚、左右边的留白艺术处理，版心、书耳、书背等独特的命名，反映了中国传统文化中"天人合一"的哲学思想；线装书高宽比例及书眼的定位都暗合了黄金分割定律，使得线装书形成了特有的和谐美；古籍装帧中对中国传统色彩的运用，更是从细节处体现出优雅的东方设计风格，如清代《四库全书》的书衣用绿、红、蓝、灰四色绢分别装潢经、史、子、集，以象征春、夏、秋、冬四季，可谓别具匠心。

此外，"书画装潢"也并非一项单纯的技术，其不仅仅是为了恢复和保持书画材料的完整性，更是为了恢复或辅衬书画的艺术之美，尽量保存书画整体的艺术气韵。如书画装裱中的"京裱"常用多色绫，庄重富丽，"苏裱"一色统长，清雅淡泊，两者都为书画作品增添了装潢之美。装裱有句俗语"三分画，七分裱"，也充分说明了装裱对于展现书画作品神采墨韵以及提升其艺术美感的重要作用。

在这当中，无论是对于纸张本身"古色"的保留，还是对书籍装帧的组成部分"装具"的设计，都充分体现了传统文物保护理念和东方美学思想的交融。所谓"古色"是指纸张老化过程中出现的变色现象，以变深、变黄居多，它是自然形成的，给观者以温润柔和的视觉感受，是时间赋予纸质文物的岁月之美。历代工匠在修复过程中会有意识地保留这种"古色"，为文物留下"旧"的时代感，给人以美的艺术享受。[9]同样的，装具的设计也体现出中国传统修复技法的艺术性。以古籍为例，装具作为一种重要的书籍保护方法，几乎与书籍同时出现，随着时代的演进，装具在其功能性的基础上，逐渐增添了美的意味，成为一种美的装饰，如函套中的如意套、云头套，又如清代宫廷中的书盒多以镶嵌、镀金、雕漆、描金、掐丝等工艺装饰，真是精美绝伦。

传统的中国纸质文物修复讲究"天衣无缝"，即在修复的过程中，尽量采用与纸质文物相同或相近的工序、技术和材料，最大限度地保留纸质文物的原貌和风格，在视觉上将文物恢复为统一而完整的整体。

北魏贾思勰所著《齐民要术》卷三《杂说》有云："书有毁裂，郦方纸而补者，率皆拳挛，瘢疮硬厚。瘢痕于书有损。裂薄纸如薤叶以补织，微相入，殆无际会，自非向明举而看之，略不觉补。"[10]这段话说的是修补书卷的损伤开裂处，如果将纸裁成方形去修补，书叶会卷缩，所补之处像瘢疮一样又厚又硬，对书卷有损害。应将薄纸撕成薤叶大小的长条来进行修补，补纸微搭裂缝边缘，粘补之处几乎不留痕迹，除非向着光举起来看，不然不会觉得修补过。

明代周嘉胄在《装潢志》中指出："补缀，须得书画本身纸绢质料一同者。色不相当，尚可染配。绢之粗细，纸之厚薄，稍不相侔，视则两异。故虽有补天之神，必先炼五色之石。绢须丝缕相对，纸必补处莫分。"[11]意为修补画心时，要选用与画心质地、厚度一致的修复材料，可以通过染色使修复材料的颜色与画心颜色相匹配，补绢应与画心原绢经纬丝缕相对，补纸应与画心原纸帘纹一致，做到浑然一体。

可见，无论是古籍还是书画修复，都秉承着这一相同的中国传统文物修复理念。在此，我们已经能够隐约窥见中国传统文物修复理念中的精髓。贾思勰所谓的"自非向明举而看之，略不觉补"，周嘉胄主张的"绢须丝缕相对，纸必补处莫分"，皆与古建筑学家梁思成在20世纪初提出的现代文物修复思想"整旧如旧"不谋而合。"整旧如旧"所表达的正是在保持文物的原有结构、原有形式的前提下延长文物材料寿命，还原文物的整体性和统一性。[12]而中国传统文物修复理念也如其技法一样，传承千年后，与世界相交汇，继续延续着华夏文明的荣耀。

德国纸质文物修复

与中国一样，德国的纸质文物修复技术也是从诞生之初的讲求实用，逐渐发展到实用与审美的统一。现存最古老的德语书籍是手写本，成书于公元780年左右，是一部拉丁-古高地德语同义词词典[Codex Abrogans（Codex Sangallensis 911）]，现藏于瑞士圣加仑修道院图书馆。这本书是一部羊皮纸书，以羊皮或小牛皮为原料制成。

直到14世纪初，以植物纤维为材料的造纸术传入德国，德国才产生了便宜和方便的书写材料。15世纪，古登堡研制出铅活字印刷术，并发明了木制印刷机，材料与技术的革新极大地推动了德国纸质文献的生产与传播。历史上，关于德国早期的纸质文物修复的记录仅有一些零星手稿与笔记。例如，1711年，德国神学家、图书管理员恩斯特·所罗门·西普里安（Ernst Salomon Cyprian）曾修复了哥达地区一些16世纪的旧信件；1756年，维也纳地区曾聘请擅长修复旧的褪色文字的修复人员解决文件中文字难以辨认识别的问题。

19世纪，西方国家关于纸质文物修复技艺的专著陆续出版。初期，以介绍清洁、修复以及装帧技术为主。至19世纪中叶，探讨修复理念的文献也开始问世。法国学者阿尔弗雷德·博纳多特（Alfred Bonnardot）曾在《消除铜版印刷艺术品的修复和纸张污渍》（*Die Kunst, Kupferstiche zu restaurieren und Flecken aus Papier zu entfernen*）一书中强调要保存文物的原始状态，仅对不得不处理的部分稍作修复，他指出文物古旧的外观是时代的烙印，应保留纸页上的历史感。德国修复专家马克斯·施崴德勒（Max Schweidler）是纸质文物修复发展史上一位举足轻重的人物，他在《铜版画、图稿、书籍等修复——去除平面艺术文化遗产年代损坏的旧错误和新方法》（*Die Instandsetzung von Kupferstichen, Zeichnungen, Büchern usw.- Alte Fehler und neue Methoden bei der Beseitigung von Altersschäden an graphischem Kulturgut*）一书中批评纸质文物修复过程中种种不负责任的做法，如切除污渍部位、滥用次氯酸漂白和使用工业生产的罐装明矾糨糊等，他总结了当时不同的修复技术，提出了一系列修复原则，如可逆性原则以及对不同艺术作品和不同类型的印刷工艺应分门别类、区别对待等。此外，亚当·保罗（Adam Paul）所著的《古籍修复：古籍、封面和手稿的修复工作以及作为断代、溯源依据的古籍制作技术之必要解读》（*Das Restaurieren alter Bücher: Wiederherstellungsarbeiten an alten Büchern, Einbänden, auch Manuskripten sowie Ausführungen über das notwendige Verständnis für die Technik des Buches zur Beurteilung von Zeit und Herkunft alter Einbände*）、崴希特·奥托（Wächter Otto）所著的《书籍、档案和印刷品修复和保存：依据1954年〈海牙公约〉文物保护条款》（*Restaurierung und Erhaltung von Büchern, Archivalien und Graphiken: MitBerücksichtigung des Kulturgüterschutzes laut Haager Konvention von 1954*），以及沃克特·沃尔夫冈（Wächter Wolfgang）所著的《图书修复：图书和纸张修复师的基本知识》（*Buchrestaurierung : Das Grundwissen des Buch- und Papierrestaurators*）等书均是纸质文物修复领域的重要著作。

20世纪中期以后，德国不断将科学知识和先进的科学技术纳入纸质文物保护与修复工作中，同时尊重并不断发展修复伦理，并形成了多层次的人才培养模式，科学性修复逐渐取代早期的传统修复。

为深入了解纸质文物的材料性质及破损状态，德国重视对纸质文物的自然科学检测，采用物理、化学及其他学科的检测手段进行检测，如酸碱度检测、淀粉检测、木质素检测、树脂胶检测、显微检测、纤维分析、纸张辐射诊断测试（包括紫外线表面检测、红外辐射检测、X射线检测），以及利用热解气相色谱仪、红外光谱仪、X射线荧光光谱仪进行黏合剂、添加剂和颜料的分析等等。自然科学检测是德国纸质文物科学性修复的重要基础，在此之上才能选择合适的修复材料，制定出合理的修复方案。[13]

除了对纸质文物的材料性质、破损状态及相关修复材料做详尽的自然科学检测、分析记录，德国还会对拟采用的修复方案进行大量的、充分的预实验，以保障修复工作的顺利进行，并会详细记录有关纸质文物保护和修复的所有数据信息，并附以大量图片，形成修复报告。这些修复报告包含了所有与修复文物相关的历史、艺术史、材料技术及自然科学方面的资料，内容丰富，极具价值，可以为未来的修复工作提供珍贵的参考资料。本书的合著者，德国埃尔福特应用科技大学文物保护与修复工作室主任舞弐·洛恩茨曾在2013年赠予杭州图书馆一份民国地契及其修复报告《中国地契维护报告》。该地契是一份四联地契，长111.1cm，高度尺寸不一，基本在29～45cm，但其修复报告多达几十页，包括目录、引言、修复对象鉴定、修复对象描述、中国基本国情、制造技术研究、破损状态、修复思路建构、实际修复措施、结论、参考文献、材料清单等12个部分，并附有大量修复过程中的图片，包括"修复前一览图""修复前细节图""中国地图""文本与印章的普通细节图""电子光学显微镜检测""透视光检测"与"紫外线检测"等。

在纸质文物修复技艺的传承上，德国形成了多层次的人才培养模式，既有个人修复工作室里师带徒的传统传承模式，也有兼顾理论与实践的应用型修复人才培养模式，同时还有与纸质文物保护相关的研究型人才培养模式。[14]其中，应用型修复人才培养模式是中坚力量，主要有中等职业培训学校和应用科技型大学培养修复人才两种途径。中等职业培训学校如美茵兹罗马-日耳曼中央博物馆修复职业培训学校，主要将学校教育与学徒训练有机结合，学生在进入正式修复培训教育前必须完成二至三年的手艺技能培训，之后正式学习实际操作和理论两方面的内容，其中实际操作约占四分之三。应用科技型大学如埃尔福特应用科技大学、科隆应用科技大学等，通过设置文物保护和修复专业培养修复人才，对学生的素质有更高的要求，重视理论与实践相结合。以埃尔福特应用科技大学为例，学生需学习自然科学、艺术史、遗产保存历史、气候学、计算机辅助图像处理技术、绘画和材料技术、文物学、伦理学、保护和修复技术、预防性保护等基础课程，同时在各种实际项目中进行修复实践。[15]德国的研究型人才主要由综合性大学培养，如汉堡大学写本文化研究中心通过对写本文献进行物质检测与数据分析，以及从史学角度解读写本文化等研究途径来培养研究型人才，同时这些研究成果对纸质文物修复方案的制定也有重要的参考价值。这种多层次人才培养模式，使德国形成了完整的、成熟的纸质文物保护与修复人才的培养体系，能够满足社会各个层面的多种需求，同时也是纸质文物保护与修复行业可持续、良性发展的保证。

中德纸质文物修复比较

中德两国纸质文物因材料特性、书写方式及装裱或装帧形式的不同，其修复也存在较大差别，主要体现在修复材料、修复工具以及修复技法的选择上。

中国纸质文物所用纸张是传统手工纸，如麻纸、皮纸、竹纸等，纤维细长柔韧，纸张轻薄。德国纸质文物所用的纸张因使用的填充剂会渗入纤维中，纤维容易在纸浆中成团沉底，较之中国传统手工纸更为厚实，且19世纪后期所用的纸张以机制纸为主，纤维原料较单一。在修复用纸的选择上两国存有不同，以古籍为例，中国古籍修复多使用国内的传统手工纸，德国现存的古籍多为双面印刷，加之欧洲生产的修复用纸较少，其更偏向使用韧性较好、较薄的日本和纸。对于裂缝的修补，中国多使用皮纸，德国除使用日本和纸，还会使用一种由胶质和马尼拉麻纤维结合制成的纤维毡，或用纯纳米纤维素制成的均质薄膜，通过加湿活化修复裂缝。

在修复材料方面，除了修复用纸不同，中德两国在黏合剂的选用上也有明显不同，中国多用小麦淀粉糨糊，德国则主要使用甲基纤维素及其衍生物。对于干法去污材料的选用也有不同，在去除古籍、书画、档案等纸质文物表面的灰尘、虫屎等污迹时，中国常用橡皮粉或面团在污染处轻轻滚动，借此去污。德国对橡皮粉的使用较为谨慎，更推荐选用天然橡胶制成的"化学海绵"。天然橡胶由于摩擦系数较小，使用后几乎不会留下碎屑及其他化学残留。除此之外，还会使用专业去污用的"档案馆专用文件清洁粉"。另外，德国还会大量使用不同种类的无纺布，如Hollytex®无纺布，可透水，适合做压制处理过程中吸水纸和文物之间的衬布，防止吸水纸与文物粘连，中国则较少使用无纺布。

在修复工具方面，中德两国修复工作者均会选用其他行业的一些工具，如中国会使用医用眼科镊子来撕补纸边，德国会选用微型解剖刀进行剥离处理等工作；两国也会自制一些趁手工具，如中国自制竹启子、德国自制小沙袋等。总体来说，两国在纸质文物修复过程中使用的工具有些是通用的，如镊子、剪刀、裁纸刀等。但更多的是针对各自文物不同特点所使用的特殊工具，如点涂黏合剂时，中国多使用毛笔，德国则选择用黄鼬毛或者合成纤维制成的笔刷。德国还会使用注射器和套管处理易于剥落的纸或者颜料层，在中国则鲜见此类工具。此外，用于加重和压制的工具，中国多用石板，德国则多用小沙袋。

在修复技法方面，中德两国也有着诸多不同。如干燥技术的不同，中国传统手工纸纤维细长柔韧，书画适用上墙干燥的办法，古籍书叶可用吸水纸吸取水分后平置自然晾干，可以多张叠加；而德国纸张较中国传统手工纸更为厚重，不适合上墙干燥，多用吸水纸与羊毛毡干燥法，平置晾干时需要加毛毡做中间垫层，对于正在真空吸附台进行湿法处理的纸质文物，还可以用真空吸附加热台进行干燥，此外德国还会采用日本壁子（仮張り）进行干燥处理。在纸张加湿的操作上，中国一般使用喷壶进行喷潮处理，喷洒时易出现滴水现象；德国为避免喷壶滴水，会选用Gore-Tex®材料对纸张进行缓慢而均匀的加湿，或使用超声波雾化器在封闭的小气候棚内进行加湿，这两种技术特别适合用来处理受墨水侵蚀或者霉菌损伤的纸。

除纸张修复技法外，在纸质文物结构复原技法上，中德两国也有显著不同。以古籍修复为例，因两国古籍装帧形式不同，结构复原技法也存在着相应的差异，如中国古籍的装帧形式主要有卷轴装、经折装、蝴蝶装、包背装、线装等，因此其最后的结构复原主要是装订书芯（或装裱成轴）、装书皮等，复原方法相对单一；而德国古籍的装帧形式主要是精装和平装，其中精装书的结构复原有书芯加固、书壳制作、书芯书壳连接加固、封面皮革加工等，复原技法更为繁复。[16]

在现代图书馆与博物馆系统内的自然科学检测方面，德国通常采用针对西方纸质文物特性发展出来的物理、化学及其他学科的检测设备，如热解气相色谱仪、红外光谱仪、X射线荧光光谱仪等；而中国于20世纪末正式引进现代文物修复理念，尚未发展出完整的适用于中国纸张特性的自然科学检测仪器与检测系统。

在修复档案的记录方面，德国作为西方国家中较早重视详细编写纸质文物修复报告的国家之一，其编写修复报告的时间几乎占整个修复工作的三分之一。其修复报告详细记录了文物保护和修复的方方面面，包括与修复对象有关的重要历史、艺术史、破损状态、自然科学检测数据、修复思路以及实际修复方法、参考文献、材料清单等。而中国传统的纸质文物修复长期以来秉持师徒相授的理念，技术、经验不外传，故鲜有记录修复过程，如新中国成立后国家图书馆组织修复《赵城金藏》，其修复工程历经十余年，但没有留下相关的修复档案，颇为遗憾。进入21世纪以来，中国的图书馆与博物馆系统认识到修复档案的重要性，开始逐步建立与完善修复档案，并开发修复档案数据库，这可视为中国现代文物修复专业与学科发展的里程碑。

结语

中德两国纸质文物修复历史悠久，最初都是从实用角度出发，后来兼具艺术考量，逐渐发展为实用与审美的统一。但是由于技术和文化差异等原因，两国的纸质文物修复各自走出了不同的发展路径。中国纸质文物修复技术对于纸质文物的保存、收藏以及阅读和欣赏都发挥了至关重要的作用，是一项宝贵的非物质文化遗产。与其他中国传统技艺一样，中国的传统文物修复技术讲究在不违背传承的基础上进行适当的优化。因此，"非遗作为一种文化传统，有自己的稳定性和保守性。这种稳定性和保守性也造成了非遗在接受科学技术成果时的滞后性特点。"[17]而德国作为欧洲文明发展的中心之一，历经文艺复兴、启蒙运动，以及两次工业革命的洗礼，在技术发展过程中，更倾向于不拘泥于前人，在技术上不断创新与迭代，在理论上不断总结与发展，并在此过程中建立了文物修复应用技术体系和学科体系。

随着国内外交流的扩大，中国纸质文物修复在继承传统修复理念与技艺的基础上，"开始更多地接受与借鉴新理念、新工艺、新材料，切实解决实际工作中的难点问题"[18]。例如，运用现代科技对传统技艺进行科学化研究，揭示传统技艺的科学内涵，尝试将以往的传统经验上升为科学理论，同时将现代科技和自然科学的理论与研究方法引入纸质文物修复领域，检测分析纸质文物及修复材料的成分、结构，研究其劣化机理，不断探索、引入可行的新技术和新材料，并重视修复方案的制定和修复档案的记录，建立修复档案数据库，通过数字化手段规范管理纸质文物修复过程中的各种记录，推进现代科技与传统技艺的有机结合，不断推动中国纸质文物修复行业由经验修复向科学修复的转化。

与此同时，中国逐渐重视对纸质文物修复人才的培养，逐步建立和完善与纸质文物保护相关的学科体系。2022年，国务院学位委员会与教育部印发《研究生教育学科专业目录（2022年）》[19]，将"文物"列为交叉学科门类的一级学科，旨在培养多学科交叉文物保护人才，以满足文物保护事业发展的需要。在古籍修复人才培养方面，自2007年"中华古籍保护计划"实施以来，中国形成了古籍修复人才的多层次培养模式，即"依托培训基地举办短期培训班"，在古籍保护从业人员中传承修复技艺；"依托高等院校"，在图书馆学、考古学等学科门类下设立古籍修复专业，聘请纸质文物修复专家授课，让传统技艺进入正规学校教育，古籍保护学科体系粗具雏形；"依托传习所"，聘用非遗传承人为传习导师，以修复项目带动技艺传承，成效显著，并建立了非遗传承长效机制。[20]

虽然中德两国都能完成纸质文物的保护与修复，但是我们彼此又是如此不同。我们深深感叹德国纸质文物修复学科体系的完整，赞叹西方修复师的学术素养和学术地位。同样我们也惊叹中国在传承传统技艺上的执着和恒念。因此，我们有必要加强中德两国纸质文物修复者之间的交流，双方介绍各自的修复技术与修复理念，学习及借鉴不同的修复技术及经验，彼此取长补短。希望通过交流，一方面能推动中国纸质文物保护中现代科技与传统技艺的深度结合，以及进一步完善纸质文物保护学科体系的建设；另一方面能有更多的国外同行来了解中国这项古老的传统技艺，为其修复东方纸质文物提供一些借鉴。"嘤其鸣矣，求其友声"，本书权作抛砖引玉，以期能引起更多的不同国家、民族的纸质文物修复者之间的行业交流，交流彼此的修复历史、经验、技术，增进彼此之间的了解，开阔彼此的视野，以及探讨纸质文物修复的未来发展方向。如此，也就达到了我们出版此书的目的。本书分为上下两篇，采用各自叙述的方式，阐述彼此的同与不同。

参考文献

[1] 切萨雷·布兰迪.修复理论[M].陆地,编译.上海:同济大学出版社,2016.

[2] 戚军超,蔺永新,宋兴.对文物修复理论的探析[C]//河南博物院.河南博物院建院80周年论文集.郑州:大象出版社,2007:375-380.

[3] 宋兆霖,卢雪燕.护帙有道:古籍装潢特展图录[M].台北:台北故宫博物院,2014.

[4] 叶德辉.藏书十约[M].刻本.长沙:叶氏观古堂,1919(民国八年).

[5] 张彦远.历代名画记[M].杭州:浙江人民美术出版社,2011:46.

[6] 虞龢.论书表[M]//朱长文.墨池编.杭州:浙江人民美术出版社,2012.

[7] 潘景郑.历代装潢工人考略[J].社会科学战线,1986(1):322-329.

[8] 张品芳.论碑帖拓本的装潢形制与艺术——以上海图书馆藏《宋拓郁孤台法帖》为例[J].中国书法,2019(5):132-136.

[9] 陆宗润.手艺、科学、艺术——传统书画修复技艺的传承和创新[J].中国非物质文化遗产,2021(1):85-90.

[10] 贾思勰.齐民要术校释[M].缪启愉,校释.北京:农业出版社,1982.

[11] 周嘉胄.装潢志图说[M].田君,注释.济南:山东画报出版社,2003.

[12] 梁思成.闲话文物建筑的重修与维护[J].文物,1964(7):5-10.

[13] 李斌.中德文物保护比较[N].中国文物报,2014-8-22(7).

[14] 喻融.德国五家纸质文献修复机构考察情况及启示[C]//《古籍保护研究》编委会.古籍保护研究(第八辑).郑州:大象出版社,2021:99-108.

[15] 侯改玲.德国的文物修复职业培训和人才队伍建设[N].中国文物报,2006-10-20(7).

[16] 林明.中西方古籍修复技术比较[N].中国文化报,2015-12-25(8).

[17] 宋俊华.基于供给侧结构性改革的非遗保护机制创新[J].文化遗产,2016(4):57-64.

[18] 何伟俊,邰冬青,陈潇俐,等.我国书画文物装裱修复的理念转变与实践[J].东南文化,2017(5):6-11,127-128.

[19] 国务院学位委员会,教育部.国务院学位委员会 教育部关于印发《研究生教育学科专业目录(2022年)》《研究生教育学科专业目录管理办法》的通知[EB/OL].[2023-8-24].http://www.moe.gov.cn/srcsite/A22/moe_833/202209/t20220914_660828.html.

[20] 庄秀芬,杨照坤.古籍修复技艺的传承与发展综述[C]//《古籍保护研究》编委会.古籍保护研究(第六辑).郑州:大象出版社,2020:63-72.

上篇
SHANGPIAN

中国纸质文物修复

1 纸质文物修复概述

1.1 纸质文物修复简史

中国传统文化深受儒家思想影响，重视教化，主张"文以载道""画道通灵"，人们对于书籍、书画等"载道"之器向来颇为尊重。明人吕新吾在《戒贱书》中说："六籍，载道之器也，天神地祇在焉，万灵百宰在焉，千古圣贤在焉，君师祖宗父母在焉。尊天地、神明、圣贤、君亲师，则尊书，尊书则装演而缮修之，整齐之，架阁之，净洁之，次第之，珍藏而保护之。自有一念不敢苟之真心，重此万分不敢亵之神明。"[1]可以说，吕新吾的这段话代表了中国古代多数文人的心态，他们尊书爱书，进而重视书籍的装潢与修复，修筑藏书阁来珍藏图书。

春秋战国时期简帛书籍出现，当时书籍的制作和传播主要依靠手写传抄，不能大量复制，书籍数量少且得之不易。为此，古人制作了多种装具来保护书籍。汪桂海先生参考考古出土的实物资料，结合传世文献记载，认为从先秦到汉代"为了收存和保护书籍，经常使用箧(竹笥)作为装具，讲究一些的则用漆盒。简册书籍在收卷起来以后，通常先用帙包裹，然后放置于箧(竹笥)"[2]。

除竹笥、漆盒和书帙等装具的保护外，简帛书籍的保藏也得益于书籍修复技术的护持。中国书籍修复技术由来已久，它与书籍相伴而生，相依而存，至今已有两千多年的历史。《史记·孔子世家》记载："孔子晚而喜《易》……读《易》韦编三绝。"[3]有学者认为，孔子晚年喜读《易经》，因为经常翻阅，编简册的绳子都断了很多次。"韦编三绝"中就包含了重新装订简册的过程，可以说是早期书籍修复的一个典型案例。而纸质文献的修复则出现得稍晚一些，原因在于中国早期书籍、书画的写画材料多为简牍、缣帛，文献从简帛时代到纸本时代，中间经历了一个漫长的过程。东汉和帝元兴元年（105年），宦官蔡伦总结前人经验，利用树皮、麻头等植物纤维，改进造纸术，造出了便于书写的纸张，史称"蔡侯纸"，纸得以推广。至魏晋南北朝时期，造纸工艺进一步提高，纸张取代简牍成为主要的书写材料，文献进入纸本时代。

纸质文献出现以后，其装潢与修复技术先后历经魏晋南北朝的初创、隋唐五代的发展、宋元时期的飞跃、明清时期的完善，形成了今天我们看到的装潢品式和修裱技法。

1.1.1 魏晋南北朝时期

早期的纸质文献多为卷轴装，为便于阅读和收藏，书画、书卷等纸质文献一般都要经过装裱。因此，在一段历史时期内，纸质文献的修复技术都与装裱技艺密不可分。根据文献记载，晋代以前已有装裱技艺，唐张彦远《历代名画记》曾记："自晋代以前，装背不佳。"[4]46 可知晋代以前的装裱技艺不佳，尚不成熟。关于晋代的装裱技艺，唐张怀瓘《二王书录》记载："晋代装书，真、草混杂，背纸皱起。"[5]说明晋代的装裱技术水平仍然较低，装裱后的背纸尚不平整。

南北朝时期，统治者多喜好书画，热衷于整理所藏书画。纸质文献的装裱、修复技术也在历次的整理活动中得以逐渐发展，至南朝宋时装裱技艺已粗具雏形，即如张彦远所说"宋时范晔，始能装背"[4]46。范晔，南朝宋著名史学家、《后汉书》作者，是当时有名的装潢能手。然而这一时期的装裱技术仍不完善，虞龢曾评价道："范晔装裱，微为小胜，犹绪不精。"[6]123 至宋明帝时，虞龢、巢尚之等奉命整理钟繇、张芝、张昶等人的书法作品，对其重加治缮，修复、重装以前装裱不善的作品，"悉改其弊"[6]124，刘宋后期纸质文献的装裱、修复技术已能克服前代装裱的弊病，逐渐走向成熟。

南北朝时期的装裱能手，除范晔之外，还有宋武帝时的徐爱，宋明帝时的虞龢、巢尚之、徐希秀、孙奉伯，以及梁武帝时的朱异、徐僧权、唐怀允、姚怀珍、沈炽文等人，他们的装裱技术在当时首屈一指。

同时，这一时期也开始有文献系统记载当时的书籍修复情况，如北魏贾思勰所著《齐民要术》一书中，曾专记整治书卷的方法："书有毁裂，酈方纸而补者，率皆攣拳，瘢疮硬厚。瘢痕于书有损。裂薄纸如薤叶以补织，微相入，殆无际会，自非向明举而看之，略不觉补。裂若屈曲者，还须于正纸上，逐屈曲形势裂取而补之。若不先正元理，随宜裂斜纸者，则令书拳缩。"[7]他指出，在修复破损的书卷时，应以薄纸补织，按照裂缝之处纸的纹理，微微嵌入补纸；如果用厚纸补织，或不按纹理修补，都会使书卷卷缩，对书卷有所损害。而且修复之后的书卷，如果不是对着亮处照看，几乎看不出修补的痕迹，可见当时的修复技术已基本完善。北齐颜之推在《颜氏家训》中提出"借人典籍，皆须爱护，先有缺坏，就为补治，此亦士大夫百行之一也"[8]，可知在当时，破损典籍要及时修复已是比较普遍的观念。

1.1.2 隋唐五代时期

1.1.2.1 基本情况

隋朝二代君主均热衷于典籍、书画的收藏，往往致力搜求。《隋书·经籍志》记载：隋文帝平陈以后，经籍逐渐齐备，但是多为陈宣帝太建年间的藏书，且纸墨不精，书法拙恶，于是命人整理编次，存为古本；另召韦霈、杜颜等天下"工书之士"在秘书省补续残缺，经缮写、装帧，形成正、副二本，藏于宫中；隋炀帝时，在东都观文殿东西厢建屋收藏典籍，"东屋藏甲乙，西屋藏丙丁"，并在殿后起二台，"东曰妙楷台，藏古迹；西曰宝迹台，藏古画"[9]。可见，隋朝君主对典籍、书画整理及收藏的重视。

隋朝在重视整理、收藏之余，也非常讲究典籍、书画的装潢，因此，当时的装裱修复技术能在承袭前朝的基础上继续发展，"起着从魏晋、南北朝到唐代的过渡作用"[10]11。根据文献记载，唐开元十九年（731年）集贤院四库书中杂有梁、陈、周及隋代古书，其中"隋代旧书最为丽好"[11]，装有青赤二色琉璃轴、五色绮带、丝竹合编的书帙，以及紫云锦褾、黄色签条等。此外，唐杜宝《大业杂记》记载，隋炀帝时"所撰之书……装剪华净，可谓冠绝今古，旷世之名宝"[12]，隋朝典籍装帧之精美由此可见一斑。

唐朝君主同样非常重视典籍、书画的装裱、修补。其中，贞观、开元年间就有两次较大规模的书画整理、装潢活动。如贞观六年（632年），唐太宗"命整治御府古今工书钟、王等真迹，得一千五百一十卷"[13]745；如开元五年（717年），唐玄宗令"陆元悌、魏哲、刘怀信等，检校见换，标为两卷，总八十卷"[13]756；又如张彦远《历代名画记》记载："国朝太宗皇帝使典仪王行真等装褫，起居郎褚遂良、校书郎王知敬等监领。"[4]46从中可知，贞观、开元年间，唐太宗、唐玄宗曾指定王行真、陆元悌等人将一批书画剥去旧裱，加以修补，重新装潢。除皇帝亲自指定修补、装潢外，唐朝还在官方机构中设有专门的修整、装潢人员，据《新唐书·百官志》记载：门下省有"修补制敕匠五人，装潢一人"[14]1207；弘文馆有"熟纸装潢匠八人"[14]1211；中书省有"装制敕匠一人，修补制敕匠五十人"[14]1211；集贤殿书院有"装书直十四人"[14]1213；秘书省有"装潢匠十人"[14]1214；崇文馆有"装潢匠二人"[14]1294。从中可以看出，唐朝官方机构中已有修补、装潢的分工，而且修补人员多于装潢人员。同时，这些修补、装潢人员均是当时技术高超的能手，如《赏延素心录》记载："唐内府书画装潢匠，则有张龙树、王行直、王思忠、李仙丹辈，要皆良工好手。"[15]1除上述四位外，当时的装裱好手还有樊行整、蔡扲、张善庆、辅文开、解善集等。

在帝王的倡导之下，当时的文人学士也十分讲究典籍、书画的装潢与修补，有的甚至自己亲自装裱，同样可谓之装潢好手，如褚遂良、张彦远。贞观年间，褚遂良受唐太宗赏识，曾鉴定内府所藏书画之真伪，并监领装褙事。宋郭若虚《图画见闻志》记载："《清夜游西园图》者，晋顾长康所画，有梁朝诸王跋，尾处云：图上若干人，并食天厨。唐贞观中，褚河南装背，题处具在。"[16] 说明褚遂良在监领装褙之余，曾亲自装裱顾恺之所画《清夜游西园图》。

张彦远，字爱宾，唐代河东（今山西永济）人，乾符（874—879年）中官至大理卿。他出身世代官宦之家，祖上雅好书画，多有收藏。自小受家庭影响，张彦远亦博学能文，工书画，喜收藏，善鉴赏，擅装裱。他重视书画的装裱，指出："有收藏而未能鉴识，鉴识而不善阅玩者，阅玩而不能装褫，装褫而殊亡诠次者，此皆好事者之病也……图画岁月既久，耗散将尽，名人艺士，不复更生，可不惜哉！夫人不善宝玩者，动见劳辱；卷舒失所者，操揉便损；不解装褫者，随手弃捐。遂使真迹渐少，不亦痛哉！"[4]33-35 认为书画不经装裱，或主人不懂揭洗装裱书画的方法，都不利于书画的鉴藏保存。张彦远擅装裱，曾自述："余自弱年，鸠集遗失，鉴玩装理，昼夜精勤。每获一卷，遇一幅，必孜孜葺缀，竟日宝玩。"[4]35 足见他从青年时代起就亲自装裱，每每搜求到书画，必孜孜不倦地修补、装裱、整理，竟日把玩。

唐、五代时期，除皇室、士大夫讲究典籍、书画的修复外，当时的寺院同样重视对典藏佛经的修复，现存史料中以敦煌地区寺院的修复活动最为典型。隋唐以来，佛教在敦煌甚为发达，此地寺院众多，法事活动频繁，佛经使用频率高，随之而来的是佛经的不断破损。佛经破损后，寺院僧人和信徒出于做功德的观念，往往会对残缺不全的佛经进行修复、配补。例如，敦煌遗书S.2231《大般涅槃经》卷卅九卷尾即有修经题记，其云："令狐光和得故破《涅槃》，修持、笀得一部，读诵，为一切众生。耳闻声者，永不落三途八难，愿见阿弥陀佛。贞观元年二月八日修成讫。"[17]437 可知，贞观元年（627年）二月八日，令狐光和将所得残缺的《大般涅槃经》，配补、修复成完整的一部。又如，井川定庆旧藏律部佛典背面修经题记云："时咸通十年三月一五日，学生书首（手）杨莫得，为修之寺。杨莫志。"[17]437 从题记上看，唐懿宗咸通十年（869年）杨莫为寺学学生，在抄经之外，又修复了这部佛典。

敦煌写经数量众多，共有五六万件，时间跨度从4世纪到11世纪，据林世田先生调查，国家图书馆所藏敦煌遗书中，约有四分之一的写卷在古代有不同程度的修复。他从敦煌遗书中找出多个古代修复的典型案例，并归纳出其中展现的古代修复的一些技法，主要有加装护首及卷尾、划栏补字等，当时因纸张匮乏配纸基本不加选择。他认为敦煌典籍的古代修复以吐蕃统治时期和归义军时期为主，即中原地区的中唐、晚唐时期，"此时，敦煌与中原的交通极不通畅，其修复匠人无法得到中原高水平装帧技术与修复技艺的熏陶，水平低下，所强调的仅是牢固耐用的实用性，尚没有注意美观。但是，吐蕃统治时期和归义军时期的修复技艺相比前代亦有所创新和发展，如部分背面裱补所使用的黏合剂柔软无色，说明黏合剂已经改进；黏合方法有所改进，估计使用了隔糊；补纸纸纹卷子卷收方向一致，有利于写卷的卷收"[17]446。

在敦煌写经的众多古代修复者中，最有影响的当数五代宋初的道真。道真，俗姓张，生卒年不详，19岁时已是敦煌三界寺的沙门，后成为授戒师主释门僧政。长兴五年（934年），道真在管理寺内佛经时，见"当寺藏内经论，部帙不全"，誓发宏愿，发起一个修补佛经的活动，具体做法是"于诸家函藏，寻访古坏经文，收入寺中，修补头尾，流传于世"[18]318。当时敦煌地区纸张珍贵，寺院内用于修补佛经的素纸不足，为此道真四处募集废纸，包括地契、合同、公文、告示、档案，以及破损的佛经，充作修复材料。次年，道真修补佛经的活动即颇有成效，敦煌遗书S.5663《中论卷第二》题记云："乙未年正月十五日三界寺修大般若经兼内道场课念沙门道真，兼条修诸经十一部，兼写报恩经一部，兼写大佛名经一部……道真修大般若一部，修诸经十三部。"[18]295从题记上看，道真修复佛经的工作量很大，仅一部《大般若波罗蜜多经》就有600卷，此外他还修补了其他诸经20余部。道真作为修补佛经活动的发起者，其身体力行、兢兢业业可以得见。

关于道真修补佛经的技法问题，林世田先生根据国家图书馆所藏与道真有关的六个写卷，探寻了道真修复技法的端倪，主要发现以下信息：补出缺字，刮掉衍字，用黄色颜料涂抹重文；修头补尾，配抄经文；黏合剂柔软无色；黏合方法有所改进；补纸纸纹卷子卷收方向一致。同时他指出这六件写卷的修复情况，不足以完全代表道真的修复技法和水平，尚需全面调查英法等国家所藏与道真有关的写卷，才能深入地探讨总结道真的修复技法、水平和特点等问题。[19]31

1.1.2.2 修裱工艺

唐代造纸业、锦绫丝织业的发展，以及帝王的倡导、文人学士的考究，都推动了唐代装裱、修补技艺的发展，使得这一技艺日益完善，并形成了唐代装裱瑰丽精致的特色。

首先，有关裱件的镶料，明人陶宗仪《南村辍耕录》记载："唐贞观、开元间，人主崇尚文雅，其书画皆用紫龙凤绸绫为表，绿文纹绫为里……"[20]327除绫之外，唐代还用更为华贵的锦，如窦臮《述书赋》中有"鸾舞锦褾"之记载，张怀瓘《二王书录》记张芝、张昶书"并檀轴锦褾"等。

其次，轴件亦是绚丽夺目，《历代名画记》里提到的材质就有沉香、檀木、白檀、白玉、水晶、琥珀、杉木等。

最后，贞观、开元年间，形成了内府装裱式样，即"内府图书，一例用白檀身、紫檀首，紫罗褾织成带，以为官画之褾"[4]48。同样，集贤院四库藏书也有特定的裱式，《唐六典》记载："其经库书钿白牙轴、黄带、红牙签，史库书钿青牙轴、褾带、绿牙签，子库书雕紫檀轴、紫带、碧牙签，集库书绿牙轴、朱带、白牙签，以为分别。"[21]对于四库藏书装裱之讲究，宋人周密评价道："四库装轴之法，极其瑰致。"[22]可见，唐朝盛世，装裱华丽如此。

唐代装裱的发展，不仅表现在技艺的日益完善和裱件的瑰丽精致上，也表现在挂轴、册页等新装裱形式的出现上。

1. 挂轴

唐代书画的发展，推动了挂轴这一新装裱形式的出现。唐代中期，李思训、吴道子"开创了青绿山水画的先声，奠定了山水画趋向独立画科的基础，使得山水画兴起，并很快流行，但卷轴的形式长而窄，使画家在进行山水画创作上不能尽情发挥，故结合屏风的形式修改，使画稿向加高加宽的方向发展。这样，一种新的适应高大画稿的装潢形式——挂轴，应时而生"[10]17挂轴，即唐之"画幛"。《历代名画记》记载,当时在计算画幛的价格时参照屏风价格,张彦远解释道:"自隋已前,多画屏风,未知有画幛,故以屏风为准也。"[4]32 杜甫《戏题画山水图歌》亦记载蜀人王宰所画挂轴,其云:"一日画一水,五日画一石。能事不受相促迫,王宰始肯留真迹。壮哉昆仑方壶图,挂君高堂之素壁。"[23] 可惜的是,唐代挂轴形制在文献中鲜有记载,实物亦不可得,具体情形已不得而知。不过王以坤先生根据西汉帛画和辽代前期画轴等出土文物推测了唐代的挂轴形制,其《书画装潢沿革考》一书中有详细叙述,此不赘述。

2．册页

值得一提的是,唐代书籍的装帧形式有了新的变化,出现了梵夹装、经折装、旋风装、蝴蝶装等形式。这里主要介绍梵夹装、经折装、旋风装,蝴蝶装在后续的宋元时期修裱工艺里介绍。

(1)梵夹装。书籍以阅读为主,而在卷轴时代,一卷书往往长达丈余,舒卷费时费力,特别是查检字书、类书、韵书时,常常要将书卷全部展开,极为不便。因此,不得不谋求改革之法,而改革的方式则是变卷轴为册页。宋欧阳修《归田录》记载:"唐人藏书,皆作卷轴,其后有叶子,其制似今策子。凡文字有备检用者,卷轴难数卷舒,故以叶子写之,如吴彩鸾《唐韵》,李郃《彩选》之类是也。"[24] 南宋程大昌《演繁露》亦云:"古书不以简策缣帛,皆为卷轴,至唐始为叶子,今书册也。然古竹牒已用叠简为名,顾唐始以缣纸卷轴改为册叶耳。"[25] 叶子,"即未经黏连之散叶,对卷子而言,便称叶子,俗又写作页"[26],乃"模仿印度贝叶经式"[27]而来。印度贝叶经式,即中国所称梵夹装(见图1-1)。古印度,在尚未掌握造纸术之时,以贝多树叶作为书写材料。他们将贝多树叶裁成长方形,晾干后抄写上内容,一张张摞起来,在书叶上下各护一夹板,然后在书叶和夹板的中间或两端打孔,穿绳绕捆,称为一夹。梵夹装是与佛教一起从印度传入中国的,"东汉以来印度或

图1-1 梵夹装

西域的僧人来中国弘法,或中国的和尚往印度求经,所携来的都是这种贝叶经"[27]。如《续高僧传》曾记述:北齐文宣帝礼遇北天竺乌场国僧人那连提黎耶舍,将其安置在天平寺中,"请为翻经三藏,殿内梵本千有余夹,委舍翻之,敕送于寺,处以上房"[28]。又如《三藏法师传》记载唐玄奘法师赴天竺求经,运回佛经六百五十七部、五百二十夹。[29]

受印度贝叶经影响,中国僧人也开始用梵夹装这一形式装帧佛经,例如国家图书馆所藏唐末五代写本《思益梵天所问经》"是目前所知敦煌文献中最典型的梵夹装,并且存有夹板和绳子"[30]。又如,甘肃省图书馆所藏1128叶梵夹装藏文写经,其成书时间约在公元781年吐蕃攻陷沙洲至公元848年张议潮收复沙洲之间,每叶写经上均有用来穿绳捆扎的孔眼,1920年进馆时,"上下夹有木质板片,并有麻绳捆绑"[31]。

"中国僧侣制作梵夹装佛经更多的是出于对宗教的虔诚,而并非它比卷轴装更便利,更容易保

护书籍。实际上，纸张的坚硬程度并不适宜制作梵夹装，穿洞时也会毁坏纸张和文献"[30]，而且梵夹装主要靠绳线穿绕捆绑，一旦绳线断损，容易导致全书前后次序散乱。因此，这种装帧形式并未被广泛采用。然而，中国佛经梵夹装的出现影响深远，它"引入了印度梵夹装的概念，促进了书籍由卷轴装向册叶装的过渡"[30]。

（2）经折装。经折装是中国古代佛教徒受印度梵夹装的启发，对卷轴装做出的一种改进，大约出现在唐中叶以后。它是将原来卷轴装的佛经按一定行数和宽度均匀地左右连续折叠，前后粘加书皮（一般用硬纸板或木板制作），用以保护书叶。这种装帧因便于佛教徒诵经，大量应用在佛经中，故称经折装（见图1-2）。

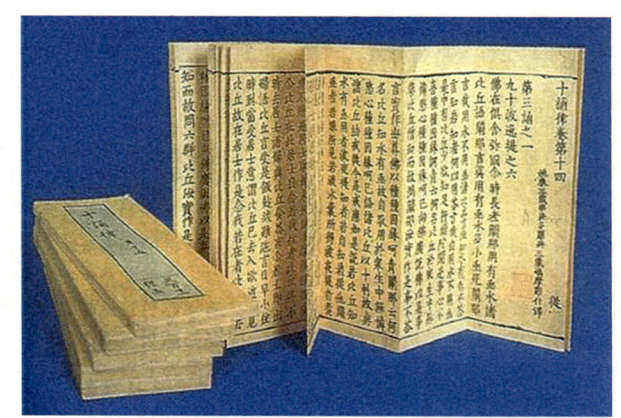

图1-2　经折装

现存最早的经折装实物发现于敦煌藏经洞，有的像梵夹装一样打孔穿洞，但这些孔并没有实际作用。有的甚至仅仅是在书叶上画一个圆圈。这些实物材料都说明经折装承袭自梵夹装，对梵夹装有着强烈的模仿意向。

经折装吸收了梵夹装容易翻检的优点，同时又不需要打孔穿绳，对纸张没有损害，能延长书籍的寿命，更好地保护书籍。此外，经折装制作简便，已有的卷轴装佛经也易改装成经折装。因此，经折装很快取代了梵夹装，成为佛教、道教经典中最为通行的装帧形式。经折装也是中国古代书籍中比较常见的装订形式，现在很多寺院印制佛经仍然采用这一装订形式，其生命力之强，可见一斑。

（3）旋风装。长期以来因缺乏实物材料佐证，旋风装一直是书史界一种见仁见智的装帧形式，专家学者们根据文献的有限记载，众说纷纭，向无定论。1980年，李致忠先生调查了北京故宫博物院珍藏的唐写本《王仁昫刊谬补缺切韵》，于1981年发表了《古书"旋风装"考辨》，第一次将实物材料与文献记载相结合，认为旋风装是为便于书籍翻阅，同时利于书叶保护，而对卷轴装作出的一种改良，是卷轴装向册页装转化的初期形式。[32]75-78

此后不久，书史研究者从英国国家图书馆藏敦煌遗书中发现S.6349《易三备》，并指出其为旋风装的固定形制。林世田等专家对该藏品进行了分析研究后认为，"旋风装它不是固定的装帧形式，而是为了携带和翻检的方便，将原有卷轴装断成数纸，在纸头左端加装木条固定（有的是在卷子中间粘连），再以木条为轴，统一卷起来的装帧形式，是一种偶然的、随意的装订，不能视为一种已经形成规制的装帧形式。但这种偶然的形式中蕴含着必然的因素，就是为满足人们使用和携带的方便，而从卷轴装中隐约出现了册叶装的萌芽，所以它是中国书籍装帧形式过渡的一个例子，不能称为旋风装的固定式样。"[30]

1.1.2.3 修裱理论

除亲自装裱之外，张彦远还总结自己修补、装裱书画的实际经验，撰成《论装背裱轴》一章[4]46-48（见《历代名画记》第三卷），"将书画装裱的重要环节阐述尽致，为后世足法，是为中国书画装裱著书之说的先驱"[33]。

首先，气候条件方面。书画装裱，讲究天时。在不同的季节、温度、湿度下，纸张和绢素的张力也会有不同的变化。因此，选择适宜的季节是保证书画装裱质量的重要环节。在季节的选择上，张彦远指出"秋为上时，春为中时，夏为下时，暑湿之时不可用"。

其次，装裱材料、工具方面。在裱褙用纸的选择上，张彦远不推荐选用容易使裱件皱起的熟纸，强调"宜用白滑漫薄大幅生纸"。在糨糊的调制上，张彦远指出煮糨糊时，需先洗去面粉里的面筋，调制糨糊时要稀薄得当，煮的过程中要不断搅拌，"自然调熟"。张彦远还创制出一种新的糨糊——在糨糊中加入少许"细研熏陆香末"，可防虫蛀，更加牢固。此外，他还介绍当时汧国公家调制糨糊的方法，即"入少蜡，要在密润"，在糨糊中加入少量的蜡，可以使糨糊更为稠密润滑。在轴件的选择上，鉴于唐代以前多用杂色宝物为轴头，容易剥蚀损坏，他推荐"以镂沉檀为轴首，或裹鼊束金为饰。白檀身为上，香洁去虫，小轴白玉为上，水精为次，琥珀为下。大轴杉木漆头，轻圆最妙"。对于装裱的工作台，张彦远认为"宜造一太平案，漆板朱界，制其曲直"，即工作台应大而平整，台面涂漆，并用朱红色的漆画出界线，以此作为曲直的标准。

最后，装裱技巧方面。张彦远还介绍了很多装裱的技巧和经验。如在托背纸时，纸张的接缝处应避开画中人物的面部及其他重要部位；接缝要层层错开，使背纸所受的力均匀，若接缝重叠在一起，画卷硬结，打开或卷起时容易损伤；背纸厚薄应适中，太硬则伸展不能自如，太薄则不牢固。对于不施重彩的白画，"可以砧石妥帖之"。对于积有多年尘埃的古画，他认为在装裱前，须用皂荚浸泡的清水浸泡几夜，画卷稍干后，将其平放在案桌上，抃去上面的尘垢，如此即能"画复鲜明，色亦不落"。在修补或翻动裱件时，应以"油绢衬之"，修裱时，需弄直卷曲的边际，并紧裂缝，理顺经纬，按照它原有的形制，对残缺或脱开的地方作适当的修补整理，使裱件"厚薄均调，润洁平稳"。

张彦远所撰的《论装背裱轴》，成为今天我们了解唐代书画修复、装裱发展沿革的一份珍贵材料。他所记述的装裱经验，如对气候条件的讲究、调制糨糊的步骤、对工作台的要求、处理纸张接缝的方法等，一直为后世所沿用，至今仍有重要价值。

1.1.3 宋元时期

宋元时期的修复、装裱技艺，在继承唐代修裱工艺的基础上，又有进一步的发展。在知重装潢的社会氛围下，修裱工匠不断探索，翻新品式，继续完善卷轴与册页的形制。书画方面，创造出

"宣和装"、"绍兴装"、横披式等装裱样式；书籍方面，由于雕版印刷术的普遍应用，广泛使用蝴蝶装，此外又创造出包背装等装帧形式。值得注意的是，宋元以后虽然书籍主要采用册页装，但是破损书叶的修复技术主要来源于书卷卷轴的修复技术，修复后的重装技术也与新书籍的装订技术并无二致。同时，修裱技术也开始从官府走向民间，融入社会，装裱店铺兴起。裱褙工艺更趋成熟、更趋精细，出现了"裱背十三科"的技术分工，完成了部件和工序的定型与标准化，为后世裱褙业者所遵循。

1.1.3.1 基本情况

宋代帝王多嗜画成癖，承继南唐画院之制，设立翰林图画院，罗致画家，置官爵，施奖励，更将绘画纳入科举之中，极大地推动了书画的发展，装裱也因之受到重视。宋代承袭前代制度，亦在中央相关机构中设专门的修裱人员。如北宋画院设装褙匠，"凡待诏出身者，止有六种，如模勒、书丹、装背、界作、种飞白笔、描画栏界是也。徽宗虽好画如此，然不欲以好玩辄假名器，故画院得官者，止依仿旧制，以六种之名而命之"[34]124。宋徽宗在画院内设六种待诏，装褙匠即为其一，列入正式官职，足见宋徽宗对装褙的重视。再如宋代秘书省"监掌古今经籍图书、国史实录、天文历数之事"[35]3873，设官分职，负责修纂日历，掌集贤院、史馆、昭文馆、秘阁图籍及校雠典籍等事，其在管辖机构内设有"装裁匠""装界匠"等。又如，端拱元年（988年），宋太宗在崇文院中堂设秘阁，藏三馆善本书及古画墨迹，有装裁匠十二人。[35]3873此外，宋代翰林御书院亦有装界匠九人。[36]

元代君主同样重视书画、典籍、档案的修裱工作，曾几次组织裱褙匠人修裱秘书监内损坏的书籍图画，如《秘书监志》记载，至元十四年（1277年）正月二十二日，元世祖诏令："秘书监里有损坏了底文书书画，都撇掠底好者。钦此。"裱褙匠焦庆安等奉命修裱所有损坏的书籍图画，其中书籍、文册6762册，画轴1009轴。[37]106大德四年（1300年）九月二十四日，元成宗令裱褙秘府书画，至大德六年六月完工，共裱褙书画手卷646轴。[37]107大德五年（1301年），元成宗差官到杭州选王芝、陆德祥、冯斌、尤诚、陈德等五人，前往秘书监裱褙书画，且有"知书画支分裱褙人""裱褙匠""接手从人"的分工。[37]67

在帝王的倡导之下，宋元时期的文人士大夫也是雅好书画，致力裱褙，如苏轼、米芾、陶宗仪等人皆擅长修裱。米芾曾自矜其修裱之技，在《题子敬范新妇唐摹帖三首》中夸道："龟溺虽多手屡洗，卷不生毛谁似米？"[38]其扬扬得意之情跃然纸上。这一时期，由于皇室、文人的倡导和支持，民间收藏、欣赏书画也十分普遍，装裱店铺兴起，修裱技术从官府走向民间，裱褙成为常见之事。北宋邵雍在《梦林玄解》中说梦到装褙，"详所装褙何物，兆吉则福，兆凶则祸，大抵皆文墨吉利之象"[39]。占梦书中解装褙之梦，说明装褙之事屡入常人之梦，可见装褙已经深入民间，成为司空见惯的事情。修裱技术走向民间的另一表现，就是民间涌现出一批修裱良工，出现了专门经营书画装裱的店铺。潘景郑《历代装潢工人考略》中辑录的这一时期的裱褙匠人有郑源、赵孟林、何彬、朱家（杭州朝天门里大石版朱家裱褙铺，工匠佚名）、王生（佚名）、晏裱褙（佚名）、罗焕、赵祥、林生（镇江林生裱褙铺，佚名）、梅生（佚名）等。[40]此外，还有宋代的林薪[41]、元代的杨茂盛[42]、王祖文[43]等。

在知重装潢的社会氛围中，一些文人士大夫也与修裱良工多有往来，互动不断。如宋人林薪擅裱褙，王迈曾作诗相赠，其云："丈夫惟穷不可讳，仆妾于人真短气。一技能精百不忧，有功翰墨尤足贵。林生家世本业儒，读书不利改佣书。计穷未肯与书绝，又学裁翦兼黏糊。就中颇得三昧诀，翻腾碑画更奇绝。持此可疗寒与饥，十指便当张仪舌。昔我于生义理明，以我之困知生贫。我今一字不堪煮，生犹有技可资身。邺侯书堂高不过，好事人少俗人多。把笔赠生以此歌，有剑无虞奈生何。"[41]可知，林薪的裱褙技艺非常精湛，王迈赞其"十指便当张仪舌"，修裱碑画更是奇绝，实有功于翰墨。又如元代杨茂盛，方回作诗称赞其为杭州第一裱褙工，其云："卷轴年深碎破时，我能补苴以完之。惊逢大桁重华典，喜见由庚束皙诗。王会周篇汲郡家，儒生秦颂泰山碑。装潢作手今无敌，消得朝天驲骑驰。"[42]可见杨茂盛修裱技艺之绝妙。

还如宋王炎午《吾汶稿》记载，庐陵有一晏姓裱褙工匠，一日向王炎午求字，王氏戏谑道"巧拙敏钝何如"，二人由此展开了关于修裱技术的一段对话："余诘其巧拙敏钝何如？则曰：'余常患不巧不敏，而亦有时拙而钝，系所遭耳！'问之故。则曰：'余之艺，理新易，缉旧难，于缉旧之间，缀理经籍，则巧敏于富贵之门，而拙钝于寒畯之屋，至装饰图画则反是。'余笑而问曰：'手，一也；经籍图画，一也，手在我，而巧拙敏钝系于彼，何居？'则谓余曰：'贵富家经籍，茧纸而丝缝，綮匣而丝条，新若未触，惟糊力败尔，故巧而敏。其图画，则朝宴夜饮，有张无弛，暑风梅潦，腐溃龟裂，难于缉旧，故拙而钝。彼寒畯之家，其文集则朝吟夜诵，方册成员，其图画则客少草窗，旷岁不设，故巧拙迟速，不可强也。'"[44]从二人的对话中，我们可以看出当时不仅富贵之门有修裱经籍图画的需求，而且寒畯之家也常延请修裱匠人缀理经籍、装裱书画，可见修裱技术已深入民间。同时，对于使用和保存情况不同的经籍、书画，晏氏所花费的精力和时间不同，也从侧面反映了其所使用的修裱技法的不同。

当时，民间的裱褙匠人多开设裱褙铺，靠装裱书画、缀理经籍营生。上文所提晏姓裱褙匠人就开有裱褙铺，《吾汶稿》云："庐陵阛阓间，装理书画者，署其门曰表背……吾乡晏氏子某业此以世。"[44]此外，北宋张择端《清明上河图》所描绘的汴京街道中有"刘三叔精装字画"（博古斋裱画铺）[45]，宋吴自牧《梦粱录》记南宋杭州城内有"朝天门里大石版朱家裱褙铺"[46]，元郭畀《云山日记》载至大元年（1308年）九月初十日，"林生裱褙铺具茶"[47]，可知当时镇江有林氏装裱店，郭畀与之多有往来。

1.1.3.2 修裱工艺

宋元时期修裱工匠不断探索，翻新品式，创造出"宣和装"、"绍兴装"、横披式等书画装裱样式，以及发展了蝴蝶装，创造了包背装等书籍装帧形式。

1. 宣和装

宣和装是宋徽宗内府的一种书画装裱样式，它格式规范，工艺精湛，因盛行于宣和年间而得名（见图1-3）。

卷轴宣和装：卷轴宣和装的"标准格式为五段，青绿色绫天头，黄绢地前隔水，画心，黄绢地后隔水，纸笺地拖尾。（法书卷轴）画心前用双隔水——黄绢隔水，加月白色绢隔水，也有在画心前后各用一个隔水的，标名称用。拖尾纸用高丽笺、白麻笺或蠲纸（一种加了浆的纸）。卷轴通长上下加有深褐色纸的小边。包首用缂丝或织锦材料。轴头两边凸出，如同敦煌发现佛经卷的轴头装式。"[10]20-21 目前存世的卷轴宣和装凤毛麟角，较为完整的有故宫博物院所藏北宋梁师闵《芦汀密雪图》，通过此卷可以大致了解北宋宣和装的基本情况，王以坤先生《书画装潢沿革考》一书中有详细记述，此不赘述。

图1-3 宣和装

挂轴宣和装：传世宋代原装挂轴宣和装邈不可得，无从知晓其具体格式，我们只能从后世的仿宣和装挂轴推测其大致格式。仿宣和装挂轴格式有两种："第一种，画心上下有绫隔水，然后在其四周镶褐色小边，再上镶天头，下镶地头（天头上加贴惊燕）。第二种，在画心的四周直接镶褐色小边，然后上镶上隔水与天头，下镶下隔水与地头。"[10]21 此外，徐邦达先生指出"宣和装卷还有一种'推蓬'式的，即用小直条裱成横卷，现在保存原式样的仅见五代卫贤《高士图》一卷"[48]。

与之前的装潢格式相比，宣和装更具实用性和艺术性。它创造性地在画心四周加镶小边，保护画心不受磨损；同时使书画作品更为精巧、美观，令人耳目一新，受到人们的喜爱。正如王以坤先生所说："宣和装不仅在当时独树一帜，而且为以后的书画装潢确立了标准，形成了正统。"[10]22

2. 绍兴装

宋高宗南渡后，"访求法书名画不遗余力"，"又于榷场购北方遗失之物，故绍兴内府所藏，不减宣政"[22]。帝王的倡导，推动了南宋宫廷书画装裱的发展，使南宋装裱工艺在承继前朝宣和遗制的基础上，形成了著名的绍兴装。绍兴装是南宋高宗绍兴御府的一种书画装裱样式，其将书画藏品按年代、优劣、真迹或临摹等情况的不同，分为若干等级，用不同花色的绫锦、襻纸、轴头分别加以装裱，并具体规定了书画、碑帖的装裱尺寸，周密《绍兴御府书画式》[22]对其有详细的记述，以下择要简述。

卷轴绍兴装：主要格式承继宣和装。一般卷轴，天头一尺①三寸②左右，高大者一尺五寸左右。隔水（引首）一般宽为四寸五分③，高大者五寸。包首、天头皆用锦、绫，有楼台缂丝锦、红霞云锦、皂鸾绫、碧鸾绫等，皆是当时锦绫中的上品。隔水多用白鸾绫，或用黄白双色绫做正副隔水，与宣

---

① 一尺约为33.3cm。
② 一寸约为3.3cm。
③ 一分约为0.3cm。

和装所用黄绢不同。尾纸用高丽纸、蠲纸、夹背蠲纸、揩光纸等，轴头使用白玉、玛瑙、象牙等，轴杆多用檀香木。

挂轴绍兴装："六朝名画"采用挂轴式绍兴装，有一色式、二色式。一色式是用碧鸾绫托裱全轴；二色式用皂鸾绫做天地头，用碧鸾绫做隔水，天头加有经带（惊燕）。轴杆使用檀香木，轴头为上等玉石。

册页绍兴装："米芾书杂帖"做册子，其格式、尺寸不详。南宋时期的册页种类，除沿袭唐代以来的经折装之外，还有开版蝴蝶装。蝴蝶装册页受书籍的蝴蝶装影响而产生，小幅绘画作品如纨扇、方帧等多用此种式样。其式样为："一部册页若干开，每一开纸厚五六层以上，左右对折，上一开的底面左侧与下一开的底面右侧粘接，翻阅时如若书籍。"[10]30 王以坤先生指出："宋代蝴蝶装有两种，无开身纸式与有开身纸式。画心尺寸一致的不用开身纸，只是册页的前后各加一至二空白副页。尺寸不统一的方帧小品或绢质纨扇面须用开身纸，以开身纸取齐整部册页的尺寸，大小不一的画心嵌在开身纸内。"[10]30 明人周嘉胄《装潢志》曰："前人上品书画册叶，即绢本，一皆纸挖纸镶。"[49]44 周氏所言前人上品书画册页，即为蝴蝶装册页。

此外，绍兴内府的裱褙工艺开始分科，共有七科，分别是：粘裁、折界、装背、染古、集文、定验、图记，即镶粘裁切、整饰边际、覆褙装杆、染古作旧、集录字文①、鉴定验收、钤盖印章等。其中，《绍兴御府书画式》[22]对"定验""图记"二项均有具体规定，如："应搜访到法书墨迹，降付书房。先令赵世元定验品第，进呈讫，次令庄宗古分拣付曹勋、宋贶、张俭、龙大渊、郑藻、平协、黄冕、魏茂实、任源等覆定，验讫装褫。"又如："应搜访到名画，先降付魏茂实定验，打千字文号及定验印记，进呈讫，降付庄宗古分手装背。"即法书墨迹及名画等，应先令专人鉴定，打上千字文号及定验印记后，才能付装潢匠装褙。"图记"，则根据书画等级的不同，选择不同的印章。如"次等晋唐真迹"，引首后嘌卷缝用御府图书印，引首上下缝用绍兴印；又如"米芾临晋唐杂书上等"，引首前后用内府图书内殿书记印，有题跋的在缝上用御府图籍印，最后用绍兴印。

3．横披式

横披，也称横批，是一种横幅挂画（见图1-4），由米芾创制，沿用至今。宋赵希鹄《洞天清禄集》云："古画多直幅，至有画身长八尺者，双幅亦然，横披始于米氏父子，非古制也。"[5]米芾《画史》中曾记载横披，如"段缄家有横披"，又"余家董源雾景横披全幅，山骨隐显，林梢出没，意

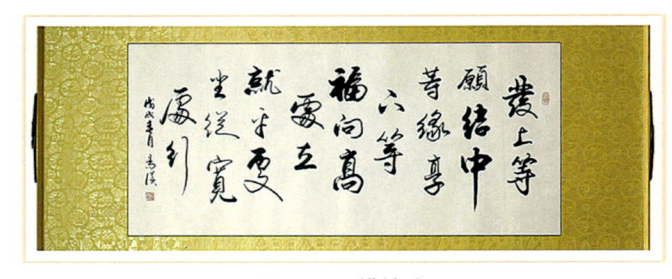

图1-4 横披式

---

① 集录字文：冯增木《中国书画装裱》中，"集文"作"搜集书画的有关资料"；金维诺《中国美术史论集（下卷）》中，"集文"作"把画中的鉴别题诗割下采单装成书法卷"。

趣高古"。[51]518-519 此外，宋人邓椿《画继》所记私家收藏的绝品书画中也有横披式的，如王摩诘横披山水图、文湖州杂画鸟兽草木横披图、散马横披图等。[34]103-110 遗憾的是，由于缺乏文献记载，宋代横披具体格式难以言状。

4．蝴蝶装

蝴蝶装，简称蝶装。它发端于唐末五代，李致忠《中国书史研究中的一些问题（之二）：古书梵夹装、旋风装、蝴蝶装、包背装、线装的起源与流变》一文介绍：敦煌遗书S.5451号唐末写本《金刚般若波罗蜜经》的装帧方法"与后来的蝴蝶装的折叶、粘连方法基本相同，当是后世蝴蝶装的尝试和起源"。[52] 北宋以后，雕版印刷术盛行，蝴蝶装适应雕版印刷一版一叶的特点，得以广泛应用，流行于宋元时期四百余年。明代以后，蝴蝶装书籍虽已不是主流，但仍兼而有之。

其装帧方法是把各个版面印成的书叶分别反折，即版心（书口）向内，单口向外，然后把版心和版心相连，把版心（书口）作为书背，用糨糊或白芨糊粘接书背。最后用硬纸作封面和封底，并用纸、布或绫、锦裱。从外表看上去，蝴蝶装书就像现在的精装书，但因为书口向里，书背向外，翻阅起来，如蝴蝶展翅飞翔，所以有"蝴蝶装"之称（见图1-5）。

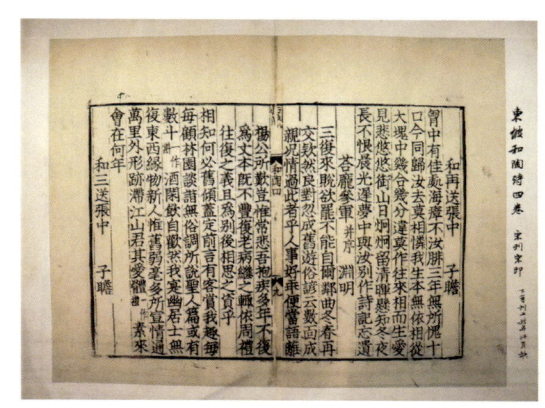

图1-5　蝴蝶装

相对于卷轴装、经折装来说，蝴蝶装更便于携带和阅读，更利于书籍的保护，它版心朝里集于书脊，余幅宽阔，有利于保护版内的文字，正如《明史·艺文志序》所说"秘阁书籍皆宋元所遗，无不精美。装用倒折，四周外向，虫鼠不能损"[53]。

传世的蝴蝶装古书很多。年代最久的有国家图书馆收藏的宋代原装本《册府元龟》《欧阳文忠公集》《玉海》等。

同卷轴装、经折装相比较，蝴蝶装虽有很多优点，但仍存在着明显的缺陷，即其版心集于书脊，翻阅时每翻两页就会遇到两页空白，同时书脊全用糨糊粘连，容易脱落，造成书叶散乱。

5．包背装

南宋后期，为克服蝴蝶装不便阅读、容易散乱的缺点，人们创造出包背装这一装帧形式。其一反蝴蝶装倒折书叶的方法，而是将印好的书叶正折，字面向外，背面向内。书叶按版心中缝折叠之后，书口向外，然后用纸捻穿订成册（但不穿孔订线），再用糨糊在书背裹上书皮，因而叫"包背装"（见图1-6）。

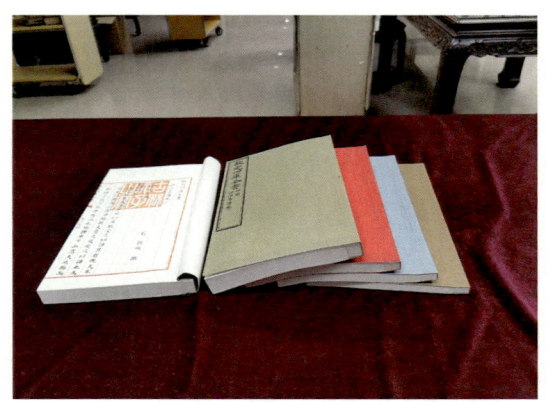

图1-6　包背装

包背装的折叶方法与蝴蝶装相反，它将空白面折在里面，装订后并不显露在外面，彻底解决了蝴蝶装每翻两页就会遇到两页空白的缺陷。同时，包背装使用纸捻穿订成册，比较牢固，解决了蝴蝶装书叶易于散乱的不足。

包背装起源于南宋，历经元明两朝，一直使用到清朝，流行了几百年。目前存世的包背装古书，以元、明版本最多，如元刻《汉书》《文献通考》和明本《明太祖御制诗集》《永乐大典》等书，都是包背装。直至清代，包背装仍有市场，如清代著名的《四库全书》和皇室玉牒都是包背装。

1.1.3.3 修裱理论

宋元时期，同样注重阐述修裱重要环节、总结修裱经验，比较有代表性的著作有米芾的《画史》《书史》，此外，周密的《齐东野语》，王士点、商企翁的《秘书监志》和陶宗仪的《南村辍耕录》都有部分内容涉及对修裱技术的总结。

1.《画史》《书史》

首先，修复理念方面。对于书画的修裱，米芾坚持："古画若得之不脱，不须背裱。若不佳，换裱一次，背一次，坏屡更矣，深可惜。盖人物精神发彩，花之秾艳，蜂蝶只在约略浓淡之间，一经背多，或失之也。"[51]518 对于厚纸的揭薄，他指出："今俗人见古厚纸，必揭令薄，方背。若古纸去其半，损字精神，一如摹书。"[54]551 他认为古画没有脱开，则不需裱褙，装褙过多，就会影响书画的神采；对于厚的背纸，也不许揭薄，若揭去一半，就会损字精神，望之如摹本。这些修复理念皆与现代文物修复理念中的"最少干预"不谋而合。另外，米芾在《书史》中强调：重背古纸时，因古纸往往一触即破，只能用薄纸对齐帖纸托裱，裱褙后以"见其古损断尤佳，不用贴补"[54]551。从中亦可窥见现代文物修复理念中的"可识别"原则。

其次，装裱材料、工具方面。在装褙材料的选用上，米芾指出不能用绢修补、装裱书画，理由是："装背画不须用绢补破处，用之，绢新时似好展卷，久为硬绢抵之，却于不破处破，大可惜。古书人惜其字，故行间勒作痕，其字在筒瓦中，不破。今人得之，却以绢或绢背帖所勒行，一时平直，良久于字上裂，大可惜也。纸上书画，不可以绢背，虽熟绢新，终硬，文缕磨书画面上成绢纹。盖取为骨，久之纸毛，是绢所磨也。用背纸书画，日月损磨，墨色在绢上。"并举例说明"以绢背书"的弊端："王晋卿旧亦以绢背书，初未信，久之，取桓温书看墨色，见磨在纸上，而绢纹透纸，始恨之，乃以歙薄一张，盖而收之，其后不用绢也。"[51]528 他提倡用纸装褙书画，认为"纸多有益于书"，并指出当时各种纸张的利弊："油拳、麻纸硬坚，损书第一。池纸匀硾之易软，少毛，澄心其制也。今人以歙为澄心，可笑，一卷即两分理，软不耐卷，易生毛。古澄心，以水洗浸一夕，明日铺于桌上，晒干，浆硾已去，纸复元性，乃今池纸也，特捣得细无筋耳。古澄心有一品薄者，最宜背书；台藤背书滑无毛，天下第一，余莫及。"[54]551 米芾本人喜用台州黄岩藤纸褙书，在收得《唐文皇手诏》之后，即'以台州黄岩藤纸硾熟，揭一半背"，重装后的书帖"滑净软熟，卷舒更不生毛"，其家"书帖多用此纸，一一手背手装，方入笈"[54]551。

在轴件的选用上，主张"以木性轻者"为主，提倡用檀香、桐木、杉木、苏木等。他认为："檀香辟湿气，画必用檀轴有益，开匣有香而无糊气，又辟蠹也，若玉轴。以古檀为身，檀身重，今却取两片，刳中空，合柄轴，凿乃轻。轻不损画。"[51]529 平常画卷则用桐木、杉木作轴即可，此外苏木也是很好的选择，"以石灰汤转色，岁久愈佳，又性轻"[51]529。他指出不宜用金银、水晶、角作轴，用金银"既俗且招盗"，水晶作轴，"挂幅必两头坠，性重"，角轴，则易引虫，且"开轴多有湿臭气"[51]529。

再次，装裱技巧方面。米芾的《画史》《书史》还介绍了很多装裱的技巧和经验。如为保护书卷，米芾建议加长引首部分，"裱前须用素纸一张，捲到书时，纸厚已如一轴子，看到跋尾，则不损古书"[54]551；又如在淋洗古书上的尘垢时，需在书卷的上下各放置一张好纸；将细皂角汁滤除杂质，加入适量的水，然后将皂角水淋在纸上，用手轻轻地按拂盖纸，尘垢就会随水流出，继续用清水浇淋六七遍后，"纸墨不动，尘垢皆去"[54]551。

对于已经脱开的背纸，米芾指出应在半湿润的好纸上，揭去背纸，加糨糊重新褙好，"不用绢压四边，只用纸，免摺背重绷损古纸"[54]551。如果原裱件非常精美，但画心和背纸有点脱开，米芾建议先洒适量的水湿润，以揭不开画心和背纸为度。然后用干纸吸掉一部分水分，将画面朝上，"以一重新纸，四边著糊粘桌上，帖上更不用糊，令新纸虚绷压之"[54]551，如此，新纸会慢慢吸掉画心的水分，它干了，画心也就干了。需要注意的是，不能将画面朝向金漆桌，否则在揭起画心时，一定会有墨色印在桌上，影响画心神采。

米芾论述的这些修裱经验，处处以保护原件为准则，如不脱不须裱褙，不许揭薄，不以绢背书，提倡用纸装褙书画，轴件选择木性轻者，以及其他具体的修裱技巧等，对后世影响深远，直至明代，周嘉胄仍在阐述米芾的修裱经验。米芾所倡导的修复理念，至今仍适用于古籍和书画的修复。

2.《齐东野语》[22]

周密在《齐东野语》中作《绍兴御府书画式》，详细记述南宋内府书画装裱的格式，对当时不同等级书画的装裱材料、装裱尺寸及装裱方法都作了明确的规定，其具体情况前文已述，此不赘述。

《绍兴御府书画式》是目前研究南宋内府书画装裱的重要文献，它不仅记载了内府书画装裱的具体情况，同时也提出了一些书画装裱应遵循的原则。如沿袭米芾的观点，提倡"应厚古纸，不许揭薄"，原因在于"若古纸去其半，损字精神，一如摹书"；与米芾用皂角水淋洗古书不同的是，周密提出"古画装褙，不可重洗，恐失人物精神、花木秾艳"；另外，他指出在重装古画时"不许裁剪过多"，理由是"既失古意，又恐将来不可再背"。周密所倡导的"不许揭薄""不许裁剪过多"，与现代文物修复理念中的"最少干预""整旧如旧"有异曲同工之处，至今仍有重要的参考价值。而"不可重洗"的规定，在当时淋洗技术尚不完善的情况下，利于保护古书画，而在揭洗技术精进的今天，则不必完全照搬。

3.《秘书监志》[37]

《秘书监志》，元代王士点、商企翁编撰，成书于元顺帝至正年间。此书对秘书监自设立以来的建置沿革、典章制度作了详尽的记述，其中有对裱褙书籍、画轴以及熬制糨糊所用物料的记载。至元十四年（1277年），裱褙匠焦庆安统计裱褙物料时，提及裱褙书籍需使用褙壳绫，其中每册黄绫二尺，题头蓝绫半寸；纸札每册需要大小纸六张，其中济源夹纸三张、束鹿绵纸三张。裱褙画轴，每轴所用物料则有：颜色绫红绢八尺；色绫上等四尺，种类有黄绫、蓝绫、白绫、皂绫等；色绢四尺，包括黄绢、蓝绢、白绢、皂绢等；每轴所用纸大小四十张，其中济源夹纸十六张、束鹿绵纸二十四张。制作糨糊所用的物料主要有黄蜡、明胶、白矾、白芨、藜蔶、皂角、茅香、藿香、白面、硬柴、木炭等，裱件不同，物料所用的量也不同，如熬制裱褙书籍所用的糨糊需要黄蜡一钱①、明胶一钱、白矾一钱、白芨一钱、藜蔶一钱、皂角一钱、茅香一钱、藿香半钱、白面五钱、硬柴半斤②、木炭二两，而熬制裱褙画轴所用的糨糊则要黄蜡二钱、明胶一钱、白矾一钱、白芨一钱、藜蔶二钱、藿香一钱、白面一两、硬柴一斤、茅香二钱、皂角二钱、木炭半斤。另外，硬柴和木炭量的不同，也说明两种糨糊在熬制过程中对火候的要求也不同。

由于元代记载书画修裱、书籍修复及装订的文献资料很少，目前我们很难全面了解当时的相关情况，而《秘书监志》为我们知悉当时的装裱材料提供了一份翔实的记录，是研究元代装裱情况的重要文献。

4.《南村辍耕录》[20]

《南村辍耕录》，元代陶宗仪著。全书内容丰富，朝廷典章、法令制度、文人轶事、风俗趣闻等均有涉及，其中卷二十三之《书画褾轴》[20]327-328、卷二十七之《裱背十三科》[20]367反映了元代裱褙工艺情况，为后世研究者所重。

《书画褾轴》记载当时装裱书画的主要材料，均为陶宗仪"所闻见者"，共六个类别，分别是锦褾、绫引首及托里、蕈卷纸、轴、轴杆和匣。其中锦有51种；绫有26种，且部分绫出产自辽国、金国及高丽国，如辽国的白毛绫、金国的回文绫、高丽国的花绫等；蕈卷纸、轴、轴杆等则主要承袭宋代。与《绍兴御府书画式》相比，陶氏所记载的裱褙用料更为丰富，足见元代裱褙在继承前代的基础上，用料更为讲究，品种更为繁多。

《裱背十三科》将当时的裱褙工艺细分为十三科，分别是："一织造绫锦绢帛，一染练上件，一抄造纸札，一染制上牛颜色，一糊料麦面，一糊药矾蜡，一界尺裁版杆帖，一轴头，一糊刷，一铰练，一绦，一经带，一裁刀。"[20]367这十三科包括裱褙工序、裱褙材料和裱褙工具等，"数内缺其一，则不能成全画矣"[20]367。同时，还根据材料、大小等进一步划分裱褙工具，如糊刷，根据棕的软硬程度，分为"平分"和"糊掤"，软者为平分，硬者为糊掤；又如裁尺，根据大小，形象地分

---

① 一钱为5 g。
② 一斤为500 g。

为满手、三指、两指、单指等。与南宋的七科相比，元代的裱褙工艺分工更为细致，工具日趋专门化，流程更为规范。陶氏的十三科之说，为后世所承继，为行家所引谈，明代周嘉胄即是其一，其著作《装潢志》是古代装裱理论的集大成者，书中沿袭陶氏之说，继续阐释"裱背十三科"，足见陶宗仪"裱背十三科"在装裱发展过程中的重要地位。

1.1.4 明清时期

1.1.4.1 基本情况

明清时期，修裱技艺得到进一步的发展，技术更臻成熟完备，如砑光、套边、加诗堂、加局条等技艺，不仅利于文献的保护，而且使其更具艺术性；装潢品式更加丰富多样，如新出现线装、屏条、镜片等式样；修裱技艺深入民间，并形成不同的地域风格，其中以"吴装"为胜，修裱名手辈出。这一时期，修裱理论得到系统总结，周嘉胄《装潢志》、周二学《赏延素心录》、孙从添《藏书纪要》和叶德辉《藏书十约》是其中的代表作，他们从不同角度对修裱技术、修裱理念进行了全面总结，颇具实用价值和学术价值。

明清两代帝王非常重视书画、典籍及档案的修复与装潢，内府中长期有大量匠人供役。如《大明会典》记载：明朝从天下工匠中抽丁，其中一年一班的轮班裱褙匠有312名，住坐裱褙匠多达400名，其中司礼监293名，尚衣监9名，御马监3名，印绶监25名，司设监13名，内承运库14名，针工局11名，银作局4名，兵仗局21名，巾帽局6名，钦天监1名；除裱褙匠外，内府中还有大量笺纸匠、刊字匠、刷印匠、裁历匠、折配匠等从事书籍的刻印与装订，如司礼监经厂中就有笺纸匠62名，刊字匠315名，刷印匠134名，裁历匠81名，折配匠189名。[55]第792册:272-288 清朝内廷亦是如此，"据清嘉庆四年（1799年）十月编制的《各处各作各房苏拉匠花名数目总册》记载的23个房、处、作、厂、馆、库中，匣裱作、舆图房、如意馆、档房、本房等均有专门从事修裱工作的裱匠。"[56] 此外，康熙十九年（1680年）十一月，设立武英殿修书处，作为清朝内府专门的修书机构。修书处设有书作、刷印作、折配作、刻字作等，有书样、刊刻、刷印、折配、装订等职，有平书匠等84人，分办各作之事。其中书作亦称装潢作，负责新旧书籍的装潢、托裱、修补等事，有书匠14人，齐栏匠4人，合褙匠5人，界画匠6人，另有传用营造司锉书匠5人；刷印作专司刷印、齐订书叶等事，有刷书匠40人，如缺人手，可以外雇；折配作专事折配书叶、经叶等事，折配匠人多外雇；刻字作专管钩摹御书、缮写版样、刊刻书版匾额等事，工匠常设写字头目、刻字匠4~6人，遇有任务，准予外雇。[57] 这些工匠除修裱内府所藏书画，装潢宫廷院画，刷印、装订内府刻书外，还负责装潢皇室玉牒、赋役黄册、科考试卷、内阁大库及军机处档房档案等。

这一时期，修裱技艺深入民间，全国各地多有装裱店。《大明会典》记载：明宣德四年（1429年）令"裱褙铺月纳钞三十贯"[55]第789册:554，从侧面反映出装裱店之多，国家已注意到这一情况，并开始征收赋税。此外，装裱店也出现在山歌的内容中，如明冯梦龙《山歌》中就有一首唱道："郎呀，我当初结识你哈里好像宝和珍，……你冷如冰，我好像裱褙店里个蛀虫，喫子别人多少画。"[58]冯梦龙所辑吴中山歌涉及装裱店，反映了当时装裱为普通民众所熟悉，是百姓生活中的常事。

同时，这一时期民间装裱工艺形成了不同的地域风格，出现南裱、北裱之分，修裱名手辈出，呈现出蓬勃生机。由于我国南北方气候不同，温度、湿度有较大差异，南、北装潢工匠为保护书画、典籍等，延长其使用寿命，分别使用不同的材料和装裱技法等，逐渐形成不同的风格和特点，有了南裱、北裱之分。总体来说，南裱"平挺柔软"，北裱"质地厚实"。其中，南裱各流派中以苏裱最为有名，明胡应麟《少室山房笔丛》曾评价"吴装最善，他处无及焉"[59]，清钱泳《履园丛话》亦记载："装潢以本朝为第一，各省之中以苏工为第一……乾隆中，高宗深于鉴赏，凡海内得宋、元、明人书画者，必使苏工装潢。"[60]乾嘉时期，秦长年、徐名扬、张子元、戴汇昌等人都是苏工中名噪一时的装潢好手。同时活跃在扬州地区的扬帮，也是南裱中重要一派，其擅长揭裱旧画，揭、洗、补、裱技艺高超。清李斗《扬州画舫录》记载："吴县叶御夫装潢店，在董子祠旁。御夫得唐熟纸法，旧画绢地虽极损至千百片，一入叶手，遂为完物。"[61]扬帮善于修裱旧画，古旧书画虽支离破碎，一经扬帮高手修复，即可"起死回生"，足见其技艺之高超。京裱是北裱的主要流派，受宫廷装裱影响，承继宣和装，好用旗杆小边裱法，擅长装裱斗方、扁方等品式，其色彩辉煌，裱褙厚重，舒卷之间，当当作响。

1.1.4.2　修裱工艺

1.　卷轴[10]36-45

明代卷轴的突出特点是在画心前加装引首，用绢镶上下边。引首不同于隋唐以来的隔水，它是指在卷轴天头后、画心隔水前增加一段空白纸，用于题字或题诗。引首的出现，使明代卷轴形成了天头—隔水—引首—隔水—画心—隔水—拖尾的格式，并经清代、民国流传至今。清代在继承明代引首的基础上，又在引首与画心之间或画心与拖尾之间作双隔水，称正、副隔水。卷轴示例见图1-7。

明代继承宣和装小撞边形式，同时在解决引首纸与画心尺寸不一致的问题上，采用以绫（绢）挖镶，或绫（绢）宽边镶裱取齐并带转边的形式。清代则沿用仿宋宣和装撞边式、绢镶边转式、纸套边式等。此外，为保

图1-7　卷轴

护画心，晚清时期尾纸加长。

卷轴的用料方面，这一时期包首仍用锦，天头、隔水用绫。引首纸的材料，明代有宋经笺、白宋笺、宋元花金笺、高丽蘭纸等，清代则多用宋笺纸、藏经笺纸及金笺、粉笺、腊笺等各种浅色笺纸。轴头，明代多用嵌在轴尾与轴齐平的玉轴头，清代则用玉轴、牙轴或瓷轴等，且轴头与别子一般是配套的。

2．挂轴[10]38-47

明清时期挂轴品式有仿宋宣和装、一色式、二色式、三色式、加镶诗堂装、对联装、屏条装、横批、镜片、贴落等。

仿宋宣和装："画心上下镶淡色隔水，以米黄色或月白色为主；四周镶皮条边（褐色纸或金黄色绫、绢条），然后上下接镶绫天地。"[10]38

二色式：有绫圈绫天地二色装、绢圈绫天地二色装。绫圈者，画心四周镶白绫为圈档；绢圈者，圈档用绢为整料，画心挖嵌其中。二者均贴惊燕，色同圈档。

三色式：与二色式基本相同，不同之处是在画轴的上下加正、副隔水，惊燕颜色与副隔水同，一般横长竖短或尺寸较小的画心采用三色式。

加镶诗堂装：诗堂是在画心上方加一段空白纸，用以题诗或题字，相当于卷轴中的引首。加镶诗堂有两种方法：一是在画心与诗堂之间镶绫条或绢条，二是直接在画心上方镶诗堂。

对联装：是将对联用一色绢镶式装裱成挂轴，明万历年间出现，多为书法作品，裱件淡雅，一般与中堂合挂。其"装裱形式窄而长，天地头均较短，地头约是天头的三分之二，地杆两侧不安装轴头，轴杆与绢边齐，两头用锦、绫封好"[10]39。

屏条装：明代流行多景屏条，常见的有以春、夏、秋、冬四季为内容的四景屏。其装裱形式为一色式，画心上下接镶天地，左右镶窄边，镶料或绫或锦，地杆两侧不装轴头，以便屏条并挂在一起。各屏条画心的尺寸，镶料的材料、颜色、质地须一致。故宫博物院所藏明代陈焕的《四季山水屏》即是典型的一色式多景屏条。清代，屏条装继续发展，出现了新的形式。一是通景屏，也称海幔，它与多景屏大致相同，也以四为基数，有四、六、八、十二等。它与多景屏不同的是，通景屏为保证悬挂时的连贯性，仅在首尾两幅的外侧镶边，首尾两幅的内侧和其他各幅均不镶边；仅在首尾两幅地杆外安装轴头，其他各幅均为平头。二是寿屏装，起源于宫廷，后普及民间，多用于帝王画像、寿幛等，镶料主要是富有喜庆感的红绫、黄绫等。

镜片是书画修裱后不加轴杆，装进镜框内悬挂，以供观赏。贴落即便于贴上、落下之画，是将书画裱成镜片样后直接贴在墙上的一种简易的装裱形式。

明清时期挂轴除品式有所创新外，尺寸和用料也有改变，如明代天地头、隔水尺寸加长，轴杆多采用杉木，轴头有犀角、紫檀、花梨、珐琅、檀木等。清代挂轴包首用料改锦为绢，颜色多与隔水同色；轴杆主要用普通木料，如杉木及其他杂木，取其质轻；轴头用料有红木、紫檀、象牙、犀角、黄杨，以及官、哥、定窑及青花白地宣瓷。

3. 册页[10]40-47

明清时期册页有经折装、蝴蝶装和推蓬装（见图1-8）。明代较多使用蝴蝶装，除普通蝴蝶装外，还有绢转边式蝴蝶装、绫面绢边式蝴蝶装等，其前带副页，正页有纸开身、绢开身及绫开身。此外，明代还流行将折扇面改装成册页，以推蓬装居多。至清代，蝴蝶装有纸挖镶式、绢挖镶式、绫挖镶式、绢五镶式、绫五镶式等。一开册页上有两幅画心的通常采用五镶式，其开身用五条绢（绫）贴在画心四周，中间分心一条、上下左右各一条。推蓬装有纸挖镶式、绢挖镶式及绫挖镶式等。这一时期册页的板面有纸合板包锦装、楠木板装、红木嵌锦装等。

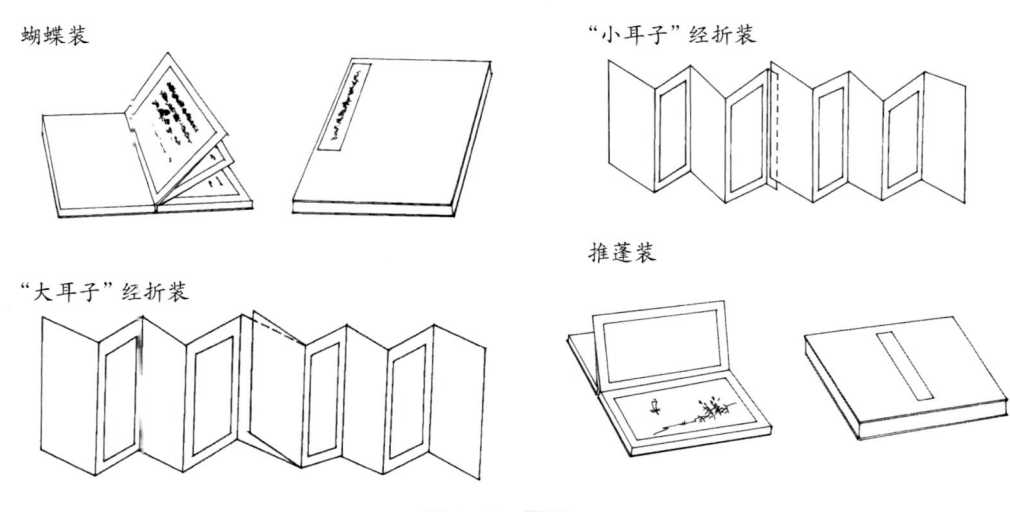

图1-8 册页

4. 线装

明代中叶以后，为解决书叶的牢固度问题，以及适应书籍生产高度发展的客观要求，提高工作效率，创造出了线装这一装帧形式（见图1-9）。线装与包背装的折叶方法、版心方向相同，二者的区别只是书皮的装订方式不同，线装的前后书皮分开，各用一张纸，用线和书芯装订在一起。这种装帧形式牢固、美观，方便阅读，且不易损坏，因此很快得到推广、普及，成为我国书籍装帧的主要形式。目前我国现存古籍主要是线装书。

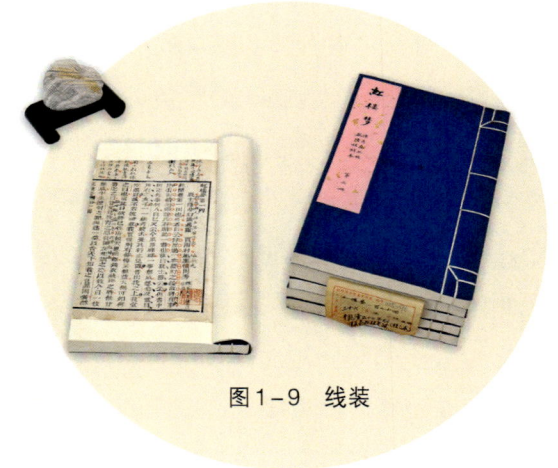

图1-9 线装

1.1.4.3 修裱理论

明清时期皇家重视修裱，专门成立装潢所，宫内有大量工匠供役，同时民间修裱业也非常发达。这一时期不仅修裱技术得到全面的发展，装潢品式和修裱工艺均有所创新，修裱理论更是得到了系统全面的总结，出现了众多总结装潢理论和修裱技术的著作，为修裱技艺的发展和普及奠定了理论基础。其中最著名的是周嘉胄的《装潢志》，除此之外，周二学的《赏延素心录》、孙从添的《藏书纪要》及叶德辉的《藏书十约》也都各有所长。

1．《装潢志》[49]

《装潢志》，明代周嘉胄著，约成书于明代末期。全书共四千余字，分序言和四十二小节，深入浅出地总结和归纳了当时书画装裱、修复的技艺与经验，是我国第一部详细论述书画装潢与修复的专著。

首先，他分析了装潢与修复对于书画的重要性，认为修裱质量的优劣是书画存亡的关键。他在《装潢志》序言中写道："装潢优劣，实名迹存亡系焉。窃谓装潢者，书画之司命也。"[49]9 而修裱质量的优劣，则取决于修裱工匠技艺的高低。他在"古迹重装如病延医"一节谈道："前代书画，传历至今，未有不残脱者。苟欲改装，如病笃延医。医善，则随手而起，医不善，则随剂而毙。所谓不药，当中医不遇良工，宁存故物。"[49]11 他将修裱工匠的修裱技艺比喻成医生的医术，医术高明，则药到病除；医术庸劣，则随剂而亡。他强调"不遇良工，宁存故物"，并进一步指出良工的具体标准："须具补天之手，贯虱之睛，灵惠虚和，心细如发。充此任者，乃不负托。又须年力甫壮，过此则神用不给矣。"[49]14 除修裱工匠外，书画的主人，同样影响书画的命运。他指出："宝书画者，不可不究装潢"，"主人精审，于中参究，料用尽善，一一从心"，选择良工，"宾主相参"[49]11-15，共同磋商修裱细节，商定装潢品式，这样才能称心美满。

其次，他全面总结了当时的修裱技术与修裱材料。通过"宾主相参""审视气色"二节，探讨、商定具体的修复方案。"洗"到"囊"等十六节，逐一介绍当时的修裱程序与技术，如"洗时，先视纸质松紧，绢素历年远近及画之颜色，霉损受病处，一一加意调护。损，则连托纸洗，不损，则揭净"[49]17，指出清洗旧书画前，须观察纸张的纸性，绢的年代是否久远，画面的颜色情况，以及霉变受损的地方，都需要一一注意调护，如果画心受损，就连同托纸一起清洗，画心未受损，则揭净再洗；又如"补缀，须得书画本身纸绢质料一同者……绢须丝缕相对，纸必补处莫分"[49]19，强调选配补纸、补绢应与原书画的质地相同，补绢应与书画原绢经纬丝缕相对，补纸应与原作天衣无缝；为了解决修裱旧书画时遇到的画心变小的问题，他介绍了当时的经验"衬边"："补缀即完，用画心一色纸，四围飞衬，出边二三分许，为裁镶用糊之地，庶分毫无侵于画心。"[49]20 即在画心修复完成后，选用和画心同色的纸裁成条，衬在画心四周，使画心整体宽出二三分左右，衬边可用来裁切、镶料、刷糊等，从而保护画心。"染古绢托纸"到"忌"三节，叙述了修裱过程中可能遇到的问题及解决办法。"手卷"到"又方"六节介绍了当时的装潢品式。"治糊""用糊""纸料""绢绫料""轴品"等节，系统总结了适合修裱的相关材料，如纸用连四，绫用宣德、白门，轴以犀角最妙等。"佳候""裱房"二节指出了修裱环境与修裱质量的关系，总结出："已凉天气未寒时，是最善候也。未霉之先，候亦佳"，"裱房恶地湿而惮风燥，喜温润而爱虚明。装板须高，利画竖帧。必安地屏，杜湿上蒸"。[49]59-60他认为秋天是修裱书画最好的季节，梅雨之前的春天次之，夏天要防霉烂，冬天要防冰冻；裱房宜温暖湿润、宽敞明亮，须安装地板，隔绝湿气向上蒸发。这些技巧与经验，对后世影响深远，有些直至今天仍在传承沿用。

此外，《装潢志》提出了"朴于外而坚于内"的修裱理念，指出修裱过程中首先应以书画本身的坚固完整为出发点，保护画心不受损坏，其次在审美上通过材料、色彩、形式等与画心相协调，不过分追求华丽奇巧，倡导朴实大方的装裱风格，反映了作者的审美品位和艺术追求。"朴于外而坚于内"，遵循这一理念的裱件往往线条简练，风格朴实，镶料坚固，能经历时间的考验，历久弥新。因此，这种修裱理念对后世产生了重要的影响，直至今天仍是书画修裱的基本准则。

作为我国第一部详细论述书画装潢与修复的专著，《装潢志》不仅系统而全面地总结了当时书画装裱、修复的技艺与经验，而且为装裱工艺的普及和发展奠定了理论基础，在装潢史上首屈一指，不少观点直至今天仍有参考价值，具有重要的历史和现实意义。

2．《赏延素心录》[15]

《赏延素心录》，清代周二学著。全书共两千余字，分十则：一是揭洗，二是补缀旧画，三是立轴的装裱，四是手卷及册页的装裱，五是糊法，六是裱画季节及悬挂，七是跋尾印记，八是画闩及画叉，九是画案，十是画匣和画橱。它论述了当时书画装潢的技艺与经验，旁及装潢、收藏、展陈的工具器物，具有较强的实操性，被丁敬赞为"精而不苛，简而有要"，与《装潢志》并称"中国古代书画装潢界的双璧"。

周二学在"法不违古，制匪翻新"的前提下，既继承了前人的优良传统，又提出了许多颇有见地的主张，其中不少观点在今天仍有借鉴意义。如第五则中糨糊的制作方法基本沿袭前人方法，唯一不同的是强调水要用秋天的陈雨水；第六则中关于装潢季节的选择，"春和秋爽为佳候，忌黄梅、积雨、痴风、严寒"[15]3，与前人观点一脉相承，认为春秋季节是装潢书画的绝佳时段；又如第二则补缀旧画中批评裱画匠滥割画心，提出"必须觅一色纸绢，接阔一分，才不逼画位"[15]1，即采用今天的"局条"办法，以保护画心；第三则立轴的装裱中，指出"画背纸用元幅，精匀漫薄……视画之长短隔狭裁割，勿以零剩补凑。交接细止一线，稍阔便横梗画面。托画亦用前纸，更拣密腻者，不但质韧护画，它日复裱，且易揭起"[15]1，即覆褙纸应选用比画心大的大幅纸，不能用零剩的纸补凑，若画心过大，无足够大的覆褙纸，需拼接时，则接缝应"细止一线"，接缝过宽，易横梗画面，在后期的舒卷中，接缝处易磨损折断，损伤画心。"它日复裱，且易揭起"，倡导当下的修复与装裱所使用的材料应具有可逆性，便于后人的重新装裱，现代文物修复理念中的"可逆性原则"与之一脉相承。值得一提的是，周二学倡导的"局条"、选择覆褙纸以及拼接覆褙纸等技法，时至今日仍行之有效。

除记述当时书画修复的用料、品式及技法外，周二学还重视对书画收藏用具的介绍。如第八则详述了挂画用具画闩、画叉等的选择与制作方法，第九则记述画案形制、材质和制作方法，第十则详细介绍画匣的形制与制作方式。这些内容不多见于其他装潢著作，可见周二学对书画收藏的重视。他的部分收藏理念，对今日的书画收藏亦有重要的借鉴意义。

3.《藏书纪要》[62]

中国古代早期的纸质书籍多为卷装，因此古籍修复技术与书画修裱技术可谓是同宗同源。卷装书籍流行的时期，古籍的修复、装潢与书画的修复、装潢并无二致。宋代以后，册页装书籍大量生产，书籍的装订方法有了很大改变。由于工具使用、工作环境的要求以及工作的方便，卷装、经折装书籍的修复，逐渐并入书画修裱的行列。而蝴蝶装、包背装、线装等册页装书籍的修复，多依存于宋代以后出现的书坊。收售旧书的书坊主很多都善于修复书籍，他们大多白天卖书，晚上修书，如清代光绪年间北京琉璃厂肄雅堂店主丁子固就非常善于修复书籍。虽然书籍修复与书画修复出现了行业分工，但实际比较两种技术，其最主要的差别在于书叶修复完成后的装订技术与书画画心修复完成后的装裱技术不同，其余技术差别并不是很大，如书画修复的"揭""洗""托""裱"等各法，同样适用于书籍修复。

清代孙从添著《藏书纪要》，是一部较早论述藏书建设的理论专著，全书分购求、鉴别、抄录、校雠、装订、编目、收藏、曝书八则，其中"装订"一则详述当时书籍的修复与装订技术，总结书籍装订修复理论。如关于适宜修复的季节，他指出："糊裱宜夏，折订宜春。若夏天折订，汗手并头汗滴于书上，日后泛潮，必致霉烂生虫，不可不防。"[62]23 对于修复旧书，他总结道："至于修补旧书，衬纸平伏，接脑与天地头并。补破、贴欠口，用最薄棉纸熨平，俱照补旧画法，摸去一平，不见痕迹，弗觉松厚，真妙手也……凡书页少者宜衬，书页多者不必。若旧书宋元钞、刻本，恐纸旧易破，必须衬之，外用护页方妙。"[62]22-24 此外，他还详细记叙了线装的具体方法和工序要求，如："装订书籍，不在华美饰观，而要护帙有道，款式古雅，厚薄得宜，精致端正，方为第一。……书面用古色纸细绢包角，裱书面用小粉糊，入椒矾细末于内，太史连三层，裱好贴于板上挺足，候干揭下压平用，须夏天做秋天用。折书页要折得直、压得久、捉得齐，乃为高手。订书眼要细，打得正而小，草订眼亦然，又须少，多则伤书脑，日后再订，即眼多易破，接脑烦难。天地头要空得上下相趁。副页用太史连，前后一样两张。截要快刀截，方平而光，再用细砂石打磨，用力须轻而匀，则书根光而平，否则不妥。订线用清水白绢线双根，订结要订得牢，嵌得深，方能不脱而紧。"[61]21-22 可见，线装书的装订，从折叠、打眼，到截（裁）纸、订线，都颇为讲究，这些经验之谈，至今仍为业内所继承、遵守。

4.《藏书十约》[63]

《藏书十约》，清代叶德辉著，成书于清末。叶德辉受孙从添《藏书纪要》启发，从清末藏书的实际情形出发，在孙从添藏书八则纪要的基础上，将藏书活动归纳为购置、鉴别、装潢、陈列、抄补、传录、校勘、题跋、收藏、印记等十项，全面系统总结藏书的原则与方法，见解独到。其中"装潢"详细讨论了书籍的修复与装订。如他认为："书不装潢，则破叶断线，触手可厌。余每得一书，即付匠人装饰。今日得之，今日装之，则不至积久意懒，听其丛乱。装钉不在华丽，但取坚致整齐。"即装潢不在讲求华美，而意在坚致整齐，保护书籍。"书内破损处，觅合色旧纸补缀"，即以颜色相近的纸补破，现代文物修复中的"整旧如旧"以及"修复材料相似"等理念与之相合。在包角的问题上，叶德辉指出了南北方的地域差异，并根据南方气候条件总结其经验："北方书喜包角，南方殊不相宜。包角不透风，则生虫，糊气三五年尚在，则引鼠。"同时，在藏书的装具问题上，他指出："北方多用纸糊布匣，南方则易含潮，用夹板夹之最妥。夹板以梓木、楠木为贵，不生虫，不走性，其质坚而轻。"[63]叶德辉的这些经验之谈，对今天的古籍修复及保存仍有重要的借鉴意义。

1.2 修复意义

1.2.1 修复纸质文物，有利于文物的长期保存和中华文明的延续与传承

中国是历史悠久的文明古国，在长达五千年的文明历程中，积淀了深厚的文化底蕴，产生了巨量的纸质文物。这些典籍文物是中华文明的最重要载体，承载着丰厚的历史和文化内涵，是中华文明延续发展的历史见证；同时也是不可再生的文化资源，一旦遭到破坏灭失，将不能挽回。

以古籍为例，在漫长的历史长河中，先民所创造的全部典籍历经沧桑，在水火、虫鼠等自然灾害和历代"书厄"等人为破坏中，遭受了不同程度的损毁，有的甚至荡然无存，可谓"百不存一"。尽管如此，由于藏书之人的精心保存和古籍修复技艺的技术支持，仍有较大数量的古籍流传至今。根据国家古籍保护中心发布的数据来看，截至2019年11月，全国已有24个省区市完成古籍普查登记工作，古籍普查完成总量为260余万部另1.8万函，2315家收藏单位完成古籍普查登记工作。[64]此外，尚有部分公藏单位的古籍普查工作正在进行，部分寺院及私人藏书未进行古籍普查。而现存古籍中，"需要修复的古籍在上千万册件以上，其中珍贵古籍亟须进行抢救性修复的约有20万册件"[65]。把这些破损古籍修复好，恢复旧观；把这些珍贵的文化遗产保护好，传之永久，是纸质文物修复工作的重中之重。

自2007年"中华古籍保护计划"实施以来，依托12家国家级古籍修复中心，抢救性修复了一批珍贵古籍，并逐步在全国建立了修复网络，培养了一批古籍修复人才，各地修复工作有序进行。如上海图书馆十年间累计修复古籍19733册1095543叶，占全国古籍修复总量十分之一以上。[66]又如国家图书馆实施的针对馆藏西域纸质文献的修复与保护项目，自2005年起，国家图书馆先后六次征集入藏和田等地出土的西域文献，建立了西域文献专藏。其中的纸质文献入馆时破损严重，"存在表面污迹、焦脆、烟熏痕迹、糟朽、絮化、褶皱、卷曲、虫蛀、双层粘连等状况，不经过修复无法提供给学者使用"[67]3。文献修复组随即开展修复工作，并与文献研究专家、古籍修复保护专家共同探讨，制定了稳妥的修复方案和修复细则。2009年，为更好地完成修复工作，国家图书馆设立馆级科研课题"馆藏西域文献修复研究"。2013年，课题结项，西域文献修复工作顺利、圆满完成。

这些修复工作的开展，使破损严重的纸质文物得到了抢救性的修复，整体面貌大为改观，褶皱、卷曲部分得以展平，裂口、虫蛀、残洞部分得以补全，糟朽、絮化部分得以加固，阻止了病害的继续发展，使文献免遭灭失，从而得以"保命""续命"，有利于文物的长期保存。因此，书画的装裱修复和古籍的修复技艺在修复、保护纸质文物等珍贵的文化遗产方面起到了至关重要的作用，在继承和发扬中华民族优秀文化传统、延续中华文明根脉的过程中发挥着重要作用。

1.2.2　修复纸质文物，可以为研究者提供更好的服务

古籍在流传过程中，因保管不善或水灾、火灾等其他种种原因，容易遭受不同程度的损毁，如表面有污迹，沾有泥斑、鸟粪、鼠粪等；书叶残损，纸张焦脆、糟朽，稍加翻动即有碎片脱落；书叶褶皱、卷曲，遮盖字迹；书叶粘连，遮盖内层文字等。长期处于潮湿环境的古籍，容易潮烂断缺，粘连成块，结成书砖，很难打开；尤其是新出土的古籍，由于长期埋于地下，在尸体霉菌和潮湿环境的作用下，易变成又黑又丑的"饼子书"，如1984年江苏太仓明墓出土的多种线装古籍，就像是摆在盖棺布上的四块颜色黝黑、油腻发臭的"牛粪"。[68]223诸如此类的古籍，若不进行修复保护，很难提供给研究者使用。

而及时、科学地修复这些破损古籍，一方面能阻止病害继续发展，避免文献受损部分脱落或灭失，避免古籍破损积小成大或破损古籍积少成多，最大限度地延长古籍的使用寿命；另一方面能最大限度地恢复古籍的原貌，保证文献的准确性和相对完整性，同时能以良好的状态呈现在研究者面前，为学术研究提供便利。如国家图书馆在修复与保护馆藏西域文献的同时，还联合相关专家学者，组织研究团队，开展相关研究工作，出版专著3部，发表论文50余篇。这些研究成果，大部分是在修复保护工作的基础上完成的，"学者们进行文字释读，主要的依据是修复后文献的图片，有的检核了文献原件；相关著作所使用的图版，也大多是修复后文书的图片。修复工作为文献释读、著作出版提供了有力的支持，得到了文献研究专家们的好评。"[67]123再如，江苏太仓明墓出土的线装古籍，刚出土时像是四块"牛粪"，经修复后，发现是四部实用性读物：《居家必用类事全集》《古今考》《尺牍清裁》《口字文汇体》，均是少见的明刻本。特别是后来又在这些古书的夹叶中发现手抄文牍十四页和《战国策索引》十三页，这些手抄文牍，记载了很多有关明代卫所吏治和江南风土人情的珍贵资料，有较高的研究价值，有益于推动相关研究领域的进一步发展。[68]225

1.2.3　修复纸质文物，有利于培养修复人才，推动修复技艺传承发展

古籍修复技艺是一项传统手工技术，需要在具体的古籍修复过程中不断实践、积累经验，才能逐步提升修复水平。因此，修复人才的培养，以及修复技艺的传承，都离不开实际的修复操作。进

入21世纪以来，古籍修复技艺得到越来越多的关注和重视。值得一提的是，2008年6月，古籍修复技艺被列入第二批国家级非物质文化遗产名录。同时，随着"中华古籍保护计划"的开展，我国对古籍修复人才的培养也在加速进行，已探索出一条分层次与多元化的古籍人才培养的路子。例如国家古籍保护中心设立多个古籍修复技艺传习所，各级古籍保护中心举办古籍修复培训班，认定国家级、省级非物质文化遗产古籍修复项目传承人；复旦大学等高校开展古籍修复与保护方向的高等教育，如设立"中华古籍保护研究院"，培养古籍保护方向专业硕士研究生等。这些传统的言传身教、师徒传承与现代化的人才培养机制相结合的方式，初步改变了古籍修复人才匮乏的局面。

2022年4月，中共中央办公厅、国务院办公厅印发了《关于推进新时代古籍工作的意见》，这是自1981年9月中共中央发布《关于整理我国古籍的指示》以来，时隔41年后的又一指导性文件。其中明确提出要"扩大古籍保护修复人才规模"，"提升古籍修复能力，加强濒危古籍抢救性修复"[69]，并要求各地区各部门结合实际认真贯彻落实。这有益于古籍修复人才的培养，古籍修复能力的提升，并将进一步推动古籍修复技艺的传承，以及我国古籍修复事业的发展。

1.3 当代纸质文物修复原则[70]

纸质文物的修复技术自魏晋南北朝初创之后，历经各朝的发展，逐渐形成了如今的修复技法。各时期的修复人员在研究探索修复技艺的同时，也形成了一些修复理念，如北宋米芾坚持"古画若得之不脱，不须背裱。若不佳，换裱一次，背一次，坏屡更矣，深可惜"[51]518；南宋周密倡导"不许揭薄""不许裁剪过多"；又如清代孙从添认为"装订书籍，不在华美饰观，而要护帙有道，款式古雅，厚薄得宜，精致端正，方为第一"[62]21；等等。

随着纸质文物保护修复理念的日益完善，修复人员在总结丰富经验的基础上，形成了修复的基本原则。书画修复技术与古籍修复技术关系密切，在修复原则上有很多相似之处，但二者的修复对象不同，工作重点不同，修复原则也存在些微差异。具体来说，南京博物院指出在书画修复工作中应贯彻七项修复原则：兼容性原则、可再处理性原则、最小干预与可辨识原则、良好的耐老化性原则、最大信息保留原则、传统与现代结合的原则、规范与标准化原则等。[71]15-16 而古籍修复工作应坚持：安全性原则、真实性原则、最少干预原则、可逆性原则、可识别性原则、相似性原则、规范性原则等。以下将以古籍修复原则为例重点介绍。

1.3.1 修复阶段

从古籍的破损程度来区分，古籍修复工作可分为抢救性修复、保护性修复和预防性修复三个阶段。

1.3.1.1 抢救性修复

这是一种在非常紧急状态下的修复行为，其目的是马上阻止文献破损部位的蔓延或发展。一般情况下，这主要针对的是严重破损的古籍。这部分古籍如果不能马上进行抢救性修复，破损情况很可能继续发展，造成古籍受损部分局部或全部脱落或灭失。阻止突发事件对古籍造成的侵害，也是抢救性修复的主要内容。例如，每年雨季或采暖季节，总有些图书馆的部分馆藏被雨水或暖气泄露的水浸湿，这些书籍如果处理不当，往往会很快生霉。这种情况下，必须尽快采取相应措施，脱水除霉，避免损失的扩大。虽然抢救性修复可以快速挽救一大批古籍，但也有一个致命的缺点，就是很难对破损古籍实施全面拯救，只是借助于极端紧急状态下的修复干预，挽救那些"有药可救"的古籍。至于有些古籍上出现的已经不可逆的损伤，如严重的纸张霉烂、揉、磨伤害，则只能做一些加固，对已经损失的文献信息则无力恢复了。

1.3.1.2 保护性修复

针对严重破损程度以下的古籍，在"整旧如旧"、保持古籍原始面貌的原则下实施修复，延续古籍的使用寿命，这是在古籍修复过程中使用最多的一种修复措施。需要说明的是：所谓的"整旧如旧"，不是企图恢复古籍损坏以前的原貌，如宋版书在宋代的原貌、元版书在元代的原貌。古籍传世至今已历经千年，书籍制作时期的旧貌，现在大多已经改变，看不出原来的面貌，也无从谈恢复不恢复了。我们现在能做的，只是尽可能保留古籍在现在我们进行修复之前的面貌。而所谓保持古籍原始面貌就是指，在修复工作中只是修复和加固古籍的残破部分，而不能使古籍其他部分的现有性状发生任何形态上的改变。

1.3.1.3 预防性修复

预防性修复采取的保护措施是预防性的，目的是避免对古籍实施较大规模的干预。对古籍采取的预防性修复，一是在对古籍采取拍照、扫描等措施前，先对古籍进行修补和加固，避免在拍照、扫描的过程中，破损加大，或使破损部位脱离原书，产生不必要的残片。二是对古籍中虽未发生明显破损、但已经实际发生劣化现象的部位先进行小范围的修复，采取一定的措施消除危害古籍使用寿命的因素。例如，古籍书口部位经常发生磨损现象，有的地方断裂，有的地方还没有完全断裂，呈断断续续的状态。如果只把断裂的部位修补起来，完全是可以的。但书口没有修复的部分，在很短的时间内有继续发展以致断裂的可能。在这样的情况下，就需要同时把折痕处已经有断裂隐患的部分修复一下，加以预防。再有，对于已经出现生霉现象的古籍，被霉菌腐蚀的部分看起来纸张还基本完整，但实际上纸张的强度已经很低，要马上采取措施加固，防止生霉部分出现更大的损失。这些都是预防性修复的重要内容。

修复工作的对象不同，工作重点也不同，强调的修复重点也应不同。在抢救性修复阶段，应强调"抢救为主、修饰为辅";在保护性修复阶段,应强调"整旧如旧",即保护古籍的"真实性";在预防性修复阶段,应注意把握"最少干预",不要过度修复。当然,这三个阶段的工作是不能截然分开的,有时一部古籍的修复过程就有可能包含了三个阶段的工作。

1.3.2 修复原则

1.3.2.1 安全性原则

古籍修复工作应该把安全性原则放在第一位。修复是一个高度专业的工作,其目的是保存和展示古籍的文献与历史价值。因此,在修复过程中,保证古籍安全是第一位的大事。这里包括几方面的内容:修复工作环境的安全性、修复措施的安全性、修复材料的安全性,以及古籍文献信息的安全性。

1. 修复工作环境的安全性

按照相关规定,修复古籍的工作间的安防要求应和善本古籍书库基本相同,即应安装红外、微波、烟感等用于防盗、防火的安防设备,保证修复环境的安全。

2. 修复措施的安全性

修复措施的安全性是指在修复过程中采用的修复技术或修复方法对古籍来说要绝对安全。绝对不能使用不当的修复措施。譬如,对古籍采取染色、揭薄等修复措施,是对文献的二次破坏,且这种情况下造成的破坏往往是不可逆的。采用这样的修复措施的出发点是使修复后的古籍外观漂亮,但从其修复结果来看,反而对古籍的文献信息造成了不可逆的损害,这样的修复对古籍来说只是在进行保护性破坏。

3. 修复材料的安全性

修复材料的安全性是指选用的修复材料对古籍来说应该是安全无害的,不应含有对古籍不利或有害的成分。例如,不能使用木浆纸作为古籍的修复材料。因为木浆纸的原料中含有大量的木质素和其他杂质,极易发生劣化现象,从而可能对古籍造成污染,影响古籍的长久保存。再有,在古籍修复过程中,不要使用明矾及其他可明显改变纸张性状的化学物质,以免对古籍以及环境产生不利的影响。

4. 古籍文献信息的安全性

在修复过程中,从始至终都要注意保证古籍所承载的各种文献信息的安全。其中包括:在修复过程中不能改变古籍用纸的长度、宽度、厚度等数值;不能使文字受到损伤,或被墨迹、颜色洇染等。

1.3.2.2 真实性原则

真实性原则就是保护文献的真实性，就是切切实实地保护古籍所有原始信息的真实性。这主要包括两方面的内容：文献内容的真实和文献形态的真实。过去，我们常说的"整旧如旧"的修复原则，其实就是要求保持文献信息的真实性。但由于业内对"整旧如旧"这个原则的解释过于概括和宽泛，特别是对于"整旧如旧"的"旧"字的理解到现在还没有一个统一的认识，一定程度上影响了该原则的实行。在国内同仁修复的古籍中，我们有时会看到一些装裱得很好、外观华丽漂亮，但文献信息已经"失真"的古籍。因此，有必要对"整旧如旧"原则作进一步的细化和明确。

1．文献内容的真实性

文献内容是文献承载的主要信息。古籍的文献内容是通过文字、图像表述的，因此在修复工作中注意保留图文信息的完整，就是在维护文献内容的真实性。

（1）文字、图像数量的真实。多数古籍存在文字、图像残缺的现象。处于破损边缘处的文字、图像受到的损伤一般较其他部位的要严重。修复时稍有不慎，就有可能导致这些受到损伤的文字和图像部分或整体缺失。保证古籍原有的文字、图像数量，是古籍修复工作的重点之一。

（2）文字、图像位置的真实。古籍多有残片，残片文字、图像的缀合必须非常慎重。没有确凿的证据和十分的把握，古籍的残片文字、图像不可随意缀合，以免出现错误，影响读者对其的正确解读，同时也避免二次修复带来的人为破坏。保证残片上文字、图像在古籍上的正确位置，也是古籍修复工作的重点之一。

（3）文字、图像形状的真实。这主要指在修复过程中要注意古籍文字、图像的真实。注意保持笔画、图形的原貌。

（4）残缺部位的真实。文字、图像缺失的部分，一定要保持原貌。在修复过程中，缺损部位载体的厚度和形状不应改变。

2．文献形态的真实性

文献形态的信息是通过文献装帧形式表现出来的。在修复过程中，必须忠实地再现古籍的原始文献形态，不能有一丝一毫的改变，在装帧形式、纸张规格以及纸张特征等古籍文献形态方面应特别注意。

（1）装帧形式的真实。古籍原始的装帧形式一定要按照修复前的面貌保留。破损的书皮、护叶尽量修复，恢复其使用功能，卷装古籍在修复时的添加物如包首、拖尾等最好不要和原件粘连在一起。

（2）纸张规格的真实。修复之后，古籍用纸的规格不应改变。换句话说，就是在修复过程中，古籍用纸不能裁，古籍用纸的规格数据不能改变。特别是要尽量保护古籍纸张的厚度不能因修复受到损伤。

（3）纸张特征的真实。古籍纸张特征明显，其中包括纸张原始信息，如纸张帘纹、规格等；加工信息，如纸张加工情况；还有在书籍制作时留下的特殊信息；等等。这些特征对古籍的研究都非常重要，应该完整地保留下来，不应因修复受到损害。

1.3.2.3 最少干预原则

最少干预原则是指对古籍历史信息的最少干预，这是指导古籍具体修复工作的非常重要的原则，即对古籍的修复始终要控制在最小范围内。无论是抢救性修复、保护性修复，还是预防性修复，都应该根据实际需要，把修复的面积控制在尽可能小的范围内，添加的修复材料要尽可能的少。比如，在古籍中，经常可以看到一些撕裂比较严重的书叶，但其纸张还保留着很好的强度，只要用很窄的纸条把撕裂的部分补好，纸张就可以基本恢复原貌了。这样的修复就是对古籍原始信息的最少干预。尽量不用纸把整张书叶都托裱起来，把书叶没有破损的地方一起加固。

1．避免过度修复

与最少干预的原则相反的就是过度修复。所谓过度修复，就是在修复过程中过量使用修复材料，以及采用一些本来并不需要采用的过度修复措施。本来用窄纸条就可补好的，却用托裱的方法修复，在古籍上添加了本不需要的材料，既浪费了资源，也干扰了古籍原始文献信息。因此，在古籍修复工作中应避免过度修复现象的出现，避免因过度修复干扰古籍固有的信息。如在古籍虽然遭到损害、但书叶强度尚好的情况下，对书叶整体托裱；或书叶局部破损，却采取把整张书叶背面都托裱一层纸来加固书叶的做法，这些就是过度修复的典型。

2．避免妄自补充缺失内容

不要试图恢复在文献上已经缺失的文字和图像，这对保护文献的"真实性"至关重要。在古书修复中有"划栏补字"的做法，在字画修复方面也有"接笔"和"全画"传统，将文献中原来已经缺损的文字图画补齐、复原。这样做虽然美观，却破坏了古籍的真实性。这是要特别注意的。

1.3.2.4 可逆性原则

1．技术措施可逆

技术措施可逆主要是指，修复后的古籍，必要时可比较容易地把修复材料从古籍上取下来。这就要求现在的修复不会对古籍原始文献信息造成任何不可逆转的变化。将来如果有更好的修复技术出现，可以轻而易举地清除目前的修复状态，恢复原状。即现在的修复不应对古籍原件造成任何损害，如有必要，随时可以改用更为先进的技术，以更好地保护古籍。例如，古籍用纸中，有一部分经过浸蜡、涂蜡的处理。由于蜡的作用，这一部分古籍纸张已经发生劣化现象，纸张强度降低。现在，如果采取相应的措施，将蜡从纸张中除去，在技术上不是什么难事，没有问题。但这样一来，古籍用纸的历史信息会不可逆地损失一部分，因此对这部分纸张的修复处理，还是注意尽量保留纸上的蜡为好。

2．修复材料可逆

修复材料可逆是指使用的修复材料性状不会发生变化，在采取相应技术措施以后，可以很容易地从古籍上取下来。

3．慎用新技术、新材料

近几十年来，市场上经常出现一些新研制的文献保护技术、机械和材料。例如纸张覆膜加固技术，气态、液态高分子化合物加固纸张技术，等等。但这些技术在纸张加固过程中使用的材料多数是用来修复近代图书的，并不适合修复古籍。其中还有一个重要的原因就是可逆性差，这些材料使用起来很容易，但要从古籍上把加固的东西取下来就比较困难。再有，有的药物在去除污染物时很有效，但容易引起纸张颜料变色。因此，在古籍修复中使用新技术和新材料，一定要慎重。

1.3.2.5 可识别性原则

在修复之前应该对古籍的原貌进行拍照留档。对前代修复人员为古籍修复工作所做的贡献应该给予尊重，当不同时期的修复材料重叠在一起时，要注意保存各个时代修复的历史信息。修复材料应与古籍的颜色协调，但也应有所区别，使人可准确判断添加修复材料的位置及面积，尽量保留古籍原有的文献信息。前人修复的信息要根据修复材料纸张颜色是否协调、原料结构与古籍是否相同等方面的情况区别处理。对古籍保存不利的要取下，这种情况主要出现在近代修复过的古籍中，补纸含有对古籍长久保存不利的成分，如补纸含有木浆、草浆成分，或补纸过厚、过硬，这样的补纸应取下、替换。有文献价值的要保留，有些补纸，特别是有字迹的早期补纸，具有相当重要的历史文献价值。这样的补纸可以从古籍上取下，经过修复后另行妥善保管，也可根据情况原地保留。当然，是否取下补纸不能仅仅依赖于负责此项工作的个人决定，而应由有关方面的领导及专家一起商讨决定。

1.3.2.6 相似性原则

1．修复材料相似

修复材料使用的纸张要和古籍整体颜色协调、相近，但不要求颜色完全相同。纸张结构和薄厚应和古籍原件的纸张类似。

2．黏合剂相似

古籍修复工作中使用的黏合剂就是传统的糨糊。为保证工作质量，可使用小麦粉，最好用小麦淀粉制作糨糊。使用小麦淀粉制作糨糊修复中国传统古籍，是经过历史检验的，已经有上千年的历史，长期的修复实践证明小麦淀粉糨糊是安全可靠的。

3．修复技法相似

古籍的修复应尽可能和古人修复方法相似。例如，古人制作古籍时可能还没有创造上墙绷干技术，这一点从古籍的装帧形式即可清楚地看出来，如绝大部分的敦煌卷子打开以后并不是直的，由于书叶宽窄不一，有的卷子甚至呈明显的弧形。所以我们在修复古籍的时候，也不要在修补好以后将古籍贴在木墙上绷干，这样既能保留古籍的原始面貌，又能避免在绷干时由于修复环境不适宜对古籍造成的损伤。

1.3.2.7 规范性原则

要保证遵循上述原则并将其用于指导修复工作，制定相应的规章制度是十分必要的。

1. 交接制度

要保证古籍修复工作的顺利完成，一定要建立必要的交接制度。这包括两方面的内容：与库房的交接和组内交接。与库房的交接应有比较详细的交接记录，记录应为二份，一份作为善本特藏修复组修复工作记录，一份留存库房。

2. 档案数据规范

修复档案的登记要规范登记项目、记录语言、记录形式等方面的内容。其中包括：古籍书目著录数据、外观描述有关数据、附件情况，破损位置、破损原因、破损程度的有关数据，以及修复要求、修复方案、修复过程等。

3. 保管措施规范

古籍在修复过程中的保管工作非常重要，不仅不能丢失，而且不能出现错乱，否则就会造成不必要的麻烦。待修古籍必须放进专用保险柜保存，且保险柜应与工作间隔离。

4. 技术与质量验收规范

古籍修复的技术与质量验收规范按照国家标准《古籍修复技术规范与质量要求》（GB/T 21712-2008）执行。

修复古籍的目的是延长古籍的保存和使用寿命，以便更好地研究和利用。古籍修复为长期保存创造了条件，也为研究、使用奠定了基础。为保证古籍的正常流通和有效利用，必须加强古籍修复工作。古籍修复的情况比较复杂，必须针对古籍不同的破损状况区别对待，在修复过程中若能坚持贯彻上述原则，对做好今后的古籍修复工作不无裨益。

1.4　纸质文物修复基本程序

纸质文物修复的基本程序有前期准备、修复装帧、验收交付等。

1.4.1　前期准备

纸质文物修复前应进行详细的前期准备工作，如点收文物、记录相关信息，为保留其原始特性及样貌提供客观依据，以便进一步制订具体的修复方案。修复方案制订之后，着手筹备修复材料及工具等，为后期的修复装帧工作做好充分准备。前期准备工作具体步骤如下：

1.4.1.1 点收文物

纸质文物修整前，先要按委托单位开具的委托单核点文物名称、件（册）数、页码等，并明确修整要求，注明点收日期和经办人姓名。本单位自修的文物，也要按以上要求登记造册、点收清楚。值得注意的是，在点收书籍的过程中，要特别注意书叶是否有残缺，页码顺序是否有颠倒错乱。没有页码的书稿，就要按顺序逐叶在书叶的右下角用细铅笔轻轻写上号码，这样，书籍拆散、书叶弄乱后，在重新装订时，仍可以按号码理顺原书，防止错页。此外，如果在点收中发现与原文物有不符合的地方，应及时与委托单位联系。总之，对于接收下来的待修文物，一定要做到心中有数，工作起来才有把握。

1.4.1.2 记录档案

文物点收之后，要将文物的相关信息及时记录在修复档案中。书画方面，需记录的内容有：一是书画基本信息，包括名称、作者、类别（书法、绘画或者拓片）、年代、尺寸（以画心最外端为准）、质地（纸、绢或其他材料）、作品内容、用印情况、原件装裱形式及用料等；二是书画破损情况，包括残缺部位确认、残缺原因分析以及污染部位确认、污染原因分析等；三是检查测试是否有脱色现象；四是照相记录，对书画作品原件进行全面和局部拍照，重要细节要近距离拍摄，尤其是受损严重部位，以此作为该件书画的原始影像资料。书籍方面，首先记录版本、册数、叶数及破损情况。珍本书籍登记要尽量详细，每部书几册，每册多少叶，甚至前后书皮及书叶是否完整、有无残损字，均须记明。其次记录修复要求，即是否保留原书皮、护叶等，是否衬、镶等，以待日后查考。

1.4.1.3 制订修复方案

同医生治病要有治疗方案一样，纸质文物的修复也要制订方案，方案包括修复流程、修复技术措施、工作进度等。文物的破损类型不同，年代不同，其修复方法也各不相同，因此应在全面检查的基础上，制订相应的修复方案。

以古籍为例，为制订修复方案，首先要查明待修古籍的损坏程度和损坏原因，其次要了解该书的版本、年代以及原书使用的纸张和印制、装帧特点等。同时，还要考虑委托单位提出的修复要求。对古籍损坏程度的检查，要做到全面、细致，不可草率从事。如果一部古籍损坏了五处地方，而只检查出三处，到后来再返工重修，就会增加许多麻烦。对古籍损坏的原因，也要有正确的分析。例如破损，有生物性破损（虫蛀、鼠咬等）、机械性破损（人工或器物划伤）、风化性破损等，其修复方法各不相同。又如书叶的黏结，有潮湿黏结、糨糊黏结、胶质黏结，其修复方法也各不相同。

1.4.1.4 备料

修复方案既定,就要着手准备需用的工具和材料,如刀具、糨糊、纸张、绢、绫、锦、颜料等。历代纸质文物所用纸、绢、绫都有其所处时代的特色,想要选配到完全一致的补料几乎是不可能的,就连找年份相近、包浆相似的补料也非常不易。这就需要修复工作者在平时工作中注重积累,适时保存从古旧文物上裁下的废料。

备料需要细致、全面考虑,因此备料这项工作应贯穿整个修复过程。以书画修复为例,托画心时所需的托纸,在画心清洗前和清洗后可能会有一定的差距,因此选配"命纸"最好在清洗画心后进行。

1.4.2 修复装帧

书画与古籍因其创作方法、装帧的不同,其修复流程也不尽相同。如书画需整修旧裱,即在修复前需要对原裱件进行整理和加固,主要包括挑刮染物、方裁画心、巩固画心三方面内容;除处理旧裱外,书画的修复流程还包括清洗去污、揭心、补心、托心、全色、贴条、上墙、打蜡、砑光、装裱上轴等多道工序。古籍的修复流程则包括清除灰尘,拆书,修补书叶,修复或重制封面、封底,装订等工序。

其中,古籍修复中清除灰尘可以使用吸尘器和软毛刷,吸尘器的功率大小控制在可以吸掉书籍上的灰尘即可,功率太大则容易吹坏书叶。破损较严重的书不能用吸尘器除尘,只可用软毛刷轻轻拂去书籍上的尘土。拆书,包括拆线、拆封面、拆纸钉,一般使用刀剪。线头可用手拔除,少数装订得特别牢固的书籍,要用尖嘴钳拔除线根。拆书时最要注意的是切勿损伤原书。拔除线根,用力要适当,以免拉坏书叶。拆散的书叶和封面,都要安放妥当,不可丢失或散乱。珍贵的古籍,特别是宋元版善本书,平时要放在有保险装置的柜子里妥善保管,修整时再拿出来。否则,一旦发生丢失事故,即使是缺失一页内封面,都会造成不可弥补的损失。

1.4.3 验收交付

为保证纸质文物修复工作的质量,要建立科学的成品质量检查标准和验收制度。

以古籍修复为例,对于书叶的修补,要检查糨糊的使用是否适当,有没有"小疙瘩"或粘接不牢的地方;配纸的质料及其颜色是否相宜,厚薄是否均匀。补破方面要检查补得是否平整,补缀中有无损伤书叶上的字体;折叶是否平直,书口是否有偏斜或损伤;捶书是否均匀平齐。封面的修复,要检查纸张是否与书叶配套,是否平整。装订方面应检查装订是否牢固、美观;书册、书叶的顺序与原装是否符合;裁书是否齐整,有无损及书上的字体;书角包得是否严紧、挺括,大小是否合度；打眼是否有歪斜；订的线粗细是否适度，颜色是否协调；线是否穿得松紧合适；各种特殊装帧的书籍是否合乎特殊要求；等等。

成品检验完成之后，应对送检的文物评定级别。质量不合格的成品，应返工重修。

修好的文物要按时交给委托单位，交接时委托单位要当面点验清楚，并在工作单上签署收件人姓名及交接日期，以备日后查核。

2 纸质文物修复技术

2.1 修复常用设备、工具和材料[68]47-79

完善的设备、工具和材料,是做好纸质文物修复工作的物质条件。古籍修复与书画修复所用到的设备、工具、材料,有很大一部分是相同或相近的,因此以下将主要对古籍修复工作所必需的设备、工具、材料,分别加以阐述,兼及书画修复所用。

2.1.1 设备

修复纸质文物的工作室,应设在保藏纸质文物的库房附近,以便于取送修补的纸质文物。但为保证库房安全,库房与工作室之间,应有防火隔墙。另外,修复古籍时要经常切纸、捶书,有时还要开动机器,声音烦嚣,为减少噪声干扰,工作室宜与阅览室和办公室保持一定距离。

工作室宜选用宽敞明亮的房间,光线充足,同时避免阳光直射、过于潮湿或过于干燥。工作室应空气流通,以便于清洗后的书叶及裱件自然晾干;门窗可密闭,并装有防尘设施,防止灰尘及蚊蝇等飞虫落在书叶及裱件上造成污染。此外,工作室宜配有恒温恒湿设备,以满足修复工作对温湿度的要求,同时最好配备监控探头、自动报警、自动灭火装置等相关安防设备。

为保证纸质文物修复工作的正常进行,工作室内应根据工作需要,安置各种必要设备。

1. 基本设备

(1)工作台(见图2-1)。工作台即修补案桌,俗称案子,是古籍修复工作最基本的设备。用结实而不变形的木材(如杉木等)制成,一般规格为长180cm、宽100cm、厚约2cm,台脚的高度为78 cm左右，应与工作者身高相适应，以利于操作。台面要求平整、光滑、不漏水，没有结疤偏缝。台面颜色以能与所修补的黄、白色书叶明显区分为好。

工作台除坚固耐用之外，还应有耐水、耐烫、防酸、防碱的性能。但使用时亦应注意不得直接放置带有酸性、碱性的化学腐蚀剂，也不能放置墨水、颜料等，同时要避免刀及其他硬性物质损伤台面。台面要经常保持洁净，用后用细布擦洗，并清除糨糊疙瘩。如有损坏龟裂，要及时修理。工作台应配有放大镜、无影台灯、保险箱、灯光补书板等，并预留有电脑显示器支架插口及相机万向臂插口。此外，工作台应当设有抽屉，以存放工具、材料。

临时工作台可用厚2 cm、长宽各60 cm的木板，刨平、上油，即可应用。

（2）裱画案（见图2-2）。又称裱台、裱画工作台，旧称太平案，常用于书画的修复与装裱。通常用质地较硬、无结疤、无虫蛀的木材制成，如杉木、黄菠萝木或红松木等。规格上，一般长不少于200 cm，宽不少于100 cm，厚9～13 cm，越大越好。案面为朱红色大漆罩面，要求面平如镜，不渗水，无结疤偏缝，不起皮，耐酸碱，耐高温。

（3）拷贝台（见图2-3）。又称拷贝桌，外形似长方桌，玻璃台面，台内装日光灯，内壁为斜面状，涂以白漆，利于灯光反射。灯光打开后，台上的纸质文物的破损情况一目了然，便于修复工作的开展。

（4）木墙。又称大墙，用来绷平书叶、书皮，或用于托纸、画心、镶料染色上壁贴平和晾干等，是修复工作的基本设备。木墙可分为纸面墙和木板墙。纸面墙多用粗木条组成木墙的边框，框内用细一些的木条组成木格加固，最后在木框外糊上9～11层纸制成。纸面墙多用于我国北方地区。在我国南方地区多使用木板墙。木板墙多用实木或在木框上钉三合板、五合板，外涂桐油或清漆制成。

两种木墙各有优缺点：纸面墙可在不同温湿度条件下保持墙面的平整，特别适合在四季空气温湿度变化较大的地区使用。纸面墙的缺点是受潮后容易生霉且不易清除，而且在使用一段时间后，清除木墙表面粘的纸边或破损后的修理都比较麻烦。木板墙的墙面清理比较容易，缺点是在空气温湿度变化较大的情况下容易变形，其裱件和墙面之间的透气性不如纸面墙。

图2-1 工作台

图2-2 裱画案

图2-3 拷贝台

还有一种木墙是在木框上钉五合板，然后在板面和框架四周涂上2～3层清漆，待漆完全干燥后，再在板面上粘贴2～3层白报纸制成的。这种方法制作的木墙，可以综合纸面墙和木板墙两者的优点，既保留了纸面墙良好的透气性，又方便清理墙面（可将墙面的纸用水润湿后擦掉，再重新糊纸）。

（5）晾纸架。古籍及书画修复过程中均需使用晾纸架。古籍修复中主要用于搭晾湿书叶和染色后的湿纸；书画修复中主要用于晾托画心、镶料或搭晾飘干经过加工的色宣，以及托合的覆褙纸等材料。晾纸架有立晾和平晾两种。立晾纸架的尺寸，可根据工作室大小等具体情况而定。平晾纸架可选用印刷行业使用的50层铁制晾版架，非常实用。

（6）补书板。旧时补书板多用草纸板粘合而成，外贴白宣纸，是补书的专用工具。用草纸板糊成的补书板吸水性好，但容易受潮变形，需经常更换。现在补书板可使用中密度板制作，在板面上裱几层宣纸，效果很好。中密度板不怕磕碰，不易受潮变形，用作补书板非常理想。补书板一般长50～60cm，宽30～40cm，厚约1cm。

（7）裱板。一般为木制板，规格多为长40cm，宽60cm，厚3cm左右。上涂白漆，用来托裱书叶。使用时，需在板上铺一层透明塑料布，以便于揭下书叶。

（8）LED光源补书板（见图2-4）。LED光源补书板兼具木质补书板和裱板功能，同时LED光源光线均匀可控，纸质文物的破损情况及修复情况在光的透射下清晰可见，可为修复破损之处提供方便。

图2-4　LED光源补书板

（9）压书板。旧时压书板多用樟木、楠木制作，现在多用中密度板制成。使用时可在板上糊一层白纸，以克服在压书叶时容易把首尾两叶吸住的缺点。

（10）裁板。裁切纸张、封面时用的垫板，以前多用硬杂木或杨木、桦木五合板等制作，以不伤刀锋为佳，现多用塑胶裁板。

（11）石板。石板以汉白玉制最好，大理石次之。可制成两种规格：大板为30cm×40cm×3cm，小板为20cm×30cm×2cm。大板用来捶书，小板用来压书叶。捶书专用的石板板面要平、滑，用过一段时间后，石板表面可能会出现一些小坑，须磨平再用。

（12）锥板。又称钉板，在打眼时垫用，规格一般为长50cm，宽40cm，厚约5cm。木制，柳木、椴木、松木、枣木或硬杂木均可，以柳木为最佳。

（13）铅砣。铅砣是用2.0～2.5kg铅铸成长方形，嵌到用新楠木制成的木盒中间而制成的。书芯打眼穿捻时，将铅砣置于尺板之上，用来固定已靠齐的书口。

（14）压书机。压书机用来压平书叶，有手动、电动、液压数控等三种，修复古籍经常使用的是手动压书机（见图2-5）。

图2-5　手动压书机

图2-6　手动切纸机

图2-7　电动切纸机

图2-8　水槽

图2-9　纸柜

（15）切纸机。切纸机用来裁切纸张、纸板，有手动（见图2-6）、电动（见图2-7）两种。需要注意的是，古籍一般不可用电动切纸机裁切。

（16）水槽。规格一般为长70cm，宽40cm，高5～7cm（见图2-8），用来洗书叶和染纸。不锈钢制最好，搪瓷槽、塑料槽次之。

（17）保险柜。用以藏置珍贵的善本书。

（18）纸柜。用以存放修复所用纸张（见图2-9）。

（19）工具柜（工具箱）。用以放置各种修复用具。

（20）桌式放大镜、落地式放大镜、手术放大镜。

（21）电磁炉。

（22）不锈钢平底水壶。烧制打糨糊用的开水。

（23）蒸锅。应带有箅子，用于熬制糨糊、蒸画及煮制染纸用的颜色水。

（24）电熨斗。用于清除书籍的油渍等。

（25）量杯。

（26）消防器材。

（27）电脑。用于制作修复档案等。

（28）拍照器材。包括无影灯、相机、翻拍架等，主要用于古籍修复前后及修复过程图像采集。

2．检测设备

（1）纸张测厚仪。用于测量纸张厚度（见图2-10）。

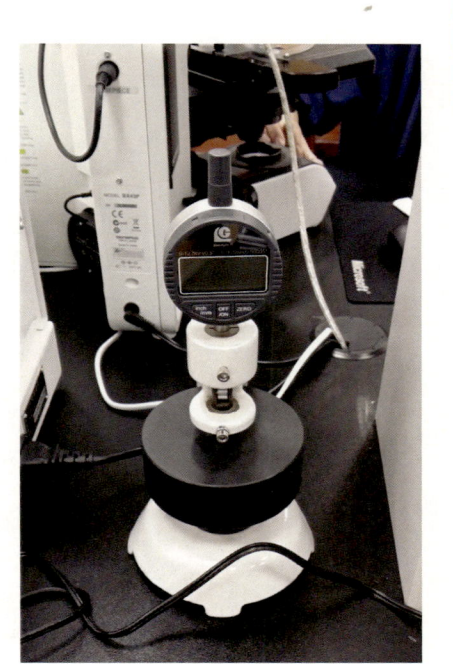

图2-10　纸张测厚仪

（2）纸张纤维测量仪。纸张纤维测量仪是用数码摄像机将纤维的显微图像转移到计算机，应用造纸纤维专业分析软件和图像处理技术来快速测量和统计纤维形态的各项测量值。[72]可用于纤维形态观察，鉴别和测量纤维长度、宽度、组成及配比等，是纸张成分检测的重要工具。

（3）酸碱度测试计。用于测量纸张酸碱度。

（4）电子天平。常用的称量设备。

2.1.2 工具

修复纸质文物必备操作工具有以下五大类。

1．刀具

刀具用于裁切纸张、书籍、硬纸板、绢、绫、锦等，尺寸没有成法，视工作对象的要求而灵活掌握，有些特殊用途的刀具，可用现有的刀具加以改制而成。

（1）马蹄刀（见图2-11）。形状如马蹄，易磨耐用，分大、中、小号，刀刃平直，刀口呈斜坡状，尖角约45°，用于裁割纸张、书叶、画心、绢、绫、锦等。

图2-11　马蹄刀

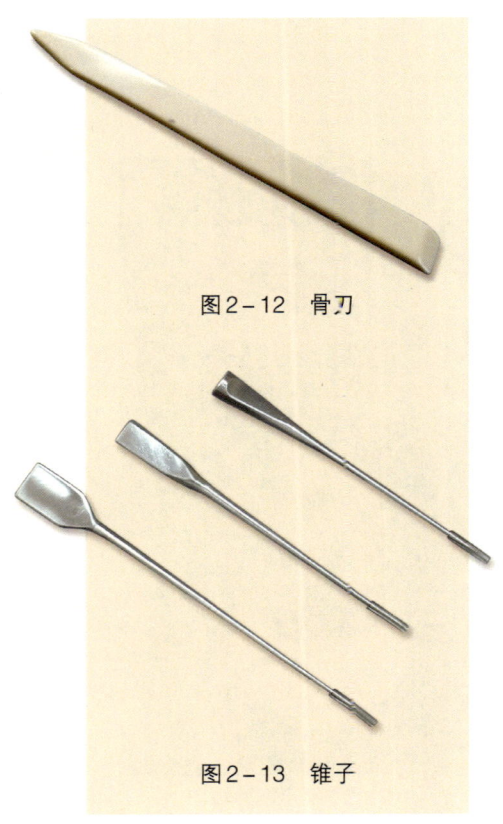

图2-12　骨刀

图2-13　锥子

（2）弯刀。用于裁割大张的纸张。

（3）割纸小刀。用于裁割零星纸张。

（4）裁纸小刀。用于裁切纸条、书签和零星纸张。

（5）美工刀。可作为马蹄刀、裁纸小刀的代用品。刀口用钝了，可以掰掉上部再继续使用，省却许多磨刀工夫。但裁切厚度较大的纸就不太方便了。选择刀具时，宜选用刀架稍重、刀头夹口紧的美工刀。

（6）锋钢锯条刀。书画装裱常用刀具，上轴头前用于削地杆。

（7）剪刀。分大、小两种，用于剪裁纸张，齐边，加工绢、绫、锦及剪断丝线。

（8）骨刀（见图2-12）。又称轧子或压板。一般多用牛骨或竹片制成，形似刀，故称骨刀，是册页装裱的常用工具，主要用于册页的折线划印、折边等。

2．其他金属工具

（1）锥子（见图2-13）。钢制，长15～18cm，尖头方顶，特制。下捻订线时打眼用。

（2）针锥。又称挑针，是修复中扎眼、挑纸、挑毛等工序的必备工具。

（3）镊子。用于揭开书叶，撕补纸边。最好选用医用眼科镊子，有圆头、尖头、弯头数种，以圆头的最好。

（4）缝被针。用于穿线订书。

（5）木锉。用于做函套时锉边。

（6）尖头钳子。用于拔除断线头，制作裱件的挂圈等。

（7）方顶铁锤。捶书专用。

3．制糊刷糨用具

（1）大盆。搪瓷、玻璃、陶瓷、不锈钢制品均可，用于调制糨糊。

（2）水缸或陶钵。用于洗面筋、沉淀小粉等。

（3）铜丝小箩或绢箩、马尾箩。用于过滤小粉、糨糊或颜料，也可以用纱布代替。

（4）搅糨糊棒。用于搅拌糨糊。

（5）糨糊盆。用于捣制糨糊和存放糨糊。

（6）糨糊碗。一般需配备两个，一个盛水，一个盛调好的糨糊。宜选用重量大、碗底大的碗，在使用中不易翻倒。不锈钢碗最好。

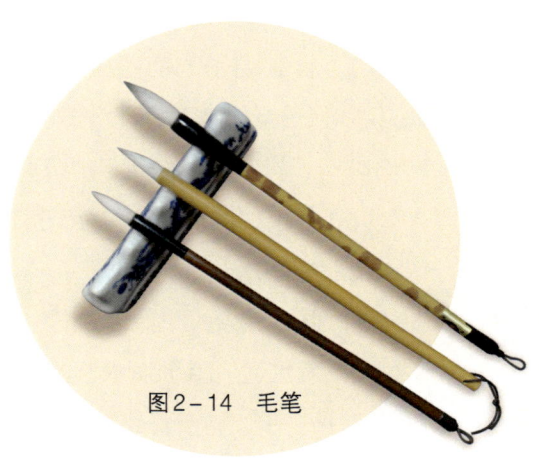

图2-14　毛笔

（7）糨糊槌。用于捣糨糊，圆形，用槐木、榆木等硬木制成，槌头要平，以利于捣捶。

（8）毛笔（见图2-14）。为补书主要工具，一般选用"长锋大楷"或"大白云"笔，用于溜口、补破等。

（9）排笔（见图2-15）。古籍及书画修复过程中均需使用，主要用于托裱时刷糨及纸张、绢、绫、锦等的染色。一般来说，托裱书叶用的排笔比裱画用的排笔要小得多，可以将一把多管排笔锯断为7～8管的小排笔。

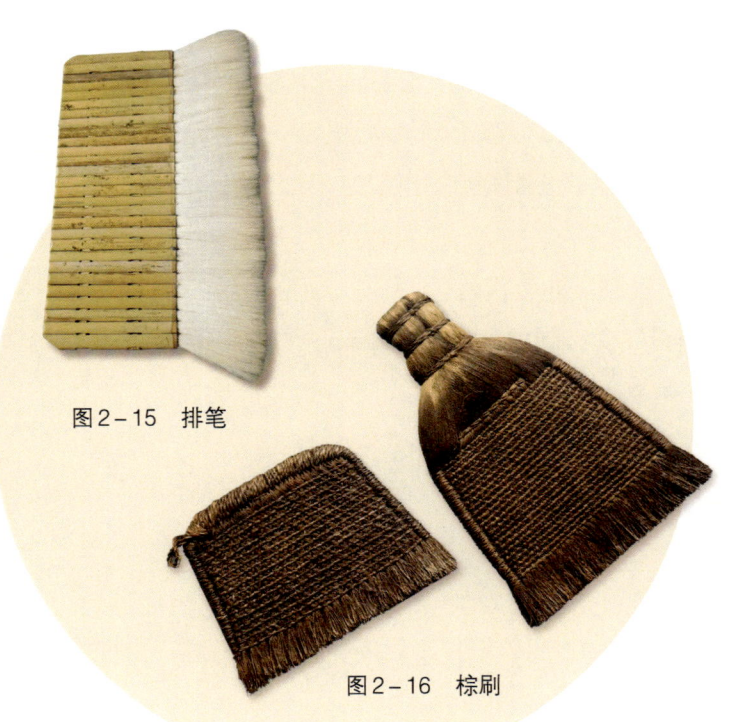

图2-15　排笔

图2-16　棕刷

（10）塑料薄膜纸或油纸。刷糨糊时用作垫铺，还可以用作防水纸。

（11）棕刷（见图2-16）。用棕丝编制而成，有南、北方之分，南方的小而薄，北方的大而厚，托裱时用。

（12）板刷。原为油漆刷，可用来刷较稠的糨糊。使用时，最好选择没有铁皮的板刷。

（13）波美表。用以测量糨糊浓度。

4．木器具

（1）葛板。补书时用于铺垫书叶。用几层硬纸板黏合而成，四周有布边包制，两面糊有白纸。

（2）划尺板。又称裁尺，传统上用楠木或杉木制作，两边镶有竹条。用于裁纸、订书，方裁画心及裱件、材料等，最好有长短几种规格。

（3）竹刮。折叶时用。

（4）启子。竹制或牛角制，略似剑形，前面薄而光滑，尖端为半圆形，后面逐渐粗厚（见图2-17）。竹制启子的前端应保留竹节部分。用于揭开书叶、裱件、画心等。修书时，挑书叶、揭书叶均可用。若是修书专用，则可适当薄、小一些。

（5）木锤。又称敲锤，用于下锥打眼，以枣木、榆木等硬木制成为佳。

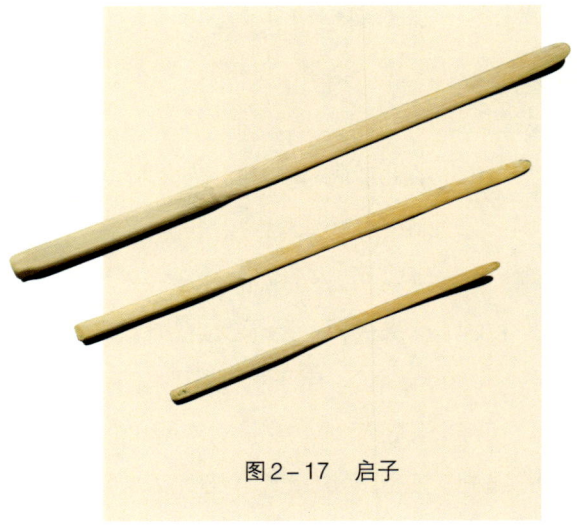

图2-17　启子

5．其他用品

（1）喷水壶。用于喷水湿润纸张。

（2）砑石。用于砑磨裱件、书皮、书背、边口、接缝处等，起加固、光洁作用。用光滑的长形鹅卵石制作而成，也可用坚细的玉石制成，大小以合手为宜，一面磨光，砑口要光滑，但亦不宜太光滑。

（3）蜡板。用作裱件擦蜡砑光。先用蜡板摩擦裱件背面，再用砑石砑光，使裱件背面光滑柔软，卷舒时不摩擦画心；同时在裱件背面形成一层保护层，以减小潮气浸润。

（4）量尺。塑料、木制、金属制品均可，要有市制、公制刻度，供量定尺寸之用。测量古籍尺度时，最好要用刻有古代尺度的专用尺。

（5）镇尺。石制品，压镇书叶之用，硬木或陶瓷制品亦可代替。

（6）长方石。包书角和扣书皮时用，用大理石或青石制成，规格为11cm×7cm×3cm。

（7）三角尺。订书时用于比划规矩。塑料、木制、金属制品均可以。

（8）铅笔。用于编写页码等。

（9）笔洗。用于洗笔。

（10）调色碟。用于盛放颜料和调制颜料。

（11）砂纸。用于打磨裁切的痕迹。

（12）乌贼骨。作用与砂纸相似。有些讲究的白纸书，用砂纸打磨后还要用乌贼骨进一步打磨。

2.1.3 材料

修复纸质文物的常用材料,有纸张、染料、颜料、胶水、糨糊、绢、绫、锦、丝线及清洗剂等等。修复工作者应对这些材料的制作、性能和特征有一定的了解,这样才能在使用时得心应手,因材施艺。

2.1.3.1 纸张

纸张的发明、推广和普及,在人类文明发展史上有着极其重要的意义。但是在不同的历史阶段,纸张的制作方式和所用原料有所不同,用途也随之而不同。

修复古籍必须熟悉古书用纸。要熟悉古籍用纸,首先要大致了解纸张的发展概况。

据考证,从两汉到南北朝,主要用麻类纤维(如大麻、苎麻纤维以及废旧麻织品等)造纸。新疆出土的晋愍帝三十六年文书、敦煌石窟的北朝写经,以及从东汉至隋唐千百年间的书法真迹(如杜牧写的《张好好诗》),用的都是麻类纸张。晋代还出现过用藤本植物制作的藤纸。南北朝时,北方人开始采用楮树皮造纸(详见《齐民要术》)。隋唐之间,除用楮树皮外,还用檀树、桑树等树皮和海藻造纸。麻类、藤类,以及楮、檀、桑树皮,都是植物韧皮纤维。北宋以后,出现用茎秆纤维(竹类、草类)制作的竹纸和草纸。明清以来,造纸的用料和技艺更加讲究,纸张质感越来越精细。久享盛名的宣纸,在造纸技术突飞猛进的现代,依然保持着不可替代的优越地位。

破损古籍修补质量的好坏,修补技术的高低是一个影响方面,另外配纸的颜色、质料、性能、厚薄是否适当,也有着相当重要的影响。一本破旧不堪的古籍,经过修补加工以后,能够成为"整旧如新"的书,但如果为了保持原来面貌,也能使其"整旧如旧",这里的奥妙就是纸张配备得恰当。如果纸张配备得不恰当,反而会把古籍修坏。

以下仅就书写、印刷和修补古籍中经常遇到的各种纸类,依其时代、品类、性质和特点,作一些简单的介绍。

1. 麻纸

我国古代造纸用的麻类,主要有苎麻、大麻、亚麻等。苎麻是我国的特产,外国称之为中国草。大麻也是我国古老的麻种之一,俗称"火麻",外国又称之为汉麻。麻纸就是用麻类纤维制成的纸张,常见的麻纸品种如下:

(1)白、黄麻纸。唐代官府文书用纸以麻纸为主,又按官阶等级和文书类别分为白麻纸、黄麻纸、五色麻纸等几种。当时,以四川出产的麻纸最为有名。白麻纸正面洁白、光滑,背面稍粗糙,有草棍、纸屑黏附,质地坚韧,使用耐久,只要不受潮,经久不会变质。黄麻纸呈淡黄色,一般比白麻纸略厚,性能与白麻纸相似,只是看起来更粗糙一些。无论是白麻纸还是黄麻纸,纸纹(也叫帘子纹)都比较宽,约有二指,有的纸纹不太明显。宋朝印书多数用这两种麻纸。金代和元朝初期印书用纸和宋朝末年大致相仿。元末刻本的麻纸与宋朝麻纸没有多大区别，但纸纹变窄了，只有一指左右宽窄。明朝初期仍有用麻纸印书的。麻纸经得起风吹日晒，所以有些流传至今的宋、元印本，虽历经千年，犹完整如新。

（2）麻沙纸。宋代的福建建阳县是一个刻书中心，那里的造纸业特别发达。建阳县的麻沙镇出产一种麻纸叫麻沙纸，颜色稍黄，纸纹不显，厚薄、韧性也与麻纸相仿。用这种纸印的宋版书，叫麻沙本。

2．藤纸

藤纸是用藤树皮的长纤维制造而成的，质量较高。藤纸早在晋代已有制作，到了唐代已能大量生产。大部分藤纸产于浙江、江西两省。唐代李肇在《翰林志》中提及，官方对书写文书所用的藤纸有明确的规定："凡赐与、征召、宣索、处分曰诏，用白藤纸……凡太清宫道观荐告词文，用青藤纸。敕旨、论事、敕及敕牒用黄藤纸。"[73]可见当时的藤纸，有白藤纸、青藤纸、黄藤纸之分。

3．宣纸

唐代的安徽宣州府，出产一种质地优良的纸，地方官每年把它作为贡品献给朝廷。人们按其产地把这种纸命名为宣纸。

宣纸的主要原料是青檀树的树皮。青檀树与桑树相似，是我国皖南一带的特产。明代及以前的宣纸，采用100%的青檀皮，经石灰处理、日光漂白及打浆、抄造而成。自清代起，改用檀皮和稻草的混合浆料，其用料有全皮、半皮、七皮三草等不同。由于宣纸选择原料严格，加工步骤精细，胶汁使用得法，捞纸技术娴熟，晒纸手艺高超，所以制成的成品质地柔韧、洁白平滑、细腻匀整，色泽经久不变，且不易蛀蚀，便于长期保存，有"纸寿千年"的美称。这是一种主要供毛笔书画用的独特的手工纸，我国唐宋以来的古代书画多采用宣纸。

宣纸早期属纯皮绵纸类，因为品种繁多，所以作为单独一类介绍。后因用纸量的加大，考虑到原材料和成本，在敲浆的时候添加了适量的专用沙田稻草。现代书画装裱中，多使用以檀皮和沙田稻草为主要原料的生宣纸。宣纸按组成有单宣、夹宣、二层夹、三层夹之分，按规格有四尺、五尺、六尺、八尺、丈二、丈六等尺寸，共有六十多种，现就常见的几种分述如下：

（1）罗纹纸。颜色有素白、浅黄两种，质地细薄柔软，有明显的横纹，看上去与丝织的罗绸相似，故有罗纹纸之称。这种纸的生产年代存续很久，宋、元、明、清都有，并用以印书。但宋、元的罗纹纸印本，今天已属罕见。明、清的罗纹纸印本，有时还能见到。如席启寓刻的《唐诗百名家全集》、雍正年间（1723—1735年）的武英殿本《唐宋诗文醇》，都是用罗纹纸印的。郑振铎编印的《中国版画史图录》，有一部分也是用罗纹纸印的。罗纹纸洁白细软，韧性也强，用之修补善本书或镶裱均适宜。也可将其染成各种颜色的纸张，或用作书皮、护叶、扉页，很美观、实用。

（2）绵连纸。为宣纸的一种，纸质白润如玉，干净细腻，柔软匀密，富有韧性，无明显纹路。有一种质地极薄的叫"六吉绵连"，也称"汪六吉"，是绵连纸中的精品，较为少见。绵连纸可用作补书、护叶、镶书和衬纸，尤宜作为金镶玉的材料纸，也用于拓碑帖。染色后还可以作书皮等用。明末清初比较考究的印本，有采用绵连纸的。

（3）玉版宣。色白，质细而厚，很能吸收水分，韧性比绵连纸差一些。清末民初印制的金石、考古、印谱、书册、画册等，经常采用这种纸。

（4）单宣。又称料半，也是宣纸的一种。它比玉版宣薄，颜色洁白，质地均细，性质绵软，韧性较好，有纵横帘纹，用以印书，美观大方。晚清至民国初年印的书籍，多采用这种纸张。它亦可用于裱潢，作覆褙纸；还可以染成磁青或古铜色，作古籍封皮。

（5）十刀头。即重单宣，比单宣厚，吸水量大。韧性很好，可以用作衬托册页和绫，托书叶则嫌过厚。

（6）夹连纸。比绵连纸稍厚，但不如绵连纸柔软。遇到厚纸书可作镶书纸用，也可用于修补明代厚绵纸古籍，或作护叶用。

4．绵纸

绵纸，南方称之为"皮纸"，系以楮树皮等为原料做成的高强度纸。质地细柔，纤维较多，极有韧性。从纸的纵面撕去，它的断裂处呈现丝绵状，因而叫绵纸。明代前期印书多用绵纸。嘉靖以前的绵纸比较细薄，隆庆以后的绵纸略显粗糙而较厚，用绵纸印书的比重也大为减少。清初还有少数绵纸印书，以后就少见了。绵纸有以下一些品种：

（1）河南绵纸。产于河南，故称河南绵纸。纤维细长，色泽白中带黄，厚薄很不均匀，质地较粗糙，但松软如绵，富有韧性。河南当地有用以印书的。古籍修补中可用作书叶连口，托裱糟朽焦脆的书籍。也可作订书用的纸捻钉，或作套扉页用的护套。还可以染成旧色，代替旧纸使用。这种纸张有大小两种之分，大张质地稍厚，小张质地稍薄，但性能相同。

（2）贵州绵纸。产于贵州，故称贵州绵纸。它比河南绵纸厚，尺寸也大。纸的颜色稍呈灰白，厚薄均匀，绵性大，纤维粗，质地松软，经久耐用。但用来印书则不太美观，所以未被广泛采用。清末贵州、云南有些书是采用这种纸印的。在古籍修补中，其用途大体与河南绵纸相同。

（3）黑绵纸。色稍黑，有浆性，托墨、韧性很强。适用于修补不是很白的绵纸书，还可以用来做大厚本书的锯子钉。

（4）迁安绵纸。产于河北迁安县，故名。俗称"茅头纸"。颜色灰白，质地厚松，略呈绵性。民国初年的一些民间启蒙读物，如《三字经》《百家姓》《千字文》之类就是用这种纸印的。

（5）上海绵纸。质地薄而细腻，其他性能接近河南绵纸，产于浙江、安徽、江西等地，集散于上海，所以统称上海绵纸。在修书中用以连口最为合适。风伤（即焦脆并絮化）的书需修补浆衬时，用这种纸效果很好。近几十年来，河南绵纸的产量很少，裁连口纸条或裱书的用纸，多以上海绵纸代替。由于这种纸质地薄而细腻，绵性又好，用它裱过的书，既牢固又不增加厚度，书也不会发硬，所以是古籍修补中不可缺少的材料。

（6）山西绵纸。产自山西，故名。色泽灰白，稍厚，富有韧性，质地与河南绵纸相似，山西绵纸有用于印书的，也是古籍修补中的常用纸。

（7）浙江绵纸。产自浙江，故名。质地薄而有韧性，性能与上海绵纸相仿，在古籍修补中可以作连口、裱书用纸。

（8）蚕茧纸。有两种颜色，一种洁白如玉，一种略呈乳白色。质细而薄，富有光泽，韧性很强。从表面看与丝绵相似，所以叫蚕茧纸。元代有用于印书的。

（9）云母皮纸。纸面光滑，韧性强，作锯子钉特别好。这种纸湿水后牢度更强，是一种耐潮湿的纸张。

（10）藏经纸。这种纸呈黄褐色，近于茶色，质地厚硬，略有绵性，不透明。唐人曾用以书写佛经，宋、元、明刻印的释道经典多用这种纸，故名。现多用作装裱善本、珍本书的书签。

（11）桑皮纸。质地坚固，有黄色、白色两种。因为造纸原料中有桑树皮的成分，故名为桑皮纸。宋、元、明曾有用于印书的，但传世的印本却很少见。

（12）高丽纸。类似朝鲜印书用的纸，故名为高丽纸。高丽纸产自河北迁安，色泽白净，纸质较厚，坚韧而有绵性，有明显的直纹。我国用高丽纸印书的较少，在古籍修补中多用以染色作书皮。

（13）库笺纸。有白、黄两色，韧性极强，纸质有厚有薄。纸幅都是67cm×67cm，清朝宫内常用这种纸包裹东西，民间流传很少。1930年北京故宫博物院曾用它影印过一些字帖画册。明、清两代内府多用厚库笺纸染成磁青色装订书皮，通称"库磁青皮"。有时还用以缮写佛经，五彩套写，颇为美观雅致。在古书装订修补中有时也用"库磁青皮"。

（14）册子纸。又叫库钞纸，也是一种绵纸。明朝人为了节省纸张，曾用写过字的钱粮册子反过来印书。由于这种纸张质地较好，有些印本一直流传至今。

（15）日本皮纸。又叫东洋纸。这种纸产自日本，有黄色的，也有白色的。绵性较强，富有韧性。日本印书多用这种纸，我国清末民初也有用这种纸印书的。

（16）美浓纸。日本手工楮皮纸的代表。这种纸纸面光滑，细薄匀称，软绵而富有韧性。黎庶昌印《古逸丛书》，有一部分就是用的这种纸。日本印制古书，用这种纸的较为广泛。

（17）开化纸。南方称之为"桃花纸"。这种纸原产于浙江省开化县，故名。质地细腻，非常洁白，没有明显的纹路。纸页稍薄，却颇有韧性。清代前期（顺、康、雍、乾）开化纸产量较多，质地也好。内府和武英殿刻印的图书多采用它，印本美观大方。至嘉庆以后，这种纸产量减少，质量也较之前降低，用以印书的就不多了。江苏武进藏书家陶湘最喜爱收藏殿版开化纸印本书。

（18）开化榜纸。开化榜纸表面看似与开化纸相像，实际比开化纸厚，颜色也略显青色，质地稍逊于开化纸。开化榜纸比开化纸晚出，清代嘉庆、道光年间的有些书就是用开化榜纸印的。

（19）太史连纸。较开化纸略黄，质地细匀，绵软而有韧性，清代前期曾用以排印大部头书《古今图书集成》。

（20）东昌纸。产于山东东昌府（今山东西部），故名。与迁安绵纸相似，山东东昌曾用这种纸印制通俗读物。由于纸质松软，富吸水性，古籍修复中常用以撤水吸潮。

(21)油杉纸。纸厚，富有韧性，柔软耐久，最宜作书皮，不用托裱就牢固耐用。做包背的护叶纸尤为适合。

5．竹纸

随着社会经济、文化的发展，人们对纸张的需要量大大增加，原有的用麻、藤和檀、楮树皮等造纸的技术，已不能满足生产需要，势必要寻求更多新的造纸原料。竹纸的大量增产，就是适应了当时社会发展的需求。

初期的竹纸产生于东晋的会稽（今浙江绍兴），东晋大书法家王羲之、王献之父子就用过竹纸写字。唐代的韶州（今广东省韶关一带）也生产过竹纸。该地位于五岭以南，气候温暖潮湿，竹子生长既快又多，就地取材极为方便。开始时，由于技术水平不够成熟，竹纸质量不高，纸的韧性和强度都较差，一揭即破，不易复原，所以没有得到普及。11世纪时，竹纸的生产技术有所提高，产量渐增，已为读书人所广泛使用。南宋淳熙年间（1174—1189年），官府文书也开始使用竹纸。当竹纸生产获得发展以后，竹林的培植也相应扩展。劳动人民摸索出一整套造林和砍伐、收集竹子的方法。他们根据竹子的老嫩、干湿、良莠等性能，分别予以不同的用途，使之物尽其用，竹纸的生产亦随之不断发展。有些竹纸原料中还加入其他草类纤维，以此制成的纸可以称为竹草纸，实际上是一种茎秆纤维纸。

竹纸因为颜色略呈黄色，故又称"黄纸"，品种繁多，现就其中一些分述如下：

（1）毛边纸。亦称"南毛边"，颜色米黄，多产于福建、浙江、江西。纸的正面光滑，背面粗涩，质地稍脆，韧性较差，《常昭合志稿》说："天下之购善本书者，必望走隐湖毛氏（指明代藏书家毛晋）所用纸，岁从江西特造之，厚者曰'毛边'，薄者曰'毛太'，至今犹沿其名不绝。"[74]这大概是毛边纸名称之由来。清代印书用纸很大一部分是毛边纸。其在古籍修复中一般用来裱书皮，做衬纸或护叶，也可以染作磁青、古色书皮。

（2）毛太纸。亦称"南毛太纸"，福建、浙江、江西都有出产。颜色浅黄，性能与毛边纸相仿，但纸幅较小。性质柔和，厚薄粗细稍有不匀，有明显的纸纹。因纸面清洁、光滑，清代中期以后用以印书的较多。毛太纸是修补旧书必备的纸张，用来补、镶、裱托竹纸古书很相宜。染色后也可以作为旧纸的代用品，还可以做订书的纸捻。

（3）川连纸。产自四川。色泽略黄，质地与毛太纸相仿，也有一种白的。这种纸较有韧性，但薄厚不太均匀，印出的书不够美观。多用于印制四川地区的出版物，如四川的一部分县志就是用川连纸印的。

（4）元书纸。产于浙江富阳、萧山等地，以富阳之大岭、小岭的出品为最佳。原料用石竹，色微黄，较毛边稍次。

（5）梗棒纸。这是元朝末年印书用的一种竹类纸，质地粗糙，纸面涩，背面多碎草屑，既厚又脆，故被称为梗棒纸。

（6）赛连纸。产于四川，薄而匀。纸幅大，无矾性，用以修补黄竹纸书最为合宜。

(7)玉扣纸。近似毛边纸,但不如毛边纸柔软。这种纸太厚硬,不适于用来修补古书书叶,但用以染色作书皮较为合宜。

(8)官堆纸。比毛边纸稍厚,过去的金陵书局印书多用这种纸。

(9)连史纸。产于福建连城,故名。有大小两种,大的叫"大连史",小的叫"小连史"。旧时的连史纸原料中有一定比例的韧皮纤维,因此有人把它列入绵纸类。但现在制造的大连史纸,其原料中竹子占的比例很大,所以也可以列入竹纸一类。这种纸洁白匀净,正面光滑,背面粗涩发滞,但没有草屑黏阼。纸料细而耐久性强,与绵连纸相似,唯韧性稍逊于绵连纸。托墨、写字易洇,清代乾隆以后用以印书者较多。它是修补装潢古书的必备纸张,用作普通线装书的补镶、衬或扉叶都是可以的,尤适宜于用作竹纸书籍的扉叶,显得干净、美观,但不适宜做书皮用。

(10)机制连史纸。又称"洋连史"。这种纸和连史纸大致相似,颜色比连史纸稍黄。正面平滑有亮光,背面粗糙,纸薄而脆,不利于保存。这种纸出现较晚,清末民初始被用于印书,日久纸面上会出现黄色斑点。中华书局排印的线装本《四部备要》,用的就是这种纸。

(11)洋粉连纸。为机制纸。颜色灰白,正面光滑,背面粗涩,质薄而脆,不耐久藏。清末民初的石印本书多采用此纸。

(12)山贝纸和本槽纸。都是竹草纸,产于广东,山贝纸色黄,本槽纸色白,广东广雅书局《外聚珍本》丛书,多用这两种纸印刷。

(13)呈文纸。亦称"隔纸",纸质粗厚,正面平滑,反面粗糙,松软无力,不能作为印书用纸,也不能作为修补古书的直接用纸,但由于它吸水力强,可以作为修整古书时的隔纸,用以垫书撤水。

6．其他

(1)牛皮纸。牛皮纸是一种木浆掺以强韧植物纤维制造的纸张。颜色黄褐,质地坚韧,如同牛皮,因而得名。可以做包装用纸。

(2)磁青(或古色)纸。古籍书皮用纸,一般用宣纸或毛边纸染成磁青或古色(即栗壳色、米色或古铜色),然后托裱一层质地相同的纸即成。

(3)虎皮宣。把宣纸染成黄白相间如同虎皮的颜色,然后托上一层相同质地的纸即成。一般用作书皮。

(4)蜡笺纸。蜡笺纸是一种韧性大的植物韧皮纤维制作的纸张,经过涂蜡,砾光而成。产于明清时代,有蜡色光泽,纸质厚韧。可以用作书皮。

(5)发笺纸。发笺纸是较上乘的书皮纸,用植物韧皮纤维制成,类似高丽纸,在制造时加进人的头发,以增加纸张韧性,故称发笺。用于做善本书封面。

(6)洒金纸。洒金纸是一种含有真金、真银成分的贵重纸张。颜色经年不变,用作珍贵书籍的封面或笺条纸。分雪金笺与雨金笺两种,两者又合称冷金笺。雪金笺是把金银箔片均匀地洒在含有胶矾水的宣纸上制成的;雨金笺是把金银屑末均匀地洒在含有胶矾水的宣纸上制成的。

2.1.3.2 染料、颜料

如上所述，纸张的选择，包括纸张的色泽、质料、性能和厚度等，对于古籍修复极为重要。由于时代的不同和自然界各种因素的作用，久经岁月的古书，其纸张一般都呈现出古朴、陈旧的色调，书皮和包角的颜色也与现今的书籍大不相同。修补的时候为保持古籍原有的面貌，尽量做到"整旧如旧"，就要很好地选配适合古籍原有色泽的纸张。尤其是修补那些珍贵的善本书，如果配纸不当，势必破坏原书的风貌，把一部印制精致的古籍弄得面目全非，既不美观，也不协调。

修补古籍时选用纸张，一种办法是用旧纸。旧纸配旧书，相得益彰，效果良好。但以旧纸配补旧书也有缺点，就是不够牢固。因为旧纸本身大都存在着不同程度的老化，而修补古籍的目的是延长古籍的寿命。用老化的旧纸去修补古籍，虽然形式上比较好看，但实际上并不坚实。而且旧纸是一种不可再生的资源，搜集到的数量极有限，用一点少一点，要修补数量稍多的古籍，就不敷应用。为了满足日益增多的修补古籍的用纸需求，比较好的办法是以仿古的技术把新纸加工染制成同样古色的纸张，这样既与所修古籍的纸张颜色相协调，又比旧纸牢固，修成的古籍既美观、又实用。

染制纸张的染料，不宜用市场上出售的化学合成染料。化学合成染料用来染制棉、毛织品是合适的，但用以染制纸张则不合宜。原因是这种染料常常有强烈的化学侵蚀作用，会损害纸张的纤维，时间久了，被染制的纸张不仅容易变色，而且牢固性也大为减弱，甚至可能损害古籍原有的书叶，那就得不偿失了。

修补古籍时染纸使用的染料，大多是植物染料和矿物颜料。同古籍修复一样，书画文物的修复也需要染纸，以作修复古旧字画的命纸或补纸。除此之外，书画文物修复中"全色"这一环节还需要颜料。全色所使用的颜料是中国传统的国画颜料，如赭石、朱砂、花青、藤黄等。现将若干常用染料及颜料的品种介绍如下：

1．植物染料

（1）藤黄。又名"越黄""月黄"，是藤黄树分泌的黄色树脂。藤黄树属藤黄科，为常绿小乔木，产于越南、泰国、印度等地。《本草纲目》说我国鄂州等地的山崖也有出产。这种树的树皮割破后，能像漆树一样渗出一种黄色树脂，这种黄色树脂干了以后即凝结为色泽嫩黄的管状藤黄，有毒性，可入药，也可以做染料。藤黄本身带有胶性，使用时不需加胶，用冷水浸一段时间即可化开，但不可用热水泡。少量染色，可以用笔饱蘸清水，在藤黄上揉几下应用，只要善于掌握颜色的深浅均匀即可。这种办法较为方便。大量纸张的染色，就要先把藤黄放在盘子里用清水浸化研磨，然后倒进纱布里加以过滤。藤黄要随用随化，如果把用过的余料重新入水，则染料僵化，溶解后变为粒子状物质，就不能使用了。藤黄主要用于染制偏黄色的纸张，也可以与赭石、花青、徽墨等配制成各种不同色彩的染料。藤黄稍加赭石染出的茶褐色纸张，对于修补年代久远的古籍尤为适用。

（2）花青。又名"靛青""靛蓝""靛花青""淀青""蓝靛"，是一种由"蓝蓼草"（属于蓼科的草本植物）的叶子沤制加工而成的青色染料。浙江新昌、嵊县，上海黄渡等地均有出产。花青在我国应用很早，是我国民间印制蓝色印花布的主要染料。在古书修补中，用以染制蓝色书皮，色泽古雅光洁，最为相宜。花青同藤黄、徽墨、赭石配合起来，可以调制成各种色彩绚雅的染料。花青也是现制现用，但剩余的花青水可和以轻胶回锅煎煮，煎到半干，倒在塑料布上匀开，晒成花青膏备用。

（3）茶叶。山茶科的植物，茶叶中含生物碱、茶碱。一般红茶煮成浓汁，滤去茶叶，就可以用来染纸了。

（4）槐黄。槐黄是用豆科乔木槐树的花朵提炼加工而成的黄色染料，可以用来染制偏黄色的纸张。

（5）栀子黄。栀子黄是一种用茜草科灌木栀子（又称黄栀子、山栀）的果实提炼加工制成的黄色染料，既可作棉、毛、丝等织品的染色剂，也可用来染纸。

（6）橡碗子。山毛榉科乔木栎树的果实称橡碗子。把它浸于水中，用火煮开，可煎出黄色水，用以染纸，极为方便。但橡碗子染的纸如果处理得不好，时间长了容易渗色而沾染在古书上，产生斑斑渍痕，很不雅观，所以修补善本、珍本的染纸，不宜用这种染料。

（7）糖色。是一种植物染料，可以配合红茶，染制茶褐色纸张。

2．矿物颜料

（1）土黄。土黄是一种黄色的泥土，属矿物颜料，产于南京钟山，用其浓汁染制而成的纸张，古朴美观，气色两佳。

（2）赭石。赭石是一种矿物颜料，主要成分为三氧化二铁（Fe_2O_3），赤褐色。出产的地方很多，相传以产于江苏常熟虞山黄子久墓旁的赭石为最好。赭石为染制纸张和绫、绢镶料的主要颜料。赭石加藤黄，可变朱色，再加徽墨出古铜色，加朱砂为老红。

（3）朱砂。又名辰砂、丹砂，是一种从石灰岩的朱砂原石中提炼出的矿物颜料，主要成分为硫化汞（HgS），呈红褐色，鲜明艳丽，耀人眼目，四川、贵州、湖南、云南等地均有出产。在古籍修复中用以配合其他染料染纸。

3．其他颜料

徽墨。徽墨是我国悠久的制墨历史中的精品，用原料桐油烟、猪油烟，加广胶、麝香、冰片、梅片、金箔等成分制成，气味芳馥，光泽黑润，入水浸研，即可羼入其他染料染纸。在古籍修复中用途广泛的淡灰色纸张，就是用徽墨稍加藤黄、赭石染制而成的。

2.1.3.3 胶水、胶矾水

染制修复古籍所用的纸张，除了染料、颜料，还要配合使用胶水。为了保证染制纸张的质量，一定要配制浓淡相宜、合乎需要的胶水。如果胶水的质量达不到要求，则难以染制出合用的纸张。

胶水是一种黏性物质，大体分为动物胶和植物胶两种。动物胶是用动物的皮、角、骨等制成的，品种有牛皮胶、鱼鳔胶、鹿胶、驴皮胶、骨胶等。植物胶是用植物黏液制成的，品种有树胶、白芨胶、石花菜胶等。

鱼鳔胶黏性较强，但有腥臭味，用以制作染制纸张的添加剂是不适宜的。驴皮胶和鹿胶都是贵重中药材，价格昂贵，也不适合作为染制纸张的用料。染制纸张的胶水多以牛皮胶、骨胶充之。

牛皮胶以广东出产的最为有名。广东的牛皮胶用纯牛皮制造，明净稠爽，无色无臭，没有杂质，行家称之为"广胶"或"黄明胶"，尤以薄条细粒、色泽淡净者质量最佳。

骨胶是用动物的骨头熬制提炼而成，颜色深褐，做胶水时，只可利用其上层清头。使用时用开水冲泡后，拿小棒轻轻搅动，使骨胶化开。也可在使用时把它浸溶在30℃的温水中，然后隔水炖化，这样不致烧干、烧焦。骨胶在大热天容易腐败，腐败的骨胶丧失胶性，不可再用。

胶水的作用是添加在染色水中，使染色水色度均匀，颜色与水融合为一体，这样染成的纸张便上下一色，不致发花。胶水还能增加染成纸张的抗水性，减少其伸缩性。

在古籍修复中，胶水除了用于制作染制纸张，还有其他用途，如作为夹板、硬壳、锦盒的黏合剂等。

在书画文物修复过程中，命纸及补纸的染色同样需要加入胶水。此外，全色之前，需将画心过胶矾水。胶水即上述所说动物胶或植物胶，矾即白矾，又称明矾，是以矾矿石为原料烧制而成的。制作胶矾水时，先将胶倒入水中熬化，再将矾倒入胶水中，胶、矾、水的比例为1∶2∶30。胶矾水的作用是固定颜色，使全色时所补的颜色牢固地附着在画心所补之处。

2.1.3.4 糨糊

糨糊是修复古籍中使用的重要材料，糨糊的运用直接关系修复的质量。修复工作中所使用的糨糊，实际上是一种将稠糨糊兑水稀释，然后才使用的糨糊溶液。因此，糨糊的浓度是决定修复工作质量的关键。浓度过低，起不到粘接修复材料的作用；浓度偏高，又会使书叶出现褶皱，凹凸不平。所以，人们历来十分重视修复工作中使用的糨糊的制作方法。糨糊多用淀粉制成，制作方法多种多样。

古人有以花椒水、白芨水等熬制糨糊的，大概是想通过添加剂来提高糨糊的黏度及防腐性能。修复工作中经常使用的糨糊原料——淀粉，以前都是靠手工制作。方法是将面粉加水和匀，放在水中漂洗，提出面筋。洗出的淀粉经过多次换水淘净，控水，晾干。用时将淀粉加少许水浸透调匀，用开水冲或熬制均可。现在，市场上可以买到高纯度小麦淀粉，买来即可使用，非常方便。

1．熬制糨糊

熬制糨糊的方法比较简单，将兑好水和淀粉的容器放在炉子上，把糨糊熬熟就可以了。

2．冲制糨糊

每500 g淀粉可冲制2000～2500 g的糨糊。冲制方法是：取淀粉100 g放进盆或碗中，根据使用需要加冷水40～120mL和匀，再用沸水250～280mL冲开，冲熟即可。糨糊冲熟后，要充分搅拌，使之均匀。糨糊制好后，要马上用手蘸水把糨糊表面抚平，再加一些冷水使糨糊和空气隔离，以免糨糊表面起皮，变干变硬。糨糊放凉后，需放冰箱冷藏保存，以免变质。

糨糊在使用前，需要过箩，去掉糨糊中的小疙瘩。过箩可在盆中进行，也可直接在桌上操作。

糨糊在使用时，需兑水稀释，即在稠糨糊中加水即可。兑水时，一次不能兑得太多，一点点加水，加水次数要多些。一次加水过多，糨糊不易调匀，会出现小疙瘩，遇到这种情况，可用箩将糨糊过滤一下，除去糨糊疙瘩再用。冬天气温低，调制糨糊需用热水。

需要注意的是，使用糨糊时的浓度，要根据纸张的厚薄分别对待。纸厚，糨糊溶液要稍浓一些，糨糊与水的比例约为1∶4或1∶5；纸薄，糨糊溶液就要淡一些，糨糊与水的比例是1∶6或1∶8或更多。确定糨糊浓度的依据是要能粘住修复材料而且使其平整。根据实验，在修复过程中，糨糊浓度为1%～3%时粘接效果最好。

此外，每天使用的糨糊要随用随调，隔日糨糊绝不可使用。这主要是因为糨糊溶液放置时间一长，黏度会降低。再有，使用时间一长，糨糊中混进不少书叶上的灰尘和浮墨，用这样的糨糊修补书叶，会把书叶弄脏。所以，每次调制糨糊不要多，每天能换一两次最好。

2.1.3.5 绢、绫、锦

绢、绫、锦是书画文物修复的常用镶料，也是体现书画装潢之美的主要材料。而有些贵重的古籍，同样需用典雅美观的丝织品作封面、函套、包角等。以下简要介绍这三种丝织品。

1．绢

绢是一种用真丝织成的平纹丝织品。质地挺美，薄而坚韧。浙江、上海、江苏等地均有出产。绢经托裱染色后，可作书画装裱的镶料、册页嵌身，是立轴、横披包首的必备材料。此外，染制成磁青色和古铜色的绢，可作善本书的封面；染制成淡绿、湖蓝色的绢，可作古籍包角的材料。

2．绫

绫是一种斜纹纴织或斜纹地本色提花织成的丝织品，以浙江湖州出产的质地最佳。表面光洁如镜，面底有花卉凤鸟图案，薄而轻软，富有民族风格。在书画装裱中多用于天头、地头、隔水等。在古籍修复中可作封面或包角之用。

3．锦

锦是一种色彩灿烂、花纹瑰丽、质地厚实、格调典雅的丝织品，织成锻纹地。现代的锦多是仿照宋代织锦花样制造而成，故有"宋锦""仿宋锦"之称，有龟背纹、绣球纹、剑环纹、古钱套、席地纹等不同式样，淳朴古雅，以江苏苏州出产的最为著名。在书画装裱中，常用作手卷包首、册页封面、轴幅锦眉和边框等。在古籍修复中，锦用作裱制善本书的函套、锦盒最为适宜。

2.1.3.6 清洗剂

1. 化学清洗

（1）洗涤碱。即碳酸钠（Na_2CO_3），用80℃的热水泡开，便可使用。

（2）草酸（$H_2C_2O_4$）。即乙二酸，由一氧化碳和氢氧化钠合成，为无色晶体，是一种重要的还原剂，可用于洗涤书叶中的水斑、霉斑、黄斑等污渍。

（3）高锰酸钾（$KMnO_4$）。又称"过锰酸钾""灰锰氧"，为深紫色晶体，溶于水，是一种强氧化剂。在修补古籍中与草酸配合使用。

（4）漂白粉。即次氯酸钙[$Ca(ClO)_2$]，含有效氯25%～30%，用以漂白书叶。漂白粉有一定的腐蚀性，经漂洗的书叶纸张纤维容易受到损伤，因此修善本书不能使用。

（5）双氧水。即过氧化氢（H_2O_2）溶液，含过氧化氢30%，用以洗涤书叶中因沾染铅粉而形成的黑斑。

2. 植物洗霉

（1）枇杷核。属于蔷薇科的植物种子。它的主要成分是苦杏仁苷、淀粉和游离氢氰酸等。它可用于旧字画装裱中的洗霉。

（2）石菖蒲。属于天南星科植物。它的主要成分是根茎和叶中含有的挥发油、细辛醚、石竹烯等。它可用于旧字画装裱中的洗霉。

（3）皂荚。属豆科类植物皂荚的果实。它的主要成分是三萜皂苷鞣质、谷甾醇等。它也可用于洗霉。

2.1.3.7 黄纸板与夹板

1. 黄纸板

一种用稻草浆压制的纸板，俗称"马粪纸"。一般用40号规格或2～3mm厚的黄纸板，裱以绫、锦，糊制成古书函套或锦盒，坚固耐用。也有用七八层绵料纸合托的硬纸板，功能与黄纸板相同，这是更加考究的做法。

2. 夹板

用樟木、楠木、梓木或红木制作的平滑木板，上下两层，与书籍大小略同，中间夹放古书。板的上下左右各有一个扁孔，用纱带连接。这种夹板质地坚固，不易变形，比黄纸板做的函套结实耐用。

2.1.3.8 纸捻钉与丝线

1. 纸捻钉

纸捻钉是用来装订书叶的。纸捻钉有两种，一种是由10cm×4cm的绵纸条所制成的，中间宽，两头尖，又称"纸锯钉""蚂蝗襻"，用以装订厚本书。接过书脑或金镶玉的书籍，也要用这种纸捻钉装订。另一种是按绵纸竖纹裁成斜边状，搓成一头大、一头尖的钉子状的纸捻钉，用以装订薄本书或一般书籍。两种纸捻钉见图2-18。

2．丝线

丝线为订书所必备。规格有中、粗、细，粗丝线订厚本书、大本书；中丝线订一般大小、厚薄的书；细丝线则用来订小本书、薄本书。不同丝线见图2-19。

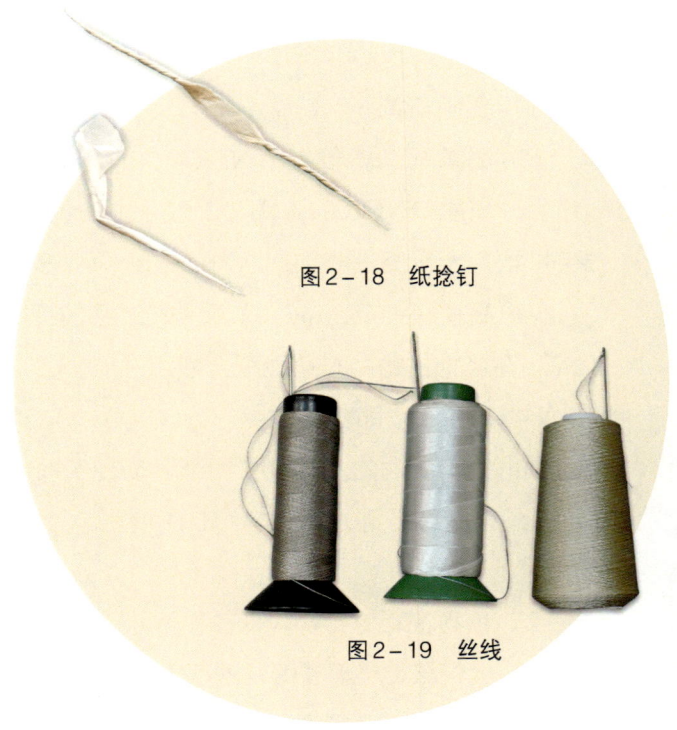

图2-18　纸捻钉

图2-19　丝线

2.1.3.9　其他材料

其他材料主要包括轴头、画杆、丝绳、丝带、八宝带、别子、轴片、绦圈，此处不作详细介绍。

2.2　纸质文物修复技法

2.2.1　古籍的修复

2.2.1.1　清除书叶的各种污染

1．书叶的漂洗去污

古籍的书叶在阳光照射和有害气体、灰尘等的侵蚀下，会泛黄或发黑、发灰；在水和墨汁、墨水、羹汤、汗渍、茶水、油蜡等的玷污下，会形成各种污染痕迹；在细菌和真菌的作用下则会产生霉斑；又因蠹鱼和其他有害生物的蛀蚀、啃咬、排泄粪便、孳生后代，往往变得肮脏不堪。

为了清除这些污染，首先要对待修古籍进行详细检查，有肉眼看不清的，可使用放大镜、显微镜，以便准确查清被污染的具体状况，譬如有些斑痕究竟是水渍还是油蜡，或是色斑、锈斑、霉斑、昆虫类污迹等。

清除这些污染，有各种专门的办法，其中最通用的办法是漂洗。漂洗书叶同洗衣服的道理差不多，但书叶是纸做的，比起绸布来当然要脆软得多。漂洗前首先要看书叶的纸张是否经得起水的浸泡、冲刷，如果纸张质量太差，就不可轻易漂洗。污染较重的书叶要使用清洗剂，漂洗书叶的清洗剂虽然都是稀释的溶液，但对书页仍有微弱的腐蚀作用，因此在使用清洗剂漂洗书叶时，更要注意书叶的纸张质量。一些糟朽严重的书叶，连这种具有微弱腐蚀性的溶液也经受不住，因而不能使用清洗剂。善本、珍本都具有很高的文物价值，为避免损坏，一般不采取漂洗的办法，如必须漂洗，也不使用清洗剂。一般遭污染的古籍，可以采取局部清洗法的，就不必整页、整本地漂洗。整页、整本漂洗的古籍，只限于污染严重而纸质又不十分差的，但漂洗要严格按照操作规程，谨慎从事。

书叶的漂洗办法有以下几种：

（1）热水漂洗法。这是不加清洗剂而只用热水漂洗的办法。这对清除书叶上由水渍造成的水痕，及书叶泛黄、发灰、发黑等比较有效。

操作程序是，先准备特制铝质长方形水槽一只，槽深约10cm，宽45~50cm，长70~80cm。在水槽的右下角留一个小圆洞作排水之用，漂洗时用橡皮塞或布帛等堵住洞口，不要渗漏。漂洗前，应将书叶的封面、封底拆去，在水槽中垫上一层纸，然后将拆开的书叶一张一张地错开排好，以七八张为一层，上面盖一层薄纸，然后再放一层书叶，如此反复排列，直到书叶全部放完为止。每层书叶之间垫一层纸的目的是便于洗后揭开。一次漂洗的书叶不宜过厚，以不超过二册（一百张左右）为好。纸页厚的书，每次漂洗一册。因为书叶太厚，中间就可能冲洗不进，起不到漂洗的作用。书叶全部排好后，最上面还要覆盖一层纸。然后在盖纸中间压上一根木条，这时就可以进行漂洗了。

漂洗时用一个装有热水的水壶沿书叶的四周慢慢浇灌。热水温度以75~90℃为宜。浇灌时水不能冲得过急，冲急了会冲破书叶。冲完后，不要急于将水放掉，让书叶在热水中多泡一会儿，以求全部浸透。浸泡一会儿后，水不热了，就可以拔去右下角洞口的塞子，并把水槽斜搁起，让脏水流尽。还可以用手或木条在盖纸上轻轻挤压，把书叶中的残水挤净。如果没有洗净，还可以照上述方法再重复做几次。然后，在工作台上放一块长75cm、宽35cm、厚2cm的木板，将木板搁成45°斜坡，把水槽中的书叶按铺隔纸的层次一沓一沓地揭开摊放在木板上的吸水纸上，上面再盖几层吸水纸。摊的时候，要注意不可把书叶的顺序弄乱。书叶全部摊开以后，在盖纸的两端压上石头或其他重物，每日应及时用干纸替换吸水纸，直到晾干为止。

漂洗糟朽的书叶时，应当用干净的素纸把书叶一叶一叶地包起来，然后进行漂洗，以防书叶经冲洗后破碎。

（2）碱水漂洗法。污染比较严重的书叶，用热水漂洗是洗不干净的，清洗这种书叶必须借助清洗剂。最常用的清洗剂是用洗涤碱制造的碱水。碱水漂洗法用的水槽和书叶摆放的方式与热水漂洗法相同。碱、水的比例为2.5∶100，一般将50g洗涤碱加入2kg 75~90℃的热水，一起盛在壶中，即可使用。书叶太脏，则用碱量可以适当增加，但碱与水的比例最多不超过4∶100。用碱水洗书叶时用力不宜过猛，水流速度也不宜过快，以防止冲破书叶。漂洗书叶每次以不超过一百张为好，多了则漂洗不透。为了使书叶与清洗剂充分接触，可以在碱水漫过书叶时，用木条在书叶上压几下。水凉以后，拔去塞子，把碱水放掉，然后用清水反复冲洗二至四次，以充分洗碱去污。书叶洗净后，去水、揭开、晾干，其操作规程与热水漂洗法相同。

碱水漂洗法的另一种操作方法是将洗涤碱35～50g（具体数量视书叶污染程度来确定）压成碎末状，然后把待漂的书叶按前述的操作程序层层叠放在水槽中，再把压碎的碱末散放于书叶四周，接着就可以用75～90℃的热水在书叶四周冲灌，用水量在2kg左右，以淹没书叶为度。冲完后浸泡一会儿，再提起水槽的一个角轻轻摇晃，让碱水把书叶中的污染处冲洗干净。水凉以后，即可放掉碱水，再用清水反复冲洗干净为止。书叶洗净后，仍按热水漂洗的操作方法去水、揭开、晾干。

（3）漂白粉溶液漂洗法。漂白粉溶液也是一种常用的清洗剂。它的漂洗效果比碱水还要好，特别是对污染痕迹过深，或被烟尘染得发黄、发灰的白纸书效果更佳。但缺点是漂白粉溶液对纸张的腐蚀作用比碱水大，而且经漂白粉溶液漂洗过的书叶不易长期保存，所以漂洗善本、珍本书是不能使用这种方法的。即使是一般版本的古籍，使用这种方法也要特别谨慎，有些纸质太差的书叶用漂白粉溶液一洗就烂。还有本色为黄色的纸张，也不宜用漂白粉溶液。因此，在使用漂白粉溶液之前，一定要先进行耐洗试验，即用同质地的纸或废页小块做漂洗试验。这种耐洗试验也可以用来检查漂白粉溶液的浓淡程度，漂白粉的兑水比例一般为1∶100至2∶100，具体的比值要以既能去污又不过分损伤书叶为标准，这只有通过耐洗试验才能做出判断。

漂白粉溶液的配制方法如下：

准备2kg左右75～90℃的热水、20多克漂白粉。另准备一只小碗，把漂白粉溶解于小碗的水中，然后把小碗中的漂白粉溶液慢慢兑入盛着热水的盆中搅匀。再准备一盆净水放在旁边。先将带有污染痕迹的废旧纸放入漂白粉溶液中进行耐洗试验，并根据耐洗试验结果调整漂白粉的剂量。接着就可以进行漂洗了。

漂洗的具体方法有两种：

一种方法是整册漂洗，即先把书叶抖松，接着把有污染的书叶放进漂白粉溶液中漂洗，然后把其余的书叶也放在漂白粉溶液中浸一下，以求得整本书叶颜色的统一。漂洗完，就赶紧把书叶放到净水里漂洗干净，直到洗得没有漂白粉的气味为止。接着就可以按顺序把书叶、画页揭开，并分成几沓放到干的吸水纸上，上面再盖上吸水纸，中间须换几次吸水纸，直到夹干为止。

另一种方法是分页漂洗，即用两手拿着书叶的上端，把书叶下端放在漂白粉溶液中漂洗一两次，然后把漂洗过的一端放在与书叶大小相当的木板上，再手持木板把书叶的另一端放进漂白粉溶液中漂洗一两次。随即用净水反复洗去漂白粉残液和气味。最后把漂净的书叶放到干的吸水纸上。漂洗完第一张书叶，再漂洗第二张。这样漂洗过几十叶后，漂白粉溶液将逐渐失去漂洗作用，需要再按原先的粉、水比值，换置新的漂白粉溶液，或者在原有的漂白粉溶液里加入适量新的漂白粉。

无论是整册漂洗还是分页漂洗，动作都要迅速、敏捷，做到当时漂洗，当时洗净，绝对不容拖延时间，更不可漂洗一半，隔日再干。因为书叶在漂白粉溶液中时间稍久，就会泡坏，甚至成为碎片。

（4）简易漂洗法。如果没有水槽，或需漂洗的书叶数量较少，也可以准备一个直径50cm左右的水盆（大塑料盆亦可），再准备一块比水盆长的木板，然后把待洗的书叶版心朝上摊放在木板上，这时就可以进行漂洗了。

漂洗的办法是：把书叶平铺在木板上，用热水，也可以用上述比例的碱水或漂白粉溶液，自上而下地浇灌在书叶上。浇灌完后，还可以用小碗把流入盆内的漂洗溶液舀出来，再往书叶上浇灌一两次，然后用清水冲洗一下。碱水或漂白粉溶液要多冲洗几次，尽量使书叶上不再留有碱水或漂白粉的残液。冲洗完毕，再按热水漂洗法的操作规程，去水、揭开、晾干。漂洗操作示例见图2-20。

书叶修复中需要注意的重要问题之一，就是书叶的水湿、受潮，漂洗书叶时这个问题尤为突出。如果在漂洗液中浸湿受潮的书叶不能及时晾干，轻则使书叶发生黏结，把书上的字迹弄模糊；重则使书叶发霉变质，糟朽腐烂。所以漂洗完的书叶应尽快用吸水纸吸干。尤其是梅雨期，更要勤于倒叶换纸，以防止书叶发霉起斑。有去湿机设备的，应开动

图2-20　漂洗

机器，帮助去湿、晾干。还可以在书叶四周放置干燥剂，或在书叶中间撒些滑石粉，这些办法对书叶的去湿、去潮都有裨益。撒过滑石粉的书叶要放平压好。书叶干了以后，就用软布或小排笔把书叶中的滑石粉拭掉，或者把书叶合上，拿起书背，书口朝下抖几下，尽量把滑石粉抖干净。

2．书叶的局部去污

书叶的局部去污比上述几种书叶漂洗去污法都要简单方便，但只适用于书叶的局部水痕、斑点，局部泛黄、发黑、发灰，或者其他局部污染。

图2-21　局部去污

具体的做法是：准备一碗75～90℃的热水，或按合理比例兑制的碱水、漂白粉溶液。如果没有碱水、漂白粉溶液，则也可以用肥皂溶液代替。然后用毛笔、小排笔或棉花球蘸上热水或清洗液划洗书叶上的局部污染，如果一次划洗不干净，可以多划洗几次。划洗用液一定要保持适当热度，冷了效果就会不好。除了热水划洗的书叶，用其他清洗液划洗的书叶，在划洗后都要用净水划洗几遍，以洗净书叶上残留的清洗液。局部去污操作示例见图2-21。

如果新划洗过的书叶留有水痕，应在划洗之后用喷雾器对书叶未划洗部分喷点水，这样既可以去掉新形成的水痕迹，又可使书叶保持平整，否则书叶一部分受潮胀开，另一部分却保持原样，

就会起皱、不平。弓叶划洗干净后,应用吸水纸隔开压好,待晾干后撤去吸水纸。

有的古籍全书完好无损,只是少量书叶有一点水痕、斑点,修整这种书籍时,不必拆开全书,只要在存有水痕、斑点的书叶的夹页中插进一张纸,再在这张书叶后面垫上一张纸,然后采用上述热水划洗法,对书叶上的水痕或斑点进行划洗即可。划洗后还要在书叶的其他部分略微喷些水,然后夹上一张吸水纸。其他要划洗的书叶也按此办法,最后用重物压好,晾干后撤去吸水纸。

3．消除书叶上的油污

油污和蜡痕很难用漂洗法消除。传统的方法是用烧酒加石灰拌成糊状涂在油污、蜡痕上,待干燥后剥离掉,油污、蜡痕即可消除。但这种办法有时会把书叶粘破,得不偿失,所以现在多改用热烫法和有机溶剂清除法。

(1)热烫法。热烫法是一种消除油污、蜡痕的简易办法。这种办法只适用于一般性的小面积轻度污染。操作的方法是,在有污染的书叶的上面和下面各垫衬绵性纸一张,然后用一只医用盐水瓶灌满开水,放在有油污、蜡痕的地方来回滚动,使油、蜡受热融化,而为绵性纸所吸收,这样就可以除掉油、蜡污染。

热烫法的正规用具是电熨斗。操作过程是先将电熨斗接通电源,然后用绵性纸两张,一张垫在书叶下面,一张盖在上面。这种绵性纸可采用吸水性较强而面上略带粗涩的呈文纸或东昌纸、毛边纸,但绝对不能用旧报纸或印有字迹的纸,因为电熨斗的热量能使旧纸上油墨印的字迹反印到书叶上,这样不但不能清除油污、蜡痕,反而加重了对书叶的损害。待电熨斗热了,就可用它在覆盖着绵性纸的书叶上来回熨烫。在熨烫过程中,要不断将覆盖的纸掀开,看看书叶上的油污、蜡痕是否被吸掉。在热烫时还要将上下垫盖的绵性纸不断移动位置,并经常撤换新纸,因为吸收了油、蜡的绵性纸会失去吸附作用。污染严重的地方要反复多烫几次,才能把油污、蜡痕去掉,即使不能全部去掉,也可以使之淡化。使用熨斗时要特别注意把温度控制在100℃左右,温度过高会把书叶烫焦,或者使其纸质干脆老化,造成新的损害。电熨斗的温度太低也不行,那样书叶上的油污、蜡痕就不可能除掉,达不到应有效果。

(2)有机溶剂清除法。有机溶剂清除法适用于油渍污染严重的书叶。采用哪一种有机溶剂,要根据油污的性质来确定,但都要以不损害印刷或书写墨迹为前提,任何损害印刷字迹或书写墨迹的有机溶剂都不能用。为保证这一点,在使用前须经过溶滴挤压试验,其法为把一滴有机溶剂滴在一小张绵性纸上,然后用这张绵性纸对准废旧书叶字迹用力挤压,如果绵性纸上没有脱墨的印迹,就说明这种有机溶剂是可以使用的,否则就不适用。

动物油(如猪油、牛油、奶油、骨油等)、矿物油(机油等)的斑痕,可以使用丙酮和乙醚的混合剂清除,但这种混合剂易挥发、有毒性,还会损害油漆台面,所以操作时须在隔离室的玻璃台面上进行。使用后,人要离开台面。苯、汽油、乙酸乙酯、四氯化碳等有机溶剂,对消除油污、蜡痕也都有较好的效果,而且对纸质损害不大。

植物油(豆油、花生油、菜籽油、桐油等)的油渍污染,比动物油顽固难除,但使用四氯化碳、乙酸乙酯、苯乙醇混合剂等溶剂清除效果都还好。吡啶是消除植物油油斑的有效溶剂，只是对于纸张损害较大，故不宜对善本、珍本书使用，对一般版本的古籍使用时也要谨慎。

以上有机溶剂，在化学用品商店出售时均有使用说明，可以参看。

使用有机溶剂消除油污的具体操作方法是：在遭污染的书叶下垫上绵性纸，然后用浸蘸有机溶剂的绵花团在油斑上挤压一下，面积大的污染要用毛笔或小排笔蘸取有机溶剂划刷，油污溶解后，即被垫在底下的绵性纸吸收。在消除污染的过程中，要不断更换垫纸。油污去掉后，须立即用净水洗去溶剂残液，然后夹上吸水纸，压好、晾干。

4．消除书叶上的各种霉斑

古籍在潮湿闷热的情况下，很容易发霉。特别是黄梅天，保管工作稍有疏忽，古籍就会产生霉变。霉变了的书籍轻则出现一块一块的霉斑，重则腐烂糟朽。细菌和真菌都可以造成古籍的霉变，但危害最大的是真菌中的霉菌。霉变的古籍已经腐烂糟朽的，可以采用糟朽书叶修复法修整；出现霉斑的，可以采用书叶漂洗法修整。漂洗不掉的霉斑，可以用各种专用的清洗剂消除。

霉斑主要有以下几种：

（1）白斑，亦称"干霉""白霉"或"白花"。这种霉斑用热水漂洗法就可以消除，漂洗不净的，可以再用毛笔或小排笔蘸取热水划洗，一般洗几次白斑就可以消除干净。

（2）绿斑、黄斑和浅褐色霉斑。这几种霉斑要用碱水或漂白粉溶液漂洗，漂洗不净的要放在日光下晒上三四个小时，使霉菌坏死松开，然后用干的毛笔或小排笔拂拭几下，去掉霉斑表层菌体，再用毛笔或小排笔先蘸取高锰酸钾溶液洗涤，接着用草酸溶液中和，最后用净水洗去清洗剂的残液，夹上吸水纸，压平、晾干即可。

（3）红斑、黑斑。这是最顽固、最不易清除的霉斑。清人周二学在《赏延素心录》中，把这种霉斑说成是"杂毒入心，不能去也"[15]1。

现在消除这种霉斑一般仍按上述消除绿斑、黄斑的操作程序进行，如果斑点去不尽，仍残留黄、红、黑色斑痕时，可以将几滴醋酸胺溶液加入3%的漂白粉溶液中制成清洗液，然后用毛笔蘸取清洗液在斑痕上涂抹一下，随即用净水洗掉清洗液，这时即使不能把霉斑消除干净，也可以把它洗得暗淡失色，不再刺目。使用这种清洗液消除霉斑时，用量不能多，清洗时间不能长，否则会破坏书叶纸张。消除黑色霉斑还有一个办法，即采用3%的双氧水（即过氧化氢）溶液划洗。划洗的操作法与书叶的局部去污法相同。

消除书叶上的霉斑的示例见图2-22。

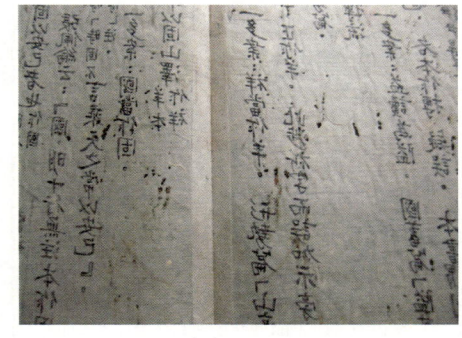

（a）示例一

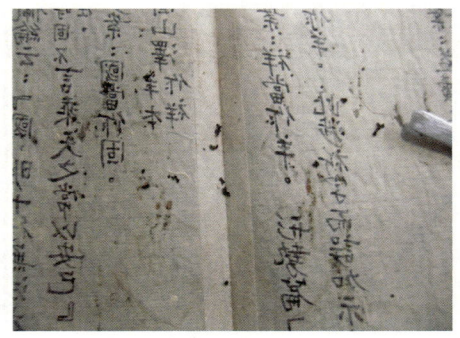

（b）示例二

图2-22 消除书叶上的霉斑

5. 消除书叶上的墨汁斑痕

书叶上沾染了墨汁最难消除。简便的办法是挖补，但挖补就要伤书。如果书叶的纸质尚好，可以试用骨胶粘剥法，即用骨胶加热熬浓，然后趁热涂在书叶的墨汁斑痕上，等墨色被胶水吸收后，把干燥的胶片轻轻剥落，这时墨色也随之脱落了。但纸质太薄的书叶，或书叶被墨汁渗透，就不适宜用这种办法了。

6. 消除书叶上的红、蓝墨水斑迹

消除书叶上的红、蓝墨水斑迹，可以采用3%的高锰酸钾溶液和5%的草酸溶液划洗。具体操作过程是，先把染有污迹的书叶摊开，用毛笔蘸取高锰酸钾溶液涂抹在污染处，过一二分钟，再用另一支毛笔蘸取草酸溶液涂抹在高锰酸钾溶液涂过的地方，红、蓝墨水的斑迹一会儿即可消除。墨水斑迹消除后，可以用毛笔蘸取净水洗去高锰酸钾和草酸残液，然后将吸水纸夹上，压平、晾干即可。高锰酸钾和草酸的去污力很强，但对纸张有腐蚀作用，所以不能多用，以防止书叶遭受破坏。

消除红、蓝墨水斑迹，还可以采用双氧水溶液擦洗法。具体方法是：先将一张吸水纸垫在染有墨水斑迹的书叶下，再用浸透双氧水的棉花球轻轻地在墨水斑迹上来回擦几下，然后在上面盖上一层吸水纸，用手掌揿几下，接着用毛笔蘸取净水将双氧水残液洗掉，并撤去湿了的吸水纸，重新垫上干的吸水纸，再略微喷一点水，用重物压好，待晾干后，撤去吸水纸即可。

7. 消除书叶上的铁锈斑痕

如果书叶上沾有铁锈斑痕，可以用草酸或柠檬酸涂于污染处，即可消除。铁锈斑痕消除后，应立即用净水洗掉污染处的草酸和柠檬酸残液，以免留在纸上起化学反应，损坏书叶。

8. 清除书叶上的铅粉返黑

过去的读书人喜欢用铅粉修改古书中印刷的错字或个人批注的错字，稿本书这种情况更多。铅粉又称"铅白"，学名叫碱式碳酸铅[$2PbCO_3 \cdot Pb(OH)_2$]，由于它是用二氧化碳和醋酸化合而成的，也有人叫它醋酸铅。古代妇女将其用作化妆品。铅粉也是一种国画颜料，古时书画家常用之。这种颜料含有毒素，而且时间久了，与空气中的硫化氢化合，容易生成硫化铅（PbS）而返黑。古籍书叶中如果出现铅粉返黑现象，就会显得很难看。过去清除铅粉返黑的办法是用打湿的棉纱线围住返黑的铅粉，先在线圈外面抹上一层清水，再在线圈里面返黑处抹点酒精或烧酒，然后快速点燃，随即吹灭火焰。这样，返黑的铅粉就会还原成白色。最后去掉线圈，用吸水纸吸干残水和残酒即可。但这种方法有烧毁书叶的危险，极不妥善。现在改用双氧水还原法，即用毛笔蘸取双氧水涂抹在铅粉返黑的部位，一会儿返黑的铅粉就会变白。如果还原的程度不理想，还可以重复做一两次。但要注意不能把双氧水涂抹到返黑铅粉以外的地方，否则就会损伤书叶的色泽。双氧水涂抹之处，还要用热水划洗干净，并用吸水纸吸去水分，然后喷水、晾干、压平。

9. 消除书叶上的昆虫粪便污染

被蠹鱼蛀过的书叶上，往往沿蛀洞黏附着一圈虫屎，还有些昆虫喜欢在书叶夹缝处排卵造成

污染。消除这种污染，可以先用棉花球去掉虫屎、虫卵，然后用棉花球蘸些醋或酒精，在粘着虫屎、虫卵的地方擦拭几下，接着用净水洗净醋或酒精，再喷点水，下面垫上吸水纸，压上重物，待晾干后，撤去吸水纸即可。消除落在书上的苍蝇屎斑，也可以采用此法。

另外，如果灰尘、虫屎多的话还可以采用面团去污的方法，取一小团面在污染处轻轻滚动，直到把脏物吸掉。

消除书叶上的昆虫粪便污染的示例见图2-23。

（a）示例一

（b）示例二

图2-23 消除书叶上的昆虫粪便污染

2.2.1.2 选配和染制修复用纸

选配和染制供修补书叶用的纸张，是古籍修复工作中的一个重要环节。古籍书叶破损部位的连接、补缀、整理、托裱等工序，都需用合适的纸张。而古籍因刊印年代、地区、单位和社会生产条件的不同，其纸张、印刷、装订亦各有不同。以纸张来说，就有颜色、厚薄、纹路、质料等的差别；甚至同一出版物，因为材料供应关系，前后用纸亦有所不同，这就给古籍书叶的修整增加了复杂性。

一部古籍的修复方案确定以后，准备好合适的修补用纸，这对书籍修复是极其重要的。以不适用的纸来修复古籍，完工后会给人以不舒服的感觉。如一部白纸的书补上了黄色的纸，就好比在一件丝绸衣服上贴上一大块粗麻布的补丁，既不相称，又显得寒碜。又如薄纸的书补上了厚纸，折叶时就摇不平，补过的地方会凸起来；而厚纸的书补上了薄纸，又会出现凹陷情况。所以用纸不当，即使修复人员精工细作，也难以修补出完美的成品。要想把一部破旧不堪的古籍修整得比较完美妥帖，除了要有高超的修补技艺，还必须认真做好选配和染制修补用纸的工作。

1. 配纸

选配修复古籍的用纸（以下简称配纸），主要要熟悉纸张的各种性能，特别是纸张的颜色、厚薄、纹路、年代等，要与待修的原书配套。修复古籍最好是用旧纸。旧纸配旧书，在色泽、质地、厚薄、纹路等方面容易协调一致，取得较好效果。

旧纸的来源有以下几种：

（1）从文物商店出售的旧时文房用品中搜求；

（2）从造纸厂、废品站回收的旧纸中搜集；

（3）利用没有保存价值的古旧书的零缣残页。

目前旧纸的来源奇缺，因此每个修复工作者要做"有心人"，平时经常利用各种机会收集可用的纸张，并充分利用日常修书时调换下来的副页、空白页和旧衬纸。从废古籍书中裁下的天头、地脚或书脑也都应分类保存。总之，要随时积累各种旧纸，以备工作中的不时之需。

配纸工作须注意不能在强烈的阳光或灯光下进行，也不能在光线幽暗的地方进行，一定要在自然光线充足、采光条件良好的情况下进行。因为过于强烈或过于灰暗的光线会使纸张的颜色发生显色误差，这样纸的颜色就配不准，从而影响修书的质量。灯光会使纸张颜色变幻，不适宜配纸工作。

另外，就配纸的颜色来讲，当然要尽量与原书取得一致，如果实在找不到颜色一致的纸张，也要求与其相近。但这种相近应是浅向性的相近，即所配纸张的色泽比原书要"宁浅勿深"，它可以比原书纸张的颜色稍浅，但不能更深。因为修补用纸的颜色稍浅一点，整张书叶仍可以使人感觉协调，相反，如果原书叶的颜色浅，配纸的颜色深，那么修补成的书叶就会相当难看。

2．染纸

旧纸来源有限，品种难求齐全，再加上年代久远，纸质老化，实际上能派上用处的很少。因此，在古籍修复工作中配旧纸只能解决少量图书的需求，大部分古籍的修复，用配旧纸的办法是难以解决问题的。而随着时间的推移，各地古籍修复的数量都在增加，在这种情况下，选择与原书纸质相同的新纸，采用仿古染色技术，将其染制成与原书色泽相似的古旧纸（以下简称染纸），用以代替配纸，就势在必行的了。

染纸和染布的原理差不多，都是以染料作用于纤维质，以取得均匀而又牢固的色泽。但是染纸和染布在染料的使用和染色方式上是有所不同的。染纸不能使用一般染布用的化学染料，因为化学染料都有较大的腐蚀作用，而纸张纤维比棉布脆弱，一接触化学染料，纸质就会受损伤、起变化。而且，用化学染料染成的纸张夹在古籍里，还会使其他书叶受到损害。因此，到目前为止，染纸所用的染料大体上仍是各种植物染料和矿物颜料，主要有赭石、藤黄、槐黄、栀子、橡碗子、红茶、徽墨、花青等。有些染料因为产地和运输关系，市场上不一定有，可以根据当地的条件就地取材。如染制古色纸，在北方可以用板栗壳代替橡碗子。

染纸除了需备各种染色用的染料、颜料、骨胶、广胶、明矾等原材料，还要备有各种染纸用的工具。如果染纸数量不多，可以简单地准备两个搪瓷脸盆、大排笔及晾纸用的竹竿。如果染纸量较大，那就要准备大型的染纸槽具（不锈钢制或木制均可，也可以用白铁皮制作）。工具设备准备就绪，即可着手调制染汁。调制染汁时，必须注意染汁的颜色须一次调成，染汁宁可一次多调一些，以免短缺后重新调制。因为重新调制的染汁，颜色往往不能与前次完全一致，这样染出的纸张颜色也就不能一致。

调制染汁时，染料用量的多少，要由染料本身的色素含量和溶水量，以及需染纸张的数量和颜色的深浅来决定，并要考虑水质条件和气候条件。由于不确定因素太多，很难规定一种固定的比例，此时就要通过试色测定来确定。试色测定就是在配汁过程中不断用小纸来试验所染的颜色是否与原书纸张的颜色相接近，淡了就一点一点地加兑染料，浓了就增大用水量，直到配出合适的颜色为止。如上所述，调制颜色也要掌握"宁浅勿深"的原则。试色测定做多了，自然就能积累起调制各种染汁的丰富经验，那时就会得心应手、运用自如了。

为了使染色均匀，并防止染纸出现花斑，染汁中要适当加入胶水。胶水能增加纸张的抗水力，减少伸缩性。胶水的调制，通常是1g胶加60 mL水浸泡一天，水温在30℃，冬天水温还要提高。胶水化不开时，可以用小火隔水加热，促其溶解。胶水质量的优劣和用量的多少，直接影响所染纸页的质量，故要认真对待，不可疏忽。必要时加入用胶水和矾水合制的胶矾水，胶矾水剂的掺和比例为2∶1。矾水的调制通常是1g矾加7 mL水，用温水浸化。

下面是染汁的用料和具体制作方法：

如果调制古铜色或偏黄的仿旧纸，可以直接把橡碗子放在水里熬煮，使橡碗子中的颜色充分煮出来。在煮的时候，还要在水中兑上百分之一至二的胶水，然后用一个大脸盆，上面放一个大网筛，把煮好的染汁倒入盆内筛出。这时可趁染汁水尚温热的时候，赶快进行染纸工作。用橡碗子制成的染汁染制的纸张，颜色比较古雅、均匀，且不易褪色，很适宜做古籍修复的用纸。在不出产橡碗子的地方，可以用槐黄、栀子放在清水中煮开，然后兑上胶水，煮透后过滤于盆中使用。另外还可以用红茶、糖色，略加白矾烧煮出色，然后滤去茶叶（或可事先用布包裹茶叶），加上胶水制成茶色染汁。应注意的是，染汁在染纸时要保持一定温度，一般是随煮随用，如果凉了，要稍稍加热再染，否则颜色不易上纸或上了纸不易渗透，染出的纸就容易出现斑痕。在缺乏植物性染料的情况下，可以采用国画颜料制成染汁。仿古色的国画颜料有赭石或赭石膏、藤黄等。赭石使用前要先研细，研到没有渣粒方能使用。如果研磨不便，可改用绘画用的管状赭石膏。赭石或赭石膏用起来较方便，但出色率稍差，成本也较高。藤黄使用前也要放在冷水中研洗，再用网筛或纱布加以过滤，然后徐徐兑入热水中进行调拌。在兑、调过程中不断用纸片进行纸色测定试验，以求制成色度合适的染汁，需要深色时，可以略兑旧墨，以符合原书书叶颜色为度。

其他颜色的染汁制作，除了染料、颜料不同，其制作方法大体与调制古色纸相仿，如染仿旧的白色纸，染料是用花青、徽墨相调，具体做法是将花青和少量徽墨徐徐兑入净水中，使水稍呈灰色，即可使用。

染纸的具体操作方法有以下几种：

（1）排刷法。把要染的三四张纸张叠为一沓，平放在木板制的工作台上，然后用排笔蘸取染汁往纸上刷。刷色时要由浅到深，一层一层地加深，一直刷到适度为止。染纸时不能一次刷足，因为

图2-24 排刷法　　　　　　　　图2-25 拉染法　　　　　　　　图2-26 浸染法

纸张染色由浅入深易，由深变浅难，一次把纸张染成深色，就不能逆转了。另外，排笔的运走不能东刷一下、西刷一下，而是要顺着纸纹一笔接一笔地刷，尽量把颜色刷得均匀。一沓纸刷完再放一沓，按前述的办法继续刷染，等颜色都刷好了，就晾在竿上。晾至半干时，揭得薄一点再晾。就这样边晾边揭，揭成一张一张的，最后压平备用。用边晾边揭的办法晾干的纸张，颜色均匀一致，如果等到一沓纸全干了才揭，颜色会深浅不一，而且不容易揭得好。排刷法示例见图2-24。

（2）拉染法。染制大张的纸，可以用特制的染槽，将染汁倒入槽内，然后用双手提着纸的一端，顺着槽慢慢地拉染。等整张纸都浸到染汁中后就拎起来，放在竿上晾干，压平备用。拉染法示例见图2-25。

（3）浸染法。这种方法一般用于染制绵纸。把绵纸平放于染槽中，然后把染汁倒入槽内，再用手压纸，使染汁渗透到纸内，等纸吃足颜色后，拿起来分成几沓，放在通风处晾至半干，再逐步揭开，全部晾干后压平备用。浸染法示例见图2-26。

如果单染连口用的绵纸，调制染汁就较简单，用红茶、糖色煮后直接使用即可。

染制纸张是中国的传统技术，古人在这方面积累了丰富的经验。明人苏伯衡在《染说》里说：染色要讲究材、色、法、候的要领，"其色之深浅明暗、枯泽美恶则不同，其深而明、泽而美者，必其工之善者也"[75]。"材、色"讲的是纸张质地和染料、用胶等；"法"讲的是利用材料和改造材料的染色技术；"候"是指气候条件，即气温的高低、空气的干湿。天高气爽、风和日丽的天时，最适于染制纸张。明人周嘉胄在《装潢志》里对"染古"的用料问题提出过宝贵意见。对于古人的这些经验，我们要注意发掘，加以借鉴，以做到古为今用。

2.2.1.3　古籍书叶的修复

1. 连接书叶开裂的书口

中国古籍的书叶大多是中间对折的，看似双页，中缝朝外。翻阅久了或受到磨损，书口即版心的中缝部位就会开裂。开始是半开裂，慢慢就全破裂，这时一张书叶就会变成两个单叶，非但翻读起来很不方便，而且容易损坏、粘连。有的书叶虽然书口还没有开裂，但中缝处已磨得很薄，一碰就破，这是古籍修复工作中一种常见的"症状"。

修复书叶开裂的书口的工作叫连口，也称"溜口"（见图2-27），是用纸张和糨糊等把开裂的书口粘接起来，把看似两个单叶仍修复成一个整叶。这是书叶修复中的一道前列工序，看似简单，但也相当费工费事。除了书口上的破损处可以在连口之前修补，书叶其他部位的破损均应在连口之后进行修补。原因是书叶在补破过程中会受糨糊影响而发生伸缩、扭曲现象，如果不是先连口、后补破，而是先补破、后连口，那么书口就不易对齐。另外，一部古

图2-27　溜口

籍要做金镶玉或衬纸时，则不论书口开裂与否，都必须先进行连口，否则原书口很容易开裂。

连口用的材料，以质地疏松而又富有韧性的薄绵纸为佳，上海绵纸、河南绵纸、贵州绵纸都较为适用。但切不可用质地紧密的厚绵纸，否则捶书时就会捶不平。如果用厚绵纸给一部册帙较多的古籍连口，那么这部书不仅捶不平，而且会形成书口高、书脊低的斜坡形，看起来就不够美观了。

连口用的绵纸，可就整张绵纸的长度裁成1cm左右宽的纸条。裁的时候，要按纸张的竖纹来裁。若按横纹裁，绵纸会失去韧性，降低牢度，修补时纸条还没贴上书口就可能会断裂。另外，连口纸条的颜色也要选配适当。黄色书叶的连口，应该用偏黄色的仿旧绵纸，这样才能做到色泽调和。如果一部灰黄色的竹纸书用白色绵纸条连口，最后在书口处显出一条白带子，就很不雅观了。

连口的具体操作规程是：把书叶平摊在工作台上，有字的一面朝下。如果书口是全开裂的，还要把两个单叶拼齐。拼接时，不能把两个单叶连得太紧，也不能将书叶交错搭在一起，否则，折叶时就会出现毛口或不平，很不好看。但两个单叶分得太开也不行，那样连口后折叶时，书叶折缝处只有一层连口薄绵纸，既不美观，又影响牢度。所以连口时一定要注意把接缝处接得恰到好处，使连接的书口美观又牢固。

连口时先用左手的拇指和中指揿住被连接书叶的近书口处，使书叶不能随便移动，接着用右手执糨笔，蘸取事先调好的糨糊，在书口上来回涂抹。抹糨时，要从中间先上后下地向两头抹。抹糨的宽度要以连口纸条的宽度为基准，糨糊要抹均匀。然后放下糨笔，用右手抽取一根连口纸条，捏住纸条下端贴在书口下脚处，粘住后再把纸条沿书口拉直贴在整页书口上，再用一张吸水纸盖在书口上，用右手掌在盖纸上按摸几下，使连口纸条与书口粘牢、粘平。随后，提着书叶两边的书脑处，轻轻将书叶拿起来。拿的时候用力要轻巧，否则刚刚连上的书口又会散开。书叶拿起后，

安放到夹书的吸水纸上吸去水分。已经连口的书叶，在安放时要一张一张错开着放，而不要整齐地叠在一起，否则书叶会相互黏结，而且连口处也不容易干。书叶连口完毕后，工作台要擦干净，然后再开始另一张书口的连接，如果工作台面留下残余的糨糊，会粘在下一张书叶上，而把书叶弄脏。

有些书叶由于纸质不好，涂抹连口糨糊时，纸张会迅速松胀，使书口两边不能很好地对应。明末吴兴闵齐伋刻印图书用的纸张伸缩性很大，书叶一抹糨糊，马上就松胀，有时还会在书口中间产生许多小褶子，使书叶翘起，书口弯曲，连口十分困难。遇到这种情况，除应调整糨糊稠度，以减少糨糊对纸张的松胀作用外，还要采取快速抹糨、快速连口、快速夹干的操作方法，争取在书叶松胀前就完成连口工作，以避免书叶不平或书口弯曲而难以接合的弊病。

书口磨损过多的书叶连口也比较困难。如果不区别磨损的情况，就拼页连口，那连接出的书叶就宽窄不一，书口也对不齐。遇到这样的情况，应先选择一张磨损最小的书叶，并按它的尺寸划出一张标准书叶。然后把这张标准书叶压在玻璃或透明塑料片下面，再按照它的尺寸连口。如果书口缺损较多，就用书叶补破的办法选配质地相同、颜色相仿的纸张先把书口补好，然后再用绵纸条连口，这样就可以保持书口距离和宽窄的统一了。

另外，有些不衬纸的薄纸书用裁整齐的绵纸条很难捶平。有时捶重了，连口处还会断裂。遇到这种书籍，可以改用一块比书口破损处大些的绵纸来连口。连口的办法是，先按书口破损处的大小涂抹糨糊，破损大的地方糨糊涂抹得宽一些，破损小的地方就涂抹得窄一些。然后按书叶纸张的纹路把绵纸铺在糨糊上，再根据涂抹糨糊的宽窄撕去多余的绵纸。预先裁好的绵纸条尺寸是固定的，纸茬和纸茬堆叠在一起，隆然凸起，很难捶平，而用这种办法撕成的绵纸，宽窄不一，纸茬交错地叠在一起，凸得平均，比较容易捶平。

2．破损书叶的补缀

古籍在收藏和流通过程中受到人为因素和自然因素（理化因素、生物因素等）的毁坏，书叶常常发生破损。对此必须根据不同情况，采取适当办法进行修补，使其恢复完整状态。补破工作是古籍修复中重要的一环，修复人员务必认真对待。

破损书叶的补缀，在技术操作上有一些必须遵守的通则：

①事先准备好各种材料和工具，如纸张、糨糊、糨笔、排笔、棕刷、夹书叶的吸水纸、塑料薄膜、木夹板、喷水壶、镊子、挑针、剪刀和裁纸刀等。

②工作要认真细致，精益求精。对补破过程中可能出现的问题，事先要考虑周到，一定要争取一次补好。如果在补破中草率从事，弄坏了书叶，或因考虑不周而出现差错，就会增添许多麻烦。许多情况下，修补得不好的书叶再要揭补重修时，可就不如初修时那么容易修好了。明人周嘉胄在《装潢志》里说，古籍书画之类的珍贵文物，"不遇良工，宁存故物"[49]11，这话是有道理的。

③小的破损，不必拆开书来修。只要用手指或竹签伸进书叶的夹层，把书叶掀开来，垫上塑料薄膜，就可以进行修补。大的破损都要按照操作程序，把书拆开来修。拆的时候要细心，不要造

成新的损坏。

④为防止书叶变形，书叶补破之前必须用喷水壶在书叶上均匀地喷水，使其略呈润湿。

⑤补缀破损书叶的用纸，在色泽、厚度、外表和质地等方面要尽可能与原有书叶接近。

⑥书叶补破之前，要对原有书叶纸张的纹路和补破用纸的纹路进行测定。补破时要使两种纸张纹路的横直丝缕趋向一致，否则补好的书叶会不平整，而且很难看。古代图书纸张的纹路比现代图书用纸显得复杂。现代图书纸张的纹路多为竖向，古代图书的纸张，特别是绵纸类古籍，其纹路横竖都有。测定纸张纹路的简便方法是把纸张撕开一个小口进行观察，如破口处平直整齐、没有毛茬，其纹路就是竖向，如破口处参差不齐、带有毛茬，其纹路就是横向。但测定待修古籍书叶的纹路不能用这种办法，会把书叶弄坏，因此，只能先用喷水壶把书叶的天头或地脚打湿，然后晾干，这时，横向纹路的纸张就会出现收缩现象，而竖向纹路的纸张变化不大。

⑦书叶补破刷糨时，糨笔要顺着纸张的纹路抹刷。

⑧书叶补破所用的糨糊，稀稠必须调配适当。稀稠程度须视待补纸张的厚薄、质地的粗细、吸水量的多少而定。绵纸类或纸张厚的书叶，糨糊要调得稍稠一点，否则补缀起来不够牢固。竹纸类或纸张较薄的书叶，糨糊要调得稀一些，不宜用稠糨补缀，否则容易起皱，压不平整，也不易捶平。但糨糊太稀，又会出现粘补不牢、易于脱落的现象，那就等于白补，所以糨糊的稀稠直接关系到修复质量。

⑨刷糨切忌过多，否则书叶干燥后会发硬、发脆。不论何种补破，多余的糨糊一定要用棕刷压挤排出。

⑩修补完的书叶，要及时用吸水纸吸去缝隙间的余糨，防止书叶之间发生粘连。工作台面要经常擦洗干净，以防残糨粘损书叶。

破损书叶及其补缀操作示例分别见图2-28和图2-29。

图2-28　破损书叶补缀前

（a）示例一　　　　　　　　　　　　（b）示例二　　　　　　　　（c）示例三

图2-29　破损书叶的补缀

下面对各种不同原因所造成的书叶破损及相应补破方法分别作一些说明。

（1）书叶孔洞的补破。书叶孔洞大多数是昆虫（蛀虫、白蚁、蠹鱼、蟑螂等）蛀蚀和老鼠啃咬造成的。对这种虫蛀鼠咬的孔洞，补破之前，要先清除书叶上的虫屎和破损纸张的渣屑。清除的办法是用毛笔或小毛刷轻轻刷去，刷不掉的再用小刀轻轻刮，或用砂纸轻轻磨，刮、磨以孔洞周围显出纤维来为度，绝不可以损伤书叶上的文字。

孔洞补破的具体操作过程是：把待补的书叶正面朝下平铺在工作台上，然后取出配好的纸，看看纸边是不是光边，若是光边，要先撕掉。因为光边不易与书叶粘牢，又不易捶平，故修书不宜用光边。光边撕去后，纸边上会露出毛茬，这些毛茬就是散乱状态的纤维，用这种纸去补破才粘得牢，而且捶平的效果也好，是最适宜的。

修补书叶孔洞时，用左手拿着配纸，右手拿着糨笔，在孔洞周围均匀地涂抹糨糊，不要涂得过宽，能粘得住被补的地方就可以了。糨糊涂抹好了以后，再把左手拿的配纸放在涂抹过糨糊的孔洞上，然后用右手的食指揿住被补的地方，用左手撕去配纸的多余部分，若是较厚的纸或不易撕断的纸张，可以在撕前用笔蘸点水，在孔洞四周划一水印，这样撕起来就比较容易了。修补孔洞时，如果补的是小洞，可以补上四五个孔洞掀一下书叶，接着再修补其他孔洞。补的若是大洞，就应该补好一个孔洞，掀一下书叶。要是等整张书叶的孔洞都补好了再掀，那书叶就会粘在工作台上，掀时很容易掀坏。

书叶孔洞修补时，还要注意先补书叶中部（近书口处）的孔洞，再补书叶外部（近书背处）的孔洞；先补书叶上的大洞，再补小洞。一般情况下都应该这样做，否则书叶补完后会产生不平整的现象，而且很难处理，即使经过喷水，也不易压平。

如果遇见书叶半边损坏厉害，半边较好，则应把损坏严重的半边放在胸前先补，然后再调转过来补另一边，这样工作起来比较顺利。整张书叶全部补完时，要把书叶翻过来，用手掌在补过的地方揿一揿，使之粘牢、平整。揿过以后，将书叶掀起来放在夹书的吸水纸上，接着就可以修补另一张。修补好的书叶，不要叠在一起，要错开放置，以免发生粘连情况。

（2）书叶边角的补破。有些虫子（如蟑螂）和老鼠专咬书叶的边角，在这种情况下，补破最好用旧的纸边做配纸。因为书叶边角受阳光照射时间长，颜色总比书叶里面的深，所以用旧纸边修补边角，可以取得色调和谐的效果。但同时也要注意照顾书叶里面的颜色，如果补上去的纸张颜色太深了，也会影响整张书叶的美观。因此，选用修补书叶边角的配纸，不要与书叶里面的颜色相差太大。

（3）书叶霉坏的补破。细菌、真菌除了会在书叶上形成霉斑，还会霉坏书叶。关于霉斑的处理方法，前面已经说过，这里再说一下关于霉坏书叶的补破问题。

霉坏的书叶，如果字迹全损，就无法修补了。如果字迹尚可辨认，则全页霉坏者，可经漂洗后用托裱法处理；局部霉坏者，可在漂洗后用补破法处理。

书叶局部霉坏补破时，首先要看书叶的纸张情况，如果纸张尚好，即可在书叶局部霉坏地方的背面粘补一小块绵纸，粘补的绵纸一定要比霉坏处稍大一点，如果粘补的绵纸同霉块一样大小，则捶书时很可能把绵纸连同霉块一起捶下来。

（4）撕裂书叶的补破。人工和机械原因都可以造成书叶撕裂。如果只是一张或几张书叶被撕裂，而不是整册全部撕裂，则可以采取简易修补法，不必把整册书都拆开，只在局部损坏的书叶上进行修补即可。

其操作程序是：先用手指或竹签把书叶的夹层掀开来，衬上一张塑料软片，接着用一张稍硬的光滑纸做垫纸，垫纸宽约10cm，长度略比损坏处稍长一点就可以了。然后拿一根连口用的绵纸条放在垫纸上涂以糨糊，再把垫纸连同涂上糨糊的绵纸条一起从掀开的书叶夹层伸到损坏的地方，上下对准贴紧。再在贴有绵纸条的书叶上面盖上一张吸水纸，用手掌揿几下，等绵纸条和书叶粘牢了，就可以把那张垫纸和塑料软片抽出来，用吸水纸衬在里面夹着，压上重物，待干后撤去夹衬的吸水纸，再把绵纸条的多余部分用剪刀修齐。

如果撕裂的裂口不长的话，还可以把书本摊平在工作台上，用手或竹签掀开破损书叶的夹层，再把掀起的地方卷成筒状，用一木板轻轻撑住。然后用左手的食指和大拇指揿住破损处，用右手拿毛笔蘸取糨糊涂抹在连口绵纸上，再把这张绵纸条粘在书叶破裂处，夹上吸水纸，盖上木板，用重物压好。等书叶干后，把木板和吸水纸撤掉，剪去绵纸的多余部分，再捶平、打磨一下即可。

如果是整册书叶都被撕裂，或撕裂的叶数较多，那还是要把书拆开再进行修补。修补时要把书叶一页一页地摊平，像连口一样，用绵纸条进行修补，补完再重新装订。

（5）被挖书叶的补破。在古籍修复中，有时会碰到书叶有局部被挖的痕迹，被挖的地方常常是前人盖图章的地方。这类书叶补破时要特别注意纸张的选配，因为书籍上的图章往往盖在显眼的地方，纸配得不好，补缀处与原书颜色相比就显得很不协调。如果实在找不到适宜的纸张，可以在原书叶书脑的订线眼里面裁下一条纸块，用来修补被挖掉图章的那块地方。修补的时候，先将书叶上被挖处用小刀刮出纤维来（即刮成毛口），再在被挖处四周抹上糨糊，然后把准备好的纸块对好纸纹贴在上面，用手掌揿几下，让它粘牢、贴平，顺手再揿一下，免得书叶粘连在工作台上。最后把补纸的多余部分撕掉。

另外还有一种被挖书叶的补破法，就是把从书叶书脑部位裁下的补破用纸放在一块用软性木材制作的木板上，然后把要补的书叶顺着纸张纹路盖在补破用纸的上面，压上尺板以免书叶移动。接着，用挑针在书叶被挖处的周围划上一道细印，使补破用纸和书叶被挖处大小一致，再用绵纸条粘住书叶和补破用纸，使两者固定起来。然后把书叶翻转过来，去掉补破用纸细印外面的多余部分，并在书叶反面破损处的四周涂抹糨糊，用绵纸条把破损周围粘补起来，盖上一张纸，用手掌揿压几下，再翻转过来，揭掉正面贴着的绵纸条。随即在被补处的四周稍喷一点水，上下都垫好吸水纸，盖上木板，压上重物，待干后取去重物、木板和垫纸。因为补破用纸与书叶用纸相同，纸莹又一致，所以用这种方法修补的书叶几乎看不出修补的痕迹。

（6）两面有字书叶的补破。线装古籍的书叶一般都是正面有字、反面空白，修补时不存在什么问题。然而古籍中的手抄本或稿本，偶或也有两面都有字的，这样的书叶用常规的修补法是很难修好的。如果破损的是书叶边上没有字迹的地方还可以，如果破在书叶当中有字迹的地方，那就会补了这一面，盖了另一面。要想两面兼顾，不盖住任何一面，就比较困难了。

所以两面有字书叶的补破，关键是不要损伤书叶两面的字迹，否则就会破坏书叶的原貌并影响阅读，从而违背了古籍修复的基本要求。

解决这个问题有两种办法。

一种是书叶分揭法。即把两面有字的书叶分层揭开，使一张书叶变成两个单页，再分别用常规的古籍修复办法进行补破，然后再把两个单页合成一张书叶，或者用托裱法裱成双页，装订成册。但这种分揭法只适用于夹宣、重单宣等较厚纸张制作的古籍，如果是单层薄纸或纸质较差的古籍，就不宜采用这种办法。

书叶分揭法的具体操作过程如下：准备好与书叶大小相仿的毛边纸，在粗涩的一面刷上一层稍厚的糨糊，把待修的书叶夹在两张毛边纸的当中粘住，但纸边不能粘在一起，否则分揭书叶时就无从入手。糨糊干了以后，用双手分别拉住毛边纸的边沿，均匀用力地把夹在中间的书叶慢慢拉开。这时，一张书叶就被分成两个单页，粘在毛边纸上。再把粘着书叶的毛边纸浸湿，使两者分离，接着把分离后的书叶放在铺平的塑料薄膜上，用毛笔蘸水洗去粘在书叶表面的糨糊，洗不净的再用竹启子刮去。这以后，就可以按照常规的修复方法进行补破了。书叶补好后，如果仍要合成单页，那要在书叶半干时把两个单页按边角背对背地对齐，对齐后在书叶的一端压上尺板，然后揿起上面单页的一半，用排笔在下面的单页上涂抹糨糊，接着将上面书叶被揿起的一半放下，用棕刷刷平，再揿起被尺板压住的另一半，同样用排笔涂抹糨糊，刷平。接着揭起合好的书叶，放在吸水纸上，上面再盖一层吸水纸，用棕刷用力再刷几下，使其牢固、平整，最后压好、夹干即可。

在分层揭纸时也可以不用毛边纸，而用比待修书叶面积更大的粗丝白布。其刷糨、揭开、分离、洗糨、合页等操作方法，与用毛边纸相仿。

单层薄纸和已经糟朽、焦脆的书叶，绝不能用分揭法补破，那样会越揭越破烂，最后甚至难以修复。对这种书叶，只能用透明度较好的绵纸修补，并设法尽量少盖一些字迹。玻璃纸透明度虽好，但一湿水，纸张就扭曲不平，即使压平后也不易保持平整，故不宜使用。

还有一种嵌补法，可以用来修补两面有字的书叶，但比较费工，有时效果也不十分好。所谓嵌补，就是用尺寸相同的补破用纸嵌在书叶的破损处，然后用透明度较好又非常狭小的绵纸条沿着嵌补的边缘粘接好。粘接时要选择字迹少的一面，并在字迹空当处粘接。有时可采用菊花瓣式的粘接法。用此法嵌补完工后，要在修补处的四周略微喷一点水，再夹干、压平，以防止书叶翘边。

3．糟坏书叶的裱补

糟坏书叶包括下列几种：

①因潮湿后发酵，或遭受霉菌腐蚀，已经大部分糟朽的书叶；

②虫蛀、鼠咬严重，纸张已经大部分残破的书叶；

③遭风伤，或经日晒，或因烟熏火烤，纸张已大部焦脆的书叶等。

糟坏书叶因纸张的糟朽变质而破烂不堪，稍一翻动即粉碎掉落，甚至变成粉末状。这种书叶已经无法用一般的补缀办法进行修复，只能采取裱补法修补。

裱补法又称托裱法，北方也叫"糨衬"，即选配与书叶相当的纸张，用糨糊对整张书叶进行托裱加固。裱补法比起一般书叶补缀，在技术操作上有时还便当些，但在古籍修复中，对各种损坏的书叶，除了严重糟坏的，仍应尽量采取一般修补办法。这是因为整页托裱虽然有时比补缀便当，但裱补过的书叶较厚且硬挺，不利于书籍的翻阅和保管，特别是托裱用糨多，容易滋生蛀虫。

现把各类糟坏书叶的具体裱补方法分别说明如下：

（1）糟朽书叶的裱补。糟朽严重的书叶，在细菌、真菌的作用下，纸质大部分霉坏，表面像棉花絮那样粘成一团，失去了韧性。对这类书叶的裱补，预先要准备好材料。裱补用纸，一般应选配拉力强、韧性大的薄绵纸，竹纸书可采用毛太纸，白纸书可用绵连纸或粉连纸，但纸质都要薄的。选配好的纸张要预先裁好，裁的尺寸要比原书叶稍大些。还要备好抹糨用的长锋羊毫笔和长 50 cm、宽 40 cm 的塑料薄膜（油纸也可用）。裱补用的糨糊要稀，大体上是 50 g 面粉兑 2 kg 水，具体操作时还应根据书叶厚薄和气候条件来定，气候干燥时可以适当稀一些，气候潮湿时可以适当浓一些。材料准备就绪，就可以开始裱补工作。裱补（见图 2-30）的具体操作过程如下：

第一道工序是铺放书叶。先把塑料薄膜（或油纸）放在净水里浸湿，贴在工作台上，再用抹布把表面的水分擦去，然后把糟朽的书叶正面朝下铺放上去。糟朽严重、已经破碎的书叶，要用镊子夹住轻轻地铺放，并拼凑整齐。书叶铺好后，用喷水壶（或喷雾器）往上面喷一点水，以防书叶

图2-30 裱补

游动。喷水时，先用镇尺把书叶压住，并且抑制咳嗽或大口呼气，以免空气震动，吹散书叶。书叶卷角、皱褶的地方，可用毛笔蘸水轻轻抹平。塑料薄膜（或油纸）都没有黏性，铺垫薄膜或油纸，能使裱补后的书叶容易揭开，否则就会粘在工作台上，揭的时候很不方便。

第二道工序是涂抹糨糊，这是关键性的工序，要细心地去做。抹糨时用右手持笔蘸糨，蘸糨要足，涂抹要轻。手轻糨足，则走笔滑利。抹糨顺序应从书口中间往两边抹，不能由两边往中间抹，否则会把书叶弄皱，使裱出的成品很难看。抹糨时要均匀，尽量把书叶上的皱褶往外抹平。由于糟朽书叶牢度很差，抹糨要按顺序，不宜用力太大，避免把书叶抹歪或抹破，这是要严格注意的。待整张书叶都涂满糨糊以后，拿起原先准备好的裱补用纸轻轻地盖在待补书叶上，并用棕刷从右到左轻轻地刷一遍，使裱补的纸张与书叶黏合在一起。然后盖上一张吸水纸，再刷一遍。这时就可以连同塑料薄膜（或油纸）一起揭起，翻转过来，平放在工作台上，用棕刷在塑料薄膜（或油纸）上刷一遍。刷完，即可从左下角入手，把塑料薄膜（或油纸）轻轻掀开。如果塑料薄膜（或油纸）与裱补书叶的纸张稍有粘连，可以用糨笔在粘连处抹点糨糊后盖上，再用手撳几下，继续掀揭，直到揭开为止。接着，就沿裱补好的书叶边缘上一条糨，把书叶贴在裱板上，晾至半干时揭下来，夹在吸水纸里，压平，待干后，即可整理装订。裱补较厚的糟朽书叶时，由于看不清背面的字迹和边栏的位置，工作起来很不方便，遇到这种情况，先在正面对好字迹边栏，然后粘上绵纸条，再翻过来裱补。裱好以后，揭去绵纸条。

（2）虫蛀鼠咬严重残破书叶的裱补。一般虫蛀鼠咬的书叶，可以用孔洞补破的办法处理。但对蛀咬严重、已经无法用补破的办法修补的书叶，则应采取整页裱补的办法。具体操作过程如下：

材料准备与糟朽书叶的裱补相同，另外还要准备五支小档排笔。

裱补程序也是先在书叶下垫上浸湿后的塑料薄膜（或油纸），并用抹布擦去表面的水分，然后把书叶正面朝下铺放在薄膜上，稍微喷点水，再用小档排笔蘸足糨糊，均匀地在书叶上刷糨。刷糨时要注意用力轻巧，不能使书叶起皱或打折。整张书叶刷满糨糊后，就拿起配好的裱补用纸轻轻地盖在书叶上，然后用棕刷轻轻刷平，盖上吸水纸，再用力刷几下。随后，连塑料薄膜（或油纸）一起揭起，翻转过来，平放在吸水纸上，再用棕刷用力刷几下。这时就可以揭掉塑料薄膜（或油纸），再在裱补好的书叶的一端抹点糨糊，由下往上贴在裱板上。晾至半干，揭下来，夹在吸水纸里，压平。晾时，也可以把裱补好的书叶数十张一沓地用两只木夹子吊在竹竿上，晾至半干，再拿下来，夹干、压平。

（3）焦脆书叶的裱补。因风吹日晒、烟熏火烤而焦脆的书叶，一碰就碎，修补起来难度较大。这种书叶以北方为多见，山西尤甚，原因是北方气候干燥，虫蛀霉坏的书籍较少，而风伤焦脆的较多。

对于焦脆书叶，可以按损坏程度的不同，采取不同的修整方法。轻度焦脆的书叶，只需用水冲洗一下，洗去其脆性，使书叶纸张变得柔软些，吸水纸夹干以后，用一般补破办法，对其中破损处稍加修补就可以了。

焦脆严重的书叶则要用裱补法进行修复。具体操作过程如下：

裱补前的准备工作：裱补这一类书叶，用的纸张应选用薄绵纸。因为焦脆书叶缺少韧性，而薄绵纸性质柔韧，恰好可以调和焦脆书叶的脆性。裱补焦脆书叶的糨糊也要稀。糨糊厚了，会一下子把书叶粘住，如果发现书叶的字迹和边框没有对齐，就难以拉开重对了。相反，糨糊稀一点，书叶底部滑润，如果发现书叶的字迹和边框没对齐，用笔把书叶轻轻推动一下，很快就可对齐。

焦脆严重的书叶，其裱补程序与裱补糟朽书叶一样，也是用塑料薄膜（或油纸）垫底，再在它的下端放一条浸湿的长纸条，固定好，然后把焦脆的书叶正面朝下，轻轻地铺放在塑料薄膜（或油纸）上，进行修复。

一般来说，焦脆书叶遭虫蛀的情况比较少，通常是四周边角焦损严重。裱补时，应先选用质地、颜色相同的纸张把焦损的边角补好，然后用糨笔在待修书叶上涂满糨糊，再把备好的托裱绵纸覆盖在上面，用棕刷刷一遍，使绵纸与书叶粘牢。随后在上面盖一张吸水纸，再用棕刷刷几下，随即连同塑料薄膜（或油纸）一块儿揭起，翻转过来，平摊于工作台上，再刷几下，这时就可以揭去塑料薄膜（或油纸）。揭时如有书叶粘连在塑料薄膜（或油纸）上，则可用糨笔蘸点糨糊涂抹在粘连处，然后用手揿几下，即可掀起。如果仍然揭不开，还可以用糨笔慢慢推移着揭。

有些书籍，虽然书叶四周边角都焦脆了，但书叶中间的纸质还比较牢，那就不必对整张书叶进行裱补，而只要像修补一般破损书叶那样，把书叶平摊在工作台上，用糨笔在书叶四周焦脆处涂抹一点稀糨糊，然后贴上绵纸条就可以了。如果因此而造成书籍中间凹陷、四周凸起的现象，则可以采取在书叶中部衬纸的办法来弥补。

无论是糟朽、虫蛀鼠咬或焦脆的书叶，如果损伤特别严重，很难在书叶上抹糨时，都可以采用飞托法裱补。所谓"飞托"，就是不像一般裱补那样先把糨糊抹在书叶上，而是把糨糊反抹在裱补的用纸上，再倒过来贴在拼接好待修的书叶上。其操作时的注意事项，与一般裱补法相同。

另外，有些书根有字的书叶，修补时应尽量保持它原有的字样。最要注意的是，不要把新补到书叶上的托裱纸纸边留在外面。裱补书叶时，须让托裱纸在书根处缩进一些，不能稍有长出，否则就会湮没书根上原有的字迹。

以《徽州文书》的修复为例,有关糟坏书叶修复前、修复中及修复后对比图见图2-31至图2-33。

图2-31 糟坏书叶修复前

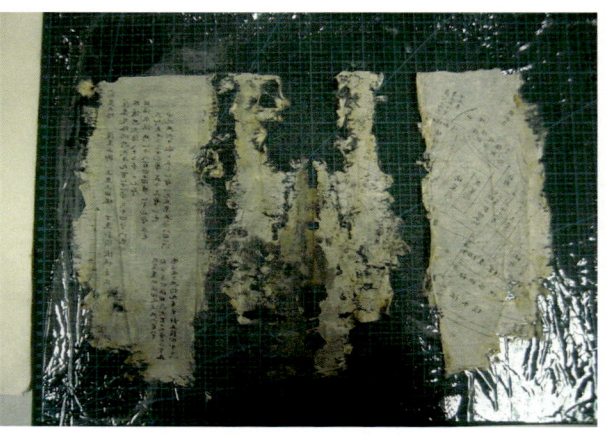

图2-32 糟坏书叶修复中

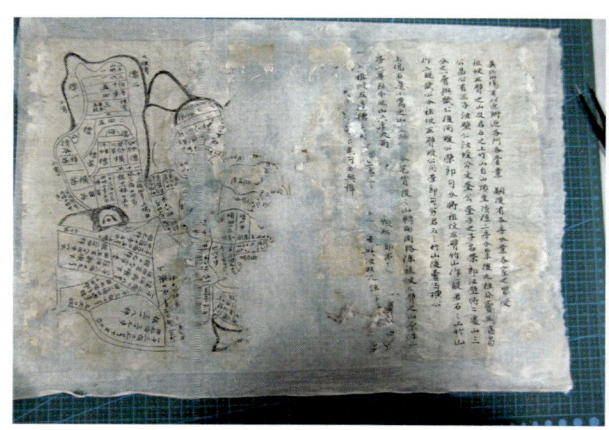

(a)示例一

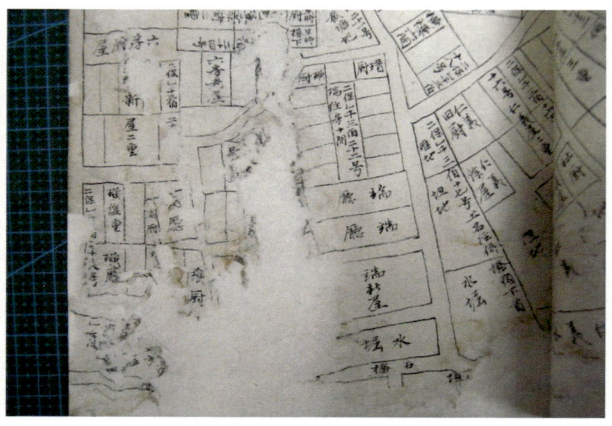

(b)示例二

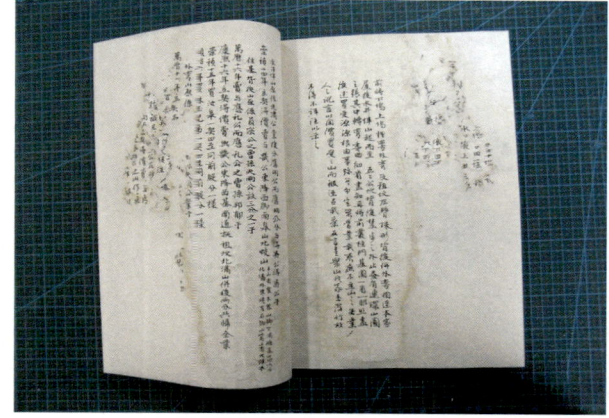

(c)示例三

(d)示例四

图2-33 糟坏书叶修复后

4．黏结书叶的揭补

书叶黏结一般多由水湿或浸泡引起，有两种情况，一种是单纯水湿引起的黏结，这是书叶和书叶间的水分挤掉空气以后产生的粘连，没有黏合剂介入，比较好处理；另一种是黏性物质引起的黏结，这是因书叶沾染或浸泡在含有黏性物质的液体中形成的。其黏性物质，有的是液体中原有的，有的是印书墨中的胶质成分经水浸而稀释出来的。这些黏性物质可以使书叶黏结得很紧密、坚固，甚至使整册书结成一块"书砖"或一团"饼子"，处理起来非常困难。

黏结书叶的修复，主要是根据书叶黏结程度及纸张好坏等情况，采取各种办法把粘牢的书叶逐页揭开，同时要修好因黏结而受到的损伤。这两项工作合起来就叫"揭补"。

（1）简易揭补法。对于因单纯水湿造成的书叶黏结，可以采取简易湿揭法处理。

简易湿揭法即就湿揭页，如果书叶没有破损，就连拆书工序都不要，只要把整册水湿的书籍平摊在工作台上，用竹启子或镊子一页一页地揭开即可。整册书叶都揭开后，把它放置在去湿机或通风口晾干。等晾到八成干的时候，便可把书本合起来，上下用夹书板夹好放进压书机中压平（如果没有压书机，可以用其他重物代替）。揭开的书叶不能放到太阳底下晒，因为晒干的书叶七翘八裂，很不容易压平。

整册揭页，还有一种揉搓法。揉搓法也叫干揭法，这也是一种简易揭补法，它适用于受湿时间较久，书叶已经发干，但整册仍黏结在一起的书籍。具体方法是：用双手拿住黏结的书籍的两头轻轻地反复揉搓，等板结、发硬的书叶被揉搓到松散、软和时，再用竹启子或镊子逐页揭开。揭页时如发现书有损伤或脱落，可用补破办法随时修补。如果发现这一页的纸块黏结到上一页了，要小心地揭下来，贴补到破损的地方。

揉搓法操作简便，效果也比较好，但由于揉搓时容易伤纸，所以它的应用范围只限于纸质较好的普通版本书，凡是霉烂、糟朽、焦脆或纸质脆劣的书叶，便不宜采用。至于珍本、善本书，更不能用这种办法揭补。对于霉烂、糟朽、焦脆或纸质较差的书叶，应参照糟坏的书叶修补法进行揭补。由于这类书叶都怕水湿，因而不适宜湿揭，能干揭的尽量干揭。

（2）其他揭补法。对于因黏性物质引起的黏结，不能用简易揭补法处理，那样会把书叶揭得破烂不堪。处理这类黏结书叶，可以采用热水浸泡法或蒸汽穿透法。

热水浸泡法的操作过程如下：

先准备好水盆、开水、明矾、广胶。按矾3%、胶2%的比例，把开水制成胶矾热水，然后把黏结书叶放在胶矾热水里浸泡一二日。开水中加矾是为了防止书叶的墨色脱散，如果墨色牢固不掉色，也可以不加。开水中加胶是为了加固纸张，防止书叶在热水浸泡下松散破碎。

书叶浸透后，即可开揭。开揭时，不能一页一页地揭，因为热水浸泡后的书叶太湿，一页一页地揭容易揭坏，要一沓一沓地揭，每沓四五张，揭起后一并放到吸水纸上吸去水分，再晾干。如果书叶有破损的地方，可在晾至半干时，按书叶补破办法进行修补。

蒸汽穿透法的具体操作过程如下：

先用热水浸泡法把书叶浸泡一两天，再用干净的纸把浸泡过的书叶包起来，放在蒸笼格里蒸一两个小时。蒸时务求热气穿透书叶，使书叶上的胶性得以溶解，这时揭不开的书叶就可以揭开了。要注意的是书叶要随蒸随揭，否则书叶凉后又会被胶汁黏结在一起。再次黏结的书叶比第一次坚硬，虽然可以再蒸再揭，但比第一次要困难。因此，用蒸汽穿透法揭补书叶，要尽量做到速度快、质量好，每次揭页时要少拿一点。如果一次拿了很厚一沓，上面的还没有揭好，下面的就已经凉了，那就不好办了。蒸汽穿透法对一般遭受黏性物质黏结的书叶，效果都较好，但对纸薄、质差的绵纸书或纸张老化、失去弹性的竹纸书效果就差一些。遇到这种情况，操作上要更加细心，这样或许可以做到顺利揭页、减少破损。

有关黏结书叶修复前、修复中及修复后对比图见图2-34至图2-36。

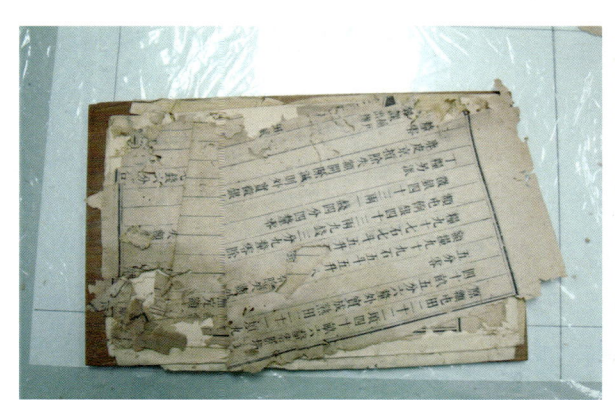

图2-34　黏结书叶修复前

（a）示例一

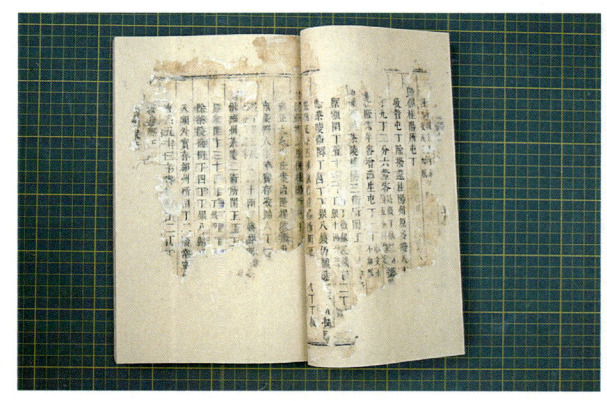

图2-36　黏结书叶修复后

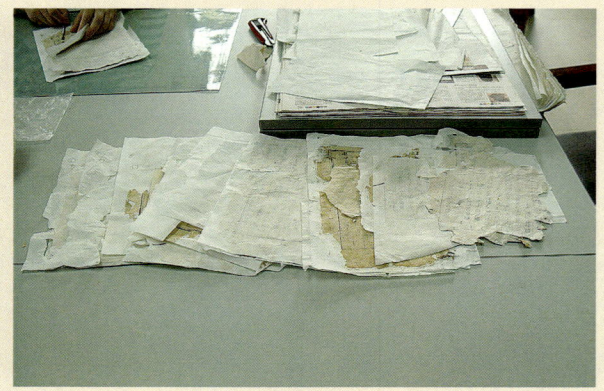

（b）示例二

图2-35　黏结书叶修复中

5．补坏书叶的重修

在古籍修复工作中，常常会遇到一些修补质量很差的书叶，如：

①配纸同原书纸张色调不一、质地不一、厚薄不一，甚至随便用一些捡来的杂纸补缀了事，书叶被补得如同百衲衣；

②连口时把两个单页简单地用糨糊粘贴在一起，甚至书口都没对齐，以致书叶皱折破损；

③用厚糨补破，结果把书叶补得又皱又硬，非常难看；

④补书的用糨太稀或用米汤代糨，结果出现起皮、脱壳现象，补了等于没有补；

⑤补书用糨不均，造成书叶重皮、空心现象；

⑥用厚糨、厚纸裱补书叶，造成书叶硬挺，既不便翻阅，又易招虫、生霉。

这些修补质量很差的书叶，大多是旧书商或不善修书的读书人造成的，也有些是修补技艺拙劣的古籍修复者的产品。修补质量差，既不利于古籍的保存、使用，又影响书籍的美观，所以要重新修补。

补坏书叶的重修，一是揭去补坏的地方，二是根据书叶损坏情况进行再修补。这里主要讲解一下前一项工作的操作程序，后一项工作同一般的修补要求一样，不再赘述。

揭掉补坏的地方，有三种方法：

（1）干揭法。这种方法适用于过稀的糨糊修补过的书叶。因为原用的糨糊早已没有黏性，一揭就掉。凡这种情形，都可用干揭法处理。

（2）水揭法。这种方法适用于厚糨修补过的书叶，这种书叶用干揭法揭不开，或会损伤书叶，所以要用水揭法。水揭法的操作过程如下：

先把书籍拆开，把书背上的丝线、纸钉和封面都去掉，再把书叶错开，放在洗书用的水槽中。在槽里先放上一张纸，把要洗的书叶放在纸上，再在书叶上面盖上一层纸，然后用70～80℃的热水冲洗。这种冲洗主要是为了冲掉书叶上糨糊的黏性，使书叶上的补纸与书叶脱开，而不是为了漂洗去脏，所以只需以水浸透书叶就可以了，不必反复多次冲洗。冲完后，把水槽底的出水洞打开，让水流干。等书叶半干时，就可以把书叶拿出来，平摊在工作台上，用竹启子或镊子揭掉书叶上原补缀的纸张。去掉补纸后，如果原补丁周围还留有残存的厚糨糊，也要用竹启子或小刀轻轻地刮掉，否则所补地方还会发硬、发挺。

（3）搓揭法。有的书叶因为纸质较差，用干揭法、水揭法都不适宜，那就只能用搓揭法重修。其法为先在书叶上喷一点水，然后把书叶平摊到工作台上，再喷水，让水分渗透书叶，然后用右手的中指，把过去裱补上去的旧纸慢慢搓揭下来。在搓揭过程中如果书叶干了，还要继续喷水，再接着搓，直到把裱补的旧纸全部搓揭干净为止。

有关补坏书叶的重修示例见图2-37。

(a) 揭去补坏的地方

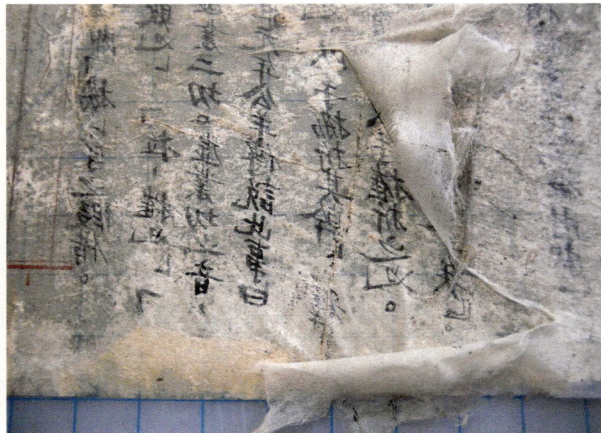
(b) 揭裱

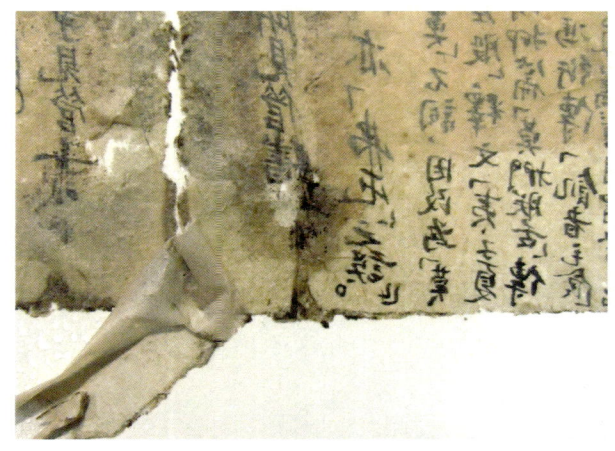
(c) 揭裱

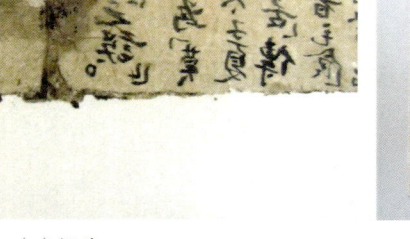
(d) 重修好的书叶

图 2-37　补坏书叶的重修

6. 短小书叶的镶补

古籍出版时，书叶都是一样齐的。毛装的书籍，尽管书叶参差不整，但大小也是差不多的。但书籍在流通过程中，常常会发生丢失现象，有时是整部丢失，更多的是丢失几册、几卷。一部书丢失了几册、几卷，就需要补配，而补配时又很难配到跟原书品一致的书籍。不仅晚清时期出版的书籍一般要比宋元版的书品小，就是近代出版的书籍，也常常出现补配书籍比原本小的情况。为了使补配书籍同原本整齐划一，需要采取镶补办法加以修整。

镶补在具体操作上，有拼镶和挖镶两种方法。

（1）拼镶法。具体操作过程是：先配好与原书颜色相仿的纸张，根据原书大小裁好纸条，使拼镶后的书只能稍长于、宽于原书而不能比原书短、窄。裁纸条时，应该注意纸纹走向要与书叶相同。接着，在工作台上铺一张稍硬一点的纸，长短要比原书的书叶长。然后把要裱补的书叶正面朝下摊开，铺放在工作台上的硬纸上。从第一叶开始一叶一叶错开着往上摆，间隔距离 2mm 即可。

摆了十多张之后，上面再盖一张稍厚一点的纸，用镇尺将书叶压上，以防止移动。这样就可以涂抹糨糊了。用糨的稀稠要视纸张的厚薄来确定。糨糊涂抹要均匀。糨糊涂抹好了，就可以把纸条一张一张地粘贴到书叶上去，这种在短小书叶上粘贴纸条的办法，就叫书叶拼镶。粘贴纸条时应从靠近身边的一头开始往上粘贴。在粘贴纸条前，应先把贴在桌面上的一张纸拿掉，再将桌子擦干净，以免有糨糊粘坏书叶。纸条粘贴完毕后，上面再盖一张纸，用手掌揿几下，让它们粘接牢固。然后一张一张地把粘镶好纸条的书叶掀一下，以防它们粘在一起。随后把它们翻转过来，让书叶正面朝上，上面盖一层纸，再用手掌揿几下，接着就可以把书叶按顺序放在夹干书叶的纸板上，上面盖上纸，压平即可。如果四周都要拼镶的话，也是按照以上的办法来做。

书叶拼镶，一般是先接天地，再接书脑，是一沓一沓地做，即先把一沓镶接好，再接着做第二沓。镶接书脑还可以采用把纸条裁宽一点，只镶接一边的办法。镶接完毕，夹干后将书叶按原痕折好，然后把新接补的纸条折回，与原书叶对齐，钉上蚂蟥襻就可以了。这种镶接法省工省料，而且书背处的糨糊厚度可以减少一半，捶书时也好捶。但如果接缝处处理得不好，书背后会产生一条小沟。

（2）挖镶法。具体操作过程是：先把配补的书叶的版心沿版框挖下来。挖的时候最好不要用刀裁，而是用挑针沿版框处划一条深印。划印的办法是把书叶正面朝上，放在一块用软性木材制作的木板上，上面用一根透明尺压住版框，并稍留一点余地，然后用挑针沿版框在书叶上深深地划一道。这时书叶上就会出现一条似断非断的线，然后一只手拿着书叶的左上角，另一只手从左到右轻轻地撕拉版框外面的纸，撕一圈后，版心和框外的纸就脱开了。这样挖出来的书叶版心，纸边能显露出毛茬纤维，镶补后看不出纸边痕迹。不像那种用刀裁成的光边，没有毛茬纤维，镶补后形成一条硬痕，显得不太自然、平服。

书叶的版心挖下来后，就可以开始镶补了。镶补时把书叶正面朝下铺在工作台上，在书叶的四周涂抹上宽约2mm的糨糊，拿一张预先裁好的比原书稍大的配纸铺到书叶上。裁纸时应注意纸纹走向要与原书一致，而铺纸时也要注意纸纹与原书基本吻合。然后把铺上的那张纸用棕刷轻轻刷平，使书叶与配补的纸粘住。用毛笔蘸点水在版框的四周划一道水印，拿镊子挑起一个角，把版框内多余的配纸揭开，然后慢慢地撕去，不可把镶接的地方撕坏。接着用棕刷再刷一遍，使书叶与配补的纸牢固地粘在一起。从版心中间撕挖下来的纸，可留作修补其他书叶之用。等到全书一叶一叶都镶补完，即可夹干、压平、装订。

有关破损书叶修复前后对比图见图2-38和图2-39。

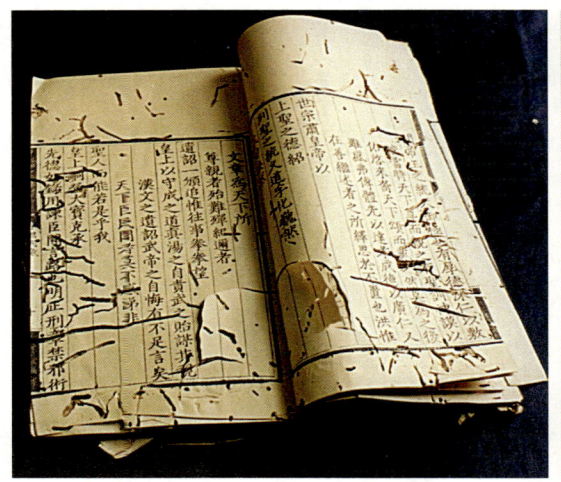
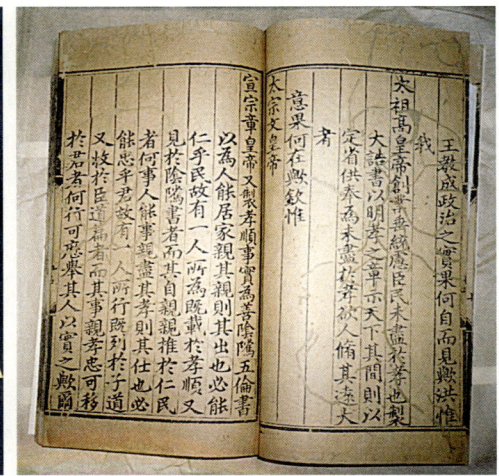

(a)修复前　　　　　　　　　　　　　(b)修复后

图2-38　破损书叶修复前后对比图一

(a)修复前　　　　　　　　　　　　　(b)修复后

图2-39　破损书叶修复前后对比图二

7. 书叶的喷水压平

书叶的喷水压平主要作用是使书叶平整。由于书叶在修补时用了糨糊，晾干时就会收缩而出现皱痕。遇到气候干燥，这种现象更为明显，甚至书叶一面补破，一面就会收缩出现皱痕，很不美观。为了使书叶平整，就要在书叶上喷点水，使它受潮发胀，再盖上吸水纸压平，这道工序就叫喷水压平(见图2-40)。

喷水压平的具体操作过程是：先把吸水纸铺垫在工作台上，再把修补好的书叶放在吸水纸上，然后用喷水壶或喷雾器喷上水，喷完后再放第二叶、第三叶。书叶要错落开来放，约三四张为一层，放多了不易晾干，而且也不易压平。一层喷好了，盖上吸水纸。喷水的多少，要根据书叶补裱的具体情况来定，补破较多的书叶，应多喷一点；破损轻微的书叶可少喷一点，或隔两页喷一点水。总的来说，喷水做到潮润即可，不宜过多。过多会使补裱的糨糊失去黏性，甚至使补裱的纸张脱落。

(a) 示例一　　　　　　　　　　　　　　(b) 示例二

图 2-40　喷水压平

书叶喷水到三四层，可用吸水纸盖住，用手把书叶铺拉平整，书叶全部喷水完毕，前后再多垫些吸水纸，所用的吸水纸一定要清洁、干燥，不能有污迹、霉点，以防污染书叶。

接着要进行压平。压平就是把喷过水并用吸水纸前后垫好的书叶，夹在硬板中间，放在台上用石块或其他重物压实。开始要压得轻一些，使水分能扩散到整个书叶上。然后倒页一次，再在书叶夹板两端多加些重物重压。过一二天再进行倒页。书叶在多次倒页中得到通风机会，容易晾干。梅雨季节更要经常倒页，以防止书叶发生霉变。

书叶倒页时，要按原来的顺序一页一页地倒，这样可以检查每张书叶补裱的地方有无脱落，如有不合规格的地方，还可以重新修整。倒页时要注意，不可把书叶页码搞错，同时还要经常换置吸水纸，并经常变换方位，这样可以使书叶干的地方和湿的地方均匀错开。倒页必须按操作规程正拿反放，以免搞乱顺序。有些书叶原来比较脏，连口后书口处会发生"河栏"（就是水印）现象，补破处四周也会出现"河栏"。遇到这种情况，可以用毛笔蘸取热水把"河栏"抹掉。"河栏"多的地方，可用喷水壶或喷雾器均匀地喷点热水，并用毛笔轻轻抹几下，这样就可去掉了。

喷水压平这道工序，不一定要等到书叶全部修补完成再进行，有时在修补过程中也可以做。有些破损严重的书叶，修补完毕后即可随时喷水压平，这样更容易使书叶平整。此外，书叶喷水的多少还要考虑气候因素，天气干燥时要多喷些，天气潮湿时可以少喷一些。倒页也要看天气干湿，干燥时可以少倒几次，潮湿时就要勤翻、勤倒、勤换纸，否则书叶不容易干，甚至还会发生霉变。

有些书叶修补后，会出现波浪形的皱痕，其原因有以下几种：

① 纸张本身质量不好；

② 修补好的书叶未经干透就进行折叶；

③ 原书叶纸张和配补的纸张纹路不对。

第一、第二种情形，均可重新喷水压平；第三种情形应对准纸纹重修，然后再进行喷水压平。

8．防止书叶色彩的浸润、烘散

中国古籍中有一种用红蓝格纸印制或抄写的书籍。这种红蓝格纸，近古时期是用植物染料和矿物颜料（如花青、石青、石绿、朱砂、胭脂等）印制的，19世纪末以来则多用进口的洋红（又名西洋红）、洋蓝（又名洋靛蓝）印制。这种书籍在修补时，红蓝格的颜色很容易脱落，特别是用洋红、洋蓝印制的格子纸，碰到水，其颜色就会受浸润而化开来，严重的时候，书叶上的色彩会烘散成一片，弄得字迹模糊，难以阅读。这种情况在书叶漂洗、托裱、裱补、连口、喷水时都会发生。

中国古籍中也有些书的文字是用红、蓝、绿、黄、紫等各种颜色印刷的，特别是一些名家和皇室的批注，往往是专用彩色印刷的。此外，有些读书人喜欢用笔蘸取红、蓝、绿颜料在书上批点、校改或做读书笔记。这些用颜料印或写的文字，在修补书叶时也会发生浸润、烘散的问题。

怎样才能防止书叶色彩的浸润烘散呢？这要根据书叶修补面积的大小，采用不同办法处理。

（1）大面积的修补，如书叶的漂洗、托裱、裱补，以及孔洞，多须全页补破和喷水时，其用水量大，就要采取全面性的处理方法。书叶连口、小洞小补、小面积喷水等，用水量少，则可采取局部性的处理方法。

全面性地防止浸润、烘散，主要是巧于用矾。书叶需要大面积漂洗、揭补时，可以事先用矾水喷洒书叶。矾水有固定色彩、防止颜色浸润、烘散的作用。喷洒过矾水的书叶，在漂洗、揭补时其色彩就不易浸润、烘散。

这类书叶在补破、托裱时，使用的糨糊中也可以掺入少量的矾。矾对纸张纤维虽有一定的侵蚀作用，但对防止色彩浸润、烘散却能起较好的作用，少用一点还是可以的。使用含矾糨糊修补书叶时，要尽量少抹糨糊，而且要有先有后，不能整片连在一起补。补好后马上就把书叶夹起来压平。喷水也尽量减少，最好是利用书叶上有的一点潮气把书叶压平。

这类书叶的托裱，要采取飞托法，即不是先把糨糊刷在书叶上，而是先把糨糊反刷在托裱纸上，再把要托裱的书叶贴上去。飞托法使用的糨糊一定要含矾，否则书叶上的色彩仍要浸润烘散。

（2）小面积的修补，如书叶连口，可以采取快速抹糨、快速连口、快速夹干的"三快法"，以防止书口色彩的浸润、烘散。还可以把糨糊涂抹在连口纸条上，然后把纸条翻贴到书口上去，再垫上吸水纸，用手掌揿几下，使纸条和书叶快速粘接。小孔洞的补破也可以采取类似的操作方法。这类书叶连口、补破所用的糨糊，要比平时使用的稍稠一点，因为稠糨糊水分少，纸张松胀得比较慢，书叶色彩就不易浸润、烘散。但纸张较薄的书叶不宜采用稠糨连口、补破，这时可以在稀糨中加入少量的矾。

抄本书大都是用毛笔蘸墨书写的，中国墨多见用松烟或油烟精制，这是世界上最优良的书写用品，它芳香光黑，经久不变，入纸不晕。用中国墨印刷或抄写的书，遇水一般不会发生浸润、烘散现象。伟大的革命导师列宁在做地下工作时，用过各种墨水抄写密件，但遇到水字迹就化开了，后来采用了中国墨，字迹浸水不化。1895年列宁从苏黎世写信给巴·波·阿克雪里罗得说："必须用中国墨写(密信),如能加一小块结晶的重铬酸钾当然更好,那样就洗不掉了。"[76]

中国墨很讲究墨色,磨墨要慢,用力要匀,把墨细磨到浓淡适度。而且要用"鲜墨",即用当天磨的墨。这样才能保证墨迹落纸后不会产生浸润、烘散的问题。如果用隔天磨的"宿墨"抄写书籍,其墨色与纸张的附着程度远不及"鲜墨",有发生浸润、烘散的可能,在修补时遇到这种情况,就不能直接用水来漂洗了。

"鲜墨"和"宿墨"的区别是,前者鲜明光泽,后者暗淡无光。如果难以分清,可以用水在书叶的边角上做试验。

处理用"宿墨"抄写的书籍,可以使用含有矾水的溶液来取代一般用水,这样可以防止墨色的浸润、烘散。也可以采用蒸汽法,即用白纸把书叶包起来,放在蒸笼中蒸十多分钟,蒸后的书叶再修补时就不会发生墨色浸润、烘散的现象。但蒸时最好在书叶之间衬以垫纸,把书叶两面隔开,免得两面的字迹相互印染。

防止书叶颜色的浸润、烘散还有一个办法,就是在书叶正面涂抹一薄层聚甲基丙烯酸甲酯。但此法对于古籍是否有损害尚待考察,所以对修补普通本的古籍可考虑使用,却不宜用于善本、珍本书的修补。

2.2.2 书画的修复

2.2.2.1 整理加固

书画作品在修复前需要对原裱件进行整理和加固,主要包括挑刮染物、方裁画心、巩固画心三方面内容。

1. 挑刮染物

挑刮染物,主要是用裁刀尖轻轻地剔除比如苍蝇屎等比较明显的凸起污染物,有的残破处有污染,则需沿破口边把污染物小范围刮磨掉(见图2-41)。

(a)示例一　　　　　　　　　　　　(b)示例二

图2-41 挑刮染物

2．方裁画心

方裁画心，即将原件上的各种装饰用料裁掉，并规整画心，以利于画心修补及重新装裱。下刀切裁时应谨慎，要充分考虑各方面的因素。比如画心四周出局条或反镶的，沿画心外口裁齐。需要用原镶料重裱，或者画心与镶料之间钤有骑缝章的书画作品，不能用刀裁，而应用清水闷透后揭掉镶料，以便完整地恢复原貌。舒展不易的旧画心则需要用清水闷润后再用剪刀剪裁。各种类型的扇面或不规则形状的画心也需使用剪刀裁剪。总之，无论遇到什么情况，都必须首先保证书画作品的完整性。

3．巩固画心

巩固画心包括两方面的内容：一是加固颜色，简称固色；二是加固画心，简称固心。有些使用石青、石绿等矿物质颜料的书画特别是工笔画，由于保存不佳，画面的颜色变淡，画粉中的胶失去作用，因此在清洗前必须进行加固，此称之为固色。又有些画心由于使用不当，出现空壳或糨糊失效，造成局部脱落，此时必须将其恢复到原位上，此称之为固心。

（1）固色。固色采用淡胶矾水，胶指黄明胶或其他骨胶，矾指白矾，分为点涂和喷洒两种方法。

①点涂，用于局部颜色浓重或画粉失胶的画心。具体做法为：先用羊毛刷掸去画心浮尘，画心正面朝上平铺在垫好的纸上，用毛笔蘸30%浓度的淡胶水，在色粉较浓的地方轻轻点涂即可。注意下笔要轻，点到为止，以防失胶的颜色或画粉随水向外扩散。点涂示例见图2-42。

（a）示例一　　　　　　　　　　　（b）示例二

图2-42　点涂

②喷洒，用于颜色浓重或画粉失胶面积较大的画心。可用浓度为20%的胶矾水装入手动小喷壶中喷洒。注意在画心上方空中喷洒，使雾化的胶水均匀地落在画心；如只是局部固色，喷前需用纸把其他地方覆盖好，避免多余的胶水散落在上面。固色后平放在台面上自然晾干。

（2）固心。固心分局部脱落、破碎、稀薄绢三种情况。

①局部脱落。单层画心脱落，应把它放回原位，与该处画意或笔迹对正对齐，用稠一些的糨

糊将其粘好晾干。连同背纸一起脱落的，须用略大于破洞并加托过的宣纸或绫绢头先粘在画心背面，然后再把脱落的部分对正对齐粘好。

②破碎。准备一张经过加托的四周尺寸均大于画心的宣纸或高丽纸，将破碎的画心摆放在相应的位置上，用小毛笔蘸稠糨糊粘贴好后晾干。

③稀薄绢。采用滚糨法，从正面刷一遍稀糨，然后从反面用棕刷排刷，加固受损部位。

关于巩固画心的基本流程，参考了刘泽信主编的《中国纸绢书画修复与保管》一书。

2.2.2.2 清洗去污

在旧裱整修的过程中，画心去污是极其重要的环节。《装潢志》记载："书画付装，先须审视气色。如色暗气沉，或烟蒸尘积，须浣淋令净。然浣淋伤水，亦妨神采，如稍明净，仍之为妙。"[49]16 "洗时先视纸质松紧，绢素历年远近及画之颜色，霉损受病处，一一加以调护。"[49]17 正如周氏所云，书画作品年代远近不同，污损情况也各不相同，因此清洗方法也不一样。有些只需温水淋洗便可达到除污还原的目的，有些则必须用开水烫洗，更有甚者必须使用化学药品才能清除污渍。但就算是用水淋洗也可能被水所伤，有碍神采，更不用说使用化学药品，一旦错用，必然不可逆转。因此，在清洗前需要对书画作品的染污情况进行认真仔细的分析，根据不同的情况使用不同的方法，对症下药。如果清洗不当，将会造成不可挽回的损失。清洗画心的方法大致有除尘、除霉、除蜡、除墨、水渍处理、油污处理、铁锈渍处理、血渍处理、返铅处理等。

1．除尘

除尘包括干除和水洗两种方法。

（1）干除。用热馒头去皮后在画心上来回滚动，以此粘掉表面上的尘埃；或者用面粉和成面团，醒一会儿，分成小块搓成条在画心上来回滚动。

（2）水洗。有刷洗、淋洗和浸泡三种方法。

①刷洗法：可用排笔蘸温水轻轻刷洗画心，再用挤干水分的湿毛巾搓成卷在画心上来回滚轧，然后挤干毛巾上的水分。连续几次，直到毛巾挤出的水色变浅为止。刷洗法操作示例见图2-43。

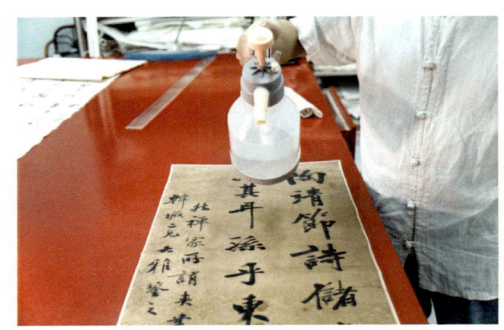

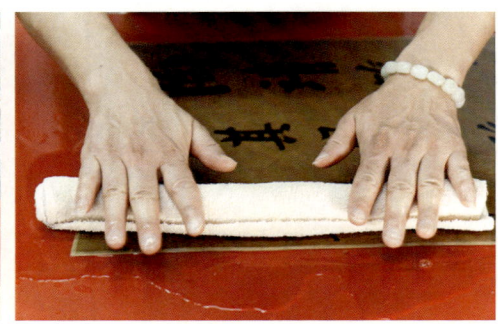

（a）喷水　　　　　　　　（b）刷洗画心　　　　　　　　（c）湿毛巾滚轧

图2-43 刷洗法

②淋洗法：将案子的一头垫高，形成斜面，将画心铺上，以棕刷反复淋洗，直到流出的水变清为止。可按照具体情况，选择刷洗或淋洗画心的正反面。

③浸泡法：此法适用于质地结实的画心，具体做法是将画心置于特制的水槽中用清水浸泡，每隔10 min换水一次，直至水变清为止。

2．除霉

书画作品长期处于潮湿环境容易滋生霉菌，轻者出现浮霉，重者甚至霉斑满幅。去霉之法，古来有之。《装潢志》上记载："如霉气重，积污深，则用枇杷核锤浸滚水，冷定洗之，即垢污尽去，或皂角亦可。"又说："用则急将清水淋解枇杷、皂角之余气，否则反为画害，慎之。洗后，将新纸印去水气，令速干为善。"[49]17

一般来说，浮霉处理较为容易，可用软羊毛刷、脱脂棉球或者毛掸顺着一个方向轻轻往外刷，然后用清水淋洗即可。对霉气较重者，除了周氏提供的方法，现代也采用化学药品进行洗涤处理。使用化学药品处理霉斑，不同质地的画心，用药也应区别对待，主要分为绢本和纸本两种情况。绢本画心去霉斑一般采用高锰酸钾和草酸。先分别调好5%的高锰酸钾和5%的草酸，用棉签或小排笔蘸高锰酸钾溶液轻涂于霉斑处，待药液由紫色变成黄褐色后，再用草酸溶液刷在高锰酸钾处中和，待其还原后无论霉斑是否清除干净，应立即用清水把药液全部洗掉。如一次不行，可反复一次，但最后必须用清水淋洗，直到残留药液全部洗掉为止。纸本画心上的霉斑则采用漂白粉溶液清除，浓度约为10%，涂药及淋洗方式与绢本基本一致。除霉的操作示例见图2-44。

3．除蜡

除蜡需先将表面的浮蜡用马蹄刀轻轻剔除，然后用加热的方法清除渗透到纸绢内部的蜡斑。具体操作方法是：先在画心上下各垫几层比蜡斑稍大的宣纸片，而后用加热的电熨斗熨烫，蜡斑熔化后便会转移到垫在画心上下的宣纸上。一次不行，可以多次，直到蜡油全部清除，但是每次必须更换垫在画心上下的宣纸。除蜡的操作示例见图2-45。

图2-44 除霉

图2-45 除蜡

4．除墨

除墨包括清除墨迹和蓝红墨水两种情况。清除墨迹可用小米汤浸洗，绢上的墨迹可用大米饭、馒头或面包搓擦。清除蓝红墨水，可先用清水淋洗，使其颜色变浅。蓝墨水处先涂5%的高锰酸钾溶液，待药液变成黄褐色后，再涂5%的草酸溶液；红墨水处使用氧化氢和乙醚混合液涂抹。颜色还原后都必须用清水将药液洗净。

5．水渍处理

水渍处理以水洗为主，多采用沸水淋洗的方法。若水渍较重，纸本画心可使用10%的漂白粉溶液；绢本画心可使用浓度较低的高锰酸钾和草酸溶液。

6．油污处理

油的种类很多，一般分为植物油、动物油和石油。清除植物油渍多使用丙酮和乙醚混合液；动物油渍可使用洗衣粉；清除石油一般采用高纯度汽油。此外还有印泥油渍，可以先用温热肥皂水浸10 min左右，再以95%的酒精擦洗。

7．铁锈渍处理

铁锈渍一般可用草酸溶液或醋涂擦。

8．血渍处理

书画作品上的血渍可用清水浸泡片刻，再以肥皂水或酒精擦洗。注意不可用热水浸洗。

9．返铅处理

古代绘画使用的钛白粉中主要含有铅的成分，时间久了，经过氧化作用，铅分子会呈现黑灰色，术语称"泛铅""返铅""铅返"。治返铅的方法，过去采用"火烧法"，即用纸做成细绳将铅粉发黑的部分圈起来，倒入白酒，点火烧之，铅粉即变为白色。这种方法烦琐而危险，难度很大。现在处理返铅比较容易，用毛笔或棉签蘸浓度较大的双氧水涂抹即可。

2.2.2.3 揭心

书画作品在清洗后，应马上付诸揭心，时间不宜拖久，以免纸素过度伤水而失去应有的拉力。

"揭"就是揭掉书画作品上原裱的背纸或托心纸，是修复工作中的一个重要环节。正如《装潢志》所说："书画性命，全关于揭。绢尚可为，纸有易揭者，有纸质薄，糊厚难揭者，糊有白芨犹难。恃在良工苦心施迎刃之能，逐渐耐烦，致力于毫芒微渺间，有临渊覆冰之危。一得奏功，便胜泚水之捷。"[49]18 这段话揭示了书画揭心的三个重要方面：首先，揭心是书画作品生命的关键所在；其次，绢本书画与纸本书画在揭心过程中应区别对待，并指出纸薄糨厚和糨糊中有白芨的比较难揭；最后，揭心需要靠修复人员竭力施展高超技能，逐步、耐心地在极其细微之处下功夫。要有如临深渊、如履薄冰的警惕心，因为一不小心就会出事故；一旦成功，则胜过泚水之战的辉煌成果。

由此可见，揭心时不可千篇一律等同对待，要对书画作品进行仔细观察、反复推敲，做出正确判断。首先区分纸本画心、绢本画心和画棒画砖，其次确定具体的揭心方法，最后具体实施，务必小心谨慎。

揭心前，通常先在台面上铺一段衬绢、新绫绢或透明的塑料膜，以便于书画在揭心、托心后完整地被揭起，防止书画的残片粘落在台面上，造成不可收拾的局面。绢本画心揭之前应加护水油纸。因为绢是丝织品，是用经纬交织的方法织造而成的，在揭心过程中为避免画心丝线出现错位变形，采用水油纸封固是一个有效的办法，行语称之为"翻油纸"。揭心时，一般先揭掉书画作品的覆褙纸，再揭托心纸，以便重新进行装裱。具体操作方法如下：

1. 拉

"拉"适用于可整片揭起的书画作品。首先选择一处不重要的地方试揭，分清背纸、托纸、画心的层间，初步了解并掌握了所揭对象的现状后再逐步深入。一般用食指或中指先行搓起一角，顺势将其掀起，拉时用手压住画心并斜向拉扯，以便于观察揭纸的层数。揭时如果纸片较小无法用手拉扯，可使用镊子；如果揭时不慎将画心一同带起，应立即停止，并用毛笔蘸稀糨涂于损伤处，将揭起的部分返复原位，垫纸排牢；如果向哪个方向都不顺，则必须改变揭法。

2. 搓

有些书画作品由于纸质老化，无法用拉的手法成片揭取背托纸时，可采用搓捻的方法。开始时选择一处不重要的地方进行试搓，以便找到手感，确定用力大小。一般将中指或食指头肚（或两指并拢），平放在背纸或托纸上，选定一个方向轻轻地把背托纸搓起，一旦搓成卷儿就立即停止并将其展开，再从该卷儿旁边 1 cm 左右处往回搓，直至把它搓掉为止。搓捻的关键，一是要匀，二是要注意揭取层次，不要揭"花"，不能伤画体。绢本画心由经纬线交织而成，且纬线比经线略粗，因此搓捻时要顺着纬线走向，否则很容易破坏原来的纤维结构。

3. 摩

个别书画作品由于糟朽，质地变得松脆不堪，无法采用拉搓的方法揭取，此时，可采用摩拭的方法。开始时，与拉搓相同，选择一处不重要的地方进行试摩，找到手感。然后用中指或食指，选准方向轻轻摩擦，使背托纸变成碎渣。每次摩拭范围不宜过大，边摩边清理，以便观察揭取的层数，并随时把摩掉的纸渣或手指上的纸屑和糨糊清除干净。

4. 操作要点及其他

（1）书画作品原画心托纸完整、坚实者，可以不必将其揭掉；先托后画的稀绢画心，也不宜揭去托纸，即使托纸出现脱糨也不能揭掉，可采用"滚糨"的方法对托纸进行加固，使之与画绢重新黏合。

（2）揭画心最好避开雨季，特别是像江南地区的梅雨季节，以防画面生霉。

（3）揭心时如气候干燥，揭取一段托纸后，应随之覆盖一层水油纸或塑料薄膜，保持一定的湿度，以防干裂翘起造成画意错位或丢失。

（4）无论拉、搓、摩，都要沿着一个方向进行，以避免将画心揭"花"。

（5）揭时以成片揭取为最佳，如不行可采取搓、摩的方法处理，三种方法可根据具体情况交替进行。

（6）在拉、搓、摩的过程中，应随时清扫纸屑、纸浆，保持清洁，以免造成二次污染。

（7）在拉、搓、摩的过程中，应避免直接将手臂搭放在画背上造成粘连和破坏，可适时铺盖水油纸、塑料薄膜或干宣纸、毛巾等。

（8）绢本画心揭心时要进行两次撤糨：一是揭掉命纸后在背面进行撤糨；二是去掉油纸后进行正面撤糨。

（9）画棒画砖由于曾被水浸透过，干后纸绢会变得既僵硬又酥脆，因此在揭心前要视受损情况不同区别对待，能干揭尽量干揭，不行可采用水泡的方法将其打开。

揭心操作示例见图2-46。

(a) 示例一　　(b) 示例二

(c) 示例三　　(d) 示例四

图2-46　揭心

2.2.2.4　补心

《装潢志》曰："补缀，须得书画本身纸绢质料一同者。色不相当，尚可染配。绢之粗细、纸之厚薄，稍不相侔，视则两异。故虽有补天之神，必先炼五色之石。绢须丝缕相对，纸必补处莫分。"[49]19 这段话说明，在修补画心之前，必须先仔细观察画心所用材料，尽量采用与原画心相似的材料来补全破洞及残缺部分。以纸配纸，以绢配绢。纸本画心选配补料一般从质地、尺寸、帘纹、厚薄等方面入手。绢本画心选配补料更为复杂，因为从绢的用料上看，丝线有粗有细，有圆有扁；从制造工艺上看又分为"单经单纬""单经双纬""双经双纬"等类型；制造密度也不同，有的密不透风，如宋时的"院绢"，俗称"钢绢"，有的编织疏松，如明清时的大眼粗绢，俗称"纱绢"。因此，在挑选补料时要仔细观察，综合考虑，选择最合适的。另外，如果纸绢本所配材料与画心色泽有差异，可进行染制。其标准是略浅于画心，太浅或太深都会给日后全色带来不便。修补画心的方法大致可以分为做口散补法、整托隐补法、铡啄镶补法、整托嵌补法四种。纸本书画多采用做口散补法和整托隐补法，绢本书画除了前两种，还可使用铡啄镶补法和整托嵌补法。

1. 做口散补法

所谓散补，就是将补料按破洞大小分别裁好，依次进行补缀的方法。对于只有较少破洞、破裂以及边角残缺的书画宜采用此法。散补之前必须先进行"刮口子"（或"磨口子"），即用快刀或者手指沿破洞四周边缘把黑口刮掉或磨掉，使边缘处形成斜坡状，以利于粘补的接口平坦无痕。生宣柔软且纤维较长，其口子易刮。熟纸、绫、绢等质性较硬，可取用极细的砂纸摩擦。纸本画心可以湿刮口子。绢本画心需待其干后方可操作。上述方法称之为"做口"。

画心经"做口"后，清除杂物，用毛笔沿破洞四周刷好糨糊（纸本稍稀，绢本略稠）。然后，将选配的补料（四周应均大于破洞），对准帘纹（纸本）、经纬（绢本），正面向下摆正对齐粘贴。粘贴完毕用吸水纸吸去补缀处多余的水分。绢本需在补料背面涂刷一层糨糊，令其与正面的水油纸相粘。

纸本画心，补料贴上后，应趁湿将多余的补纸去掉，并磨去半层与补口重叠的部分，力求补口四周的厚薄与画心其他部分一致。绢本画心，则应待其干透后，再处理补纸与画心重叠部分。

无法"做口"的小洞，或者断折的裂缝，可根据画心质地，选择薄型纸或绢条进行黏合，不必刮口子。

边线与四角的残缺，可以直接取正补贴，也可以先补贴再裁切取正。

2. 整托隐补法

有些书画作品，残破比较严重，采用做口散补法费时费力，效果也不理想，这时可采用整托隐补法。画心先"做口"（与做口散补法相同），然后在其背面托合染配的整纸或整绢（即"整托"），接着再用补纸在托纸背面按破洞或裂缝的大小贴补，补纸嵌在托纸的背面，因而被称为"隐补"。

整托隐补法选择补纸或绢时应以画心所用纸绢的厚度为准，因为是嵌在托纸的背面，故质地可适当放宽，只要保持补丁与画心厚薄一致即可，否则极易造成补洞四周出现折痕或断裂。

整托隐补法对纸本画心来讲，并无副作用；但是对绢本画心来说，由于绢托绢时用糨较稠，托后画心容易僵硬，也不便于舒卷，时间久了可能会出现画心脱落的现象。因此，绢本画心要慎用整托隐补法。

3．铡啄镶补法

此法适用于绢、绫、厚笺纸等材料的画心，因其质地厚硬，不便于刮口；另外，重装多次的旧书画，因重装次数多，破残处已不易磨刮，也可使用铡啄镶补法。具体操作如下：

画心揭好后正面向上平铺在台面上，破残处不作任何处理。补料选配合适后，用糨糊刷一遍，干后把补料按帘纹或经纬走向平放在破残处。然后，将画心起台翻身，揭去破残处的水油纸，垫好裁板，依破残形状将画心与补料一起裁下。接着，将画心背面朝上平铺在裱台（残缺处临时铺垫水油纸，便于补后起台），把裁切下来的补料准确地放入空缺处。最后，在碰缝衔接处粘贴0.3～0.5cm宽的绢条，以起到定位、加固的作用。

铡啄镶补法的弊端是对书画本身有所损伤，且修补后的画件会因舒展而在碰缝处出现空裂、硬折等现象。因此，此法一般较少采用，偶尔不得已为之时，也多选在空白处，绝不能触动画意。

4．整托嵌补法

整托嵌补法与整托隐补法，在"整托"和"做口"的方法上都一致，不同的是隐补法补料嵌在画心的背面，而在嵌补法中，补料嵌在画心正面。具体操作如下：

经"做口"、"整托"、晾干后，把画心正面向上平放在拷贝台上，把补料放在画心上，依照残破形状用铅笔勾出轮廓，然后用裁刀或剪刀按铅笔线把多余部分去掉（包括铅笔线），而后在残破处的托纸上刷上糨糊，并将裁好的补料与画心经纬线对正后嵌在破洞处的托纸上。这就是整托嵌补法。

整托嵌补法主要用于修复破损较轻而且只有局部出现少量破洞的绢本画心。另外有些书画补缀完成后，有补得不理想或意外脱落的情况发生时，也可采用此法进行补救。

正面嵌补虽然便于操作，省时省力，但由于补丁四周与整体互不搭接，容易断裂或出现折痕，因此，作为补救方法可以，实际工作中还是以做口散补法和整托隐补法为主。

5．操作要点及其他

（1）绢本书画中有两种特殊的画心材质"稀薄绢"和"五彩绢"，这两种绢因其织造密度不够，网眼较大，必须事先加托一层宣纸，否则不能用于书画。此类画心一旦出现残损，修复时个别画心就既要补绢又要补纸。

（2）补料的选配，应遵循"帘纹宁窄勿宽，绢纹宁细勿粗，质地宁薄勿厚，颜色宁浅勿深"的原则。

（3）配补旧字画的材料，需要在平时的修复工作中注意搜集保存，以备不时之需。

补心操作示例见图2-47。

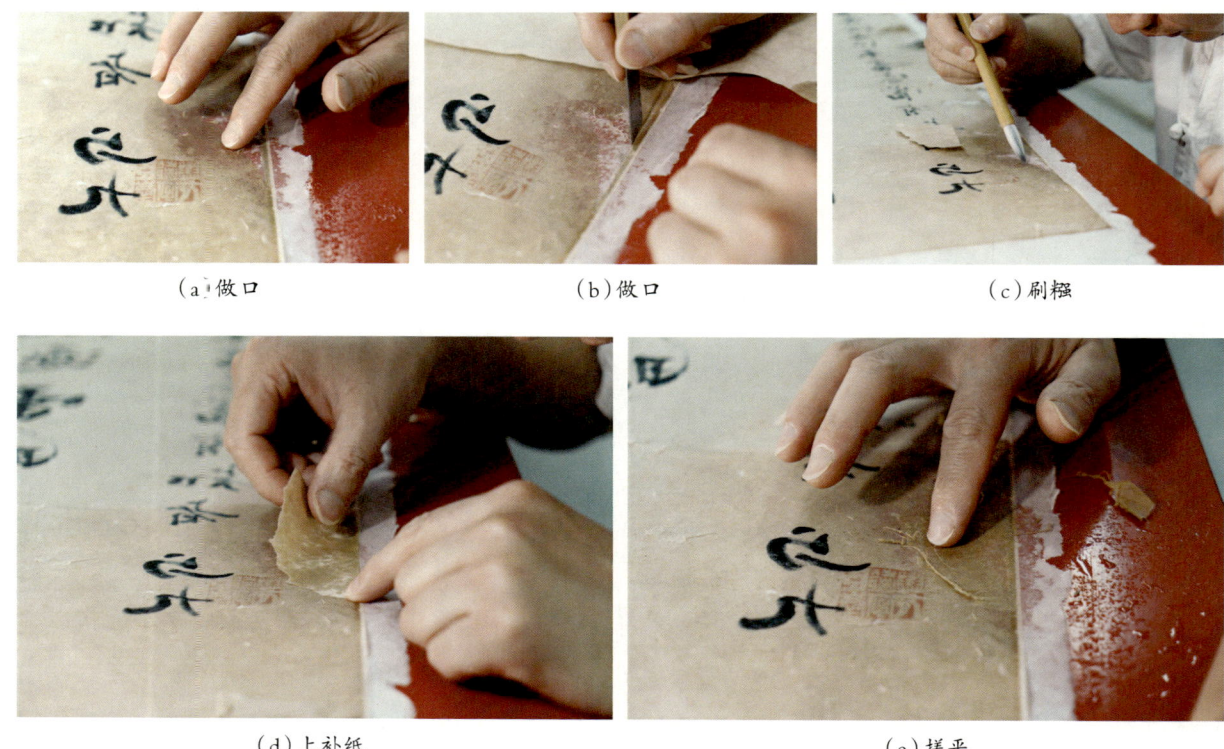

图2-47 补心

2.2.2.5 托心

"托心"是新书画装裱的第一道工序,也是旧书画修复过程中非常重要的一个步骤。在旧书画修复过程中,托心往往和补心交叉进行。整托隐补法和整托嵌补法,一般采用先托再修补;做口散补法和铡啄镶补法则先补再托,但在托的过程中如果发现漏补的地方也要及时进行修补。无论是纸本还是绢本旧书画的托心工序,与新书画的托裱相差不多,但是对托纸的要求更高一些。纸本书画选配托纸时首先从质地入手,其次看尺寸、厚薄和帘纹;绢本书画用宣纸作为托纸时,只要是质地牢固的宣纸均可作为托纸。但以整绢替代宣纸托心的绢本书画,绢的质地和织造工艺比纸更复杂,选择时必须仔细对比画心绢本材料,选择最为合适的托绢。托纸(绢)选好后根据实际需要进行染色,配色时应以画心下面空白处的底色为依据,以干后的颜色为准。所染纸张只要接近原作底色即可,不能过浅,更不能深于底色。托纸选配染制完毕即可进行托心工作。托心的工序大致包括潮托纸(绢)、画心溻糨、粘补遗漏、清除杂物、上局条、上托纸、除衬料、撤糨、贴折条。

新书画作品的托心一般采用三种方法:湿托、飞托和覆托法。经修补的旧书画的托心,其操作要领总体上与新书画一致,操作细节上有一些不同之处,一般采用湿托法,具体操作如下:

1．潮托纸（绢）

把托纸（绢）平铺在台面上，用棕刷均匀地淋上细水花或者用排笔均匀地刷一遍，然后卷起放在一旁。潮托绢时要注意水不可过量，以防画绢变形。

2．画心溻糨

画心正面向下平铺在台面上，用排笔蘸糨糊溻于画心背面。由于旧画心有不同程度的残破或糟朽，溻糨时不能反复溻，最好一次完成。因此，在实际操作中，排笔应上下走向，笔身直立，以笔尖触及画心运行即可。否则，很可能出现碎小的画心被排笔带掉或粘补处出现错位等现象。

3．粘补遗漏

在画心溻浆的过程中很有可能会发现遗漏的小破洞或者缝隙，这时可以将备好的补料剪成相应的大小采取做口散补法进行补缀。如果是很细小的裂缝，在不影响画意的情况下，可在溻糨时有意识地将其往一起刷合。

4．清除杂物

清除杂物主要是指擦干净画心四周多余的糨糊，挑去排笔毛等杂物。

5．上局条

为了更好地保护书画、装饰书画，在画心与圈框之间，需加镶一圈窄纸条，称为"局条"。局条有软局条、隐局条、硬局条、假局条之分，硬局条和假局条在镶活和覆褙时进行，软局条和隐局条则在托心过程中完成。画心杂物清除完毕，上托纸之前，可用大羊毫笔蘸糨糊，将备好的局条纸一段段压刷在溻浆画心的边沿，称为上软局条。上完托纸后再上局条，称为上隐局条。

6．上托纸

将事先潮好的托纸取出，左手握拿卷起的托纸中部，右手持棕刷并用手指夹住托纸右下角，对准画心，棕刷上下运行刷合，左手随棕刷进度徐徐展开托纸。上托纸时必须一次上正上实，尤其是破损严重的画心，反复上托纸很容易将画心局部带起，造成不必要的麻烦。如果一张托纸不够宽，在托下一张纸前需用排笔在先上好的托纸左边轻轻刷上一道浆水，以便与下一张充分黏合，接缝宽0.2 cm左右。上完托纸后，在画心背面垫上一层干纸，再用棕刷轻轻排刷，直到排实为止。

7．除衬料

经托合、排刷之后，将画心连同衬绫（绢）或水油纸一块提起，正面朝上放在擦净的台面上。然后，持排笔蘸清水，在表层的衬绫（绢）或水油纸上润刷。衬绫（绢）可随之揭去。水油纸须经棕刷轻排，促使水分充分渗透，而后从首张开始一张张揭去。无论是衬绫（绢）或水油纸，均需轻稳地掀揭，遇到画心被粘连时，应立即归回原处。绢本画心可另换方向再揭，纸本画心可用毛笔蘸水，将粘连处复原。待全部衬料揭去之后，再做一次全面细致的检查，查看画心有无移动、错位，绢丝是否开缕、卷曲等，进行调整复位。总之，凡是可以处理的异常情况，都要面面俱到，不留后患。如一切正常，在台面上铺一层干纸，把画心正面向下铺在该纸上，用棕刷轻排两遍，排实后翻过来，正面向上平放在台面晾干。

8. 撤糨

绢本书画托好、揭去油纸后，还需要清除画面上遗留的糨糊，这道工序称为"搓糨"或"撤糨"。当画心晾至半湿不干时（残破严重的画心可先晾干，撤糨时再润水回潮），用手指顺着纬线的方向轻轻搓扛画面，将遗糨搓成小碎条，并及时清除搓起的残糨以及手指上的糨滓。手指搓动时，范围不宜过大，用力要适中。为了安全起见，可先在无画意处试作搓摩，以求有的放矢。遇有画意处，搓摩应更轻一些，以防颜色或墨迹被搓散或将画粉搓掉。

9. 贴折条

经补缀和托心，残损的画心得到了有效的加固，但是先前的折痕和断裂处仍然存在。如果不对折痕进行处理，日后成件的画幅上就会出现硬折印，影响美观。为了避免此种弊病，一般多采用粘贴折条的办法进行处理。所谓折条就是用单层宣纸自行裁制的宽约 0.3cm 的小纸条，将小纸条粘贴在画心断裂缝的背面，这道工序称为贴折条，也称"嵌折"或者"贴衬"。此种做法可有效阻止折痕继续出现，还能杜绝断裂现象再次发生。具体做法是：将画心背面朝上平铺在拷贝台上（如无拷贝台，可将画心竖放在光线较好的门窗玻璃处），利用透过的光亮进行粘贴。还有人采取在画心背面润水，令其自然干缩，从而显出折纹的办法。找到折痕后，把刷好糨糊的折条平放在折痕中间，用手轻轻按压，将其贴平贴实。如果折痕较长，可接贴折条，但要注意连接的两头要刮出毛茬，不能出现硬搭缝。

10. 操作要点及其他

（1）托拓片时，原有的褶皱不能展开，如果展开或会出现一条白线，或使文字图像变形，从而使拓片的原貌遭到破坏。

（2）纸有正反之分，托时应把纸的正面向下，避免全色时因纸光不同而使颜色产生差异。

（3）染色纸张由于胶的作用，干后往往会出现一定的收缩，使用前必须用清水潮一遍，闷透后再用棕刷排一遍，使用时才较平整，并与画心的伸缩保持一致。

（4）为了确保严重破损的纸本画心能一次上正上好托纸，托前可用晾杆搭成井字架，把托纸事先摆正摆好。然后，边抽晾杆、边刷合托纸，直至全部完成。

（5）折条一定要按照书画卷曲的方向粘贴，一般情况下，立轴横贴；手卷、横批竖贴；装裱成册页的画心，不必贴折条。

托心操作示例见图 2-48。

(a) 淌糨　　(b) 滚轧

(c) 上托纸　　(d) 上墙

图2-48　托心

2.2.2.6　全补画心

旧画心经过托心、贴折条等工序之后，还须对残缺处进行补色，通常称为"全色"或"全补"。全补的含义，既包括全色，亦包括接笔。全色是对补缀处进行染色，以达到画心底色整体一致的效果；接笔是用色、墨依原画笔意把缺少的画意恢复上去。《装潢志》云："古画有残缺处，用旧墨不妨以笔全之，须乞高手施灵。""全非其人，为祸不浅。"[49]22 正如周嘉胄所强调的，全补画心"须乞高手施灵"，如果让不具备全补技能的人全补，则必后患无穷。特别是接笔这项工作，专业性非常强，要求接笔者不但要有扎实的基本功和深厚的书画功力，还要对原作者有深入细致的了解，难度非常大。全补画心的工序大致包括：打胶矾、加封纸、贴平画心、全色和接笔。

1. 打胶矾

由于修补残损处所用的材料均为生料，即便纸绢均为熟料，几经干湿，此时也已变得半生不熟了，为了达到全色的要求，须在画心背面润刷胶矾水，这道工序称为打胶矾。胶即黄明胶或骨胶，矾即明矾，又称白矾，配制时胶矾的比例为6：4，浓度约为20%。但是，上述比例是对一般情况的书画而言，经验证明，胶矾水的调兑，必须因画、因时、因人而异。胶矾水对于画心的加固、防伸缩、防洇散都有很好的效果，但是也会带来不利影响，特别是生宣纸书画心，上胶矾水后，质地熟化变脆，对书画的长期收藏不利。而且如果原作品为生宣纸书画心，经矾心后，全色、接笔的部分则变成熟宣纸的笔墨效果，便无法与原作画意统一。因此，需要全色的书画作品未必都要打胶矾水，可视实际情况而定。如必须使用胶矾水，就浓度上来说，以"宁轻勿重"为原则。

胶矾水配好后，将画心正面向下平放在台面上（如画心破损严重，可先在台面上铺一层宣纸），持排笔刷匀。刷时应注意，绢本与质地不易渗水的画心，可用水油纸垫在渗透不佳处，进行反复排刷，促使胶矾水充分渗透。之后，将画心起台翻身，移至备好的干纸上晾干。

2．加封纸

画心矾制后比先前要脆弱，为避免贴平画心时出现炸裂现象，需要在画心背面再托上两层高丽纸或拉力较强的皮纸，这道工序行语称为"加封纸"，或称"加力纸"。加封纸的具体操作方法是：依画心规格裁好防护纸，矾制时先用胶矾水把防护纸一同打湿，闷一会儿，等画心晾干后，将防护纸用棕刷排平，然后先上一层，接着与前一层横竖交叉再上第二层。上下两层纸的接缝错开，粘贴完毕后用棕刷排刷。如用清水打湿防护纸，则需使用糨糊托封纸。

3．贴平画心

为了便于全色，需要将画心贴平。通常有立贴和平贴两种做法。

（1）立贴。即把画心贴在大墙或者活动面板上，一般用于悬挂的书画多采用此法。画心矾制并加封纸后，即可在画心四边拍上糨糊，然后贴在大墙或者活动面板上绷平晾干。如果画心较大或者是绢本画心，上胶矾水后必须先晾干，干后采用二次上墙的方法贴平。

（2）平贴。即将画心贴于裱台或桌面上，主要用于手卷、册页以及由于画心尺寸过长无法立贴的书画作品。册页或较短的手卷画心可直接粘贴在台面上。超长的手卷和大幅立轴画心，可采用以下方法：在台面上铺一层干宣纸，画心正面向下，在封纸的左、右、下三口废边搭糨，然后把画心翻过来，正面朝上贴在台面上。沿没有搭糨的边口垫衬干宣纸，用长度超过画心宽度的直尺或者厚木板压在该纸上，再压以重物，以固定画心。画心其余部分可用圆木杆卷起，并用垫在画心下面剩余的干宣纸包裹，以保护其清洁。完成一段画心的全色后，撤去压裹物，用启子起台，依上述方法全剩余部分。如果全色段的上下口处于画心中部，只需在左右两边搭糨即可，上下两口处垫宣纸及压尺板、重物。最后一段则在左、右、上三口搭糨，压住其下口。

4．全色

画心贴干后，在画心残破之处补上同原画相同的颜色，称之为全色。全色的用具主要包括毛笔、颜料、调色碟、笔洗、砚台等。全色的光线以不刺眼又明亮的室内自然光为宜。全色时，无论坐着或者站立，身体都应端正。光线最好从左侧照射，这样全出的颜色比较准确。

根据画心的残损情况，通常有以下几种全色方法。

（1）点涂。适用于小补洞及磨伤。可用小楷狼毫笔蘸少许颜料，笔杆垂直，笔尖向下轻点。

（2）平涂。适用于裂缝。可用大羊毫笔蘸取颜色，采用侧锋的方式，一笔接一笔，笔笔相连，不能出现断笔或重复用笔的现象。第一遍完成后，待其晾干再全第二遍，直至满意为止。

（3）烘染。适用于较大的破洞以及接补的纸、绢。可用小板刷或者大管羊毫，采用平涂的方式，笔笔相连，逐一烘染。一遍烘完，干后再烘第二遍，直至满意为止。

总之，全色应遵循"先小后大，先外后里；宜浅不宜深，宜干不宜湿"的原则，做到"大胆落笔，细心收拾"。

全色操作示例见图2-49。

（a）示例一　　　　　　　　　　　　（b）示例二

图2-49　全色

5．接笔

将画心上因残损而失去的笔墨给以添补，称为接笔。由于这项工作专业性非常强，应尽量聘请擅长临摹的画师来完成。相关步骤如下：

（1）准备陈旧的老墨进行研磨。

（2）根据画面整体布局，确定接笔的具体内容。

（3）依照作者的笔法，反复练习。

（4）在接补处起草落墨，一气呵成。

6．操作要点及其他

（1）平贴画心一定要注意安全，特别是分段平贴的画心，应在尺板及重物周围多垫些纸张，以免对画心造成伤害。

（2）配色时，应以一种色为主，再调入其他色。调配的颜色应略浅于画心底色。

（3）全色时，调好的颜色先在其他宣纸上试一试，以检验调出的颜色是否准确。

（4）全色时，笔的含水量要适当，太干会出现笔纹，太湿则会晕出色迹。

（5）全色时，如果颜色发暗，可掺少许白芨水增加亮度；颜色发亮，可用适量的面粉做旧。

《八骏图》修复前后对比图见图2-50。

(a)修复前　　　　　　　　(b)修复后

图2-50 《八骏图》修复前后对比图

2.3 纸质文物装帧的基本技术

2.3.1 线装古籍的装帧[68]141-173

拆散的书叶在经过修整以后，配上封面、护叶和封底，重新装订成册，这些都是古籍装帧工作。古籍装帧虽然是古籍修复工作的最后程序，却是很重要的环节。古籍修复是否牢固、是否美观，都由装帧工作的好坏决定。古籍修复工作者应该重视这一工作，善始善终地把古籍修整完好。它包括下列各项工序：折叶、配册、敲书、衬纸、接书脑、加护叶、齐栏、压实、草订、裁切、打磨、包角、加封面及封底、打眼、穿线、贴签、加函套。以下具体介绍古籍装帧的工作程序和技术操作的要求。

2.3.1.1 折叶

古籍书册经过拆书、去污、连口、修补之后，成了散叶。要把这些散叶装订成册，第一道工序就是折叶(见图2-51)。

折叶就是按照书叶书口处原来的折缝，把书叶折叠成双叶。据《古今秘苑》等书记载，传统的折叶操作方法有两种：一种是"复折"，就是对齐每张书叶的版心中心线，逐页把它们折叠成书口向外的双页。善本书或其他珍贵古籍，都用复折法，尤其是象鼻标线窄而细的书叶，都应用这种方法折叶，否则就会出现"露白"现象，很不好看。另一种是"提折"，又叫"捻折"，就是一次提起好几张书叶，然后用手捻住书叶版心中心，把它们一起折叠成书口向外的双页。这种方法效率虽然较高，但质量不佳，所折叠的书叶，除第一张外，其余的不易对准书口中间的折缝，常常造成前后书叶折缝处参差不齐。书品较差而象鼻标准线宽粗的古籍，用这种方法尚可应付，其他较好的古籍就不适用了。

图2-51 折叶

由于提折法有这些缺点，修复古籍就不宜过多采用，我们这里主要介绍传统的复折法的操作过程：

先把书叶正面朝下、背面朝上、天头朝左、地脚朝右地平摊在工作台上，再用双手轻轻把书叶背面抚摸一遍，确认连口的绵纸条或贴补的纸张是否有草梗和沙粒留存，如果有，应当及时清除，以免在敲书时把书叶戳坏。然后，用右手把靠胸前的半张书叶提起，再用双手捏住书叶两端，对准书口正面的折缝，用中指顶着书叶反面的折口处，把书叶折叠成书口向外的双叶。折叠完，再腾出手，把书口按抚平整，然后放在书夹板上备用。

折叶时，最要注意的是版心正不正，版心正不正应以书口中间的象鼻标线或鱼尾叉口为标准。一般情况下，按象鼻标线或鱼尾叉口折叶，书口就不会歪斜而折缝居中。没有象鼻或鱼尾的书叶，也要找准版心的中心线，不能左右歪斜。修补的书叶与新印的书叶不同，新印的书叶没有经过折叶处理，所以书口处没有旧的折缝，而修补过的书叶以前都经过折叶处理，书叶上都有旧的折缝。如果旧的折缝折歪了，修补后重新折叶时，是否需要重新矫正则视书叶的纸质情况而定。如果修补过的书叶纸张韧性良好，书叶折缝又必须矫正一下才美观，那么重折时是可作矫正处理的；如果纸张脆薄，则仍以就旧折缝折叶为好。

整部书的折叶工作完成以后，要把书叶蹾齐，前后检查一下书叶的顺序，看看有无前后颠倒错乱的现象。薄软的书叶，很容易两张夹在一起，检查时要注意分开。接着，就可以把书叶下脚的多余处用剪刀修齐。如果天头和书脑修补的地方不多，也可以一起修剪齐。但修补面积大时，就不必在这时进行修齐工作，可以放到草订后，再用裁刀或切纸机把书叶裁修整齐。

有些书叶或因年代过久，或因连口时发生叠口现象，以致折叶时书口出现"刺毛口"，遇到这种情况，应把书叶喷水压平、重新折叶，或把书叶喷湿后，揭去背面的连口绵纸条，再重新连口。在搭茬不多的情况下，应在喷水压干后立即进行折叶处理，假如等书叶干透后再折叶，重叠处就容易断裂或起刺。

有的书籍印刷时用的墨色较差，折叶时会把两手弄黑、弄脏。如果用脏黑的手继续折叶，必然会污染书叶。遇到这种情况，折叶时应在书口处垫上一张白净的纸，并应注意经常洗手，免得发生污染书叶的现象。

用洋红、洋蓝印刷的书叶，折叶时也容易污染书叶，也应采取垫纸和洗手的办法排除污染。

2.3.1.2　配册

中国古籍多按卷、叶装帧成册，卷数、页码较多的古籍，折叶后，要有一道配册工序。配册就是按照古籍的卷数、页码配册成书。裱补过的书叶比原书厚度增加一倍，这时如果再按原书分册的办法配册，每册书卷必然很厚，不便阅读。遇到这种情况，可以按卷数把原书一册分为两册。按卷分册，通常以百叶左右为宜，但也要照顾原书的章节段落，不宜机械分割。如果原来就是按卷分册的书（即一卷书分成几册的），尽量不再分册，实在有必要分册时，也要照顾原书的章节段落，不可把原书分得支离破碎。必要时，宜事先请教古籍专家。

2.3.1.3　敲书

古籍装帧的第三道工序是敲书（又名捶书）。书叶修补后，搭茬的地方有两层纸，即比原先多了一层，厚度比其他地方高。这样，书叶就会出现高低不平的现象。敲书就是用小铁锤把高低不平的书叶敲打平整（见图2-52）。敲书前要准备垫书叶用的平面小铁台，没有平面小铁台，亦可用平面小石台代替。

敲书的操作程序如下：

图2-52　敲书

先把书叶按二十叶左右为一沓蹾齐书口和下脚，放到小铁台上。再用左手轻轻按住书叶，使它不能随意移动。然后用右手拿起小铁锤，在书叶连口处和修补过的地方轻轻敲捶。在敲捶的过程中，随时用左手触摸书叶，看修补过的地方是否敲平，如发现仍有凸出的地方，就继续敲捶，直到敲平为止。书叶正面敲平后，再翻转过来敲捶背面，使书面两面都能做到平整。一般情况下，纸质松软、修补地方少的书叶比较容易敲平；而纸质硬挺或修补地方过多的书叶就不容易敲平。所以敲书时不能急于求成，不要奢望几捶下去就能把书叶敲平，而是要耐心地一下一下轻轻地敲捶。一次敲不成，还可以把书叶抖松，再把书口和下脚蹾齐，继续敲捶。

敲书时，切忌用力太大，否则修补过的地方就会出现一圈圈黑亮的锤痕（俗称鱼眼），很是难看。另外，敲书一定要在书叶干透时进行，未干透的书叶敲捶后会出现粘连现象，揭叶发生困难，以致前功尽弃。敲书时也不能东一捶、西一捶地乱敲，而是按上下左右的顺序一点一点地敲，否则也不易敲平。锤子要拿得平稳，否则会把书叶敲出沟槽或破洞。掉色的书叶，敲捶时要上下铺垫干净的白纸，以免发生污染现象。需要衬纸的书叶，可以先轻敲一遍，然后在衬纸、齐栏后再敲。这是因为敲平的书叶在衬纸后又会出现不平整，这就不如放到衬纸、齐栏后，毕其功于一役。

2.3.1.4 衬纸

衬纸就是在古籍书叶的夹层中添加一张素净白纸。衬纸的作用，主要是保护书籍，使书叶增加骨力，延长古籍的保存和使用年限。并不是所有的古籍在修复中都需要衬纸，相反，一般古籍修复是不衬纸的。所以，衬纸不是古籍装帧中必有的工序，而是一道带有选择性的工序。

在古籍修复中需用衬纸的，大体有这样几种情况：

（1）有些古书纸张过薄，折叶以后，这一面的字迹会清晰地透到另一面，令人眼花缭乱，不便阅读。另外，纸张过薄的书叶，翻阅时容易粘连在一起。添加衬纸，书叶既显得挺括，也可以避免两面字迹的互相干扰，便于翻阅。

（2）连口数量大的书叶，口高背低，凹凸不平，也需要添加衬纸。

（3）破损严重的古籍，修补的地方很多，敲书时不易捶平，因此也应添加衬纸。

（4）有的书籍半边破损厉害，补好后，出现了半边高半边低的情况，这样就要采用衬纸的办法补救。

（5）古籍多用手工制纸印刷，这种纸往往厚薄不均，印成的书叶两头高低不平，要选用适当的纸张衬补。

（6）以前有些书商为了牟利，把一部书拆开，加进衬纸以增加书籍厚度，如此便可多卖钱。这种既成事实，在修书时重新返工又觉麻烦，只好仍按衬纸的办法处理。

（7）有些书籍太薄，页数太少，为了装帧的方便、美观，也可以采取衬纸的办法。

衬纸的材料，以质地柔软的素净纸张为佳。白色纸张的书籍，可用绵连、粉连或连史纸，其中以纸性柔和的绵连纸为最好。黄色纸张的书籍则可用毛太纸或薄毛边纸。以柔性纸张作衬纸，书叶不会发硬。厚纸、洋纸和其他硬性的机制纸都不宜采用，会把书口撑破。

衬纸有折口衬、开口衬、单页衬、半页衬、连口衬等多种方法，采取哪种衬法，要按照书叶的具体情况而定。

现把各种衬纸方法分述如下：

1．折口衬

折口衬就是将折叠成双页的衬纸填入书叶夹层里，衬纸的折口靠近书叶的书口。多数古籍的衬纸都采取这种办法，对页数少的薄本书，尤为适用。

折口衬的操作技术大致如下：先把选好的衬纸裁好，大小要比原书叶四周稍大一些。然后用温水喷湿，上下垫上吸水纸，用夹板压平。衬纸稍干时，即可撤去夹板，把衬纸蹾齐，然后采取提折的办法，以十多页为一组，对准衬纸的中心，对折成双页，把纸口刮平，捻开衬纸，一张张错开。接着用一只手轻轻捏住衬纸的下角，另一只手把错开的衬纸一张张抽出来，抽完，再把衬纸的折口蹾齐，这时即可往书叶里添加衬纸了。添加衬纸时，工作台上一边放好需要添加衬纸的书叶，一边放好已经折好的衬纸。然后，一只手翻开书叶，另一只手拿起衬纸折口一张一张地由下往上（或由上往下）朝书叶的夹层里填入。注意衬纸的折口要与书口贴齐，但也不要顶得很紧，更不可顶破书口。一组衬完，接着再衬另一组，全部衬完，蹾齐备用。

2．开口衬

开口衬就是把两张单页纸衬在书叶夹层里，或者把折成双页的衬纸折口倒过来填入书叶夹层，让衬纸的开口部分靠近书叶的书口。

开口衬的操作技术与折口衬略同，即将两张单页直接衬入书叶夹层。但开口的衬纸不如折口的衬纸有骨力，往书叶里填要费事一些。

梯形开口衬是开口衬的另一种形式。这种形式对连过口的书叶，尤其是连口数量很大的书叶特别适用。因为连过口的书叶重叠放在一起，会形成左高右低的滑坡，很难敲平，如果采取折口衬或一般开口衬的办法，书口处仍然会高出很多。只有采取梯形开口衬的办法才能解决这个问题。所谓梯形开口衬，就是把衬纸开口处折成一长一短的梯形，然后填入书叶夹层。这样虽然仍是双衬，但书口处却只有一层衬纸，整册书的书叶重叠在一起，虽然仍有一点坡度，但只要经过敲书工序，就容易恢复平整了。

梯形开口衬的操作技术如下：先把压平的衬纸一边蹾齐，再把蹾齐的衬纸折叠成两页相差一二分的梯形。折叶采取提折法，即以数十张衬纸为一组集合起来折，折好后，捻几下，把衬纸一张一张错开。然后，用一只手捏着衬纸的左下角，另一只手一张一张地把衬纸抽出来，摞在一起蹾齐，以数十张为一沓放在工作台右边，再把要衬的书叶放到胸前的台面上，其他待衬的书叶放到工作台左面。接着，一只手翻开书叶，另一只手拿起衬纸，把有折口的一面朝向书背，有梯形开口的一面朝向书口，一张一张地把衬纸填入书叶夹层里，衬纸要顶到书口。直到书叶全部衬完，摞在一起蹾齐，然后进行敲书工序。

3．单页衬

单页衬就是把单页的衬纸填入书叶夹层。单页衬既可省去衬纸折叶工序，又比较节省纸张，只要不是十分难敲平的书籍，都可用单页衬纸。但破损严重、修补较多的书叶，若衬入单页后难以敲平，则还得改用双页衬法。单页衬的操作方法与折口衬、开口衬基本相同，不再赘述。

有些连口太厚的书叶，采用单页衬时，可以把衬纸放在离书口一二分处，同时在书脑处抹一点糨糊，使衬纸与书叶粘住，以防止在蹾齐时衬纸发生移动。

4．半页衬

这是一种只用半页衬纸填入书叶夹层的方法，这种方法适用于俗称"棺材头"的古书。所谓"棺材头"，就是指一部书的上半部已霉烂、破损不堪，而下半部比较完整（或情况相反，上好下坏）。这种书修补后，天头、地脚高低不等，状如棺材头。还有一种用上厚下薄或下厚上薄的手工纸印成的书，装订后也会出现天头地脚高低不等的情况，人们也称其为"棺材头"。凡是有"棺材头"现象的古籍，都可以采取半页衬的办法来补救。

半页衬用的衬纸不能一刀切，即长短不能裁得一样齐，而要根据被衬书叶的具体情况裁切得有长有短。如果用一刀切的衬纸衬补，那么衬好后，书叶中间就会出现一条明显的痕迹，很不顺眼。相反，用参差不齐的衬纸就可避免这种问题出现。

解决用手工纸印的古籍厚薄不均的问题，还可以选用也是厚薄不匀的衬纸来衬补，衬补时厚的一边衬薄纸，薄的一边衬厚纸，这样就可以消除"棺材头"现象。另外还有一种双衬和单衬结合的办法，也可以解决"棺材头"的问题。就是在书叶偏低的一边衬上两层，在书叶偏高的一边衬上一层，这样就可调整书叶的高低而使之平整。

5．连口衬

连口衬也称"连浆衬""连口带衬""连浆带衬"，即把连口、补破和衬纸等几道工序合在一起，以连带衬，一次完成的一种省工省料的衬补办法。其操作方法是：把要修补的书叶正面朝下平摊在工作台上，书口如有破裂，要设法对齐。然后用糨笔蘸足糨糊，在书口处由上往下涂抹糨糊，再把裁得比书叶四周略宽的衬纸对准书叶粘贴上去，书叶上如有破损，也要抹上糨糊，用衬纸补好。随后，用棕刷刷一下，再喷水压平，夹干备用。

连口衬的办法虽然省工省料，但衬补出的书籍很容易损坏，旧时的书商为节省工本，获取利润，多采用此种办法。用此法衬补的书叶，其连口粘接处和衬纸之间有一种牵拉力，只要翻阅几次，书口粘接糨糊的地方就会脱糨或出现破裂的现象，重修起来反而增加麻烦。所以正规的古籍衬补，不宜采用这种办法。

2.3.1.5 接书脑

接书脑，就是用纸张把线装书的后背部分（即书脑）接宽，以增加古籍装帧的美观性和实用性。接书脑不是古籍装帧中的必经工序，只是一部分书脑过小或面幅过于狭长的书叶才需要采用这种办法。书脑过小或面幅过于狭长的书叶,不仅式样不好看,而且装订起来很困难,有的甚至连装订穿线的部位都没有,即使勉强装订起来,翻阅时也很不方便,甚至装订线会把靠近书脑的文字都订进去,不拆线就无法阅读。这种问题,就必须采用接书脑的办法来解决。

接书脑要准备纸条、糨糊、糨笔、纸捻、夹板等。工作之前,要检查一下书脑部位有无破损,有的话应先修补一下。书脑上原有的锥眼,小的可以用手恢复其平整,大的要用绵纸条修补,免得影响书背的牢固与美观。

接书脑的方法有三种:衬接法、粘接法、拼接法。采用哪种方法,应该根据书的具体情况来决定。现将三种方法的操作要领分述如下:

1. 衬接法

这是一种利用衬纸加宽书脑的方法。衬接法的衬纸工序与前面讲的相同,只是衬纸的后脑要比一般的衬纸宽得多。假如书脑要加宽1cm的话,那么衬纸的书脑就要放宽2.5cm。接背衬纸填入书叶夹层的办法和一般衬纸操作相同,只是衬纸后要把书叶蹾齐,然后以二三十页为一组放在夹板上,再在书口上压上一块与书叶长度相仿的木板,在板上压上石块或其他重物,使书口不至偏斜、移动。接着,把书叶连同衬纸的后脑翻转过来,放在压着木板的重物上,再在后脑上压一块稍重的木条,然后找一张能区分书叶和衬纸的颜色纸垫放在书叶下面,这时即可掀开一张连带衬纸的书叶平放在垫纸上,再把多余的衬纸往回折,要折得与书叶的边口对齐。折完后,把垫在下面的颜色纸拿起来放到折好边的书叶上面,然后再按上述步骤折叠第二张,如此反复,直到全部折完。折边时,要经常用手撤摸所接的书脑,看它与原书厚薄是否相称。如果衬折处的纸张比原书叶增厚了,那么每隔几页就要伸开一张单页,直到书叶与折边处相平为止。如果折边处的纸张比原书薄了,那么每隔几页就要垫上一层衬纸,使书叶与折边处一样平。如果衬纸是单页的,那么仅靠回折的这部分纸张是做不到与书叶厚薄相等的要求的。这时就要另裁一些纸条,折成与所接的书脑差不多宽,但稍厚一点,然后对齐书叶边口,粘贴在衬纸上,隔几页粘贴一条,直到把书脑相接处接平为止。

2. 粘接法

先找一些与书叶相仿的纸,裁成狭长条备用。由于纸条要粘接在书脑处,还要留下回折或裁切的余地,所以纸条的宽度要比需接书脑的宽度大一些。如书脑接宽1cm,纸条宽度就应为2.5cm左右。

粘接纸条时可以十余页书叶为一组,正面朝下平摊在工作台上。书脑处要一张一张地错开,错开的间距不能过宽,至多0.3cm,否则不容易敲平。然后,在书叶上压一根木板条,随即用糨笔在错开的部位涂抹糨糊。糨糊既不能太稀,也不能太厚,稀了粘不牢,太厚又容易起皱。抹好糨糊,即把书叶提起,擦净工作台上的余糨,再把书叶放下,然后把裁好的纸条从下往上一张一张地粘贴上去。粘贴好了以后,在上面盖张纸,轻轻抚摸几下,就把盖的纸拿去,再把书叶一张一张掀起来,掀完后,翻转过来,用手抚摸几下,使粘接处更加牢固。一组粘接完毕,接着粘接另一组,直到把全部书叶粘贴完毕。纸条的糨糊干了以后，再进行敲平、夹干工作。最后用衬纸回折的办法，把另一边的纸条回折好，这一道工序就算完成了。粘接法在粘贴纸条时，只能粘贴一面、回折一面，不能粘贴两面，否则太厚了就敲不平。

3．拼接法

拼接法是一种不用衬纸，也不用糨糊，而只用纸捻加接书脑的方法，又称"硬拼接"，此法的操作技术，比前面两种简单。先把修补好的书叶折好、捶平，再取出预先裁好的拼接书脑用的纸条，把两者拼接在一起，然后用绵纸条搓成的尖头纸捻钉把书叶和纸条连接起来即可。拼接的纸条一定要与书叶厚度相等，否则接出的书脑与原书就不能一样平。用纸捻拼接，锥眼不能过多，只在书脑上、中、下三个部位各打一个眼，再在拼接纸条的上、中、下三个部位各打一个眼即可。纸捻要用牢一点的绵纸裁制，先做成两头留有斜角的纸捻钉纸坯，再用左手捏住下部角，右手搓捻上部角，将它捻成两头都是钉形的蚂蟥襻，然后把纸钉像穿皮鞋带一样横穿入刚打好的锥眼中，再把书叶翻转过来，把朝上翘着的纸钉打两个平结，这时书叶和拼接的纸条就连接在一起了。再根据书叶大小用刀裁去拼接的多余部分，即告完成。拼接法虽然不用糨糊，但接出的书脑仍很美观、牢固，修补高手用这种方法拼接的书脑，有时可以做到使人看不出拼接的痕迹。

2.3.1.6　加护叶

护叶又称"副叶"，就是每册书的封面和封底内的空白页。封面内的称前护叶，封底内的称后护叶。护叶的主要作用是保护书叶不受损伤，避免潮湿。明清时代，广东地区有用"万年红"纸作护叶的，这是一种用含四氧化三铅的化合物泡制的纸张，有很好的防蠹作用，用它作护叶的古籍，经年不蛀。但从现在重新修复的书籍来看，"万年红"纸的防虫效果并不佳，相反对书叶还有污染。这种药纸中的成分对人体的健康有一定的影响，因此现在碰到此种情况一般就会把它撤去。近年科学家用定量分析方法确定其成分，已重新试制成功。护叶用纸在质料、颜色上要与书叶协调，一般多用太史连，也可用单宣、汀贡或洁净官堆等。护叶的纸要比书叶厚一些，如纸质太薄，可以裱一层绵纸或单页的纸。护叶的数量，每册书有加一张或两三张不等，视具体情况而定。

2.3.1.7　齐栏

齐栏又称"齐线"，是古籍装帧的一道关键性工序。

古籍经过修补、折叶、配册、衬纸等工序以后，散张书叶再装订复原时，书口和栏线上下错落，天头地脚也参差不齐，既不美观，又不便于切裁。因为书叶不整齐，切裁时容易损伤书中的文字。为使书口和栏线整齐划一，就必须逐叶对准中缝，比齐天头地脚，以取得书籍的美观和实用效果。这项工作就是齐栏。

并不是所有修复的古籍都要齐栏，但善本、珍本古籍在修复后都需按原样装订。尤其要注意的是，要保全书叶上有眉批、校释等重要文字的古籍。齐栏的目的是使书籍美观、整齐、实用，但如果因为齐栏而损及书叶上的眉批、校释等重要文字，那就是本末倒置、得不偿失了。

为了保全珍贵古籍书叶上的眉批、校释文字，可根据具体情况，把书叶上下稍稍移动，使那些批注文字移至裁切不到的位置。虽然书叶移位必然会影响栏线的齐整，但原则是宁可出现局部栏线不齐整，也绝不能损伤书眉上的批注或校释等。还有，前人在书叶栏线外盖有的各种印章，也都要按上述原则予以保全。

齐栏基本功好的人所修的古籍，版栏划一，整齐如刀裁，足以令人赏心悦目，如阅三军列阵。相反，齐栏工作没有做好，版栏参差杂乱，就会令人意兴大减。

由此可见，齐栏的好坏直接关系古籍装帧的优劣，所以修复工作者必须掌握这项基本功。

齐栏通常以地脚处的下栏（即下版框线）为标准。因为一般木版书都是手工刻制的，版心、大小常不一致，而地脚又往往比天头要小。按一般规格，天头和地脚空白处，多以四六为比例，如果按天头的上栏（即上版框线）为标准齐栏，就会使地脚短得不成比例，既影响美观，又不好装订，裁书时不留心还容易伤及文字。而齐栏取线以地脚栏线为标准，即使天头空处太大，上版框线稍有点乱，也不会觉得很难看。有少数古籍没有边栏，齐栏时取线标准应以书叶近书口处末了一个字的字脚为基准，在取线时把书口蹾齐即可。

齐栏的具体做法有三种：挨齐法、撒齐法、摆齐法。现分述如下：

1. 挨齐法

挨齐法就是书叶与书叶挨栏线比齐。这种齐栏方法是古籍修复中最常用的，应当熟练掌握。挨齐大都是从上齐到下。一般每次齐一册，特别薄的书，可以两册一起齐。两册以上的书齐栏时，应从最下面的一册开始齐，以便能检查栏线的曲直。

齐栏时先用两手执书，蹾齐书口，然后把书平放在订板上。接着，用左手的大拇指顶住天头处书口，用食指和中指按住天头，再用右手食指轻轻揭起书叶，以大拇指和食指捏住书叶的地脚处，中指按住下面书叶的地脚处，这时就可以用上下左右移拉的方法，把上下书叶的栏线对齐。齐栏的标准线以书口处最外面的边框线为准。书口处没有栏线的可以将鱼尾作为标线。一册书齐好后，再用左手捏住天头处书口，右手捏住地脚处书口，拿起书册在订板上轻轻蹾齐，再平放到订板上。如果发现书栏有不直的地方，可用锥子的尖头拨一下，或拿起书的一头扯一下。然后在上面压上尺板，并在尺板上压重物，以防书叶移动而造成书口歪斜。一册齐完后再齐另一册，俟全部齐完，上下用夹板夹好，蹾齐，即可进行下一道工序。

2. 撒齐法

撒齐，又称铺齐，是一种把书叶撒开，用手指挑开书叶进行齐栏的方法。具体做法也是每次齐一册。先把书册蹾齐，然后把书册翻转过来背面向上，用右手捏住天头处的书口，左手从地脚处的书口捻开书叶，使其撒成扇面状，这时再把书册翻转过来，平放在工作台上，用左手中食指压住书册的上端，用大拇指堵住书口，以防止书册移动。这时，即可用右手手指由下往上一张一张地把书叶挑开，以书叶地脚处的栏线为准，把每张书叶的版框栏线拉回垛齐。撒齐法比挨齐法效率高，但不宜用于纸质太差的书籍，对纸质弹力强、韧性大的书叶较为适用。

3．摆齐法

摆齐就是把书叶一张一张地按照栏线摆放整齐。用这种方法来齐栏，效率最低，一般不宜采用，只有纸质粗涩，用挨齐法或撒齐法不易移拉的书册，才采取这种办法。另外，某些书品特殊，如开本特别大的书册，用其他方法齐栏不便的，也只有采取摆齐法进行齐栏。摆齐法操作时，首先要在订板上垂直钉上两根大针，作为摆栏的标记。两根大针的距离与书叶的上版框栏线和下版框栏线的距离等同。齐栏时，由书册的最后一页开始，逐叶往订板上摆。摆的时候，先把书口地脚处的边栏对准右面的大针。摆好一张再摆一张，直到一册书全部摆完。摆的过程中，要注意书册的页码顺序，不要将页码颠倒。

2.3.1.8　压实

古籍装帧的第八道工序是压实。压实就是对准备装订的书册施加压力，使其平整结实。

古籍经过拆书、漂洗、修补、折叶、敲书、衬纸、接书脑、齐栏等工序之后，书叶显得蓬松不平，很难蹾齐，也不易装订成册。特别是衬过纸的和修补地方较多的书叶，凹凸不平的现象更为严重，虽经捶敲，也难以恢复平整。这种书册不经过压实，就根本没法装订。

目前常用的压实方法有机械法和土法两种。机械法就是利用压书机压实，其具体操作方法是：把经齐栏的书叶用夹板前后夹紧，然后连同夹板送入压书机内，把压书机的转盘轻轻往下旋转，通过杠杆作用，让压书机上的铁板均匀地向书册施加压力，以达到压平、压实的目的。在转动压书机的转盘时不能用力过猛，压力要逐渐加大，不可一次就把书册压得太紧、太死。转动转盘时，还要经常用水平器或水平尺检查压书机的两端是否有高低不平的情况，如有偏差应及时纠正，使其高低一致，否则会把书册压歪斜，严重时还会损伤压书机的旋转螺纹。

一般情况下，书叶在压书机内压上两三天就可以平实了，如果压书机没有其他用途，也可以多压几天。破损厉害而敲书后未能恢复平整的书叶，在用压书机压实时，尤其不能一下把压书机的最大压力全部用上，而是先以微力把书叶放在机内压上一两天，然后再慢慢增加压力。如果骤然用力太猛，会使书叶破损严重的地方更加凹凸不平。根据经验，处理这类书叶的压实问题，还是采取土法能取得更好的效果。

另外，书叶在压实处理前一定要全部干透，如果尚未干透即送入压书机，就会被压得黏结成块。

土法压书就是用石头、铁块等重物压书。这是一种沿用甚久的古老方法，操作方法比较简单，先把书叶用夹板夹好，放在不碍手脚的地方，再在夹板上放一块稍厚的木板，在它上面均匀地压上重物。这种方法同样能把书叶压得平实，只是在时间上比用压书机要慢得多。破损厉害的书叶，用压书机压实时会出现如上所述的压过头的现象，但用石头等重物压书就很保险，而且是时间越长压得越平，不会出现凹凸不平的情况。这是因为土法压书，其压力是慢性降沉，不像机械重力猛挤猛压，会把书叶压坏、压斜。这是土法压书较为稳妥的优点。

土法压书除了用石头、铁块或其他重物压实，还可以采用绳子以捆代压。办法是把已经齐栏的书叶蹾齐书口，上下各垫上与书叶大小相仿的平整木板，然后用稍粗的绳子连板带书用力捆扎结实。几天后，书叶就会被捆扎得平实。

中国古籍中有不少彩色套印的笺谱，如明刻《萝轩古笺谱》《十竹斋笺谱》等，都是用凸版印制的，它的图案、花纹凸出于纸面，有强烈的立体感，非常精美。像这类古籍，修复后绝对不可送进压书机内重压，否则就会把书叶上凸出的图案、花纹压平，对原书反而起了破坏作用。在古籍修复中遇到这种情况，一定要谨慎处理，不可掉以轻心。

2.3.1.9 草订

散张的书叶经过齐栏、压实，就要进行草订。草订是初步装订工作，目的是把书叶固定起来，避免弄乱次序，以便进行下一道工序。

草订是用一种手捻的纸钉，打眼订书，所以也叫"订纸捻"。我们现在常用的纸钉有长短两种：长的俗称"蚂蝗襻"，北方叫"纸锯"；短的俗称"纸钉"，也叫"一头尖"。

蚂蝗襻是用质地稍厚、韧性较好的绵纸，顺着纸的竖纹搓捻而成的。搓捻时，先把绵纸裁成15cm长、5cm宽的狭长条子，再分别把两头裁成尖形斜角，然后顺着角的斜度，把纸条搓捻成两头尖、中间粗的形状即可。蚂蝗襻一般用来装订厚本书，凡衬过纸、拼接过书脑的书，或金镶玉、毛装书，以及书品过大的书，都要用蚂蝗襻草订。

纸钉也是用绵性较好的纸，顺着纸的竖纹搓捻而成的。搓捻时先把绵纸裁成长7.5cm、宽5cm的长方形绵纸块，裁去一面斜角，然后从尖角处向里捻搓成一头尖的钉子形。一般薄本古籍都用这种纸钉草订。

草订的操作法如下：

准备一块订板放在工作台上，再取一张比书叶稍大的纸铺在订板上，然后把要草订的书册左右上下蹾齐，平放在订板上。再在书口处放上尺板，压上重物，以免书叶移动。这时即可下锥打眼，打眼要先拿一张废旧书皮作为打眼的标准样。下锥打眼的距离和眼数要根据书籍大小的具体情况和书叶书脑的宽窄比例而定。善本、珍本书、厚本书和衬纸的书册，都要打双眼，即在书脑上下各打两眼。拼接过书脑的书册，要一眼打在原书脑上，一眼打在新接的纸条上。这些书册均用蚂蝗襻草订。一般书册只要在书脑上打两个眼，用纸钉草订即可。如果修复后的古籍原书眼尚好，一般可利用原眼，因为眼打多了对书册有损伤，利用原眼可以减少对书脑的损伤。

下锥打眼时，把锥尖在石蜡上摩擦一下，以增加其润滑度，减少阻力。还要先在标准样上用锥子扎好锥眼距离，再把标准样覆盖在书册上，照标准样扎上针眼印痕。然后去掉标准样，用左手捏住锥子，左腕压住尺板，让锥子顺着手指垂直立在眼上，再用右手拿起木锤敲打锥顶。一般敲打一下即可出眼，厚本书可以多打几下，但不宜过多敲打。下锥敲打时用力要均匀，以免锥眼打歪，造成书口或栏线的歪斜。锥眼打好后，把锥子垂直向上拔去，把书册往胸前稍拉一下，使书脑

(a)打眼　　　　　　　　　　(b)上纸捻　　　　　　　　　　(c)锤平

图2-53　草订

移向订板的外缘，露出上下串通的锥眼，这时即可把纸捻顺着锥眼穿进去、拉结实，然后把外露在书册上下面的纸钉捏倒，再撤去尺板，把书翻过来，用木锤柄用力敲几下，使其平整即可。如果下的是蚂蟥襻，还要把纸捻两端打结，用木锤柄用力敲几下。也可以不打结，直接用糨糊把纸捻两端粘住、敲平。册数较多的书，草订时都要按标准样比眼下锥，这样各册锥眼距离前后一律，避免乱套。

草订操作示例见图2-53。

2.3.1.10　裁切

古籍装帧的第十道工序是裁切，裁切就是用刀把书册的天头、地脚、书脑三边（书口除外）裁光切齐，以便包角、加封面和封底等。接补、衬纸的书叶，在天头、地脚、书脑处冒出多余的纸很多，都要裁切掉，没有接补或衬纸的书叶，在修整中也会有些参差不齐，需要裁切，以保持书边的整齐光洁和美观。

裁切的方法有两种，一种是机器裁切，一种是手工裁切。

1．机器裁切

机器裁切时先把切纸机的刀、盘擦拭干净，再把要裁切的书册准备好。用三角直尺在书册的天头、地脚和书脑三边量出需要裁切的位置，拿锥子或铅笔轻轻画上记号，随后把压书的千斤顶慢慢放下，压紧书册，这时即可按照画的记号进行裁切。

裁切书册应先裁书脑，再裁地脚，最后裁天头。每次裁切的书册数量，要根据书册的厚度和切刀机的规格型号而定。以常用的二号、三号切刀机来说，每次裁切的书册厚度以9cm左右为宜（相当于八九册线装书），再厚就容易切偏、切歪。做好机器裁切，不仅要在理论上懂得机械操作的基本知识，还要经过实际操作训练，尤其要掌握安全生产和排除故障的知识。否则，不仅难以把书册切好,而且容易造成工伤事故。

如果机械情况良好,切刀锐利,操作技术能掌握得好,那么机器裁切就能做到优质优量,特别是裁切的书册刀花很少,裁切后稍稍打磨即可装订。

2. 手工裁切

手工裁切是一种古老的传统技艺。开始的时候是用刃口较短的刀一本一本地切,效率低,质量差,刀口不易切齐。清人徐康在《前尘梦影录》里说,"得《鸿庆居士大全集》……刀口不齐。据湖州书友云,明代人装订书籍,不解用大刀,逐本装钉"[77]。清人叶德辉在《书林清话》里也举了一些例子,说:"明人截书,一本为一本。推而至于宋元本,亦无不然。"[78]清代中期,匠人裁书,已普遍使用刃口较长的大刀。这种刀具一次可以裁切四五册线装书,一直沿用至今。

手工裁切的具体操作方法是:把要裁切的书册放在裁纸木板上,一般每次四五册,薄的书册可以多放些,厚的书册则宜少放。再在书册上横放一块宽10cm、厚2cm,比书册稍长的木板。然后用左脚压住木板,右手握紧大刀刀柄,左手捏住刀背的上端,把大刀紧靠木板边,在预先画好的记号上,运用臂力直切下去。由于右手持刀柄,刀口容易偏向内里,这样往往会把最下面的册子裁小,为了避免发生这种情况,下刀时应有意识地把刀口稍往外偏,这样裁切出来的书就比较齐整。裁好后,把书册翻转过来,以第一册为标准,检查以下各册有无裁切不齐的地方。如发现有裁切不齐的书册,可以用"打翻刀"的办法予以矫正。所谓"打翻刀",就是把第一册书放在要修正的书册上面,对好栏,再按第一册书的样板,用铅笔在要修正的书册上画好线,然后再把它放到木板上,照画线用刀裁齐即可。

手工裁切法虽然比机器裁切效率低,但对风伤(即焦脆并絮化)、糟朽和老化的书叶非常适用。因为经风伤、糟朽的书,用机器裁切容易切坏,而手工裁切用的力量比较柔和,不像机器裁切压力过强,容易一下子就把书叶压坏。另外,书叶如果不直,手工裁切时还可以根据具体形状来切,这也是机器裁切做不到的。当然手工切书也有不足之处,除了效率低,裁切时留下的刀花痕迹也较多,为了消除刀花痕迹,裁切后要用砂纸反复打磨,费工费时。如果刀花痕迹过深,打磨起来更觉困难。机器切书法普及以后,手工裁切渐趋衰落,但对不适宜用机器裁切的书册,则仍用手工裁切。不过现在的手工裁切,一般也不采用大刀,而是改用马蹄刀裁切书叶。一次不能过厚,一般为一册,裁切前用三角直尺量好裁切尺寸,而且必须先把刀磨快。马蹄刀虽然一次的裁切量没有大刀多,但刀锋锐利,使用时轻便灵巧、得心应手,很适应古籍修复工作的需求。

马蹄刀裁切的具体方法是:先准备好裁板,上面垫一张厚纸,然后把经过草订的书册平放在裁板上,书脑朝胸口,量好书叶应裁切的部分,再把尺板放在裁切线上,左手的拇指和食指呈八字形揿住尺板,使之不得移动;再用右手大拇指、食指和中指捏住刀,把刀柄靠近手掌虎口处,顺沿尺板,以右手用力裁去书叶的多余部分。如果一次裁不透,可以反复裁切,直到裁完为止。但在接刀时,要注意套齐刀口,否则就会出现参差不齐的刀痕,使打磨变得困难。

前面已经讲过,善本、珍本古籍或稿本书,天头、地脚上常有名家的批校、注释,切书时必须注意千万不可裁损加批的文字，以免造成不可弥补的损失。个别顶天立地、文字过长的批校，可以用"剪口"的办法，把冒出书叶的字条折回书叶里，加以保存。总之，宁可书叶不齐，也不要硬裁。即使没有批校的书叶，裁切时也不要多裁。中国古籍装帧，以天头地脚有足够的宽度为佳，这是决定书品质量的一个重要因素。鲁迅先生曾在《忽然想到》一文中论及中国书籍的装帧，他说："我于书的形式有一种偏见，就是在书的开头和每个题目前后，总喜欢留些空白。每本前后总有一两张空白的副页，上下的天地头也很宽。"他反对书籍的天地头不留余地，说这种书满本是密密层层的黑字，"使人发生一种压迫和窘促之感"[79]。

2.3.1.11 打磨

书册经过草订、裁切之后，留有刀花痕迹，显得毛糙，为了使其光洁美观，要用木锉、细砂纸锉平磨光。这道工序，在古籍装帧中就叫打磨。

打磨的工具需准备中号木锉、水砂纸、乌贼鱼骨（又名海螵蛸）等。砂纸有粗、中、细三种，型号有2号、$1\frac{1}{2}$号、1号和0号。0号水砂纸用处最多，这种砂纸比较细腻，打磨出的书册光洁度高。书籍打磨时，每次数量不能过多，有函套的古籍，应以一套为一单位一起打磨，不要分开。没有函套的古籍，每次以二十册为一单位，分批进行打磨。

书册打磨的操作要领是：先准备好比要打磨的书籍稍大的木夹板两块，把书籍的书脑、天头、地脚蹾齐，用木夹板上下夹好，压上石头或其他重物，放在工作台的一边。然后用左手压住书册夹板，用右手拿住砂纸或木锉，在书脑、天头、地脚处摩擦，待刀花痕迹磨平后，再用0号水砂纸细细打磨，直到把书籍的三边打磨得光滑细腻、看不出刀花痕迹为止。打磨时用力要轻而匀，不能用劲过大，用力过大则打磨处会产生油光，竹纸书还会出现黑色亮斑，影响古籍的装帧质量，尤其是打磨白纸书籍，更应小心谨慎。为保证书籍装帧的质量，在用木锉、砂纸打磨后，还可用乌贼骨打磨一遍，这样会显得更加平整光滑。

2.3.1.12 包角

线装书与包背装不同，它的书脑是露在外面的，这就容易造成书脑两头边角的损坏，并影响美观。为了弥补缺陷，装潢讲究的书籍要用丝织材料包裹书角，这道工序就叫包角。

线装书包角的历史很悠久。我们现在能看到的明版书，就有不少是有包角的。书籍经过包角之后，不仅增加了牢度，而且显得更加精美。尤其是拼接过书脑的书籍，包角之后就看不出两头的接缝处，使书籍有整体感了。但是包角用工、用料比较多，所以不是所有的古籍都需要包角，而只是一部分讲究的书籍才要求包角。在古籍修复工作中，凡是接过书脑的书籍一般都包角。做金镶玉的书大多也包角。另外，包角用糨糊较重，而且用的多是稠糨，特别在南方地区，气候潮湿，书籍包角后不透风，三五年仍存有糨气，既容易生虫，又招引鼠啮（近年的防蛀糨糊或胶水稍有防蛀效果，但对纸张腐蚀性较大，也不适用）。这是包角的重大缺陷。所以，南方潮湿地区古籍的包角问题，应慎重考虑其利弊得失。

包角所用的丝织材料有绢和绫，但真丝材料不能直接用于包角，而要先行托裱加工。托裱的办法是，先把绢、绫正面朝下平放在油漆的裱台上，用排笔把绢、绫拖湿，然后用双手把绢、绫撑平，再用毛巾吸去绢、绫上的水分。随后用棕刷挑起厚糨均匀地刷在绢、绫上，再用一张与绢、绫大小相仿的白色薄纸铺放在绢、绫上。这时即可用左手提起白纸的一边，右手拿起棕刷从右往左来回均匀地平刷，使托裱的纸张与绢、绫紧密黏合，然后再在四周边沿涂上糨糊，贴在裱板上绷平，干后撕下备用。

包角所用绢、绫的颜色，可根据书籍纸张的颜色或收藏者的喜爱而定，一般可用素白色、湖蓝色或浅绿色，竹纸书用仿古的米色较好。绢、绫在裁切时，横裁、竖裁都可以，但为避免横、竖面料反光时颜色会不一致，裁法要一致，用横料或用竖料也要一致。

包角的技术操作方法如下：

（1）首先应根据书品的大小、书脑的宽窄，计算出需包书角的准确尺寸。书角尺寸大体是全书的八分之一。如果这个尺寸与全书比例不协调，则可根据需要调整。

（2）取一张与书叶大小相仿而稍厚的素纸作纸样，把纸角对着书册的右下角，然后按书角的尺寸在纸上横竖合剪一道豁口，作为包角的标准。

（3）把托裱好的绢、绫，按确定的尺寸裁成狭长的小块，正面朝下放在工作台右边待用。再把需要包角的书册也放在台上，书的地脚与桌边齐平，上面放好标准纸样，用重物压住。

（4）每册书的包角分上下两部分，上面的叫天头角，下面的叫地脚角。可以先包天头，也可以先包地脚。包地脚角的做法是：用左手揿住书册的右下角，用右手中指在绢、绫的背面涂抹一层厚糨糊，糨糊要抹得均匀。抹完糨糊后，用中指粘起绢、绫，按照标准纸样的尺寸，紧贴到书角地脚的平面处（即在书根上面），粘牢后，把书册往下推出一点，再掀起书册前后的护叶，用左手的拇指和食指捏紧书角，然后用右手的拇指和食指把绢、绫往书册内里折去。折好后紧捏一会儿，再用右手的拇指轻轻推动绢、绫，转一个角。转过来后，在书角地脚平面处磨蹭几下，使绢、绫与书角粘牢，再把书角下面多余的绢、绫折回书册里去粘好。

（5）地脚角包好，再把书册移转过来包天头角。做法与包地脚角相同。

包角操作示例见图2-54。

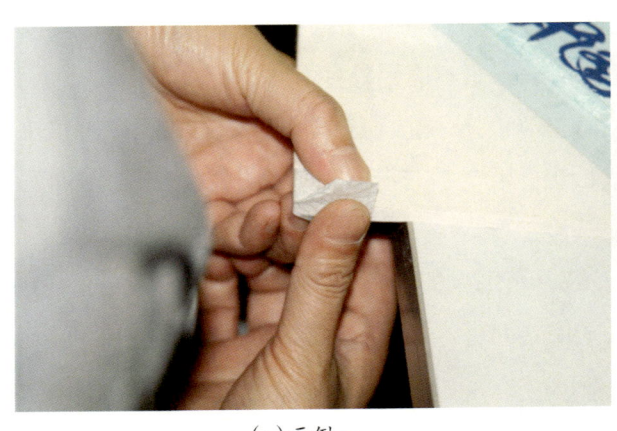
（a）示例一

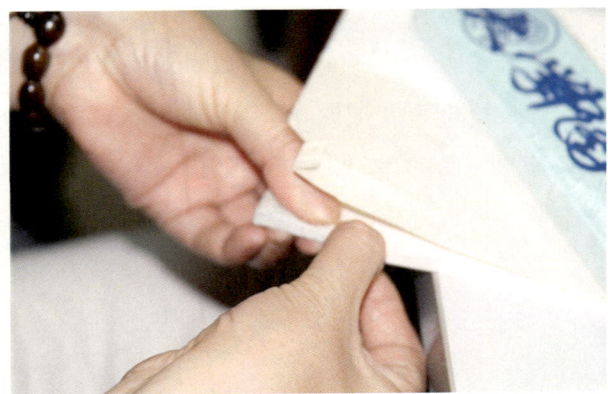
（b）示例二

图2-54　包角

2.3.1.13　加封面、封底

加封面、封底是中国古籍装帧中的一道重要工序。古籍的封面、封底，又称书衣、书皮、书壳，所以加封面、封底也叫加衣、上皮、上壳。封面、封底虽然只是书籍的形式，但关系书叶的保护和装帧的雅致、美观，是很值得重视的。

封面、封底的材料种类颇多，有布面的、锦面的、绫面的、绢面的，但多数是纸面的。采用什么样的材料，要根据书籍的内在价值和使用率等种种因素来决定。清人孙从添在《藏书纪要》中说，明清时代的古籍"书面用宋笺者，亦有用墨笺、洒金书面者。书签用宋笺藏经纸、古色纸为上。至明人收藏书籍，讲究装订者少，总用绵料古色纸书面，衬用川连者多。钱遵王述古堂装订书面，用自造五色笺纸，或用洋笺书面，虽装订华美，却未尽善。不若毛斧季汲古阁装订书面，用宋笺藏经纸、宣德纸，染雅色，自制古色纸更佳。至于松江黄绿笺纸书面，再加常锦套，金笺贴签，最俗"[62]22。现在的古籍封面、封底，有用绵料纸托裱的，也有用粉连纸、毛边纸托裱的。

托裱的过程同裱补一节中叙述的近似，封面、封底有用单页的，也有用双页的，使用率大的书册一般都用双页，纸张也要厚实一些，中间还可以衬以川连或裱一层夹连。封面、封底用纸的颜色在装帧中是有讲究的，通常用得较多的是磁青色和栗壳色，因为这两种颜色比较古雅，与古籍配套很合适。纸张染色的方法，此前已有详细介绍，这里不再赘述。

精美、考究的书籍常用绢、绫作封面、封底，此外还有用蜡笺、发笺、洒金笺、库磁青等的。

加封面、封底的操作方法大致介绍如下：

1．加单页封面、封底

用大张的封面用纸，按书叶的大小裁开，三五张为一沓，对折起来，然后把封面错位于中线（即缩进于对折线）1cm处另折一条印（书品宽大的，折印宽度可以适当稍大），用竹刮子刮平，再翻转过来，把另一面错位于中线1cm处也折一条印，仍用竹刮子刮平。这时，即可用小刀把封面纸从中线处裁开，成为两片单页，再折回到刚折过的印迹处，这样书叶的封面有了折口，可以与书册口对齐了。由于封面用纸倒过来即成为封底用纸，所以封底不需另外裁折。

上封面时，要把折好口的封面纸放在工作台上的右面，糨碗放在封面纸的前方，再取一块夹板放在工作台中间，然后把要加封面的书册放在夹板上，用右手的中指在书口处抹上三四点厚糨，在书脑的纸钉处抹上两点厚糨，这时即可进行封面粘接工作。

粘接封面时，要用两手的中指和食指夹住封面纸，再用大拇指顶住书口和封面纸，把面纸粘上。因为封底和封面是对称的，所以加封底的方法同加封面基本相同，只要把书册翻转过来，就可以照样粘上封底了。

封面、封底全加上以后，用尺板压住书册，再拿裁纸小刀或大号剪刀把封面、封底的多余部分裁剪掉。裁剪时，应先从天头裁起，再裁剪书脑，最后裁剪地脚。裁剪完毕，要用细木砂纸打磨一下。

2．加双页封面、封底

双页的封面、封底形如环筒纸，俗称"筒子皮"。因为是用未裁开的两个单页皮子做的，所以加封面、封底时用不着折口，也用不着裁开。粘接封面、封底时，只要在书脑纸钉处抹点厚糨，把封面、封底粘上即可。双页封面、封底挺括、耐用，但用料比单页多，比较适用于厚本书、常用书。薄本书仍以单页皮子为好。

有些书籍只是封面、封底损坏了，书叶并无损伤，这类书在修复时，只需换一个新的封面、封底就可以了。先把书籍的旧线拆掉，取去损坏或残存的封面、封底，再剪裁一副比书叶稍大的封面、封底，按照上述方法把它换置到书叶上去就可以了。新做的封面、封底用料和颜色最好仍仿旧物。如果原有的封面、封底用料太简陋，配色不古，也可以稍加改进。

有些善本、珍本采用四勒口封面、封底，即"扣皮"，四勒口就是把封面、封底的四边回折成双层，这种封面、封底比较厚挺，边角不容易卷折，是一种比较讲究的装帧方法。四勒口封面、封底可以采用普通封皮纸制作，也可以用绢、绫制成。把托裱过的封皮纸或绢、绫裁成比书册稍大的面子，四周留出宽约1.5cm的回折余边，就可以开始做四勒口的封面、封底了，其色调一般采用磁青色或栗壳色（古铜色）。

上四勒口封面、封底的操作方法如下：

第一步，取一张裁好的面子，放在书册上，四周留边要基本相等，然后在书的中间压一根尺板，再在尺板上压上重物。

第二步，用双手于书口处面子上压一条印迹，然后根据勒出的印迹把面子的多余部分折回，再在书口处点上三点糨，把封面粘上。

第三步，把中间的尺板移到书口处，然后把书册翻转过来，把书脑放胸前，接着再勒书脑处的封面，操作方法与勒书口的方法相同。

第四步，书脑处勒好后，再把书直过来，将尺板横压在中间，开始勒天头、地脚面子的多余部分，其操作方法与书口、书脑处相同。

第五步，封面的勒口上好后，应把封面四个角上重叠的角料剪去，剪成斜口，并使剪出角的两面斜口对齐。绢、绫的面子容易出毛口，如果四勒口封面只有一二册，可以免剪。如果书册很多，为了避免书册周角过于厚，则仍须剪角。剪的时候注意不要剪得过齐，最好略有一点重叠，否则就免不了起毛。

第六步，封面的四勒口上好后，再翻过来上封底，封底四勒口的做法与封面相同。

如果书册的书口平直的话，也可以先把书口一边封面余纸回折好，然后按照上单页封面的操作法，用双手的中指和无名指夹住封面，大拇指顶住书口，在书口处的护叶上抹三点糨，使封面粘住在书册上的副页，然后把尺板压于书口处，把书册转过来，再扣勒书脑和天地头的多余处，做法同上面一样。

另外，有些善本、珍本经过多年翻阅，书角口磨损得略呈圆形，为保持古籍原貌，不能把书册裁直，残损的书角又无法修补，这样在上四勒口封面、封底时，就要根据书角形状把封面书角勒成略呈圆形。扣勒这种圆形书角难度较大，首先在扣到书角转弯处时，一定要根据书角的形状先压一条印，然后在转角处多剪几道短小的豁口，再照印进行折边，这样就可以把书角勒成圆形了。此外，在天头、地脚、后脑等处，如果原书不是平直的，也不能直扣，而是要按原样扣勒。扣勒方法同勒圆形书角相似，弯曲处也是先剪豁口，再就形折边，这样就可以使书册的封面、封底与原书形状一致。

加封面和封底操作示例见图2-55。

（a）示例一

（b）示例二

图2-55　加封面和封底

2.3.1.14　打眼

线装书的装册主要是以在书脑上打眼、穿线来完成。书册在加上封面、封底以后，就可以进行打眼了。

书册在草订时，虽已打过眼，但那时是为了下纸捻，现在打的眼是为了穿线、装订。草订的打眼与穿线的打眼有相同的地方，也有不同的地方。相同的地方是：打眼都在书脑部位进行，都要垂直，尽量少伤书脑。不同的地方是：草订打眼一般只打两个眼，穿线打眼一般都打四个眼，书品大的可打五至八个眼不等，而且在打眼距离上，草订打眼只要对称即可，穿线打眼要求却高得多。这是因为草订打眼的距离并不影响书册的外表，而穿线打眼的距离却直接影响到书册外形的美观。为此，有经验的装帧工作者对打眼这道不起眼的工序都很认真。

下面简单介绍一下打眼的操作方法：

首先要在书册的天头地脚两处书角部位各打一个眼，然后在两个书角针眼之间，按打眼的多少算好间距，以便准确地下针打眼。

准确下针的关键是"出样"。出样就是用一张长方形的纸折成直角三角形，作为量针眼距离的标尺。以打四个眼的书册为例，先把纸做的三角形标尺放到书册上，以三角形标尺的直角对准书脑和地脚的夹角，并根据书脑的宽窄长短，在书角的适当部位用针扎一个眼，再把纸做的标尺按书册长度的一半距离对折一条线，然后根据第一个针眼的距离把三角形标尺再对折一下，在第一个针眼的地方扎第二、第三个眼，这时把三角形标尺复原，书册书脑就有平行的四个眼了。如果这四个眼的距离比较合适，那就可以在书脑处点眼，先点地脚处书角的眼，然后把三角形标尺翻过来与天头处书角对齐再点眼。如果距离不合适，还可以再用纸做的标尺进行调整，然后再扎眼、点眼。书脑的距离与包角一样，一般为全书的八分之一，书脑中部针眼的距离约为书角距离的2倍。如果书角过长，也可取相当于书角长度1.5倍的距离。四个针眼之间的距离，除上下两个书角以外，中间的距离一般是4∶6，就是中间两个针眼距离为4，中间两个针眼与书角针眼之间的距离为6。如前者距离4cm，后者距离应为6cm。

出样的技术很难用文字表达清楚，而且针眼间距、书角尺寸等，有时要根据书册开本大小、书脑宽窄的具体情况来决定，很难硬性规定，这些都要在实践中参照历代书籍装帧较好的样本，不断进行摸索，才能做好。

有的书只打三个眼，书角两个眼相等，中间只打一个眼，两边间距相同，这种形式叫"三合亭"。书品为长方形的，中间按相等距离打三个眼，加上书角两个眼共有五个眼，叫"五个眼"。书品特厚、特宽的，在书角处打双眼，加上中间的两只眼便有六个眼，叫"六个眼"。碰到厚书本，打眼时一不小心，就会把眼打歪，因而要两面对着打眼，这种打眼的方法叫"打双眼"。打双眼仍要用纸做的三角形标尺比好距离，作为打眼标准，再扎针眼，否则两面的眼就不易对拢。打双眼时先在背面打透一半，再在正面打通另一半。

穿线的打眼同草订的打眼一样都用锥子，但穿线的针眼要比草订的针眼扎得细小。所用的锥子也应用细长形的，切忌用粗锥子打眼。已包角的书册打眼时，必须把眼打在所包书角的横竖中心，以便穿线后能压住所包书角的边缘。同草订打眼一样，穿线打眼下锥时也要先把书册放在订板上，再在书口处压上一块尺板，在尺板上压上金属块，把书背靠近胸前，然后左手大拇指朝里，四指并拢在外，捏住订书的锥子，同时用左手掌边缘压住书。再用右手拿起木锤敲打锥子的顶部，轻轻敲打一下，把眼打穿即可。如果一下打不透，再打第二下，打第二下的用力方向一定要与第一下一样垂直，否则就会歪斜。

在古籍修复中，除了金镶玉、衬纸、接书脑的书册，一般书册上都留有旧时装订的针眼，为减少对书脑的损伤，装订时尽量利用原有的旧眼，不再重新打眼。因为书脑本身就不宽绰，在书脑处多打一个眼，就对书籍多增一份损伤。如果古籍修复一次要重新打一次眼，每册书草订时打两个眼，穿线时打四个眼，这样最少要打六个眼，加上原有的就是十二个眼，修复两次就有二十四个眼。一本书打上这么多眼，书脑就变成"麻脑"了，以后如再修整就无法下手了。所以修复古籍要尽量利用原有针眼，以少打新眼为好。还有些古籍，原来的针眼打得不正，按原眼穿线容易把书订歪，这时可以打一部分新眼，但打新眼前要把歪斜的旧眼用纸捻塞住，然后再在旁边下锥。如果仍在旧眼上下锥，会在书脑上打出豁口，造成更大的损伤。

打眼操作示例见图2-56。

（a）出样　　　　　　　（b）找眼　　　　　　　（c）打眼　　　　　　　（d）完成打眼

图2-56　打眼操作

2.3.1.15　穿线

穿线又叫订线。这是古籍装帧中书叶装册的最后工序。

穿线的要求是订得牢，嵌得紧，不打结，不短绷，不脱落，不歪斜，坚实耐用，还要照顾订线与书册色调的和谐、美观。

穿的线一般都用真丝线，也可以用棉纱线、蜡线和锦纶线。只是蜡线太硬，容易把书册勒出沟道，损坏书脑；锦纶线是化纤产品，时间长了容易老化；棉纱线的韧性和拉力均较差，穿普通的薄本书册还可以，穿大本或厚本的书册就不太牢固，所以古籍装订的订线最好还是选用真丝线。

穿线的操作方法如下：

（1）选线。主要是根据书品的大小厚薄选用粗细合宜的订线。丝线分粗、中、细三种。一般书册通常用中号丝线，薄本书可用细丝线，厚本书宜采用粗丝线。大而薄的书册可采用三股细丝线平行地订。如考虑到丝线成本太高，则善本、珍本书用真丝线订，普通书用棉纱、锦纶线订。为穿线时选用方便，平时要多准备一些不同品种、规格的线团、线轴。选线还要注意颜色的搭配，要淡雅用本色线，要古雅则用米色线。米色线宜用素色线加染料染制，染制办法与染纸略同。

（2）量线。量线就是计量订书用线的长度，截好备用。用量好的线订书，不仅可以节省丝线，而且操作起来也比较方便。量线长度要适当，不能太长，也不能太短，长了浪费，短了要拼接。一般情况下，订线是书册长度的六倍。书册薄小，线还可以短一点；书册厚大，线就应稍长一点。六个眼的厚本书册订线长度应放到八倍。量线时把书册正面朝上，书脑靠胸，这样便于比量。如果一部书有很多册，只需比量一册书做样子，将线一次备好。如果其中的书册有厚有薄，比量时可以稍放长一点或稍缩短一点。量好的线要截好夹在本子里备用。穿线时一根抽一根，不要弄乱，乱线容易打结，使用不便。

（3）订线。订线就是用针引线穿到书脑上去，把书册订牢。订线的针一般都用大号缝被针，订前先把针尖头磨一下，以免勾线。然后在针眼上套一根方便引线的小线圈，免得每次都要穿针眼引线。订线时，抽一根丝线穿进小线圈里，再对齐两头，把丝线拉成双股线。这时，即可用右手拿起针线，左手捏住书脑，从书脑右边第二个锥眼开始穿线，待丝线从锥眼中通过，留下2cm长的线头，随后用针头把线头从书叶中间挑出，再把它拨到书脑里面夹住，用左手捏住拨进书脑的线头，再把针线绕上穿入锥眼，同时把丝线捋平、拉紧，然后再穿另一个锥眼，这样在每个锥眼中间来回穿引三次，就可以把线订好。在丝线穿引到最后，回到第一个锥眼时，要检查一下是否有漏穿的地方，如果没有漏穿，就可以用针穿过两道线绕过来打一个结，再把针往回穿，把线头接到书册正面，并剪去多余的线，把留在外面的线头用锥子塞到锥眼里，订线即告完成。如有不平的地方，还可用剪刀的把柄轻轻敲几下，使之平整。订线时，必须注意丝线不能两股打绞重叠，在穿订中看到有打绞的现象，要随时用针理顺，使双线恢复平行的状态。如果是订六个眼的书册，订线时要在书角处多绕两圈线。

（4）锁线。这是订线的另一种做法。这种做法是在丝线穿上第一个锥眼以后，把线头从书脑的一半处挑出，打个结，再把丝线穿在两线中间，然后把线头拉进书脑里抽紧，使书背上能看到一道横着的线，这样就成了锁线。其他步骤则和前面讲的相同，都是从第二锥眼穿线，绕过书脑后背、天头，再转向地脚，从最后一个锥眼穿出，再结扣、剪线、平整。

穿线操作示例见图2-57。

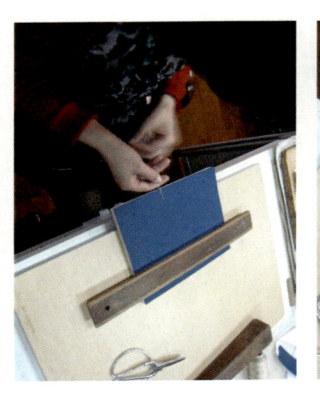   

（a）示例一　　　　　（b）示例二　　　　　　（c）示例三　　　　　　（d）示例四

图2-57　穿线

2.3.1.16　贴签

贴签就是在书册封面左上角贴上一条长方形的标明书名和卷册的签条，以资识别。签条是古籍的头面，古人十分注意。

古籍修复中的贴签，一般都是用修补过的原书旧签，贴在修复过的或新制的封面上。原书旧签的揭开、修补技术，与书叶的揭叶、修补大体相同。如果修补后的原书签条残缺较多，或与修补、配册后的书籍册数已不相符，这时可以新制签条，而仍把旧签条贴在书册的护叶里，以作参考。

贴签的具体方法有两种：一种是满贴，另一种是浮贴。

满贴，又叫实贴，即在签条背面均匀地涂抹稀糨糊，然后把签条贴在书册的左上角。贴签时，左面书口和天头两边要各留出 0.2 cm 左右的书边。贴上签条后，用白纸撤压几下，使它粘接结实、平整，最后在每根签条上盖一层吸水纸，即告完成。每册贴完后依次叠放在一起，待一部书全都贴完，在上面放一块夹板，在夹板上压放石头等重物，待签条夹干后，移去夹板即可。

浮贴，又叫虚贴，它不需在签条上涂满糨糊，而只是在签条四周抹几点糨糊，就可把签条贴到书册左上角。贴法与满贴相同。满贴的签条牢固经翻，但用糊多容易招虫引鼠。浮贴的签条容易脱落，但用糊少，不易招虫引鼠。采用何种方法，可视具体情况而定，大体北方多满贴，南方多浮贴。

2.3.1.17　加函套

装帧讲究的古籍，一般都有函套或夹板。函套和夹板是由古代包裹书籍的帙、囊发展而来的。函套用硬纸、布帛制作而成，用来套装书册。夹板用平滑的木板制作而成，用来夹放书册。纸匣、木匣是函套和夹板的另一种形式，两者制作方法基本相同。函套对保护书册效果很好，但用糊甚多，容易招虫蛀和发霉，适用于风大尘多但气候干燥的北方，于气候湿润的南方不甚适宜。夹板防蛀防霉的效果较好，但防风防尘效果差，故适用于南方，而不适用于北方。

函套、夹板也要尽量利用旧有的。套面、夹板有损坏处，可以用同样的材料进行修补，套内托裱的纸如有破损，也可用类似的纸张加以裱补。函套的别子或夹板的线带残缺断裂时，要找同样的材料来修复。函套在修复中会产生过松过紧的问题，对过松的函套，可采取附加纸板、加厚内函的办法来解决；对过紧的函套，则可采取喷水捶打，使之稍稍加大。

函套、夹板破损严重而无法修复时，只有重新制作新的函套和夹板。

2.3.2 金镶玉式线装古籍的装帧[68]187-195

金镶玉是中国古籍装帧中比较讲究的一种形式。这种装帧形式费工费料，技术操作也颇为复杂，所以除善本、珍本外，普通版本书籍很少采用。

金镶玉的名称来历颇久。传说王莽做皇帝时，向孝元皇后索取传国玉玺，孝元皇后哭着把玉玺抛在地上，摔坏了一个角，后来用黄金镶补完整，称为"金镶玉"。古籍书叶颜色泛黄，镶上白纸，好比黄金镶上白玉一般，所以也称为金镶玉。

金镶玉还有两个名称，一是叫"惜古衬"，意思就是保护古籍的镶衬法；二是叫"袍套装"，意为这种镶衬过的书纸页大而书叶小，好像古人穿的长袍、短套一样。

用金镶玉方式装帧的古籍，天头、地脚、书脑三面都有衬纸，书叶在这样的保护下不易损坏，而且形式上也很整齐、美观。书叶破损严重或边栏外面有批注文字而不能裁切的珍贵古籍，最适宜采用这种装帧形式了。毛装的稿本书，毛茬纸长短不一，也适用金镶玉的方式装帧。此外，有些书口较小的珍贵古籍，虽然损伤不严重，但经过金镶玉的装帧，既可以保护原书，又可以使书册加大，增加美观度。这就是金镶玉装帧至今不衰的原因。金镶玉式线装古籍修复前后对比图见图2-58。

（a）修复前一　　　　　　　　（b）修复前二　　　　　　　　（c）修复后

图2-58　金镶玉式线装古籍修复前后对比图

做金镶玉，首先要进行一些准备工作。

（1）修整书叶。即先把要做金镶玉的书叶修补整齐，不管书口是否开裂，每页都要连口，尤其书脑后面的锥眼一定要补好，以免镶纸后露出旧的洞眼，影响书籍的美观。书叶修补完毕，再依次进行喷水、倒纸、压平、折叶、捶敲、齐栏、草订，然后修整毛茬、打磨，打磨完工，始可撤去纸钉，进行金镶玉装帧。

（2）选配镶衬纸张。金镶玉的镶衬纸以选用绵连纸最好。绵连纸质地柔润、细腻，利于长期保存，不易损伤书口。也可采用质量上乘的单宣。镶衬纸的厚薄最好与书叶相仿。也有采用连史纸的，但连史纸历时久了容易发脆，不利于长期保存。

（3）开料。镶衬的纸页要比原书叶的四边各长出4～5 cm，这是因为镶衬纸在铺放书叶后还要回折。所以开料时，先要按所镶书叶的大小，计算出每一大张镶衬用纸大体能开多少镶衬纸页，然后进行裁切。裁好的纸页都要顺着正面摆，不能正反面交错乱放。随后对镶衬纸进行喷水压平。喷水时可以一二十张纸为一沓，不能喷得太湿，亦不宜太干，能除去镶衬纸上的折痕即可。喷水要注意均匀，以免纸上产生水点痕迹。喷完水，把镶衬纸卷成一卷放在一旁，让水分在纸上均匀地散开。大约过一刻钟便可把镶衬纸放开，蹾齐，再夹上一些吸潮纸，然后在上面盖上一块平板，板上压些重物，把纸压平。待纸干后，把四周的毛边裁齐备用。

2.3.2.1 金镶玉的基本做法

金镶玉在技术操作上，共分扎眼、铺放、折边、折叶、装订五道工序。兹分述如下：

1．扎眼

扎眼即在镶衬纸上扎针眼，以作为铺放书叶的准线。先用一张镶衬纸，对好中缝，比划出天头、地脚，天头要比地脚稍大，一般按六四比例即可。如天头镶出3 cm，地脚就应镶出2 cm。然后，在书叶地脚、书脑处，紧靠左右两角，用挑针在镶衬纸两边各扎一个针眼，把书叶拿掉，再把扎了眼的镶衬纸平铺在一沓镶衬纸的上面，按照上面那张纸的针眼，把一沓镶衬纸全都扎上针眼，作为铺放书叶的准线。

2．铺放

铺放就是把要镶的书叶铺放在镶衬纸上。铺放书叶一般以一册为一个单元，特别薄的书籍可以两册为一个单元，特别厚的书籍也可分作两个单元来镶。

操作时，先取一张比镶衬纸更大的白纸铺垫在工作台上，再取一沓供一个单元使用的镶衬纸，正面朝下放在铺垫纸上，让镶衬纸的地脚靠近操作者的身边，在天头处压上镇尺（也可以压上一根长尺，尺板上压重金属块），然后把镶衬纸翻上去，但最后一张不要翻动。接着，就可以一张一张地铺放书叶了。铺放时先打开书叶，用双手捏住书叶两边的下半部，正面朝下，用书脑地脚处的书角对准镶衬纸上的两个针眼，再把书叶平放下去。书叶铺放下去后，用一只手按住书叶，排去夹在两张纸中间的空气，然后用另一只手从上面掀下一张镶衬纸盖在书叶上，这时便可腾出按在书叶上的手，把盖在书叶上的镶衬纸用双手铺平。接着，再按这种办法依次铺放第二张、第三张书叶，直到把一个单元的书叶全部铺完。然后取下压在天头处的尺板，放到中间压上去，就可以进行下一道折边的工序了。铺放书叶在技术操作上要注意的是：镶衬纸一定要摆得平正。往上面铺放书叶时，手法一定要轻，避免把书叶和镶衬纸弄歪。特别是在书叶铺进镶衬纸以后，更要注意避免发生移位现象，更不可颠倒次序，否则就要返工重做了。

以上介绍的铺放书叶方法是一种不用糨糊的铺纸方法。除此之外，还有一种使用糨糊的铺纸方法，就是把要镶衬的书叶一张一张地用糨糊粘在镶衬纸上。糨糊要调得不厚不薄，操作时，用手指在书脑左右、上下部位各点上一小点糨（共四点），把书叶粘接在镶衬纸上即可。用糨糊铺纸，书叶同镶衬纸粘牢，纸页移动时就不会发生移位现象，万一书叶乱了也不要紧。缺点是多费一道工，而且如果折叶不准时，还得把糨糊挑开，挑得不好易把书叶弄坏。

铺放的操作示例见图2-59。

  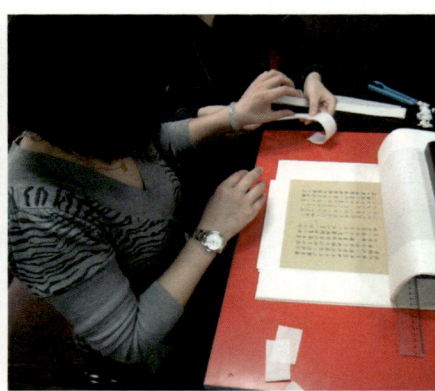

（a）示例一　　　　　　　　　　　（b）示例二　　　　　　　　　　　（c）示例三

图2-59　铺放

3．折边

折边就是把大于书叶的镶衬纸余边往里面回折，与书叶对齐，使镶衬纸的四个边与书叶厚薄一致。

折边时，要先用夹板或宽一点的木板压住书叶的一半，并在夹板上压一些重物，以防止夹板滑动而使书叶发生移位现象。一半书叶压好以后，就可以把另一半没有压住的书叶和镶衬纸掀起来翻到夹板上，然后找一张长30cm、宽15cm的深色纸条，作为隔离垫纸，以便区分书叶与镶衬纸。接着就可以把翻在上面的书叶和镶衬纸各掀一张放在隔离垫纸上，再用双手从书叶中间往两边平铺，挤掉纸张夹层中的空气，双手平铺到左右两边书脑的地脚处后，即用双手的中指揿住书叶和镶衬纸，用大拇指和食指捏住镶衬纸的余边，对准书叶的地脚往里面回折。操作时注意不要把镶衬纸叠到书叶上去，也不要在书叶和镶衬纸中间留有空隙，一定要对齐书叶和镶衬纸的边口，然后将回折的纸边压死。这时,再把隔离垫纸拿出来,铺到折过边的书叶纸上,把翻起的书叶和镶衬纸再各掀一张,放到隔离垫纸上往里回折。依此类推,直到把书叶地脚处全部折完后,就可以把书叶调转方向,压住地脚处,再回折书叶天头处的余边,其方法与折叠地脚处余边相同。天头、地脚的余边都折好后,把压板横过来,压在书叶一边的书脑处,将书叶和镶衬纸都翻上去,也像折天头、地脚的余边那样来回折此处的余边,只是余边折好后,要在与天头、地脚折边交界的地方用小刀裁出一道豁口,从这道豁口把回折的余边拉平,否则,天头、地脚与书脑交界的方角会比其他部分高出一块。一张纸折好后,依次再折另一张,直到全部折完,再转过头来,用同样的方法回折另一边书脑处的余边。

一个单元书叶的纸边全部折完后,用手摸一下四周回折的地方是否与书叶齐平,如果回折的地方比书叶明显有高凸,就应隔几叶把回折的纸边拉开,使其成为单边,直到书叶与镶衬纸齐平。如果回折的地方比书叶低凹,就应每隔几叶在回折处再粘接一张纸条,使书叶与镶衬纸齐平。

另外,为了节约用纸,还可以把回折余边的方法改为"贴垫条"。"贴垫条"的镶衬用纸要比回折余边法小得多,大致每条边只需比书叶长出1~2cm即可,这样就可以节省用纸。"贴垫条"的操作方法如下:

在铺好镶衬纸以后,把事先裁好的大小与镶衬纸余边相同的垫条纸,垫衬在书叶天头、地脚与左右书脑的四周。垫衬时,同回折余边法一样,用夹板压住镶衬纸和书叶的一半,然后把另一半镶衬纸和书叶翻到夹板上去,再垫上深色的隔离垫纸,翻下书叶和镶衬纸各一张,在靠书脑的地方点上两三点稍稠的糨糊,再沿着书叶把垫纸条粘上。粘完地脚,再翻转过来粘接天头,接着再粘接左右书脑处。

用"贴垫条"的办法做金镶玉,虽然节约了一些纸张,但操作起来较为麻烦,一般不采用。即使采用,也常用于贴垫左右书脑,而用于贴垫书叶四周是极少见的。贴垫条的书籍碰到高低不平的情况时,可以采用减少或增加垫条纸的办法弥补,直到镶衬纸与书叶齐平为止。

4.折叶

折叶即把折好余边的镶衬纸和书叶按书叶中缝对折,以便装订成册。折叶的具体操作过程如下:

先把折好四边的书叶天头朝左、地脚朝右,书脑一边放在胸前,再在工作台右边放上一块夹板,夹板上放三张折好的带衬护叶,这时,就可以进行折叶了。

折叶时,先用左手中指压住书叶中间的书口,右手提起镶衬纸和书叶,然后用双手的大拇指和食指分别捏住书口两头,用双手中指顶住书口,再把中指腾出来,用双手沿书口的中线折过去,再提起书叶,看看镶衬纸是否顶到书口,如果没有顶到书口,就要拿起镶衬纸和书叶轻轻在桌上蹾一下,让镶衬纸顶到书口,然后轻轻放在垫有护叶纸的书夹板上。第一页折完后,再折第二页,依次将一个单元的书叶全部折完后,再把书叶全部提起来蹾齐书口,用手摸摸是否平整,如果有高低不平的现象,就用锤子轻轻敲敲,再送进压书机压上一两天。这道工序就算是完成了。

5．装订

金镶玉的书册经折叶、压实后，就可进行装订。装订的过程如齐栏、草订、裁切、打磨、包角、扣皮、打眼、订线等，同前面章节里介绍的基本相同，这里不再赘述。

金镶玉的操作法，因师承关系和地域传统的不同而互有差别，上面介绍的只是一种常用的、比较规范的操作方法，下面再分别介绍其他几种方法。

2.3.2.2　金镶玉的其他几种做法

1．镶衬法

镶衬法的操作要领是，先将镶衬纸量好尺寸，喷水压平，四面裁光，然后取出一张书叶作为标准，按此大小把镶衬纸四周预先折好，再把镶衬纸折成筒状双页，最后按照衬纸的办法，把镶衬纸一张一张地衬镶到书叶中去。这种做法可以省去铺放书叶和点糨粘接等手续，提高工作效率，但镶衬出来的书册质量不够理想：一是书口处书叶与镶衬纸常有参差不齐的现象；二是书叶与镶衬纸常有重叠现象；三是书叶与镶衬纸常因脱节而出现沟槽。因此，这种金镶玉的操作法只适用于对装帧要求不是很高的古籍，对于较珍贵的古籍不宜采用。

2．连补带镶法

这种操作法对弓品过于窄小而纸质尚好的古旧书比较适用。其操作法是，先裁好镶衬用纸，大小要比书叶四周各宽出3 cm左右。再把书叶平摊在工作台上，在书叶的破损处均匀地抹上糨糊，书口连口处也要抹上糨糊，然后把镶衬纸对折，使其中缝与书叶的书口对准，并按比例留出天头、地脚的余边，接着用棕刷把铺放到书叶上的镶衬纸刷平后，揭起放在夹板上。这样将一个单元的书叶逐张镶补完毕，再垫上吸水纸，夹干、压平。这以后还要把镶衬的书叶翻一下，看是否平整，如有不平整处，要及时喷水，重修重压，直到合乎质量要求为止。书叶夹干、压平后，就可以折四边和折中缝，操作要求与上述略同。折叠完毕，再进行捶敲、压实、齐脚、装订等工序。

连补带镶法不需单独补破，也不需单独连口，省工省时，操作方便，镶衬好的书册外观上也说得过去，但质量比不上补破以后再镶衬的书册。原因是把破损的书叶直接粘接在镶衬纸上，由于书叶旧而衬纸新，两种纸张的韧性、张力差别很大，几经翻动，粘接处就会出现脆裂现象，书册容易翻坏。所以镶衬善本、珍本就不宜用此法。

3．裱镶法

这种方法适用于破损严重、纸质低劣和糟朽霉烂的古籍，也适用于书品窄小、修整后不能裁切的古籍。其操作要领是：先把镶衬用纸裁好，大小应比书叶四周各宽出3～4 cm，再准备一些垫条纸。随后在工作台上铺放一张比镶衬纸稍大的塑料薄膜，以便裱镶后揭叶。这时，即可把要镶衬的书叶正面朝下，平整地铺在塑料薄膜上，然后在整张书叶上刷满糨糊，但不能刷得过多，只要全部刷遍就可以了。因为裱镶的书叶上下两头都有纸边伸出，所以涂抹糨糊后要用抹布把书叶四周的糨糊擦干净，以免弄脏镶衬纸张。刷糨糊工序完成后，就可用裱镶方法把镶衬纸铺放到书叶上去。铺放镶衬纸时应按比例留出天头、地脚的余边，再用棕刷在镶衬纸后面把裱衬好的书叶刷平。然后在镶衬的天头、地脚和左右书脑处抹上糨糊，刷上垫条，垫条与书叶要拼凑紧密，不显缝隙。随即盖上吸水纸并用棕刷平刷一遍，翻过来揭去塑料薄膜，在书叶的一边点上些糨糊贴在裱板上，待晾至七成干时取下，放在吸水纸中夹干、压平，最后取出折叶、装订。

裱镶法较为简便，又节省工料，装修出的书册平整，外观较好，尤其是小本的书册经过装修，四周加宽，面目一新。缺点是书叶经过裱镶，失去原来的柔软性，变得硬挺，容易折坏。同时书叶上如有小洞或虫蛀过的地方，用裱镶法不能使其恢复平整，且往往会出现凹陷，纸张颜色也显得错杂，影响美观。所以，善本、珍本书也不宜采用这种镶衬方法。

要注意的是，书叶如有大块破损，应用与原书色泽相近的纸张镶补，否则两种纸的颜色反差太大，就显得太难看了。裱镶书叶的用糨要稀一点，糨糊稠了，书叶就更加硬挺。但裱镶绵纸类书叶时，糨糊要稍稠一点，否则容易出现"空壳"。

关于金镶玉装帧形式古籍的拆开和重装，工艺上有一些特殊要求，这里也要说明一下。

金镶玉装帧形式古籍的拆开和重装在操作上比一般古籍要困难，有时比重做一部新的还难。采用金镶玉装帧的大都是善本、珍本，拆、装时一定要维持原书面貌，这就必须采用原衬复原的方法，不能轻易调换新的镶衬纸，工艺操作上的难度就在这里。开拆金镶玉装帧的古籍，要耐心细致。先要完好地拆下封面，如有破损，应及时修复。然后将书脑处的蚂蟥襻撤去，再在垫有纸条的书脑上订两个纸钉，在天头、地脚的书脑处再各订一个纸钉，这样就可以把书脑和天头、地脚的垫条都固定下来，然后才可以把书叶撤出来进行拍照或复制。待书叶拍照、复制完毕，经过折叶、敲平、裁齐等步骤后，就可以把书叶按原样重装起来，重装时可以从最后一叶开始，一叶一叶地往镶衬纸上套书叶。套书叶时应注意原有的纸条不能留有空隙，书叶和垫条也不能有重叠现象。书叶全部套完、蹾齐后，放进压书机内紧压一二天。再检查一下栏脚线是否平直，如不平直，应稍作调整，使之平直，而后进行装订。装订时应先将书背的纸钉拆掉，在原订的洞眼上穿蚂蟥襻，使书叶与垫条固定好，接着用砂纸打磨，使之光滑、平整，然后上封面、打眼、穿线，最后装订成册。

2.3.3 特殊装帧古籍的修复与装帧[68]200-221

2.3.3.1 卷轴装古籍的修复与装帧

卷轴装古籍是纸张书籍的第一种装帧形式，这种装帧形式始于东汉，盛行于魏晋南北朝至隋唐间，北宋初仍然沿用。雕版印刷术发明以后，书籍的装帧向书册形式发展，但卷轴装至今仍是书画装潢的主要形式。

1. 制订修复方案和做好修复准备工作

卷轴装古籍的修复，比线装书的修复更为复杂。

首先，要根据修复件的质地和破损程度，制订修复方案。如果属于珍贵文物，在修复前还要将原件拍照，以便修复中可以进行对照。

其次，卷轴装古籍的修复，包括漂洗霉污、揭掉旧裱、修复残破和重新托裱等一系列工序。在着手进行修复前，先要把准备工作做好。准备工作主要有：

（1）材料准备，包括补破用纸、托裱用纸、绫绢、轴头、带子、糨糊等。补破用纸要配备与古籍原用纸张相似的颜色，配不到时应进行仿古染纸。托裱用纸采用一般宣纸即可。糨糊要比修补线装书叶所用的糨糊稍稀一些。

（2）工具准备，包括棕刷、竹启子、排笔、镊子、小刀、剪刀等。

2. 卷轴装古籍的简单修补

卷轴装古籍有简装和裱装两种，简装的卷轴只在书叶背面托了一二层纸（俗称"小托"），而不加裱装（俗称"大托"）。有些年代久远的古卷轴，如抗日战争时期八路军从日军炮火中抢救出来的赵城《大藏经》，只要伤残程度不大，就不必重新揭裱。因为揭裱总是容易损伤原件，即使是修复技术较高的人，在工作中也难免有所失误。有些古卷前人修整时已被揭过，现在再揭裱更容易损伤书叶字迹。所以对于损伤程度不大的书叶，只要用颜色差不多的旧纸或仿古染纸把残破处补缀起来，然后剪齐、捶平、晾干即可。

伤残程度较大，甚至书叶糟朽的古卷轴，则应揭裱重装。裱装过的卷轴古籍，如果伤残程度不大，也应按以上原则，尽量避免揭裱。因揭裱次数多了，书叶字迹的清晰度总要受影响。同时揭掉旧纸，裱上新纸，弓卷的原来面貌也就无法保持了。如果操作失误，损坏了原件，那就更难收拾。

3. 卷轴装古籍的清洁处理

卷轴装古籍经长期翻阅或保藏不妥，很容易遭受各种污染，且历时过久，书叶大都泛黄变色。为了恢复古籍的原貌，需要用刮、洗、淋、烫等办法作清洁处理。对于卷面上的蝇粪和墨迹、灰斑等小污点，可以用锋利小刀的刀尖轻轻刮掉。破洞处如有黑口，也应用小刀刀尖的边缘把黑口轻轻刮掉。如果卷面上字迹的墨色不牢固了，还要先除去浮灰，然后用胶矾水进行加固，以防落色。如果卷面上污染、霉变的地方较多，需视具体情况适当采取洗、淋、烫的办法处理。

具体操作办法是：先把卷面平铺在裱台上，有字迹的一面朝上，然后用排笔蘸取热水，把卷面润湿，再用热毛巾覆盖闷透，随后反复用干软的毛巾吸去卷面上的水分。这时，卷面上遭污染和霉变的痕迹就会逐渐消除。特别脏的地方可以按以上办法多处理几次，直到洗净为止。

如果卷面上的污点、霉斑用热水清洗不掉，则可采用药水清洗处理，具体办法是：先把卷面平铺在裱台上，用棉签或毛笔蘸取0.5%高锰酸钾溶液涂刷于污点、霉斑处，这时高锰酸钾溶液就会由红色变为茶色。约过15min，再用2%草酸溶液涂刷在高锰酸钾处，这时，茶色就会逐渐转变为白色。一次洗不净，可以再洗一次。茶色退净后，要立即用清水将药水洗净。

用化学药剂清洗卷面上的污点、霉斑，必须注意掌握用药范围和程度。尤其要注意避免接触字迹，无法避免时，也要争取减少与字迹接触的时间，以免影响书叶字迹的清晰度。

局部洗霉，还可用3%双氧水涂在霉处，然后用棉花蘸氨水熏，一般的霉斑经过这样处理，大多能去掉。

有些卷轴装古籍，卷面上常有含铅的白粉修改的地方，时间久了，铅粉氧化变成黑色，把卷面弄得很难看。遇到这种情况，也可用棉签或毛笔蘸取3%双氧水涂在变黑部位，轻者一次，重者数次，就可以复原。然后即用净水洗去残存的双氧水。

还有一种传统的消除变黑铅粉的办法，就是用毛笔蘸取碱水涂抹在变黑处，然后用吸水纸覆盖，半日后，黑色就会转至吸水纸上，这时再用淡茶水去掉碱气即可。如果一次去不净，可以反复几次。

如果卷面上沾有油渍，消除时不要把卷面润湿，也不要用汽油或四氯化碳，因为这两种化学药剂容易去掉卷面上的自然保护层，须用2∶1的丙酮加乙醚混合液，用棉签蘸涂数次，然后用清水洗净即可。丙酮和乙醚有毒性，易燃、易挥发，使用时必须注意安全。最好在装有通风换气设备的隔离室内使用，使用后，人即到室外。

有些油渍严重的卷面，还可以采取熨烫去污的办法处理。其具体操作方法是：先把染有油污的卷面上下各垫衬吸水纸，然后用300～500W的电熨斗在纸上熨烫，这时油渍就会被吸到吸水纸上。如果一次除不净，还可以换上一层干净的纸，再行熨烫，直至去掉油污为止。

使用化学药剂去污、去霉，一定要慎重对待，任何药剂必先经过试验，证明其对文物无损害才可使用。对古籍书叶损伤过大的药剂绝对不可使用。即使是无害的药剂，使用前也应在古籍不显眼的地方先作试验，然后再大面积使用。

4．卷轴装古籍的揭补

破损严重的卷轴装古籍，需要揭去卷面原裱层的托纸和托纸后面的覆褙纸，然后才能补破。

在整个卷轴装古籍的修复工作中，揭去旧的托裱层是最关紧要的一环。托纸与卷面是直接粘连在一起的，覆褙纸又与托纸连在一起，如果揭的时候粗心大意，揭掉或揭破了卷面，使卷面形成大大小小的破洞；或揭得厚薄不匀，使卷面伤痕斑斑，那就会损害原物，造成不可弥补的损失。

揭托纸之前，应先把卷面湿透，如果是刚刚淋洗过而卷面还未干的，可以趁湿把卷面反面朝上扣在裱台上刷平、开揭。但若卷面糟朽、破碎厉害，则必须在裱台上衬垫塑料纸或薄绢，然后把卷面反扣在上面，才可以开始揭，否则揭后卷面会粘在裱台上不能起，如果硬起台，就会把卷面揭得支离破碎。

卷轴装古籍揭补工序的具体过程如下：

（1）揭覆褙纸。又叫揭大托纸。因为覆褙纸在托裱纸的外层，所以要先揭。覆褙纸怎样揭取，要根据纸张质地、黏合材料、裱背方法和保存情况来决定。一般情况是先把卷面润湿、闷透，然后用镊子挑出覆褙纸的纸角，平着一拉，就可以把两层覆褙纸一起揭下来。但若遇到糨糊太厚，或用糨不匀，以及粘连霉烂等情况，揭的时候就要特别小心。

（2）揭托纸。又叫揭小托纸，这是揭补工作中最困难的一道工序。托纸与卷面直接粘连在一起，揭得不好，就会伤及卷面。正是由于这个原因，古人把托纸称作卷轴装书画的"命纸"。意思是说，在卷轴装书画的裱补中，托纸揭得好不好，对于书画是"性命攸关"的事情。托纸揭得好，裱件可以获得新生命；如果揭得好不好，书画原件就会遭损伤，甚至成为废品。古人还说，绢做的卷面容易揭，纸做的卷面有的好揭，有的就难揭，特别是纸薄的卷面最难揭。糨糊则相反，薄糨好揭，厚糨难揭，白芨汁尤为难揭。要做好这项工作，全要依靠修复工作者的苦心造诣、耐心细致、不厌其烦。工作起来要谨慎小心，如履薄冰。尤其是用豆浆浆过的托裱纸，还有用毛边纸、毛太纸做的托裱纸，揭时都容易带起卷面，更要仔细。

在卷面已经被水湿润浸透，卷面与托纸出现分离现象时，就可用镊子开始揭。揭的时候，要先在远离卷面中心的地方试揭，以摸清托纸的层次和用糨厚薄，做到心中有数。如果试揭顺利，就可以依次扩展，一揭到底。如果遇到托纸与卷面黏结牢固的情况，则要多用热水淋烫，并在上面盖上干毛巾闷一会儿，以使糨糊的黏性分解，然后再揭。

揭的时候绝对不能揭伤卷面，如果发现将揭起原卷面时，要立即停止，并用毛笔蘸些糨糊刷在揭伤处，使其复原，再改换方向揭。如果托纸无法一片片地揭开，则可采用以手指搓揭的方法轻轻搓纸。搓揭时最好按上下或左右顺序，一段一段地搓揭，不能东搓一块，西搓一块，以免把卷面揭花，弄得厚薄不匀。搓揭完毕，掸去卷面上的纸屑。掸不干净，可用镊子夹掉，不能损伤卷面。

在揭的过程中，有时会见到卷面浓墨发生龟裂离纸的现象，其原因是年深日久，纸的纤维脆化，致墨迹失胶。为使墨迹复原，可将加入酒精的淡胶水涂刷在墨迹龟裂处，让酒精和淡胶水渗入墨迹，这样墨迹就会软化，并与托纸黏合在一起。

揭大托、小托纸时，卷面四周的旧绫绢如果损坏不大，应注意加以修复保存，以备翻托复原时再用。如果送修者要求另托新绫绢，这些旧绫绢仍应保存起来，另作他用。

长卷面的古籍是由多张书叶连接起来的，相接的地方如果有骑缝印章，拆揭时须注意，不要损伤两边的接口处，更不能用小刀裁切，而要用净水润湿，热水闷透，然后再揭。

（3）卷面补破。大、小托纸揭掉后，即可进行卷面补破。卷面补破是使破损的卷轴装古籍补缀整齐，恢复完好，它是卷轴装古籍修复工作的中心环节。从工作顺序的角度看，之前的刮、洗、淋、烫和揭大、小托纸，都是为补破做准备的。

卷面补破要注意配补纸张的质地、色泽、光度、纹路等。在这方面的要求与线装书的修补大致相同。绵纸的古籍要用绵纸补破，同样，竹纸或麻纸的古籍要分别用竹纸或麻纸补破。原则是质地粗的要补之以粗，细的要补之以细，厚的要补之以厚，薄的要补之以薄。总之，所补的纸粗细厚薄当与原件相配。古人亦曾言：卷面补缀的质料"稍不相侔，视则两异。故虽有补天之神，必先炼五色之石"[49]19。

补破选纸的色泽、光度常被忽略，这是补破达不到理想要求的原因之一。纸张的色泽、光度与纸张的质地有关，纸质不同，色泽和光度也不同。另外，同等质地的纸张，由于生产时间和保管场地不同，在色泽、光度上也会有所不同。一般来说，新纸光色浮华，旧纸光色柔和，如果不注意这一点，补好后，原来破损的卷面就会形成大大小小的麻点或条纹，很不耐看。为解决纸张的色泽、光度问题，应尽量寻找相似的材料，实在找不到，可以配用浅于原件色泽的纸张，切不可配用色泽较深的纸张。色泽浅的纸张可以补色，即使不补色，在卷面上也不显眼，这是配纸时应当注意的。

除此以外，也要讲究一点纸纹问题。纸纹就是纸面上大小、宽窄、深浅的纹路，这是由手工造纸时所用帘子的规格形成的。纸纹是否相同，对补破的牢固程度和外观都有影响，配补纸张时要注意配以纹路相似的纸张，补缀时横纹要横补，竖纹要竖补，不可逆向处理。

补破用纸的来源，除了利用一些没有文物价值的废旧书画用纸，主要依靠仿旧染纸和涂抹烟灰、茶汁等办法解决。欠光的，可以用白芨等调色；光色过头的，可以稍用瓦灰、烟熏或国画颜料调色、闷光。

卷面补破的方法有零补法、整补法、镶补法三种。

①零补法，又叫"碎补法"或"细补法"，是卷轴装书卷常用的一种补破方法。所谓零补，就是零碎补缀，哪里破，补哪里，补齐后再进行托裱。具体操作方法是：用马蹄刀或锋利的小刀沿着破碎处的边缘刮成一个斜坡（俗称"做口子"），坡面宽约 0.1 cm。然后，用毛笔在破损处斜坡上涂抹糨糊，再把配补的纸张对准纹路粘上去，并用棕刷刷紧，小的补块直接用手指按紧即可，在补破纸张与卷面黏结牢固以后，要趁补破纸未干时，用马蹄刀或小刀轻轻刮去补破纸的多余部分。为了减小补破接口处的厚度，在刮掉补破纸的多余部分时，可以顺手把接口处的补破纸也刮磨一下，以使接口周围与原件厚薄大体一致，减少凹凸不平的现象。

补破用糨要注意清洁、无菌，否则会把接口处弄脏或令其发生霉变。如果补破的纸张过于薄软，则不必用刀具刮磨，只要用手指轻轻往斜里搓擦一下，即可形成斜坡。对于细微的破洞或裂缝，则不需刮磨，只要贴上一小点补破纸即可。

②整补法，又叫"整托心"或"隐补法"，也是卷轴装书卷常用的一种补破方法。所谓整补，就是用一整块质地、色泽相似的补破纸，以托裱法托补在卷面的背面，而不再一个一个单独补破。这种方法特别适用于纸质糟朽、损坏严重或破洞太多的卷面。

整补之前，要先用马蹄刀或小刀在卷面破损处刮好斜口，上糨、托好后贴在绷板上晾干，然后再在托补纸后面用白宣纸垫在破损处衬平，这也就是"隐补"的含义。如果卷面有折痕，还应在折痕背面补上衬条，然后再上托补纸。

整补法是一种全面补破法，比起零补法不仅省工省时，而且牢固可靠。但时间久了，托纸容易与卷面分离。另外，托补的书卷比较僵硬，舒卷不太方便。

③镶补法，又叫"嵌补法"，它不像零补法那样刮斜口和贴补纸，而是把破损处的边口用刀切裁整齐，再镶上一张质地和纹口对路的补破用纸，四边接缝处不能重叠也不能留有隙口。因为它的补口和补纸都是一刀斩齐铡足，直上直下，所以也有人把这种补破法叫作"斩补""铡啄"。

这种镶补的具体操作方法是把配好的补破用纸贴在水油纸上，上面对准破损处，再用马蹄刀或锋利的小刀，把破损处划成大小适当的方形洞口，一刀斩铡而下。这时，补破纸即从下面嵌进洞口，然后用薄纸在接缝处后面贴条加固，最后托裱一下即可。这种方法特别适合用于珊瑚笺、冷金笺、粉笺等口缘厚实而不能刮磨斜口的卷轴装古籍。

镶补法是在二燥、平整的条件下完成补破工序的，只要斩铡镶嵌得好，就显不出修补痕迹。缺点是因为要斩铡方口，势必要把小洞弄成大洞，有时甚至要伤及书卷上的文字。而且时间久了，斩铡的地方有时会发生断裂现象，这些都是不利于文物保存的。

5．卷轴装古籍的托裱、装轴

（1）小托。卷轴装古籍经过清洗、揭补，气色恢复，即可进行小托。小托就是在卷面的背面衬托上一层宣纸，压糨糊粘连起来。小托对于卷轴装古籍的装饰和保护非常重要。古人说，古旧书画经过小托，不但可以"复还旧观"，而且"风华气韵，益当翩翩道上矣"。[49]21

小托有湿托和干托两种方法。

①湿托法，又叫"直托"。方法是把卷面正面朝下平铺在裱台上，再把糨糊均匀地刷在卷面的后背，然后把托纸刷上去。这种方法适用于墨迹不易脱化的卷面。

湿托法的用刷方法很有讲究，手腕要灵活自如，用力要轻柔均匀，否则就会把卷面刷破、刷皱。

②干托法。湿托法是在卷面背后刷糨糊，干托法是在托纸面上刷糨糊。湿托要弄湿卷面，干托则能保持卷面的干燥。这种方法适用于墨迹易烘染落色的卷面。

干托法的具体操作办法又有飞托、复托两种。飞托是在托纸上刷糨糊后，把卷面覆盖在托纸上，用毛掸子轻轻掸一下，让卷面与托纸黏合，然后把卷面翻转过来，用棕刷把托纸与卷面刷实；复托也是在托纸上刷糨糊，但托纸上糨后，要在托纸的下面和卷面正面各垫上一张吸水纸，然后再按飞托的办法隔着这两层吸水纸覆盖刷实。

有些落色严重的卷面，为了固定墨迹，可以用不易透水的纸张包好，翘斜着放在蒸笼里蒸上半个小时，然后取出晾干，再进行小托。另外，为了裁切、镶料、接口用糨的方便，零补的卷轴装书卷，在小托前要用与卷面颜色相同的纸张，在四周添加纸条，飞衬出纸边来，宽度为 $0.5\sim1\,\mathrm{cm}$，这样才能保护卷面不受侵伤。整补的卷面，一般补纸比卷面大，就不用再衬边了。

卷轴装古籍的卷面多是由若干书叶连接起来的，书叶与书叶间的接缝处，要用小刀裁齐并刷上稍稍一点的糨糊，使之粘接起来，粘接面不可太宽，宽度大约在 $0.3\,\mathrm{cm}$ 即可。

刷好托纸后，揭起晾一会儿，待稍干时，在卷面上洒点水，然后在托纸四边抹上一细条稀糨糊，拎起来粘在纸壁上绷平（俗称"上壁"）。

卷面小托上壁以后，室内要保持适当的温度、湿度。室温要求在 $15\sim17\,\mathrm{^\circ C}$，最高不超过 $20\,\mathrm{^\circ C}$，温度过高卷面容易脆裂；相对湿度要保持在 $50\%\sim60\%$，湿度过高卷面不易晾干。

卷面上壁时，要预先在纸边留一道长 $4\sim5\,\mathrm{cm}$ 的小缝，缝内留点空气，以便晾干后开揭。

上壁的卷面要防尘、防蝇，以免沾污。留在壁上的时间愈久愈好。

（2）大托。卷面经小托晾干后，就可以用竹启子轻轻揭下，再用小刀把两头裁齐，然后卷紧，用快刀将两头削平，用砂纸轻轻打磨平滑，再把裁好的沿边条抹上糨，贴于卷面的边口上，进行折边工作。等两面都沿边折好后，即可着手大托。

大托就是在小托的卷面背部再托裱覆褙纸。但简装的卷轴装古籍，小托以后就可以卷起来，不需要再进行大托。

覆褙纸的用料有单宣、料半、绵连等，一般是两层单宣，或一层料半、一层单宣。也有用三层纸的，叫重装，但覆褙纸厚了，则书卷过于硬挺，容易折断。

大托的操作方法与小托基本相同。也是把卷面正面朝下平铺在裱台上，但小托的托裱纸是一层，大托的覆褙纸是两层，这两层纸要事先用糨糊粘贴在一起，晾干备用。覆褙纸的面积要比卷面面积稍大些，一般每边长出3 cm即可。

上覆褙纸的时候，要先在覆褙纸上刷糨，再把卷面正面朝下，平铺在裱台上，上面也刷点糨，然后把覆褙纸盖上，用棕刷刷平。最后在四边抹上一细条糨糊，拎起上壁，上壁的注意事项与小托相同。

（3）装轴。大托的裱件在壁上晾干后即可下壁。下壁应选干燥的天气，这样才能避免卷面前曲后拱的弊病。整个卷面下壁之后，再在卷面的背面上一层薄薄的石蜡，并用砑石磨光，然后即可进行装轴工作了。

装轴就是把卷尾和护首的纸卷在轴杆上，用厚糨粘牢。书卷前面的叫"天轴"，后面的叫"地轴"。书卷开头粘接一张30 cm长的素纸叫"护首"。天轴的中间加一根带子，带子的另一头缝一个别子。轴上首贴一条标签纸，用以写书卷的名称和卷数。

这就是卷轴装古籍修复工作的大体过程。

卷轴装古籍的装潢形式较为复杂，有朴素的纸装本，也有典雅的绫绢本，镶料也是五光十色。上面讲的只是一种普通纸边装潢本的修复方法。明代装潢专家周嘉胄说："每见宋装名卷，皆纸边，至今不脱。今用绢折边，不数年便脱，窃深恨之。古人凡事期必永传，今人取一时之华，苟且从事。"[49]42 由此看来，纸边装潢并不比绫绢装潢差，且更为实用。

2.3.3.2 经折装古籍的修复与装帧

继卷轴装古籍之后，又出现旋风装、经折装的装帧形式。旋风装的古籍传世极少，但经折装在古籍修复工作中则时有遇见。尤其如佛教、道教的经书和书法碑帖之类，很多采用经折装的形式，所以这里要简单介绍一下它的修复方法。

经折装是由卷轴装演变过来的，它的托裱方法与卷轴装基本相同，其操作法和注意事项与卷轴装有类似的地方，也有不同的地方。在揭取旧托裱纸和书叶补破方面二者实相类似，其不同的地方主要在折口和接缝。经折装古籍的书叶是折叠式的，折叠就需要折口和接缝。这个折口和接缝很容易弄坏，修复时要特别注意。

揭取经折装旧托纸时，首先要在每一段书叶的边角编上号码，然后拆揭连接各段书叶的接缝（一般五页组成一段）。揭缝的办法同揭取书叶一样，也要用净水、热水反复浸润、闷烫，然后用干毛巾把水吸干，这时即可用镊子或挑针把接缝挑开。接缝挑开后，就可以像揭卷面托纸那样，把每段书叶后面的托纸揭掉。然后选用合适的纸张，对书叶破损处加以补缀。补破的方法与修补卷轴装书卷的做法相同。补破完毕，就可以在书叶背面贴上一层托纸，然后上壁晾干。干后揭下来，即可按原来的样子折口，再按折口的印子把书叶折齐。

经折装古籍的折叶，不能像线装书那样简单从事，应先备一块棱角分明的木板，在木板上量好尺寸，然后找一件重物，压在量好尺寸的一边作依靠，这时即可进行折叶，折叶必须按照样板的大小来进行。

折叶完毕即可进行接缝。接缝就是用稍稠的糨糊把每段书叶的接缝粘好。接缝完成后，随即用刀裁齐天头、地脚，捶平，前后加上护叶，配上封面，扣好书皮，贴上签条，修复工作即告完成。

2.3.3.3 册页的修复与装帧

册页是一种比较考究的古籍装帧形式，如名贵的函札、诗稿、碑帖和小幅的书画等多采用这种装帧形式。册页常见的式样有两种，一种是横翻式（又叫蝴蝶式），另一种是竖翻式（又叫推蓬式），除了搭口粘接方式不同（横翻式的搭口在左边，竖翻式的搭口在下边），其他做法大体相同。

册页的修复与装帧要在玻璃板上进行，所以要预先准备一块70cm×50cm的玻璃板。另外还要预先裁好托裱用纸，以及天头、地脚、书口、书脑处的垫条用纸。

册页的修复方案，应视原件损坏程度决定。损坏程度不大的册页，只需用糨糊把脱糨处重新粘连起来就可以，如有少数污染斑痕，则可用棉花球或毛笔蘸取清洁剂和净水擦洗，不必拆揭重装。

但损坏程度较大的册页，则需拆揭后再修补、重裱。册页拆揭、修补的具体方法与卷轴装古籍卷面和经折装古籍书叶的拆揭、修补方法基本相同。由于册页都是由单片组成的，不像卷轴装那样连成一片，也不像经折装以五页为一段，所以拆揭前先要在每页原件上用铅笔注明页码，以免次序混乱。

册页的重裱，就是把拆揭、修补好了的单片书叶，按原来的式样重新装帧成册，这是册页修复中工作量最大的工序。

在装裱之前，要在玻璃板下面贴一张标准样纸。标准样纸上要画好天头、地脚的尺寸和中缝留白的尺寸。

装裱册页时，要先把揭下来的册页单片，按标准样纸放在玻璃板上，正面朝下，然后用排笔刷上糨糊，再用抹布把单片四周的余糨擦干净。这时即可把准备好的托纸正面朝下地刷在单片上。

在单片和托纸粘牢后,再在托纸上刷一层糨糊,把备用的垫条纸垫在单片四周的空白处,然后在垫条上刷糨糊,再依次刷上三四层托纸。最后用棕刷把托裱层排刷透彻,在托裱件的四边抹上一细条余糨,揭起上壁。

待托裱件晾干后,即可下壁,然后裁齐底边,蹾齐,这时即可进行折叶工序。

册页的折叶要取直中心,然后用尺板压住,再用竹启子在靠尺板处画一条中线,这时即可按中线折叶。折的时候,可以紧靠尺板掀起单片的一半,浅浅地折一道痕迹,然后拿去尺板,把印痕折死。

册页是由前后连接的各个单片组成的,每个单片都要按上述程序完成托裱、垫条、上壁、下壁、折叶的工序,然后按页码排好次序,裁好边口,打磨光滑,这时即可根据横翻或竖翻的不同式样粘接搭口。粘接搭口时要把册页一字排开,各页间要留出0.3 cm左右的粘缝,然后抹上调制过的稠糨,再把册页合起来蹾齐,压上重物,晾干,再配上纸板封面、封底,即告完成。

封面、封底可根据不同要求,包上绢、锦、缎、纸等各种材料。册页的封面、封底包好后,仍需用重物压着,直到压干为止,否则就会鼓翘不平。

2.3.3.4　毛装古籍的修复与装帧

这里说的毛装古籍,不是指那种新刻草订而未裁切的毛装本,而是指简装的稿本。这类毛装古籍,不同于用毛笔抄写的古籍。毛笔抄写的古籍一般叫"抄本",而毛装古籍则是指作者亲笔的手稿。因为书叶散着,怕遗失弄乱,所以采用简单装帧的办法,前后加上封面、封底,用蚂蟥襻串连起来,三面未加裁切,毛茬俱在,所以叫毛装书或毛茬书。

这类毛装书装帧简单,翻阅既久,易于损坏。修复时,可根据送修单位的要求和书籍破损的具体情况,确定修复方案。

按原样修补的毛装古籍,补边时不能补光边,因为毛装的边本来是不整齐的,补上几条光边就很难看,应尽量补毛边。连口时也不能把绵纸伸出书口边,否则会给装订带来困难。

一般毛装古籍都采用双页环筒式封面,装订时可以先把蚂蟥襻订在封面上,然后把书册翻过来,在反面将蚂蟥襻打二三个结,再用木锤柄用力敲打几下,使结子平整即可。有时也可采用"暗订"的方法,即把封面掀起一层,让蚂蟥襻订在里面,然后在蚂蟥襻上抹糨糊,把掀起的一层封面盖上。再把书册翻过来,掀起封底的一层,把纸钉拉紧,用木锤手柄把蚂蟥襻捶平,剪去多余的部分,在剩下的一头抹上糨糊,盖上掀起的一层封底。这样,在封面、封底上都看不出纸钉来,所以叫作"暗订"。

如果毛装古籍的书脑处写有字迹,影响装订,可以把书脑有字迹的部位回折,在回折处的背后再贴上与书叶长短大小相同的纸条,纸钉直接订在纸条上,这样就不会影响书稿的阅读了。

2.3.3.5 蝴蝶装古籍的修复与装帧

蝴蝶装古籍与普通线装书正好相反，它不是用打眼、穿线的办法装订起来的，而是在书背上涂抹浆糊把书叶粘接起来，然后贴上封面、封底。摊开时，书背如同蝴蝶一般，两边的版面像是蝴蝶的两个翅膀，所以叫蝴蝶装。

蝴蝶装古籍的书叶，版心是向里的，有字迹的两个版面相对称放在一起，书册翻开时能够摊平，使页面完整地展开，比较适合于图谱、年表等全页性的书籍。此外，这种装帧形式还有个优点，就是书册的版心不易磨损，书口、天头、地脚如有损坏，不需拆开就可以修复完整。

蝴蝶装盛行于宋元间，至今中外各大图书馆收藏的中文典籍中，仍有不少是蝴蝶装的。古籍修复工作中，也时常可以碰到这种装帧形式的古籍。

蝴蝶装古籍的修复，其拆、揭、修补方法与线装书略同，不同的是拆、揭、修补以后的装帧。蝴蝶装古籍的装帧，主要有以下几种做法：

1．满糨背法

满糨背法的具体做法是先把书叶按书口中线折叶，然后加上护叶，再把书蹾齐，送入压书机紧压几天。这以后，就可以从书叶背面齐栏。如果因为纸张太厚，从背面看不清栏线，可以从书叶的下脚齐栏，然后蹾齐折口处，用夹板把书叶夹好。书叶折口要与夹板齐平，夹板上面要压上石块或铁块等重物，以防书叶移动。这时，即可把夹板和书叶整个移至工作台上，然后用刷子在折口处薄薄地刷上一层稠糨糊，刷糨时要使糨糊略微进入口内，让书背处的粘接面大一些，再在书背上贴一张纸，干后就可以包书皮了。如果粘背时是几册书一起粘的，那么干后应先用小刀从背部把几册书分割开，然后再包书皮。

2．空糨背法

空糨背法是清代藏书家黄丕烈常用的一种蝴蝶装装帧方法，故有"黄装"之称。空糨背法，其书叶折叶、压书、齐栏等工序，都与满糨背法相同，但书叶蹾齐、上夹板时，只夹住书叶的一半，让折口露出，再用重物压住夹板，然后从折口处最底下一页开始，在每张书叶的书脑上按平均距离点上三四点稍稠的糨糊，待干后在外面包上书皮即可。这种做法用糨少，不伤版口，书叶翻开时也容易放平，但容易散页，牢固度差一些。

3．金镶玉法

这种做法适合于书品过小或书叶大小不一的蝴蝶装古籍。具体做法是：先把书叶修补好，然后按上述办法把书叶折好、捶平。再根据书叶尺寸大小准备好镶衬用纸。镶衬用纸要比书叶大一些，纸的四周要裁齐切光，然后按照书叶的大小，折出一道印痕。再按中缝对折一道印痕，然后把书叶正面朝下，像车口一样在书叶上细细地抹一道糨，把镶衬纸按对折印痕与书叶对齐，一张一张地粘上。全部黏结完毕，压平待干，然后按上述金镶玉操作法折边、垫条。完工后，再在镶出的纸边上点三四点稀糨糊，把两面粘住，这样翻书叶时就露不出纸条了。最后经过裁切、包书皮，即告完成。

4．线装改造法

蝴蝶装古籍的装帧，除了以上三种做法，还有一种线装改造法。

本来蝴蝶装古籍连接书叶时只用糨糊粘背，不用打眼、穿线，而这种线装改造法则采用普通线装书的打眼、穿线办法来装帧蝴蝶装古籍。用这办法改装以后，从书叶的展开形式看，仍是蝴蝶装；但从书叶的连接方法来说，却与普通线装书一样。

线装改造法的具体做法是：先把修补完好的书叶喷水、压平、晾干，然后正面向内折叶、捶平、压实，再选取与书叶颜色相仿、厚度相似的纸张（如果找不到颜色相同的纸张，可用颜色略浅的；如果找不到厚度相同的纸张，可用较薄的，总之宁浅勿深、宁薄勿厚），裁成宽约5cm、长与书叶相等的纸条，粘接在书叶折口上。粘接的办法是把书叶的折口上下比齐，以十余叶为一组，每叶按隔0.3cm的距离错开，由右向左排在工作台上，在最上面的书叶上盖一张纸，然后就在错开的折口处均匀地抹上调制过的稠糨糊。这时即可把裁好的纸条自下而上地粘贴在每张书叶上。粘完后，上面盖一张纸，用手揿一下，使纸条与书叶紧密结合。然后再把书叶一张张地掀开，防止书叶相互粘连。一组粘完后再做第二组，直到书叶全部粘完为止。

书叶全部粘贴上纸条以后，再把书叶以五六张为一层整齐地排列在吸水纸上，每一层书叶盖一张吸水纸，全部排好后，上面再盖上一张吸水纸，然后压上平板，板上再压上石头等重物，待干。

书叶全部晾干以后，按书叶顺序蹾齐，然后用接书背的办法，把纸条的另一边回折，折口的边要对准书叶的版口线。纸条全部折好以后，再捶平、压实，然后就在接出的纸条上订纸钉，再裁齐、打磨光滑，最后包书角、扣书皮、打眼、穿线。这时，蝴蝶装古籍即变成了线装式蝴蝶装了。

线装改造法既保存了蝴蝶装的形式，又吸收了线装装帧的优点；既便于古籍的保存，又便于古籍的阅读，可谓两全其美。但是，蝴蝶装古籍一经线装，就失去了它原有的古朴面貌，这是它的缺点。

线装改造法开始出现于清代康熙年间，《芥子园画传》就是一部用线装改造法装帧的蝴蝶装古籍。现代商务印书馆影印的明代蝴蝶装《三国志演义》，也采用了线装改造形式。

2.3.3.6　包背装古籍的修复与装帧

包背装古籍出现于南宋，盛行于明代，它在装帧形式上是蝴蝶装到线装的一个过渡。

包背装古籍书叶的折叶方法，与蝴蝶装不一样。蝴蝶装是反折，书口向里，而包背装是正折，书口向外。这一点同后来出现的线装书一致。包背装在书叶粘接方法上采用纸捻钉，这也与线装书一致。但整个书册仍然是外裹书皮，并用糨糊包背粘连，书脑不外露，这一点又与蝴蝶装相接近。

现在传世的包背装古籍数量虽然没有线装书多，但远比卷轴装、经折装和蝴蝶装的古籍多。元、明、清三代的许多大部头书，如《文献通考》《永乐大典》《四库全书》等都是包背装的。包背装古籍的装帧和修复工作，在数量上仅次于线装书和册页。

包背装古籍的书叶修复，以及书册的裁切、打磨、纸捻装订等，都与线装书相同，不同的是包背。

包背装古籍久经翻阅，背脊很容易破散，所以包背的修整是包背装古籍修复中的一项经常性工作。对包背上小的缺损，可以选用相同的包背材料作一些简单的修补。对于损坏严重的包背，则要拆掉重做。还有些背脊窄又不便连接书脑的，修补中无法再打眼、订线，也可以改用包背装的形式进行修复。

包背装古籍的包背，分软面包背和硬面包背两种。下面分别作一些介绍。

1. 软面包背

做软面包背，要先准备好书皮纸。软面包背的书皮纸，一般用托裱过的染色宣纸或冷金笺、蜡笺、发笺等制作，也可以用托裱过的绢绫制作。书皮纸面要平坦，如有起皱的地方，要喷水、压平后使用。大小要按书册尺寸裁好，四边要比书叶各大出1cm左右，以便回折书皮口子。

软面包背的具体做法是：先把书叶折好、捶平，加上护叶，再齐栏、压实。然后在书脑部位打三对锥眼，穿上蚂蝗襻，翻转过来，在背面打两三个结，剪去多余的纸条，用木锤敲平，接着就可以做包背了。

书册裁切、打磨后，用夹板将书上下夹住，书背向外蹾齐，压上重物，然后在书背上抹上糨糊，用稍厚的绵纸裁成和书叶长度相同的纸条，把抹糨的书背包起来。如果是一部书，那就可以几本一起糨背，然后粘一整张纸，待干后用小刀将书册一本一本割开，再进行包书皮的工作。

包书皮时，拿预先裁好的书皮纸一张，正面向里，折成一面稍宽的筒子皮（具体宽度应根据书册的厚度决定）。然后把书册平放在工作台上，书的背脊朝外，在书脑部位等距离地点上三点糨糊，把书皮窄的一面对齐书册背脊黏结起来。随后，把书翻转过来，把折着的书皮拉开，包裹到书册的另一面。这时，用左手拉紧书皮，顶住书口；用右手沿着书背的边棱勒出一条折痕，然后压上重物。用同样办法沿着书口、天头、地脚三面勒出三条印痕后，再顺着书边把余边回折进去。在书口、天头、地脚三处的余边都折好后，随手把书口处上下角的重叠部分剪去，使边角与四周齐平。这时便可掀开书皮的一面，露出书背，然后在书背上抹一层稠糨糊，并在纸捻钉上也均匀地抹上糨糊，随后把书皮翻上来，拉紧，用竹片将书背磨刮平整，并在天头、地脚、书口处各抹几点糨糊，把书皮与护叶粘牢。接着再把书册翻转过来，按以上操作方法把另一面的书皮也粘好，包背装的工作即告完成。

2. 硬面包背

硬面包背就是用两块托裱了绢绫或锦缎的硬纸板做包背，但书脊处不加硬板。这是包背装古籍中一种比较典雅的装帧形式，明代的《永乐大典》就是一种硬面包背。

硬面包背的具体做法是：把准备订蚂蝗襻的书册放在工作台上，掀开前后护叶的一页单张，然后在前后书脑部位各贴上5cm宽的布条，一半订在蚂蝗襻上，另一半准备粘在硬面上。这时即可用两块与书叶大小相同的硬纸板把书册前后夹好，然后在裁好的书皮上刷上糨糊，把它黏结在前后两块硬纸板上，用棕刷刷平，再拿掉书册，把书皮四边的余边回折过来，剪平重叠部位，晾干后即可以包到书册上去。

上包背时，要先在书脊上抹上稠糨糊，再把布条刷上糨糊，粘到纸板上。然后，在纸板的里层贴一张比纸板稍小一点的衬纸，并在里面垫上一张吸水纸。一面做好后，再做另一面。两面都做完后，用夹板夹起来，再用石块等重物把书册压住待干。干透后取出，撤去重物、夹板、吸水纸，硬面包背也就制成了。

做硬面包背时，书背一定要裁齐，否则包背做好后，书册打开不能放平，阅读起来很不方便。

此外，贴刷衬纸时动作要快，衬纸贴刷好了，要立即夹上吸水纸，用重物压好。如果动作缓慢，沾上了糨的硬纸板就会膨胀起来，书皮便会显得凹凸不平，影响书册美观。

2.3.4　书画的装裱[80]231-374

2.3.4.1　字画装裱的准备工作

装裱书画的准备工作也称作备料，是围绕画心加工准备材料，主要包括刮锦、托绫、染绫、托覆褙等工序。

1. 刮锦

锦是一种比绫子厚得多的丝织品，不用托纸就可用作装裱材料。刮锦的具体步骤如下：

（1）用剪刀剪下一段锦，正面向下放在裱案上展平。

（2）用小棕刷将稠糨糊抹在锦上，注意一定要在锦上将糨糊涂满。

（3）用刮板将涂在锦上的糨糊刮平、刮匀，再将锦的经纬线拉正。

（4）将刮好的锦翻过来，在正面的四周涂上糨糊，贴在木墙上绷平、晾干。

2. 托绫

在绫子背面涂上糨糊，再粘上一层宣纸，晾干绷平后作为镶料使用，这一过程称为托绫。步骤如下：

（1）扫纸。由于宣纸是手工制造的纸，在制造过程中往往有一些小砂粒混进纸浆，残留在纸中。如果不清除掉这些砂粒，字画装裱以后，砑光时小砂粒在砑光石头的压力下会把字画割裂。所以一定要把纸中的砂粒清除干净。把纸中小砂粒清除掉的工序就叫作扫纸。

扫纸时将宣纸展开平铺在裱画案上，一手握直刀从上到下或从左到右轻刮。正面扫完，将纸向左对折，扫背面。待所有的纸右面都扫完，将纸翻过来，继续扫另一面。扫完纸，将纸的两端裁正、裁齐。最后，将纸正面向下，卷起待用。

（2）断绫。即将成匹的绫子按需要剪成小段。首先，在预定剪断的地方用剪刀剪一个小口。然后，抽出2～3条丝拉断，这时绫子面上就会出现一条细缝。最后，用剪刀沿着细缝将绫子剪断，具

 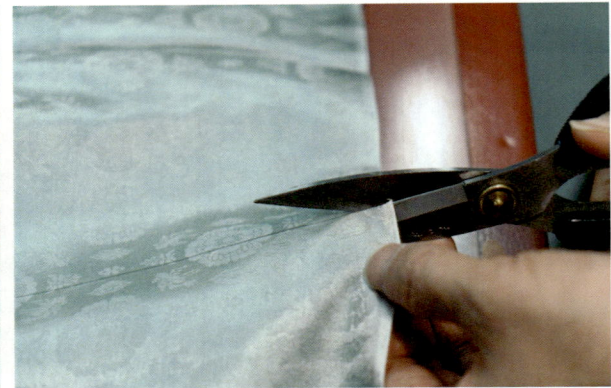

（a）抽丝　　　　　　　　　　　　　　（b）剪绫

图2-60　断绫

体操作见图2-60。

（3）抻平。抻平的方法有三种：

①两端抻平，将绫子正面向下展开平铺在案子上。在绫子两端用排笔刷上清水使绫子浸透，水迹宽5cm，将绫子固定在案子上。用手从绫子两端轻推或轻拉，将绫子绷平，然后用毛巾吸去两端水分，将绫子固定住。

②固定一端抻平，先在绫子的一段（30～40cm长）刷上清水，抻平这段绫子的经纬线，用毛巾吸去水分，使绫子固定。再将绫子另一端抻平，刷水固定。用排笔蘸水，将抻平的绫子用水浸透，一手在上、一手在下，两手同时轻拉，将绫子经纬线抻平、抻直。也可以用棕刷沿着绫边轻推，抻平绫子的经纬线。

③刷平，这是在第二种方法的基础上，再用毛巾吸水固定住30cm左右长的一段以后，用排笔蘸水直接将绫子浸透、刷平。

（4）吸水。绫子刷平后，用毛巾吸去绫子上的水分，待绫子表面稍微有些发白为止。

（5）刷糨糊。用板刷将糨糊涂到绫子上，从左至右、从上到下几个方向反复刷，注意绫子上面刷的浆糊不要多，有薄薄的一层即可。

（6）光糨。排笔蘸水，平放在案子上，用棕刷将排笔的毛刷齐，并挤去排笔上的水分。用排笔在绫子上轻拖，刷平糨糊上的板刷痕迹。

（7）上托纸。托纸左端卷起，用左手拿住，右手握棕刷并拿住另一端，和绫子对齐。对齐上沿，用棕刷将托纸刷平。绫子长度大于托纸时，需接纸。即把第二张托纸的纸边在案子上粘少许糨糊，和前一张纸相接，搭口要控制在2mm以下，用棕刷刷平。依次接纸，直至绫子末端，有余纸时用棕刷撕去多余的托纸。再用棕刷将全部的托纸刷实，最后垫上吸水纸再刷一遍。

（8）出糨。将绫掀起一半，擦净案子上的糨糊。再用棕刷将绫子刷平，并将绫子表面上的糨糊刷到案子上，如此三遍，提高绫子表面的光洁度。

（9）上墙。在托纸的四边涂上1cm宽的糨糊，将托好的绫子揭起贴到木墙上。

（10）下墙。待绫子干后，用竹启子先从下边轻推，挑开糨口。再从侧边将启子插入托纸和木墙之间，使绫子和木墙分离。双手捏住绫子，绷紧，把绫子从木墙上揭下。如果绫子较长，可先从下面将绫子卷起，绷紧，将绫子从木墙上揭下。

3．染绫

染托绫，分清托法、混托法和遮染法。先用颜料水刷染绫后再上糨托纸，称为清托法；在糨糊中加颜料刷染绫，称为混托法；在已经托好的白绫上，用颜色水"遮"，即刷染，称为遮染法。

（1）清托法。适用于染较浅的颜色，操作同托绫。所不同的是用颜色水取代了清水。先用颜色水刷绫子一端，再刷另一端。用色水把绫子浸透，多余的色水用挤干的排笔刷净。托纸等过程略。

（2）混托法。这种方法也只能染浅色的绫子，抻平绫子一如托绫，只是在糨糊中添加颜料。用板刷把混有颜色的糨糊涂在已经抻平的绫子上。托纸等过程略。

（3）遮染法。这是染绫最好的方法。不过，使用这种方法，对排笔的控制要求较高。颜色既要染得匀，绫子又不能太湿。染了一次，如果颜色不符合要求，可以再染第二遍、第三遍，直到符合要求为止。因此，使用此法可以染颜色很深的绫子。托好的绫子正面向上展平，调好颜色水，用排笔蘸少许，轻刷在绫子面上。每次蘸色水不要多，排笔要干一点，轻刷快刷，逐渐刷匀。如需用颜色较深，也可在绫子背面的托纸上刷染。托纸等过程略。

4．托覆褙

将两张生纸用清糨糊黏合为一，称为托覆褙。覆褙纸用以黏合在已完成镶活、转边、粘穿的裱件背面，覆合其上，故称覆褙。

（1）卷纸。将已经扫干净的宣纸一张接一张地卷起来，卷成一卷。

（2）刷糨。另取一张宣纸作为底纸，光面向下展平在裱案上，刷上稀糨糊。排笔刷糨糊时可用"个"字形用笔法和"米"字形用笔法。前者先在宣纸中部横刷，再上下斜刷；后者先在宣纸中部横竖各刷一下呈"十"字交叉，再由中间分别向上下左右四个方向斜刷。

（3）覆纸。即将另一张纸黏合在已刷糨的纸上，又称"上纸"。底纸上刷好糨糊后上面覆纸，最后用棕刷刷实。

（4）撤水。即用干宣纸吸掉覆褙纸上的一些水分。先提起覆褙的一端，与另一端对折。盖上一张宣纸，纸边与托好的覆褙对齐。提起托好的覆褙和宣纸，将宣纸垫到覆褙下面。用棕刷将覆褙再排刷一遍。

（5）搭晾。将覆褙再次对折，在覆褙的两端将要对齐时，手提的一端不要放下，回折，然后提起覆褙放在裱案的边上。几张覆褙可叠放在一起，待一批覆褙托完，将覆褙纸搭在杆上，放在架子上晾干。

2.3.4.2 画心处理

1．托画心

托画心有三种方法：湿托、搭托、飞托。

（1）湿托法。就是直接在画心背面刷糨糊，然后覆纸将两张纸粘在一起。这种方法适用于墨和颜色遇水不会出现洇染的画心。使用这种方法托的画心效果最好。

操作时，将画心正面向下铺在案子上，用排笔蘸糨糊刷在画心背面。将托纸覆在画心背面刷平，四周刷糨糊上墙。

（2）搭托法。有些画心上的颜色如红色、黄色等遇水可能会洇出，这时就需要采用搭托法托画心，以使画心在托的过程中少吸收一些水分，防止颜色洇染。

先在画心背面喷少许水，画心正面向下，天头向左，用板刷刷平。在托纸正面匀刷糨糊。提起托纸一端，将卷好的宣纸作为吸水纸垫在下面，两张纸同时提起，放在画心背面，纸上有糨糊的一面向下。提起吸水纸，将托纸平铺在画心上，用板刷轻轻刷平，再用棕刷刷实，使两张纸粘在一起，四周刷糨糊上墙。

（3）飞托法。与搭托法一样，飞托法也是一种使画心在托纸的过程中少吸收一些水分的方法。

先在托纸正面刷糨糊并将纸刷平。用左手提起画心，正面向上，放到托纸上。在画心正面垫上一张宣纸，用板刷刷平。然后翻过来，再用棕刷刷平。由于画心下面有纸，在排刷的过程中，画心上的水分被吸走一部分，墨和颜色就不会因为吸水过多而洇染。

以上三种托法，上墙、下墙同托绫。

托画心操作示例见图2-61。

（a）示例一

（b）示例二

图2-61　托画心

2．画心镶局条（软锦）

（1）刷糨。将画心裁方，四角均为90°的直角，正面向下展平在裱案上，背面刷上稀糨糊，然后用湿毛巾擦净画心四周的糨糊。

（2）镶局条。先在画心上下两边各镶上5 cm宽的宣纸条，纸条与画心搭口应控制在2 mm以内。用启子对齐画心边缘，按住纸条，撕去多余部分。再在画心的左右两边镶上宣纸条，撕去多余的部分。最后用排笔蘸上糨糊涂在刚镶好的纸条上。

（3）上托纸。用一张宣纸作褙纸，粘在画心背面。揭起镶好的画心，翻过来，检查画心是否托好，如果没有问题，在画心的正面或背面四周涂上宽1 cm左右的糨糊。

3．上墙

上墙，即将画心贴在木墙上。

4．下墙

用启子插进画心和木墙之间的空隙，挑开画心下边与木墙的粘口。然后再挑开画心右侧的粘口。两张画心贴在一起时，先挑开中间的粘口，以免将邻近的画心撕坏。用一只手或两只手捏住画心，将画心从木墙上揭下。

5．裁画心

先裁齐画心的一侧，然后将画心对折，裁齐的一侧对齐，在另一侧适当位置用针锥扎眼，按照锥眼的位置裁齐另一侧。画心对折，在靠近折口部位用尺子压住，使两个已经裁齐的边对正、对齐。用针锥在画心天地适当的位置扎眼，根据眼位将画心天地裁齐。裁画心操作示例见图2-62。

（a）示例一

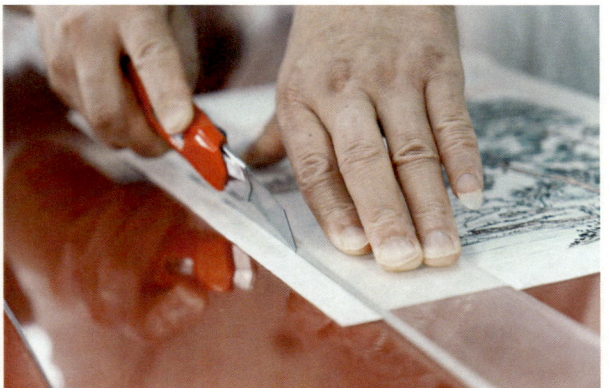
（b）示例二

图2-62　裁画心

6．挖题换款

书法或字画的题词中写有错字的现象是经常出现的，修改过的题词用纸最好与原来的用纸完全相同。

（1）裁旧款。裁掉有错字的题款，将改后的题词放在适当的位置，做出记号。

（2）做接口。将题词正面向下，换款的部位用水浸湿，用手指轻搓纸边，将纸边搓薄。

（3）涂糨糊。涂上稀糨糊。

（4）粘新款。按记号把改过字的题款粘上。

（5）搓平。将刚粘上的题款纸边搓薄，搓的劲要轻、匀。

经过托纸、上墙，题款更换完毕。同样的方法也可以用来修补字画。

2.3.4.3　装裱镜心

镜心，即指镶嵌于镜框里的书画。其规格有大有小，款式有横有竖。具体装裱方法如下：

1．裁画心

将画心四边裁齐，裁齐方法见画心处理中的裁画心。

2．配镶料

按照画心的规格先在绫子背面扎眼，用尺板压住针眼的边缘裁切。

3．装饰

（1）镶局条（硬锔）。局条用两层纸粘在一起或用托好的绫子制作，长度不限，宽7mm左右，其中2mm粘贴在画心上，2mm和绫子等镶料粘接，余下的3mm在画心和镶料之间。

在画心背面的一个长边涂上3～5mm的糨糊（即糨口），画心面积如果在$1m^2$以内，糨口宽度应在2mm左右。四边镶上局条。

（2）镶边。将绫子分别裁成天地和左右两边，四边涂糨糊并镶上绫子，最后裁齐四角。具体见装裱立轴。

画心装饰后的整体及细节见图2-63。

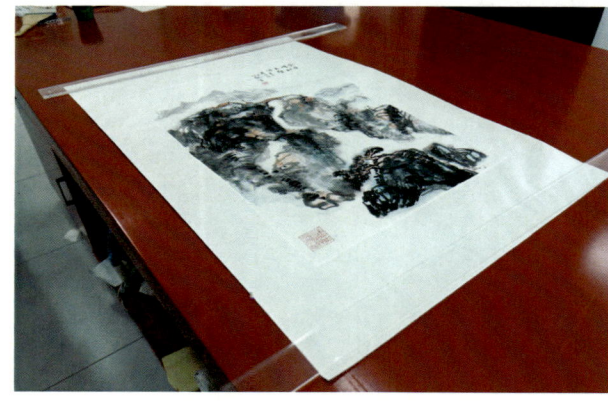
（a）整体图

（b）细节图

图2-63　装饰后的画心

4．上覆褙——搭覆

首先在覆褙上刷糨糊，然后在覆褙下衬一张宣纸撤水，注意动作要快，否则，覆褙容易撕裂损毁。提起覆褙搭在画心上，轻轻拿掉吸水纸，或者直接从吸水纸上揭起覆褙，覆在画心上。用板刷将覆褙纸掸平，用棕刷排实。镜心面积较大时，可以再加粘一层白布或高丽纸。搭覆操作示例见图2-64。

（a）刷糨　　　　　　　　　　（b）撤水　　　　　　　　　　（c）覆画心

图2-64　搭覆

5．上墙

镜心背面四边涂上糨糊，掀起，正面朝外贴在木墙上，掸平。先用棕刷固定住上边，再将四边排实。上墙具体操作示例见图2-65。

6．下墙

镜心干后，用启子先挑开下边，再挑开镜心右侧。两手握住纸边，轻轻用力，使镜心脱离木墙。将镜心的右边卷起，直至全部镜心揭离木墙。

图2-65　上墙

7．裁齐

镜心展平放在案子上，先裁地脚。然后将镜心卷起，齐边向下，在案子上蹾齐。在天头适当的位置用针锥扎眼，按眼位裁齐天头，再裁齐左右两边。镜心装裱完毕。

8．装镜心

小幅镜心可以直接装入镜框内。尺寸较大者，依所需版面，在其四周做边框。

2.3.4.4 装裱立轴

1. 裁画心（软镐）

在画心左右、上下四边留4～5mm白边，将托纸作为画心软局条，然后裁齐。

2. 硬镶局条

把色绫裁成1cm左右的细条作为局条，先镶在字画的两个长边，镶缝2～3mm。剪齐余出部分，再镶另外两个短边，然后再镶绫子，方法同镶镜心。

3. 装饰

（1）下料。将绫子分别裁成天地和左右两边，见图2-66。

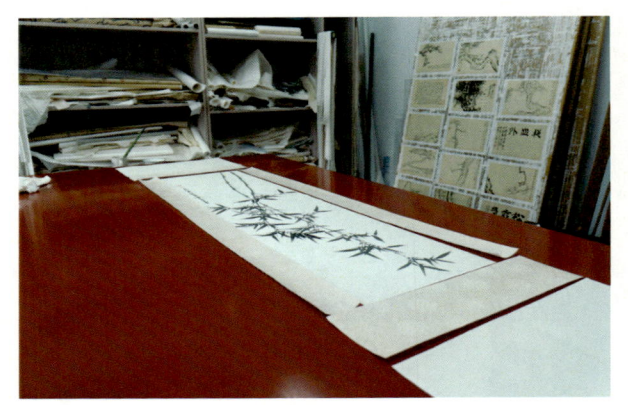

图2-66 下料

（2）镶画心。在画心的一边涂上2～3mm宽的糨糊，粘上一侧的绫条。粘绫条的时候，注意要用尺子将画心压住，避免画心在镶绫子的时候移动。以画心的边为准，将绫子条裁齐。再在画心的上下两边涂糨糊，粘上天地，压实镶口。镶画心操作示例见图2-67。

（3）四裁。即把裱件四周裁齐。先在裱件的一侧用尺子对齐天地镶口，将天地裁齐。以裁齐的一边为准，从地脚向上将字画卷起。卷至天头镶口附近，将天头上端折回，在镶缝处依镶料的边缘用针锥扎个眼做出记号。将裱件卷紧，裁齐的一边向下蹾齐。在未裁齐的一边依照记号，用针锥扎眼标记。打开裱件放平，用50cm左右的短尺依照针眼裁齐裱件的四边。

（4）饰边。包括转边和套边。

（a）示例一　　　　　　（b）示例二

图2-67 镶画心

①转边。裁齐后，将裱件卷起蹾齐，两边在距绫边2mm处用针锥扎眼标记。将裱件打开，正面向下，用30～50cm的钢尺对准绫子上的眼位，用针锥轻轻划出一道痕迹。以用针划出的痕迹为准，折起绫子边，并涂上糨糊。用手指依照针划的痕迹将绫子边折向背面，也可以用小糨刷轻刷绫子边，把绫子边折转过去。

②套边。适用于镶料较厚的裱件，使用套边的方法有不易改变镶料形状的优点，在手卷的装裱中经常使用。操作方法如下：在裱件的正面边缘涂2～3mm的糨糊，将5mm左右宽的套边纸粘在裱件上。翻转裱件正面向下，再涂上糨糊，将套边纸翻过去粘住。选用的套边纸越薄越好，但用的纸越薄，工作的难度就越大。也可以将套边纸先粘在裱件的背面，再从正面检查套边纸是否和裱件的边缘平行，多余的部分用刀裁掉。再在裱件正面边缘涂上糨糊，将套边纸转到正面粘住。最后检查套边是否匀、直，不直的地方趁糨糊未干时，用手指轻轻推直。如套边纸很薄，用手指不太好操作，可用纸在下边托住，协助翻转套边纸，然后将托纸折向裱件，折边与裱件边缘对齐，再用手指压实。

4．做夹口

（1）折夹口。分为横披夹口和立轴夹口两类。

①横披夹口。横披夹口纸的宽度等于天杆的周长，利用天杆在绫子上做记号。画心正面朝上，绫子面对绫子面，按照记号折夹口。

②立轴夹口。天杆夹口的宽度等于天杆的周长，一般宽2～2.5cm，可用锥子扎眼做记号并按记号折天杆夹口。地杆夹口的宽度是地杆周长的二分之一，一般宽6～7cm，用锥子扎眼做出记号。按照天头、地脚处的记号将绫子正面相对折回，折实地杆夹口。

（2）粘夹口纸。画心朝下，夹口背面靠近画心的一端涂上糨糊。横披夹口纸长为裱件宽度加2cm，宽为5cm左右。立轴夹口纸长是裱件的宽加上4cm，天头夹口纸宽7cm，地脚夹口纸宽18～20cm。按照不同的尺寸，分别粘好天杆夹口纸和地杆夹口纸。

（3）贴天祥。天祥宽1.5cm左右，长4～5cm，用绫子边角料制成，用剪子剪成刀形。在天祥的绫子面上涂糨糊，长边向外与画心镶料边对齐，贴于天头背面的夹口纸上。天祥贴好后，将祥上的托纸揭掉。

5．上覆褙——座覆

上覆褙有两种方法：搭覆和座覆。搭覆见"装裱镜心"部分内容，此处不作介绍。

（1）座覆。座覆所用的覆褙纸，最好采用两层单宣。首先，在镶好的画心上洒水或喷水润湿，画心向上，卷起备用。然后，在覆褙纸上刷糨糊，上纸。接着，在托好的覆褙上再刷一层糨糊，将裱好的画心用板刷轻轻刷平在覆褙上。最后，将画连覆褙翻过来，用板刷将画心和覆褙撑平，覆褙上如果有皱褶，可将覆褙揭开，先将画心刷平，再撑平覆褙。仔细检查，若无异常，则用棕刷将覆褙纸排实。

（2）封夹口。封夹口比较重要。裱件上墙前如果不封夹口，干燥以后夹口处的绫子就会干缩，直接影响上杆的质量。具体做法为：掀起覆褙，在天杆夹口和地杆夹口处轻点几点糨糊，将覆褙放平，轻按夹口处，将夹口粘实。

（3）贴地袢。地袢的作用是加固地杆夹口外侧的覆褙纸。地袢长16~20cm，用和镶料同色的绫子裁制，上端可剪成云头式样。在地袢有纸的一面涂稠糨糊。地袢的一边与镶料转边处比齐，上端2cm左右（不算云头）压在夹口上。

（4）贴签。签条一般用毛边纸或绫条裁成，签条长度为裱件宽度的三分之二，宽度一般为2~3cm。在裁好的签条上刷上稀糨糊，用吸水纸撤水后，贴在裱件的右上方。签条上端距镶料转边处2~3mm，距天杆夹口3~5mm。

（5）贴惊燕。惊燕用绫子条制成，其宽度根据裱件的宽窄决定，一般为2~3cm宽，长为整个天头的三分之二。在裱件天头宽度的三分之一处将惊燕贴正、贴直即可。由于贴惊燕的裱件卷起以后天头卷不紧，所以现在一般不用。

6．上墙

在画心四边的覆褙余边上涂上糨糊，提起画心，画心正面对着木墙，摆正。将画心四边用棕刷刷实。

下墙过程略。

7．砑光

（1）扫覆褙。将裱件正面向下平铺在案子上，裱件和案子之间垫一层白纸，然后用小刀将裱件的背面轻刮一遍，剔除褙纸中间的小砂粒。这道工序一定要做好，确保把褙纸中的小砂粒清除干净，否则，在砑光时，砑石会将小砂粒推出并在褙纸上滚动，将裱件割裂。

（2）打蜡。即在褙纸上打蜡。打蜡的动作要轻，不要用力，使褙纸上有蜡即可。

（3）砑褙纸。先用一手握住砑石，在裱件褙纸上轻砑一遍。砑碎褙纸上未剔净的砂粒等杂质。然后用双手握住砑石，在靠近操作者身体一侧的裱件褙纸上用力推砑（见图2-68）。拿起裱件右侧翻向左侧，旋转裱件，使裱件未砑光的一侧转向靠近操作者身体一侧，将裱件展平，砑光裱件的另一侧。最后，用砑石将裱件上所有的镶缝统统砑光、砑实。

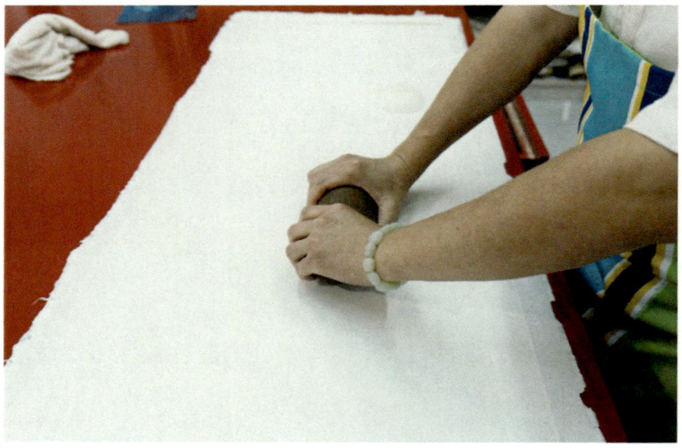

图2-68　砑褙纸

8．去边

去边有两种方法：剥边和剪边。

（1）剥边。用两手手指捏住裱件两边多余的褙纸，向上折起。左手大拇指和食指拉住褙纸纸边，使裱件的绫子边露出0.1mm左右，同时用右手大拇指指甲压实折印。折好褙纸余边后，用直刀沿折印将多余的褙纸切掉，一边纸边切完，重复平转裱件的动作，再切净另一侧多余的褙纸。

（2）剪边。也可以将画心翻转正面向上，用剪刀向前推，剪去纸边，一边剪边一边将画卷起，剪完一侧再剪另一侧。

9．劈夹口

将画心正面向上，挑开地杆夹口。将裱件正面的地杆夹口纸向上折起，并将折印折齐、压实。翻转裱件，将裱件背面地杆夹口纸向天头方向折，折口与正面夹口折印对齐，压实折口。平转裱件，重复上述动作，整理好天杆夹口。卷起裱件，准备装天地杆。

10．装天地杆

天杆的长度与裱件的宽度相同，地杆的长度要比裱件的宽度长出3cm左右，以便于安装轴头。

（1）上天杆。天杆端面为拱形，底部两个角为90°，上部两个角用木锉锉成半圆形。在裱件宽度为70cm左右时，天杆端面的底长通常为2cm左右，高约1.5cm，其他可根据裱件的宽度适当增减。

①确定天杆的长度。掀起天杆夹口，将天杆左侧和裱件左侧对齐，用夹口纸裹住天杆，沿夹口纸边缘用铅笔画线。按照画线将多余部分锯掉。

②确定挂圈的位置。天杆上要先打眼，以便安装铜丝和铁丝圈（俗称"鸡脚圈"），用作穿线绳悬挂裱件之用。天杆的长度在30cm以下的，一般打2个眼；天杆的长度在30cm以上的，一般要打4个眼。天杆上打2个眼的，先将整个天杆分为3等份并做上记号，这两个记号就是要打眼的位置；天杆上要打4个眼的，在这两个眼分别向天杆两头再划分成3等份（即整个天杆长度的九分之一）并做上记号，在靠近天杆尽头处分别再打1个眼。

具体做法：取一张纸条，剪成和天杆同等的长度。将纸条折成3等份，剪去三分之二，留下三分之一。纸条的一端和天杆的一头对齐，天杆上部呈拱形的一面向前，底部向后，用铅笔在天杆的侧面按照纸条的长度画线。一端画完，再画另一端，确定天杆中间的2个眼位。将纸条再次折成3等份，再在天杆的两头画线，确定天杆两头的2个眼位。

③钻眼。打眼工具一般用电钻或锥子，眼的直径不要太大，一般为1～2mm（即制作挂圈的铜丝或铁丝直径的2倍）即可。

④装挂圈。选直径为1～1.5mm的铜丝（或铁丝）截成6～7cm长，制成挂圈。先将铜丝对折，对折的部位弯成圆圈，圆圈的直径为4mm左右（是选用的绦子带直径的2倍）。

将挂丝圈的两只脚穿进天杆上的挂圈眼位，在挂圈的尽端用钳子夹住1cm左右，折成90°后，再折90°，把两个头扎进天杆，砸平。

⑤杆头装饰。剪一块绫子，颜色要和裱件两边镶料颜色相同，在托纸的一面涂上糨糊，包在天杆两头的端面上。

⑥装杆。将裱件正面向下，天杆夹口纸折向上，把天杆装有挂圈的一面向上，天杆靠近身体的一面和夹口折口处对齐，注意要留出1mm的放缝。用夹口纸包裹天杆，两手轻压挂圈两侧，用挂圈把夹口纸硌硳。夹口纸包裹天杆一周，将夹口纸超出天杆周长的部分向上折，用小刀或剪刀裁剪去多余部分。将裱件翻过来，正面向上，在夹口纸上端涂糨糊，涂糨糊的地方宽度不要超过天杆底部的宽度。将裱件正面翻向下，重复用夹口纸包裹天杆的动作，将夹口纸固定在天杆上。将天杆在夹口另一面（有绫子的一面）上压紧，在余出部分上面用针锥贴紧天杆画线。将画线以外的部分折向夹口连接处，再将折回部分打开，折回画线以外的部分，涂上糨糊，将画线以外部分折回粘牢。在天杆底部涂上糨糊，与夹口有绫子的一面粘牢。将天杆粘在夹口纸上，裱件正面的夹口纸要平整，可在裱件背面用尺板贴紧天杆，以保证天杆与裱件表面呈90°。天杆装好以后，将裱件从天杆开始卷起，准备装地杆。

（2）装地杆（见图2-69）。地杆要在两端各锯出一个榫，榫的直径根据轴头底部榫眼的直径而定。

①确定地杆的长度。将地杆左端（榫头的长度不计）与裱件左边对齐，用地杆夹口纸将地杆裹住，将裱件卷起，以地杆为轴，将裱件卷紧。将裱件两边蹾齐，在裱件的右边用铅笔做一个记号，裁一张纸条，按照记号将纸条绕地杆一周，纸条靠近记号的一边要对齐，用铅笔沿纸边画线。按照记号，放出1.5cm作为榫头，将多余的部分锯掉。沿记号线锯地杆，锯口深约为地杆直径的三分之一，不要锯断。用刀将榫头外形劈出，再用小刀削出榫头。

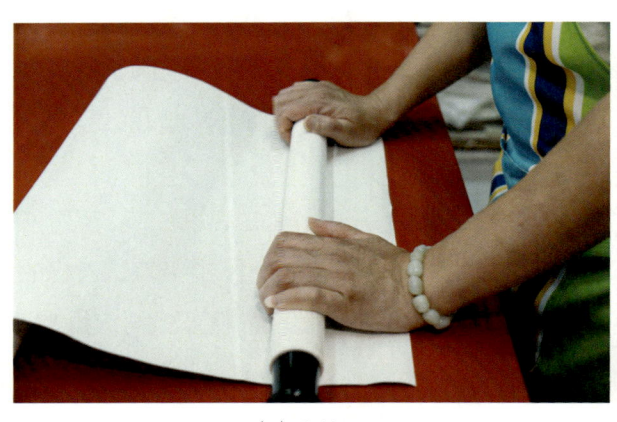
(a) 示例一

(b) 示例二

图2-69 装地杆

②杆端装饰。剪一块绫子条，颜色与裱件两边的颜色相同，托纸一面涂上糨糊，包在地杆两端。绫子条要留出1cm左右，把余出部分的绫子折向榫轴，并刮平皱褶。也可以将一块绫子中间剪个洞，托纸的一面涂上糨糊套在榫轴上，余边折向地杆，并推平皱褶。

③装轴头。榫头上涂上胶，装上轴头。注意不要将轴头装歪、装偏。

④装杆。用夹口夹住地杆，检查地杆的长度是否合适。将稍纸上的夹口纸两侧用剪刀剪去少许，地杆和夹口连接处对齐，然后把地杆慢慢向下转，在夹口纸末端涂少许稠糨糊，将地杆包住。

两手握住裱件，将裱件正面翻转向下。左手压住裱件正面的夹口，右手握住地杆将背面夹口纸拉直。剪两小条绫子（俗称"吊死鬼"），在绫面涂上糨糊，粘在夹口纸分界处。将地杆慢慢向下转，将夹口纸和地杆卷紧。将裱件正面翻向下，在裱件正面夹口边涂稠糨糊，翻转裱件，用夹口纸将地杆裹紧。也可以在夹口纸粘在地杆上以后，不翻动裱件，而是两手交替把地杆慢慢向上卷，卷到画心与地脚接缝处停止。将裱件正面的夹口向上折，夹口底下垫上塑料布，在裱件正面的夹口边缘涂上稠糨糊，用夹口裹紧地杆，将夹口纸和地杆紧紧粘在一起。

（3）穿绳扎带。

①穿绦子带。用尺板、铅砣压在天杆下面，使天杆有挂圈的一边向上。将绦子绳从挂圈中穿过，绳头折回从绦子绳下面穿过。绦子绳绕挂圈一周后再折回穿过挂圈，注意绦子绳头不要留在裱件正面一侧。最后将绦子绳拉紧。

②封箍。以两个挂圈之间距离的三分之一长度为准，剪去多余的绦子绳，把绫子剪成细条并涂上稠糨糊，粘在绦子绳头上。绦子绳上一般要粘3个箍，绦子绳头上一个箍，绦子绳头和挂圈中间一个箍，两个箍中间一个箍。封箍的绫子条要拉紧。

③穿扎带。扎带一般长85 cm左右，穿进绦子绳下，折回两头呈"8"字状，拉紧。将裱件卷紧，用扎带绕紧，在天杆旁边打结，装裱过程结束。

此处需要说明的是，横披两边撑杆的装法和立轴的天杆装法相同，只是方向相反。

2.3.4.5　装裱手卷

手卷主要由天头、副隔水、正隔水、引首、正隔水、画心、正隔水、拖尾组成。装裱方法如下：

1. 镶

画心加镶料的方法同装裱立轴，但做工要更精细。比如镶立轴时镶缝可以控制在3 mm左右，而镶手卷就要求镶缝都要在1.5 mm左右。再有，装裱手卷要尽量避免镶缝从上到下一气贯通，尽量避开上下两边的镶缝垂直相对。镶料不够长时，要"对花"，即两块镶料的花纹要对上，要"碰缝"，即两块镶料的边缘要紧密连在一起。

"镶"的操作示例见图2-70。

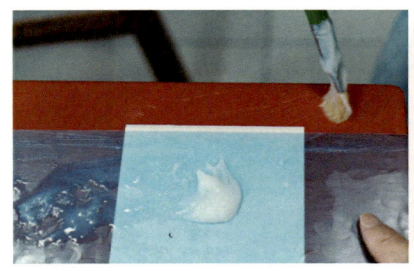
(a) 示例一

(b) 示例二

(c) 示例三

图2-70　镶

2. 削手卷

一个手卷从齐画心到镶上镶料以后，一般要削4次。画心四面裁方后，先由尾向前卷起来，削一次。再从头至尾卷一次，用刀削齐。待镶好镶料以后，先裁齐一边，再按预定的尺寸扎眼做标记，然后依标记裁齐整个手卷。同削齐画心一样，镶好的裱件也要削两次。

传统的做法中，画心和镶料在托好以后要施以骨胶明矾溶液，这样在削平时画心和镶料就会硬脆一点，容易操作，而且可以控制纸张遇水后的伸胀和干燥以后的收缩。但明矾对纸张纤维有很强的破坏作用，因此在装裱字画时，特别是在装裱古旧书画时，千万不要使用明矾，以免对书画造成不可弥补的损坏。

削手卷操作示例见图2-71。

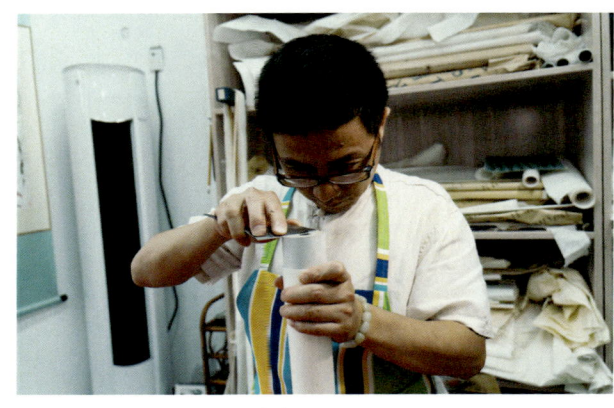 

（a）示例一　　　　　　　　　　（b）示例二

图2-71　削手卷

3. 撞边

除了套边和转边手法，撞边也是装裱手卷常用的手法。撞边的要点是先镶出天地，再将镶料折向画心，镶料的边和画心的边碰上"撞"在一起，技术要求比较高。由于撞边的镶料要折回，因此镶料的托纸要薄，而托画心的纸要稍厚一点，以避免出现裱件卷起后天地两端又厚又硬的现象。

具体步骤为：在裱件背面涂糨糊，将宽度为1.5cm的绫子条正面向上粘在裱件的背面。翻转裱件正面向上，在绫子条的背面涂上糨糊，将绫子条正面向上翻，绫子边与画心对齐、压实即可。

4. 装包首

（1）配包首。包首一般长25cm左右，根据裱件卷起后的外径周长可以适当加长或剪短。高与裱件同。下脚一侧事先转好边。包首背面涂上糨糊，天头部分留出3cm左右保持干燥，把包首和裱件的天头对齐粘在一起。用针在包首超出裱件高度的部分做记号。

（2）转边。用针沿记号画线，将余边折回，涂上糨糊。

（3）贴"过条"。即紧挨着包首后边贴上一个2cm宽的纸条，作为包首和覆褙的过渡。

（4）贴"废肩"。用一条废绫子条贴在包首天地两边，作为上墙时固定包首之用。

上覆绡过程略。

5．装天地杆

（1）装天杆。

①简裱手卷。即在天头纸边粘一根细棍，细棍的中部穿一根带子，用带子将手卷缠绕，手卷带的前端塞进带中拉紧即可。

②精裱手卷。同装裱立轴上天杆的方法一样，在手卷的天头边上装上天杆。事先在天杆中间装一个铁丝或铜丝圈，把手卷带的一头穿进圈内，用线缝牢，另一头穿上插扦并用针线固定。

（2）装地杆。

①简裱手卷。将卷尾粘在地杆上即可。注意地杆要与卷尾成90°，否则手卷不容易卷紧、卷齐。

②精裱手卷。将磨圆磨光的轴片粘在纸卷上或细木棍上，用手卷的卷尾包住、卷紧即可。

2.3.4.6　挖镶

挖镶就是先将画心和镶料按照同样的厚度托好，上墙绷平，在镶料的适当位置按照画心的形状和面积挖下一块，再把画心嵌在镶料上的一种装裱方法。

1．立轴挖镶

立轴挖镶即在一整块绫子上比照画心长、宽各减去2～3mm挖一个框。天地的比例同立轴。然后将画心四边涂上糨糊，粘在绫子上。这种做法的优点是没有镶缝，裱件平整。相关操作示例见图2-72。

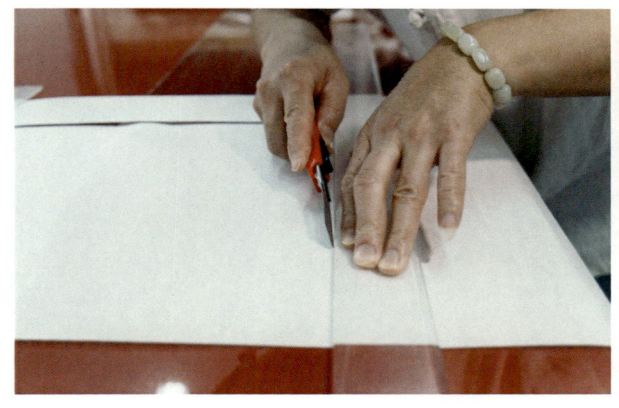
（a）示例一

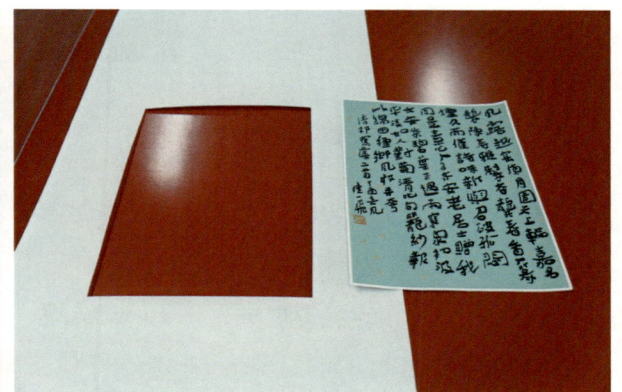
（b）示例二

图2-72　立轴挖镶

2．册页挖镶

（1）托面纸。将两张染好的宣纸托在一起，四边涂糨糊，提离案面，贴在木墙上。

（2）托墩子。在宣纸上刷上比较稠的糨糊，覆上一张宣纸，再刷糨糊，覆下一张宣纸，至厚度符合要求为止。将托好的墩子纸依次由下向上贴在木墙上。

（3）托心。在画心背面托纸上墙。

（4）挖面纸。将面纸对折，在折印两端用剪刀剪两个小三角。画心对折，折缝线与面纸上的三角对齐。在画心背面点上少许糨糊，越少越好，粘在面纸上。待画心背面糨糊干透，用尺子压住画心，在画心外沿下刀（注意：千万不要将尺子压在画心外面，在画心上下刀）。将裁好的画心与面纸框分离，揭掉画心背面的纸。

（5）镶嵌。在墩子纸上刷上糨糊，糨糊要比上覆褙的糨糊浓一些。将面纸框对准墩子纸的中线，轻轻压实面纸框中间的"分身"，使其固定在墩子纸上，纸框两边翘起。将画心内侧靠紧分身纸，用手抚平画心，再将画心周围的面纸框拉平。另一侧画心同样操作。待面纸框全部拉平，垫纸用棕刷刷平，吸去水分。揭去吸水纸，提起镶好的裱件，擦净糨糊，将裱件翻转，用棕刷刷平。四周涂上糨糊上墙。其后操作同"五镶蝴蝶装"。

3．扇面挖镶

（1）折扇扇面挖镶。从扇子上拆下扇面，在扇面下垫上塑料布，用水浸泡。将扇面的正反面分离，如有破损，将正反面修补好。补好后，将扇面正反两面边缘剪齐。在面纸上定位，用糨糊点几个点暂时把扇面固定在面纸上，沿扇面边缘在面纸上画出轮廓。沿着轮廓挖出扇面，再将扇面嵌入面纸框，检查面纸框和扇面四边是否严丝合缝。将面纸框和扇面粘在墩子上，上墙及以后操作同"五镶蝴蝶装"。

（2）团扇扇面挖镶。挖镶圆光（即圆形扇面）要先准备一个和圆光面积相同的硬纸板。按硬纸板的边缘在面纸上画线，注意在画心上下做出比较明显的记号。将画心镶在墩子上，动作同"五镶蝴蝶装"。注意画心一定要与画线时做的记号对齐，放正。折叶时先对折，再以圆光的最低点为准，扎眼，裁齐下脚。其他操作见"五镶蝴蝶装"。

2.3.4.7 五镶

因两幅画心裱在一起时用五个绫子条或纸条接镶在一起，所以称作五镶。

1．五镶蝴蝶装（拓片）

因采用书籍蝴蝶装的形式，所以叫五镶蝴蝶装。

（1）托心。拓片下垫上一块塑料布，塑料布下放一张画好框子的纸，框子的规格以单幅拓片面积最大的为准。单幅拓片面积比框子小的，取中放正，四周用裁切拓片剩下的余边或者墨纸补齐。然后在拓片上涂糨糊，同托整张拓片一样，注意要先从无字的地方开始涂糨糊，将拓片固定以后再在有字的地方轻点糨糊，直至拓片上涂满涂匀糨糊。

准备好五个纸条，首先镶中间分身纸条，搭口控制在1mm左右，然后镶两边，最后镶天地。镶完后，在所有纸条上涂上糨糊。

（2）上褙纸。用棕刷将刷好糨糊的褙纸粘贴在镶好五张纸条的拓片上，用板刷刷平，再铺上干纸，吸去一些水分。揭起拓片下的塑料布，将拓片翻转，揭去塑料布。

（3）拍糨。将拓片正面向下在裱台上展平，四边刷上糨糊。

（4）上墙。将托好的拓片贴在木墙上，也可以连塑料布一起上墙，待拓片贴实后，再揭下塑料布。下墙过程略。

（5）折叶。先将裱好的拓片下脚裁齐，用骨制轧子在中间画线。按住尺子，慢慢将拓片的一侧掀起，将拓片对折，轧平折口。折好后，用丁字尺靠齐折口，用针锥扎眼，确定下脚的位置。裁齐下脚。

（6）粘叶。此处分为借助工具和手工操作两部分分别进行介绍。

①借助工具。将折口和下脚在框板（留有长、宽两边的木盒子）上靠齐，在拓片的另一侧涂少许糨糊，把一册拓片粘接在一起。

②手工操作。将拓片的折口和下脚蹾齐，用重物压住折口部分，掀起两层，露出单张拓片的背面。在与拓片折口相对的一侧涂少许糨糊，将所有的拓片粘连在一起。

2．推蓬式册页

推蓬式册页的装裱方法同"五镶蝴蝶装"，只是画心的排列方法为上下排列（见图2-73）。

3．五镶经折装（拓片）

因采用书籍经折装的形式，所以叫五镶经折装。五镶经折装和五镶蝴蝶装的区别，在于在装裱五镶蝴蝶装作品时，每次以两幅画心裱在一起成为一开（一叶），而在装裱五镶经折装作品时，每次要把两幅以上的画心装裱在一起成为一

图2-73　推蓬式册页

个长条形状，一般为二至三开半，经过左右均匀折叠，再将数条书叶粘连在一起。如果将书叶全部打开，经折装的书叶是可以全部展开放平的，而五镶蝴蝶装是做不到这一点的。

（1）开条。观察整张拓片，确定裁切位置，将整张拓片按文字顺序自上而下裁开成数条，测量各条的尺寸，尽量取齐，再按需要裁成小段。

（2）画样。在纸上画出统一的拓片规格。经折装拓片一般5个单张或7个单张裱在一起，这样在粘连成册的时候，接口可以左右分开，保持平整。把画好拓片位置的纸喷水润湿，展平固定在裱案上。再加一层塑料布，刷平。

（3）排心。将分割开的拓片按顺序排列在塑料布上。

（4）刷糨。先把糨糊刷在拓片背面无字处，然后再将背面全部涂匀、涂满糨糊。用纸条镶接拓片之间，然后镶天地，动作同"五镶蝴蝶装"。上褙纸、上墙、下墙过程略。

（5）折叶。以折扇的形式，左右连续折叠，然后切齐下脚，蹾齐。

（6）粘叶。在需粘连拓片的正面嵌垫塑料布，在其背面涂上糨糊，与另一叶拓片的空白处粘贴在一起，蹾齐、粘实再压实。压平以后，就可以裁切了，裁切过程兹不赘述。

（7）装书皮。

①制作封面。每册书籍准备两块与书心相同大小的硬纸板，裁好锦或布，其长和宽均比纸板的尺寸增加2 cm左右。在锦布上涂上糨糊，将纸板放在锦布上，剪去纸板外余边的4个角。也可以将糨糊刷在纸板上，将锦布放在纸板上，剪去露在纸板外的4个角。在锦布四边涂上糨糊，折回，将纸板包住。

②书心加硬书皮。在书心四周涂上宽1 cm左右的稠糨糊，将书皮盖在书心上，对齐、压实即可。

（8）贴签。在适当位置贴上书签。推蓬式册页书签贴在封面的中间，靠近天头。而五镶蝴蝶装和五镶经折装的书签贴法同线装书籍。

2.4　纸质文物的保存

修复与装裱往往是纸质文物保护的前期工作，其后的保存则是纸质文物保护的关键。就纸质文物而言，对保存环境实施有效的管理、监测、评估、调控，抑制各种环境因素对文物材料的破坏，使文物处于一个稳定、洁净的安全保存环境，延缓文物劣化，从源头上预防性地保护文物，达到长久保护和保存文物的目的，是当今世界文物保护领域的共识和发展趋势。

2.4.1　环境控制

纸质文物的保存环境可分为室外环境、大环境、小环境、微环境等四类。室外环境是指图书馆、博物馆等纸质文物收藏单位建筑外空间。大环境是指图书馆、博物馆等纸质文物收藏单位建筑物所覆盖的室内空间。小环境是指库房、阅览室、展厅等存放利用纸质文物的室内空间。微环境是指书柜、展柜、储藏柜、囊匣、函套等储存古籍及书画等纸质文物的相对密闭空间。

通常影响纸质文物保存的环境因素有物理、化学、生物三种。物理因素一般包括温度、相对湿度、光照等；化学因素主要是污染气体，包括甲醛、甲酸、乙酸、氨、臭氧、挥发性有机化合物等；生物因素包括生物和微生物，如虫害、霉菌等。因此，做好环境空间的设计装修，控制材料质量，预防与调节影响环境的三个因素，以避免或减少其对文物的危害，才能使文物得以长久保存。

2.4.1.1 环境空间

1．室外环境

图书馆、博物馆等纸质文物收藏单位的室外环境，应符合《图书馆建筑设计规范》（JGJ 38—2015）、《博物馆建筑设计规范》（JGJ 66—2015）的相关要求，如建筑基地应场地干燥、排水通畅、通风良好；应远离易燃易爆场所、噪声源和散发有害气体、强电磁波干扰的污染源；建筑宜独立建造，当与其他类型建筑合建时，应自成一区。此外，基地的选址不宜选择易因自然或人为原因引起沉降、地震、滑坡或洪涝的地段，不宜选择空气或土地已被或可能被严重污染的地段，不宜选择有吸引啮齿动物、昆虫或其他有害动物的场所或建筑附近。

2．大环境

纸质文物收藏单位的建筑设计，应遵循保护纸质文物安全，避免人为破坏和自然破坏的原则。在室内环境方面，应充分利用自然条件，采用天然采光和自然通风；室内环境污染物浓度限量应符合现行国家标准《民用建筑工程室内环境污染控制规范》（GB 50325）的规定。在防火设计方面，各功能场所之间应进行防火分隔，防火设计应符合现行国家标准《建筑设计防火规范》（GB 50016）的有关规定；建筑的内部装修应采用不燃材料或难燃材料，并应符合现行国家标准《建筑内部装修设计防火规范》（GB 50222）的规定；建筑内应设置火灾自动报警系统和自动灭火系统，并应符合现行国家标准《建筑设计防火规范》（GB 50016）和《火灾自动报警系统设计规范》（GB 50116）的规定，对建筑内一切火源、电源和各种易燃易爆物进行严格管理；建筑内应设置灭火器，灭火器的配置应符合现行国家标准《建筑灭火器配置设计规范》（GB 50140）的有关规定。在安全防范方面，纸质文物收藏单位的安全防范应符合现行国家标准《安全防范工程技术规范》（GB 50348）的规定；应在建筑内的各主要通道出入口及重点区域设置出入口控制系统、入侵报警系统、视频监控系统及电子巡查系统等，位于底层及有入侵可能部位的外门窗应采取安全防范措施；应设置应急广播系统和建筑设备监控系统。在结构与设备方面，应符合《图书馆建筑设计规范》（JGJ 38—2015）、《博物馆建筑设计规范》（JGJ 66—2015）等现行国家标准的相关要求；其中抗震设计，应符合现行国家标准《建筑抗震设计规范》（GB 50011）的规定，并应满足纸质文物防震和防工业振动专项设计的要求；建筑所使用的弱电缆线宜采用低烟无卤阻燃型，并应采用暗敷方式敷设在金属导管或线槽中，遗址博物馆、古建筑改建的建筑可采用明敷的方式。在环境绿化方面，应根据基地的情况、建筑性质和所在地区气候特点，选择利于美化环境、净化空气和阻隔噪声的树种和花草，做好绿化设计，营造安静、优美、卫生的良好环境。

3．小环境

存放、利用纸质文物的小环境，如库房、展厅、阅览室等，其建筑设计应符合相关的国家标准，如图书馆的古籍库房及古籍阅览室，应符合《图书馆建筑设计规范》（JGJ 38—2015）、《图书馆古籍书库基本要求》（GB/T 30227—2013）等现行国家标准的要求；博物馆的库房及展厅，应符合

《博物馆建筑设计规范》(JGJ 66—2015)等现行国家标准的相关要求。以下择要简述小环境的基本要求：

在建筑设计上，库房应单独设置，并自成一区，库内不应设置其他用房及其通道；库房不应设置于建筑物顶层和上层；存在水患的房间，如饮水点、厕所、用水的机房等，不应设置在库房、展厅的上层或同层毗邻位置；古籍库房门窗的气密封性应小于 $0.1m^3/(m·h)$，外墙的热惰性指标（D值）不应小于6；博物馆库房围护结构的热工性能应符合现行国家标准《公共建筑节能设计标准》（GB 50189）的规定，且库房及展厅外墙的最小热惰性指标（D值）不小于4；库房或展厅内不应有水管、空调管线以及其他无关的管线穿越；纸质文物对温湿度敏感，应在库房区总门附近设置缓冲间。在防火设计上，库房与其毗邻的其他部位之间应采用防火墙和甲级防火门分隔；应设置自动灭火系统，宜选用气体灭火系统；库房建筑构件应为不燃烧体，古籍特藏书库建筑的耐火等级应为一级，防火墙的耐火极限应不低于4 h，博物馆建筑的耐火极限应符合现行国家标准《博物馆建筑设计规范》（JGJ 66—2015）的规定；库房内应根据不同场所设置感烟或感温探测器，并宜设置灵敏度高的吸气式感烟器。在设备设施上，库房的空调设备宜独立设置，并单独设置机房，当不具备条件时，空调设备应具有漏水检测报警等功能，或可局部添加小型温湿度调节设备；珍贵藏品库房的空调系统冷热源应设置备用机组，空调水管、空气凝结水管不应穿越库房；库房的通风系统和空调设备应设置空气过滤装置，以滤除空气中的灰尘、二氧化硫、二氧化氮、总挥发性有机化合物等。

4．微环境

微环境是储存古籍及书画等纸质文物的相对密闭空间，如书柜、展柜、储藏柜、囊匣、函套等。微环境是影响纸质文物长期保存的最直接因素，也是预防性保护的关键所在。因此，需要格外重视橱柜、函套等装具的制作材料，以及微环境的控制，以防止外界环境对文物的侵害，从而更有效地保护文物。

对于书柜、画柜等储藏橱柜，传统上通常用木质橱柜，一般选用木质坚硬、耐用、可驱虫的木料，如樟木、楠木等，柜门应可关闭，并配有锁具。若橱柜采用新材料，应选用耐腐蚀、无酸性或氧化性物质挥发的材料制作，涂覆材料应稳定、耐用。此外，橱柜的排列应有利于库房空气的循环。

对于展柜，首先，密闭性要好。其次，应选用惰性材料制作，如金属、玻璃。尽量不用人造板材，如因特殊情况必须用人造板材，要用铝塑膜封闭处理板材，不能用铝箔板材包装密封的，采用涂刷方法控制甲醛挥发。此外，纸质文物对温湿度较敏感，应在展柜内设置恒温恒湿空调系统，尽量降低公众参观流量对文物保存环境温湿度的干扰。同时宜根据保护对象的需求，设置感烟探测器，以保证文物的安全。

纸质文物进入库房后，应有适当的包装，以防划伤、剐蹭、污染。一般应先用无酸纸进行包裹，再根据文物的装帧形式放入不同的装具，如立轴通常采用棉布绸缎材质的画套；册页可用夹板或函套；手卷应用硬木盒；古籍宜根据需要制作书盒、函套、包布、束绳、夹板等加以保护，善本宜配置木质书盒。其中，书盒、函套的制作材料和文献包纸应采用无酸纸板和无酸纸张制作，文献包布应使用无酸材料。无酸纸质材料的质量，应符合现行国家标准《馆藏文物包装材料　无酸纸质材料》（WW/T 0077—2017）的规定。此外，新采入及新制作的装具在入库前应进行消毒、杀虫处理。

2.4.1.2　环境因素

纸质文物的保存不仅需要良好的环境空间，而且需要对物理、化学、生物等环境因素进行控制。这样才能使文物处于适宜的环境，从而起到阻止或延缓其损坏的作用。

1. 物理因素

影响纸质文物保存的物理环境因素，主要是指温度、相对湿度、光照等。温度、相对湿度方面，古籍书库的温湿度应符合《图书馆古籍书库基本要求》（GB/T 30227—2013）的规定，博物馆库房及展厅的温湿度应符合《博物馆建筑设计规范》（JGJ 66—2015）的要求。具体来说，古籍善本书库应设置独立的恒温恒湿中央空调系统或恒温恒湿空调机组，并应置于专门机房；同时应设置温湿度监测仪器，全年监测和记录温湿度变化情况。善本书库温度应控制在16～20℃，相对湿度应控制在50%～60%。普通古籍书库温湿度的控制范围可根据不同地区适当放宽，如北方地区温度应控制在14～22℃，相对湿度应控制在45%～60%；南方地区温度应控制在16～22℃，相对湿度应控制在45%～60%；西北、青藏地区温度应控制在14～22℃，相对湿度应控制在40%～60%。博物馆纸质文物库房及展厅的温度应控制在20℃左右，相对湿度应控制在50%～60%。此外，古籍库房及博物馆库房、展厅的温湿度均应保持稳定，温度日较差不宜大于2℃，相对湿度日较差不宜大于5%。

文物保存环境中对湿度的调控，还可以采用调湿材料。调湿材料不需要借助任何人工能源和机械设备，是通过自身的吸放湿性能，感应所调空间空气湿度的变化，自动调节空气相对湿度的一类功能材料。调湿材料应符合国家现行标准《馆藏文物保存环境控制　调湿材料》（WW/T 0068—2015）的规定，现择要叙述于后。调湿材料及使用包装材料，应达到长期使用等级要求，宜在具有良好密闭性的环境中使用，使用时应避免与文物直接接触，且使用过程中不应产生液态凝结水。在20℃的气温条件下，一个单位的调湿材料，其单位吸湿能力至少应为10.00g；单位放湿能力至少应为4.00g；单位目标湿容量应大于2.00g；单位吸湿速度应大于4.00g；单位放湿速度应大于1.20g。

光照方面，古籍书库的采光及照明设计应符合《图书馆古籍书库基本要求》（GB/T 30227—2013）的规定，博物馆库房及展厅的采光与照明设计应符合《博物馆照明设计规范》（GB/T 23863—2009）和《博物馆建筑设计规范》（JGJ 66—2015）的规定，现择要叙述于后。不论是古籍书库，还是博物馆库房和展厅，其采光和照明均应消除或减轻紫外线对文物的危害，其光源的紫外线相对含量应小于20μW/lm，其年曝光量不应大于50000lx·h/a。利用天然光的库房及展厅，应避免有直射阳光，采光口应有减少紫外线辐射、调节和限制天然光照度值及减少曝光时间的构造措施。采用人工照明的库房及展厅，应使用无紫外线的光源，并有遮光装置。古籍库房中照明灯具与书架的距离应不小于0.5m，电线不应裸露在外；博物馆展柜内的照明装置与展品间应设置隔离防护措施，照明配电线路应采用铜芯绝缘导线穿金属导管敷设。为减少文物受到光照的时间，库房及展厅照明宜设置相应传感器，自动控制开、关照明电源。

2．化学因素

化学因素主要是污染气体，包括甲醛、甲酸、乙酸、氨、臭氧、挥发性有机化合物等。室内装修宜采用在使用中不产生挥发性气体或有害物质、在火灾事故中不产生烟尘和有害物质的材料。藏品库房、展厅空气中烟雾灰尘和有害气体浓度限值应符合表2-1的规定，当进入室内的空气超过限值时，应采取过滤净化措施。藏品库房室内环境污染物浓度限值应符合藏品保存的要求，并应符合表2-2的规定。库房区和敏感藏品封闭式展区的空调系统应按工艺要求设置空气过滤装置，但不应使用静电空气过滤装置。

表2-1　藏品库房、展厅空气中烟雾灰尘和有害气体浓度限值

污染物	日平均浓度限值/（mg/m³）
二氧化硫	≤0.05
二氧化氮	≤0.08
一氧化碳	≤4.00
臭氧	≤0.12（1h平均浓度限值）
可吸入颗粒物	≤0.12

表2-2　藏品库房室内环境污染物浓度限值

污染物	日平均浓度限值/（mg/m³）
甲醛	≤0.08
苯	≤0.09
氨	≤0.20
氡	≤200BQ/m³
总挥发性有机化合物	≤0.50

甲醛吸附材料应符合文物保护行业标准《馆藏文物保存环境控制　甲醛吸附材料》（WW/T 0067—2015）的规定，现择要叙述于后。甲醛吸附材料是不需要借助任何人工能源和机械设备，能从空气中吸附甲醛气体的一类功能性材料。此类材料应无异味、无可见杂质；应在具有良好密闭性的环境中使用，使用时应避免与文物直接接触，且使用过程中不应产生液态凝结水；其平均

净化率不应低于60.0%。

甲酸和乙酸的测定方法，应符合文物保护行业标准《馆藏文物保存环境监测 气体扩散采样测定方法 甲酸和乙酸的测定》（WW/T 0046—2012）的规定；氨的测定方法，应符合文物保护行业标准《馆藏文物保存环境监测 气体扩散采样测定方法 氨的测定》（WW/T 0047—2012）的要求。

3. 生物因素

生物因素主要指虫害、霉变、微生物腐蚀及其产物等。由于纸质文物的材质都是吸湿性物质，霉菌适合在潮湿的环境中繁殖，它们会利用装裱材料里的糨糊和胶料等作为营养物质进行繁殖，轻则在纸张上留下各种霉斑，重则使文物糟朽成灰。对纸质文物危害最大的害虫是毛衣虫和蠹鱼，它们在没有食料的环境中可以休眠数年之久，当温度达到22～28℃，相对湿度达到70%～90%时，就会迅速繁殖。因此，防霉、防虫最主要的方法是严格控制温湿度。控制温湿度的方法前面已有叙述，此不赘述。此外，文物保存场所周边绿化不宜选用易生虫害或飞花扬絮的植物。

2.4.2 装具保护

在纸质文物保存过程中，人们根据文物装具所起的作用，通常将文物装具分为内装具和外装具两种类型。外装具主要包括箱、柜、橱、架等。内装具主要有盒、夹板、套、袋、袱等，部分示例见图2-74至图2-76。

外装具方面。存放纸质文物的书柜、书箱应采用阻燃、耐腐蚀、无挥发性有害气体的材料制作，涂覆材料应稳定耐用。此外，书柜、书箱的排列应保证空气能够循环流通。在南方潮湿地区，可以把书画放在密闭良好的箱柜中，并且放置适量的防霉防虫药品。

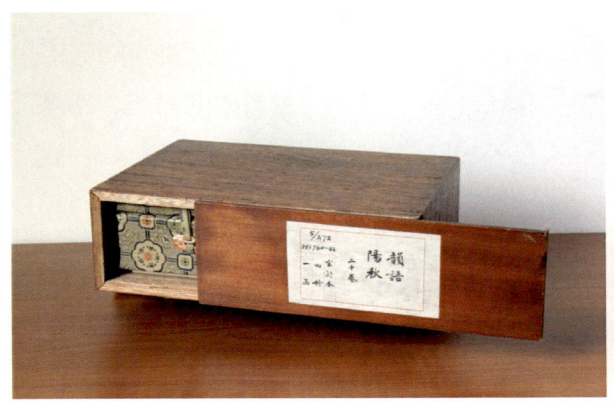

（a）示例一

（b）示例二

图2-74 书盒

（a）示例一

（b）示例二

图2-75　夹板

（a）示例一

（b）示例二

图2-76　函套

　　内装具方面，书画与古籍略有不同。书画多用画套、包袱皮、夹板等包装，画套、包袱皮需用真丝或全棉面料制作，用棉布衬里，夹板采用纸板内心，外部需包棉布或真丝，内部贴绵纸。"卷""轴"类书画包装以画套居多，"册页"类书画可用夹板保护。通常来说，书画类文物需先用绵纸、宣纸或无酸纸包裹后，放入画套、包袱皮或夹板等包装中，对于一些重要的书画，还需再放入硬木盒中保存。[71]71-72 古籍应制作书盒、函套、夹板等加以保护。善本特藏宜配置木质书盒。书盒、函套的制作材料和文献包纸应采用无酸纸板或无酸纸张制作，其pH值应在7.5～10.0。其中，函套有四合套、六合套两种。南方空气潮湿，为通风方便，宜做四合套；北方天气干燥、风沙多，为防止书籍风伤、焦脆和糟朽，宜用六合套。用樟木、楠木或红木制作的夹板、木盒、书箱，在书籍保存功能上，比纸板做的函套更好。特别是在南方，因气候关系，书籍容易发霉、招虫，用夹板、木盒、木箱来保存古籍尤为适宜。

3 纸质文物修复档案的制作

3.1 修复档案的结构及著录内容

古籍、书画修复是我国的一项传统手工工艺，长期以来，主要以师带徒的方式传承，多是口传身授，技术、经验密不外传，鲜有对修复过程的详细记录。新中国成立后仍是如此，如国家图书馆所藏《赵城金藏》的修复前后历经十余年，仅留有一册"金刻赵城藏修理簿"，简单地记录了经卷的出入库时间。[81]工作记录、修复档案及影像资料的缺乏，使我们今天很难充分了解那些经卷修复前的原貌，难以全面分析当时所使用的修复材料和修复技术，对于此项国家级的修复工程来说，这是一个无法弥补的遗憾。20世纪90年代，敦煌遗书的修复在档案记录方面同样留有缺憾，"在修复中仍然没有意识到建立修复档案的重要性，对南北朝以来的古纸也没有及时利用修复时散落的纸屑进行纤维分析，以致敦煌遗书虽然修复了几千米，可是对于修复经验的总结、对于修复对象的分析和采用的对策还基本停留在90年代初的修复水平上"[82]。

相较于国内，国外则更重视对古籍、书画修复的档案记录，一般的图书馆都保留有几十年甚至上百年的修复档案。他们的修复档案详细记录文物及修复过程的方方面面，如描述文物外观状态，绘制文物破损状貌图，分析纸张纤维、测量pH值，以及做射线诊断分析和颜料、黏合剂分析，等等。20世纪末以来，随着与国外同行交流的不断加深，以及国家对古籍、书画保护力度的加大，国内开始学习国外建立在科学研究基础上的修复理念，并逐渐意识到修复档案的重要性和必要性，开始建立修复档案制度，记录文物修复过程，为后期复修及续修提供第一手资料。同时，也促进了修复工作由经验修复向科学修复的过渡。如2003年国家图书馆在修复西夏文献时，设计了"古籍修复档案管理系统"软件，"保存了西夏文献修复前后的大量数据和修复方法"，同时"利用原书脱落的小纸毛及时进行纤维检测，保存古纸信息"，"使修复工作沿着科学化、规范化的道路前进"。[83]2006年文化部发布的《古籍修复技术规范与质量要求》（WH/T 23-2006），从核查、登记、标本、影像资料等方面对修复档案作了基本要求。该要求在2008年升级为国家标准。[84]

目前，各机构的修复档案主要有纸质表格、电子文档（word文档或excel表格）及数据库软件等形式，部分单位有纸质表格与数据库软件或纸质表格与电子文档并存管理的情况。以下将以古籍为例，简述古籍修复档案的基本内容。

古籍修复档案应包括管理信息、书目信息、实物目录信息、破损信息、修复方案、修复过程、图像信息、经验总结、实物档案等。

（1）管理信息，主要记录文献出入库、交接及修复质量检查、验收等内容，便于规范管理。包括档案编号、出库日期、交接经手人、建档日期、修复人、修复日期、质量检查情况、检查人、验收情况、验收人、验收日期、归库日期等基本信息。

（2）书目信息，包括收藏单位、索书号、题名、责任者、版本、装帧形式、文物类型、文种、总册（件）数、古籍定级等内容，其中古籍定级需根据文化部2006年发布的《古籍定级标准》（WH/T 20—2006）来确定古籍的级别和等次。

（3）实物目录信息，包括送修册（件）数、册次、分卷（册）题名，有无书签、标序签，书皮、护叶、书叶、题跋的数量，以及书皮材质、书皮颜色、护叶材质、书叶材质、书叶厚度、书（画心）厚度、书叶规格、书（画心）规格等基本信息。此外，卷装古籍还需记录书叶总数及书叶总长。其中，纸张材质一般需提取纤维标本，通过显微镜观察纤维形态及颜色来分析、鉴别其具体材质。

（4）破损信息，主要记录古籍的破损情况，是制订修复方案的重要依据。包括pH值、破损位置、破损原因、破损程度、实际破损叶数或长度，有无页码颠倒、漏码、重码、错码、折角、夹框或夹字、残叶、缺叶等现象，以及修复历史情况。其中，破损原因主要有虫蛀、鼠啮、霉蚀、水渍、油渍、撕裂、磨损、老化、糨糊失效等，破损程度需根据《古籍特藏破损定级标准》（WH/T 22—2006），按"就高不就低""不累积""递进"等原则来判断破损等级。

（5）修复方案，是"修复人员对破损古籍制定的修复预案，涉及古籍装帧形式、载体形态、修复原则、修复细则、修复技法、修复工具、修复材料和保存方式等内容"[85]。在修复方案中，应根据古籍修复"最少干预"原则，尽量减少对装帧形式和载体形态的干预，最大限度地保留古籍的历史文物信息；在补纸的选择上，需根据书叶的材质、帘纹、厚度及颜色，配备相应的pH值为中性或弱碱性的补纸；对补纸进行染色加工时，应选择不损伤纸张的染料，如植物染料、国画颜料等；在修复方法的选择上，则需根据古籍的具体破损情况来拟订，无论采取哪种方法，均需在方案中写明操作细节；在保存方式上，修复好的古籍应水平放置，为更好地保护古籍，可加装具保护，南方宜用夹板，北方宜用函套。

（6）修复过程，主要记录修复过程中的具体操作，包括修复方案中预定的操作细节和修复过程中遇到的突发问题及解决办法。由于修复方案是一个修复预案，在修复过程中会出现一些预料之外的问题，如何解决这些突发问题尤为重要。而实际修复方法的记录，可以弥补修复方案记录信息的不足，能全面反映修复过程中的每一个步骤和细节，"不仅可供鉴定修复质量，还能从中发现、提炼新的修复技法和思路"[86]70。除翔实记录修复方法外，还需如实记录修复过程中所使用的书皮、书签、护叶、内叶补纸及配纸的材质等情况，如需染色，则需记录染料的种类、配比、浓度、温度及刷染或拉染次数等。

（7）图像信息，包括图片和视频等资料。图片资料应由修复前与修复后两部分组成，修复前的图片应包含古籍封面、封底、书口、书脊、天头、地脚等6个方向的外观图各一张，每一种破损类型图片，以及破损严重部位的细节图等。其中，破损类型图片，应包含所修古籍的全部破损类型，细节图应拍摄破损最严重书叶的特写，突出强调破损程度。修复后的图片，需保持与修复前的图片同页面、同角度，与修复前图片形成对照，完整体现修复效果。对于修复过程中的关键步骤和特殊细节操作，有条件的单位可用视频记录下来，为后期复修和续修提供原始资料。

（8）经验总结，主要总结修复方案中的成功经验和分析修复过程中出现失误的原因，以供后人借鉴，同时"文字性的经验积累，可以丰富和发展古籍修复工作，避免以前口口相传、师傅带徒弟式的教授方式所可能产生的修复技艺失传"[86]71。

此外，修复档案除文字和图片资料，还包括实物档案，如修复材料样片，染纸样片，破损古籍上撤换下来的旧装订线、旧纸捻、原补纸、原褙纸，无文字的残片，以及无法利用的装具等，"这些实物材料为我们提供了有关古籍原貌和修复的信息，是古籍修复档案不可缺少的一部分，需要永久保存"[86]69。

3.2　修复档案实例①

3.2.1　出库记录

（1）出库日期：2016年4月11日。

（2）交接经手人。

　　修复组：金新秀；阅览组：刘丽东。

（3）书名：《嘉荫楼集》。

（4）索书号：普101/2284。

（5）版本：清康熙五十五年刻本。

---

① 此档案为2016年4月，杭州图书馆馆员参加浙江省第一期古籍修复培训时所做。

(6)册数:1册。

(7)页数(页数含序跋):65。

(8)尺寸:16.7cm×27.1cm。

(9)文献类型:古籍。

(10)文献来源:杭州图书馆。

3.2.2　图书修复前信息

(1)装帧形式:六眼线装。

(2)封面记录:封面缺失,书签缺失。

(3)纸质:竹纸。

(4)破损类型:撕裂缺失、虫蛀、水渍、污渍、老化、轻微霉蚀。

(5)破损细节描述。

①撕裂缺失:由于缺乏封面、护叶保护,内叶前三叶撕裂缺失,以第一叶最为严重,缺失面积约为6.8cm×22.4cm。

②虫蛀:内叶前三叶及全书书口处有虫蛀现象,面积约为0.2cm×0.2cm～2.2cm×0.8cm。

③水渍:全书书口处水渍现象严重,面积约为0.8cm×0.9cm～10.9cm×22.4cm。

④污渍:由于封面、封底缺失,导致内叶首叶、末叶暴露在外,污染严重,颜色深于其他书叶。

⑤老化:全书四周老化变色,呈深褐色。

⑥轻微霉蚀:内叶第十三、十四叶天头处,有轻微霉蚀现象,书口局部开裂,书角卷曲。

⑦全书线断,书中夹有残叶2张。

(6)破损等级:三级。

图3-1　封面缺失

图3-2　封底缺失

图3-3　书口

图3-4　天头

上篇 | 中国纸质文物修复

图3-5　地脚

图3-6　书脊

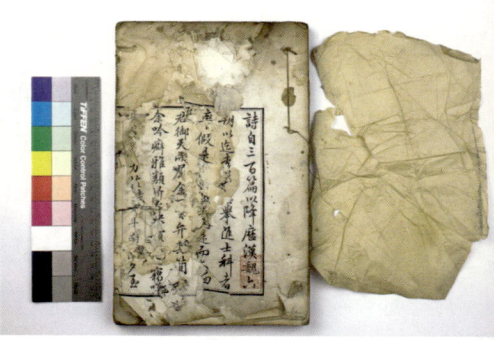
图3-7　首叶

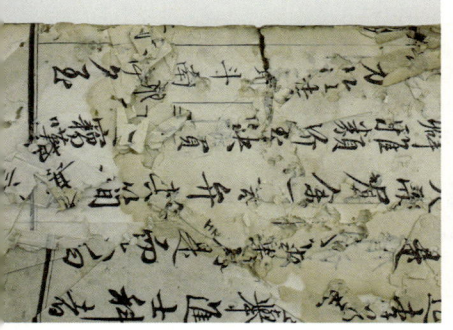
图3-8　细节图一

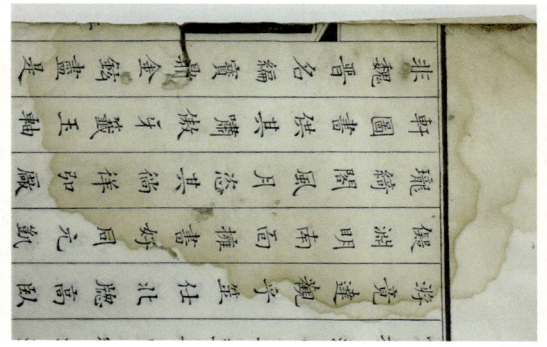
图3-9　细节图二

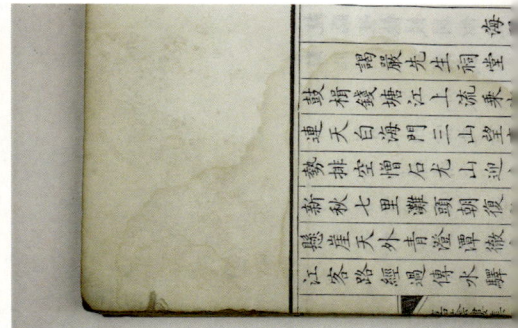
图3-10　细节图三

（7）破损书影：图3-1（封面缺失）、图3-2（封底缺失）、图3-3（书口）、图3-4（天头）、图3-5（地脚）、图3-6（书脊）、图3-7（首叶）、图3-8（细节图一）、图3-9（细节图二）、图3-10（细节图三）、图3-11（纸张纤维：导管分子、横节纹）。

3.2.3　修复要求

（1）修复建议。

①清洗书叶，水渍、污渍严重部位加碱水清洗，在确保历史信息安全的前提下，最大程度地淡化水渍、污渍。

②选择扎花纸染色加工后修复撕裂缺失处、虫蛀破损处，黏合部位控制在2mm以内。

③书口开裂处，用皮纸溜口。

④修复后，视情况局部衬纸找平。

（2）配纸：汪六吉净皮扎花纸、安徽潜山桑皮薄皮纸、楮皮纸、磁青纸。

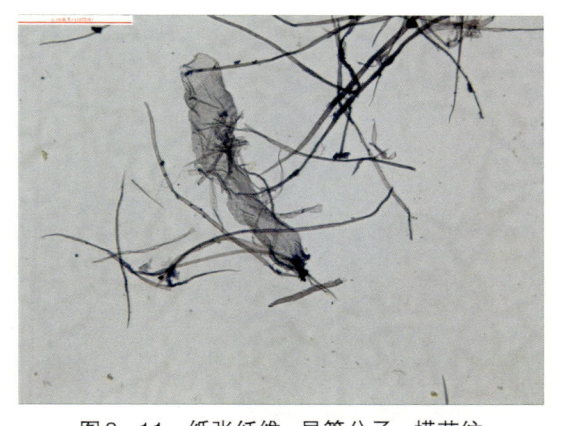
图3-11　纸张纤维：导管分子、横节纹

（3）实际修复方法。

①清洗书叶。根据书叶水渍、污渍情况的不同，分别采用热水淋洗去污和碱水点洗去污两种方法。第40～44叶、第49～57叶，水渍面积较小，采用热水淋洗去污，温度控制在70℃左右。其余书叶采用碱水去污：前三叶、末叶及书中所夹残片，有絮化现象，在清洗前先用薄皮纸托裱加固，其水渍、污渍较深，采用浓度为7.0g/L的碱水点洗；其余书叶用2.5g/L的碱水点洗。

②配纸染色。对于一般的破损书叶，用红茶滤液染制出一批次深浅不一的同类色修复用纸。而本书末叶，污染严重，过半书叶呈黑褐色，与颜色较浅部分形成明显对比。在染制补纸时，难以在一张纸上调制出匹配颜色，加之书叶长期暴露在外，缺乏保护，出现絮化现象，需用皮纸加固。因此采用不同颜色的补纸与皮纸相叠加的办法，使补纸颜色与周围书叶颜色协调。

③修复破损。内叶前三叶撕裂缺失，以第一叶最为严重，缺失近半，且有絮化、虫蛀现象；使用浅一色的补纸修复破损缺失处，絮化处用薄皮纸作局部托裱加固，第三叶有轻微絮化现象，使用超薄皮纸局部托裱加固。其他书叶虫蛀处及书叶四周边缘磨损部位，用染色加工后的补纸修复，补纸帘纹需与书叶的帘纹横竖一致。书口开裂处，用染色的薄皮纸溜口，皮纸两边需皆为毛茬；天头、地脚边缘呈锯齿状的局部絮化部位，用染色的薄皮纸加固，与书叶黏合的一边需为毛茬。

（4）修复人：金新秀。

（5）修复时间：2016年4月13日至2016年5月20日。

（6）修复后册数：1册。

（7）修复后书影：图3-12（修复后封面）、图3-13（修复后封底）、图3-14（修复后书口）、图3-15（修复后天头）、图3-16（修复后地脚）、图3-17（修复后书脊）、图3-18（修复后首叶）、图3-19（修复后细节图一）、图3-20（修复后细节图二）、图3-21（修复后细节图三）。

图3-12　修复后封面

图3-13　修复后封底

图3-14　修复后书口

图3-15　修复后天头

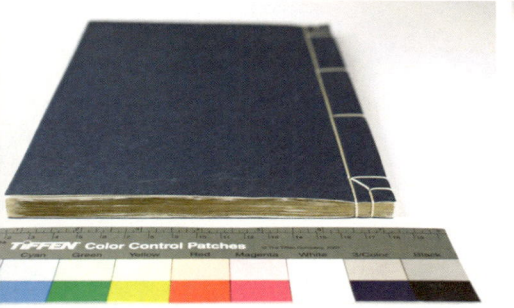
图3-16　修复后地脚

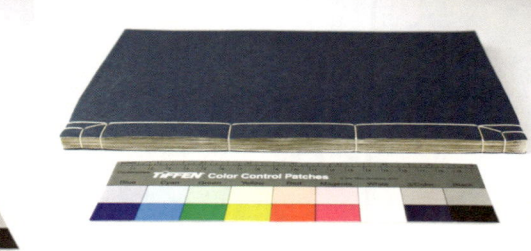
图3-17　修复后书脊

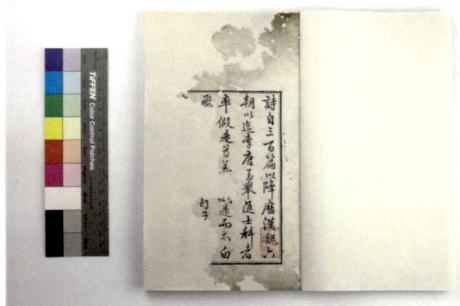
图3-18　修复后首叶

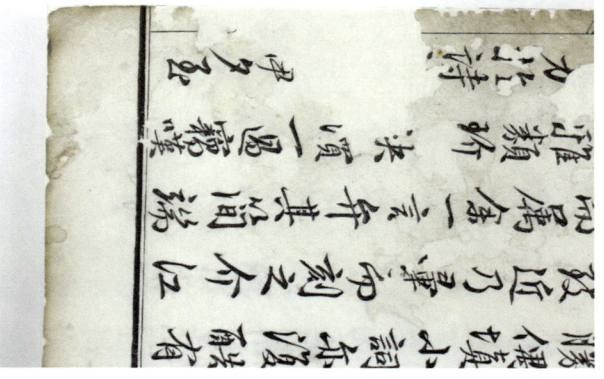
图3-19　修复后细节图一

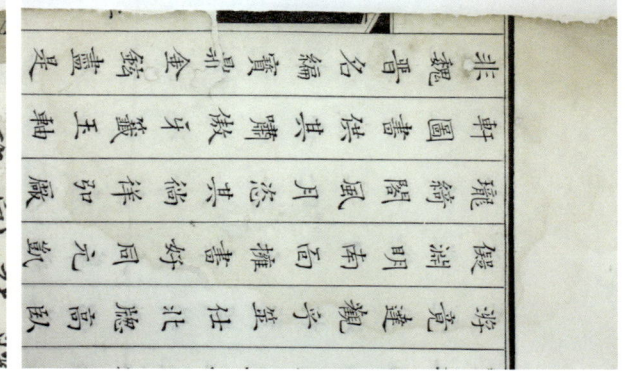
图3-20　修复后细节图二

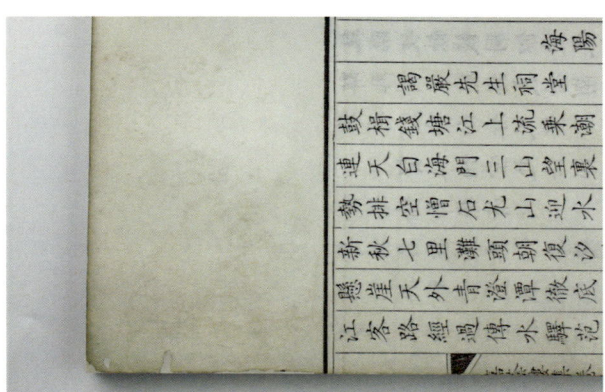
图3-21　修复后细节图三

4 纸质文物修复案例

4.1 太仓出土文物的修复[68]220-229

4.1.1 太仓明墓古籍的出土情况

江苏太仓县双凤乡杨林河畔,是江南水乡的一个风景秀美的地方。1984年8月,这里发现了一座明代处士施贞石夫妇合葬墓。打开墓圹,在盖棺布上摆着四块颜色黝黑、滑腻发臭的"牛粪"。仔细分辨,它们又不是"牛粪",而是几堆黏结成饼子状的木版古书。接着,又在棺木内发现随葬器物十一件。

新中国成立后,出土古籍的消息时有所闻,著名的有山东银雀山的竹简和湖南马王堆的帛书,但像太仓出土的这种木版古书还不多。其原因是木版古书埋在地下,受潮、受压,很容易霉变腐烂,像太仓这样埋在地下几百年仍未化为灰土的木版古书,实属罕见。消息传开,太仓县博物馆迅速派人进行清理,终因这堆古籍变形太严重,无法着手。

4.1.2 上海图书馆接受任务的经过和工作准备

重见天日的出土古籍,若不立即进行处理,很快就会分化变质。眼看这些珍贵的古籍即将成为废品,文物工作者焦虑万分,为了让出土古籍起死回生,他们先后把这几块牛粪状的"饼子书"送达好几个文博单位,但这几个单位均因经验和力量不足而未接受。

1984年10月,这批出土古籍被送到素有"古籍医院"之称的上海图书馆古籍修补工场。这里虽然每年修整的善本古籍数以百计，但是大家面对一堆过去从来没见过的又黑又脏加上臭气逼人的"饼子书"，心里也没个底。这时老馆长顾廷龙说："出土古籍是国家的珍宝，不管有什么困难也要想办法把它修复。"任务就这样确定下来了。接着，在各级领导的支持下，迅速制定了出土古籍的修复方案：

（1）根据这批出土古籍脏、臭、霉的特点，修复工作的第一步是要在不损害原书的前提下，先对其进行清洗、除臭和消毒工作。

（2）清洗后书叶揭不开，所以修复工作的第二步就是把黏结在一起的书叶一张一张地揭开，这是修复工作的关键所在。

（3）书叶揭开后就要进行修复工作的第三步，即配纸、托裱、装订、函套。

"工欲善其事，必先利其器。"修复方案确定后，又对修复工作所必需的工具做了准备。主要工具有：

（1）清洗工具：铝质方盘（大号）、甑蒸用的铝盘（下面要有滤水洞眼，盘的规格33 cm×66 cm）、浇热水用的铝水壶、摆放古书用的木板。

（2）清洗材料：碳酸钠和其他清洗剂。

（3）修补工具：竹启子、挑针、剪刀、镊子、长锋羊毫毛笔、小排笔、糨糊、皮纸、棕刷、夹书用纸、玻璃板、塑料薄膜等。

为了摸清这批出土古籍的底盘，在完成第一步、开始第二步之前，先用竹启子顺着块状古书的纹路，从横截面上挑出这批出土古籍的书名和分册情况。结果弄清这批出土古籍为40余册。它们不是"四书""五经"，也不是佛道经典，而是四部实用性的读物。它们的名称是《居家必用类事全集》《古今考》《尺牍清裁》《口字文汇体》。这些书过去流传比较少，在明刻本中不多见，都是比较有价值的珍本古籍。殉葬入墓，可知死者的珍爱。

特别是后来又在这些古书的夹叶中发现手抄文牍十四叶和《战国策索隐》十三叶。这些手抄文牍，记载了许多有关明代卫所吏治和江南风土人情的可贵资料，对历史研究很有用处。

4.1.3 出土古籍的修复过程

（1）初步浸泡。先把这些古书用毛边纸包起来，放进清洗铝盘里，再用盛温开水的水壶，沿书四周浇灌，一直把水灌满。但不要直接浇在书籍上，以免损坏。每次泡5 min，然后把洗盘斜起，再打开漏水洞，把脏水放掉。之后，照这样再重复两遍，并逐渐把水温提高，最后视古书的纸张质地和脏臭程度放进数量不等的碳酸钠进行清洗。

（2）摇动冲洗。把古书从盘里取出，重新换毛边纸，将书包起来，再放进盘中，用水温80 ℃左右的热水，沿书四周浇灌，水浸没书之后两三分钟，用手端起盘子的一边，轻轻摇晃，逐渐把书中的脏物泄入水中。然后，打开漏水洞，把脏水放掉，再次灌入冲洗，这样反复数次，直至水清为止，再把水漏净、滴干。

（3）晾干。把清洗之后的块状古书轻轻地从铝盘中取出，放在木板上，将木板微微倾斜，使残留在古书中的水分逐渐从书里流出来。稍干之后，把古书大体分成几沓以备揭补修整。这时的书绝不能硬揭，能揭则揭，不能揭则不揭。

（4）配纸。《居家必用类事全集》这部书，原来是用绵纸印的，因此修整时必须用旧的绵纸来补，但由于书的数量较大，没有那么多的旧绵纸，这时只能以仿旧染纸来替代旧绵纸与原书相配。仿旧染纸的染料须视书叶的颜色而定。就《居家必用类事全集》这部书来说，它的颜色偏灰，但间或灰中带黄，故所用的颜料，应以花青和墨色等国画颜料为主；中间部分略加赭石，然后用骨胶调制成染色剂。染色不能一次完成，每次染三五张纸，用排笔平抹，染时开头要淡，以后根据书叶的需要逐渐加深。如果开头就把颜色调得很深就容易将纸染花，结果弄得不能使用，造成浪费。总之，染色时一定要注意宁浅勿深，力求色泽相近为佳。

（5）揭页准备。用玻璃板一块，照原书画一张书样，贴在玻璃板反面，然后再在玻璃板上贴一张塑料薄膜，将揭开的书叶放上，以备修补。

（6）揭页。待书晾至七成干时，即可开始揭页。前面说过，能否揭开书叶是古籍修补成功与否的最关键一步，所以揭页时一定要十分仔细、耐心，千万要谨慎从事，绝不可粗心大意，或急于求成。揭页时，首先找好突破口，用挑针轻轻挑动，当单页的一个地方被挑开时，就用嘴轻轻吹气，使其突破口扩大，然后轻轻地将书叶斜揭，若书叶拉不开或与下叶粘连，可再用挑针轻轻拨弄，继续斜揭，直到书叶全部揭开为止。这里，要特别注意以下几点：一是，要把在冲洗时浸湿的古书晾至七成干，太干或太湿均不易揭，太干时可略微喷水，太湿时则要继续晾至七成干；二是，揭页要从书口处揭起，因为线装书都是折口的，书口处容易揭，且不易把书口撕坏；三是，要记住揭页时要斜揭，因为一般手工纸均有纵横纹路，稍不注意就会把纸撕破，而斜揭却可以借助于纸张纵横纹路的张力，保持纸面的完整。

在这次揭页中，遇到的一个最大的麻烦就是书叶揭到最薄几层时，就再也揭不开了，出现重页现象。为了尽量把每张书叶都揭开，以保持出土古籍的完整，我们试行了一种十分有效的新办法，就是先取两张与书叶大小相仿的毛边纸，在这两张毛边纸的反面刷上托裱书用的糨糊，将重页的书叶夹在中间。干后，即可连毛边纸一起试揭（若揭不开可略喷点水），此时重页的书叶就会粘贴在各自一边的毛边纸上。再分别揭去毛边纸，重页即变成两张单页。《居家必用类事全集》这部书的许多重页，就是采用此种方法揭开的（见图4-1）。

图4-1　出土文献清洗、揭页后

（7）修补。把揭好的书叶放在夹书用纸中，随后就可以着手修补了（见图4-2）。由于这些出土古籍破损程度较严重，加上冲洗和揭页过程中的损伤，纸张的纤维松弛，牢度大大降低。因而在修补中只好采取整张书叶托裱的办法。托裱之后，书叶的有些地方出现高低不平现象，这时要在书叶的低洼处填补上一层小纸，以求书叶平整。再把补好的书晾起来，晾至七八成干时，再用纸夹起来压平。经过这样处理后，书叶干净、平整，不用喷第二道水了。

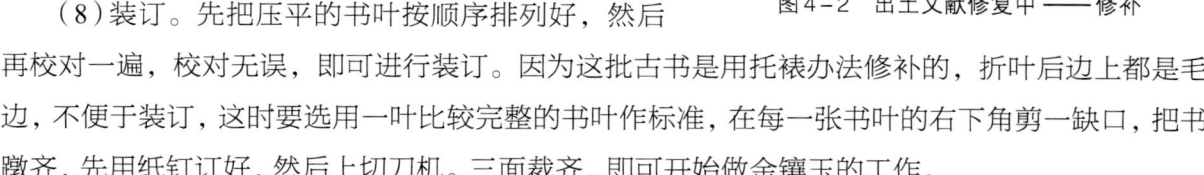

图4-2　出土文献修复中——修补

（8）装订。先把压平的书叶按顺序排列好，然后再校对一遍，校对无误，即可进行装订。因为这批古书是用托裱办法修补的，折叶后边上都是毛边，不便于装订，这时要选用一叶比较完整的书叶作标准，在每一张书叶的右下角剪一缺口，把书蹾齐，先用纸钉订好，然后上切刀机。三面裁齐，即可开始做金镶玉的工作。

（9）金镶玉。金镶玉是古书的一种装订形式，它装潢讲究，但费时费力，一般只适用于装订善本书，普通线装书很少采用。《居家必用类事全集》因书品过小，所以采用了此种装订形式（见图4-3）。

金镶玉的具体做法如下：首先选用镶书用的纸，然后裁纸，把纸张开好尺寸，喷水压平，四周毛边裁光。将一页纸对折中缝，再将原书中缝与纸的中缝对好，比出天头地脚，一般留出3～4cm，以备回折。天地大小应有区别，天大于地，一般按六四比例折算。按照书叶下脚的左右两角，用挑针在纸上各扎一针眼，然后把全部镶书纸扎上针眼，作为铺纸放书叶的依据。铺纸时将纸的正面朝下，随后把书叶一张一张铺展上去，再进行折边、折书叶。铺纸时，书叶与镶纸紧贴，防止移动时将纸和书叶错开或弄歪，造成镶出的书出现沟道，影响美观。书叶镶好后如有不平，可用小榔头轻轻捶平。然后加护叶，齐下脚栏，用压书机压实，再用纸捻钉固定，裁齐，用砂纸打磨光，包角，用绢面做"四勒口"封面，再打眼、订线，经过这些工序，金镶玉就算做好了。

最后加上用古锦缎做面料的"如意式"六合套作护书用的函套。出土文献修复完成情况见图4-4。

图4-3　出土文献修复中——金镶玉装订

图4-4　出土文献修复完成情况

4.1.4　结论

总结以上经验，我们觉得做好出土古籍的修复工作，以下几条是要特别注意的：

（1）对于板结成块的出土古籍，要有极高的责任心。这些待修的古籍，就像长期患有重病的病人，稍有不慎就会造成不可挽回的后果，所以工作中必须格外细心、周到，切不可轻举妄动。

（2）对出土古籍的纸张质地和霉、臭、脏、黑、互相黏结的状况要作科学的分析，并根据分析结果制订清洗方案，采用适合的清洗剂和消毒方法。

（3）"揭"是关键。古代修补书画的高手无不强调此点。明人周嘉冑说："书画性命，全关于揭。"[49]18 这对出土古籍的修复，也完全适用。但出土古籍的"揭"要比一般书画更为艰难。

这次太仓明墓出土古籍中，就有很多揭不开的重页。最后我们试用了毛边纸夹揭的新办法，才初步解决了问题。这种新办法是否适用于其他出土古籍，以及是否还有其他更佳的方法，尚待继续摸索研究。

4.2　敦煌遗书的修复[80]213-222

按传统方式修复敦煌遗书，一般都要装裱成手卷。但这样做有几个问题：

（1）原件受到损伤。原写经纸经托纸上墙绷平后，接镶丝织品时要把四边裁切齐整，无论裁掉的纸边多么窄，也是损伤了原件。

（2）因全卷托裱，原件的厚度在装裱后已很难准确测出。熟悉传统装裱工艺的人都了解，书画装成手卷时，若原件纸张较厚的话，大都需要揭薄一些或干脆揭掉一层，这样装裱成的手卷才能柔软，便于舒卷。敦煌遗书的价值在于它的全部，并不单纯体现在它的文字之中，包括用纸的厚薄、长宽厚各部分的尺寸、造纸原料的选择、加工是否精致、装帧形式等，都是敦煌遗书宝贵价值不可分割的组成部分。装裱时原件的纸如被揭薄，原件的文物价值和资料价值无疑都会受到损失。

（3）纸张吸水后纤维就会膨胀，纸张的长度和宽度都会"涨出"，待其干燥脱水后又会"收缩"，但不一定缩回原来的尺寸。用于装裱书画的我国传统手工纸也是这样。为使手卷在装裱过程中便于操作，就需要控制纸张的伸缩，使其伸缩率越低越好。控制纸张伸缩率的办法通常是在装裱手卷用的纸及原件上施加胶矾水作为固定剂。但是，矾这种物质对纸张内部结构的破坏是非常严重的。施过胶矾的纸耐折能力大大降低，时间稍长纸张就会变色、焦脆老化。修复本来的目的是延长文献的使用寿命，施用胶矾反而会加速其损坏，这是违反修复初衷的。

敦煌遗书的修复工作要严格遵循"整旧如旧"的原则进行，尽量保留敦煌遗书的原始面貌。绝对不能因采取的修复措施欠妥，而使敦煌遗书的资料及文物价值受损失。传统装裱技术中符合图书保护原理的,一定要继承,其中不符合图书保护原理的就要坚决改进。在总结敦煌遗书修复的历史经验及教训的基础上,笔者制定了一套修复方案,并得到了有关专家和学者的肯定。

4.2.1　长卷的修复

(1)展平。用潮湿的纸包住敦煌卷子,待卷子润潮以后,再轻轻打开,展平(见图4-5)。

(2)补破。用毛笔蘸少许糨糊涂在破损处周围,再用皮纸粘补。常见的破口多为撕裂或长期折叠而形成的。在修复时,用的纸条越细越好,镶缝一般在1~2mm。补纸一般都补在背面,两面有字时补在无字处。补纸不要压住字迹或笔画。需要注意的是:纸张因受潮、发霉或磨损而变松、变软、变烂的地方,补纸可以适当大一些;如写经纸较厚,补纸就要用两层或三层,直到和原写经纸补平为止。补破及相关作品补好后效果见图4-6至图4-8。

图4-5　展平

图4-6　补破

图4-7　补好的背面

(a)背面

(b)正面

图4-8　补好的正反两面

(3) 喷水。

(4) 压平。经卷上下都用吸水纸夹住，再压上木板及重物，压实。

(5) 裁剪整齐。被裁剪的部分只能是在原件四周镶补的纸，原件丝毫不能裁切。

(6) 加地轴和包首。取两张纸，分别作为地轴和包首。

①加地轴。取一张纸卷起一段作为地轴，余纸垫入原件末尾，对齐，卷起。

②加包首。另一张纸垫在原件卷首下面，卷齐。

③扎紧。用纸带扎住。

加包首及拖尾，但都不与遗书原件粘接，这样既可最大限度地保留遗书原件的面貌，也可使包首及卷轴发挥它们应有的作用。长卷修复完成后如图4-9所示。

图4-9　长卷修复完成

4.2.2　残卷的修复

补破（同长卷）略。

用一张比原件宽些的长纸垫在原件下面，一端卷成轴状。残卷放在纸上，末端与纸轴对正。卷起来并卷紧，用丝带捆扎好。补破、压平等工序同长卷的修复一样。与长卷修复不同的是，准备一张左侧加装了木轴的旧高丽纸作为底纸，然后将经卷放在底纸上，把底纸衬在经卷下面卷起收藏。

4.2.3　残片的修复

残片的修复稍微复杂一些，分以下几个步骤：

(1) 除尘。因大部分残片以前从未作过整理，尘垢较多，所以先要展平和除尘垢。个别较厚的污垢要用清水洗净。洗时要注意用水越少越好，以免使残片原有的色泽变浅。

(2) 补破。方法同长卷修复。

(3) 包纸。在测量纸张厚度以后，用皮纸将残片夹住包好，放入用宣纸制成的袋中，外加函套保存。

采用此法修复的敦煌遗书，最大限度地保存了遗书原貌。修复过程除了使用清水及糨糊，尽量不作其他的处理。破损的部位补纸越少、越细越好，能不补尽量不补。添加的包首、拖尾不与经卷相连。原件的面貌未作丝毫的改变。残片装袋的方法，也较其他方法工艺简单，易于掌握和操作，所用设备、材料也很有限。将残片放在一张皮纸上，放进宣纸做成的信封形状纸上。用皮纸包住残片，将信封纸左右两边相向折回，向上折信封纸下边，然后向下折信封纸上边，残片装袋的工作就完成了。

4.3 线装古籍《唐诗拾遗》的修复[①]

4.3.1 书目信息

（1）藏书单位：浙江图书馆善本特藏书库。
（2）索书号：善001847。
（3）题名：《唐诗品汇》九十卷《拾遗》十卷（《唐诗拾遗》）。
（4）著者：（明）高棅辑。
（5）存卷：《拾遗》卷一至五。
（6）版本：明嘉靖十八年（1539年）牛斗刻本。
（7）册件总数：1册（残本）。
（8）开本尺寸：25.8cm×16.6cm。
（9）装帧形式：根据残存的钉眼判断为四眼线装（双纸钉三个）。
（10）版框：半叶10行20字，小字双行，行20字。白口，左右双边，无鱼尾。框高18.9cm，宽13.5cm。
（11）书叶总数：122叶，残片2叶。
（12）附件：书内夹有一张明代印本书签，无法确定是否为嘉靖初刻初印，有轻微破损缺失。

4.3.2 破损信息

（1）絮化严重。最初十多叶，书脚部分残破缺损，如同棉絮般蜷缩成团，完全分不清书叶层次。书的反面没有底面的书衣和护叶的保护，书叶长期暴露，加之与外物接触时反复搓揉，导致书叶折皱，纤维拉长变形。又由于书叶受潮后产生霉菌，致使纸张纤维降解，韧性缺失，扭曲成团。在多重因素之下，最后的几张书叶呈棉絮状。

（2）纸张强度降低。从第二十叶开始，内叶看似完整，仅地脚书口处有少许缺失，但地脚处周

[①] 此书由浙江图书馆古籍修复师汪帆修复。

边纸张却毫无强度可言，用指尖轻压，书叶纤维就会顺势断裂。

（3）霉斑污渍。由于书的印刷质量不高，部分书叶在印刷中出现折皱，导致书叶受潮后，折皱中滋养出黑色霉斑；同时书叶又有较为明显的水栏污渍，产生变色现象。

（4）书口变形。书口呈波浪形，地脚处由于絮化，呈蓬松状态。

（5）书叶内无可见虫卵，无鼠啮虫咬现象，无风化酸化现象。

4.3.3　检测信息

（1）纤维品种。

检测仪器：XWY-VII纤维测量仪。

分别提取了4倍、10倍、20倍的纤维形态图，该纤维成分单一，形态较细，壁上无明显胶衣，在纤维的中段常出现局部变粗的现象（即鼓肚），基本判断书叶纸性为纯三桠皮纸。纤维平面结构图及形态图分别见图4-10和图4-11。

（2）纸张厚度。

检测方法：三点法。

检测仪器：PT-4/PT-18型纸张与纸板厚度仪。

内叶厚度：平均值0.056mm。

（3）纸张pH值。

检测方法：无振型。

检测仪器：哈纳酸碱度测定仪。

pH值：6.3。

图4-10　纤维平面结构图

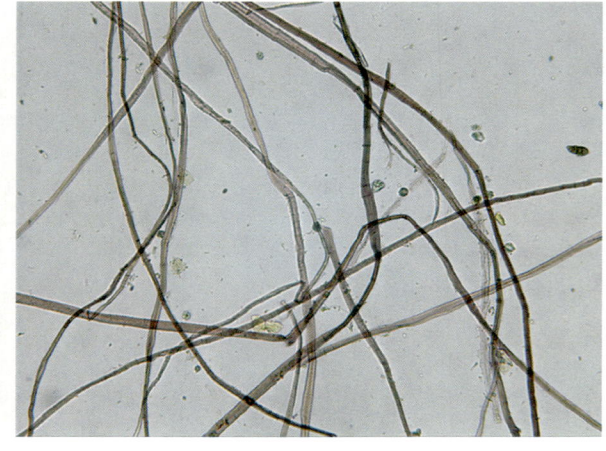

图4-11　纤维形态图

4.3.4 修复方案及预期目标

（1）絮化。

出现位置：全书，以左侧地脚处尤为严重。

处理意见：破损残片固定后再进行整体修复，絮化部位采用纤维填补法进行加固。

技术难点：絮化书叶的揭取、展平；笔道、栏线在修复过程中保持平直；残片资料及位置确认。

预期目标：将絮化部位分层揭展，破损缺失部位修复，因絮化而变薄且纸性缺失的部位填补平整，加强纸张强度。修复后整体和谐且便于翻阅流通。

（2）霉蚀。

出现位置：全书，左侧地脚处、书叶折皱内尤为严重。

处理意见：用干棉球清除霉斑，再用棉签或脱脂棉蘸取适量乙醇在霉斑处擦拭，尽量将霉斑去除。

技术难点：书叶已经絮化严重，在清除时要尽量注意避免伤及书叶。

预期目标：淡化霉斑，尽量将浮于书叶表面的霉菌孢子去除，不伤及书叶本身。

（3）水渍污染。

出现位置：全书，书叶由浅及深产生变色现象；仅余天头一角残存书叶原本颜色。

处理意见：将书叶表面喷潮后，用吸水纸撤潮，书叶表面黄色污渍与污染物去除部分。

技术难点：书叶絮化严重，纤维拉力较弱，书籍印刷质量欠佳，墨色浮于表面，长时间接触易出现掉墨现象，因此去水渍时，需要注意用水量及力量的控制。

预期目标：去除书叶上的污染物，淡化黄色水栏污渍印迹，使书叶干净整洁。

4.3.5 配纸信息

（1）纸张编码：XAB 027。

纸张名称：汪六吉净皮扎花四尺。

纸张厚度：0.046～0.050 mm。

使用部位：书叶缺失处；前后护叶。

使用原因：纸张结构、密度与原书叶匹配，纸张厚度略薄于原书叶，符合"宁薄勿厚"原则。

（2）纸张编码：PDG 007。

纸张名称：楮皮纸。

纸张厚度：0.010～0.012 mm。

使用部位：絮化部位的连接固定。

使用原因：该纸张与马尼拉皮纸为浙江图书馆所藏最薄的皮纸，但该纸张比马尼拉皮纸韧性更强，能对絮化部位起到较好的连接固定作用。

（3）纸张编码：PIG 029。

纸张名称：安徽潜山桑皮薄皮纸。

纸张厚度：0.026～0.034 mm。

使用部位：加固书叶絮化部位；边缘部位较严重絮化缺失处的修复加固；内叶衬纸。

使用原因：该纸张厚度适中，填补中度絮化程度（厚度在 0.030 mm 左右），能达到与原书叶厚度一致的效果，且纸张韧性较好，又有一定的柔软度，作为衬纸使用，不会伤及书口。

（4）纸张编码：PHH 025。

纸张名称：皮纸四号。

纸张厚度：0.057～0.064 mm。

使用部位：天头部位边缘絮化缺失处的加固。

使用原因：天头部位由于长期磨损及污染变化，纸张质地略粗糙于其他部位，且絮化部位结构更疏松，该纸张的质地结构、纸张厚度符合该部位的修复要求。

（5）纸张编码：PEJ 041。

纸张名称：迎春一号（贵州丹寨县）。

纸张厚度：0.030～0.032 mm。

使用部位：边缘部位较轻微的絮化缺失处加固。

使用原因：纸张厚度介于 PDG 007 与 PIG 029 之间，对于轻度絮化的边缘部位（厚度在 0.035 mm 左右）的修复，能达到与原书叶厚度一致的效果。

4.3.6　配色信息

（1）使用 65 g 橡碗子兑入 800 mL 纯净水，加热煮沸 10 min 后得 230 mL 橡碗子滤液。

（2）使用广西 2010 年产六堡茶（黑茶类）5 g 兑入 300 mL 纯净水，加热煮沸 5 min 后得 125 mL 茶滤液。

（3）选用 175 mL 橡碗子滤液作为基础色，分别兑入 500 mL、800 mL、1000 mL 不同量的纯净水，兑入一针尖墨汁染出三种深浅不同的同类色修复用纸。

（4）在 175 mL 橡碗子滤液加 500 mL 纯净水的基础上，兑入 50 mL 茶滤液及微量墨汁，染出与末几叶颜色相匹配的补纸。

4.3.7 修复过程

（1）絮化部位的揭展。修复《唐诗拾遗》，主要难点在于揭开和展平，絮化的书叶，不能以张论，只能说是纤维与纤维纠缠在了一起；在分层的过程中，遇到书叶反复折皱扭曲的情况，要从折皱的根部入手，顺着它扭曲的方向，一点一点打开，并且分离。分层整理时，始终要从书叶纸张强度较好的那一边入手，逐层揭开书叶，用镊子顺纤维走势往书叶内探伸，需要极度小心纤维的分层，避免下一张书叶的残破纤维絮粘连到上一张书叶；不要抻拉纤维，防止笔道变形。

（2）残片资料的确认及位置的确定。通过目录查询，知宁波天一阁博物馆亦藏有《唐诗拾遗》十卷（索书号为善4661），与浙江图书馆此本《唐诗拾遗》为同一版本，比对书影发现，天一阁藏本无残缺，据此，确认残片为《唐诗拾遗》卷之一残片及第一叶的内容，使其恢复原位。

（3）絮化部位的局部加固。如果在絮化部位直接上补纸，它的强度远远大于这毫无纸性可言的"棉絮"，完全没有略作调整的可能性。因此，需要做的是先用皮纸把残片局部控制加固，增加强度，使其可能挪动调整，在对局部有把握的情况下，对整体进行修复。

（4）整体修复。补纸粘合在起加固作用的薄皮纸上的，还可进行微微调整，而不影响原书叶。上补纸时特别要注意与原书叶的贴合，补纸太紧容易在黏合部位起皱，补纸太松则容易在边缘部位出现"荷叶边"。

（5）轻微絮化部位的加固。采用PIG 029皮纸进行加固，加固范围适当大于絮化部位，补纸搭茬于纸性较强的部位，使补纸在书叶絮化部位到完整部位形成一个自然的过渡，以真正起到加固的作用。

（6）书口加固。根据书口的破损情况有选择地进行溜口，书口由于长时间折叠而蜷缩在一起，在溜口之前要将蜷缩的书口完全推开舒展，防止溜口后产生新的折皱。将皮纸以自然松弛的状态放置在需要溜口的位置，不要使劲拽拉，确定位置后，先用镊子轻轻定位，后用指腹以上下用力的方式按压加固，这样做的目的是比较容易捶平。

（7）边缘磨损部位的修复。裁齐补纸，与书叶边缘齐平修复。这种修复方法的基本要求是，在修复过程中，要使补纸边缘与书叶边缘随形。如果部分书叶边缘处原本就属弧形，补纸相应也需要随边缘形状而走。

（8）捶书复原。根据书叶的絮化程度，采用小号锤，对修复部位轻捶数遍，待基本平整后，局部少量衬纸找平，齐书口，齐下脚，对书根字，以汪六吉扎花染色为护叶，以FLH 018封面纸托裱后为书衣，装订还原成册。

4.3.8 修复效果

（1）书叶缺失处修复后，纸张平整，与书叶整体和谐，达到预期要求；严重絮化部位加固到位，纸张强度达到预期效果。书叶缺失部位修复效果见图4-12至图4-14。

（2）书叶表面霉蚀部位清理干净，有轻微霉斑无法完全去除，书叶折皱内霉状物基本去除，仅剩少量霉斑。霉蚀书叶修复效果见图4-15。

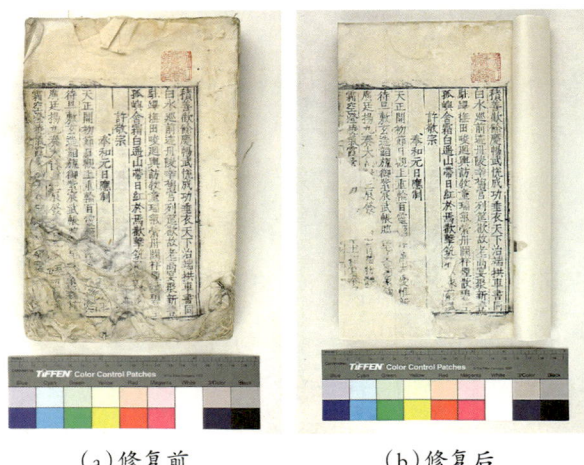

（a）修复前　　　（b）修复后

图4-12　书叶缺失部位修复前后对比示例一

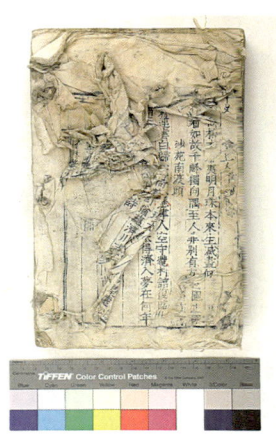 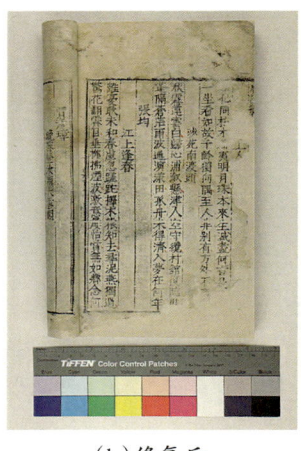 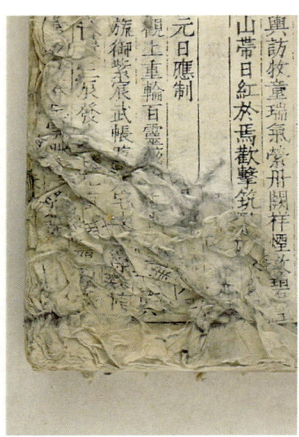 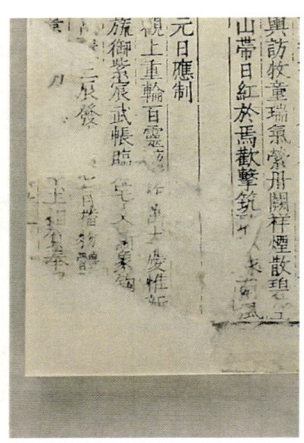

（a）修复前　　　（b）修复后　　　　（a）修复前细节图　　　（b）修复后细节图

图4-13　书叶缺失部位修复前后对比示例二　　　图4-14　书叶缺失部位修复前后细节图对比

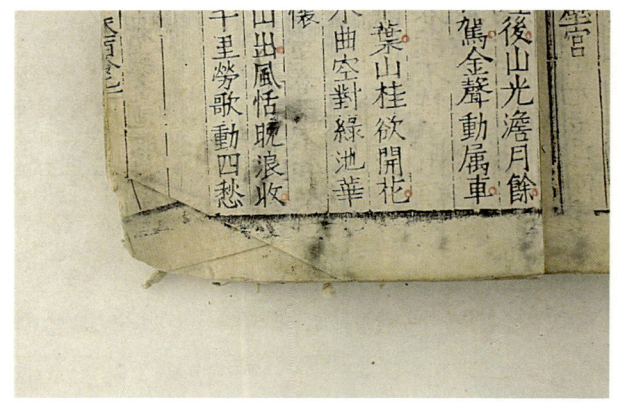 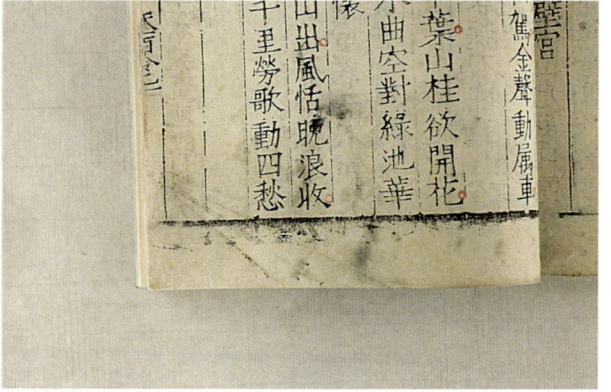

（a）修复前细节图　　　　　　　　　（b）修复后细节图

图4-15　霉蚀书叶修复前后细节图对比

（3）水渍部位及书叶污染物修复后，书叶污染物基本去除，书叶上无明显黄色水栏，书叶呈淡茶色，达到预期效果。

（4）签条的修复（见图4-16）。签条絮化破损部位颜色深浅不一，分别染制相应的皮纸与补纸，再用染好的皮纸加固，补纸补平。纸张强度达到预期效果，整体和谐。

（5）书口加固后，波浪形完全消除，达到预期效果（见图4-17）。

（a）修复前　　　　　　　　（b）修复中　　　　　　　　（c）修复后

图4-16　签条的修复过程及前后对比

（a）修复前　　　　　　　　　　　　　　（b）修复后

图4-17　书口修复前后对比

4.3.9　修复小结

（1）选料的相似性原则。古籍修复中，对于材料选择最重要的是相似性原则，也就是说，对于修复材料的取舍，不必拘泥于材质是否完全相同，不必纠结于原料是否完全一致，而是从书叶的整体性上着眼，从纸张细腻程度、帘纹宽度、纸张密度、表面结构等入手，选取真正能达到与之和谐匹配的补纸进行修复。不同破损部位使用不同的补纸，根据实际情况做出适当、适宜、适度的灵活选择，而不是机械地单纯追求一成不变。

（2）染色的宁浅勿深原则。古籍修复中要求选用补纸时遵守"宁浅勿深"的原则，既要考虑保留一定程度的可辨识度，又要兼顾修复后书叶的和谐之美。要考虑补纸使用时的"当下"之色，也要未雨绸缪，为补纸将来可能出现的变数留下足够的融合空间。在修复过程中，利用细微的色差，使补纸适用于不同的书叶，又以各种与书叶颜色相近的同类色、同性色组成统一的基调，使其产生整体和谐的效果，以"浅一色"去解释修复后的可辨识度，用整体协调性去阐述圆融之修复艺术性，笔者把它称为"未雨绸缪的和谐预期"，不知当否？

（3）修复中的最少干预原则。

①修复面积与修复材料中"度"的把握。部分絮化的书叶看似完整，纸张却毫无强度可言，指尖轻压或笔尖轻触，书叶纤维就会顺势断裂，此时，就不可僵硬地固守"2 mm"界线，需要把"度"适当放大一点，即适当地扩大修复面积，将补纸搭茬于纸性较强的部位，使补纸在书叶絮化部位到完整部位形成一个自然的过渡，以达到修复的最终目的，避免出现二次修复。加固时使用的皮纸，其选择也要适当把"度"放大一点。比如，宁波产的超薄皮纸用以加固轻微絮化的部位后固然手感柔软，但修复后，从书叶正面观察，絮化部位的纤维浮于补纸表面，说明其纤维拉力不足以承担起加强絮化部位的纸性的作用，此时就要选择纸张较厚与纤维拉力更强的安徽潜山桑皮纸。当为则为，当止则止，以"度"衡之，辩证施"治"，使修复效果内外一致，和谐有序。

②水栏污渍清除中"度"的把握。水栏污渍的处理也需要谨慎而行，不可过"度"而为。在污渍的去除中，仅对书叶表面进行喷潮，然后快速用吸水纸按压、抚平、撤潮，通过吸水纸将书叶表面的黄色污渍与污染物去除部分。虽然效果无法与清洗法、划洗法相比，但也是根据书叶的实际情况做出的最合理、合"度"的方案选择。

③捶书环节中"度"的把握。捶书需要心平气和，不能过度纠结其平整度，以保护书叶纤维强度为首要。修复过程中的手势、情绪、心态，说到根本，还是一个如何把握"度"的问题。

（4）修复书叶边缘中的随形原则。本次修复采用与书叶边缘齐平的修复法。这种修复方法的基本要求是，在修复过程中，使补纸边缘与书叶边缘齐平。如果部分书叶边缘处原本就属弧形，补纸相应也需要随边缘形状而走。这种修复手法对修复的精细程度要求更高，看似增加了修复的难度，但从修复效果上看，使用这种修复方法，由于省去了剪边这一道工序，相应的，也就不会使书叶边缘出现刀口新茬，修出来的书叶边缘也就会呈现出修复的部位与原书叶浑然一体的理想效果。

参考文献

[1] 吕坤. 去伪斋文集: 卷七[M]//四库全书存目丛书编纂委员会. 四库全书存目丛书: 集部第161册. 济南: 齐鲁书社, 1997: 228.

[2] 汪桂海. 考古资料所见简帛时代书籍装具[J]. 文献, 2021 (1): 166-189.

[3] 司马迁. 史记[M]. 北京: 中华书局, 1982: 1937.

[4] 张彦远. 历代名画记[M]. 杭州: 浙江人民美术出版社, 2011.

[5] 张怀瓘. 二王书录[M]//朱长文. 墨池编: 卷十四. 杭州: 浙江人民美术出版社, 2012: 421.

[6] 虞龢. 论书表[M]//朱长文. 墨池编: 卷四. 杭州: 浙江人民美术出版社, 2012: 123-124.

[7] 贾思勰. 齐民要术校释: 卷三[M]. 缪启愉, 校释. 北京: 农业出版社, 1982: 163.

[8] 颜之推. 颜氏家训[M]. 郑州: 中州古籍出版社, 2008: 46.

[9] 魏征. 隋书[M]. 北京: 中华书局, 1973: 908.

[10] 王以坤. 书画装潢沿革考[M]. 北京: 紫禁城出版社, 1991: 11.

[11] 孙逢吉. 职官分纪: 卷十五[M]//四库全书: 第923册. 上海: 上海古籍出版社, 1989: 380.

[12] 杜宝. 大业杂记辑校[M]. 辛德勇, 辑校. 西安: 三秦出版社, 2006: 47.

[13] 王溥. 唐会要: 卷三十五[M]. 上海: 上海古籍出版社, 2012.

[14] 欧阳修, 宋祁. 新唐书[M]. 北京: 中华书局, 1975.

[15] 周二学. 赏延素心录[M]. 北京: 中华书局, 1985.

[16] 郭若虚. 图画见闻志: 卷五[M]. 北京: 人民美术出版社, 1963: 128.

[17] 林世田. 敦煌遗书古代修复简论——构筑4—11世纪中国书籍修复史框架(草稿)[C]//百年敦煌文献整理研究国际学术讨论会论文集(下册). 杭州: [出版者不详], 2010: 437-446.

[18] 施萍婷. 三界寺·道真·敦煌藏经[C]//梁尉英. 敦煌研究文集·敦煌研究院藏敦煌文献研究篇. 兰州: 甘肃民族出版社, 2000: 295-318.

[19] 林世田, 张平, 赵大莹. 国家图书馆所藏与道真有关写卷古代修复浅析[J]. 中国典籍与文化, 2007, 62 (3): 25-31.

[20] 陶宗仪. 南村辍耕录[M]//四库提要著录丛书: 子部第111册. 北京: 北京出版社, 2010.

[21] 李林甫. 唐六典: 卷九[M]. 陈仲夫, 点校. 北京: 中华书局, 1992: 280.

[22]周密.齐东野语:卷六[M].北京:中华书局,1983.

[23]杜甫.杜工部集:卷四[M].郑州:中州古籍出版社,2008:64.

[24]欧阳修.归田录[M].李伟国,点校.北京:中华书局,1981:31.

[25]程大昌.演繁露:卷十五[M]//丛书集成初编:第67册.北京:中华书局,2011:292.

[26]马衡.凡将斋金石丛稿:卷七[M].北京:中华书局,1977:272.

[27]昌彼得.中国图书史略[M].台北:文史哲出版社,1993:18.

[28]释道宣.续高僧传:卷二[M].郭绍林,点校.北京:中华书局,2014:34.

[29]释慧立,释彦悰.大慈恩寺三藏法师传:卷六[M].孙毓堂,谢方,点校.北京:中华书局,2000:127.

[30]林世田.书籍保护:中国古代书籍装帧形式演变的源泉和动力[M]//张志清,陈红彦.古籍保护新探索.杭州:浙江古籍出版社,2008:279.

[31]曾雪梅,张延清.甘肃省图书馆藏敦煌梵夹装藏文写经考录(上)[J].中国藏学,2008(3):194-206.

[32]李致忠.古书"旋风装"考辨[J].文物,1981(2):75-78.

[33]杜秉庄,杜子熊.书画装裱技艺辑释[M].上海:上海书画出版社,1993:187.

[34]邓椿.画继[M].北京:人民美术出版社,1963.

[35]脱脱.宋史:卷一百六十四[M].北京:中华书局,1985.

[36]徐松.宋会要辑稿:职官三六[M].北京:中华书局,1957:3119.

[37]王士点,商企翁.秘书监志[M].高荣盛,点校.杭州:浙江古籍出版社,1992.

[38]米芾.米芾集:卷二[M].杭州:浙江人民美术出版社,2019:45.

[39]邵雍.梦林玄解:卷六[M]//四库全书存目丛书:子部第70册.济南:齐鲁书社,1995:357.

[40]潘景郑.历代装潢工人考略[J].社会科学战线,1986(1):324-325.

[41]王迈.臞轩集:卷十三[M]//四库全书:第1178册.上海:上海古籍出版社,1989:637.

[42]方回.桐江续集:卷二十七[M]//四库全书:第1193册.上海:上海古籍出版社,1989:582-583.

[43]赵文.青山集:卷二[M]//四库全书:第1195册.上海:上海古籍出版社,1989:19.

[44]王炎午.吾汶稿:卷三[M]//四库提要著录丛书:集部第60册.北京:北京出版社,2010:29-30.

[45]姜庆湘,萧国亮.从《清明上河图》和《东京梦华录》看北宋汴京的城市经济[J].中国社会科学,1981(4):197.

[46]吴自牧.梦粱录:卷十三[M].杭州:浙江人民出版社,1980:117.

[47]郭畀.云山日记[M]//顾宏义,李文.金元日记丛编.上海:上海书店出版社,2013:177.

[48]徐邦达.古书画鉴定概论[M].北京:文物出版社,1982:52.

[49]周嘉胄.装潢志图说[M].田君,注译.济南:山东画报出版社,2003.

[50]赵希鹄.洞天清禄集[M]//黄宾虹,邓实.美术丛书:第1册.南京:江苏古籍出版社,1986:560.

[51]米芾.画史[M]//四库提要著录丛书:子部第149册.北京:北京出版社,2010.

[52]李致忠.中国书史研究中的一些问题(之二):古书梵夹装、旋风装、蝴蝶装、包背装、线装的起源与流变[J].图书馆学通讯,1987(2):80.

[53]张廷玉.明史:卷九十六[M].北京:中华书局,1974:2344.

[54]米芾.米元章书史[M]//四库提要著录丛书:子部第149册.北京:北京出版社,2010:551.

[55]申时行.大明会典[M]//续修四库全书:史部.上海:上海古籍出版社,2002.

[56]冯乐耘.中国档案修裱技术[M].北京:中国档案出版社,2000:44.

[57]翁连溪.清代内府刻书研究[M].北京:故宫出版社,2013:38-39.

[58]冯梦龙.冯梦龙全集:第42册[M].上海:上海古籍出版社,1993:66.

[59]胡应麟.少室山房笔丛:卷四[M].上海:上海书店出版社,2009:43.

[60]钱泳.履园丛话.卷十二[M].北京:中华书局,1979:323.

[61]李斗.扬州画舫录:卷九[M].北京:中华书局,1980:207.

[62]孙从添.藏书纪要[M]//丛书集选:第6册.台北:新文丰出版公司,1984.

[63]叶德辉.藏书十约[M].刻本.长沙:叶氏观古堂,1919(民国八年).

[64]刘晓立.回望——2019年中华古籍保护的"一二三四"[EB/OL].[2020-9-12].http://www.nlc.cn/pcab/zx/xw/202004/t20200415_191097.htm.

[65]张志清.国家图书馆古籍保护的历史、现状和任务(下)[M]//张志清,陈红彦.古籍保护新探索.杭州:浙江古籍出版社,2008:7-8.

[66]施晨露.为每件珍贵古籍发放"身份证"[N].解放日报,2017-6-13.

[67]国家图书馆古籍馆.国家图书馆藏西域文献的修复与保护[M].北京:国家图书馆出版社,2017.

[68]潘美娣.古籍修复与装帧[M].上海:上海人民出版社,2013.

[69]中共中央办公厅国务院办公厅印发《关于推进新时代古籍工作的意见》[EB/OL].[2023-8-28].https://www.gov.cn/zhengce/2022-04/11/content_5684555.htm.

[70]杜伟生.古籍修复原则[J].国家图书馆学刊,2007(4):79-83.

[71]南京博物院.传统书画装裱与修复[M].南京:译林出版社,2013.

[72]王玉,谭敏.现代电子技术在造纸纤维测量仪中的应用[J].中国造纸,2008(5):70.

[73]李肇.翰林志[M].刻本.长塘:鲍氏《知不足斋丛书》本,1772—1872(清乾隆三十七

年至道光三年刻同治十一年补）.

[74]郑钟祥，张瀛，庞鸿文.（光绪）常昭合志稿：卷三十二[M].活字本.1904（清光绪三十年）.

[75]苏伯衡.苏平仲集：卷三[M]//丛书集成初编：第462册.北京：中华书局，2011：84.

[76]列宁.列宁全集：第34卷[M].北京：人民出版社，1959：3.

[77]徐康.前尘梦影录[M].杭州：中国美术学院出版社，2000：163.

[78]叶德辉.书林清话：卷七[M].上海：上海古籍出版社，2008：141.

[79]鲁迅.鲁迅杂文集[M].沈阳：万卷出版公司，2013：157.

[80]杜伟生.中国古籍修复与装裱技术图解[M].北京：北京图书馆出版社，2003.

[81]杜伟生.《赵城金藏》修复工作始末[J].国家图书馆学刊，2003（2）：54-59.

[82]张志清.浅谈古籍修复的科学化管理[J].国家图书馆学刊，2004（2）：61.

[83]张志清.国家图书馆古籍保护的历史、现状和任务（上）[C]//张志清，陈红彦.古籍保护新探索.杭州：浙江古籍出版社，2008：3.

[84]国家图书馆.古籍修复技术规范与质量要求[M].北京：北京图书馆出版社，2007：5.

[85]张平，吴澍时.古籍修复案例述评[M].北京：国家图书馆出版社，2012：11.

[86]王阿陶，许卫红.古籍修复档案内容设置及其重要性探析[J].档案学通讯，2010（5）：69-71.

下篇
XIAPIAN

德国纸质文物修复

5 纸质文物保护与修复基础

5.1 文物修复的伦理基础

5.1.1 修复工匠与修复师

一直以来，文物修复师与传统修复工匠间的关系都是颇具争议的。对文物修复工作者而言，掌握一门技艺是大有裨益的。在这一点上，传统修复工匠的专业技能水准绝对不容低估。以书籍装订为例：掌握这门技艺的人了解不同纸张材料的性质，熟悉纸张种类，通晓各种装帧方法，能运用制作封面的多种材料，同时还练就了娴熟的技法和灵活使用工具的能力。传统书籍装订工匠也负责修补图书，这些工匠是当今古籍能够流传下来的功臣。在珍、善本图书和手稿的保存上，他们的贡献尤为突出。

通常来说，传统书籍装订工匠的工作流程大致如下：
①清洁尘土污渍。
②缺损部分用古纸尽量不留痕迹地修补。
③忠实原状地加以复原。
④重新装订古籍以便继续使用。

此流程也适用于其他文物和艺术品的修复工作，但也存在不足之处。例如，传统修复工匠在修复过程中对现代的科学工作和研究方法缺乏了解，对古籍的历史性往往没有足够的关注。

现代的修复方案会在使用古代技术和技法的同时，尽量保留使用痕迹。诚然，将科学观念引入文物修复的实践古已有之，尤其是那些有重大艺术、文化价值的文物。艺术专家在博物馆文物的修复工作中起决定性作用，但由于专业所限，他们一般不干预修复方法的决策，而文物修复的预想效果由他们决定。

自然科学在研究文物的制造和材料技术上有着重要意义。人们通过对不同的研究结果以及其他文物样本的对比，可以记录文物并将其归类，还可以深入地了解与之相关的历史技术。经过科学分析之后，众多文物作品的价值得以重估，这正是自然科学研究方法重要性的明证。比如，通过科学分析可以发现：颜料和黏合剂表现与断代推测的创作历史时间不符，涂色与线条在笔触上有差异等。很多知名的艺术作品在经过科学分析研究后，被证实其仅为门生所作或系工作室批量生产，更甚者竟或为复制品。

19世纪时，艺术史的学术价值逐步受到重视。20世纪，诞生了利用科学方法保护和修复文物的学科，旨在保护文物可视的历史价值。这意味着文物经过历史洗礼在当下呈现出来的状态与文物本身的艺术和文化价值具有相同的保护价值。

论及纸质文物的修复，对文物的保护，即文物的保存和预防性保护居于首位，主要涉及以下几个方面：

①自然老化的"古色"需要保存。

②纸张缺损如不会导致其他损坏，则可以不必处理或者使用肉眼可见的手法加以补缀。

③笔迹不得重写，画作不要润饰或者进行肉眼可见的润饰。

④如非保存文物所必须，古籍不必重新装订成册，预防性保护可以通过适当的包装、安全的存放以及小心使用等形式来加以实现。

现代古籍修复师与古代工匠的最大不同之处在于其修复工作指导思想上的重大变化。在此指导思想下，抽象的、科学的方法不仅让人们对传统工艺有了新认识，也使得人们对艺术作品有了更为客观的理解。这样的认知是全面的：不仅可以从文物本身，即艺术性角度得以体现，还可以从文物的状态，即文物的历史性角度得以体现，进而确定了文物保护工作的哲学伦理基础。真正的文物修复并不依赖于对每件文物都做彻底的研究，此类做法仅能够满足猎奇心理，个别情况下甚至会给文物造成更大的破坏。科学的研究工作、对修复技术的钻研和高超的工艺手法是成功修复的前提。在此基础上，修复工作者还应具有敏锐的艺术洞察力、对原创精神的敬意、对文物历史性的认同和承认。上述条件都是设计科学的修复方案的基础。

阿尔弗雷德·博纳多特（Alfred Bonnardot）[①] 在其1859年修订的著作中记述了如下事件。他应古籍修复师法恩克（Farrenc）之邀观看一册修复中的15世纪稀有珍本。其纸张补缀手法水准极高，字母和木版画修复技术精湛。博纳多特在肯定之余继续写道："必须承认，如果由吾人亲手就所见之混乱状态进行修复，予仅会将不得不处理之部分稍事修复。除新制一牢固书套外，会将文物状态基本加以保留而不另加任何处理。其缺损和污渍大抵系寺院僧侣于虔诚祈祷时经年累月翻阅形成。此等行为于近世已不常见。其于鄙人眼中不免丑陋，但其古老之外观可视作与书籍内容和谐

---

① 阿尔弗雷德·博纳多特（1808—1884），装订专家、修复者和作家。1846年于巴黎出版其第一部著作，内容为珍贵书籍的修复和装订。

一体之时代烙印。纸页间皆充盈着逝者如斯的历史感。"[1]16 博纳多特同时也意识到："毋庸置疑，吾人之愚见非人人皆可苟同。抑或因以鄙人对文物之草率态度而义愤填膺。"[1]16 博纳多特尤其重视自然科学，并声称："以本人鄙薄之化学知识不足以解释所有问题，但人类科学终将发展至一定阶段，能够藉十分精确之分析解释此类分解现象，完成本人在本书中之未竟任务。"[1]16

博纳多特的观点略带感情且富有浪漫主义色彩。然而，若其观点能得以贯彻，则当代就会有更多保存了原始状态的古籍存世。

马克斯·施崴德勒（Max Schweidler）①是纸质文物修复发展史上另一位举足轻重的人物。在研读过博纳多特的著作之后，他尊重博纳多特在平面艺术品修复和图书修复领域的权威专家地位，但也充分认识到其理论的不足之处。他在1938年对文物修复中的种种不负责任的做法提出了尖锐的批评。其中既包括玻璃修复师任意更改或添加艺术品的画框，也包括订书工使用工业批量生产的胶料。对于诸如切除艺术品的污渍部分、滥用次氯酸漂白和使用工业生产的罐装明矾糨糊也表示愤慨。施崴德勒推崇谨慎的修复原则，认为在漂白文物前至少要做局部试点试验。制备的糨糊也应新鲜而无添加剂，以确保修复的可逆性。"我的目的是要唤醒同行们对每件文物的修复都要用最高标准，细致而严谨加以修复的职业精神。"[2]7 "通过院校的职业教育唤起青年人的（文物修复职业）意识……"[2]4 "在保护文化遗产过程中，不应该存在任何所谓的商业秘密，因为我们对人民和全人类负有责任，要保护已经为数不多的历史遗存。"[2]132

即便如此，施崴德勒在修复过程中仍然使用了烈性的化学物质。尽管当时没有产生任何视觉上可以辨认的损坏，但当代的研究分析表明，此类做法的破坏性是明显的。他的方法仍然不能满足当今修复工作对保护原创性和历史性的要求。

无论如何，施崴德勒在纸质文物保护和修复领域的历史地位不容小觑。他不仅总结了不同的修复技术，而且提出了对不同艺术作品和不同类型的印刷工艺分门别类、区别对待的原则。他谦虚地批评了自己自然科学知识的不足，并呼吁开展专业的基础培训。这些都证明了他的远见卓识和他对修复专业严格的道德要求。他提出的修复方案和原则也早被奉为圭臬。他当年呼吁建立文物保护和修复专业技术学校，也因为现代高等院校普遍设立文物专业而成为现实。

当代公开发表的有关纸质文物保护的论文和著作甚多。文物保护的外部环境，诸如气候控制、光照和污染物控制以及装具等问题，都得到了充足的论述。虽然实现所述保护条件并非易事，且通常所需经费较多，但问题核心仍然是如何决策文物修复方案。即：是否有必要修复？文物是否可以在不进行处理、修复的条件下仅通过预防性保护即可继续得以保存？修复工作之于文物是否为必要措施或仅是修复人员个人臆断？诸如此类问题至今仍无统一答案和标准。富有戏剧性的是，只有一个规则颠扑不破：一切规则都有例外。严格地说，"不作为"也是一种行为。即，把文物完全交给自然，让老化的历史进程自然发生。如此，文物就被放在了另外的历史轨道之上。今天

---

① 马克斯·施崴德勒（1885—1953）在柏林从事修复工作超过30年。

人们必须回答的问题是，要把继承到手中的哪一部分历史文化遗产传承下去。一般而言，这些责任仍然完全由文物持有者或修复人员承担。面对当前巨量文物亟待修复的现状，对每件文物的处理办法都做细节性、原则性的讨论是毫无现实意义的。

这也证明了广泛而深入的一专多能的修复职业培训的重要性。总而言之，在欧洲文化背景下从事修复行业需要艺术史、圣像学、绘画和材料技术、文物学、伦理学、保护和修复技术、预防性保护、基础自然科学（如物理、化学、生物）、档案学、图像处理技术以及科学论文写作等方面的知识。在学习理论知识的同时，还要积累文物修复实践经验。

"在广泛、深刻且动态的科学背景下，文物保护和修复学科可以理解为一种一体化、跨学科的现代科学，是围绕文物保护这一核心，集哲学、伦理、理论科学、经验科学、文化和自然科学以及实践等诸多元素，并使其相互有机组织和结合的一门学科。"[3]181

5.1.2　文物保护和修复的战略意义

文物所体现的某一时期的科技发展水平，及其本身所具备的社会文化价值往往是决定修复和保护力度的重要参考因素。通常，最有价值的文物仅需要预防性或至多是保护性的处理，其他特殊情况下，也不排除需要开展复杂修复工作的可能性。如果某文物只有通过保护性处理才能继续得以保存，而且只要有一人或几人认为其有价值，就需要得到保护。保存的目的在于阻止或者延缓文物的化学和物理退化现象。即：需要一定的规范和措施，通过它们可以在保存文化遗产的同时，也尊重其历史意义，且能够保证将其展示给公众并留给子孙后代[4]126。公益性越高的文物，其保护价值也越高。

文物修复也是人们对文物的主观审美诉求和主张的表达。从审美的角度来看，在对文物保存不构成影响的前提下，修复活动主要是从审美需求出发的深度表面清洁、外形和色彩的修补。德国工业标准（DIN）对修复的描述为："对状态稳定或需要对其状态加以稳定的文物对象施行的一系列措施，旨在使其便于鉴赏、认识或了解其使用价值，并同时尊重其所使用的技术和材料"[4]126。无论是增补或是修饰都应在艺术技法和表面结构上与原作有所差异，以便日后可以重新去除。不仅必须保证修复的可逆性，而且也要保证修复部分与原作表面可以在视觉上被明显区分。清理和去除文物（如油画、壁画）的覆绘层和覆盖色也属于修复措施。特别是当最表层覆绘相对于被覆盖的原作艺术价值相对较低的时候，第二历史性没有优先权；第一历史性，即由原作艺术家创造的部分[5]，因其原创性而具有绝对优先权。①

在实施修复前，必须准确了解文物的状态。如果不了解颜色层结构，则可能会发生以下状况：

---

① "历史性"为布兰迪所指的艺术作品生命周期。其中，第一历史性时期是艺术作品从创作到完成的时间段；第二历史性时期是艺术作品完成后到观赏者当下认知之间的时间段，这一时期赋予文物第二历史性，通过第二历史性人们可以解读生产技术发展水平等信息。

去除表面颜色层后，本来完整的表面只能呈现出支离破碎的原始（第一层）色层。以往修复中经常会出现清理出的被覆盖的原始画面已破坏或极不完整，因此不得不修饰后才能展示。在某些情况下，必须考虑进行复原，即在原作缺失的范围用类似的材料进行补缀。有时需要修复的范围大小超过残留原作范围大小数倍，极易造成艺术作品失真，甚至被判为仿（赝）品。

对此托马斯·布拉彻特（Thomas Brachert）有非常贴切的描述："……以一丝不苟的偏执精神去清理、剥除表层的颜料，直到发现所谓'神圣'的、代表逝去时代精神的片段……""使出浑身解数追逐原作仅存的魔力——把修复变成追求所谓真正艺术之美的冥想活动（即使那仅仅是一种手执手术刀的对'神圣'的臆想）"。[6]23

与主观审美诉求并存的是，从文物保护与修复角度看，一般只有在覆绘层的张力过大而对下面的涂层产生负面影响的时候，才会考虑剥除或者清理表面的覆盖部分。修复的出发点是对作为整体的文物对象的保护。在特殊情况下也有必要考虑以全面覆绘、复原的方式加以修复，从而使文物对象可以原作风貌展示。如在原作表面上新绘涂层作为保护层，同时为观众提供文物颜色和形状上的视觉统一。必须指出的是，出于好奇心和对"神圣原作"的信仰，而对文物施行大规模的干预措施，在科学技术发展的今天是不可取的，应该尽量避免此类干预措施。

布拉彻特对两种思想流派的分野进行了如下介绍："尤其在文物保护和艺术市场领域，从艺术作品的微观角度入手……文物自然生成的古色甚至缺失的部分，作为对文物有机整体的完整性、真实性和完美性的破坏因素""文物的保存必须让位于……视觉上的艺术再创作性的文物修复……""持相反立场的博物馆和考古学派则强调文物形式、材料及其历史时代的统一，任何形式上对文物原始状态的调整都是不可接受的篡改和操控"。[6]15 两种流派都有失偏颇而过于武断，真理往往介于两者之间。

科学的文物修复需要确立价值观，通过价值观来判断文物是否具有修复价值。只有确定了文物的修复价值才能决定应当采取的修复方法。一件物品只在至少有一人认为其有意义的时候才具有文物价值，失去使用意义或审美价值的物品将被弃置。

获得公众关注越多的文物越具有普遍价值。受关注的时间越久（历经世代）、受关注的地理范围越广的文物，拥有更为重大的乃至超越国界的意义，其价值也会在各学科领域中获得认可。

许多长期埋没或尘封的文物被遗忘在地下室或是阁楼里，由于具有一定情感价值而并未被处理或销毁。当其被后代重新发现而启用或出售时，人们可以把这看作怀旧或者市场价值的重新发现。此时重要的不是文物的附加价值，而是其重新获得的关注。文物能否在未来获得广泛的公共价值并不由修复人员决定。修复人员的任务是采取一系列措施为后世保持文物的状态，为文物重新获得公共价值创造可能性。

5.1.3 阿洛伊斯·瑞格尔价值体系

阿洛伊斯·瑞格尔（Alois Riegl）[①]所定义的文物价值体系对当代文物保护和修复仍有巨大影响。该价值体系大部分观点适用于任何类型的可移动的文物，其哲学思想主要解释在历史流变中文物的可变价值和在其所属历史时期的价值。下文将简要概述此价值体系。

1．记忆价值

（1）年代价值。年代价值体现在岁月留下的痕迹。因为可以直接唤起人们的情感（情感价值），所以要加以保留。所谓年代价值，主要是指可以通过文物了解的历史价值。历史赋予文物以价值，历史越久远越丰富，价值也越高。瑞格尔对此的总结相当激进："我们正在目睹自掘坟墓式的对年代价值的膜拜。"[7]157 但他又指出："对年代价值的尊崇其实和主观地加速文物破坏相去不远……应该任由老化自由发展，人们最多只是防止文物提前消失。"[8]24 从文物保护角度讲，年代价值的保护主要是预防措施和文物保存，以保证维持文物的年代价值和现在的状态。

包浆[②]是一种可视的信号，是通过不断抚摸接触和材料自身磨损而出现的古旧的迹象，具有继续保留的价值。在日常修复过程中，也会以"古色"或"古锈"来表述"包浆"这一现象。通常，"古色"一词用来形容纸张、织品材料表面所呈现的历史痕迹。尽管包浆也是一种潜在的导致材料损坏的迹象，但只要文物材料条件允许，文物上作为历史见证的古朴光泽和包浆必须加以保留，并应被处理得使人一望可见。

（2）历史价值。历史价值是一种记忆价值，是文物在不断发展的历史进程中产生的价值。"历史价值之所以存在，是因为它（文物）呈现了某一人类创造领域的发展进程中具体而独特的阶段。"[7]159 这些物品往往都是"意外的文物"，随着时间的推移，它们获得了制作时期无法预期的新价值。历史价值关注文物作品的原始性，此处是指第一历史性，即作品创作时期的保存状态。因此，文物应尽可能地不经处理并保持完整。通常情况下不提倡对文物进行修复，在原物上进行修复可能会导致失真。但修复能够保护文物的状态，以便将来进行科学研究。理论上，通过科学方法可以将文物从形式和色彩上加以复原达到"完整化"的目的。仿品、照片或复制品对进一步的直观研究也很有帮助。

人类活动的证捱不仅表现在物品的生产技术上，也可以通过字体、字形和书写工具来解读，而这些都是文字文物。瑞格尔以一张被撕破的记录有琐碎事项的便条为例，对这一问题加以说明："假如这张便条成为它所处时代最后的文字见证，那么它就是历史文物，是一件'意外的文物'。

[①] 阿洛伊斯·瑞格尔（1858—1905），奥地利艺术史家、文物保护学者以及艺术史维也纳学派代表。
[②] 包浆是厚度不一的薄层。它存在于所有材料的表面，因老化而逐渐产生。与气候、光源、空气中微分子和有害气体，以及材料的使用和材料的类型有关。它可以形成一层保护层，也可能极具破坏性。如人手上的汗，户外铁制门把手因为每日多次的使用会形成高度浓缩的绿锈，形成一层保护层，能防止进一步生锈；又如灰尘，它会与空气中的水（湿气）、二氧化碳、氮和二氧化硫结合，极具破坏性。

每件艺术品（文物）同时也是一件历史文物，同时一件历史文物也是一件艺术品。"[8]8 通过这个比较，他将文物的定义扩大了。在此之前的文物定义通常都仅仅使人联想到建筑和雕塑等多位于外部空间的事物。

瑞格尔以一张15世纪的羊皮纸作为他的理论的进一步证据。"最简单的内容，譬如：一份购马凭据。符合历史时代的内容，纸的形式、规格和纸张因年代久远而产生的变化（如铜锈腐蚀和字体褪色）都有重大的意义。显然最具价值的是其承载的经济或者政治历史信息。"[8]3 瑞格尔在书中将他阅读时的意识与在观察艺术作品时的感官认知做了对比。他的著作涉猎内容丰富，从各种原材料、不同艺术流派到科学学科和主观认知都有涉及。

（3）纪念价值。"……保存了永不逝去的、永远有现实意义、永不停歇的存在状态……""如果不经修复，文物就会消失。文物的年代是纪念价值的致命敌人。"[7]165-166 这些物品在通常情况下需要持续地对其第一历史性加以保护，而不能容忍在材料上留下任何的历史痕迹。因此，即使是观察者不能肉眼见到的铜锈腐蚀和其他损坏也都需要加以修复。书本亦是如此。对一本非常珍贵的书籍，因为其用料考究或以某一特定事件为某种重大意义而制成，意义独特或情感特殊，都是其具有特殊价值的原因。

2．当下价值

"当下价值来源于……对感官的或心理的需求的满足；前者即实际使用价值……，后者则指艺术价值。"[8]40-42

（1）使用价值。使用价值存在于仍有功能并可使用的文物对象。"如果将其使用功能剥离，大多数情况下则必须制作一替代物。"[8]43 "……自然的洗礼和时代的痕迹是造成文物可以感知的历史价值的一部分。在无替代物的情况下，可以看作文物被无可替代地剥夺了使用功能。"[7]167 例如：一本由私人或图书馆珍藏的藏书，必须加以保护和修复，以保证它的使用价值。否则，将不得不另制作一副本。副本显然无须完全复制，但应拥有与原件相同的内容。对图书馆来说，如果这本书不能被阅读调用，也就失去了馆藏价值。因此明智的选择是：在清理图书之前不仅要考虑藏书的状态，还要留意书籍的来源，因为藏品可能有特殊捐赠或其他类似纪念性背景。

（2）艺术价值。艺术价值也属于当下价值，必须满足当代艺术审美的需求。"每一件艺术作品都因其新意而有独特之艺术价值。"[7]170 "每件文物只因符合当下艺术审美需求而具有艺术价值。"[7]170 瑞格尔认为艺术价值与当前政治、宗教和市场价值都有关系。这些因素决定了哪些艺术流派或者艺术家代表着趋势。可想而知：有多少重要的文化历史遗物被毁或被翻改，而仅仅因为它们出于不同的原因不符合它们所在时代或地区的艺术认知。

①"取得新价值的唯一途径是用与保存年代形成绝对矛盾的方式加以保存。"[7]171 瑞格尔想要表达的是：在不考虑历史价值的前提下，将作品以完整的外观、颜色、艺术风格以及成就保持崭新状态的方式。"新价值可以被任何人，乃至是没有受过任何教育的人判断出来。只要让大众看到全新的状态的美即可。"[8]47 以著名文物《蒙娜丽莎》为例：出于展览需要，文物的老化不应被

察觉。由于画作需要长期供观众欣赏，当其发生某种老化或有灰尘沉积，就需要加以处理，以满足公众对展品完美的期待。在此也可以理解为：过度关注，也意味着由于经常干预而造成的损失，对文物其实危害很大，因为要通过不断修复和复原来保持文物外形和颜色的完整。

②相对艺术价值是指："前辈的作品，不仅是富有创造力的人克服自然的证据，他们对形状和色彩独特的艺术见解也都值得称道。"[7]179 这意味着不仅有创作性的、表现精湛技艺的作品能够体现出价值，而且新颖的、不寻常的、有特色的，甚或有时候难以理解的艺术作品都能体现出价值。从根本上来说，既往的艺术只能从当今视角来评判，因为历史从整体而言是抽象的。人们对历史文化的理解只能源于对历史知识的认识。人们缺乏对过去的体验和经历，对于未来亦是如此。这种不确定性使得艺术价值只能是相对的。瑞格尔从他的时代认为，"……当两个最新的当代审美观念陷入了冲突时……：相对艺术价值，与当代艺术相同，体现出相对于历史价值的一种新价值……究竟哪种价值会胜出？我们拭目以待"。[8]60

瑞格尔的问题似乎在一百年后的今天仍无答案。传统价值更偏向于预防性保护措施，提倡养护性的修复工作。尽管当前此价值取向大行其道，但现实却往往有所差异。优先考虑传统价值就意味着承认艺术作品会进一步地老化、分解的预期，对这类艺术品的欣赏往往需要相应的教育背景为基础，这样才能了解已经残缺的文物。与之相反，则是对文物表面进行大规模的修补、复原，新价值的美观性使人们更倾向于在视觉上获得良好感受。这是两种南辕北辙的意见。真正的真理往往是在修复过程中找到的中庸之道，这需要对每件文物具体分析，以寻找最合适的方案。

5.1.4　当代可移动文化遗产的价值

自瑞格尔以降，针对文物价值的课题，尤其是对可移动艺术和文化遗产的价值，人们进行了细致而深入的研究。最新变化发生在几十年前，某政治事件（即原德意志民主共和国①的解体）导致了对价值体系的全新评估。

德意志民主共和国的解体，直接导致人们对一些不能再购买到的东德物品和产品的态度发生了转变。此类物品很大一部分在当时都以过时或低档为由而遭淘汰。人们发现了来自西部的新商品，并觉得它们更有吸引力。短短几年之后，人们即觉察到了东德文化的流失以及社会整体认同的缺失。该文化断裂使人们对先前日常生活用品产生了新的视角，由此产生了对东德时代旧货和手工艺品的收藏行为。这些物品相对来说依然很新，但满足了人们对过去时光的怀恋。在几十年后，这一怀旧价值将会转换为一种历史价值，并被视为一段历史。此类收藏品将会作为人们了解1961年至1990年德国东部历史文化的桥梁，成为这段历史的见证。

人们对艺术品和文化遗产的兴趣只是通过媒体、展览、出版以及可体验到的收藏等公开的形

---

① 又称"东德"。

式来实现。在它们被遗忘和消失前，公众可以赋予这些物品观赏价值和知名价值。

下文就可移动文化遗产的一些价值评估问题作一概述，篇幅有限不能尽述。

1. 个人价值

特点：主观-情感-美学；记忆、纪念、个人关系、装饰性。

对于个人委托人而言，个人主观意识在评价物品价值中居于主导地位，而物品本身的价值次之。需要注意的是，物品的价值在将来可能会因社会变化而被重新定义。一些用当前眼光来看对大众意义不大的物品，包括目前使用的一次性物品，将来可能获得更多的价值，成为体现时代风格和生产水平的文物，从而贡献其文献价值。

因此有必要对当代文物的价值加以评估，有选择地为后人留下一些文化遗存。尤其是当代的艺术品和工艺品，虽然部分作品在今天看来可能价值不高。即使是现今被称为媚俗的艺术品[1]，仍属于文化遗产。在困难时期人们渴望祥和的世界，造成了对这些媚俗艺术品的需求，仅以此角度出发，也有理由对媚俗艺术品进行保护。人们不应忘记：所有物品都是人创造的、用来买卖的。

另需提及的是自工业化以来大批量生产的产品，如印刷厂生产的杂志、图书或图片，这些印刷品因为印制年代和印刷技术在价值上都有提升。一些相对现代的、由于成本原因不再被应用的技术，例如印制高档纸张的彩色石版印刷，因收藏家的追捧而不断增值。仅应用于相对昂贵的摹本上的珂罗版印刷也有显著的升值空间。从社会史角度来看，艺术作品仿真复制品也能体现社会的变化。任何公民不论其社会地位，都可以买得起符合其审美的、接近原作的仿真艺术品。在此，艺术作品是否真实反倒是次要的。艺术品印刷技术的提高所产生的创新，使得外行无法区分一幅水彩画或油画的真伪。每当一幅其实是彩色平版印刷的水彩画被揭穿时，所有者当然会大失所望（已有此经历的人非常熟悉）。尽管如此，它仍然可以成为传家宝。虽然这幅画作为印刷品，与水彩画比较，价值并非独一无二，但仍极为罕见。无论如何，它保存了精巧的印刷技术。

2. **作为家族史的理想价值**

特点：主观-政治性；身份认同、回忆、统治权。

作为家族史的理想价值涉及任何形式的物品，此类物品或是几个世纪以来就归属于某家族，特别是贵族家庭；或是对某家族有纪念意义的、通过几代人流传下来的极为重要的信物。前一种情况，物品的价值最大，无论是从材料、制作工艺还是艺术成就方面都无可否认。通常情况下，对家族以外的人，这些物品也能体现它们的文化和历史价值。此种价值是客观存在的，当它们对公众开放时，价值也就得到了体现。它们通常不仅具有艺术性，还用料考究或艺术设计非同寻常。后一种情况一般是指家传的有纪念意义的简单物品，会随每一代的传递而逐渐失去回忆价值，通常也注定了其消失的结局。

---

[1] 从对一定艺术理解的角度看是媚俗的（和带有感情色彩的）艺术作品、音乐或文学，媚俗的设计或使用物品。

3．对群体的理想价值

特点：主观-传统；归属感、自豪感、身份象征、证明、传统礼俗。

文物因记录了某群体（例如机构、公司、俱乐部、教区等）的历史成为联系群体关系的纽带。它可能是旗帜、奖杯、奖牌，也可能是自产产品。一些公司和协会为达到某种目的而加以收藏（例如加强集体荣誉感和自豪感，或者是宣传公司或集体的历史）。一般情况下，最初是在一段时间中的自发收集，属于不经意的行为。此类物品同样也能反映出历史价值，而文化或艺术的价值不一定是必要条件。例如，某教区的耶稣降生布景，此场景每年都会重新摆放布置。修复工作中经常遇到此类物品。通常情况下这类物品具有特定使用目的，至少偶尔会使用，还有一定可用性，甚至可以说是可用性保证了物品的群体价值。

4．对人类的文化价值

特点：主观-客观-历史；独特的文化价值。

文化价值代表几个层面的唯一性和独特性，如古老、稀有或唯一性。稀有性意味着该类型的文物存在两个或多个，唯一性是指因为历史原因该文物独一无二。

业已消失的文化留下的遗迹是历史的见证——信息价值。埃及王后纳芙蒂蒂胸像或米开朗琪罗的大卫的美则具有唯一性。作曲家约翰·塞巴斯蒂安·巴赫和沃尔夫冈·阿马德乌斯·莫扎特或诗人约翰·克里斯托弗·弗里德里希·冯·席勒和约翰·沃尔夫冈·冯·歌德的手稿原稿是不可替代的独特唯一文仵。曼弗雷德·科勒这样描述："如果一件艺术作品是作为对一种独特的创作行为的见证，那么它的价值具备不可复制性。原著就是独特，就是唯一！"[9]77 通常情况下其文化价值需要很长一段时间才能表现出来。价值可持续性和在文化领域以及社会上能引起的巨大反响将再次确定该价值。

瓦尔特·本雅明定义艺术品的唯一性为"……与传统融于一体"。[10]21 瓦尔特·本雅明指的是艺术作品在所属的整体语境下具有唯一性。瑙姆堡大教堂乌塔供养人塑像（13世纪中期）可以作为实例。雕塑本身具有突出的艺术和文化价值，但只在所处教堂雕塑群中它所处的位置上才有唯一独特性。雕塑接受岁月的洗礼，且与其他雕塑构成艺术整体气氛，有着不可替换的价值。此价值在将雕塑移至博物馆时会大大削弱。另一个例子是诗人约翰·克里斯托弗·弗里德里希·冯·席勒在魏玛的故居。故居内尚有大量陈设，例如席勒的家具和壁纸，保持原状的内部陈设影响了所有参观者的主观意识。即使一把简单的椅子，因为是席勒坐过的，自然有独一无二的历史感。在原始环境中产生的第二历史性，增加了其文化意义。

所有有文化价值的文物都应该得到保护，而且要以保留历史性和尊重总体历史语境为前提。

5．宗教价值

特点：主观-政治、精神上的；信仰、传统、身份认同、崇拜、礼俗。

信仰是社会文化的生存基础，对社会有着重大的意义。宗教以礼俗的形式在社会中存在。宗教所使用的物品都具有第一历史性的文化价值，如果此信仰继续活跃存在并继续使用所需物品，那么物品的文化价值将会得到延续，并具有第二历史性。此物品可以是弥撒使用的近代圣杯，也可以是有几百年、几千年古老历史的神圣遗物。手工艺文物通常都是由珍贵材料制成并且（或）有特别的设计，仅外观即能显示其价值。文物的宗教价值来自不断变化的文化价值、艺术的审美价值和直观鉴赏价值。这些文物会在博物馆作为展品展览，但在非宗教场景下（如博物馆）进行展览使参观者只能局限于观赏文物。博物馆旨在将文物的文化价值与宗教意识的思想剥离开来。"博物馆的核心任务是收藏、保存、研究、展览和传播知识。"[1]

修复人员也必须考虑到上述差异。无论是在教堂、博物馆内还是作为私人收藏，文物修复和保护方案都应考虑到它目前必须履行的使命。此外，还必须考虑到每件文物使用的个性，以及不同安置地点和不同气候条件。例如，在教堂中不可能实现恒定的气候条件，这与在博物馆中的情况截然不同。对于博物馆藏品，预防性措施绝对足够。

6. 普遍历史价值

特点：客观；政治历史、历史事件、身份认同。

拥有政治背景的文物呈现了本国和他国的历史文化。一些文物于当代仍有深远影响。和约、证书、文件、信件、书籍和其他文献见证了王朝家族史、联盟史、动乱史、战争史的真实存在，证实人们的出生，记录社会的变迁和发展。

文物的年代与历史价值的相关性较小，更为重要的是其是否保持了历史连续性。如果某事件对将来、对下一代有重大影响，则是记录当下重要事件的物品。此范畴包括所有属于历史、记录历史的物品。

查理大帝加冕礼、马丁·路德宗教改革、第二次世界大战以及德国柏林墙的倒塌，从事件的历史价值看都超越了国界，有着非同一般的政治意义。每一历史事件的发生都对历史的连续性具有重要的意义。对有历史价值的文献[2]类文物来说，其真实性至关重要。首要问题是要对它们进行保护，而要做到长期保存则需采取保护性措施。

7. 艺术史价值

特点：客观–主观–意识塑造；代表时代、艺术个性、艺术或技术创新、时尚、物质价值。

就艺术的创作动机、理念、主题、创意、构图、技法和个性而言，每件文物都有其独特之处，多种特征的集合决定了艺术品的价值。艺术史的价值与历史相关。一件或一组作品如果对后世的艺术发展产生影响，那么它或它们散发出来的魅力便可以被衡量、评判。而作品的作者都是决定艺术史发展走向的先锋艺术家或艺术家群体，比如德国的桥社（Die Brücke）[3]。

---

[1] 源自德国博物馆联盟（DEUTSCHER MUSEUMSBUND）官网文献《博物馆伦理：任务与责任》（*Museumsethik: Aufgaben und Verantwortlichkeit*）。

[2] 拉丁语 Documentum，意味着证据、证书。

[3] 桥社是德国表现主义的一个艺术组织（1905—1913），成立于德累斯顿。重要代表人物有埃米尔·诺尔德（Emil Nolde）、恩斯特·路德维希·基什内尔（Ernst Ludwig Kirchner）、埃里希·赫克尔（Erich Heckel）、马克斯·佩希施泰因（Max Pechstein）、卡尔·施密特-罗特鲁夫（Karl Schmidt-Rottluff）、奥托·穆勒（Otto Mueller）。

正如前文5.1.3节中"艺术价值"这一部分提到的,非常珍贵的艺术作品经常被反复修复,以保持它们的新价值。一些作品,特别是绘画作品,因为使用了强溶剂清洗表面,常常会遭到损坏。通过在作品上再次覆涂遮盖,可以修饰、隐藏损坏。被持续展览的作品通常都属于此类文物。博物馆的参观者期望艺术作品历史悠久且毫发无损,在任何时候都能呈现出其审美价值。因此,保护好此类艺术作品是非常重要的。但实际上要接受其不可避免的自然老化。实际情况表明,感兴趣的参观者一般对于艺术作品原创价值的诠释以及对修复措施都持非常开放且乐于接受的态度。从长远角度看,接受真实感和历史感的保护和修复措施,能给人们带来新的视觉体验。

另外,对文化历史有重要意义的作品会出现老化和既往修复导致的视觉失真现象。一个非常广为人知的且被多次报道的事件就是对西斯廷教堂米开朗琪罗的壁画进行清洗的事件,清洗后壁画鲜明的颜色带来的震撼让人赞叹。但同时也存在对这一事件的很多批判性意见,甚至一部分人拒绝接受这一做法。原有的对米开朗琪罗的艺术表达的视觉感被动摇。无独有偶,在柏林国家艺术博物馆旧馆展出的由卡斯帕·大卫·弗里德里希（Caspar David Friedrich）创作的两幅画作《海边僧侣》和《橡树林中的修道院》,在经过两年的修复后,再一次呈现在公众面前。修复前原修复层涂面老化和无数纽纹开裂严重影响了视觉效果。画作经过再次加工,清除覆盖层后其第二历史性被剥离,人们对弗里德里希的画作有了新的认识和理解,修复加工起到了重要的作用。艺术史价值在此类情况下比历史性更具优先权。

8. 社会史价值

特点:客观-主观;身份认同、文化历史价值、社会政治价值。

常常是一些生活日常用品,使用时并未显现出特别的价值,但却能清晰地反映出当时的生活方式和生活水平。最古老物品的社会史价值属于考古学范畴。通常都是一些琐碎的考古发现,可以帮助人们对早期物品的加工技术和使用有所了解。文字材料也属于考古学的对象,其最重要的价值是获取信息。

一些近现代物品也会被收藏,如涉及某个主题的特殊藏品,以及收藏在地方博物馆里的其他藏品。其中塑料制品就很值得思考,比如由赛璐珞合成树脂制成的物品。这种材料在发明时属于伟大的科技成果,被广泛加工成日常生活用品,由此产生了一批数量众多、非常有艺术性的物品,或是玩具,或是装饰品。塑料制品还包括由橡胶、聚酯和丙烯酸树脂材料制成的物品。塑料不仅在艺术上,还在文化商品制造上有着广泛的应用。然而,由于大多数塑料制品易老化,其未来收藏会面临越来越严重的问题。"放弃对长期耐久价值的追求,这是生活富裕（用过即弃）对社会经济的负面影响。"[9]77

9. 市场价值

特点:主观-相对性-投机性;观赏价值、气派、折旧价值、投资。

市场价值是一种不断变化的价值,取决于当前的供给和需求,可能会有非常大的波动性。就当代艺术而言,未来的价值是不可预知的,因此市场价值仅在一段时间内有效。与此相反,长期被遗忘的艺术家可能会再次赢得关注，其作品市场价值会上升。

遗憾的是，艺术品常被作为纯粹的投机对象或投资对象而被收藏，造就了繁荣的市场，价格也被不合理地推高，当然价格不一定会一味地持续增长。观察国际公认的艺术品会发现：市场价值是取决于时尚和社会环境、某个社会或某个国家的经济实力的。另一种购买艺术品或进行收藏的动机是提高社会声望和社会地位。艺术，无论是过去还是未来，总是一种个人超越自身价值的手段，仅因为拥有就能体现出收藏者的悟性、品位、情趣以及相应的财富，反映出人们所属的特定社会阶层和社会圈。艺术在此是次要的，仅是达到目的的手段而已。

从保护和修复角度而言，艺术品应采用中立的保护和修复标准。由于人们不断获取知识信息，对过去时代不断产生新的看法，一些艺术作品获得了新的价值评估。价值的转变常常与社会和政治的变化相关，而时间的流变通常会让文物获得相对中立的评价。人们一般会在艺术和自然科学的帮助下对艺术品进行客观评价。这些并不能给出绝对的答案，但可以不断提供发展性的改进方法。

对当代艺术品进行修复时要注意：在发生损坏的情况下，只要作者在世，未经询问或允准，不能对该艺术品进行加工或修复，甚至很多情况下应由作者本人亲自修复或复原。修复过程中作者甚至可能对原稿进行改动。艺术家有权"优化"其作品，虽然这可能会导致艺术家与所有者发生冲突，但这是可以理解的。

10. 历史性普遍价值

特点："第二历史性"——基于切萨雷·布兰迪的理论形成的文物学概念。从文物制作完成到当下的时间段被称为第二历史性时期[5]。

每件日常生活中的物品都在呈现其状态和文化。每件物品都有独特的故事，也体现在其第二历史性之上。因此，之前论述过的价值都有历史价值。可以感知的视觉和历史价值都受时间因素和丰度的制约。一件物品经过多久才能获得历史价值，目前并无笼统的定义。艺术家的死亡可以引起更多的关注和认可，因为此艺术家的创作突然结束了。一些国家规定，超过50年的作品，只能在有离境许可证的情况下才能带至境外，这一方法可以保护本国的文化遗产。对谱系学专家来说，大约30年为一代，意味着经过两代后使用的物品就能得到其历史价值。简单的文物也属于这一类。例如，一本发行量为2000册的图书，如果某册书的所有者是一位要人，则会使其获得价值，所有者的印章和批注内容的手迹同样也能增加其价值。又如，最早上市的移动电话或智能手机，一段时间后，因为其当时对社会的重大影响而拥有收藏价值。

从上述例子可以很清楚的认识到：人们要在早期阶段认识到文物的独特性和特殊性，以便更好地对其进行保护。然而，对此类物品进行有针对性的选择是非常重要的，不是所有的物品都可以或者必须加以收藏。

总之，除文物本身的状态和外部的保存环境之外，价值对修复流程有很大的影响。认识和比较上述这些价值对制订修复方案有很重大的意义。

5.1.5 欧洲和亚洲价值观比较

当前的知识水平和世界观决定了人们对历史、艺术和文化的理解，而基于这一理解力产生的态度和原则决定了修复工作的基础。

从各种伦理价值出发，修复人员应致力于保存文物作品中所含有的全部信息。随着时间的推移，信息逐渐流失是自然规律。文物存世的时间越久，保存其所承载信息的迫切性就越高，应按此原则依次延缓老化的进程。

所有研究和修复期间收集的信息都必须被仔细地加以记录。文物承载的精神面貌和历史语境不仅对欣赏者，也对科学家有不可替代的意义。完全未经处理的文物往往能提供最全面的信息，尤其可为后世提出的问题提供答案。但不能因此放弃必要的修复，不采取有效措施进行保护。即使在最好的保存条件下，物质也会持续分解，导致文物的损失，以至于信息流失进一步扩大。

人们对艺术和文化遗产不同的需求，使得社会对文物的理解和态度很难统一。艺术史家和修复工作者之间存在意见分歧，不同宗教和社会对文物理解的视角也大相径庭。艺术史家更倾向于对艺术作品的第一历史性进行解读。他们认为：只有在最真实的"原始状态"中，才可以认识到艺术主旨、创作意图。通过解读手稿的风格可以发现杰作蕴含的原创灵感。而对修复工作者而言，无论是艺术品创作时期的原状，还是历史演进过程的痕迹，都有相同的价值，修复者努力保护与历史相关的一切变化。通常人们更喜欢欣赏外形和色彩完整的艺术品，享受其美学价值，行使其宗教或精神功能。人们往往不关心它们是否为原始状态、是否经过修复或者翻新。

对艺术和文化感兴趣的群众更愿意去研究文物历史。如因为何种原因造成文物在过去的时间里出现了改变。观察者是否接受材料老化、因历史原因受损或破碎的状态，都取决于观察者所接受过的历史观教育。这是博物馆学者、艺术史家、修复师应该努力向公众传达的理念。

近来艺术学者和修复工作者倾向于将向公共开放的、有价值的文化遗产撤出展览，采取预防性保护措施，以副本或摹本来取代真品进行展示。预防性保护措施包括转移保存环境，尤其是在不能满足保存的气候条件、空气条件或光照强度太大的地点。

将一件文物从原有的环境中取出，保存在博物馆库房中或在博物馆的展区进行展览，在新环境下文物失去了原有的部分价值，即创作原因以及它在原始环境中履行的功能。即使在艺术品之前的作用已知的情况下，也会因为功能的不可见性而无法被直接感知。这就是为什么圣母像在教会是被敬拜的圣物，而同样的雕塑在博物馆却仅仅是一件艺术品。

由此引出的问题是，雕塑原初是否就是人们今天理解的艺术品？答案显然是否定的。圣母像难道不是一位虔诚艺术家出于宗教信仰而创造出的艺术作品？雕像在教堂内散发着光辉，而光辉是教徒转移到雕塑上的内心信仰。毫无疑问，空间状况的改变使人们重新看待艺术作品，并且不排除会对其做出新的评价。

这同样适用于那些以前日常使用、现在在博物馆里占有一席之地的文物。此类物品通过展览获得了更多的关注和价值。展览拉大了文物和参观者之间的距离，日常生活中不可分割的物品成为人们纪念和思考的文物，人们不可避免地要重新从历史层面对物品进行思考。

欧洲文化价值观转变最明显的例子可以在建筑中找到。在过去的数十年里，因为教徒逐渐减少而游客大幅度增加，很多庙宇都转变成需要付费参观的博物馆。场所和物品的意义变得模糊，教堂与其内部设施一起转化为艺术品。当然，它们之前也是艺术品，但是参观时的意图和思考却发生了变化，信仰光环已不复存在。此类文化背景的联系只有通过导游讲解才能得以知晓，并且只是很抽象的理解而已，只有极少游客知道墙壁上、玻璃窗上和悬挂的画作上的内容。由于西方世界中人们与宗教联系急剧减弱，结果教堂被亵渎或被用作其他的用途，最终教堂作为建筑失去了它们原本的意义。有些教堂被改作艺术画廊，有些教堂被改建为迪斯科舞厅①，仅仅是建筑的外观作为城市形象的窗口被加以保留。

欧洲和亚洲在评估文化遗产的观念上有较大的差异。在亚洲经常能看到很多古建筑被"复原"到"新"的状态，文物被保护得完美无瑕，绘画作品尤甚。作品细节完整且清晰可见，而第二历史性仅仅存留在意识层面。当然，一幅有着相同质量、古老且未经修复的画作在亚洲有更高的优先级；而那些被重新修饰，也许已经看不出年代的画作，并不一定会降低价值。在亚洲，对于文物本质有不同的看法，除了一定的宗教和信仰背景因素外，和各国自有的文化也有着很大的关联性。此处以两例加以简要解释。

一个例子是，一幅印度拉达克寺庙里的壁画亟须修复。居民和僧侣不希望佛祖的形象和其他象征物有所缺失。对外来游客而言，壁画仅仅是一件拥有文化和历史价值的艺术作品。而对佛教信徒来说，壁画则是整个宇宙的写照，在修行冥想时有更深层次的作用。僧侣希望修复造像时将油漆层脱落的部分通过覆绘的形式来复原，而不受年代和审美的限制。"佛教徒追求的是参悟。他们认为保持原作原始状态没有意义，对他们来说维护完整的造像象征着完美。而对一名西方观察者而言，不仅造像的外观有意义，它的历史也有意义，鉴赏时文物作为历史的见证有着重要的意义。壁画对他来说不仅有宗教价值，也有艺术价值。因此寺庙的僧侣希望修复有瑕疵的部分，并补绘大块的已经佚失的原始壁画，而西方修复师们却希望尽量少地改变壁画原有的状态。"[11]

西方的观念和标准与当下的佛教文化发生冲突。如果使用保护文化历史遗迹的标准，就会导致失去重要的文化传统。艺术作品的独特性和其在文化传统中的嵌入状态是等价的[10]21。如果不是为了使用这些作品的宗教信徒，那么人们究竟为谁保存破损的佛教壁画呢？根据以往经验，保护古迹可以吸引游客。而旅游虽然会给当地社会经济带来改变，但也会对艺术作品本身产生负面影响。汹涌的人流会导致小气候的变化，展示艺术作品所必需的照明以及游客照相机上的闪光灯、旅行背包不慎造成的机械划伤都会给艺术品带来不利影响。如果严肃对待当地文化生活方式，则

---

① 作者按：三十多年前作者于柏林克罗伊茨贝格某基督教堂亲历。

应对壁画加以修复或者覆绘。没有实用价值的作品也就失去了各自原本的功能，同时也失去了有生命的历史性。

另一个例子是，在日本供奉卷轴形式的圣人像是一种仍被尊奉的文化习俗。按传统，可将画作揭裱后进行重新装裱。通过这种方式修复，画作自然会遗失部分历史，而在日本文化中，这部分历史并没有其他意义。圣人是纯粹的人，因而看起来也必须一尘不染、干净整洁。只有新的画框才符合纯洁的标准，相当于一件新袍。一个污损的，即使是整修过的画框也是不能容忍的。

从修复者角度来看，应该更多地理解和接受其他文化，这是修复工作中至关重要的。因此，修复者具备对其他文化思想的理解和接受的态度更为可贵。此方法可转移，但绝非文化的自我理解。在西方国家，使用日本工具和方法进行纸张修复早已是常见的做法。而在修复伦理学方面，则仍偏向坚持传统原则。毕竟欧洲基于自身文化而对形式、色彩的完美诉求与亚洲国家是一致的。

欧洲文物保护和修复的执行标准是符合现代价值标准的。许多宗教传统都不复当年，多数人也放弃了几百年来对文化起重要作用的信仰。当今快节奏的社会环境下，人们遗忘了许多传统习俗，而文物保护则可以理解为一种对传统的保护。

5.1.6　现行的文物保护和修复办法

马克斯·J. 弗里德伦德尔（Max J. Friedländer）[①]在1946年写道："我们想对艺术品提出问题。为了尽可能不忽略细节，使工作更有意义，甚至准备了调查问卷。"[12]133 发现需要澄清的问题，这可以被理解为学习的基本原则。在修复工作中实践这一原则容易导致对文物误读，而误读反过来又对制订修复计划产生巨大影响。

弗里德伦德尔还提到："修复是无法避免且又必要的措施。必要是因为一件文物马上就要倾毁。质疑修复措施——修复师修补文物、填充缺口、恢复原始状态，即便是最保守的行为也存在风险。"[12]166

时代已经改变。如今不是修复师想填补艺术品上的瑕疵和缺失，而是大多数修复委托人有恢复美观的要求和愿望，包括去除铜锈、修复所有艺术品色彩和形式上不可见的缺陷。乔治·德希奥（Georg Dehio）[②]在其著作中写道："岁月的痕迹，比如裂纹和断口……在历史文物保护者的眼中艺术品是历史的见证和检测历史真伪的证明。"[13]

《威尼斯宪章》(*Charta von Venedig*)[③]的第9条也有此意义上的论述："修复是一种保留特殊特性的方法。其目的是保护和发掘文物的美学和历史价值。以文物的传承为出发点，建立在真实的文献资料上。假设开始的地方就是修复的边界。如果出于美学或技术的原因有必要对一些文物进

[①]　马克斯·J. 弗里德伦德尔，德国艺术史学家，1908—1930年为柏林铜版画陈列室负责人，1930—1933年为柏林美术馆负责人。
[②]　乔治·德希奥（1850—1932），德国艺术史学家，1905年发表了《德国艺术古迹手册》(*Handbuch der deutschen Kunstdenkmale*)。
[③]　制定于1964年的《威尼斯宪章》是保护和修复古迹的国际公认的准则，是本课题的最重要的文献。

行修复，而这些文物的完整外貌却是未知的时候，补充添加的部分就应该区别于艺术品现存的部分，以此打上当代的时间烙印。修复工作应该包括作为准备工作的相应的考古和文化历史科学研究。"[14]45-60

就被修复文物进行讨论是每次修复工作的开始。针对每件文物的修复方案，或按照一般标准或更为复杂，完全取决于文物本身。评价每个对象的修复方案是否合适要参考多方面因素。修复师并不能独自决定修复方案。一些收藏单位和私人委托人对文物修复效果有明确的需求，以达到其整体收藏和展出的目的。这偶尔会造成委托人和修复师之间的分歧。对于委托人而言，文物未来的功能性是首要的，所有的损坏都要修复，必要时可以复原或者重构。而修复师对文物则没有任何的预设和诉求，更倾向于使用可以长期保护文物的必要手段，并认为某些文物的不完美现状属于文物的一部分而不需要立即处理。当然，保持和恢复文物的功能性仍然是修复工作的一部分。但就功能性问题而言，并非每件文物都有满足委托人所有预期的条件。

以艺术品为例，一件尘封在博物馆库房中几十年的文物亟待修复，修复后需要展出。造成文物状态不尽如人意的主要原因是外部条件，并非过度使用。修复方案不仅需要考虑对文物保护和加固，也要考虑美观。无法在历史沧桑中解读个体性和美学价值的文物将失去其功能和意义。修复方案必须以重塑文物尊严为目的，要充分表达表现风格、表现方式和表现内容，又不制造新的、先前不存在的状态。这意味着需要让文物有机会自我呈现。这一目标是修复的最高理想，也是一个艰难的过程，需要广博的知识和丰富的经验才能实现。

以重塑文物尊严为目的修复方案意味着让观众从设计、造型和色彩的角度欣赏作为艺术或文化历史作品的文物，使文物的内容具有可读性。可见的老化迹象可以使这些内容在观看时变得有生命力。老化的历史感不再是破损，而是文物的唯一性和个体性，是文物的历史存在，也是文物独特美学价值的体现，并不会降低其艺术或历史价值。

从这个意义上来讲，文物的保存、保护是一种手段，不仅是对材料，更是对历史和美的保护。修复也应该遵守同样的原则。保护和处理不当经常会对文物造成明显的破坏，剥夺了文物的美学存在和历史存在，导致文物的真正价值不能得到认识和尊重。对于此类破坏文物尊严的处理行为，必须通过修复加以弥补、匡正。

图书馆里某册长期被借阅的图书，因为使用造成严重损坏而需要修复，以便其能够继续实现固有功能。此册书承载了太多的信息和使命，而阅览行为会造成显而易见的磨损。图书的价值首先是可以为人们提供信息，所以只有重新装订才能继续使用这册书。这需要由熟练的装订工进行修补工作，因此图书馆最重要的工作是保护①[4]126。

一旦图书达到一定年限与图书馆构成一定历史关联关系，就会产生历史价值。此时将此书转至非外借阅览室较为妥当，因为使用频率过高会导致图书迅速被破坏。如果图书被破坏得太严重

---

① "保护"一词主要用于图书馆和档案馆。

则必须被替换。一些珍本或孤本必须经过特定的修复师修复后方可存放在档案室，以期将来为专业人员和相关研究提供信息。这种情况下电子书是很好的替代方式。图书作为文献通常最重要的价值是其内容，图书馆可以电子书的形式提供书中的内容。修复师的工作还包括为收藏家和博物馆提供相应的建议，以便文化继续得以保留。这里有两个必须满足的先决条件：一是修复师受过专业的基础培训，并且在其专业领域不断深造；二是需要博物馆或图书馆负责人和修复师之间的职业信任。

道德和历史问题与自然科学相辅相成，前者能提供关于出处以及制造技术和方法的问题，后者则在修复应用中发挥作用。在下面的章节中会介绍修复工作中的一些关键问题。

5.2 常见纸张受损方式

除自然灾害和战争外，纸张也常因自然老化、日常使用和收藏方式等原因受损，修复行为也可能对纸质文物造成破坏。

遗憾的是，迄今为止人们很难找到记录前人修复的图纸和档案，即使关于较近历史时期修复的简短介绍也非常匮乏。将文物修复工作编写成含文字和图片内容的报告，并将其作为强制性必要环节的意识，可以在高校教育中通过逐步引导修复专业的学生实践而加以培养。为了对文物当前状况进行解读并评估，当代研究者只能从头开始研究文物的历史。经过观察和分析，研究者应记录并详细描述文物因年代和历史原因而产生的变化，尤其是当前呈现出的问题是否因造纸技术上的不足造成，抑或是出于材料本身的缺陷。此外，研究者还需评估文物的使用方式、环境条件或者其他的特殊事件（如洪水、政治动荡等），是否对文物的完整性产生过影响，其中还包括后期对文物本体采取介入性操作（修复）而造成的各种影响。这是因为，某些文物表面或者纸材料上的变化也许仅因时间流逝而形成。

下文将借助典型的工作方式来明确地提出一系列问题：某册图书中的一页污损纸页向人们讲述了怎样的历史？此段历史对修复工作又意味着什么？书页上的污渍是否应当作图书的部分历史来看待？污渍是否可以视作阅读过程中使用不当造成的痕迹？是否可作为某一历史人物的见证？是否有某种损害性物质意外掉落到图书上？特别是当文物为高价值文献时，污渍会影响文物的美观。但污渍也是图书正常使用的痕迹，比如纸上留下的手上汗渍。

对此类问题尚无"放之四海而皆准"的答案，更多时候仍要视情况而定，如污渍具有一定历史意义则应接受并予以保留。前几个问题体现了此类情况。对于后两种情况则可以或者应该采取修复措施。因此，评估文物现状对于制订修复方案具有决定性作用。

就纸质文物经常出现的一些变化，下文借助不同案例用表格的形式就其产生的原因加以梳理。表5-1对常见纸张受损方式进行了分类。

表5-1　常见纸张受损方式分类

自然老化	使用痕迹	破　损
因造纸胶黏剂与纤维的氧化、老化造成的纸张变色	特别是书籍类文物，在使用的过程中产生的汗渍	因保管或者使用不当造成的纸张撕裂
褪色，特别是日光照射导致颜料或染料褪色	在自然光以及人工光源的照射下发生的褪色	对破洞、缺损处置不当造成的物料损失，昆虫啃噬造成的蛀洞
纤维变脆和造纸胶黏剂失效	因长期使用或者长期放置而发生变形，例如书籍	因在潮湿环境中长期存放且空气流通不畅而产生的霉变
出现轻微分层，例如因空气湿度变化在表层出现的分层现象	因常被弯曲或卷曲而造成的分层，如：当书籍的封面由不同的材质构成时，常常会发生翘曲或卷曲	发生分层，书籍封面的外沿因经常磕碰而开裂或开口
黏合剂退化导致的绘画颜料变成粉末状	磨损，日常使用中产生的大量细小的刮擦痕迹	书籍摆放过密或者桌面粗糙、不洁造成的严重磨损以及较大的擦痕
铜腐蚀导致的纸张变色	保管或使用不当造成的折痕或折裂	黏合剂变色或修复不当
因周围空气中物质沉积生成的古色	日常使用造成的包浆，轻度污渍和汗渍	存放时未采取适当的保护措施而造成严重污损
因使用松香（树脂胶料）导致的pH值偏低	因污染或汗渍导致的pH值降低	因松香胶料、木材纤维和空气污染严重等原因造成的pH值极低，纸张退化

造成纸张损坏的原因一般可分为内源性和外源性两类，具体见表5-2。对于内源性因素，即文物本身所含有的可以诱发损伤的物质或者成分，多数情况下都要采取预防性保护和修复措施。与此同时，对于外源性因素，即外部因素作用在文物上而产生的影响，则考虑修复之前先采取适当的预防性保护措施。

表5-2　造成纸张受损的内源性和外源性因素

外源性因素		内源性因素
环境： ▶ 用于摆放的由木质、金属和人造材料制成的书架和书柜； ▶ 包装材料； ▶ 藏品保洁以及库内保洁； ▶ 空调和暖气提供的气候条件； ▶ 空气质量和环境中的有害物质； ▶ 光照强度	使用： ▶ 图书馆中客户和工作人员使用、读者借出、外馆借出； ▶ 通过复印、扫描以及闪光灯拍照等方式进行的书籍复制； ▶ 展出 ▶ 维修和修复	成分物质： ▶ 因纸质文物材料成分以及相关技术等原因而导致的老化和损伤，包括以下物质：松香胶料、木材纤维、墨水、铜颜料等

5.2.1 内源性损伤

内源性损伤一般指文物自身材料（如造纸工艺及原料、纸张修复或使用时再加工所用材料）发生的变化引起的损伤。

1. 造纸工艺及原料引起的损伤

从文物自身条件出发，环境质量以及气候条件在其保存过程中扮演着重要角色。纸质文物无论是使用还是展出或是环境污染都会形成很高的伤害风险。其他常与纸质文物组合使用的材料也都存在同等程度的风险，此类材料包括羊皮纸、动物皮、纺织品或者书籍装订所使用的金属材料等。

19世纪纸张生产工艺和基础原料都发生了巨大的变化，这使得纸张的长期保存遇到了始料未及的问题。

直至19世纪中叶，造纸均以旧碎布头等材料为主要原料，包括亚麻、大麻、黄麻和棉等，也包括马尼拉麻[15]。第一道工序为沤泡，浸泡处理时加入石灰浆对造纸原料消毒并加速油脂和其他有机物的分解。浸泡后原料会变得松散，韧皮纤维开始变软。同时需将材料打散，可以通过舂捣的方法进一步将材料处理得更为细碎。1670年左右荷兰发明了一种可以快速制成极细纤维的方法：加工过程中拍打纤维并切碎。因此，作为机器加工的痕迹，该时期生产的纸内偶然会发现铁屑。经加工后的纤维纸浆可以制出非常耐老化的纸。

为改善水性溶液（如墨水或者颜料等）的渗透性，还需要在造纸过程中进行施胶。施胶可以使用动物胶或者淀粉，将抄好的纸在胶水池中过胶，一次完成表面上浆。此类纸张在正常情况下老化速度非常慢。这种基础性生产工艺甚至对空气中的二氧化硫也有一定的防护功效，因此这类纸张往往可以保存数百年之久。如果使用得当、保管条件适宜，此类产品在历经多年后都不需要修复。

（1）纤维素。各种用来造纸的纤维都由纤维素构成，其中也包括木材纤维（含约45%的纤维素）和脱去木质素的木质纤维。纤维素能够赋予纸张韧性。纤维素是由葡萄糖组成的大分子多糖，含碳、氢和氧元素，其化学分子结构式见图5-1。

图5-1 纤维素$[(C_6H_{10}O_5)_n]$的化学分子结构式
来源：NEUROtiker，自绘，公有领域无专利保护

纤维素的衰变属于其化学基本属性。经数次反复折叠的纤维素高分子把结晶体的强度和非结晶体的韧性结合在一起。纤维素的特性之一是可以构成氢键：两个分子通过一个氢原子相互作用，即两个分子共享一个氢原子，形成偶极结合。所形成的氢键越多，纤维素分子间的结合力就越大，纸张的强度和耐老化性能也就越好。当纸张老化时会发生脱水，极不稳定的氢原子被氧原子氧化，导致氢键断裂，羟基因此而变成醛基。醛基非常活跃而且易反应，进而可被氧化成羧基，即—COOH。因为H^+和COO^-的结合非常松散，所以遇水会分离。纸中的酸会催化纤维素的水解，而且在反应过程中不但不会被消耗，还会使高分子的环键断裂。新的分子互相反应形成非结晶态的新化合物。这一变化逐步延伸交联成网，使纸张变脆。纤维变短后纤维的强度也随之下降。而pH值变小将再次加速纸张老化，特别是在温暖潮湿的气候条件下，情况尤为严重。加上强光，特别是短波紫外线辐射的影响，更加速了这一化学反应。在视觉外观上，这一过程表现出肉眼可见的严重或不甚严重的变色。这一过程也是一种自然包浆，最明显的老化特征是纸张的弹性减弱且耐折性下降。

（2）施胶。工业革命使造纸业得到了长足的发展，出现了规模性使用树脂施胶的工艺，也被叫作批量施胶。用于此方法的胶料属于纸内胶，这表示胶料在抄纸前即被加入纸浆中。18世纪末出现的第一台长筛抄纸机推动了造纸业的飞跃式发展。但此造纸工艺中的施胶工艺有一个明显不足，即生产时需要加入松香树脂和硫酸铝的混合物（该混合物经常被错误地认为是明矾）。该造纸工艺首先用氢氧化钠溶液对主要成分为松香酸的树脂进行皂化，然后使用硫酸铝在树脂微粒和纸纤维之间构建化学链。硫酸铝属于硫酸盐类，因此在生产过程中会在纸上形成pH值大约为4.5的酸性环境。而酸对纤维素的水解反应有催化作用，在催化过程中通过增加氢离子来打破纤维素链实现水解反应[16]。尽管不同纸张pH值因内部成分的差异而不同，但施过松香胶的纸张常常表现出pH值远远低于中性范围的现象，经过较长一段时间以后纸张会老化、变硬、发暗（见图5-2）。

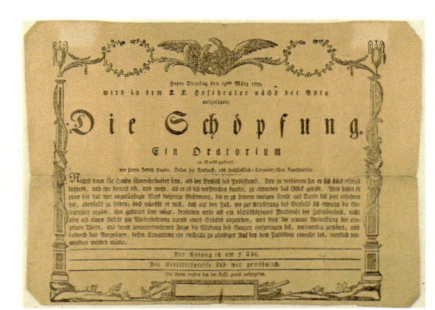

图5-2　宗教剧《创世纪》广告单（1799年3月）

机器印刷/活字印刷，碎布纸，树脂施胶。

纸张颜色严重变暗（褐色），pH值达到5.0，证明有比较严重的氧化现象存在。页面上沿的两处颜色较浅的部位系折叠造成。为将宣传单固定到底板上，背面曾用动物胶粘贴，动物胶有阻碍氧化的作用，因此纸张变色被明显抑制。

新造纸法的优点在于，通过向纤维浆内添加胶料节省了传统施胶工艺环节，同时松香酸使得纤维素获得斥水性，因而书写时落在纸上的墨水不会晕散。但添加树脂胶的纸的半衰期显著缩短（在物理学上，半衰期被定义为：指数递减的物态变量减小到其初始值的一半的时候用的时间[17]97）。

纸张的pH值低并不一定都与施胶有关，譬如德国东部某些地区空气污染曾经十分严重，即使手工制作的优质碎布纸的pH值都可能达到4.5（见图5-3）。此外，还要考虑到1800年之前的纸张大多使用了动物胶，有时候还会用到淀粉。这一时期手工制纸还会添加明矾，以此增强纸张的耐湿度以防止使用时墨水洇开。但加入明矾会让纸张变酸①，所以应对这一时期的文物进行定期检测以便对纸张现状进行评估。纸张的酸碱度是纸质文物是否可以长期保存的一项重要指标。

图5-3　贴在纸板上的羊皮纸石墨铅笔手绘图的局部（1846年）
照片：妮寇尔·阿瑞兹（Nicole Aretz）[18]

制作羊皮纸时需要使用纯纤维素纸。将纤维素纸快速地在80%硫酸中浸泡10s（19世纪时使用碎布纸浸30s），使纸张中含有的蔗糖被部分分解，随后在滴有几滴氨水的水中洗去残余酸液以阻止硫酸的进一步反应，从而获得一种透明而且有斥油效果的纸。170年后这种含酸的纸呈极度易碎的玻璃样状态，且变色（褐色）严重。托衬羊皮纸画的纸板同样发黄变脆。空气中富含的硫化氢也是造成作品破坏的重要因素。羊皮纸和硬纸板的pH值在4.5~5.0之间。

绘画作品和纸板都破损严重，画与纸板粘在一起，无法用化学方法验证是否施胶。

（3）氯漂白。使用二氧化氯对有色碎布头等原料以及废纸进行漂白可制造出白色的纸。二氧化氯属于有毒氧化漂白剂。1774年氯被发现，直到1785年才发明了有效的氯的使用方法，即所谓的"老式氯气漂白法"。该方法的过程如下：将脱水但仍潮湿的纤维材料在木制的箩子上铺开，放入漂白池内再在上面喷洒氯气。因氯气比空气重，所以会下沉到纤维上发生反应。

1799年发明的"新式漂白法"系一种改进的氯化合法。将氯气与固态的氢氧化钙结合可以形成固态的漂白粉。需要说明的是，利用氯漂白会生成盐酸和氯酸，因此漂白后要对纤维进行充分的漂洗。

化学反应方程式：$2ClO_2 + H_2O \rightarrow HClO_2 + HClO_3$

$$6ClO_2 + 3H_2O \rightarrow HCl + 5HClO_3$$

尽管在纸中残留的次氯酸盐离子会对纤维造成持续性伤害，但到20世纪人们仍然使用氯及其氧化物来去除木材纤维中的木质素。

（4）木材纤维。19世纪中叶因原材料匮乏加剧，造纸业再次发生了根本性变革。经过无数次以其他植物纤维来代替碎布原料的尝试，人们终于找到了用木材纤维作为替代材料的方法，主要原因是木材纤维资源较多且能够满足巨大的生产需求。但随着纸浆中木材纤维含量的不断提高，纸张质量却出现滑坡。木纤维相对较短而且弹性差，生产出的纸明显易碎且强度低。最初所使用的

---

① 明矾导致纸张酸化的化学反应式：$K_2Al_2(SO_4)_4 + 8H_2O \rightleftharpoons 2K^+ + 2Al^{3+} + 8OH^- + 8H^+ + 4SO_4^{2-}$。

木材碎片加工不够细碎，仅凭肉眼即可在纸上看到。因为原材料成分主要是树脂胶和木材木质素的结合（木材中木质素的含量大约为25%），故生产出的纸很快就会变色并且容易破碎。需要说明的是，部分研究者仍然不支持提高木质素的含量必然会导致纸张耐老化性下降的论断[19]。其实，硫酸铝和木质素的结合才是造成纸张破碎的主要原因。人们在翻阅这一时期的图书时，往往只凭其散发出的酸味就能分辨出那些使用了树脂胶的木纤维纸。图5-4～图5-9将通过举例说明该问题。

图5-4　1949年的纸样册

　　左侧纸张是80g/m²的含木纤维的机制纸，右侧纸张为80g/m²的不含木纤维的机制纸。含木纤维的纸已发生变色，颜色已经扩散到本来为白色且不含木纤维成分的另外一侧；不含木纤维的纸的pH值也变低。本例说明：含有木质素成分的纸应与优质纸和纤维素纸分开保管和存放。

图5-5　《壁纸和彩纸工业》书稿（1869年）

　　纸的pH值在4.5左右，纸张严重变色且变脆。放大细节图表现的是有树脂溶剂和木纤维团块略有青色的局部。为使纸张变得光滑并提高亮度，制作时显然添加了白色和青色颜料。近距离观察可以看到纸张表面颗粒粗糙，很可能是添加成分未能与纸浆均匀结合造成。

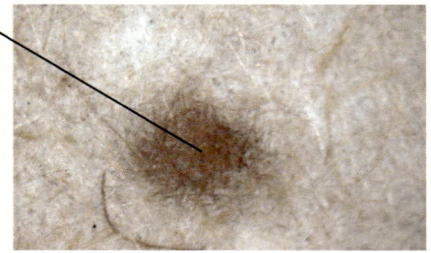

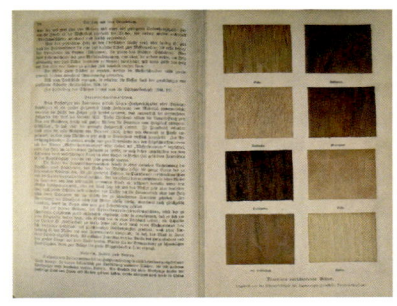

图5-6　1898年版图书

　　右侧书页为了方便理解粘贴了实木贴面，另一侧纸张变色的现象明显为实木贴片导致。此为木质素对纸张产生负面影响的直观例证。书上半部分（书顶）的印记更加明显，这是由于上半部分（顶部）是最易受外部条件如灰尘、潮气、氧化等影响的区域。

图5-7 经25倍放大的纤维素纸样

纸内添加了彩料、未经漂白的碎布纤维和未经进一步鉴定的稻草纤维。推测稻草纤维的来源是干燥的谷物秸秆、纤维植物或者荚果。图中纸片为8mm长。稻草纤维制成的纸因秸秆不易弯曲而易碎，但木质素造成的问题并不严重。

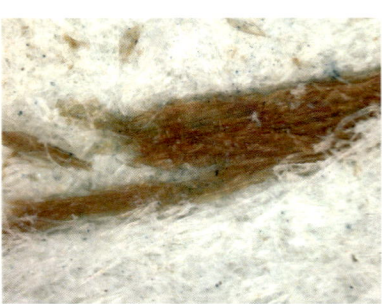

图5-8 经25倍放大的另一份纤维素纸样

纤维团中另外加入大青（一种玻璃颜料）使纸呈现出冷色调。木纤维造成纸张色调很暗，但是因添加了颜料大青，纸张仍然呈现出白色。

图5-9 1930年产的已完全老化的壁纸

壁纸贴在一张由报纸制成的废纸板上。纸质均极差，纤维非常短。造成这种状况的原因主要是报纸的半衰期太短，最多不超过一周的时间，而壁纸的寿命也不过10年。

从历史学的角度看，这批低质量的纸出现在两次世界大战之间的物质匮乏时期不足为奇，但同一时期也有质量非常好且很耐久的纸。

当代纸张修复工作中图书保养的最大挑战是数量庞大的木纤维纸。大量濒于破碎的书籍和手稿已来不及通过手工方式逐一修复。一些专业公司使用大型设备承担去酸和加固的工作，其时间成本更低且处理能力更强。目前委托作业已不按件计价，而是按照体积（m^3）来收费。

如纸张耐折性严重下降，折2～3次甚至仅触碰即断裂，则该文物已无法抢救，只能任其发展。一般来说插图（版画）鲜有这类问题。1850年后，书籍中的插图大多使用有涂层的铜版纸，或者选择其他质量较好的纸来印刷。对于有更高价值的单页插图，纸张质量则更为上乘。这些质量较好的纸虽然使用树脂上浆，但不含木纤维。

2．纸张使用中所用材料引起的损伤

内源性的影响因素还包括某些纸张的使用方式，主要是鞣酸铁墨水笔迹造成的腐蚀和着色颜料造成的铜腐蚀。

（1）墨水腐蚀。鞣酸铁墨水中的铁离子是发生墨水腐蚀的主因。配方设计不合理的墨水会导致纤维素发生酸性水解，纸面上书写过的位置会变硬、变脆，呈现斥水性，不再能吸收湿气和水。图5-10为鞣酸铁墨水的配制示意图。

历史文献中记载的墨水配方可谓五花八门。不同成分的配方配得的墨水自然也不相同。即使严格执行混兑比例，每次的制作结果可能也不尽相同。因为天然材料栎五倍子中的五倍子酸含量并不稳定，而且硫酸亚铁也并非百分之百纯净，其中还会含有硫酸铜、硫酸铝、硫酸锰和硫酸锌等成分。严格来说，很多化学反应都可能导致墨水腐蚀。与此同时，铁离子的催化作用还会引起氧化反应，进而造成很大的破坏。当硫酸亚铁在比例上超过单宁酸时会出现某些问题。此时单宁

图5-10 鞣酸铁墨水的配制示意图

照片：安雅·舒伯特（Anja Schubert）[20]

鞣酸铁墨水由阿拉伯树胶（作为防沉剂，图示为左侧的杯子）、硫酸亚铁（中间的杯子）、栎五倍子（单宁酸，图示为右侧杯子）和水制成。电炉上的容器里是制成的墨水。

史料记载的某16世纪末的配方：煮沸2份硫酸亚铁、4份栎五倍子和2.5份阿拉伯树胶浓酒。阿拉伯树胶可以乳化溶液，减轻腐蚀性，并使油墨不易被擦去。

理想配比的墨水应由1份硫酸亚铁和3份栎五倍子组成（鞣酸铁墨水配方众多，比例各异）。

酸不能把所有的二价铁都转化成稳定的三价铁，从而在墨水制作时产生硫酸。通过硫酸的催化作用，酸性水解过程①使纤维丧失部分强度②。纤维素开始分解，致使纸张变脆，并且很难润湿。

相反，若单宁酸过量则会使墨水脱色。[21]4阿拉伯树胶有一定的保护作用，在亚铁离子（和少量三价铁离子）浓度较高时可以吸附部分铁离子形成保护性胶体。某些墨水中还含有硫酸铜，这些并不是另外添加的颜料，可能是硫酸亚铁溶液不纯造成的，还有可能是书写时用来加速墨水干燥时所用的黄铜分散剂的残留物。

在评估文物现状时也应考虑纸张的材料。施过胶且含有木纤维的纸张因含有酸性成分，所以不及使用动物胶施胶的优质纸耐用。除此以外，也不能忽视保管和存放文件及手稿时的气候条件的作用。较高的空气湿度、温度以及较强的光照，尤其是自然光（如直射的太阳光），都是化学反应的催化条件。空气中的有害物质也会进一步降低纸张的酸碱度。

墨水腐蚀破坏程度通常分为四个衰减阶段，即四个等级：

①第一阶段：自然光下字迹颜色在纸的正面和背面仅可见少量轻微变暗（浅褐色），紫外光下能看到字迹线条边有少量荧光。文物完全可以正常使用。

②第二阶段：自然光下纸张正面字迹颜色变为褐色，从纸张背面也可观察到同样的变化，但未有裂纹或者其他损坏的情形。紫外光下正面有荧光，在紫外光显微镜下能观察到一些极窄的晕③。文物部分使用功能可能会受影响。

---

① 一种化合物的水解。
② 一种聚合物的分解。
③ 紫外光下鞣酸铁墨水字迹旁出现荧光，这是纸张性能退化的标志。

③第三阶段：自然光下字迹颜色明显变成深褐色，字迹完整地透到纸的背面。字迹线条附近同样也有颜色变深的情形，线条附近有发丝般的细裂纹，纸张因此变得很敏感且脆弱。紫外光下应观察不到荧光，但在紫外光显微镜下却能看到纸背面极小的晕。如不采取保护措施，该文件将无法继续使用，使用过程中产生的机械应力会导致更多的裂痕和损坏发生。

④第四阶段：自然光下明显可以观察到材料损失，已有碎片脱落。自然光下纸背面的字迹和正面一样非常清晰。紫外光下不见荧光，紫外光显微镜下可以观察到极小的晕。腐蚀发展到该阶段已为高危，建议立即进行保养和修复。

图5-11和图5-12为墨水腐蚀第二至第四阶段的示例。已氧化、疏水的纤维素高度脆化，无法继续吸收水分或潮气，与之相反的是毗邻的正常区域仍可吸水膨胀，两者交界处会因此产生强烈的应力。尤其当空气湿度急剧升高时应力会非常大，继而导致交界处的纸张发生开裂，手写的字母发生脱落。

图5-11 墨水腐蚀第二至第四阶段示例一（18世纪乐谱局部，碎布纸材料）

照片：安雅·舒伯特

墨水腐蚀完全穿透背面并严重变黑，个别区域已开裂。

图5-12 墨水腐蚀第二至第四阶段示例二[诗人穆尔纳（Müllner）1817年的手稿]

手稿背面的上方需要修复，正面图的左侧需要保养和裱褙处理。与其他几处签名对比，能够观察到签名中间的空白部位在遇水后有轻微扩大现象。

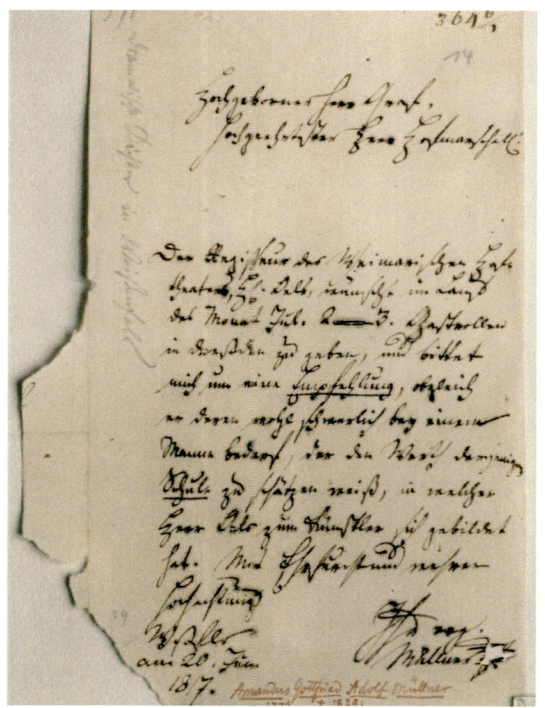

（a）正面　　　　　　　　　　　（b）背面局部

对上述全部四个腐蚀等级或四个损伤等级，都要采取必要的相应预防性措施。

（2）铜腐蚀。无论在绘画还是印刷领域，含铜颜料都有广泛的应用。使用铜颜料可以获得一种发亮且有遮盖效果的绿色调，这是使用绿色的土质颜料无法达到的特殊效果。从古代开始就不乏人工制造的铜颜料，而且物美价廉。众所周知，铜颜料一般耐久度低，因此在使用时要添加天然树脂，包括在水彩画创作时也是如此，以此来提高铜颜料的抗氧化性能。用羊皮纸或者纯碎布纸装订的中世纪图书常被存放在寺院图书馆内阴凉黑暗的地方，这一环境下空气中含有的有害物质有限，出现氧化反应的可能性也不高，而且寺院藏书仅供僧侣们内部使用。因此，中世纪图书手绘插图的铜腐蚀问题并不严重。带有插图的古抄本制作成本高昂，作为昂贵的奢侈品，除了富有的修道院，只有达官显贵和贵族才能享受到，这使得此类古籍的使用和保管工作都特别细致。古抄本损坏问题直到近代才出现。

并非所有的铜颜料都会造成同等程度的铜腐蚀。腐蚀程度往往受诸多因素的影响，诸如颜料的种类、黏合剂的成分、所用载体（书页）材质、环境温度以及环境湿度、光照强度和空气中的有害物质等。另外，由于自然界中碱性孔雀石碳酸铜对硫特别敏感，故大多数铜颜料都不可与硫颜料混合使用。有毒但物美价廉的铜绿，也就是乙酸铜，是碱性乙酸盐，几乎上述所有影响因素都会破坏其稳定性。

传世的铜颜料制作配方和生产方法众多，除了使用自然界中的孔雀石的配方，其他配方都会涉及铜和乙酸的溶液。与树脂和油类不同，在含水、吸湿的黏合剂中被纸纤维素结合的可溶性铜离子的浓度很高，肉眼可以观察到颜料渗透到纸张的背面。一段时间后颜色会首先变浅，此后伴随时间流逝呈现出越来越深的褐色，纸张会明显变硬直至出现裂纹，同时绘画颜料也将成片脱落。此外，纸质文物上会大量用到代替真金的铜锌合金金属箔片，使用形式主要有贴膜、黄铜片或者绘画（即所谓的烫金）等，以此实现金光灿灿的视觉效果。需要注意的是，纸质文物上使用铜锌合金金属箔片的位置都潜藏着较大的损坏风险。

铜颜料的化学反应种类较多，此处只作简要归纳。

"当铜颜料溶于水性介质时，乙酸铜作为一种乙酸盐会电离成离子形态，即一个铜离子和两个乙酸根离子。已经溶剂化[①]的自由铜离子在环境中缺乏热稳定性，在60℃以上的温度时会变黑。可见光和紫外线（<340nm）以及二氧化硫等还原性气体对氧化及水解的降解反应有促进作用，因而在颜料层和含有纤维素成分的载体材料的接合处会产生化学变化。"[22]

尽管纤维素自身会受到很强的水解降解，但是在遇到金属离子时，此降解过程会转变为纤维素团的氧化反应。图5-13～图5-15为铜腐蚀示例。

---

① 当极性溶剂的离子根据自身电荷对溶剂的偶极产生应力（回应静电吸引）时会发生溶剂化（溶解），溶剂内产生稳定有序的结构，此现象叫作"溶剂壳结构"。

图5-13 铜腐蚀示例一（日本卷轴画，约1900年）

照片：北泽佐智惠（さつき北沢）[23]

卷轴与纸的烫金边框由含铜材料做成。(a)图可见正面的图案是蓝底色图案上的金色纹栏，(b)图是同一位置的背面。使用水性的黏合剂，在粘贴花纹时自由的铜离子进入溶剂并渗透到纸内进而发生氧化反应。此处含酸的纸变暗，老化进程加速。

（a）正面　　　　　　（b）背面

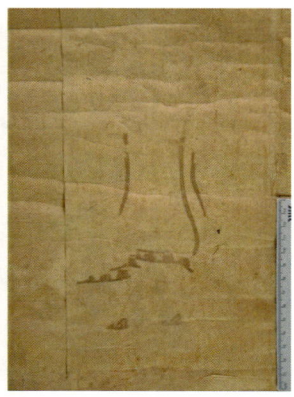

图5-14 铜腐蚀示例二（日本卷轴画，约1900年）

正面图案中呈黑色的线条为涂画上去的可发出金色光芒的黄铜合金颜料。纸张背面深褐色的线条清晰可辨，为铜腐蚀痕迹。

（a）正面　　　（b）背面

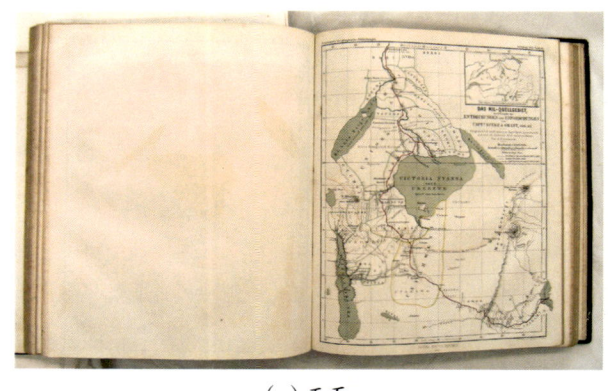
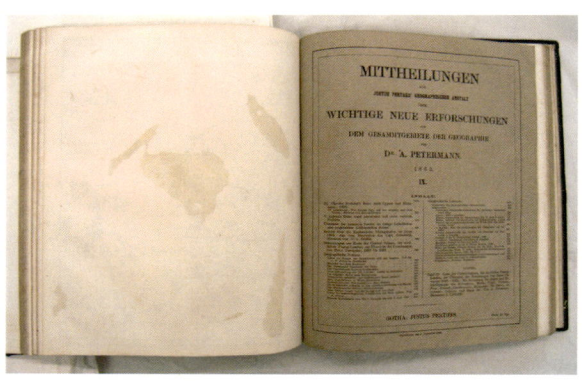

（a）正面　　　　　　　　　　　（b）背面

图5-15 铜腐蚀示例三（1863年版制图学手册）

正面图中石版印刷的地图的绿色颜料转印到了对面的书页上，呈轻微的褐色。此并非印刷颜料颗粒的转移，而是纸张损坏的痕迹。石版印刷的背面图中仅有绿色的印刷颜料渗入纸内。尽管铜版纸有镀膜，但仍然不能阻挡铜离子向纸内游离，主要原因是对面页面的木纤维纸。

验证文物是否使用铜颜料，最简单快速的检验方法是使用检测试纸（见图5-16）。此法不会破坏原作的画面颜色，修复工作者可以独立操作。①

---

① 注意：检测可能会留下水痕，而且在影响较大时可能会在相应表面上造成裂纹。更多内容请参考处理铜腐蚀的相关内容。

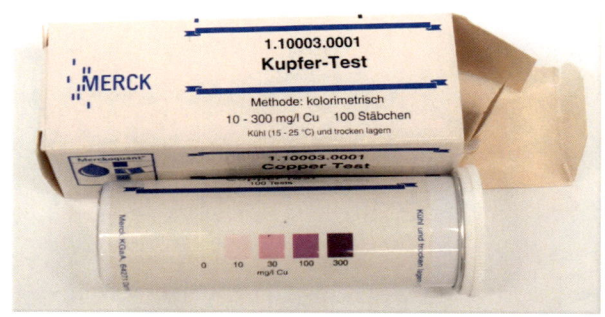

图5-16 铜含量检测试纸①

一种可测出铜离子和亚铜离子的检测方式。除纸张外，也适用于检测其他物体表面是否含铜。

5.2.2 外源性损伤

伴随19世纪欧洲社会民主化进程，公众教育设施应运而生，其中包括利用贵族以及有产者的私人收藏建立的博物馆。其收藏品中不仅有各类艺术品和手工艺品，还有猎奇活动和探险旅行带回来的"战利品"。大量有价值的文物在公共收藏机构安家落户并以展览的方式介绍给普罗大众。遗憾的是，即使保存在博物馆内的文物在使用过程中仍然会发生大量的损坏。

造成这一现象的原因很多。作为展品，文物在展出过程中要承受更强的光照和变化不定的气候条件，外借和特展活动对文物影响尤其大，还包括为了使艺术品满足展出需求而经常性的修复处理。此外，19世纪工业化进程中内燃机和燃煤锅炉排放到空气中的尘埃和多环芳烃类碳氢化合物，不仅对城市环境造成了严重的污染，也对文物老化起到了推波助澜的作用。

1. 环境因素

（1）气候。对文物现状进行评估时气候是必须考虑的重要因素之一。众所周知，空气的温度和湿度，尤其是二者结合会对文物的老化速度产生很大影响。温度较高时空气可以吸收更多水分而使相对湿度增高，如果二者同时升高，发生化学反应的概率也随之增高。温度也代表着材料内在能量以热量形式向外释放的可能性，仅室内温度的能量就足以触发某些化学反应[24]150。相对湿度在纸的分解过程中起着重要的作用②。纸内的水分子会赋予纸张一定的弹性。显而易见，如果空气湿度过低使纸张失水，就会导致纸张变硬易碎，尤其是那些相对敏感的纸类以及羊皮纸和动物皮革都会变脆、收缩且发生形变，而硬化会导致诸如裂纹和爆裂之类的机械性损伤。反之，如果空气湿度较高则材料又会发生膨胀，不再平整且易发生霉变。

纸张、羊皮纸以及动物皮革具有吸湿性，始终与周边空气进行着水分交换，以保持湿度平衡。

---

① 表面金属检测：将检测试纸的反应部位用水沾湿后轻轻在待检测物体表面（例如硬币表面）按压10~30s。检测结果仅具有参考意义。0.5μg的铜即可使试纸颜色变成紫色。
② 相对湿度表示同等温度下与吸收100%（饱和）水分情况相比，当前的水分所占的百分比。空气湿度超过100%就会到达露点，生成水滴。

交换和变化的时间越短，可能产生的伤害就越大。特别是羊皮纸，由于没有经过鞣制而只是简单地刷过石灰浆，对于湿度变化极其敏感。欧洲古书很多都是由此类常见材料制作而成，因此颇受影响。19世纪前书籍封面制作材料不外乎羊皮纸、动物皮、木材和厚纸板。制作材料的膨胀系数不同，而且单位时间内吸水量也不一致，因此会引起书皮的变形。如今只有一些手工装订的豪华包装的图书才会用到这类考究的材料。图5-17和图5-18为气候造成的纸质文物损伤示例。

图5-17 气候造成的纸质文物损伤示例一

图书封底外皮长期处于湿度较高的环境下，书页发生卷曲，裁口上有白色沉积物。干燥过程中封皮的上半部分向外隆起，主要原因是粘贴装饰纸所用糨糊产生较大的应力。

图5-18 气候造成的纸质文物损伤示例二〔卡斯帕罗·吉甘特（Casparo Gigante）的植物标本图册，1661年〕

两册书的书套是二次利用的产物，是用曾经书写使用过的羊皮纸制作的。羊皮纸干燥后发生角质化，弯折处已开裂。例图中靠前的一册裂开边已被缝合，后一册书脊遗失。羊皮纸以其优良的吸湿性尤其适合用来装帧图书。由于该材料成本高昂，弃之可惜，故其二次利用极为常见。

空气湿度过高除上述弊端外，还会形成酸性危害。因加工工艺原因，纸张本身就含有酸性物质，空气湿度升高时酸会被激活，进而发生化学反应。比较敏感的主要是含有树脂胶的木纤维纸、鞣酸铁墨水写的字迹以及用铜颜料绘制的图画。此外，长时间处于潮湿环境，还会不可避免地诱发生物侵害。

（2）霉菌侵害。已知有200种以上的霉菌可以侵害纸张。霉菌侵害的危险性在于，纸上绝大部分真菌的生长是不可见的。紫外灯下一般都能清楚地观察到霉菌侵害范围的大小。霉菌侵害大多表现为黑色、浅棕色、红色或者金色。霉菌会导致纸张发生化学分解并且使分子结合弱化，纸张首先会失去强度，进而整体变软并且腐烂，直至彻底分解。霉菌的产生需要利于其生长的潮湿和温暖的环境。灰尘堆积对于霉菌的生长特别有利，因为灰尘有吸湿性，可以吸收空气中的水分。霉菌形成的具体危害规模取决于菌的种类。

某些霉菌需在超过80%的相对湿度下才能旺盛生长，有些却只需在60%的相对湿度即可。空气流动性差也有利于霉菌生长。温度条件也很重要，必须处在20～40℃之间。霉菌生长的另外一个决定性前提是有机营养的来源，纸制品本身恰好能够大量提供类似营养物质。pH值所起到的作用表现在：pH值较低的劣质纸往往要比碱性纸更易受霉菌侵害。霉菌总是悄无声息地在书中滋长。图5-19和图5-20为霉菌造成的纸质文物损伤示例。其中图5-20表明，即使在书本合拢时，霉菌也能滋生。

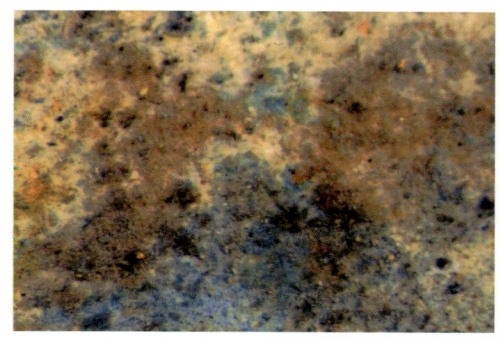

图5-19　霉菌造成的纸质文物损伤示例一（20世纪初的水粉笔画局部）

　　黑色的霉菌从颜料中生长出来，黏合剂为其提供了必要的养分。霉菌的菌丝渗透到颜料之中，造成颜料损耗。棕色纸板看似已被穿透。画纸被镶嵌到玻璃框之中，其背板是一块含酸的纸板。在封闭、潮湿的狭窄空间里，酸性空气几乎完全不能交换缓解。类似条件易于发生生物侵害。

 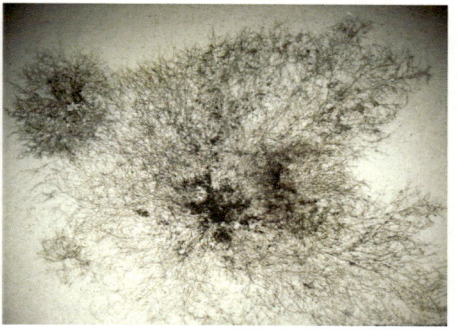

（a）合拢放置的《圣经》　　　　　　　　（b）《圣经》某页的十倍放大画面

图5-20　霉菌造成的纸质文物损伤示例二（1903年有烫金书口的《圣经》）

（a）图显示封面发生严重变形，有几页纸被挤压。封面烫金已褪色，书页发生粘连，铜版纸涂有一层白垩和动物胶的涂层，起到增白的作用。（b）图显示页面生有灰色的霉菌。本书在高湿环境中长期合拢存放，因空气不流通以致霉菌大量滋生。铜版纸上有图绘的涂层面最先损伤，图画颜料因为水溶胶的原因特别容易遭到霉菌的侵害。

在疑似霉变或微生物破坏的情况下，如不能确定应对措施的有效性，则可以取一定样本置于制备好的培养基上（培养基在市场上很容易购得）以检验样本出芽性。验证霉菌也可以自制培养基，只需要准备一个皮氏培养皿、2g浅色的麦芽精、100mL水和2g琼脂。将三种材料混合后短暂加热烧开，装入无菌的培养皿里。必须确保制备环境无菌，在室温下放置于暗处静置3～4天后即可查看培养结果。

（3）虫害和嗜纸昆虫。淀粉、蛋白质和纤维素等有机物是昆虫的主要食物来源，富含此类成分的纸材料恰好是昆虫的理想食物。图书收藏的适宜温度也给昆虫创造了舒适的生活环境。通常昆虫偏好25～35℃的温度。

最常见的破坏性昆虫是衣鱼，也称蠹鱼。空气湿度75%以上且黑暗的地方最适合衣鱼生活，因此总是在虫害发生很久以后才被发现。衣鱼的蛀洞最大可以有手掌大小，破坏现场鲜见粪便残渣。衣鱼的典型特点是会让纸张变薄而并不一定会产生蛀洞。它们最喜欢啃噬包括淀粉和糖等在内的富含碳水化合物的材料。图5-21为衣鱼蛀洞实例。

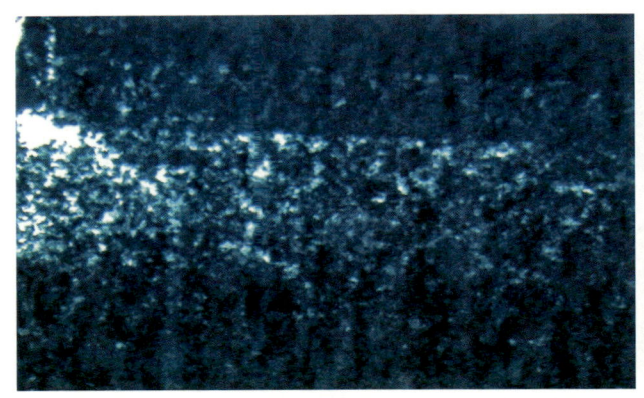 

（a）染成蓝色的纸（透射光下摄影）　　　（b）20世纪上半叶用树脂胶处理过的木纤维纸

图5-21　衣鱼蛀洞实例

均为在文件夹内的纸张，存放在干燥且采暖较好的环境中。文件夹平放于靠近外墙的地面上。充足的食物、昏暗的环境，尤其是在冬季，相对潮湿的墙壁之间空气流通缓慢，这些均为衣鱼提供了舒适的生活环境。

与东亚古籍装有的函套具有防虫作用相反，欧洲古籍经常因为装有当时流行的木制封皮而遭虫蛀。存放图书的木柜还给蛀虫提供了额外的充足食物来源。一旦在纸上发现针眼大小的洞，基本上可以确定为药材甲虫害。这种害虫偏好含淀粉成分的食物，例如烘焙食品，也喜欢纸制材料上常用的糨糊。黄蛛甲主要喜欢有机材料，例如，经常用来装订书籍的动物皮，还有毛皮和动物胶。白蚁常见于温暖地区，会在纸上留下很大的啃噬洞，主要以纸和木制封皮里的纤维素为食。有些种类的白蚁对用鞣酸铁墨水书写的文件纸也来者不拒。图5-22为底边有蛀洞的19世纪日本古籍。昆虫与霉菌偏好同样的气候条件，以同样的材料作为食物繁衍滋生，所以这两种侵害可能会同时发生在同一件文物上，具体见图5-23。

当然也存在对纸张保存有益的动物，包括蜘蛛、蝎蝎、壁虎、书虱等，它们以霉菌为食。所有的啮虫目昆虫，其中也包括书虱，除了吃谷类外，有时还以霉菌的菌丝为食。对于非专业人士来说，识别动物的种类并非易事，所以遇到类似情况还须咨询专业人士。

啮齿类动物，主要指鼠类，也属于危害物种。涉及鼠害防治的文献甚多，此处不再赘述。

（4）环境中的有害物质。工业化造成的环境污染对纸张的影响：长期保存在博物馆的纸，即使

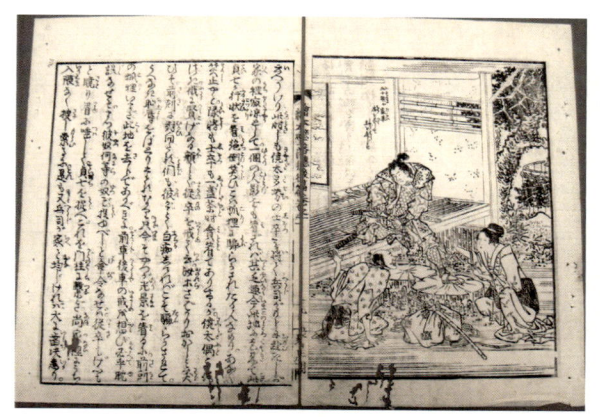

图5-22　底边有蛀洞的19世纪日本古籍

从洞眼的大小看疑似为黄蜂。日本纸制品上经常看到类似虫洞。

图5-23　受潮书页中间发现的蛛甲科昆虫遗骸

害虫喜欢以糨糊、纸和动物皮为食物。和大多数的害虫一样，最理想的生活条件是25～35℃的气温和70%以上的较高的相对湿度。图中纸面有轻微的颜色变深痕迹，此为排泄物的污渍。此书页同时也受霉菌侵害。

生产时未使用树脂胶，仍然存在酸度过高的问题。此现象与区域性工业发展程度有关。工业生产会向空气中排放大量污染物。据观察，在将近一百年的时间里优质纸（碎布纸）的pH值可以急剧下降到4.0。典型案例来自工业化的19世纪：某英国图书馆收藏的《每日邮报》，其页面边缘的二氧化硫含量实测为1.2%；与之相比，纸页的中间仅为0.14%。这是在使用煤气照明和采暖的室内保存了20年造成的。[25]此例说明：工业污染只需相对较短的时间就能对纸张造成明显的损害。在用煤取暖的室内也会有同样的现象。总之，工业生产、汽车尾气和燃料燃烧是产生污染物的主要原因，现代工业向空气中排放的有害物质如下：

①二氧化硫。二氧化硫是燃料燃烧以及在微生物作用下产生的。二氧化硫经氧化成为含硫的酸，确切地说就是硫酸。酸会对无机物（例如金属）产生腐蚀并且令着色剂和颜料脱色。纸内纤维素因此变脆且纤维强度退化。

②二氧化氮。二氧化氮也是燃烧产物，经反应后会产生硝酸，具有和硫酸一样的破坏作用。

③硫化氢。硫化氢以弱酸形态存在于自然界中，部分存在于石油和天然气内。此外，生物分解以及腐烂时也会释放出这种有毒气体。与二氧化硫类似，金属颜料遇硫化氢时会变黑。

④臭氧[①]。臭氧是一种强氧化剂，造纸过程中会用来漂白。对于古代留存下来的纸张，该气体会造成纤维变脆以及着色剂褪色。在城市的道路交通中，未安装催化转换器的汽车发动机会排出臭氧。另外，室内的激光打印机和复印机也会产生臭氧。

---

① 近地面的臭氧并非直接排放物，而是在强烈的阳光下通过复杂的光化学反应由初级污染物转变而来的，这里的初级污染物主要指二氧化氮和挥发性有机化合物。因此臭氧属于次级污染物。

空气中燃煤火力发电厂排放出的二氧化硫、二氧化氮和臭氧经纸张吸收并沉积下来。大城市道路交通产生的粉尘污染也会在纸质文物上沉积，从而增加纸张的吸湿性和吸收酸性气体的能力，这同样是颜料变色的原因之一。环境中有害物质的影响示例见图5-24。

图5-24　环境中有害物质的影响（约1835年的法国壁纸）

　　铅颜料银光闪闪。所有的水性铅颜料遇到硫化氢和二氧化硫时，在较高的湿度下，会生成黑褐色的硫化铅。文物最初色调现已难辨，即使另外使用自然科学的检测方法也已不能辨识颜料准确成分。白色、黄色或者红色的铅颜料都会发生同样的问题。

并非所有的污染物都是从室外进入室内的。例如，墙漆和地板就可能含有有害物质；收藏空间的通风系统中总是有规律地出现会对文物有巨大威胁的化合物；许多壁柜、陈列柜等室内家具、设备同样也会形成污染，其污染源为全实木和人造板材的涂层、蒙皮、颜料、油漆以及黏合材料等，陈列柜里常见的有害物质包括乙酸、气态甲醛、甲酸、过氧化氢、氨等物质。

（5）光的破坏作用。对于纸制品而言，光是一种强大的诱发化学反应的因素。因为加工工艺和组成成分的不同，在光的作用下纸张所产生的变化也很多样化。例如：含木质素的纸变黄、发暗，就可以归咎于光照。在近紫外线（315～380nm）和近红外线（3μm～780nm）范围内的短波射线能量最强，而太阳光的光谱中又包含这部分短波射线。

射线对有机物有解聚的作用，可以把聚合物分解成单体后氧化。由此过程形成的发色团[①]是氧化和水解反应的结果，会使纸张变黄甚至变成深褐色。书页外沿切口的位置变色最为严重，也是符合这一规律的。1800年以来用树脂胶纸装订起来的书籍以及木纤维纸印制的图书中该现象尤其显著。

经射线照射的着色剂和颜料会褪色，甚至完全失去本来的颜色。射线被吸收转化成能量并且把着色剂分解。黄色和红色的着色剂对射线照射尤其敏感。

同样原理，经常被复印而导致退化的纸也有这种情况。复印设备在复印过程中的光照强度约可达到18000lx。鉴于复印和扫描是现今文件复制的标准方法，此类问题在图书馆中比比皆是。此外，复印机还释放臭氧，不仅不利于纸的保护而且危害人体健康。

有关光的破坏作用的示例见图5-25和图5-26。

---

① 发色团（古希腊语，意为颜色）代表着一种颜色或者一种颜料的含量。

图5-25 受光照影响的《宇宙大全》(Cosmographia Universalis)插画(1544年)

木版画颜料褪色且纸张严重变色。原因是该书页从书中截出并装入画框进行展示。画框由含有木纤维素的纤维(例如木头、秸秆或者甘蔗渣等材料)制成的硬质纤维板做衬板。因每日不断接受光照,颜色明显褪去。

图5-26 光照对现、当代书籍的影响

光损伤也存在于现、当代书籍中。例图中两册艺术类书籍的书脊,虽然并未直接暴露在阳光下,但左侧书上红色底色褪色,以至于白色的字迹很难辨认;右侧的书则与之相反,显著变黄。这些损害是在大约20年的时间内发生的。两册书都是现代装订,而且使用了有韧性的人工材料。这一示例表明了书库和档案馆未来将要面对的艰巨任务。

2. 机械性损害

(1)使用过程中留下的痕迹。图书在使用过程中难免会造成机械性损害。理论上,书籍尤其是图书馆的藏书,是使用频率最高的纸制品。现今因尺寸和重量等原因,书籍已经远不如20年前那般不可替代了,但图书易损的状况并未因此而改善。

目前使用者自己复印和扫描图书已经是很普遍的操作。在此过程中图书经常被过度拉伸,一些老旧而且装订老化的书籍因此受损,部分近代胶装图书则会出现脱页。手上汗渍和折页都是典型的翻阅后留下的使用痕迹。开裂、撕裂和伴随出现的一系列材料损失也属常见。书页上批注和划线则相反,既可以解释为使用痕迹,也可以看作是缺乏社会责任感的涂鸦。

经常使用的文献上会不可避免地粘上手汗(见图5-27和图5-28)。类似表现如脏污、油渍等

图5-27 地理教学地图册中某页的局部(1821年,手工上色的铜版画)

图中为教学活动中经常使用的课本,其页面右下角不净的指印和手留下的汗渍明显可见。另外还可清楚地观察到干净书页上印版的标记。汗渍削弱了纸张的吸湿作用。

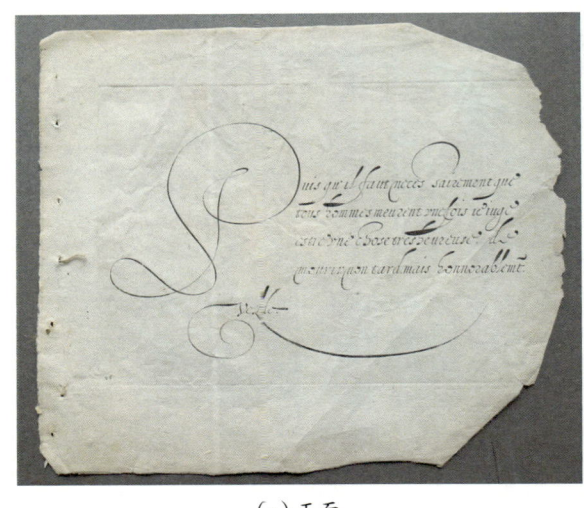 

(a) 正面　　　　　　　　　　　　(b) 背面局部

图5-28 《书法概论》某单页（1604年，手写体铜版印刷）

页面有撕裂，书角有翻折。背面局部图中翻折了的页角上面有汗渍，可以推测折过的页角是为方便阅读所做的记号。

痕迹也常在书页上见到。汗液成分中99%是水，也含有其他微量成分，如钠、氯、钾、乳酸盐、氨基酸和尿素等。汗液pH值大约为4.5，属酸性范畴，纸张的强度会因此而被削弱，表面密度增加。

任何材料都会在时光的流逝中发生损耗，比如自然老化就是一种损耗。保护书籍首先要保护封皮不受破坏，而人们恰恰喜欢在封皮上做大量的装饰和记号。封皮也因此得到了人们的特别"关照"，通常裂纹和擦伤很多。古籍的书套往往有压花和精美的装饰，面对机械应力时，起保护作用的书套最先出现擦伤和裂纹。此类损伤基本是使用中可以预见的，最理想的方式是用一种折叠次数①较高的材料做封皮或书套。但每种材料都会随着时间的推移自然老化并出现磨损。从书架上反复取放、放置在不洁的或者粗糙的桌面上等，此类操作都会增加图书受损的风险，导致污损或者磨损，相关示例见图5-29。

图5-29 1834年版的数学教科书

原装封皮用纸板加大理石纹纸制作。有轻微黏性的彩色胶黏纸材料因黏合剂老化而变脆发硬。因纸的耐折性差而书又经常地开合，所以出现了损坏。封皮下沿也因不断从书柜或者书架取出而受到磨损和撞击。这一状况不仅是敏感的珧珥大理石纹纸自身的问题，也是使用不当的结果，同时材料的自然老化也客观存在。

---

① 折叠次数表示的是将一张纸反复多次在同一个部位折叠，直至折边开裂。折叠的次数取决于空气湿度和纤维的方向。

（2）摆放和存放不当。摆放不当可能在很短的时间内就会造成书脊变形，并且很难复原。这类情形在较薄的大开本书籍以及有活动封面的书籍上时有发生。当然，该损坏现象也可能出现在其他任何装订类型的书籍上。最典型的书脊变形是书脊从凸出变成凹陷，具体如图5-30所示。

（a）凸出的原形

（b）出现变形

（c）凹陷形成

图5-30　书脊从凸出到凹陷的变形

为节约空间，人们经常会将书籍在较宽的书架上前后放置，后面的图书或者被严重挤压，或者倾斜放置较长时间，这样都会造成图书变形，具体如图5-31所示。

（a）香蕉形书芯侧面

（b）呈凹形扭曲的后部

（c）有较大破裂的封面侧边

图5-31　1652年版的某古籍

书的封面是由一块多层纸板和一张旧羊皮纸封皮制成的。羊皮纸封面弯曲的前缘被称为"西班牙式前缘"，具有保护书芯书页的作用。"西班牙式前缘"仅用于羊皮纸图书，且多为17世纪的古籍。

本书显然是侧面倾斜放置在书架上的。这使书芯侧面呈所谓的香蕉形，后部初现的凹形扭曲从侧面清晰可见。除污渍外，书的封面也有破损痕迹，封面上部侧边的羊皮纸有较大破裂。书套角质化的同时还出现了由于机械应力导致的材料疲劳。

如多册图书书脊完全撕裂或被扯掉(见图5-32和图5-33),则表明书柜或书架上的图书摆放过紧。更换书套往往会导致文物(或图书)因无法重现历史原貌而失去历史真实性。因此,须未雨绸缪地正确使用、处理和放置仍处于原始状态的书籍。特别是年代较远的古籍(材料已经很脆弱),放置不当导致必须用力才能将其从书架上拉出来,这会造成很大的破坏。

图5-32 皮革和浮雕纸制成的蛇皮书套(1898年版)

从拥挤的书架或橱柜中取出书本时,书脊撕裂、脱落是最为常见的损坏形式。例图中文物多次从顶部或背面抽出,较薄的皮革在两侧比较弱的折页处均被撕裂。此现象在大开本图书和厚重图书中尤为严重。

图5-33 某希腊语图书(1695年)

文物保留原本的皮质封面,但书脊上下两端的加固衬布已被撕掉。衬布是用来遮住书脊和书页之间的空白区域的,除此之外还有装饰、防尘及抵御应力的作用。由于仅是衬布边缘被粘在书的封面上,所以很容易被撕掉。

质地优良、装饰精美的书套,即使历史背景不清、书芯全无,在古玩市场也能占有一席之地,甚至独立成为收藏门类。在此市场风气下,封面似乎比书的内容更有价值。为高价出售文物,拆下书套或将书中的版画插图单页拆下或将书芯重新装订等行为也屡见不鲜。对此类丑恶现象必须加以谴责和批判。

不洁的、灰尘较多的房间对所有文物都形成潜在风险。灰尘会吸收并储存潮气,此外还会与书柜、陈列柜、墙壁、地板等释放出的有害气体以及受污染的外部空气结合,最终会影响文物安全。不经过滤直接敞开窗户进行通风,既会导致气候条件变化,也会增加室内空气中的悬浮颗粒及污染物(如废气)。

使用人工材料制成的薄膜(即所谓的透明膜)以及塑封膜来保护书籍和档案,使之免受潮湿和减少磨损的做法是得不偿失的。市场上常见的塑料保护袋通常只适合临时使用,此类材料容易变黄且含有易被纸吸收的塑化剂,印刷字可能会因此褪色或者和塑料薄膜结合在一起,进而粘到塑料上面;几乎密不透气的塑料袋里还会形成小气候,容易造成湿度升高,生出霉菌并发生变色;此外带静电的塑料薄膜还会吸附空气中的灰尘(见图5-34)。

纸和非贵金属之间不能直接接触。尽管如此,人们仍然习惯性地使用铁或铜制的订书针和回形针来整理文件。这两种金属只要空气湿度稍高就会在一段时间后发生腐蚀,金属腐蚀会转移到纸上使纸质退化。此外,从保护的角度来看,对重要的文件进行打孔装订保管也是不恰当的,打孔之后纸张更容易被撕坏。相关示例见图5-35。

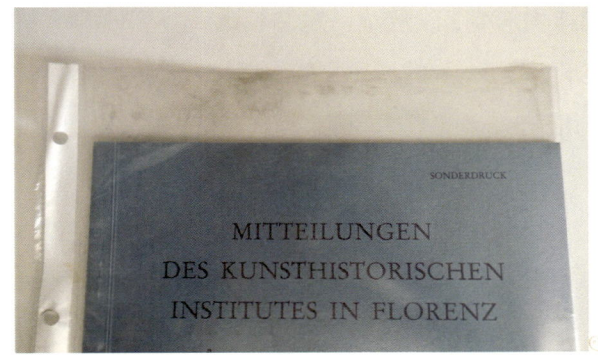

图5-34 存放于塑料薄膜里的小册子

例图中的小册子在一个文件夹的塑料薄膜里存放了约15年。大部分污垢沉积在顶部未密封的薄膜内部。放在里面的册子受塑料薄膜的静电影响落上了很多灰尘，保存状况比不使用塑料薄膜更差。

图5-35 有关尼伯龙根传说的图书（约1910年）

本书是用铁制的订书针装订，订书针已生锈且有几页已脱落。

图书在50%~60%相对湿度下保存，纸张吸湿的特性促使金属生锈。另外合拢保存的状态也阻碍了纸张保持干燥。这种简单的装订方式直到19世纪后期才出现，与酸性且含有木质素和树脂胶的木纤维纸出现的时期大致相同。酸性环境会加速腐蚀的发生。

并非所有库房都具有理想的、满足保存纸制品或者其他材料的条件，同时库房经常会面临缺少合适房间和专业人员的问题。图5-36展示的是未经设计临时改成的库房。前景中的纸板是近代教学挂图，部分为印刷品，部分为手绘，且有较多孤本。在此保存条件下，脏污、变形、折角乃至破损都是不可避免的。这一现象反映了现场工作人员对处理藏品缺乏经验，也折射出库房空间紧张的问题。但从挂图被存放

图5-36 存放近代教学用图等资料的库房

到库房保管这一点来看，文物价值还是得到了一定程度的重视。打造合适的存放空间，必须考虑适当的财政投入。

3．事故和灾难

事故和灾难是公认的会对所有文物和材料造成最大损失的危害。其中，最严重的是因洪水、火灾、工程缺陷、暴风雨、地震和战争而造成的建筑物倒塌。仅长时间疏于防范导致管道破裂就足以对文物造成重大危害。以下是作者在职业修复生涯中遇到的一些案例，绝大多数为博物馆或公共收藏机构中发生的事故。稳妥起见，所有案例均不指出事故涉及的具体信息。

曾有某修复工作室因暖气管道损坏而导致进水，使得存放于该处的文物发生各类损坏，包括

颜色层损坏、水渍、木结构胶合缝开裂、表面裂纹和结构形变,以及金属腐蚀等。

另有某博物馆地下室的水管损坏造成墙壁浸沤,直到收藏的油画背面出现霉菌时才发现事故。尽管文物均依照博物馆保存规范悬挂,但除霉菌侵害外,许多油画的油画层都出现起皮现象,损失严重,需要立即采取紧急防护措施。

诸如洪水之类的自然不可抗力造成的损害往往不可避免。某次洪灾中大量巴洛克羊皮纸文书(带有封印和无封印)被冲走,待重新寻回送往修复时已布满沙灰泥土,泡水造成的起皱已经风干,具体如图5-37所示。

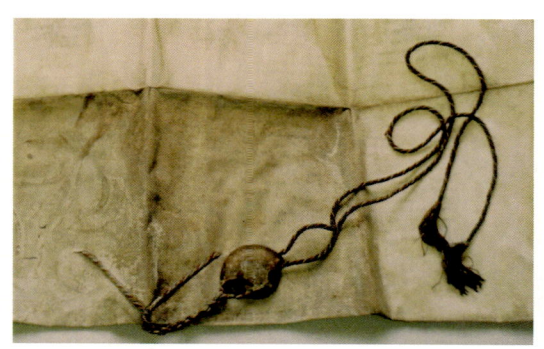

图5-37　抢救后已再次干燥的巴洛克羊皮纸文书

泥浆主要积存在折叠的羊皮纸的外侧和蜡封上。文物产生浸水痕迹,羊皮纸变红且也染红了线坠。水敏性油墨的转移是羊皮纸变形之外的最主要损害。此外,事故还造成了一半封印封泥丢失。

对于书籍而言,与潮湿有关的事故和灾难始终是非常严重的危害。图书使用了不同的材料且保存方式紧凑,因此很难对其进行快速干燥处理。修复时如不具备足够的冷冻干燥能力,图书就会长时间保持湿润进而发生霉变和形变,具体案例如图5-38所示。

(a)封面　　　　　　　　(b)书脊　　　　　　　　(c)封底

图5-38　受损的1700年版《圣经故事》(插图为整页式铜版画)

扉页和前几页缺失,推测因受潮无法修复而被舍去。书套与书芯分离,封面上的压花纹路[①]因磨损几乎无法辨认。潮湿的作用下,用明矾鞣制的猪皮蒙皮已从背面脱落,木制书封面丢失。同时装在封面的书扣已不能使用,皮革装订扭曲明显。木盖和皮革之间的胶水膨胀。另外,两种材料的膨胀和收缩系数差异较大,导致盖材的损失。扁平白色沉积物可解释为污水残留水渍。书背和书头无法承受压力,发生变形。书芯纸张本身处于相对较好的状态。

---

① 一种用手在皮革上压出的花纹,无色或不描金。

造成火灾的原因很多，有些火情成因可谓荒诞。最为罕见的情况是运输过程中被抛出车窗外的未熄灭的香烟引发的火灾。香烟落在运输车的防水油布上，导致下面的木质文物起火。火用水浇灭后，消防用水也对文物造成了一定破坏。以哥特式木雕为例，必须经一年晾晒，待干燥无味后才能进行修复处理。

电缆故障引起的火灾也并不罕见。某次火灾对中世纪的木质雕塑和木版绘画造成了巨大的破坏。消防部门是通过烟雾警报而非明火发现火情的，房间烟熏严重，开窗约半小时后烟雾方散去。消防人员无法顾及博物馆房间的全空调保存状态。随着窗户打开，湿度短时间内大幅下降了几个百分点，多年全空调环境下"休眠"的文物迅速发生反应。一个月后木材即出现裂缝和油漆剥落现象。全空调控制的博物馆发生的类似情况还有空调故障等，此时博物馆所有楼层的藏品和展品都会受到影响。

在2004年引起媒体广泛关注的位于魏玛的安娜·阿玛利亚公爵夫人图书馆特大型火灾中，约有5万册古籍化为灰烬，11.8万册古籍则因大火和灭火损坏严重，见图5-39。火灾原因是电气系统老化而引发短路。

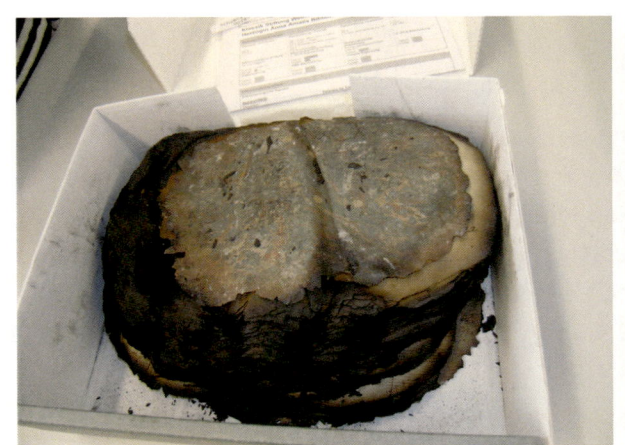 

图5-39　装在保存盒里的两册"灰烬"古籍

图书暂时存放在盒内直至修复结束。为更好地保存受损的书籍，耶拿市特别成立了修复培训讲习班。

2007年在一次强风暴袭击下，科隆市某水井顶部木盖横梁断裂，坠落物对附近的罗马-日耳曼博物馆的三处挡风玻璃造成了严重破坏。瓦砾落在几米以下的古代马赛克地面上，即使双层安全玻璃也未能提供有效保护，导致马赛克被划伤，多处断裂。

同样在科隆，2009年某次地下建筑工程作业造成科隆历史档案馆倒塌。目前95%的文件已被修复。修复的文件中一些被地下水浸泡，还有部分资料被混凝土碎片污染。

以上所举的例子不仅说明了艺术和文化财产面临的各种危险，也表明并非每起不幸事故都可以避免。文物保护人员应尽最大努力保护文化财产的安全。

5.2.3 修复性损伤

尽管修复性损伤可以归入外源性损伤，但鉴于其特殊性，需要单独加以说明。修复对文物造成的伤害在实践中并不鲜见。经验表明：出于良好目的的保护和修复工作并非总能达到延长文物寿命的预期效果。产生伤害结果的修复须加以矫正。

既往干预措施造成的损害，无论修理或修复都十分复杂。并非所有措施都是从保护文物这一目的出发的，某些所谓的"修复"活动仅仅是出于一时美观的需要，视作修理其实更为恰当。从长期角度来看，一些处理方式甚至可能产生负面效果。

1．水处理

对纸张进行水处理是最古老的修复措施之一，至今仍颇为有效。但水处理会对笔迹和图绘构成一定的潜在风险，所有水性墨水、墨（中国画用墨除外）和颜料都容易在清洗时脱色、漏色（见图5-40）。

图5-40　1710年的彩色铜版印刷的背面
　　因铜腐蚀造成的极低pH值的棕色区域必须进行水处理。水处理在降低酸性的同时除去了褶皱的张力。该程序对于长期维护很重要，缺点是红色和黄色颜料会透到背面。颜料是粒径小于1nm的分子溶液。细小的颜料颗粒通过纸张的毛细管力被吸到纸张背面。应该考虑的是，绘画过程中为防止漏色会将动物胶添加到纸张中，而胶体现已老化降解不再完全发挥其功能，纸张稍微加湿就会漏色。

遇到墨水或铜腐蚀时，可以通过洗涤的方法将纸从介于健康（亲水）和降解（疏水）之间的临界状态下恢复过来[①]。该操作能使纸的外观和性质得以优化，不仅可以将污垢和酸去除，也可以将胶水和填料从纸张中冲洗出来。随后，文物工作者可以通过压制使纸张变得平滑和干燥，但不适当的压制会压坏纸的纹理并挤出凹版印刷板边的痕迹。一般而言，纸张表面结构的变化和起皱都是不良处理造成的。

2．漂白

漂白是一项具有一定强制性质的修复措施，尽管存在一定程度的风险，但为了美观，即使在当今也仍然被一些修复机构所采用。漂白用的化学品会使纤维变脆并导致颜料和染料褪色。有时因为冲洗不充分，漂白剂的化学反应并不能完全终止，残留的漂白剂会引发纤维素纤维的化学分解。根据漂白化学品的差异，有机材料也会发生相应的氧化或还原反应，高湿度会使反应增强。

---

① 具体论述见第6章"纸质文物的保护与修复"。

（1）氧化性漂白剂，包括所有含氯漂白剂，如二氧化氯、氯胺-T[①]和氯胺-B[②]等。上述化学物质对人体有剧毒。另外，氯化钠和次氯酸钠、氢氧化钠和过硼酸钠也包括在内。

钾盐（高锰酸钾）溶解在水中会形成紫红色溶液，常作为漂白剂使用。这种强氧化剂的颜色浓重，因此在溶液中很难精确控制其漂白效果。高锰酸钾也是一种家庭医疗药剂，几十年前几乎家家常备，由于易于获取，至今仍是一种流行的漂白剂。

过氧化氢一般被认为属于氧化剂，但其实也可以作为还原剂使用。它是一种弱酸，具有很强的氧化效果。

（2）还原性[③]漂白剂，如硼氢化钠是一种碱性且易于控制使用效果的试剂。使用浓度为1%的硼氢化钠溶液可以在15～60min之内完成漂白，然而它在使用时具有高毒性和爆炸性。另一备选方案是利用太阳的紫外辐射进行光漂白。当潮湿的纸片暴露于阳光辐射时会形成过氧化氢，光照超过2h则会将颜色漂白。一些修复室会使用特殊的紫外灯施行数小时的光漂白。

漂白剂在去除污渍的同时会增加纸张的亮度。漂白后绘画和印刷的颜色通常偏冷。19世纪常用巧克力棕色[④]或甘草汁[1]14染色，可将已漂白的纸张恢复老化泛黄的外观。使用这种染色的纸张在下次水处理后会因为颜料被洗去而迅速变亮。

3．裁切

裁切是一种经过长时间考验的可用于去除污点或污渍边缘的补救措施。通过这种方式也可以消除裂缝和折痕等边缘瑕疵。这一措施与传统修复工作强调文物可见的完整性和清洁度的观念非常契合。即使在当代，以艺术品交易为背景的修复工作，为了避免昂贵的成本，仍然使用这种方法。在博物馆修复中也经常会见到经此方法处理的文物。然而，毫无疑问，此种处理方式与当代修复的伦理原则是相背离的，具体说明示例见图5-41和图5-42。

图5-41　德国铜版画（点刻腐蚀，1800年左右）

所有边缘都被严重裁剪。由于缺少印版边缘痕迹，凹版印版尺寸已不可考。画面本身也被裁切，见例图上边缘。艺术作品的原创性被破坏，裁切造成文物价值损失。

---

① T代表甲苯。氯胺-T是白色粉末，使用时需要制备成水溶液。
② B代表苯。
③ 还原与氧化有关，如果两个反应同时发生，则表示为氧化还原反应。
④ 将山毛榉或橡木壁炉烟炱在水中煮沸，经过滤、干燥后添加阿拉伯胶制成的墨水。

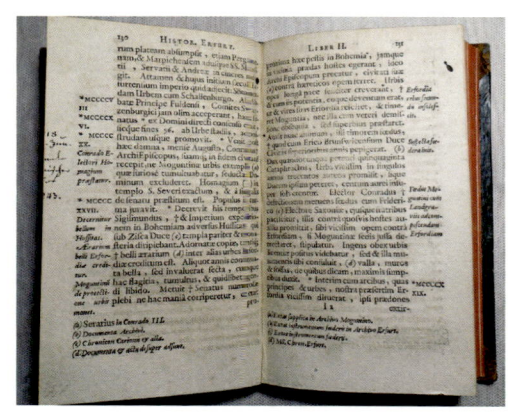

图5-42　拉丁语图书《埃尔福特史》（1675年）

该图书在19世纪被重新装订过并制作了新的封面。修复时所有页面均经过水处理和裁切。书中铜版画印刷边缘都被压平，外边缘的裁切更为严重。通过左侧手写笔记被裁掉一半可以看出裁切的规模。眉批笔记是古籍具有的独特文献价值，对于本书而言，因修复而遗失批注是一种损失。

4．修饰和覆绘

使用着色层进行修饰有助于协调外观。在印刷品、绘画作品的缺损处或背裱、补嵌等部位加以修饰着色可以令视觉更为和谐，常见方式是将褪色或脱落的颜色用透明颜料加以填补修饰。修复中超出缺损处的大面积修饰也并不罕见。修饰和补绘的颜色随着年代而变化，黏合剂会变成褐色。几十年后，修饰和覆绘可能会变得很暗（见图5-43），必须重新去除。

图5-43　16世纪或17世纪的中国画

照片：安雅·舒伯特[26]

前人的修复已将较大的缺损大致修补。着色有斑点而且比原画更暗。修复补绘与精致的原作相比反差巨大，造成审美缺憾。补色颜色选取错误。

通过图5-44中的实例可以证明：去除覆绘非常困难，特别是在纸张没有施胶且不含致密填料

图5-44　印在白色条形纸上的文艺复兴时期的室内墙壁装饰（德国图林根州某城堡的天花板壁纸的一部分）

壁纸曾被两次覆盖绘制。下面一层是以铅黄色涂覆的，黄色涂层与黑色印刷部分充分结合，在不损坏印刷品的情况下无法完全去除。图中展示的是通过溶剂和手术刀物理机械清除后的文物状态。

的情况下。颜料附着在纤维之间，而纤维着色是不可逆的。如果覆盖颜料的黏合剂与原作印刷或画作的颜料黏合剂完全一致，则几乎不可能在不损伤原作的情况下加以去除。

图5-45所示案例是锦缎纸上的黑色装饰纹样和白色背景上的金色叶脉。图案表现的是种子珠串和果实。推测彩纸在1900年左右被一种含油的金色铜涂料涂过，铜多年来被氧化成绿色并变黑。由于油性黏合剂已不可溶，因此去除和削减涂层是非常危险的操作。但作为铜涂料中必要成分的铜金属会使纸张变色并导致危险的铜腐蚀，所以必须去除。

（a）修复前状态　　　　　　　　　　　（b）去除部分烫金铜色和补纸之后的状态

图5-45　装饰在1703年制的小尖头竖琴上的锦缎纸

（a）图中纸张原本的白底色上留有红色、绿色。（b）图中黑色印刷图案看起来更为清晰，但仍然有腐蚀痕迹，覆绘修复结果不可逆。

当然，并不是所有的修饰和覆绘均需去除，需要根据具体情况综合考虑。如图5-46所示案例，图中的涂抹已成为相关书籍历史的一部分，应加以保留。

图5-46　约1700年的古籍中铜版画插图

玛丽亚的长袍和头发用银色光泽笔涂抹，无法用橡皮擦去除，经检测发现其已深入纸纤维的毛细纤维内。涂抹材料是纯石墨。石墨在16世纪和17世纪常用于绘制草稿，但很少用于艺术创作，直到1795年才出现类似今天的由石墨和黏土制作的铅笔。如何评估被污染的画面？可以肯定的是，此系印制之后添加的，但不能排除其作为替代彩色涂层的阴影的可能性。类似涂抹在书中几个版画上均有出现。因为其已成为本书历史的一部分，无论其质量如何都必须加以保留。

5．粘贴

粘贴是纸质文物修复的常见方法，尤其在博物馆领域属于日常工作，主要用于封闭裂缝和破洞、胶合书页、折叠脱衬等。传统的水溶性黏合剂，如淀粉、植物胶和动物胶的确可以再去除，但长时间老化的材料会在纸上留下黑斑。

1880年，修复专用的鱼鳔胶面世，呈液态，即开即用，缺点是除含有防腐剂外还可能含有其他如稳定剂等添加剂。经验表明，这种成品胶水溶解性差，且耐老化性比新制备的蛋白胶水弱。植物胶，尤其是阿拉伯树胶，在1889年以后也有液态形式出现。这种黏合剂因其制备容易、不发霉和保持水溶性等特点，受到行业推崇。历史上有很多不同的植物胶配方，可以优化属性、降低溶解度使之更加易于操作，但是老化之后也会出现一些不足。随后不久，市场上推出了基于聚乙酸乙烯酯的黏合剂，其干燥后的柔韧性很好，并且被认为是可逆性材料，因而被广泛使用。但是，随着时间的流逝，这种胶会变脆并且溶解度降低。实际修复工作中会在纸质文物上发现各种类型的胶水。

因粘贴而引起的大多数问题都是因张力很强的背衬托裱造成的，原因多为黏合剂或是纸张选取不当，装裱时间越长就越难以处理。具有高张力的胶水、过胶的折叠和裂缝等都会使原始纸张变硬。粘贴界面处的压差导致变形，特别是在湿度变化时会重新在原纸上形成裂纹和断裂。相关示例见图5-47～图5-49。

（a）正面

（b）背面

图5-47　18世纪中叶的管风琴设计图稿（487mm×355mm）

黑色墨水羽毛笔画，淡彩，棕色墨水笔迹。为封闭裂纹采用背面裱糊，产生的多处不洁胶痕正面清晰可见。管风琴设计图稿背面显示不同时期黏胶重叠粘贴在一起，导致硬化引起横向裂缝。

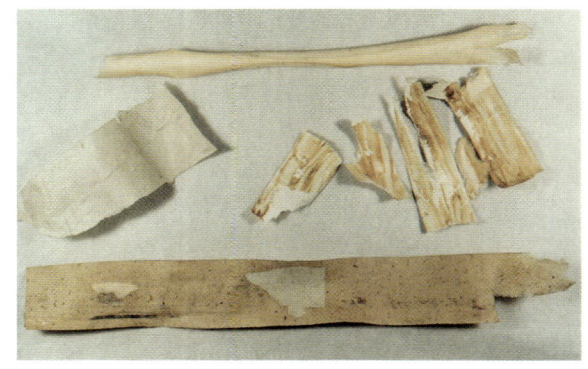

图5-48　从管风琴设计图稿背面取下的纸条

黏合剂或胶水的强烈张力使从设计稿背面取下的纸条卷曲变形。修复时宜选动物胶以及适合不同纸质的糨糊。

图5-49 利奥波德·莫扎特(Leopold Mozart)肖像画的背面

18世纪,羽毛笔棕色墨水画。折片是版画和绘画的常见问题,主要用于图画的固定。图画上可以检测到三个不同时期的胶水痕迹。去除最初旧折片造成了原始纸张的损坏。最后一次粘上的折片是由棕色木浆纸制成的。

由于黏合剂选取不当而引起的颜色变化通常是不可逆的,唯一的办法就是漂白。但是,所有漂白方法都会对纸质文物产生负面影响,因此修复时不得不在保存和美观之间进行艰难的选择。

6. 自粘胶带和过塑

自粘胶带已经流行了近120年。由于具有良好的黏合力且便于使用,自粘胶带用于纸张修复已有约100年的历史。自粘胶带具有随时购买、使用简单、非专业人士也能操作等优点。用于纸张修复的自粘胶带通常是半透明的,不会妨碍阅读被贴住的信息。

自粘胶带的黏合剂主要由具有高内聚力的天然橡胶和起黏合促进剂作用的松香树脂组成,此外还含有作为增塑剂和抗氧化剂的羊毛脂。除上述成分外,黏合剂还含有光稳定剂、填料和触变物质。胶带膜主要由醋酸纤维素、聚氯乙烯、聚丙烯或聚酯组成。因为天然树脂抗老化性能低,20世纪60年代初开发的丙烯酸基黏合剂逐渐成为替代物。该材料虽然不会发生较大幅度变色,但会渗透到纸张中。[1] 只要黏合剂不暴露于氧气、阳光或加热器的热辐射下,所含的抗氧化剂就会持续生效。一旦将薄膜粘贴到纸上,氧化也就随之开始。随着时间的推移,黏合剂逐渐渗透,纸张出现褐变。自粘胶带结构图见图5-50。

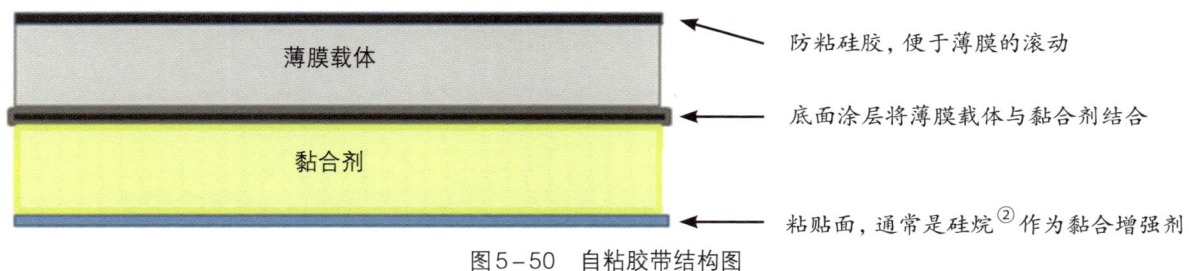

图5-50 自粘胶带结构图

---

[1] 源自Martin Strebel根据1999年在英国纽卡斯尔举办的以"Tape"为主题的IPC研讨会(IPC-Seminar „Tape" 1999 in Newcastle England)内容编写的文献资料——《自粘胶带去除技术》(Das Ablösen von Selbstklebestreifen)。

[2] 根据国际纯粹与应用化学联合会(IUPAC)的规定,"硅烷"一词代表一系列由硅和氢组成的化合物。

为保持弹性，几乎每种黏合剂中都添加了增塑剂，该物质会促进黏合剂迁移到纸中，最终无法完全除去[27]。随着黏合剂的渗透，纸张折射率的变化会越来越大。当黏合剂保留在孔隙中时，纸张的吸湿性也会降低，随着空气中的湿度发生变化会产生应力。增塑剂对纸上图文的影响也不容忽视，特别是在复印件上使用，会导致印刷油墨跑色。因此，将自粘胶带用于纸张修复会对原件产生不可预测的后果（见图5-51和图5-52）。黏合剂导致的纸张褐变只能通过高含量的溶剂和漂白来减弱，但这会影响纸张的质量。

图5-51　20世纪初的户口簿外封皮

折叠和撕裂处使用自粘胶带反复粘贴，所有粘贴处都有强烈褐变。

图5-52　常见的使用自粘胶带粘贴书脊实例

20世纪40年代的图书，此时期纸张稀缺而且质量多低劣。

使用自粘性塑料薄膜进行层压过塑保护高度濒危单页是20世纪六七十年代的常用方法。将薄膜放在原件两侧并进行压制，这种方法彼时大受欢迎，甚至被用于完整的中世纪文件的预防性保护。文物不仅失去其触觉和视觉特性，塑料薄膜对文物本身也会产生无法预见的影响。例如，尺寸变化、变黄、裂缝、形成褶皱和口袋形，以及各种薄膜与纸之间的相互化学和物理作用，尤其是墨水腐蚀会被催化加速。

5.3　自然科学检测方法

自然科学检测是科学修复文物工作的一项重要任务。实施这一重要步骤是为了更深入地了解修复对象的材料性质，以便制订最为合理的修复方案。

5.3.1　快速检测

纸质文物的制造工艺和构成成分通常可以提供判断其年代和出处的关键性信息，在修复时这些信息对评估文物状况也非常重要。很多手工纸尽管年代十分久远，其状态却远比近现代的工业纸要好，这完全是由纸张构成决定的。通过观察纤维的排布可以确定纸张的制造工艺，通常只有工业纸才有明确的纤维排列方向。由于使用树脂胶，工业纸的酸碱度几乎全部偏酸，这也是特定历史时期的必然产物。[①]

使用试纸是测量酸碱度（pH值）最简单的解决方案。为此必须将原纸上的选定区域充分润湿，用干净的玻璃板将试纸压在该区域几分钟。试纸指示区域会根据酸碱度不同而改变颜色，然后将指示区与色标进行比较并读取数值。此方法的缺点是可能会在原件上造成水渍，随后必须通过水浴将其去除。需要注意的是，常见的石蕊试纸上的溶液会渗出而污染原纸，因此并不适用。图5-53是两个试纸测量结果举例。

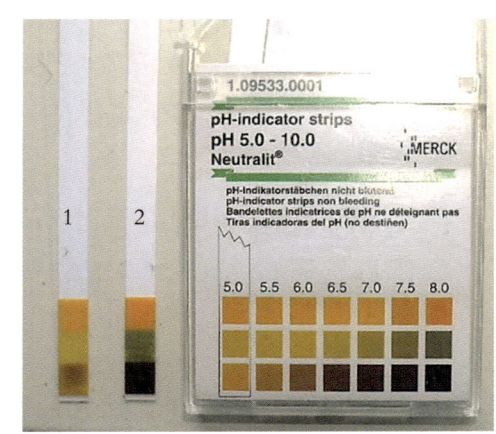

图5-53　试纸测量酸碱度示例

1号试纸显示的是再生纸测试后的指示颜色变化，pH值在5.5~6.0之间；2号试纸显示的是弱碱性缓冲水的pH值，为8.0。

市场上还有一些更便捷的测量设备可作为替代方法。如图5-54所示的pH值测试器，测试器的小挡板下装有传感器，在使用配套校准液对传感器进行校准后，填装用蒸馏水润湿的极少量原纸样品，几秒钟后传感器即通过液晶显示屏显示出pH值。整个过程仅需要3mm的样品就足以进行测量。该方法借助传导纸而几乎不必牺牲原纸，只需将传导纸浸湿放在原件上按压，之后测量传导纸即可获得等效的测量结果。

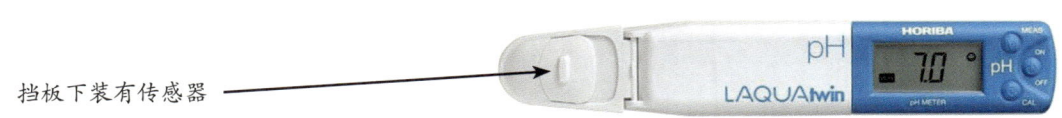

挡板下装有传感器

图5-54　pH值测试器

为了评估馆藏的即时状况，除了视觉检查外，还需要经常到现场收集馆藏信息。尤其是在识别是否需要对大批受酸性污染的纸和图书进行规模性脱酸时，装有反应液的测试笔（见图5-55）是十分实用的设备。该方法可以直接在原件上获取检测结果，使得测试可以在无量化信息的前提下鉴定纸张酸碱性。此方法的缺点是会在原件上留下测试痕迹，但对于大批量及由较厚纸张制成的大件藏品而言，这一缺点影响甚微。

除对纸质文物进行酸碱性检测外，1807年后使用工业纸的书籍还须测量树脂施胶或胶中硫酸

---

① 树脂施胶（也称为批量施胶）时将黏合剂添加到加工纸纤维的机器中，可以省去单独施胶进而提高效率。该生产过程会在纸上形成pH值大约为4.5的酸性环境。手工纸则是在干燥后进行所谓的表面施胶（通过用动物胶浸渍）以确保其着墨性。

铝的含量。树脂胶是造成纸张破裂的主要原因之一。潘杜兰（Panduran）测试笔（见图5-56）的测试液仅与铝发生反应，根据纸张铝含量的鉴定结果即可判断是否施胶。此外，潘杜兰笔还适用于档案纸和档案纸板使用前的检测。

如图5-57所示，使用潘杜兰测试笔对四张不同纸样进行测试，以判断纸样的硫酸铝含量。其中，四张纸样信息如下：

纸样1：书写纸，2015年产无木纸。

纸样2：书写纸，依德标DIN 6738 LDK-24-85生产的耐老化100%再生纸，2014年产。

纸样3：打印纸，100%再生纸，1995年产。

纸样4：打印纸，1988年产。

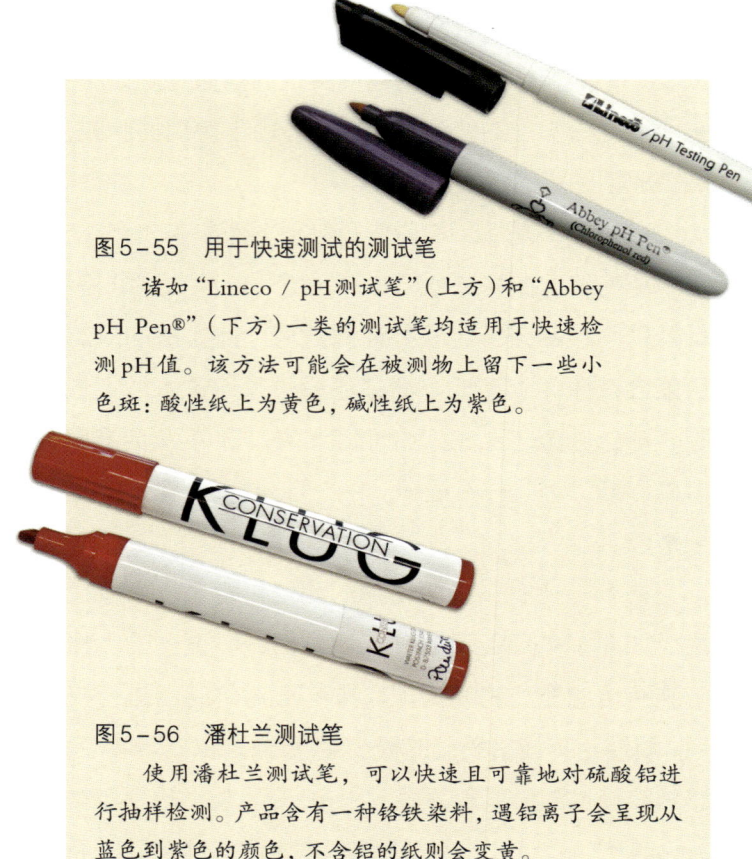

图5-55 用于快速测试的测试笔

诸如"Lineco / pH测试笔"（上方）和"Abbey pH Pen®"（下方）一类的测试笔均适用于快速检测pH值。该方法可能会在被测物上留下一些小色斑：酸性纸上为黄色，碱性纸上为紫色。

图5-56 潘杜兰测试笔

使用潘杜兰测试笔，可以快速且可靠地对硫酸铝进行抽样检测。产品含有一种铬铁染料，遇铝离子会呈现从蓝色到紫色的颜色，不含铝的纸则会变黄。

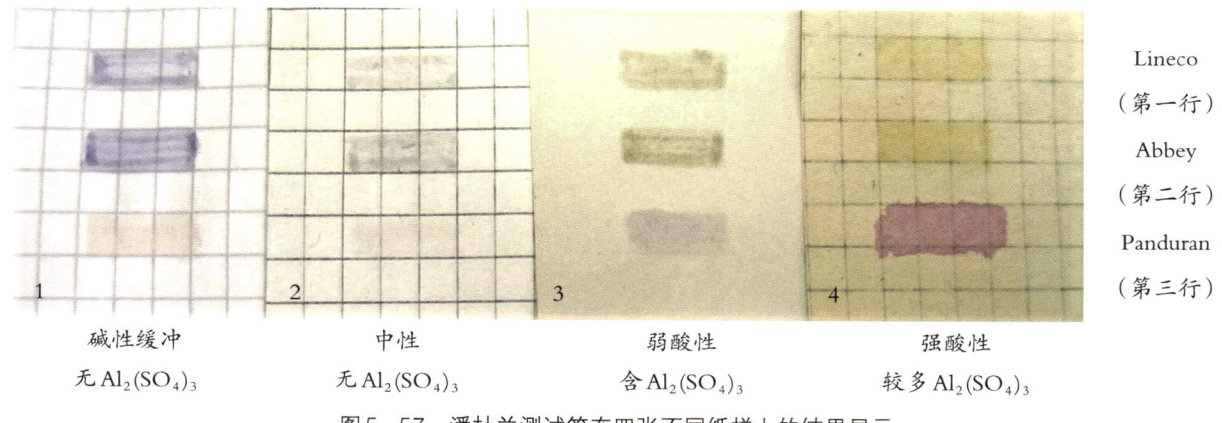

1	2	3	4	
				Lineco（第一行）
				Abbey（第二行）
				Panduran（第三行）
碱性缓冲 无$Al_2(SO_4)_3$	中性 无$Al_2(SO_4)_3$	弱酸性 含$Al_2(SO_4)_3$	强酸性 较多$Al_2(SO_4)_3$	

图5-57 潘杜兰测试笔在四张不同纸样上的结果显示

5.3.2 化学染色检测

出于安全考虑，可以在自然科学实验室对纸张进行化学染色，从而进行一系列的测试。

1. 检测淀粉

淀粉测试是一种用于鉴定修复过程中要去除的黏合剂的辅助手段。测试过程中将1～2滴碘-

碘化钾溶液^①直接滴涂在纸上,纸样如果变蓝则表示含有淀粉(见图5-58)。[18]

图5-59所示案例系对一件中国(可能是20世纪中叶)的经折装样本进行的淀粉测试。用碘-碘化钾溶液润湿黏合剂后,糨糊呈现出显著的蓝色变化。显色原理是基于淀粉特性的化学反应。

(a)染色测试前的纸样　　(b)测试后纸样变蓝色

图5-58　纸样染色测试前后变化

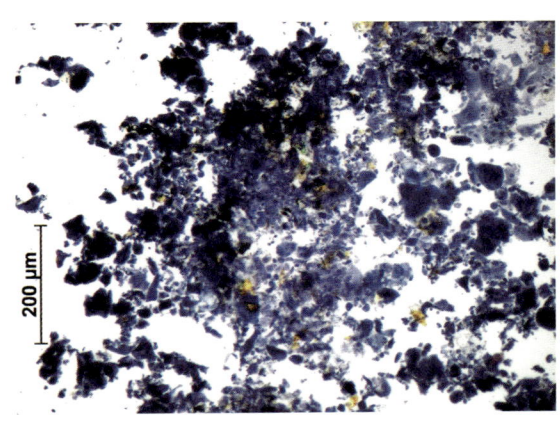

图5-59　显微镜下折页上变成蓝色的大米淀粉糨糊

与小麦淀粉的卵形和滨豆型特征相比,大米淀粉的颗粒有多边形特征。

2．检测木质素

生产中添加的木浆是1845年后生产的纸张发生自降解的重要原因。间苯三酚是最常用的检测木质素的化学试剂。采用间苯三酚溶液润湿样品发生化学反应,纤维素纸变为浅黄到深黄色(见图5-60),而木浆纸则呈红色到紫罗兰色。间苯三酚检测使用相对简单,但其评估结果需要相

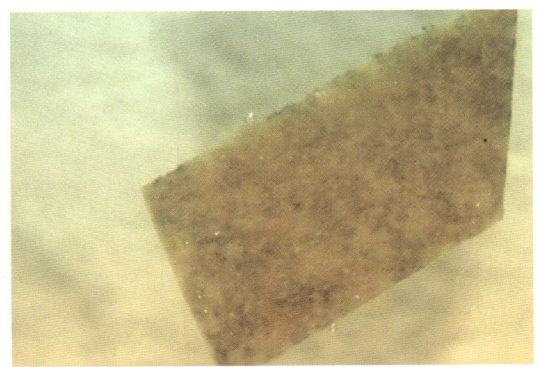

(a)未着色的原件纸样　　(b)染色后的纸样

图5-60　间苯三酚染色前后纸样(1920年挂轴图)对比

照片:尤利娅·阿布拉莫维奇(Julia Abramowicz)[28]

间苯三酚染色后的样品略呈深黄色,说明为纯纤维素纸,蓝褐色的小斑点是淀粉糨糊。

---

① 试剂配制:将5.0g碘溶于7.5g碘化钾和10mL水的溶液中。

关被测物的收藏、纸张类型或其用途的信息。该方法的检测对象仅仅是木材中所含的木质素。如果无木绵纸和纤维素纸对试剂发生反应后变为红色到紫罗兰色，则还须考虑外部环境因素。例如，在木柜中长时间存放或与木浆纸有接触都会干扰实验结果。相比之下，大多数19世纪末生产的美术纸使用了白垩、石膏高岭土和白色颜料等填充剂涂覆以使之缎化（砑光）、平滑并增白，尽管纸张本身包含木质素，但此类涂层会令检测失灵。

另一种测试方法是使用氯化锌溶液碘化试剂[①]。该溶液在包含木浆的纸上会呈现紫罗兰色。

图5-61中纸样均用间苯三酚和氯化锌溶液碘化试剂分别润湿[②]。本批1940年的纸样上（蓝色纸除外）显示出明显变化——变为紫罗兰色（木质素的明确指示）。总体而言，间苯三酚（上部测试区）的测试结果比氯化锌溶液碘化试剂（下部测试区）的测试结果更为清晰，后者会导致纸张变为黄色。其中，相关纸样信息由制造厂商提供。

纸样1：纤维素纸，单面光滑，含木，自然色，无树脂胶，65 g/m²。

纸样2：包装纸，缎面，中度精细，蓝色，完全施胶，木浆漂白度为75%，纤维素漂白度为25%，60 g/m²。

纸样3：胶印纸，机制光滑，中度精细，白色，完全施胶，70%木浆漂白，30%纤维素未漂白，70 g/m²。

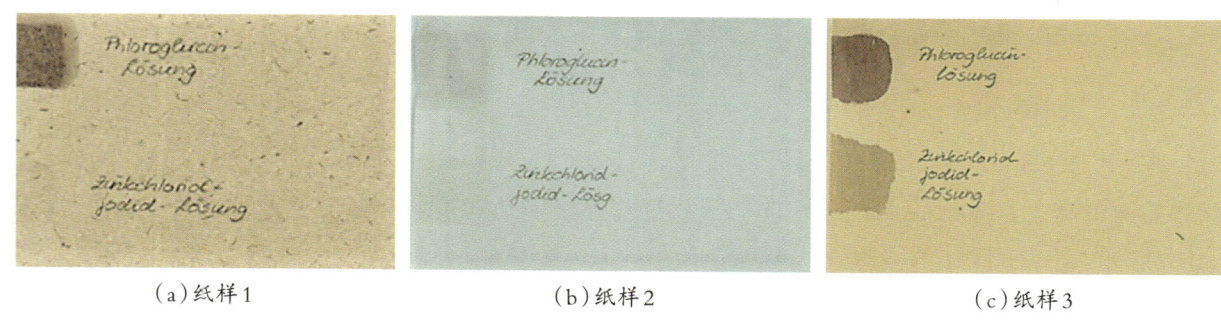

(a) 纸样1　　　　　　　(b) 纸样2　　　　　　　(c) 纸样3

图5-61　不同纸样检测木质素的染色变化

3. 检测树脂胶

用硫酸验证树脂施胶程度的方法是将硫酸浓缩后再用糖水稀释涂在被测纸上，含树脂样品会呈现红色至紫色，可以证明被测纸属树脂施胶的工业纸。图5-62给出了用硫酸（上部测试区）和带硫酸的糖溶液（下部测试区）检测纸样施胶程度的示例。糖溶液能在一定程度上缓冲硫酸的强烈反应。其中，相关纸样信息由制造厂商提供。

纸样1：纤维素纸，单面光滑，含木，自然色，无树脂胶，65 g/m²。

---

① 将20 g氯化锌与10 mL蒸馏水混合；另将2.1 g碘化钾和0.1 g碘混合，并用5 mL蒸馏水缓慢溶解；之后合并两种溶液，待沉淀物沉降完全后，将澄清溶液倒入深色容器中，可添加碘片进行储存。
② 木质素和树脂试纸见乃格菲尔斯（Neigenfel）和西格（Siglr）著作 Unser Werkstoff, das Papier 的附录页，材料描述来自本文作者。

纸样2：片状漂白纸浆纸（造纸工业原料）。

纸样3：扉页纸，哑光，光滑，无木，完全漂白，黄白色，完全施胶，$100\,g/m^2$。

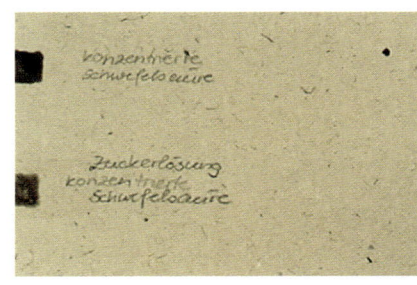 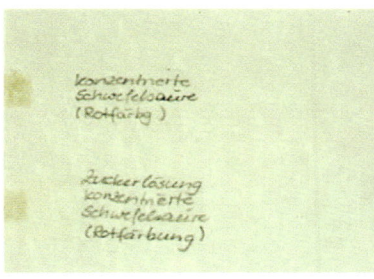 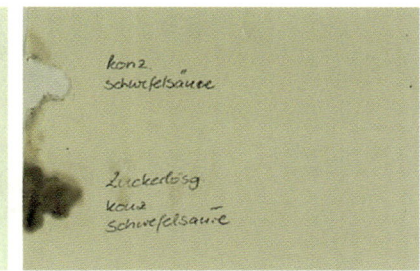

（a）纸样1　　　　　　　　（b）纸样2　　　　　　　　（c）纸样3

图5-62　不同纸样检测树脂胶的染色变化

与厂商提供的信息相反，纸样1显示含树脂胶，纸样2显示黄色，纸样3甚至被腐蚀出孔洞。

上文所述的简单化学测试表明，染色测试易于实施，但仅能在可弃用的样品材料上进行检测。试剂会留下颜色并可能造成纸张持久性损坏。空气湿度会将化学药品进一步传递到纸张内部，随后引起分解。

5.3.3　显微检测

1．截面和色层结构

截面是一种常用的识别色层、涂层和几层粘在一起的纸层的方法。图5-63为制作截面的样品处理工作台，图5-64为色层结构的横截面示例。通常仅用1～2mm的样品就足以嵌入浇塑树脂①，如Akemi® Marble Putty 1000。待树脂硬化后对样品进行简单抛光，先用粒度为240目的砂

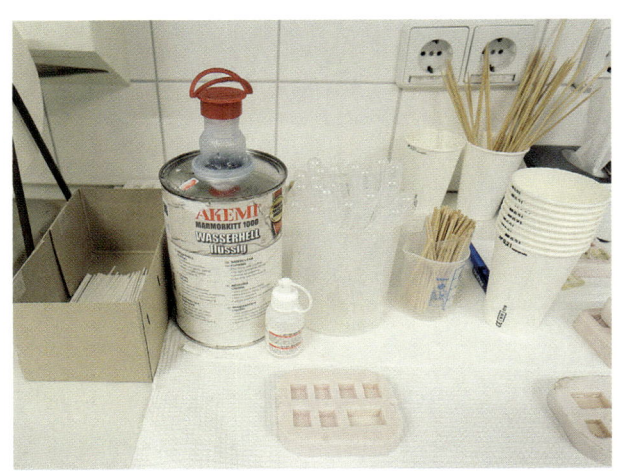

图5-63　样品处理工作台

工作台上放置的是浇塑树脂以及用于混合树脂的一次性杯子和用于混合搅拌的不同搅棒。前景中的模具由硅胶制成（用于放置7个样品）。先将样品完全嵌在硅胶中，再把可见层朝上。干燥后，分几步打磨成铸件。

---

① 基于溶于苯乙烯的不饱和聚酯树脂制成，呈透明液态，是一种双组分产品。样品的具体制作方式：将约7滴固化剂加在10g大理石腻子中慢慢搅拌以免产生气泡；先在模具中放一层树脂，24h硬化，此后重复该过程直到样本被嵌入到第三层。三层结构可改善干燥效果。

纸，随后用6000目微细砂纸精细打磨，直到切口上不再有划痕，就可以用足够放大倍率的显微镜观察样品（见图5-65）。

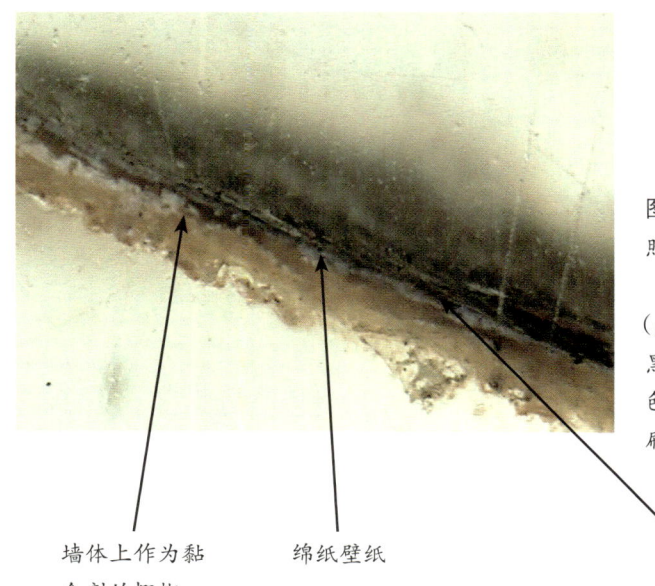

图5-64 色层结构的横截面示例
照片：碧尔吉特·汉努施（Birgit Hannusch）[29]

例图的色层结构横截面是1852年使用格力塞艺（grisaille）版式印刷工艺制作的法式壁纸。印刷在纸上的黑色、白色和灰色彼此重叠。色层变绿是含有酪蛋白的色层和涂层的多次固结造成的。酪蛋白的强张力导致印刷油墨剥落，因此有必要对文物进行整体修复。

墙体上作为黏合剂的糨糊　　绵纸壁纸　　几层颜料彼此重叠：浅灰色阴影、深色阴影、黑色油墨及白色亮点装饰

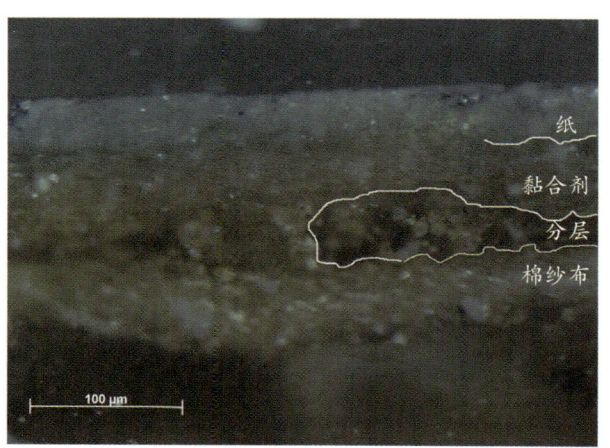
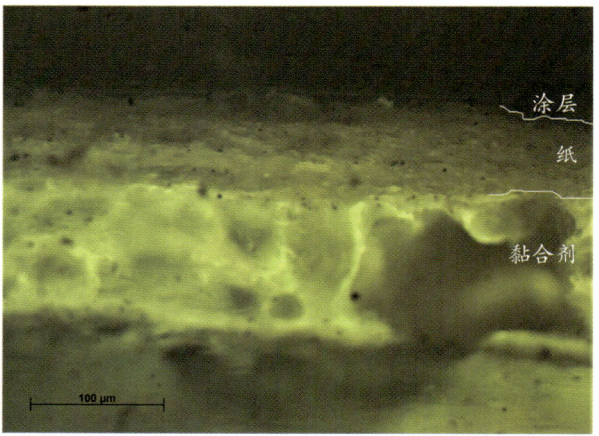

（a）入射光穿过纸质文物横截面　　　（b）高倍放大的在紫外光下的同一截面

图5-65 显微镜下的某纸质文物横截面

从上到下各层均是工业纸。样品为石版印刷物。背面用胶固定在棉纱布上。圈出的部位是受损的现代合成树脂的黏合层。借助荧光可以看到印刷图上的薄涂层。很厚的、高荧光性且不均匀的黏合剂层非常醒目。纸和纱布之间的黏合力损失可以通过反射率较低的暗区观察到。

截面染色是一种用于检测油脂和蛋白质的方法。最终的颜色变化只能进行定性检测，这是因为所涉黏合剂通常含有不同成分。油红"Oil Red O"[①]只用于检测材料中的油，黏合剂中的油会显

---

① 别名：苏丹红5B（$C_{26}H_{24}N_4O$）。

现出红色（见图5-66）。Ponceau-S[①]用于蛋白质鉴定。两者都是偶氮染料。除了横截面外，还可以用类似的方式制作薄截面，便于在透射光下观察采样。这种方法通常在纸张鉴定中意义不大。

（a）入射光下的多层颜料涂层结构的横截面　　　　　　（b）染色后的同一横截面

图5-66　显微镜下的多层颜料涂层结构的横截面

用油红"Oil Red O"染色后，截面涂层的红色显示出不同的特性。着色层的黏合剂或者在纯油中或者在油的混合物中。

2. 纤维分析

纤维分析是纸张修复中最常见的检测方法之一。该方法不仅要识别纤维类型，还要识别其表面质量、内部结构和长度，为修复工作提供相关信息。纸浆中的纸纤维已经简单地通过氢键结合，不需要上胶即可连成纸片。制作中可添加所需黏合剂，例如淀粉或动物胶（主要是明胶），以及填充剂和白色颜料，以达到根据使用需要（诸如用于墨水书写、印刷或是作画）改变纸张的性能的目的。湿度会影响纸张的大小、密度、稳定性和颜色。决定纸张质量的首要因素是基础原料，即纤维类型、长度和完好程度。

欧洲传统造纸使用的纤维主要是亚麻、大麻、黄麻和棉，大部分来自破布，一般很难找到由相对完好的纤维制成的纸张。当然这种纸的生产工艺更为复杂，同时亚麻价格也较为昂贵。造纸还会使用漂白的旧纸和秸秆的混合物。历史上纸张质量下降通常是受到外部环境的影响。例如，三十年战争（1618—1648）不仅导致破布严重短缺，而且贩卖这种材料还要缴纳高额关税。此时期生产的纸张的主要问题就是纤维较短、旧纸中有黑色残留物和打浆度低。利用这些文物特点可以让纸张的断代更为简单。

打碎的破布尤其适合制成纸片。通常是将纤维漂白，有时也使用未漂白的蓝色和红色纤维。特别是蓝色纤维，通常用来制造视觉上较冷的阴影效果，使纸张显得更白。过去这种看上去很清爽的蓝灰色纸作为信纸非常流行，有时候还特别添加蓝色颜料以达到类似效果。用5倍放大倍率

[①] 别名：酸性丽春红（$C_{22}H_{12}N_4Na_4O_{13}S_4$）。

的小型放大镜可以轻松鉴定纸纤维的颜色，即使在较低放大倍数下也可以看到其他植物添加剂，例如木纤维、粗粒状填充料等。1850年后因碎布匮乏，市场上大部分都是含木浆的纸，早期纸张中可以看到非常粗糙的木片。进一步的基础检测需要使用放大倍率为10～200倍的数码照相显微镜，它能够在计算机上实时查看、拍摄和存储图像。此类显微镜应用程序简单、成本低，可用于评估纤维状态和甄别细颗粒。获取有关纤维类型的可靠信息则需要具有反射光和透射光的高质量显微镜，必要时还可以选择使用不同的滤光片，不仅放大倍率有突出意义，由光波决定的分辨率也非常重要。Axioplan 2[①]就是一款非常合适的显微镜。纤维检测时放大倍率在100～500倍之间即可，更高的放大倍率显示出的结果则更为清晰。由于来自不同属、种的植物的纤维有不同的细胞和细胞壁结构，因此可以借助纤维图谱[②]进行鉴别。这类工作的基本前提是拥有纤维形态结构相关的专业知识，以及对研究对象有一定的了解。在实际检查之前必须制备纤维样品，制备过程中应尽量将纤维整根逐个分开。每个样品至少应有三根纤维，润湿清洗后剔除杂质、填料和胶水，最后将纤维放在载片上用水润湿使其平滑。

1940年阿洛尹斯·赫尔佐格（Alois Herzog）用偏光显微镜开发了以他的姓氏命名的赫尔佐格试验方法。使用该方法可以轻松地区分非常相似的亚麻和大麻韧皮纤维。简而言之，偏光显微镜下所呈现的不同干涉色取决于纤维所处位置是水平还是正交。赫尔佐格发现：次级膜中的原纤维不同排列方式会呈现出与之相应的不同干涉色序。比如亚麻和苎麻原纤维是S型螺旋排列，而大麻和黄麻则是Z型螺旋排列。S型螺旋排列的纤维在水平OW[③]位置的干涉色呈靛蓝色，而相同纤维在正交NS[④]位置的干涉色显现橙色。Z型螺旋排列的纤维在水平和正交位置呈现出的干涉色与S型恰好相反。此外，使用偏光显微镜可以增强对比度。需要说明的是，试验前纤维混合物必须用氯化锌溶液碘化试剂染色制备。

图5-67～图5-69分别给出了透射光和偏振光条件下的显微镜纤维鉴定示例。[30]

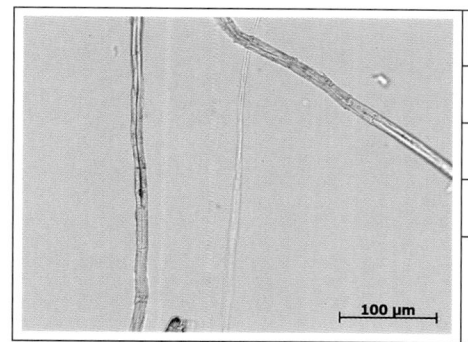

| 显微镜：Axioplan 2, Fa. Zeiss |
| 照相机：AxioCam MR 5 |
| 放大倍率：100倍 |
| 光学：透射光 |
| 描述：光滑圆柱状、维管细而且边界明显，呈典型横向支撑。施洛伊辛根（Schleusingen）墙布，1780年 |

图5-67　显微镜纤维鉴定示例一

照片：西蒙娜·施密特昆茨（Simone Schmiedkunz）

---

① 推荐50～1000倍。
② 通常由制造纤维制剂的实验室独立制作纤维图谱。
③ Ost-West，东西向。
④ Nord-Süd，南北向。

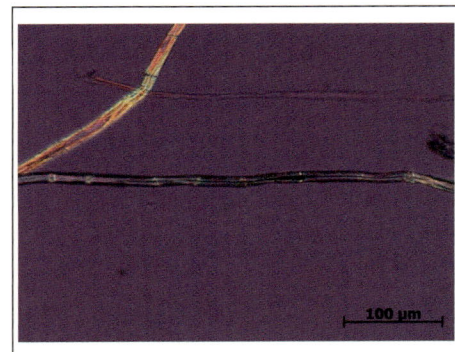

	显微镜：Axioplan 2, Fa. Zeiss
	照相机：AxioCam MR 5
	放大倍率：100倍
	光学：偏振光
	描述：水平OW排列，干涉色呈靛蓝色。 鉴定结果：亚麻。 施洛伊辛根（Schleusingen）墙布，1780年

图5-68　显微镜纤维鉴定示例二
照片：西蒙娜·施密特昆茨

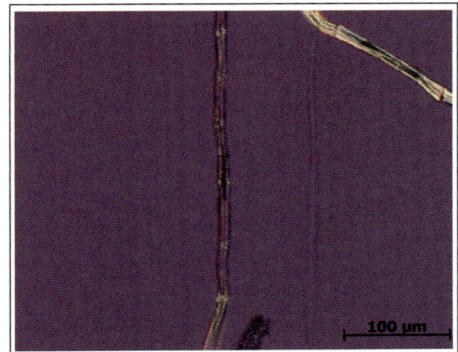

	显微镜：Axioplan 2, Fa. Zeiss
	照相机：AxioCam MR 5
	放大倍率：100倍
	光学：偏振光
	描述：垂直NS排列（在90°角处），干涉色为橙色。 鉴定结果：亚麻。 施洛伊辛根（Schleusingen）墙布，1780年

图5-69　显微镜纤维鉴定示例三
照片：西蒙娜·施密特昆茨

纤维可以用来鉴定的另一显著特征是其末端形态。亚麻的末端较细且尖，而大麻则是圆形的。经过加工和切割的纤维末端，可以观察到除自然生长状态之外的切割形态，因此需要观察大量纤维材料方可做出可靠的判断[28]。利用纤维末端形态进行纤维鉴定的相关示例见图5-70～图5-72。

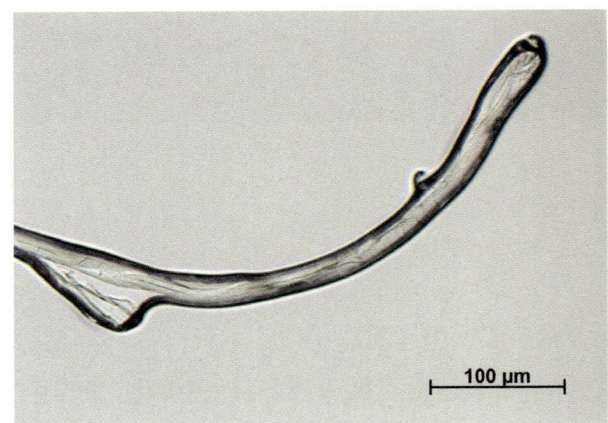

图5-70　纤维末端形态观察示例一
照片：尤利娅·阿布拉莫维奇

透射光，放大倍率200倍。纤维的末端是圆形的，并有分支。特征与大麻类似。

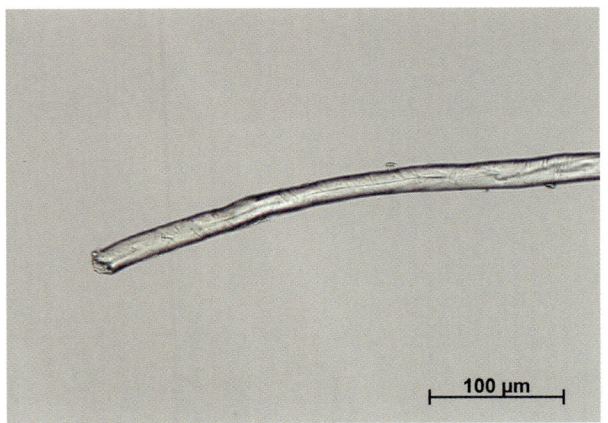

图5-71　纤维末端形态观察示例二
照片：尤利娅·阿布拉莫维奇

透射光，放大倍率200倍。纤维末端出现不规则的撕裂。此类纤维末端常见于被破坏或撕裂的情况。纤维类型无法鉴定。

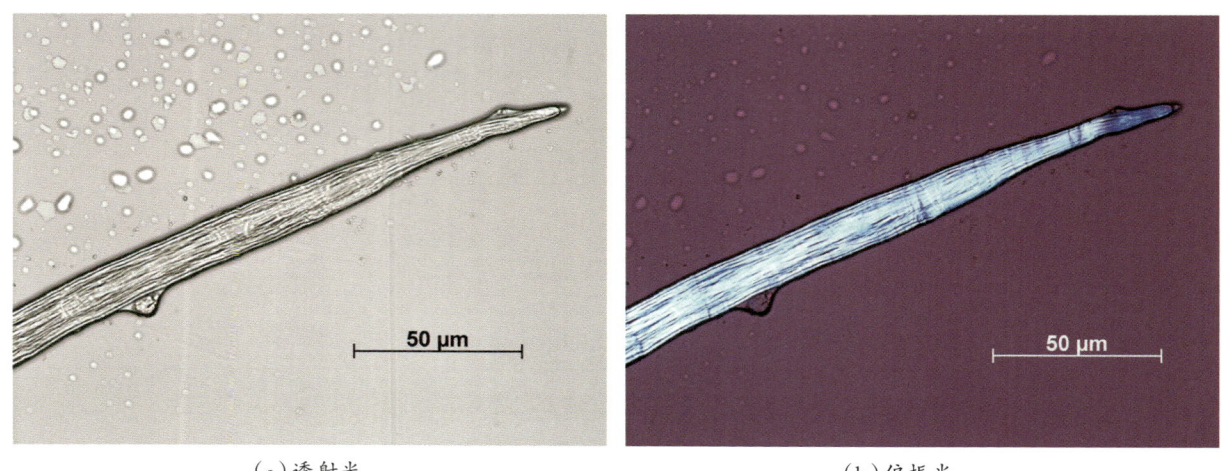

(a)透射光　　　　　　　　　　　　　　　　　(b)偏振光

图5-72　纤维末端形态观察示例三[31]

照片：茜娜·泰勒（Sina Theile）

纤维有细长的管状外观，末端如亚麻纤维一样，但没有裂纹且节的表面光滑。据此判断可能是黄麻。偏振光下出现蓝色干涉。

有些纤维具有非常明显的特征，例如棉纤维可以通过其扁平而且常常呈现出的螺旋形态来识别，具体如图5-73所示。

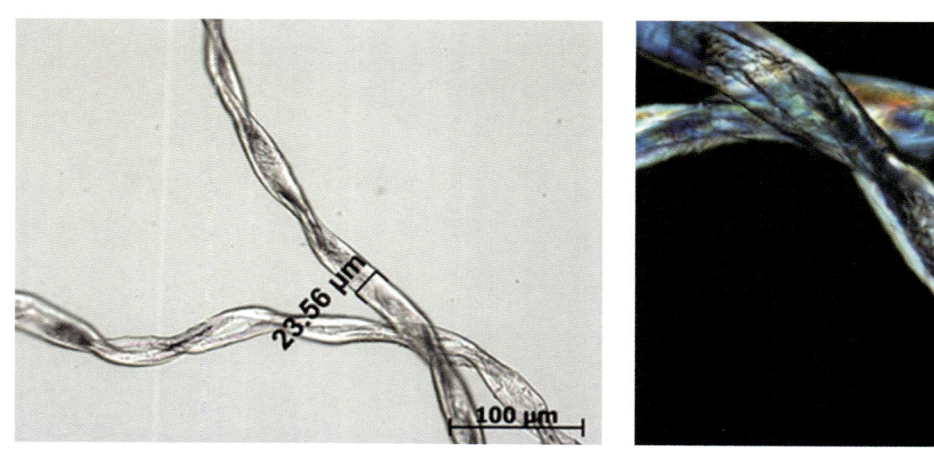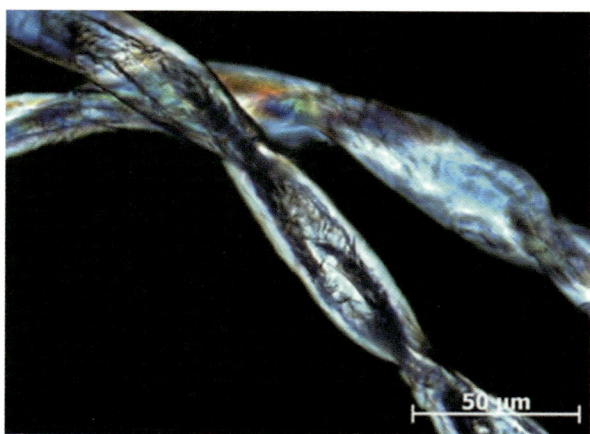

(a)透射光，放大倍率200倍　　　　　　　　　(b)偏振光，放大倍率500倍

图5-73　不同测试条件下的棉纤维特征形态图[32]

照片：蕾娜·林特伦（Lena Rintelen）

扫描电子显微镜（SEM）并非纸张修复的常规检测手段，但它可以提供有关纤维破坏程度的详细信息。图5-74是一件1900年左右制作的日本文物的局部SEM图，材料目前已老化。图中显示的是蚕丝断片的状态，采样样品很小，肉眼几乎不可见。

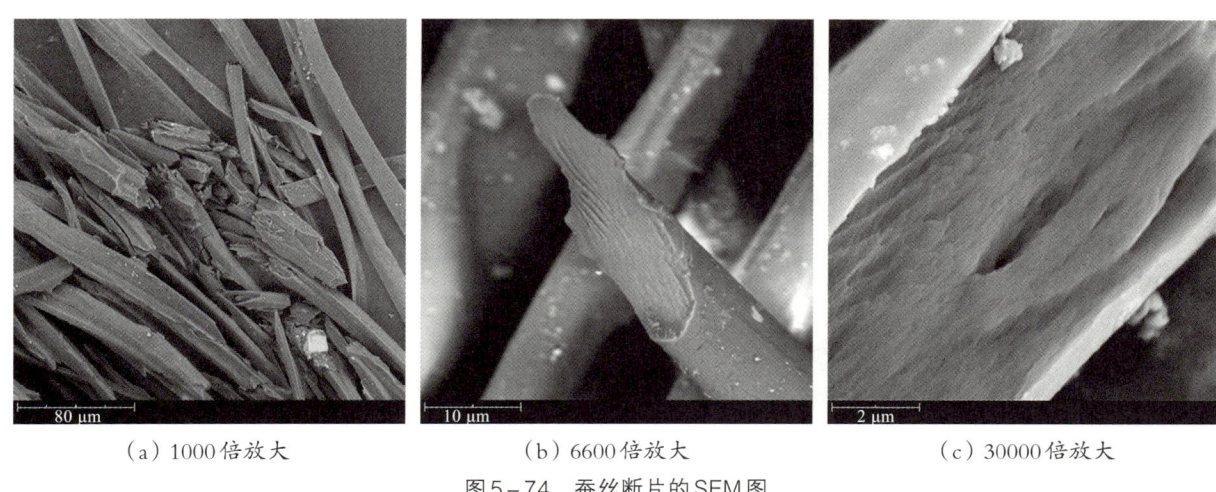

（a）1000倍放大　　　（b）6600倍放大　　　（c）30000倍放大

图5-74　蚕丝断片的SEM图

此照片记录了尝试用丝胶蛋白[①]增强或再生丝线的效果，非常有研究价值。用丝胶蛋白可以改善蚕丝纤维的脆化程度，增加水分也可以达到同样效果。借助扫描电子显微镜可以观察到丝胶蛋白包裹在纤维周围甚至渗透到内部薄片层中形成保护层的状态。使用30000倍的放大倍率，可以清楚地了解蚕丝纤维的内部层状结构。[②]

因篇幅有限，相关内容仅作简短说明，主要是介绍一些常见且可行的检测方式。为了准确鉴定纤维类型，还必须更深入地研究纤维的外部和内部结构、制作横截面，更仔细地观察纤维细胞，必要时可以委托专业人员进行深入研究。

5.3.4　谱图检测

1. 热解气相色谱-质谱

利用热解气相色谱质谱仪[③]可以对有机成分比如黏合剂进行检测。图5-75是对某石版印刷背裱层黏合剂的测试结果。采用该方法可以在无适合溶剂的情况下进行分析检测，不会影响或破坏正面彩色印刷。检测结果表明是一种苯乙烯黏合剂[④]。黏合剂由甲苯、乙苯、苯乙烯、α-甲基苯乙烯和邻苯二甲酸二丁酯等成分组成。根据检测结果确定黏合剂交联不可逆，无法在不损坏文物的前提下去除。因此可以推导出的清理方案是使用手术刀以机械方式剥离黏合剂。

---

① 丝胶蛋白是家蚕丝中含有的丝绸蛋白，用于黏合丝纤维。
② 设备公司现场演示图片，使用Phenom ProX Desktop SEM摄制。
③ 可使用热解气相色谱质谱仪进行详细的黏合剂分析，包括交联聚合物化学成分的测定。气相色谱仪可分离混合物，而质谱仪可对成分进行定性和定量。
④ 自第二次世界大战以来，苯乙烯（C_8H_8）已成为许多现代塑料和黏合剂（主要是聚苯乙烯）的主要成分。理论上苯乙烯不应出现在纸质文物上。

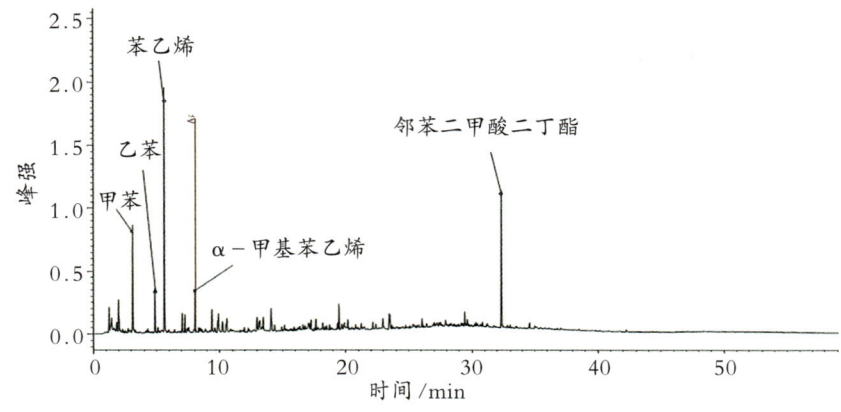

图5-75 用热解气相色谱-质谱法得到的苯乙烯胶的光谱
检测：埃尔福特应用科技大学科学实验室的化学硕士分析师弗兰克·穆哈（Frank Mucha）

2. 红外光谱

化学实验室可使用红外光谱法[①]检测有机成分。此处用甄别黏合剂种类的分析实验举例说明。图5-76显示的是一张1550年左右德国古纸的红外光谱。样本光谱用黑线表示。红线是用于对比的纤维素光谱，蓝线是石膏的光谱，两者均是参照物光谱。检测结果表明样本中的纤维材料是纯纤维素。另外，还可以检测到少量的作为填充剂的石膏，但也不能排除粉末化的白垩的可能性。检测没有发现黏合剂，可能已经发生降解。此外，还发现少量铁、硅以及锌，应解释为无机混合物或杂质。

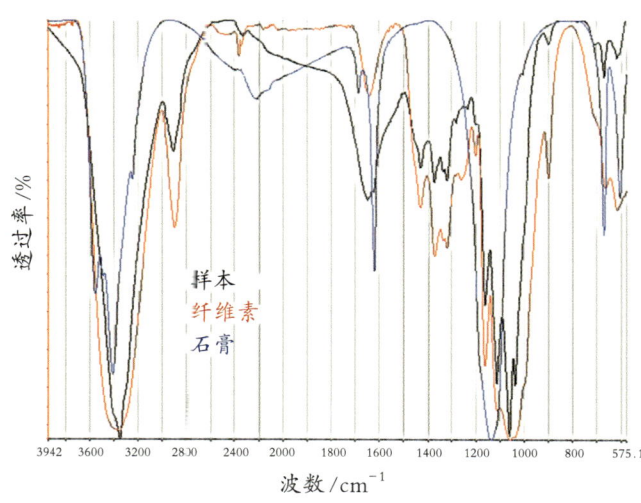

图5-76 某德国古纸的傅里叶变换红外光谱
检测：埃尔福特应用科技大学科学实验室的化学硕士分析师弗兰克·穆哈

3. X射线荧光光谱

颜料分析是对文物进行时间分类、断代或阐明颜料变化的重要指标。比如，暖棕色涂层可能原本是颜色昵亮的铜颜料，由于与空气中的含硫气体结合而发生颜色变化，其外观表象很具有迷惑性；普鲁士蓝（铁蓝青色的亚铁氰化铁，发现于1704年）可能呈现铜绿色。如图5-77和图5-78

[①] 红外光谱中的峰称为"谱带"，对应于彼此连接的原子的振动。因为它们具有不同质量而且彼此间以不同程度结合，所以不同的物质会导致不同的特征振动带。这些振动带可以用于物质识别。混合物的光谱就是各种物质光谱的叠加。一般把参照物光谱与被检物光谱一起放在图中进行比较。

所示，分别采用X射线荧光光谱和显微镜对某绿色涂层进行了检测。从光谱中可以得出涂层中含有普鲁士蓝、砷化物（雌黄）颜料、铅白和含铁黏土（高岭土）的混合物的结论。图中铜的峰值源自涂层所在的含有黄铜的载体。

显微镜照片显示普鲁士蓝已部分变为绿色。在油性物质中，普鲁士蓝在氧化作用下会缓慢分解，形成绿色（所谓"普鲁士绿"）：$3Fe^{3+}[Fe^{2+}(CN)_6]^- \rightarrow [Fe_3^{3+}\{Fe^{3+}(CN)_6\}_2\{Fe^{2+}(CN)_6\}]^- + 2e^-$。此处的黏合剂是干性油，通常使用亚麻籽油。

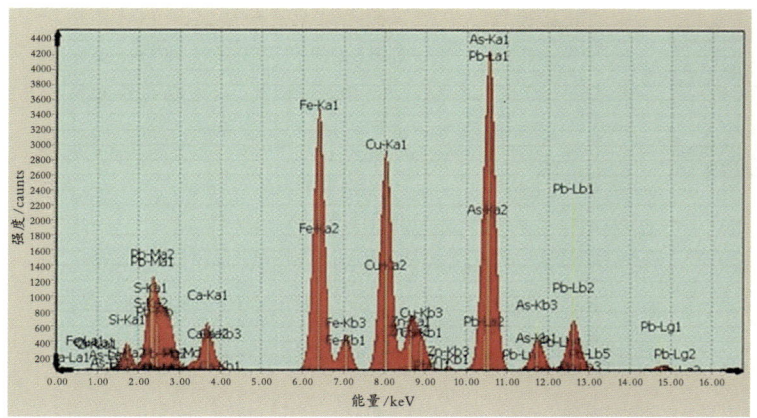

图5-77 某绿色涂层的X射线荧光光谱

检测：埃尔福特应用科技大学科学实验室的化学硕士分析师弗兰克·穆哈

峰形变化不能说明样本中元素的比例。

图5-78 显微镜下的某绿色涂层照片

显微镜照片显示：只有最大的普鲁士蓝颜料颗粒保留了其原本颜色，雌黄颜料颗粒仅个别可见。

5.3.5 射线检测

必须指出的是，射线检测即使不会对文物造成视觉上的变化，也绝非对文物无损。辐射波越短潜在的伤害就越大。辐射甚至可以触发化学反应并加速物质老化、衰变。

1. 紫外线表面检测

实践经验表明，LED紫外灯[①]适用于绘画（油画）检测，但不适用于检查纸张。传统UVA黑光荧光灯管产生的紫外线的波长能照射表面，但不会穿透文物，因此更值得推荐。

图5-79是使用400 W高强度气体放电（HID）光源，波长为315～400 nm的紫外灯和KV 450滤光器[②]拍摄的。该图显示了描图纸上铅笔画的缺失部分，描图纸层被裱糊在纸板上。使用UVA紫外光，显示出的亮线仍然可以识别出肉眼不可见的国王形象的轮廓。在铅笔石墨保护作用下纸板的老化进程明显较慢，出现了肉眼无法察觉的细线。因此可以用补缀嵌体的方法重建轮廓。由

---

① 纯频谱仅在360～370 nm之间。
② Schott公司的KV 450滤光器可以过滤紫外线，从而可以看到物体的纯反射。

于齐格菲国王（King Siegfried）在构图形式和内容上占据着至关重要的位置，故画面的缺失局部须加以补绘。[18]

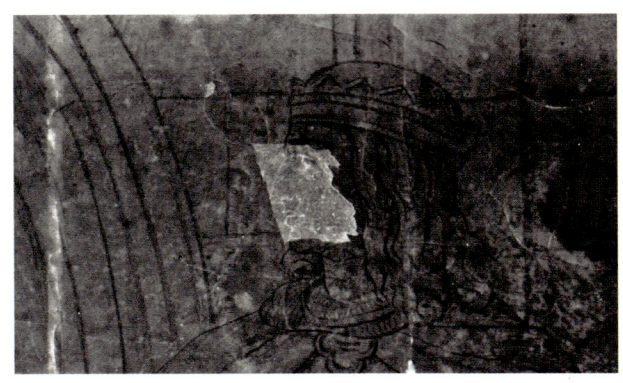

图5-79 紫外线下某绘在描图纸上的铅笔画
照片：妮寇尔·阿瑞兹

赫尔曼·弗炽（Hermann Fötsch）根据尼伯龙根传奇创作的《两场婚礼》，1846年。

绘在描图纸上的铅笔画压裱在纸板上。如高光部分所示，齐格菲（Siegfried）脸上的羊皮纸已破损。在紫外线下，纸板上面部轮廓和眼睛轮廓可以依据白线清楚辨认。可以在此基础上对作品上最重要的人物进行补绘重建。

紫外线检测还可以为手稿的损坏评估提供有价值的信息。鞣酸铁墨水造成的墨水腐蚀区域①，在墨水笔迹旁边可以通过其荧光性被显示出来。图5-80[20]中显示的是一张18世纪手写乐谱的纸片，使用后期被粘贴在木头上。日光下的褐色污点表明糊状物尚未被完全除去；在紫外线下，腐蚀可以更清楚地被观察到，在退化区域正面的墨水会蚀透到背面。此外，UVA紫外光还能让已褪色的鞣酸铁墨水变得可见。由霉变引起的损坏也可通过此法加以观察。

(a) 日光　　　　　　　　　　　(b) UVA紫外光

图5-80 不同光源条件下一张乐谱的背面

2. 红外辐射检测

与紫外线不同，作为长波光的红外线会穿透到更深层的区域，偶然可以看到绘画底稿或被覆

---

① 褐色污点区域出现在线条的旁边和纸的背面。

盖的草图,具体见图5-81。需要说明的是,上层的颜料层越透明、越薄,光波渗透的可能性就越大。一般使用红外热成像仪在760～2400nm的近红外范围内进行检测。如另外再用红色光照射物体,则轮廓将变得更为清晰。

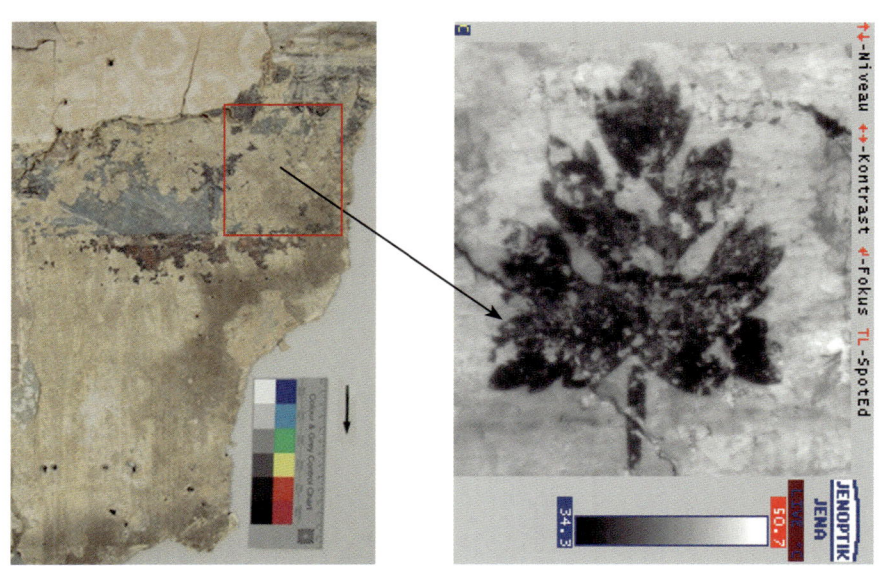

图5-81 红外辐射检测示例

左图为某19世纪上半叶部分被覆盖的壁纸,采用红外辐射检测,红外热成像仪下颜料涂层下方方框内的叶子图案被显现出来,具体可见图中箭头指向的右图。

3. X射线检测

X射线可以穿透物体最深处,可以让涂上颜料或印上油墨的纸张的水印显现。X射线检测法所用仪器的购置价格很高,操作X光机也需要接受特殊培训,必须严格依照安全预防措施操作。使用相对较弱的、波长较长且低能量的辐射(10～20kV用于纸张)可以更好地将图像细微之处检测出来。[33]

通常,X射线检测很少用于纸张修复,仅在专业机构中谨慎使用。

6 纸质文物的保护与修复

6.1 保护、修复和预防的概念界定

保护指仅为保持文物现状而采取的必要处置措施，包括了所有以避免或者限制、减少如材料老化、机械损伤等损坏进一步恶化为目的的处理程序和步骤，比如：纸张的去酸中和、撕裂黏合和颜料固定等。任何文物，不论其价值高低、年代新旧、状况优劣，只要在绘画或文字上有独创性和有效历史信息都应加以保留。文物的内容及艺术表现力不应因保护措施而被改变。更恰当地说，保护就是确保其当前状态不受威胁。在过去的三十余年里，经过专业培养的修复工作者逐渐提高了对文物保护事业的重视程度。文物保护（维护）可以接受破碎但仍具有表现力的文物现状，并特别强调对文化艺术品现存部分的保护。值得认真思考的是："未来的创新力不应该浪费在解决今人留下的无法收拾的残局之上"[3]113 "在无法预知后果的条件下，责任伦理将延伸成为关于文物保护的道德和伦理问题"[34]。然而有些处理方法有可能既属于保护措施亦可以视作修复措施，比如：去除文物上小块的污渍。因此，在很多情况下，保护和修复之间的界限是模糊不清的。

当文物需直接面对社会大众，或因文物的历史价值、社会价值以及使用价值而必须向公众开放时，修复等干预处理工作应主要服务于其美学效果。此时的艺术品并非单纯的学术研究对象，它们不仅需要良好的保养以便展示和应用，而且在保养的同时需进一步提高其文化内容的可读性。此外，某些文物如未经处理是无法完整地得以表现的。谈到文物的修复方法，人们首先想到的是各式各样的对其外观的补全和修饰，有时为了

更好地对文物加以认识和理解，甚至需要脱离原件的原貌对其进行大胆的结构调整。

文物修复工作并非以上只言片语所能概括的，否则修复工作只会沦为纯粹关于手艺和技术问题的讨论。伦理道德是文物修复工作的上层建筑[3]114，也是修复工作中尽量避免以片面主观诠释改变文物状态的决定性因素。在中国的哲学中，伦理属于"道德"范畴（《道德经》之意）。儒家理论中的关于道德路径的描述是："……物格而后知至，知至而后意诚，意诚而后心正……"[35]

为了获得根本的认识，还必须将认识付诸实践。"通过实践而发现真理，又通过实践而证实真理和发展真理。从感性认识而能动地发展到理性认识，又从理性认识而能动地指导革命实践，改造主观世界和客观世界。"[36]

修复美学的遗憾之处在于其始终处于主观判断的影响之下。审美差异往往取决于个人的出身、社会地位、受教育程度以及性格等因素，但所有不同最终都会统一在对于事物的美好和完整的追求之上，尤其是古代艺术品令人惊叹的技艺和艺术成就激发了人们对于完美的向往。因为上述原因，许多艺术品，特别是那些举世闻名、备受推崇的杰作，被不断地加以修复，甚至会以覆绘的方法对其美化，其原始状态因反复加工而变得支离破碎，从而失去了原状保存的可能性。反之，相对于完整的画面而言，残缺状态会使作品难以呈现其风貌，也增加了理解上的难度。是否有必要采取具有干预性的处置措施，需要人们针对相应文物具体问题具体分析。正因如此，以下关于文物保护所述的内容要点绝非文物修复之绝对标准，它们是从普遍且广泛采用的处理办法中总结出来的，并且是经过实践验证能够切实保证文物安全的技术措施。

与保护和修复不同，预防属于文物保管的范畴，是指档案馆、图书馆及其附属设施内的文物保存基本条件，包括储存和包装、照明条件、室内气候条件、空气中有害物质含量、有关文物保护和使用的管理规定，以及灾害应急保护办法等方面的集合。预防是通过适当的配置，防范未来可能发生的损害，不仅对文物本身而且对其外部环境条件均采取必要措施。换而言之，就是为了保持文物修复和保养后的状态而采取预防措施，消除灾害隐患。如果没有必要的预防措施，无论投入了多少资金和时间，哪怕修复和保护工作做得再好，文化艺术品的存续都将受到威胁。

6.2 工具、设备和材料

6.2.1 基本工具和设备

相比其他材料，纸张对周围环境的变化更为敏感，尤其需要保护。开展修复工作时，诸如作业场所的洁净度、合适的工具和设备以及工作材料的选择等都是非常重要的因素。图6-1～图6-8为几种在文物修复工作室很常见的标准工具。与纸张接触的修复材料原则上不可具有氧化性、腐蚀性和染色性，且应是易于清除的。修复使用的多数小型工具，比如解剖刀、切刀、剪刀以及镊子和抹刀等大多由不锈钢材质制作。特别是带铝柄的非常小的微型解剖刀，更适于在比较珍贵的文物上进行高难度的剥离处理等工作。有特氟龙（聚四氟乙烯）涂层的抹刀亦十分值得推荐。表面相对粗糙的木抹刀因很难彻底地清洗而不适用，竹材料的抹刀有比较光滑的表面，相比较而言更为适宜。

遇到使用笔刷无法完好处理的易于剥落的纸或者颜料层时，最好在使用的注射器上加上一小段软套管，用软套管顶端吸取少许固定剂后准确地注射在狭窄的缝隙之内。用山毛榉或竹子（尤佳）制成签子挑少许脱脂棉制成简易棉棒，可以用来实施对局部小块区域的精细清洁。这种棉签也可用于在粘贴过程中除去多余的胶水。用豪猪刺代替签子，使用效果更佳。骨刀，顾名思义，在过去大都用骨头（腿骨）制成，更早时期甚至有用象牙制作的。现代骨（折纸）刀用特氟龙涂层来防止胶水粘到刀身。水毛笔能储存水和水性溶液，通过毛笔头上的人造笔毛可以实现准确涂刷。硅胶成型笔的笔尖是软性的硅胶，在准确描画细小的色块时尤为便利。

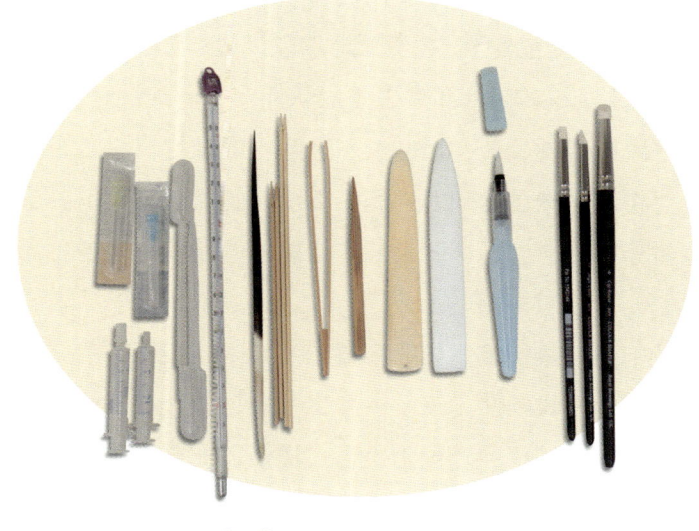

图6-1 修复常用工具示例一

注射器和套管、移液器（定量吸管）、温度计、豪猪刺和用于制作棉签的木棍、竹制镊子、有特氟龙涂层的现代骨（折纸）刀、水毛笔、带有硅胶笔尖的彩色成型笔。

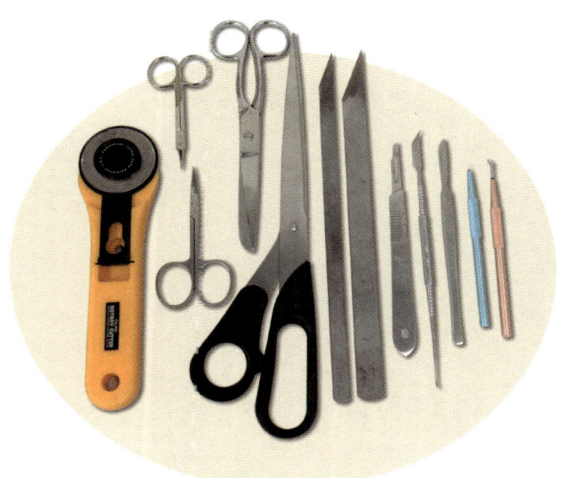

图6-2 修复常用工具示例二

割纸刀、各种剪刀和裁刀、可更换刀片和不可更换刀片的解剖刀和外科手术刀。

图6-3 修复常用工具示例三

镊子和弹性抹刀，需要根据不同的使用目的选择适合的规格。绿色和棕色的抹刀有特氟龙涂层。

图6-4 修复常用工具示例四

修饰用的油画笔刷：黄鼬毛刷、人造纤维刷、貂毛刷、灰鼠毛刷、熊毛刷、扇形刷。

图6-5 修复常用工具示例五

装裱用的传统日本刷子：糨糊刷、水刷、平板刷。

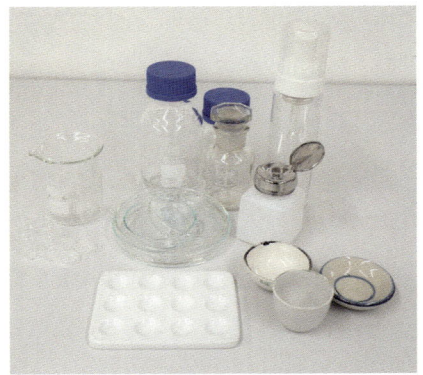

图6-6 修复常用工具示例六

玻璃和陶瓷容器、调色板、培养皿、带压泵的计量器、量杯等。

图6-7 修复常用工具示例七

自制小沙袋、装有铅粒的袋子、自浇铸铅-锌配重块、各种尺寸的玻璃板、吸水（墨）纸、Hollytex® 聚酯无纺布。

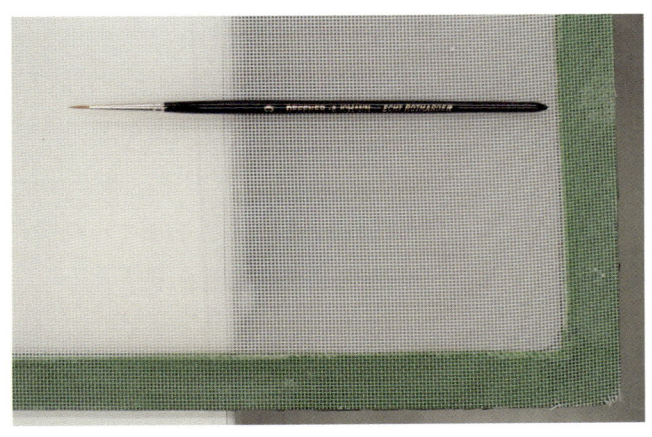

图6-8 修复常用的滤网

滤网网孔有各种不同的规格。此处使用的是用铝框撑开的聚酯织物滤网，网孔大小为840μm。

修饰用的油画笔刷，推荐使用德国或者英国生产的黄鼬毛（狼毫）①或者合成纤维制成的笔刷。此类产品质量非常好，0至4号的规格基本可以满足大多数修饰工作的需要。狼毫笔适用于小面积装裱粘贴。过滤糨糊需要用到由雪松木和马鬃制成的糨糊筛子。用于裱糊和纸张粘贴的笔刷、糨糊筛子主要使用无金属部件的日本制造产品。保存各种溶液的容器必须有抗腐蚀特性，因而应使用玻璃或者聚乙烯材料的制品。带旋塞的玻璃瓶、带密封塞的瓶子、培养皿、量杯以及存放样本的容器也都是必需品。此外，还会用到压壶②和带压泵的计量器、小陶盘以及用来调制修饰颜料的

---

① 黄鼬（黄鼠狼）尾部的毛。此类笔刷中质量最好的是用动物冬天的毛制作的，每一根毛发中部饱满圆滚且毛尖锋利，同时吸收液体的能力很强，比用普通鼬毛制作的笔刷更有弹力。
② 压壶有一个可以打开的金属盖，盖内有一个带阀的孔。通过按下盖子把少量的溶剂泵到顶端凹陷处，然后用棉签或者类似工具吸附溶液。优点是不用反复地拧开或拧紧盖子，减少有害气体的吸入。

陶瓷盘。为满足全部的技术要求，最好使用化学实验专用的各种器皿。

高精度数码秤（0.1～2000 g）和磁力搅拌器是制备和搅拌黏合剂的必要辅助工具。用于加重和压制的小沙袋成本很低，可以在市场买到，也可以自制。如果所需粘贴的面积很小，推荐使用装有铅粒的袋子和老式幻灯片框的小块玻璃板。在玻璃板下放一块厚的且最好是未被压实（仍蓬松）的吸水卡纸用以吸收潮气。在文物和吸水卡纸之间再放一层 Hollytex® 聚酯无纺布进行隔离。

保护和修复作业时使用的薄膜和无纺布一般都由聚酯或聚乙烯材料制成，有时也会用到人造纤维材料（人造丝）。当需要对纸质原件进行粘贴时，应始终将纸贴在能吸收潮气的吸水纸上，此处建议使用 Hollytex® 聚酯无纺布作为中间垫层。聚酯无纺布能渗出湿气，可阻止黏合剂通过。所以纸张和吸水卡纸在干燥后可以安全地揭开。挤压和晾干时，使用相对较厚的、未被过度压实且无胶也无酸的100%纯棉吸水卡纸最为适宜。考虑到压制过程中纸张原件会被过度挤压，可以增加一道100%的纯羊毛毡作为加压时的衬垫。

滤水筛子上的织物用抗溶剂腐蚀的单纤丝聚酯制成，可以安全地将纸质文物从水槽内捞出。此材料也可在湿法处理时夹在两层滤网中间，以确保处理过程中文物保持完好。

图6-9为修复工作中会用到的一些防护用品以及相关防护标志示例。为了防止霉菌、有毒颜料（铅、汞和砷化物）、烟气、微尘以及水性和油性的气雾危害人体健康，进行修复工作时应注意佩戴防尘面罩[①]。凡过滤等级达到FFP2的设备几乎都可以有效防止有害物的吸入。其中，FFP（filtering face piece）代表"面部过滤防护"。

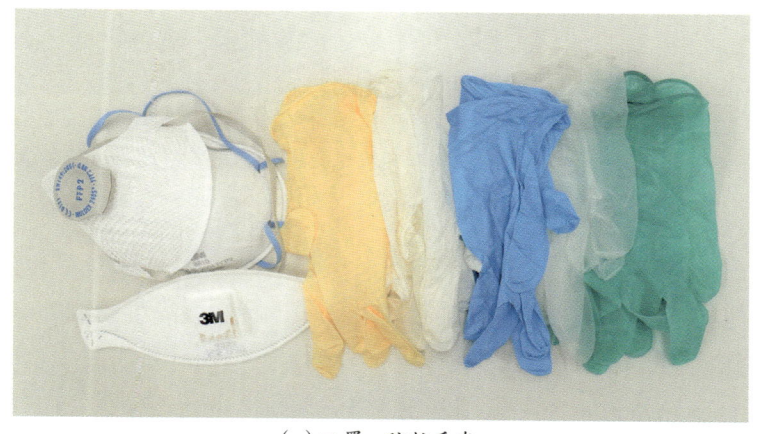 

（a）口罩、防护手套　　　　　（b）防护标志示例

图6-9　防护用品及相关防护标志示例

防护标志上方所示为手套防护溶剂损害检验标准；下方的字母分别代表丙酮、二硫化碳、40%氢氧化钠三种化学制剂，相应的手套可对其腐蚀起到防护作用。

---

① 欧洲标准EN149规定的三个过滤级别：FFP1级过滤是针对无毒的粗粒粉尘的保护，在相应的工作场所空气灰尘的最大允许浓度不超过4倍的时候可用FFP1级呼吸面罩；FFP2级过滤是针对危害健康的物质或者致癌灰尘的保护，在相应的工作场所空气灰尘的最大允许浓度不超过10倍的时候可用FFP2级呼吸面罩；FFP3级过滤是针对灰尘的保护，在相应的工作场所空气灰尘的最大允许浓度不超过30倍的时候可以使用FFP3级呼吸面罩。

由乳胶、乙烯或者丁腈橡胶制成的手套能够隔离上文所述的有害物质，同时还可以防止溶剂渗入皮肤。处理珍贵的藏品时棉线手套是主要的预防性保护用品，可以避免手上的汗液污染文物。当处理一些很脆的纸张时，不建议使用织物制成的手套，因为此类材料制成的手套很容易刮到断茬，使损坏扩大。

防护手套的防护性能从10 min到480 min共分六个等级。分钟数值是手套提供安全保障的时长。按规定，作为修复劳动保护用品至少需达到第二级。图6-9所示的防护标志下方的不同字母分别代表不同的化学试剂，具体为：A=甲醇、B=丙酮、C=乙腈、D=二氯甲烷、E=二硫化碳、F=甲苯、G=二乙胺、H=四氢呋喃、I=乙酸乙酯、J=正庚烷、K=40%氢氧化钠、L=96%硫酸、M=65%硝酸、N=99%乙酸、O=25%氢氧化铵、P=30%过氧化氢、S=40%氢氟酸、T=37%甲醛。

在修复工作中，小型手持显微镜也非常重要。不论是40倍放大的手持模拟式显微镜（见图6-10），还是放大倍率最大可达200倍的手持数码式显微镜，都能在修复中派上用场。手持数码式显微镜的优点在于可以把画面放大到电脑屏幕上观察，并随时生成图片；其缺点则是分辨率较低，不及模拟式显微镜。对于初步研究而言，两种显微镜都非常适用。此外，纸张厚度计（见图6-11）也属于必备用品，可用于测量原稿的纸张厚度，以便选择相同厚度的修复或补缀用纸。

在修复工作中，工作台上需架设光照均匀且无眩光的日光灯（见图6-12）。在无日光的情况下，此种照明设备是补纸配色和修饰的必要设备。因照明器具的光谱不同，艺术品原件以及修补材料也会呈现不一样的色值。如果灯光光谱与日光光谱差异太大，原件和补全件上就会呈现颜色差异，补全色将无法与作为基准色的日光下的原始颜色统一。图6-13提供了架设在工作台上的4倍放大倍率的带灯放大镜示例。

除了上述工具与设备，修复工作中还会用到水槽（见图6-14）、玻璃面透光台（见图6-15）、不同功能的工作台（见图6-16和图6-17）等，此处不再详述。

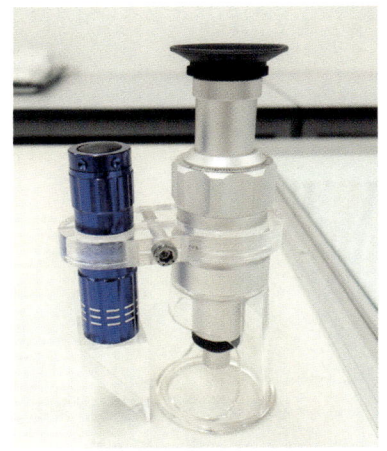

图6-10　40倍放大的手持模拟式显微镜

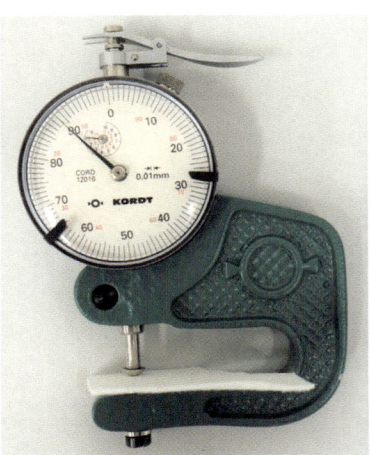

图6-11　纸张厚度计

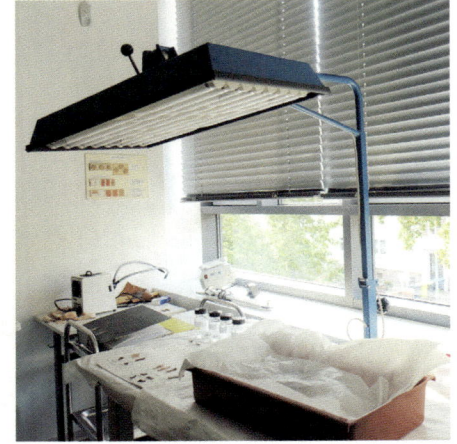

图6-12　架设在工作台上的日光灯

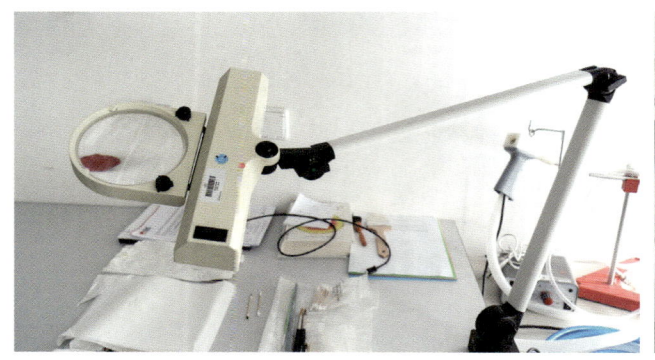

图6-13 架设在工作台上的4倍放大倍率的带灯放大镜示例

架设在工作台上的4倍放大倍率的带灯放大镜是进行精细化操作的辅助研究设备，但照明灯光一般不能替代日光。与头戴式放大镜相比，该设备对操作者眼部健康更为有利。

图6-14 修复使用的带冷热水管的聚氯乙烯水槽

水槽有溢流功能，即使不断放水也不会溢出，可以在水面或在水中对文物进行清洗。待清洗的文物较小时，可以在水槽里放置若干小容器分别处理。

图6-15 玻璃面透光台示例

玻璃面透光台的照明灯光可调，亮度分两级。操作台的高度也可以调节，此设计可以把玻璃桌面调到和其他桌子一样的高度，方便增加作业台面面积。这种工作台尤其适合进行纸张拼接和补嵌。透射光下可以清晰判断接缝是否准确，而且还能看清既往修复痕迹和水印。

图6-16 有真空吸附和照明功能的多用途工作台

纸质文物放置在有真空吸附和照明功能的多用途工作台上，台面为透水透气的塑料烧结板。工作台上方装有有机玻璃罩，可以隔离封闭的操作空间。工作台侧面接有软管，通过软管对内部空间进行超声波雾化。事先按理想湿度设定感应装置，用以控制水蒸气的输入量。一旦达到设定湿度，超声波喷雾器会自动停止工作。

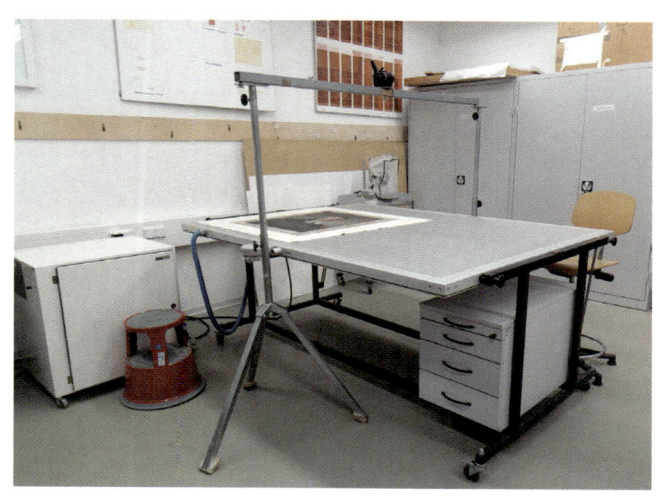

图6-17 多功能的低压-加热工作台

工作台的台面是金属材质，台下无照明光源，但有加热功能。该装置上也可以增装加湿罩。桌面上安装有托架，用来固定照相机，可以利用遥控器将照片同步直接发送到电脑设备中。

6.2.2 材料

1. 无纺布、薄膜和吸水卡纸

绝大多数的修复用薄膜都是由聚酯材料制成的。下文列举一些常用薄膜并简要介绍其用法。

Hollytex®，0.064 m厚，34 g/m²，一种无纺布。有透水性，但与其他人造材料一样无法用水性黏合剂黏合。因此最适合在压制处理过程中做吸水纸和待处理文物之间的衬布，可以防止吸水纸与待处理文物粘在一起。

Hostaphan® RNT 15，21 g/m²。相对其他膜更薄一些，可以用来遮盖工作台或者遮盖浸泡在溶剂中的敷料以及溶解黏合剂的凝胶。薄膜可防止材料干燥过快，延长作用时间。

Hostaphan® RN 36 (Melinex)，51 g/m²，薄膜单面涂有硅胶。当需要将特别薄的纸压合到另一种材料上时，涂有硅胶的薄膜具有很大优势。将需要压合的纸直接放在刷过胶水的薄膜上，再以薄膜作为载体贴压到目标材料上。由于薄膜涂有硅胶层，可以很方便地在纸张还处于潮湿状态时将其重新揭取。

Mylar® D[①]，高透明聚酯薄膜，用于图书等印刷品以及照片的展示和保存。聚酯薄膜对常见的溶剂具有很高的耐受力。因本身不含塑化剂，老化后亦不变脆。Mylar® D膜有很强的抗紫外线能力且耐水解性较强。

Paraprint OL 60，60 g/m²，一种吸水无纺布。胶黏纤维材料，拥有很强的毛细作用，所以有时被用于特别敏感的文物。比如清洗手稿的斜面清洗法（毛细管虹吸式清洁），该方法可以快速带走可溶性成分。

Parafil RT 20，20 g/m²，一种特殊的聚酯无纺布。专门用于纸浆纤维补纸作业，可以代替筛子使用。经此种无纺布过滤后，用于纤维修补的纸会呈现像仿羊皮纸一样无结构的特点。此外也可以被当作浸泡时的托底材料或者用来制作浸泡用的口袋。

除以上所述，市场上还有大量其他薄膜和无纺布，无法在此一一介绍。其用途大致类似，具体还需根据文物的特性和状况来选取。

各种规格的吸水（墨）纸有不同定量（克重）。吸水纸由未施胶的纯棉纤维制成。越厚的吸水纸越柔软，吸力也越强，因此也更适用于文物的无害处理。一般定量为700 g/m²的吸水卡纸即可满足无害处理的要求。如果浮雕纸或者复制的印版在凹版印刷或石版印刷过程中有被压碎的风险，那么必要时也可以再加上一层纯棉的湿毛毯作为缓冲。

[①] 该材料由美国国会图书馆批准用于档案管理和自然保护应用。其应用范围有：档案储存、印刷品、安全膜、层压板装饰、封面过塑、缩微胶片、防护玻璃、标签、高架投影胶片和文具等。

2. 纸和黏合剂

直到20世纪80年代，使用从其他文物上剥离并收藏起来的古纸进行修补的现象仍然极为常见。大量传世古籍鲜有空白"飞页"。纸页属于原始文物，也是历史的一部分。为了积累修补材料而直接从书里撕下空白的纸页或者揭下裱褙用纸，并不完全符合当代文物保护的基本道德观。最近几十年，人们发现日本生产的和纸从材料特性上讲是相对理想的选择（见图6-18）。目前在德国修复界，日本和纸是常见的修补材料。市场上手工制作的日本和纸在颜色上有许多细微的差别，从白色到黄色再到棕色。有些有滤网结构，有些则没有，同时还按照重量有较为细致的分级。手工纸的另一特性是耐水性。因施胶程度和酸碱度（pH值从6.5到9.5）有差异，其耐水性也有不同。此外，手工纸品种多样，有的品种像丝绸般轻软，有的品种光滑且发亮。总之，一定会有一种纸型满足修复工作的需要。需要注意的是，用颜料染色的纸通常不可用于修复。

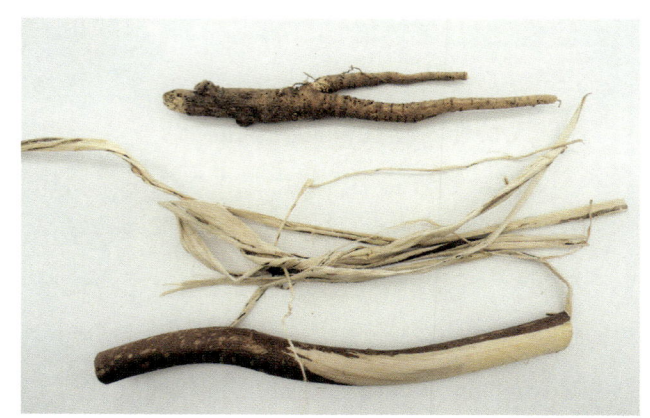

图6-18 日本和纸的基本材料

构树树枝（图中下方）剥掉树皮后选取韧皮部分（见图中间），切碎并反复浸泡、冲洗后方可获得有用的纸纤维。再将木槿浆液作为纤维防沉剂加入纤维混合物中。图中上方是木槿的根，以此制作浆液。浆液还需要用软化水催化才能使用。

使用得最多的是纯构皮纸，另外还有桑皮纸，雁皮和三桠皮以及二者混合使用制成的纸也很常见。桑皮纸柔韧且结实，纤维长度约为10 mm。雁皮纸特别结实且有光泽，纤维长度约为5 mm。三桠皮纸特别软且有光泽，纤维长约5 mm。工业造纸尤其是定量大的产品，则不太适合用来修补，这类纸的纤维呈现出方向一致的特点，因此纸张纵向和横向膨胀系数不同。近年来德国也出现了用大麻、亚麻和棉花制作的手工抄制纸，专门用于文物修复，而且还有企业提供定制服务。

纸张修复使用的黏合剂，首先介绍甲基纤维素及其衍生物。市场上的甲基纤维素是粉末状的，可用冷水溶解，它属于可应用于文物修复的常用耐老化黏合剂。甲基纤维素具有良好的浸润功能，既是表面活性剂，也拥有强大的黏合力。最近几十年，甲基羟乙基纤维素因其优良特性得到普遍使用。产品名为Tylose® MH1000和Tylose® MH300[①]的甲基羟乙基纤维素是甲基纤维素的一种衍生种类，更透明、耐热，有极佳的浸润性及一定的成膜特性，其耐老化性能与甲基纤维素相同。甲基羟乙基纤维素的黏合力很强，干燥后不产生应力，且老化后仍有可逆性，因此特别适合用来装裱和修补纸张。根据产品种类不同，甲基羟乙基纤维素配比在5%～25%之间浮动。[②] 得益于其浸润性，甲基羟乙基纤维素也适合用作凝结剂，例如与溶剂结合制成凝胶（150 g/L）用来去除污渍，或者

[①] 甲基羟乙基纤维素名称后面的数字代表特定温度和浓度时的黏度，单位为mPa·s，300是低黏度，1000是中等黏度。
[②] 低黏度溶液通常比高黏度溶液粘贴得更牢。

用于湿法清洁。此外，甲基羟乙基纤维素受微生物破坏的概率显著小于淀粉糨糊。

羧甲基纤维素①因不耐碱而不适合纸张修复。Klucel®品牌的羟丙基纤维素应用广泛，不仅溶于水，而且还可溶于乙醇和丙酮。对潮湿比较敏感的材料，如纸和皮革，常使用羟丙基纤维素的乙醇溶液。但需要注意的是，羟丙基纤维素的黏着力相对较弱，而且伴随老化会快速退化。同时，其非常不耐酸解的特性会威胁到纸张纤维以及颜料和着色剂的安全。此外，它还容易造成纸张严重变色（棕），如图6-19中样本5所示。甲基羟丙基纤维素20000具有很高的黏度，主要用作增稠剂。这种纤维素本身不黏，可以与所有水溶性纤维素混合，也可以加在无须加热的动物胶和小麦淀粉中用作保水剂，使黏合剂中的水分不易渗到纸上。

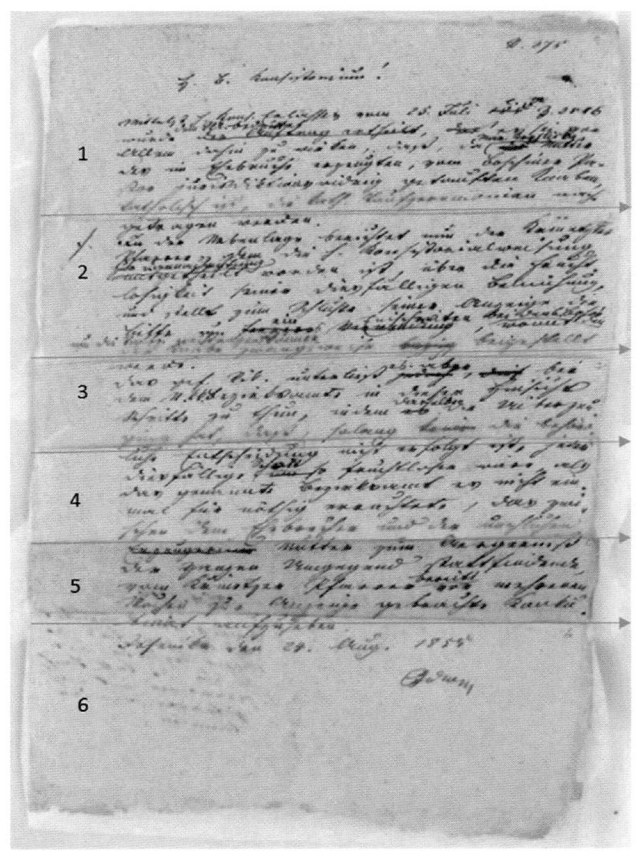

图6-19　不同黏合剂的人工老化实验对比

例图中1855年的书信为鞣酸铁墨水抑制效应的试验对象。将信纸裁成条后在其背面薄薄地刷上一层不同的黏合剂，然后将试验样本放入空气调节箱内进行人工老化实验。试验用明胶选用的是可被碱溶解的牛骨明胶。试验样本说明及结论如下（序号与图中样本序号对应）：

1. 明胶1（按5%的比例加到水中），黏合力差。
2. 明胶2（5%），裱褙脱胶。
3. 甲基纤维素，黏合良好。
4. 明胶3（10%），黏合不佳。
5. Klucel®羟丙基纤维素溶于水中，与乙醇按1∶1比例混合，能够黏合但严重变色。
6. 日本小麦淀粉糨糊，黏合良好。

明胶的用途不广，仅在剖纸以及需要处理墨水侵蚀时会用到。②明胶的主要缺陷是会发生变色。另外，如果大量涂抹则会导致黏度很高，产生较大应力（见图6-20）。但低黏度粘贴、较少涂抹仍然很实用。此外，明胶有只溶于热水，在冷水中只会被泡涨的优点。也就是说，如果纸上的墨迹是加了明胶的墨水，那么纸张可以放到冷水池清洗而不会脱墨。

---

① 一种食品添加剂，从磨碎的纸浆或者纤维素中获得。
② 在深入探讨制作工艺和酸碱度差异时，明胶是一个重要课题。需要说明的是，在修复工作中只能使用离子含量低的、脱盐的、碱分解的牛骨明胶，工业明胶不能用于修复。

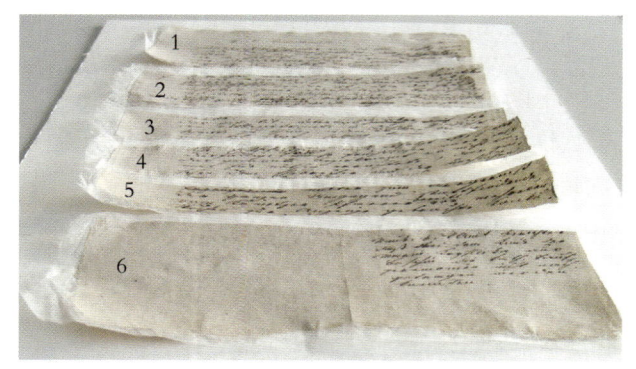

图6-20 不同黏合剂效果比较

明胶黏合力差，使用明胶的测试纸条易脱裱，有些甚至已完全脱落。从侧面可以观察到以羟丙基纤维素Klucel®作为黏合剂的测试纸条造成的上下纸面间的应力差最大，形成大幅翘曲。使用糨糊和3号明胶的测试纸条因应力差产生的翘曲稍小。其中，小麦淀粉糨糊的配方及其制备方法对后期形成的应力差的大小有很大影响。

与使用碱性缓冲剂的甲基纤维素相同，无添加剂的纯小麦淀粉糨糊，不仅加工方便，未来可逆性也很好。德国小麦淀粉糨糊的pH值一般在4.5～6.5之间。淀粉糨糊在使用时必须检测pH值，必要时可根据文物状况考虑使用碱性缓冲剂（碳酸镁）进行调节，pH值应保持在7.0左右。

用日本产小麦淀粉也可熬制出优质糨糊，同样无添加剂且不含蛋白质，pH值为6.0。日本小麦淀粉具有较好的抗生物和化学降解特性，是文物修复领域优秀的黏合剂材料。本节从诸多优质高效的糨糊调制方法中，选取了一份适合上述两种淀粉原料的可靠配方进行介绍。

将10g的淀粉加入150mL冷水中浸泡约10min，随后加热到60～70℃（最高不超过70℃），熬煮1.5h，全程需要不断搅拌，直至形成糨糊。需要注意的关键点：糨糊锅要放在隔水容器中熬煮，切不可直接置于明火上加热。通常建议使用一种叫作奶锅（双壁结构）的容器，这是一款经实践证明的最佳工具（见图6-21）。

图6-21 奶锅

将糨糊放在封闭的容器里冷却，尽量保持酸碱度不变。再放置于阴凉暗处保存，不断更换盖住上层的清水，可以让糨糊数周内不发生霉变。老糨糊有很多优点，其黏附力小于新糨糊，因此张力也更小些。通过重新搅拌的办法可以恢复老糨糊的黏附力。使用时通常把新糨糊加入老糨糊中，以便校准糨糊的质量。老糨糊的另一优点在于，在拥有较低的张力的同时还能保持理想的稠度，这对于那些不允许湿透的较薄的纸张来说有很大的意义。为避免糨糊生出霉菌，可以加入甲基纤维素以利于长期保存。但不能使用杀菌剂，杀菌剂会导致纸张变色。一些修复单位更倾向于使用常见的大米淀粉。与小麦淀粉相比，大米淀粉中直链淀粉（在80℃以上可溶）和直链果胶（在80℃以下可溶）较多，虽然黏合力较低，但是作为黏合剂则更为柔软。

3．文物保护与修复中的水

有关水的问题并不简单。德国法律对水的纯净标准有规定，以此确保其对人体健康无害。凡是达标的水都可以放心地用来处理纸质文物。水的不同表现是不同地区的水硬度不同。因为地下矿藏的差异，有些地区的水有可能因含钙高而硬度较大，有些地区则可能偏软。水中的钙元素可对纸张产生负面影响，但实际产生影响更多的是老旧供水管道中的金属残留物，如铁和铅等。如果当地的水质很差，也可以在修复工作中使用瓶装矿泉水。蒸馏水性质偏酸不适用于修复。大量的矿物质成分[①]在蒸馏的过程中经蒸腾作用后残留在加热锅炉中，虽然水临时呈碱性，但是吸收空气中的二氧化碳后在几小时内就会呈现酸性。尽管作为活性气体碳酸会随时分解，但仍不理想。去离子和去盐的水制备时使用了离子交换器，至少从理论上讲100%除掉了其中的金属盐。水的纯净度越高，其pH值也就越低。这种纯水对于化学家而言是分析工作中不可或缺的，但无论是去离子水还是蒸馏水，对于纸质文物都有破坏性。前期的矿物质脱离使水具有较强的亲矿结合性，因而反应活跃。虽然使用时清洗效果明显，但是被洗掉的除了污垢以外也会包含绘画中的矿物颜料，包括使用鞣酸铁墨水的手稿在内，所以不能排除这样的处理方式会造成文物原始材料流失的可能性，处理时一定要多加小心。最简单的处理不纯净的水（含有有机化学物质或者次氯酸等）的方法是使用活性炭过滤器，过滤装置需要定期更换。

6.3 纸质文物的保护与修复技术

6.3.1 清洁纸张

出于诸多原因，纸质文物的清洁不应仅从美观出发，更应从文物保护的视角加以考量。落在文物表面的灰尘具有吸湿的特性，尤其在空气湿度较大时会成为有害物质和微生物的温床，应对文物进行清洁处理。可溶性成分，比如纸中的酸性物质，可以通过湿法清洁进行缓冲，从而改善纸张的健康状况。污点及其他肉眼可见的污渍有碍观瞻，应予清除。使用水进行清洁处理的缺点主要在于：灰尘颗粒本身也在一定程度上承载了历史信息，清洁过程中这类信息会一并被永远清除。而被清洁的物品往往是一些尚未经过任何处理的考古发掘物，包括那些用墨水写成的手稿以及其他的文件，因为使用了吸墨细砂，例如石英砂、金属箔或者是钴玻璃等材料的砂粒，因此具有研究价值。此类情况下能否用水清洁还需考量。

吸墨细砂的作用主要是加速墨水干燥。黄金或钴玻璃材料的砂粒价格不菲，一旦用水清洗就会被冲掉。再者，用水清洗水溶性书写介质会造成信息遗失，这与采用干法清洁（橡皮）会消除用铅笔书写的书页眉批的道理相同。对使用鞣酸铁墨水和铜颜料创作的作品进行水洗处理，还有可

---

① 金属性矿物质，比如钙、镁、钾、钠、铁等的碳酸氢盐和磷硫酸盐。

能将颜料颗粒中的铁和铜散布在整张纸上,继而造成更大的破坏。在文物条件允许时,推荐多次换水清洗,使用低压工作台可以防止水从侧面扩散。评估在清洁过程中是否可以消除一定磨损痕迹有一定难度,有时很难在包浆痕迹和简单的污染之间做出准确判断。只要使用痕迹对纸质文物没有伤害或不会引起破坏,修复时可以且应该予以保留。除了撕破和折痕以外,手上的汗渍也是纸质文物上经常出现的使用痕迹。出于美观考虑,汗渍一般是可以根据其化学成分①加以改善处理的。所有影响或者破坏文物美学效果的脏污痕迹都可依据此原则加以处理。如果相应物质不溶于水,则可以视具体情形适当使用有机溶剂。

1．干法清洁

开始湿法清洁之前应将附在文物表面的松散的污染物全部去除,以免污物微粒继续沉降深入到纸纤维中间。

(1)常规干法清洁。简单的干法清洁是用软山羊毫刷扫掉堆积的灰尘,同时用小型无极调速的博物馆专业吸尘器进行辅助清洁。如文物表面非常敏感,可以在吸尘器吸风口处蒙上一块纱布,防止文物原件上的细小部分被吸入设备,必要时需在清理之前对脆弱的部位适当加固。对已变硬的灰尘使用天然橡胶制成的"化学海绵"(见图6-22)处理更为适宜。该材料可以根据使用需要进行裁切,所以无论待处理的面积是大是小都非常适用。经深入研究证实:天然橡胶是一种摩擦系数较小的擦拭用品,使用后几乎不会留下碎屑,目前为止尚未发现"化学海绵"会在纸上留下任何化学残渣[37]。虽然天然橡胶和合成橡胶一样都有含硫成分,但其含量与其他擦拭工具(橡皮)相比可以忽略不计。另外,也可使用档案馆专用文件清洁粉②,以不同的颗粒尺寸和颗粒硬度来达到清洁的目的,使用时用刷子或者用手指轻轻按到文物表面并打磨以去除污渍(见图6-23)。必要时应戴上棉线手套,确保皮肤上的盐、酸以及油脂不接触到纸质文物。清洁粉经化学检验相对比较

图6-22 不同的"化学海绵"

图6-23 使用档案馆专用文件清洁粉和软毛平板刷进行清理

---

① 汗液的主要成分是水和少量的盐,另有微量的其他物质,如尿素、尿酸、氨基酸、脂肪酸、氨、糖、乳酸以及抗坏血酸。汗液中存有的脂肪使它成为一种乳浊液,pH值常常在4.5～5.5之间,即偏酸。
② 苯乙烯-丁二烯橡胶,填料为高岭土和碳酸钙。

安全，但需要在作业后彻底清除其残渣。对于表面粗糙且空隙相对开放的纸张，还应考虑到去污材料微粒可能会进入到纤维中间的问题。

用清洁擦块自制去污粉也是一种值得推荐的方法。自制去污粉的好处在于：可以自行决定颗粒大小和材料组成，自由选择耐老化的摩擦材料。如需在比较小的表面上实现清洁效果，聚丙烯不失为明智选择。它既不会使纸染色，也不含邻苯二甲酸酯①和乳胶，而且耐老化程度相对较好。

含聚氯乙烯成分的橡皮擦会产生盐酸。几乎所有的橡皮擦材料不仅含有作为软化剂的邻苯二甲酸酯，还含有严重威胁文物表面安全的研磨剂。此处特别推荐一种名为Staedler Mars® plastic的橡皮擦。办公用品中常见的橡皮擦含有其他添加成分，已证明会在纸上留下残余物。修复工作绝对不允许使用彩色橡皮擦。此外还需要注意的是，使用橡皮擦一定会产生摩擦从而改变纸张表面的纤维排列。因此，使用橡皮擦进行操作时要始终牢记：清除污物的同时，灰尘和污垢也会被挤压到纸内。必要时也可借助解剖刀用机械方式来去除表面堆积的顽固污渍。对定期进行保养的文物来说，干法清洁就足够了。

（2）静电薄膜清洁。相对于其他方法，用静电负荷薄膜进行干法清洁属于技术创新。相关装置最初是为清洁一套历史地图集而专门设计的，随后在书信、文件甚至照片和纺织品的清洁工作中也都成功应用。本方法适合去除松散堆积的灰尘和微生物，目前只研发了一种与此有关的设备。相关设备的工作原理是将待清理文物放置于传送带上，同时用有静电负荷的薄膜从文物上面扫过，具体见图6-24和图6-25。该清洁方案设计巧妙，尤为节省时间。该法另外的优点是可以通过不直接接触文物除掉特别松散的细小灰尘，既可以避免橡皮擦产生残留物，也可以防止清洁过程中灰尘和颜料微粒在表面扩散。尽管如此，仍推荐静电清洁后对文物再进行一次深度清洁。

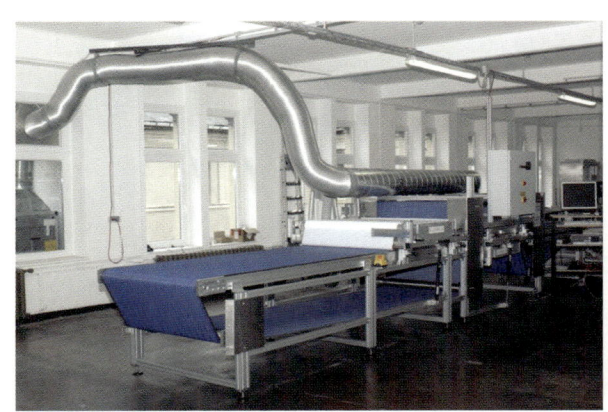

图6-24　哥达市的地图清洁装置[38]

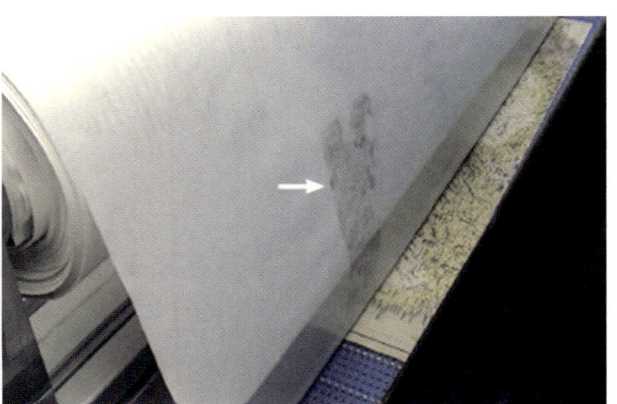

图6-25　静电薄膜吸尘细节[38]

---

① 人造材料邻苯二甲酸酯曾被用作软化剂，目前属于危害健康的材料。

减少空气中的灰尘也能使文物修复工作者从中受益[39]。然而，对于长期堆积并且已经变硬了的污垢，还须做进一步处理。

2．纸张加湿

因折叠、挤压、扭曲以及拉伸变形导致纸质文物发生翘曲和起皱的现象极为常见。浸水处理也并非唯一能令纸张恢复平整的方法，通常仅用加湿处理就能够达到此目的。加湿的方法很多，下文做简要介绍。需要注意的是，所有涉及水的技术都受到环境温度和空气湿度的影响，因此须提前采取预防措施。特别是冬季，建议在工作室里放置空气加湿器。

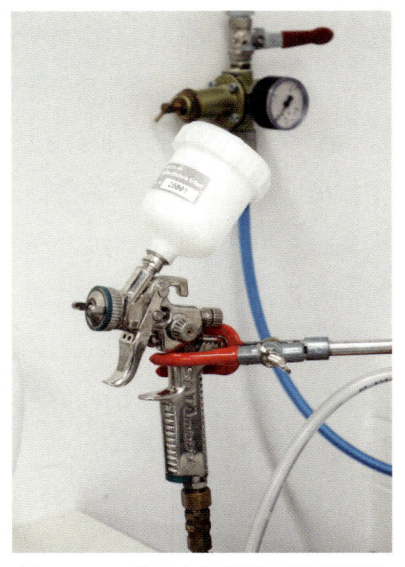

图6-26　带压力气阀的细雾喷雾器

该装置可以产生比喷雾瓶更细密和均匀的水雾。制作精密的喷嘴需要经常性的彻底清理和保养。

在室内采暖的影响下空气会使文物快速干燥。传统办法是使用喷壶喷水进行加湿，虽然有成本低、上手快、操作简便等优点，但却无法实现均匀加湿。对于修复加湿而言，几乎所有喷壶喷出的水珠都体积过大，很容易造成纸张湿透。而且喷洒中水滴分布不均也会造成局部积水，导致颜色和颜料四下流散，甚至会形成污渍。气压驱动、有精细喷头的喷雾器（见图6-26）喷出的水雾虽然细密，但长时间喷洒也会出现滴水现象。此外，对于体量比较大的文物几乎无法做到对整个表面持续均匀、一致地加湿。在持续喷水作业时，先被加湿的部位在作业完成前会重新变干，而实施局部遮盖又容易造成浸透问题。

若干年前曾有使用Gore-Tex®①试验的记录。这种材料具有只允许水蒸气单向通过的特性，可以隔离另外一侧的水和潮气。Gore-Tex®涂层为多层结构，以一层柔软毡子状的聚酯作为另外一层可调节气态水传输的薄膜②的载体，这一特点可以应用于加湿控制。如图6-27所示，将纸质文物放置于一层蒸汽可以穿透的聚酯无纺布、一层Gore-Tex®涂层与一层含水夹层（例如吸水纸或毛毡

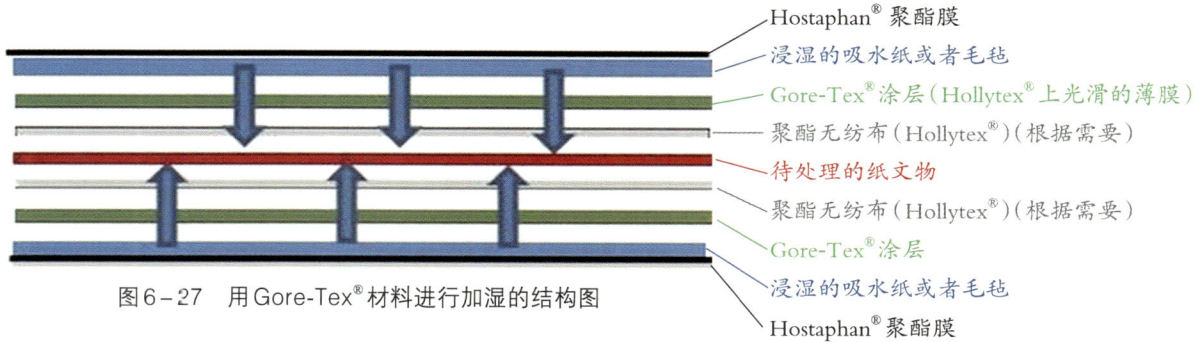

图6-27　用Gore-Tex®材料进行加湿的结构图

---

① Gore-Tex®是一种广泛用于功能性服装（工作服、户外装）的膜，优点是不透气、不透水但是支持水蒸气单面、单向通过，由多层ePTFE（膨体聚四氟乙烯）构成。其他商品名称包括Sympatex®、Miporex®等。

② 膨体聚四氟乙烯。

等）中间。吸水纸将水分转给Gore-Tex®聚酯毡，而后通过聚酯毡转化成水蒸气传导到纸质文物上。视情况也可以再添加一层聚酯无纺布（Hollytex®）。比如：将Gore-Tex®和湿纸板夹在加湿对象的上侧，再将干硬纸板放在纸的下方。

湿气穿透Gore-Tex®层的速度相对较慢，能够对纸张进行缓慢且均匀的充分加湿，因此该技术适合用来处理因墨水侵蚀或者霉菌破坏而受损伤的纸。物理性质特别脆弱的受损文物，可能会因为加湿过快而碎裂。同样操作原理下也可单面加湿。不同夹层组合结构会产生时长差异，整个过程可能需要一个乃至数个小时，而且在此期间需要保证文物不得风干，因此必须用一块薄膜盖上托层。工作室内的空气湿度应适当稍高，至少要达到60%，有助于在后续的操作中延迟蒸发，防止文物干燥过速。本技术的不足之处在于：不属于非接触式的处理方法，而且处理过程中无法观察到文物状态变化。

使用超声波雾化器在封闭的小气候棚内进行加湿，是便于监控加湿过程的理想方法。将文物放在工作台上的小气候棚内，既不与任何外物接触，同时还能在整个过程中从外观察。通过控制装置可以确保加湿过程缓慢、强度均匀地进行，而且不会在纸上留下水滴。如果在工作台上加装与可照明的真空吸附台或透光工作台类似的照明设备，则还可以利用透射光观察浸润的进展。为避免水汽凝结时滴落，隔离罩应制作成弧形，具体见图6-28。

图6-28 透光工作台上的加湿操作

将文物折痕和褶皱在光滑的玻璃面上打开并铺平。图中正在加湿一份由几种纸型组成的多页文件。此操作可以在消除黏合部位张力的同时，而不必拆开原书的装订。使用有弹性的橡胶软管将操作台上有机玻璃罩与操作台的接缝部密封起来。

3．湿法清洁

可供选择的湿法清洁方式很多，应根据待处理的纸质文物的具体情况加以选择。只要将所有的潜在威胁和风险都考虑在内并经过正确评估，湿法清洁还是具有相当优势的。湿法清洁可以在洗出酸性成分的同时，将碱性的缓冲成分和黏合成分补充到文物上，以此提高文物的稳定性，文物实用性（物理接触）和保存持久性均能得到根本改善。湿法清洁的浸泡过程在一定程度上重复了造纸工艺的抄纸这一核心环节，能令纸中的纤维在浸泡时得以重新排列，可以起到改善纤维自身弹性和韧性的效果。应当注意的是，湿法清洁会从根本上改变纸的表面和内部结构，在纤维泡涨并打散的过程中，填充剂、颜料以及老化的动物胶等都会从纤维的网状结构中溶解出来，具体见图6-29。

图6-29 水槽中进行湿法清洁的1825年石版画局部
照片：贾宁·菲佛（Janin Pfeifer）[40]

数分钟内即有污垢和老化的颜色从纸内溶出。橙黄色的溶出物表明清洗效果显著。文物纸张较厚，印刷颜料也具有一定防水性。

湿法清洁过程中需多次换水，直至水变清以后，在最后一槽水里重新加入此前被冲洗流失的胶质，以提高纸张的强度。甲基纤维素或者某种水溶性基础剂的衍生物①具有良好的黏合力，同时又不致产生过大的张力，因此最为适合。需要事先把甲基纤维素溶解到水中以溶解状态加入水槽，溶液的黏度以及需要额外添加的胶量则取决于纸的品类以及文物当前的状况。对于个别脱胶（洗脱或者胶质降解）比较严重的纸，最好使用动物胶补充。总体而言，与甲基纤维素相比，动物胶如鱼胶和兔胶，具有更好的填充性，但有易发黄和变色、易感染霉菌的缺点。除补充胶质外，最后一槽清洗水还需加入碳酸镁之类的碱性缓冲剂。

湿法清洁始终与风险相伴，水溶性绘画颜料，尤其是染料，会渗透到纸背；颜料制成的墨水也会在纸面流散并且可能渗透到纸背，具体如图6-30所示。

（a）湿法清洁前正面　　（b）湿法清洁前背面　　（c）湿法清洁后正面　　（d）湿法清洁后背面

图6-30 写于1792年的装订成册的诗稿封面水彩画湿法清洁前后对比

湿法清洁前正面和背面有褐色的墨水和一大块水渍，颜料已透到背面，褐色的墨水渗开并在纸背形成了褐色水印。经过清洗后褐色的水印大大减轻，但花环纹样的蓝色颜料和墨水透到纸背，正面的纸色加强。文物册子未经漂白。

---

① 例如Tylose® MH 300，黏度为150～450 mPa·s，2%溶于水（20℃）；或者Tylose® MH 1000，黏度为600～1500 mPa·s，2%溶于水（20℃）。

尽管修复时墨水理论上被视为无法修改的档案性信息，但鞣酸铁墨水中往往含有部分可溶性颜料。①用鞣酸铁墨水写成的且已发生严重墨水腐蚀的手稿在湿法清洁时应尤其小心对待。此外，处理用蚀刻法绘制的铜版画作品时也应特别注意。这主要是因为，纸张随着湿度增加而膨胀，而受侵蚀部位已在很大程度上失去弹性，腐蚀边缘会出现应力，最终会导致纸张在书写或印刷部位发生断裂。

纸质文物上经常可以观察到一些在生产制作过程中压出的板边的印痕，这是凹版印刷和石版印刷技术的重要标志。需要说明的是，若用压制的方法干燥湿法处理的纸则会产生另一个问题，即修复时压制加压过大会把上述印痕压平，使文物失去所用印刷技术的典型特征，用较软的衬垫（比如吸水纸和毡垫）能够避免此类问题的发生。

粉彩画原则上不能进行湿法处理，这是由于附在纸面上的松散颜料颗粒不仅会被冲刷掉，还有可能被挤进纸张毛细孔的深处。此外，粉彩蜡笔典型的高亮、蓬松、无光泽的特点也会因水洗而发生变化，变成紧致的颜料层，导致折射率升高，使颜色明显变暗。尤其严重的是，此物理变化不可逆。

最简单的湿法清洁方案如下：准备一个水槽，将文物平置于筛子上，缓慢将筛子放入水槽内。开始时筛子漂浮于水面，确认没有潜在风险后再慢慢浸入水中。如纸张已非常易损，则可以将纸夹放在两个筛子中间进行浸泡，具体可参考图6-31。这种方法可以显著地降低纸张自身的机械负荷。

图6-31　将手稿放在聚酯无纺布（Hollytex®）上浸水的情形
图中无纺布放在筛子上。老化纸张可以利用无纺布提供支撑，使其停留在水面上，以免下沉，湿度缓慢且均匀地上升。

在斜面上进行毛细管虹吸式清洁是一种有效且不必直接接触画面的湿法清洁方法。该方法需要使用一块以丙烯酸酯黏合平行排列的再生纤维制成的吸水无纺布（毡）（见图6-32），其定量为$60\,g/m^2$。让水在需要清洁的文物下面流过，可使文物得到充分浸润，又不会在文物表面形成积水。因为这一特点，此方法同样适用于比较敏感的文物。但此方法有出现颜料流失的可能，因此须事先对颜料进行检测。

图6-32　透射光下吸水无纺布（毡）的纤维排列

---

① 添加颜料可以使书写的文字更清晰，鞣酸铁墨水的黑色是写到纸上以后通过氧化反应逐步显现的。

毛细管虹吸式清洁特别适合处理一些湿透之后很难操作，以及无法进行大面积清理的尺寸较大的纸质文物。采用此方法时不仅需提前把吸水无纺布浸湿，也应对待清理文物做预处理。预先浸湿的步骤非常重要，可使纸纤维从内打开，令纸张体积膨胀的过程均匀而缓慢。如果在干燥状态下直接将文物放到无纺布上，则纸质文物会出现波浪纹进而无法进行平面清理，日后也会形成波浪纹的污渍。如文物非常大、非常重或非常薄，则建议加铺一块很薄的Hollytex®聚酯无纺布做中间衬层，以便在处理完后能完好地将文物从无纺布上取下来，随后压制干燥。

毛细管虹吸式清洁法的过程如下：用一块光滑的塑料板，倾斜搭成与水平面呈锐角的状态。以塑料板为无纺布的底板，蓄水容器（水盆/水槽）与无纺布同宽，容器里注满水。无纺布一端悬在水中，通过毛细作用均匀地吸水。无纺布上面放需清洁的纸，水流透过无纺布经上升的坡面流过，纸上水溶性成分被水流带走。无纺布另一端再设一水盆（水槽）收集流出的脏水。水流速度取决于斜面与水平面夹角角度、无纺布长度以及被清洁文物的厚度。角度越小，流速越快。处理过程可能会持续数小时，体量较大和比较硬的纸质文物也可能需要24 h。图6-33所示为毛细管虹吸式清洁法的典型结构示意图。

如果文物自身情况不允许长时间浸透，则有必要提高水流速度。图6-34提供了加速清洁过程的可选方案，图6-35为相关方案示例。即使用这一方法清洗，仍需要操作者有丰富的经验，以期达到最佳的清洗效果。两种方案都需要在室内空气湿度相对较低时进行遮盖，以防文物在处理过程中出现风干现象。可以通过搭建简易架子再盖上透明的塑料膜或加装罩子来解决这一问题，具体如图6-36所示。

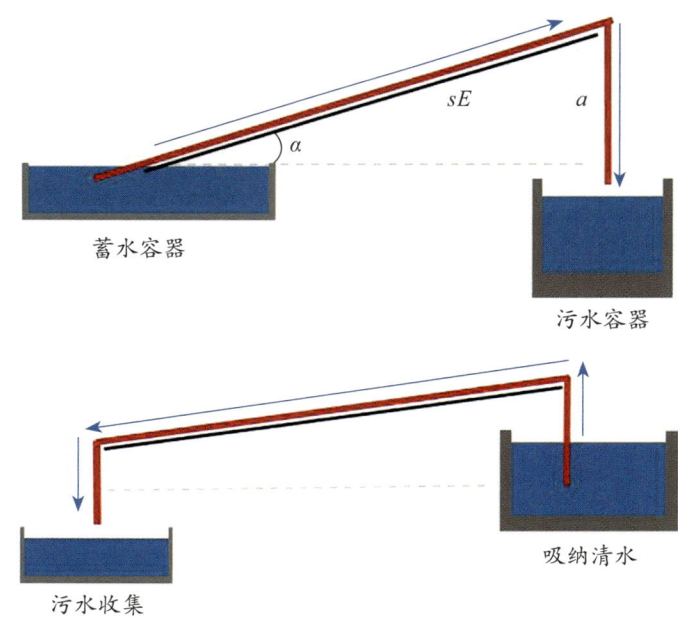

图6-33 毛细管虹吸式清洁法的典型结构示意图

斜面平台的草图中，α=上升角，sE=斜面及吸水无纺布（其中，红色代表吸水无纺布，黑色代表塑料板），a=上升高度。

图6-34 改变水流方向的毛细管虹吸式清洁法示意图

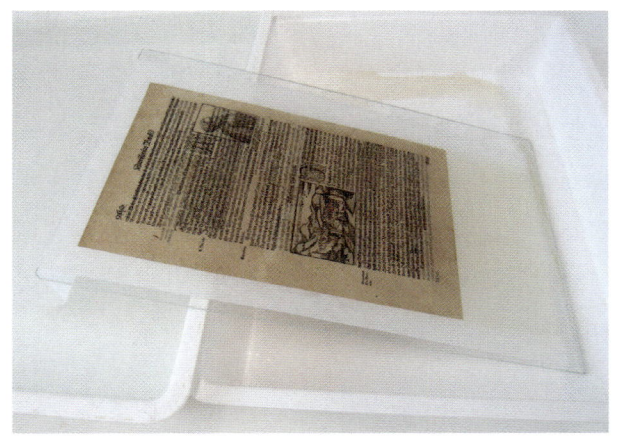
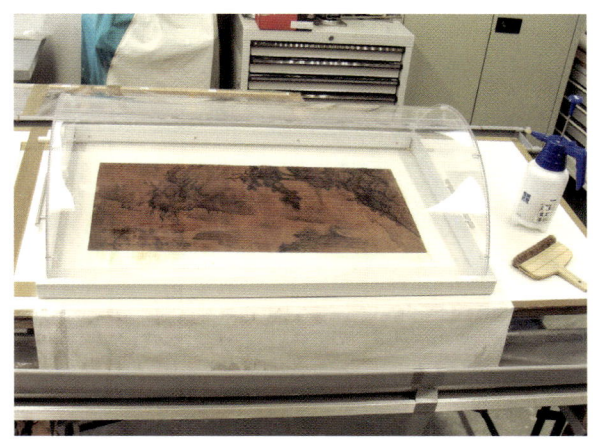

图6-35 利用吸水无纺布进行清洗的最简方案示例

将吸水无纺布放在玻璃板上,玻璃板的一端放在冲洗照片用的盘子里。纸页直接放到无纺布上,无须加放中间衬垫。纸页必须有足够的强度,否则处理后无法取下来。

例图中纸张上泛黄的污染物已被溶解,在毛细作用下在斜坡上沿吸水无纺布向下流动。

图6-36 放在吸水无纺布上清洁的中国画

干燥的空气不仅会导致文物在处理过程中变干继而断流,也会堵塞无纺布毛细孔进而在文物表面形成水渍。根据空间大小以及室内空气的湿度,可以考虑加装罩子以保持工作台上水流不断。

4．化学清洁

（1）溶剂清洁。使用溶剂（除水以外）进行清洁属于修复中的例外情况。多数溶剂都会改变纸张性质,而且会出现不可逆的化学反应,即使貌似相对无害的乙醇也会使纤维脱脂并变脆。必要情况下,用水稀释的乙醇也可达到清洁效果。修复者只有在极个别的、别无选择的情况下才可使用浓缩的溶剂,例如处理合成类黏合剂。纯溶剂只能有针对性地在局部加以使用。即使对一些常见的化学性质非常稳定的印刷颜料也要特别慎重,因为此类材料大多对溶剂耐受性低。处理黏合剂时,使用解剖刀进行机械剥离往往是更为明智的选择,机械处理之后再进行湿法清洁。

利用真空吸附加热工作台进行清洁的优势在于,可以有针对性地选择污渍进行清洗。作业时需在待清洁文物上覆盖塑料膜,只露出待清理的污渍区域,具体如图6-37所示。在污渍区域滴上溶剂后一直运转的吸气装置会将液体吸入工作台中,溶剂不会在文物表面洇开。必要时可以打开加热器,加快污垢和胶水的溶解或提升纸张干燥的速度。需要注意的是,使用非水溶性的溶剂应谨慎,提供动力的普通工业吸尘器无防爆功能。

图6-37 清洗某日本版画

照片：北沢佐智惠[41]

日本木版画中仕女和服上有大块油性污渍。整个工作台以及木版画上都覆盖了薄膜,以便产生足够强的吸力。如有需要可以用开关调节吸力大小。露出的工作面不加遮盖,工作面下方放吸水纸以收集污物。在用沾湿的棉签在画面上滚动清理污垢的同时,打开开关产生吸力从下方吸走水汽。

清理局部表面时也可以根据需要有限地使用压层吸水（镇纸、压块）的方法，但应与真空吸附台配合使用。吸水层（吸水纸或毛毡）能吸收大量的水分但也同样会重新释放水分。纸张会通过毛细作用吸收溶剂从而产生水印。而结合了溶液的凝胶只有在按压时才会释放出水分，所以更容易操作。为方便从物体表面取下凝胶，建议使用Hollytex®做中间层。所有高黏度的纤维素都适用于本操作。在书籍、纸张修复领域最常用的产品是Klucel®，即前文提及的羟丙基纤维素。需要注意的是，完成清理后需用清水再进行一次冲洗。特别针对纤维素材料所做的一系列老化实验的结果表明，Klucel®存在严重变色（棕色）的问题。另有研究发现，随着时间的推移，Klucel®会分离出乙酸，从而对纸张形成比较严重的持续性破坏。

（2）淀粉酶清洁。糨糊是纸质文物常用的黏合材料，图6-38为从木盒上剥离彩色铜版画的示例。长期以来，使用淀粉酶将难以溶解的淀粉化合物泡涨、液化并去除是纸质文物修复的重要课题。淀粉以及面粉糨糊会被淀粉酶水解成葡萄糖，修复应用时使用的酶是由菌株制造的微生化α淀粉酶。纸质文物修复工作者面对的最大困难是不可胜数的糨糊改良配方。为了达到延长保存期、提高耐潮性能以及改善黏合力的目的，人们有时候还在糨糊中加入树脂、蛋白胶或者明矾。纯淀粉和小麦面粉等淀粉材料的不同，使得糨糊也有差异。当然，纸张的厚度，以及载体的类型和层压的方式等，都会对糨糊的可溶性造成影响。糨糊和其他材料联合使用时，例如与未经加工的木材联合使用，多年后会因为目前仍无法解释的原因同样变得难以溶解。用淀粉酶以及在专业市场上才能买到的浓缩淀粉酶可获得惊人的效果。

图6-38　从木盒上剥离彩色铜版画

　　文物制作时间大约为16世纪，采用糨糊作为黏合材料。借助压块和热水小心地用抹刀把铜版画揭下来。类似工作会耗费长达数天的时间。三十几年前纸质文物修复中尚未使用淀粉酶，仅在油画修复时才使用这一方法去除糨糊复制层。

笔者在某次修复工作中将互相粘在一起的壁纸进行分离时，发现糨糊是用小麦粉、黑麦粉或者马铃薯粉以及其他淀粉混合制成。使用冷水将干糨糊微微泡涨，为加速这一过程曾尝试使用热水，结果糨糊彻底变硬，再也无法分离。糨糊的特性不仅取决于糨糊的配方，而且还取决于使用方法和淀粉的种类，其中也包括糨糊的可逆程度。上述案例中的糨糊即使使用淀粉酶也无法溶解。

配方中有明矾的小麦粉糨糊以及用淀粉与松节油混合配制的糨糊均很难用冷水溶开。相反，小麦粉与松节油的配方在冷水中是可溶的。以上经验来自埃尔福特应用科技大学的一篇研究报告[42]，是经过对不同配方样本进行人工老化实验后的科研成果。原则上讲，添加明矾后糨糊的可逆性显著降低，pH值从7.0下降至4.0，糨糊变硬、变脆，同时黏合力成比例下降，因而对纸张长期保存产生负面影响。含油脂的污垢可以用去离子表面活性剂去除，比如Marlipal®①。事先将表面活性剂溶解在水中制成溶液使用效果会比较好。表面活性剂有和肥皂类似的浸润的功能，操作后必须进行冲洗。可以使用一种叫作"快手"（Blitz-Fix®）的用微孔聚乙烯醇制成的海绵进行操作，使用时需要把溶液轻轻涂抹在海绵上反复擦拭。凹凸棒石（坡缕石）、天然黏土矿物②或者是海泡石粉、硅酸镁③等经常被用来吸收溶液，特别是一些含油脂的污垢。用溶液进行强化处理后，硅酸盐同样可以在压层吸水法清洁时配合使用，能够延长溶剂在污垢上的停留时间，方便将被溶解的污垢吸收。有一种日本和纸能够提高去除粉末的效果，可以作为中间垫层放到文物上。对可溶于水的污垢进行有针对性的清理时，可以使用凝胶状的甲基纤维素。甲基纤维素能溶解污垢，随后可用物理操作安全地将污垢除掉，处理后同样也需要将甲基纤维素清理干净。

（3）漂白。多数情况下漂白仅是为了追求美观的效果，严格意义上讲不属于文物保护手段。漂白时必须尽量考虑使用无损的处理方法，制订尽可能多的备选方案，并在充分试验后方可实施。所有的化学漂白剂化学性质都十分活跃，不仅对有碍观瞻的褪色、变色和各种污垢产生效果，也会影响到颜料，尤其是对文物上的有机染料、颜料以及纸纤维本身都构成威胁[43]。千万不能忽视纸是信息载体这一事实，正所谓"皮之不存，毛将焉附"，如果载体受损，信息的长期保存将受到威胁。影响外观的污渍可以用修饰的方法加以遮盖，尽管修饰部分日后只能通过漂白的方法才能彻底去除，但至少纸张目前不会因此遭到破坏。

最古老也是最广为人知的漂白方式是日光漂白。简而言之，将待漂白的纸张淋湿或者润湿，在午间置于阳光下稍晒，部分水会转化成具有漂白作用的过氧化氢，短时间后过氧化物会重新分解。

为了使造纸所用的碎布颜色变浅实现增白，化学家克劳德-路易·贝托莱（Claude-Louis Berthollet）于1785年发明了用氯漂白纸张的方法。近年来在文物修复过程中也开始使用各种漂白方法来去除变色和污渍。无论如何，漂白都属于化学反应，会造成纸张性质上的变化。过度漂白不仅会破坏纸纤维，还会导致纸张强度下降。木纤维纸中的木质素是造成变色的主要因素。漂白过程会去除50%的木质素，这也意味着作为载体的纸失去了大量的填充成分。同时墨水、颜料和印刷颜色也会与令人生厌的污渍一起被漂去。从机理上看，所有的漂白方法都是氧化或者减少色素微粒的发色团的过程。发色团是单键和双键（即所谓的共轭键）构成的有机化合物，在漂白过程中化合物的共轭结构被破坏，纸因此变白。不含木质素的纤维素和半纤维素会在生成羧基时因氧化反应而变黄，所以大麻纤维制成的纸张需要反复被漂白。

硼氢化钠是特别有效的还原性漂白材料，直到今天还被广泛地应用在文物修复工作中，是一种对纸张而言相对温和的漂白处理方法。工作原理是还原纤维素的氧化产物——羰基，使用浓度为1%的溶液所需的漂白时间为15~60min，但该漂白方法具有毒性较高的缺点。

---

① Marlipal® 1618/25，十六硬脂酸酯的聚氧乙烯醚（16/18 C-Atome）。市场上能采购到的产品形状为片状，必须用水溶解后才能使用。
② 硅酸铝镁。
③ 用海泡石制成。

漂白的另一难题在于，化学药品会残留在纸内，而且还会继续保持活跃。在全部漂白程序完成后，应采取适当的处理措施以消除残余药剂，这一点绝对不可忽视，同时还应使用碳酸镁缓冲剂调整pH值。

作为原初状态的文物老化现象也会因漂白过程而被去除，造成文物的历史（第二历史性）痕迹永远消失。在市场上一些曾被过度漂白的书画作品后来被模仿着补上颜色，以达到做旧的目的。

所有的化学药品都或多或少具有毒性，不利于人体健康，且会对地下水造成比较严重的污染。毒素通过饮食活动积聚在动物和人类的身体组织里，损害肾脏和肝脏，甚至可能具有神经毒性。为避免此类问题，部分修复工作室采用光照漂白法，适用的光源有荧光日光灯管[①]或者HID氙气灯（高压气体放电灯）和紫外线灯。光辐射能触发漂白化学反应，使用时先将待处理的纸放进托盘，盘内注入添加了碳酸钙或者碳酸镁的水。漂白时的pH值约为8.5，水位线稍稍没过纸张。根据状况、需求以及光强等条件，漂白过程将持续4~10h。

考虑到文物需长期保存，应尽量避免漂白。

6.3.2　除酸、碱性保养及补胶

图6-39　为安装储气瓶而使用的有阀门的大钢瓶

下面有一阀门，用于排出制备好的溶液。如用量小可以使用常见的苏打水瓶子，另配一只充有二氧化碳的小安瓿瓶，也可起相同作用。

为实现清洁目的而对纸张进行浸泡会达到除酸的额外效果。至于酸性物质究竟是否因环境污染进入纸内，抑或是在生产过程中就已产生则并不重要。浸泡纸张应该用冷水、温水还是热水，既取决于纸张的自身状况，也要根据需去除的物质决定。充分冲洗可溶且遇酸反应的成分，纸张酸碱度会有明显改善。碱性缓冲剂可以给处理措施提供预防性的支持，建议使用碳酸钙和碳酸镁。一般情况下，碳酸镁更易溶于水，因而使用较多。碳酸盐在纯净的水里一般不会溶解，只有加入酸之后才可溶。但酸不可以保留在水中，必须令其挥发，而碳酸的化学性质可以满足这一需要。

酸仅用于溶解碳酸盐，之后再次蒸发并不影响纸张酸碱度。过量的碳酸盐不再溶解，会以结晶粉末的形式沉淀在瓶底。未溶解的碳酸盐不应出现在纸上，否则会形成白色涂层附在纸上，进而导致纸张密度增加并呈偏碱性。这样不仅造成纸张发黄，还会漂白染料。处理后纸张中的碱性储备（pH值）不得超过7.3~7.5。

---

① 如：欧司朗Osram L 36 W 954 Lumilux de Luxe | 120cm - 日光白，灯具规格：1370mm × 310mm，10管。

制备碳酸镁溶液，可以用大约250g的碳酸镁加到10L水中，然后注入一只钢瓶内，再接上一个充有二氧化碳的安瓿瓶（见图6-39）。装瓶后溶液必须再进行一次充分混合，静置大约1h后即可使用。制备好的溶液，无论是清水冲洗还是添加甲基纤维素的溶液清洗，都可以配合使用，在全部清洁流程结束后用来做最后的保养和加固（一般会把甲基纤维素剂量调整到5%，仅甲基纤维素就能有效改善酸碱度）。缓冲剂还可以用作水性黏合剂（比如装裱时会用到）中的添加剂。

并非所有的纸质文物都能承受潮湿的侵袭，尤其是1850年以来的书籍和档案本就饱受酸腐蚀的困扰。因此，20世纪70年代以来，图书修复行业内加强了对非水溶性解决方案的研究。此外，传统的单页保护无法赶上文物大规模降解的速度。在受威胁的文物中，装订类书籍是受灾大户。1994年德国第一台批量除酸装置在莱比锡书籍保护中心投入使用。得益于科研人员的勤奋研究，自2001年以来可以用无损分析法比对各种除酸方案的效果。现今大量除酸装置在奥地利、瑞士、英国、美国和德国得以应用。批量保养方法主要分为气相除酸法和液相除酸法两种。

气相除酸此处仅做个别简要介绍，主要应用二乙基锌（DEZ）工艺或者所谓的巴特利法[1]。这一技术目前已过时，不仅是因为所使用的气体危害人体健康，还因其处理效果持久性不佳。一旦注入纸张的缓冲剂消耗完毕，文物的酸碱度会重新下降，无法适应中长期保护工作的要求。

液相除酸主要有以下几种不同的工艺：

①1981年（在渥太华）发明的韦托法（Wei T'o），是在甲醇和卤代碳氢化合物的混合物中使用碳酸镁。

②改进版的巴特利法，也被称作Papersave®法[2]，是在六甲基二硅醚中加入镁醇盐和钛醇盐的混合物，目前仍在广泛使用。

③"书保"（Bookkeeper）工艺，利用甲基九氟丁烷和氧化镁的悬混液使纸张饱和。此处理方法会导致文物长期保存后发生黄变，另外文物中还可以检测到少量乙酸残留。"书保"溶液可购买罐装产品（见图6-40），也可在小型修复室内少量调制。

④李特寇（Lithco）工艺，在氟利昂[3]中加入三乙二醇镁。

图6-40 "书保"脱酸喷雾

⑤CSC图书保护法（CSC Booksaver），该法将碳化的丙醇镁溶解到液化气（七氟丙烷）中用来彻底地冲洗书籍。

所有非液体冲洗法的共同缺陷是不能对老化纸张起巩固作用，因此还需要添加纸张加固的处

---

[1] 以巴特利研究所（Battelle-Instituts）的研究实验室命名，是一家驻地在美国的公益性研究机构。
[2] Papersave®法采用了前巴特利公司的技术，如今经Nitrochemie Wimmis股份公司授权。
[3] 氟利昂是以氟化的卤代碳氢化合物为基础的制冷剂的集合名词。

理步骤。正因为如此，英国图书馆研发了纸张加固的方法，用甲基丙烯酸甲酯或者乙酯构成的聚合物来封闭纤维素纤维之间的空间，随后借助伽马射线使之聚合。但要补充说明的是，此工艺使用的人造材料会老化而且无法去除。

液相除酸法之中也有例外，Papersave®法（改进版的巴特利法）可以把纸中的酸中和到令人满意的程度，比如莱比锡图书保护中心就有此类应用。Papersave®法处理步骤如下：

首先在处理舱中进行预干燥，真空状态下用一种温和且可调节的加温工艺来减少纸张本身的潮气，并提高接受度，为下一步的饱和处理提供充分准备。然后处理舱内加入非水性的处理溶液，溶液由溶解在六甲基二硅醚中的镁醇盐和钛醇盐构成。处理液无毒，不污染环境，且不会破坏图书材料。在大约20 min的饱和处理过程中，处理液在真空条件下非常均匀且彻底地进入纸张内部，中和性物质也同时被带进纸内。之后排掉处理液，反复冲洗后进行干燥处理。在此期间溶液会在真空条件下从纸内蒸发出来，蒸发的冷凝液将被回收装置回收。纸内留下的处理物质会持续发挥着除酸作用。随着时间的流逝，某些产品可能会使纸张变成棕色。从长远来看，书套的天然酸性皮革会与溶液产生反应的问题尚未得到最终解决。

6.3.3　干燥程序

所有干燥方法的核心都是尽可能使得纸面均匀干燥以防出现翘曲。除了处理方式的选取，空间内的气候条件也有着举足轻重的作用。如果空气湿度高且不通风，则被处理文物的干燥过程会明显较慢也更为均匀。

1．压制干燥法

合理选择用来吸收文物水分的辅助材料是压制干燥法中最需要注意的环节。绝对不能使用报纸，这种含有酸和木纤维且极不稳定的再生纸会将自身含有的可溶于水的成分在干燥过程中转移到珍贵的纸质文物上，此外湿报纸上被溶解的油墨也会发生转移。有些机构为节约材料，很少更换辅助材料，致使此类耗材重复且长时间使用，辅助材料上留下的污垢或者黏合剂会在每一次湿性加压时重新溶解并从一件文物转移到另一件文物上，很容易造成文物变色，这种因小失大的行业问题不容忽视。除此以外，不可见的物质同样有潜在危险，其破坏性影响会随着时间的推移而逐步显露出来。在此有必要专门提及铁元素：铁是从鞣酸铁墨水或者金属夹子的残留物中转移到本来不含铁的纸上的，会造成墨水（铁锈）侵蚀。霉菌对文物的危害较大。潮湿的辅助材料为微生物生长提供了理想的温床，并为其在纸张间的转移大开方便之门。只有积极更换辅助材料才能保护目前还未受损害的珍贵原件，做到防患于未然。

最佳的辅助材料是纯棉纤维制成的吸水纸。此类吸水纸颜色雪白、无胶、不含荧光剂，定量为700 g/m²。使用时不可以对吸水纸施加太大的压力，否则会降低其吸水功效。当需要对特别敏感的、有清楚的压纹的纸张进行加压时，可以用较软的、纯的毛毡作为额外垫层。毛毡必须制作致密且非常均匀，不能有突起，否则它的表面结构会转印到文物上面。

为了防止吸水纸粘贴到原件上可以使用聚酯无纺布，一般推荐Hollytex®。这种材料可以使水分从正反两个方向渗透，但是却能隔离水性的黏合剂，此特性使得它成为理想的隔离材料。无纺布材料还支持水洗，因此能够重复利用。

压制过程中需要多次更换辅助材料来避免水分滞留，防止由此引发的微生物侵害。一般在干燥处理全部结束之前至少需要移床3～5次。如果纸内存留水分过多，不经压制会出现收缩并卷曲。

图6-41为压制干燥工艺的结构图，图6-42为装订压书机设备图。

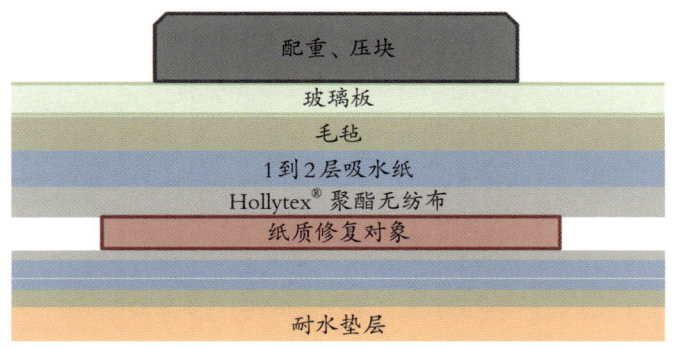

图6-41　压制干燥工艺的结构图

图中为辅助材料的结构，使用时上下两面结构一致。根据需要也可只在一面铺毛毡。注意辅助材料必须比原件大几厘米，以免待处理文物的外沿提前干燥。最理想的效果是可以均匀干透。

图6-42　装订压书机设备图

装订压书机是一种螺杆压力机，属于干燥工艺中最常使用的设备。使用者需要有一定经验才能把压力调到最优，并且为待干燥处理的文物选择正确的辅助材料。使用较高的压力对待处理文物施压是最简单的操作，压力小的话很可能达不到需要的平整度。还需要注意的是纸张自身的张力，张力越大，纸张留在压力机里直到第一次移床的时间应该越长。如果需要移床，则每日最多两次，早晚各一次。移床过程必须顺畅，以免文物在移床过程中干燥并变形。当纸张湿度高于室内空气湿度且纸上没有残留湿气时，被处理文物的干燥过程方告结束。

在对若干中国纸质文物压制干燥作业中积累的经验[①]如下：文物种类为17～20世纪有卷轴和无卷轴的中国画若干，以及数件20世纪早期的需要重新装裱的书法作品。压制结果总体相对较好。与预期不同的是，在干燥后看不到压制干燥工艺和绷紧干燥工艺之间的明显差别。上述文物在修复多年之后无明显变化。还需注意的是，在整个工作流程中对单一文物只能从多种处理方法中选择并实施其中的一种，即文物全部干燥过程中绷紧或施压只可择一为之，否则很难控制纸面张力。

2．真空吸附加热台干燥法

除非纸张刚好在加热台上进行过湿法处理，否则真空吸附加热台通常不用于干燥作业。一般只在加热工作台上进行部分区域的污渍清理。真空吸力可防止湿纸膨胀，在真空吸附加热台上的纸制品始终需要由吸水纸板和聚酯纤维制成的托层保护。将文物在真空吸附加热台上放好，并用聚酯薄膜覆盖后再启动吸力装置，湿气首先进入吸水纸板托层，随后再通过工作台的孔隙被吸走。加热台内置的加热装置可以加热桌面，缩短干燥时间。对于彩色印刷的版画和绘画作品，应考虑到用动物胶制作的颜料受热时会被水溶解。

3．绷紧干燥法

绷紧干燥法是指用压边的方法把文物贴到衬底上干燥的方法。该方法需要在装裱之后进行，且裱纸须比原件纸略大，利用超出的部分把纸贴到底板上，因此裱纸必须足够结实才能抵消原件产生的应（张）力。通常会利用日本和纸做压条把文物原件固定到一个结实的底板上，以便充分接触空气实现干燥。此方法无论如何都会在文物的外沿留下残存的黏合剂。还有一种使用夹子进行固定的方法，但会产生不均匀的拉力。

至于在亚洲国家普遍应用的上墙干燥技术，则一般不适合用来处理欧洲纸。因为填充剂总是会渗到麻纤维里使纸张变得厚重。欧洲纸与亚洲纸在抄纸时即有明显差异，欧洲造纸纤维在纸浆里更容易成团并沉底，抄到纸筛上时抄起容易，但与细长且柔韧的亚洲构皮纤维相比则稍厚。这一特征在揭取抄好纸张时可以观察到，干燥时欧洲纸每次都需要加毛毡做中间垫层，而亚洲纸则可以毫无顾虑地叠在一起加压。

4．用日本壁子（仮張り）进行干燥处理

日本壁子是一种源于中国的干燥板装置，后来在日本获得发展成为修复晾干纸张的传统工艺设备。特别是在处理亚洲纸质文物时，部分欧洲文物修复工作者也使用壁子。日本壁子是一副由许多呈直角纵横排列的木板条构成的架子，木板条间不用胶粘，而是交织搭接叠在一起的。图6-43为壁子的设计制作图纸。

---

① 源自笔者指导的埃尔福特应用科技大学的学生实习论文以及硕士论文。

在框架两面贴上数层质量各异、黏合技术不同的和纸①。每侧至少5层，最多8层，中间1到2层为气隔层。每层纸均有其功用，粘贴时必须调整糨糊的黏度。胶黏剂既以鳞片状的方式彼此重叠，又以片状和砖砌状的方式衔接，从而使张力均匀地分布。日本壁子具有抗扭曲变形的稳定性和通风好的特点，多层和纸的结构也能起到良好的气候缓冲作用。利用此特性可以修复壁纸。

对于日本壁子而言，和纸的质量至关重要，因此只能使用手工和纸。第一层：用100%那须构皮纸（Nasu Kozo）叠成。那须构皮纸的纤维比普通构皮纸短。可选用越前和纸（Uso Mino 或 Kizuki），$15\,g/m^2$，切成条状，重叠粘牢。第二层：细川纸（Senkishu-Shi），$31\,g/m^2$，以砖砌状粘在上面。第三层：仙花纸（Senkashi），$18\,g/m^2$，

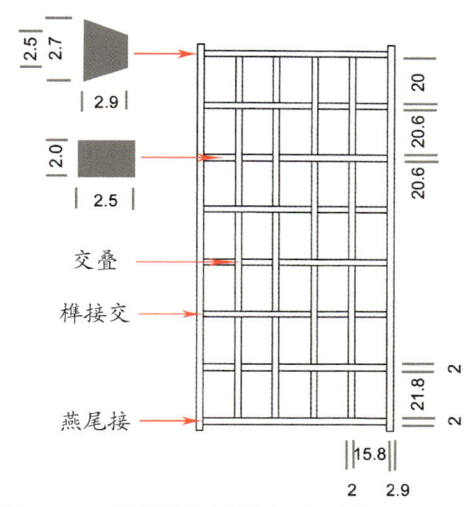

图6-43　壁子的设计制作图纸（单位：cm，用于修复时托衬一张法国壁纸）
绘图：尤利娅·阿布拉莫维奇[44]

或使用 Paper Nao 公司的构皮纸 Kozo K35。该层为所谓的气垫层，仅粘贴在一侧，形成小的气垫。第四层：细川纸（Senkishu-Shi），$31\,g/m^2$，以砖砌结构布置。第五层：Paper Nao 公司的构皮纸 Kozo K35，$40\,g/m^2$，最好是一张或几张（越少越好）组成。

传统壁子优先选用非常耐用的香柏木。笔者在德国曾尝试用质地均匀细密、年轮线互相平行（纵向沿年轮线垂直使用木材）的德国雪松木来制作，同样也取得了成功，见图6-44。

图6-44　采用德国雪松木制作的壁子
照片：尤利娅·阿布拉莫维奇[44]

制作过程中，在雪松木制成的架子上贴两幅日本和纸，正面和背面各贴一幅。按幅粘贴，呈鳞片状重叠排布。贵重的壁纸，以及如前文提及的17至18世纪的手绘中国画，可以根据其宽度直接悬挂在壁板上的固定挂架上，以保护其免受外墙上的水分的侵害，同时可以轻松拆卸。

鉴于日本壁子制作成本高，准确地说是日本和纸价格昂贵，所以鲜有实际案例。目前固定用支架往往会选择使用酸碱度呈中性的夹层板（中间为蜂窝结构），不仅重量轻而且成本低廉，同样可以起到气候缓冲的作用，而且无须动手自制。

纸制蜂窝板虽然抗形变能力不强，但在日常工作中已足够使用。蜂窝结构在面板上形成空腔，可以在墙壁和室内之间形成气候缓冲。铝制蜂窝板具有较高的稳定性，是较为理想的选择。但由于铝的导热性好，因此绝对不可将其挂在外墙上。用于展览目的的较小块壁纸一般被托裱在博物

---

① 和纸几乎都是用构皮制作的，基本上是各种定量的美浓纸、细川纸、石洲纸。

馆用纸板上。

固态支架技术通常用于壁纸修复。很多壁纸都是历经数个历史时期而多层重叠在一起的，每层的前后两面都涂有糨糊。蜂窝结构载体更有利于壁纸保持形状，不仅干燥效果好，还能在修复时方便使用嵌体进行补缀。图6-45为用于壁纸修复的不同蜂窝支撑结构样品。

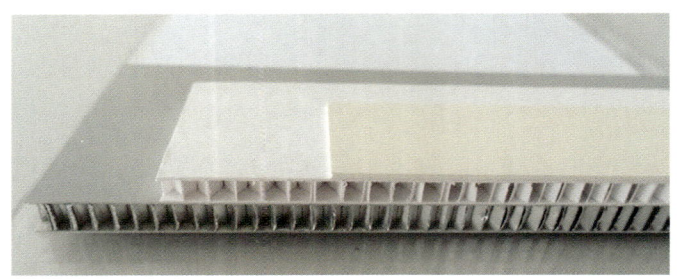

图6-45　用于壁纸修复的不同蜂窝支撑结构样品
　　上层是博物馆用无酸纸板，中间是蜂窝夹层纸板，下层是铝蜂窝夹芯板。

图6-46～图6-48给出了采用蜂窝夹芯纸板粘贴壁纸进行修复处理的过程示例。

图6-46　修复处理流程一
　　一件由三十多块碎片拼接起来的英国丝绒壁纸。文物大面积残缺，按缺缝对接后用5g/m²的薄和纸和甲基纤维素粘在一起。图案的缺失区域补缀修复。图中湿润的壁纸放在用Hollytex®聚酯无纺布和两层吸水纸板组成的托板上。将壁纸裱在强度更大些的和纸上，以确保碎片不被破坏。由四层纸材料制成的柔软垫层可以保护天鹅绒般的丝绒印花，使其细纤维不被压紧、压实。

　　背景中有一台由多个活动拼装部分组成的胶合板压力机，可用于压制并且干燥壁纸。

图6-47　修复处理流程二
　　干燥完毕后在壁纸背面涂刷糨糊，随后铺盖上硅化薄膜。薄膜为辅助材料，便于将长度较长且比较脆弱的壁纸水平、无皱地铺到蜂窝夹层板上。一方面可以防止糨糊在修复作业过程中干燥，另一方面可以提高整体重量使文物更易于处理。薄膜上的有机硅能够让薄膜更容易被取下来。

图6-48　修复处理流程三

壁纸与背板上沿准确对齐。薄膜可以防止壁纸的下半部分在此过程中粘到托板上。一切准备就绪后，可以将薄膜逐次地向下卷起。将剩余的下半部分壁纸粘在夹芯板上，以便壁纸在载板上干燥展开。固体支架可稳定壁纸，方便将其作为文化和历史的见证加以保存。如果文物本身很厚则需要将托板放平加重物压制干燥。如果托板因正面张力过大而向前弯曲，则必须在背面添加裱糊层加以平衡。

6.3.4　处理自粘胶带

透明塑料制成的自粘胶带（Tesafilm® 德莎胶带）从1945年在德国问世以来，至今仍然常被用来粘贴和修复纸张裂缝。专业修复时使用透明胶带须尤其审慎。如仅为短期使用尚还可以相对简单地重新剥离，但肉眼看不见的残留物依然无法去除，且揭取时会连带损耗部分原纸纤维，导致纸表面发生变化。如粘贴时间较长，胶带上的黏合剂不仅会发生氧化，还会在增塑剂的作用下出现鞣化、软化并渗透到纸内。老化的增塑剂会变成棕色，纸张会呈现透明变化。阳光和高温都会加剧这种反应。在继续老化的过程中，纸张中的黏合剂发生耦合而且脆化，胶带的薄膜由于丧失黏附力而出现脱落，纸的纹理间隙被完全封闭，纸张呈现深棕色。

如果胶带用于纸上时间较短，某些情况下可以经水雾处理使黏合剂溶解，而不必将全纸浸湿。吸收水汽之后纸会对黏合剂产生排斥作用，而黏合剂本身也随老化而不断吸收潮气，受潮后的排斥作应有助于纸和胶带之间实现物理分离。还可用温热的空气进行加热，胶体遇热后会变软从而具有一定可塑性，但也存在一定风险，变得过软的胶体会进一步渗透到纸纤维深处。

物理除胶的最佳时机应在黏合剂已经老化但尚未完全变脆、氧化的时候，此时首先要通过加热揭掉塑料膜，随后用一种名为"Crepe Rubber Cement Pick up"的橡皮擦将残留在纸上的黏合剂搓到一起。用此方法去除胶带时，镊子、特氟龙或竹制的刮铲以及手术刀都是比较得力的工具。

使用溶剂对纸质文物进行彻底清理前，一定要用物理方法进行除胶，否则施涂溶剂可能导致黏合剂失控，进而在易吸水的纸上到处扩散。对氧化早期的胶带可以考虑使用二甲苯和环乙烷作为溶剂。已发生严重耦合的黏合剂则只能用乙酸乙酯和酮类（例如丙酮）处理，使用时必须控制反应时间。毋庸置疑，使用溶剂会导致纸张变脆，因此溶剂清洗向来都是不得已而为之的处理方法。原则上讲，处理方案的选取主要取决于纸张和胶带的老化程度和现状条件。图6-49为某中国画自粘胶带处理前后对比。

(a) 处理前　　　　　　　　　　　　　(b) 处理后

图 6-49　某中国画自粘胶带处理前后对比

照片：莉迪亚·梅塞施密特 (Lydia Messerschmidt)[45]

图中中国画立轴边缘上的胶带已使用多年。塑料膜光滑的表面和膜下的空气增加了粘贴部位的折射率，看上去颜色较暗。黏合剂氧化加重了暗化现象。采用干式物理法清除掉胶带后再用凝胶和乙酸乙酯初步去除胶体，但尚存的部分残留物仍然清晰可见。

部分溶剂有毒，某些溶剂虽然不属于有毒物质但仍会对人体健康产生不利影响。为正确选取溶剂，避免化学品对文物以及修复工作者造成损害，修复人员须具备一定的化学基础知识。关于毒性一般用MAK指标（工作场所最大浓度，单位：mg/m^3）来表示。修复工作中应采取相应的安全防护措施加以应对，例如：戴手套、口罩或者使用通风设备。MAK指标大于1000的溶剂可以正常使用，不必专门采取防护措施。MAK指标在1000到500之间时，应至少戴手套并且保持室内良好通风。MAK指标在500以下时需要强制排风并戴手套操作。MAK指标在100以下的溶剂属于致癌物质，除特殊情况应禁止使用。

表6-1将胶带老化程度划分为三个阶段，并附有可用溶剂以及部分MAK指标以供参考。

表6-1　不同胶带老化阶段可用溶剂及部分MAK指标

初始阶段		氧化阶段		耦合阶段	
溶剂	MAK指标	溶剂	MAK指标	溶剂	MAK指标
己烷	50	甲苯	50	乙酸乙酯	400
环己醇	300	二甲苯	100	丙酮	750

续表

初始阶段		氧化阶段		耦合阶段	
溶剂	MAK指标	溶剂	MAK指标	溶剂	MAK指标
石油溶剂油（140~200℃）	500	环己醇与甲苯混合物	—	甲乙酮	200
纯乙醇	1000	纯乙醇与甲苯混合物	—	二甲基甲酰胺	10
				二氯甲烷	100
				乙酸乙酯与丙酮混合物	—

在对粘在某日本卷轴画[①]上的胶带进行分析后发现，文物上留存着原本涂在塑料薄膜上的黏合剂，准确地说是作为水合纤维素黏合剂的天然树脂（可能是天然橡胶），这种黏合剂易溶于乙酸乙酯和海泡石粉末。含有该成分的胶带自20世纪30年代就已投入使用，其应用期一直持续到第二次世界大战之后，甚至20世纪60年代仍有使用。

其他重要的溶剂指标还包括渗透性[②]和溶剂滞留时间[③]。溶剂渗透性和滞留时间不同，被溶解物质本身的可溶性也不尽相同。可以从多个角度人为地对参数施加影响，参数不仅与溶剂本身性质有关，使用方法也可能造成差异。

利用纤维素[④]制成凝胶是一种常见的溶剂应用方案。羟丙基纤维素能溶于水、丙酮或者乙醇。在文物需要处理的相应位置放一层薄薄的聚酯无纺布（Hollytex®）作为中间垫层，将凝胶在乙醇或丙酮中泡涨，经过均匀搅拌，倒在无纺布上形成一道凝胶层。因为糊状溶剂只通过散失蒸汽起作用，所以凝胶可以起到延长溶剂反应时间和防止溶剂四下扩散的效果。为了防止溶剂过早过快蒸发，必须用不透气的塑料膜将凝胶夹层盖好。如果胶带变软，则可进一步用刮铲进行物理除胶。凝胶反应时间较长，往往要持续几个小时，其间可能需要数次更换夹层。凝胶夹层处理法的分层结构如图6-50所示。

[①] 文物源于日本，粘贴胶带也在日本发生。
[②] 溶剂的渗透深度。
[③] 溶剂的蒸发，可以根据一种材料的表面阻力（例如多孔性）以及深层的阻力来测量，蒸发取决于气候条件，例如温度、空气流动等。
[④] 指纤维素醚，其凝胶形态常见于食品工业。

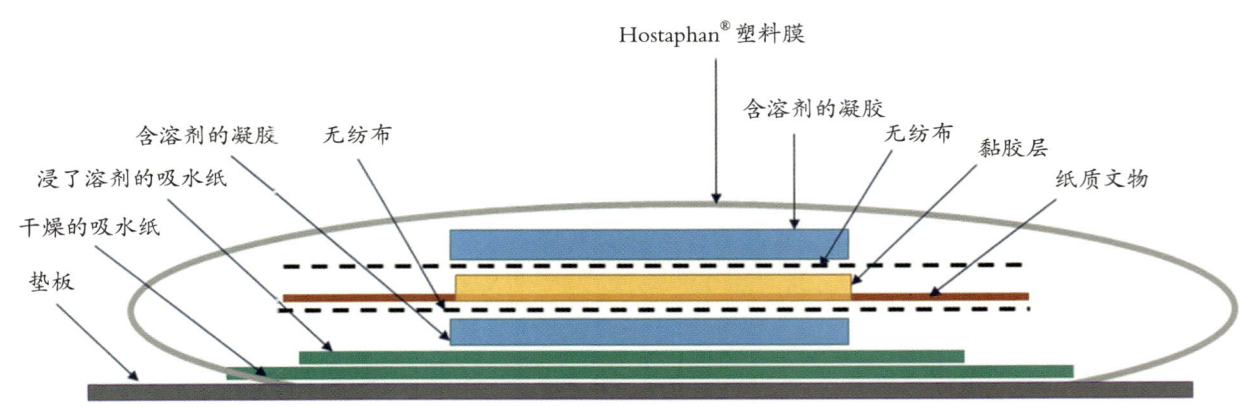

图6-50 凝胶夹层处理法的分层结构

用浸透溶剂的高岭土或者海泡石制成的夹层材料代替凝胶同样能达到良好的处理效果，但敷盖材料的方式可能会把水分传递到纸上，因为纸张会通过毛细作用吸收材料中的水分从而在纸上形成水渍。与凝胶相比，敷盖法的优势在于能够把被溶解的胶类残余吸收掉。如果敷盖材料是粉末状的，则需要用薄日本绵纸做中间衬层，避免粉末残渣残留在被处理文物上。一种溶剂的物理特性可以通过使用另外一种溶剂将其稀释的方法来改变。比如，利用快速挥发的溶剂来缩短滞留时间较长的溶剂的滞留时间；或者对于一种溶解效果好但是腐蚀性太强的溶剂，可以用另一种溶剂中和其效能。为了防止出现水渍痕迹，处理过程中文物不宜太湿。因此，上述操作最好在真空吸附工作台上进行，可以把溶解出来的成分及时吸走[1]。不应使用极性强的溶剂[2]，这类溶剂对黏胶的作用很小，同时又会在纸上留下斑痕。原则上推荐使用挥发速度快的溶剂。

因处理需要而必须增加溶剂用量时，围绕不干胶带周围做一定形式的隔离不失为有效的保护措施。如果后续流程还需要冲洗纸张，则可用某种水溶性胶进行隔离；无须水洗时可以围绕粘贴部位四周边缘刷上环十二烷[3]，需要注意环十二烷有挥发不完全的缺点。

判断何种方法在何种情况下更为恰当、可行，必须事先谨慎地进行局部小块试验后才能确定。一般来说，只有当黏胶还未渗入或者仅稍微渗入时，胶带才有可能被彻底清除。氧化反应的快慢和程度取决于环境气候、光照条件、黏胶的化学成分以及纸张的质量。和优质碎布纸相比，含有木材纤维的纸张（见图6-51）因为其成分不同并且纤维较短，处理起来更加复杂、困难。

---

[1] 注意吸气设备应防爆且适合溶剂特性。
[2] 如果一个分子中有两种物质共同拥有一个或多个电子，则其是不稳定的，会不同程度地受到其他物质的电子吸引，从而产生"极性键"（离子键）。
[3] 脂环饱和碳氢化合物有蜡样黏稠感，根据不同的使用方法可能需要一周甚至几个月的时间才能挥发完毕。这种滞留期较长的溶剂多久才能挥发完毕，目前资料尚不充分，也不排除挥发后会留下残渣的可能性。修复时常用环十二烷对大块颜色进行临时性应急保全，例如处理木雕作品。

图6-51 画册《蓬头彼得》(约20世纪60年代)

完整的胶带　脱落的胶带　渗入纸内的胶体

案例中胶带发生了严重耦合及硬化现象。图书纸页含有木材纤维，胶带粘在纸上大约有45年之久，胶体已经完全渗透到纸内并且发生硬化。图中左侧塑料膜仍然贴附在黏合剂上，而右侧文字部分的胶带已经脱胶并脱落，已对纸张造成不可逆性破坏。修复时不可能完全除掉胶体，变色的部分已无法修复，纸张的吸湿性能大大减弱。

6.3.5　绘画涂层、墨水、中国画墨及颜料的保护

在对任何纸质文物进行干预处置之前都必须明确：保护材料安全是文物信息保存的基础，也是文物修复的第一要务。修复使用水溶性墨水和颜料制作的档案资料、印刷品及绘画作品等纸质文物的过程中始终暗藏着巨大风险。这类风险通常来自水溶性颜料，即实实在在的溶液，对此一定要予以特别的重视。一旦颜料遇到较高湿度或者直接接触到水，就会渗透到纸背或者向四周扩散，发生所谓的颜料"出血"。另外的风险来自同样具有水溶性的胶性颜料。这类颜料会在纸张表面扩散，但因颗粒较大并不会渗透到纸背。有时因为黏合剂老化变脆，已无法将颜料固着在纸张表面，颜料涂层往往在干燥状态下已经开始变成粉末状并脱落。大量纸质文物保养、维护作业都需要用到水，维护前为确保绘画和书稿的安全，需要解决的首要问题是找到合适的加固剂。加固剂应具有可逆性和不损害原件的特点，或者至少可以保留日后重新修复的可能性。修复时不仅需要对文物原件有充分的认识，还要对所使用材料有足够的了解。以下介绍几种加固颜料或涂层的方法。

用鱼鳔胶（鲟鱼鱼鳔）和真布海苔海藻胶（日本红藻胶[①]）混合制成的胶体[②]是一种保护已粉末化颜料的加固材料，经多年实践检验效果良好。真布海苔海藻胶可以改善鱼鳔胶的渗透力。鱼鳔胶有时也可以单独使用，即使大幅度稀释后仍能起到良好的加固效果。

[①] 由 *Gloiopeltis tenax*（鹿角海萝）、*Gloiopeltis furcata*（海萝）制成。
[②] 0.7g真布海苔海藻胶和30g鱼鳔胶分别用500mL的蒸馏水泡涨。加热后（最高不超过55℃），最好将胶用离心机分离，之后至少再用尼龙丝袜过滤一遍。过滤后的液体越是澄清，胶体的黏合效果越好。将两种胶液按1:1的体积比混合即可使用。涂胶之前先用水稍稍将颜料层润湿，最好在可以调节温度和湿度的搭建在工作台上的帐篷里雾化，在40～45℃的温度区间内对文物表面进行雾化可以改善胶的渗入效果。

剂量为0.5%～2.0%的鱼鳔胶已满足使用需求。如图6-52和图6-53所示，通常使用超声波雾化器来施胶，将胶雾均匀而细密地喷洒到颜料上，可以保留水溶性胶性颜料画柔和的外观以及乌光的特点。如有必要可以多次喷涂。溶液的浓度，更确切地说是黏度要与雾化器相匹配。特别是鱼鳔胶和真布海苔海藻胶的混合溶液在干燥后会呈现相对哑光的效果。

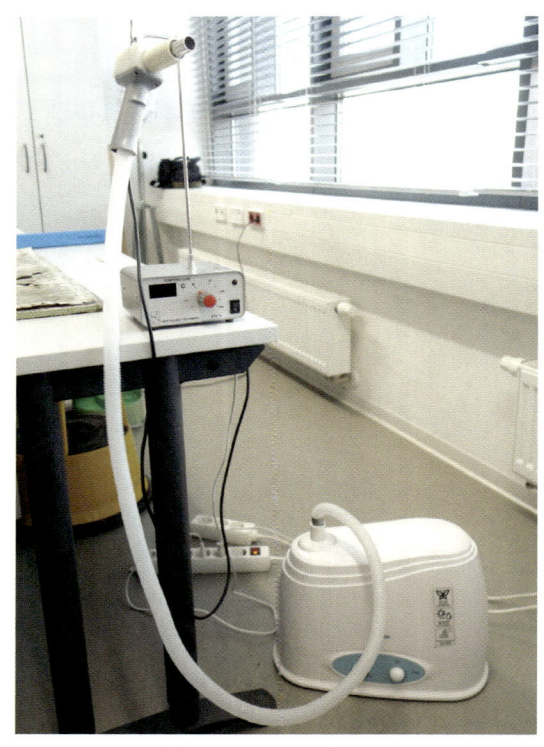

图6-52　配有控制单元和温度调节装置的超声波雾化器
可以用来喷洒动物胶喷雾。

图6-53　喷雾固化处理一幅粉彩画
雾化器的喷嘴可以加装细雾适配喷口，便于进行精细加固。

用刷子刷涂鱼鳔胶会在画面表面形成一层薄膜，导致颜料密度增加、颜色变深变暗、折射率变大，而且刷子会把颜料从文物表面刷下来。明胶会产生强烈的反光效果，也会形成薄膜，而且如果刷得太厚还会产生张力。明胶和白垩折射系数相近，因而施用明胶后含有白垩成分的颜料会呈现出一种介于乳状和玻璃质之间的外观。与其他所有的动物胶相比，明胶具有不溶于冷水的优点。为保护颜料安全起见，如果日后还需水洗处理文物则应首选明胶。

纸质文物修复工作中甲基纤维素非常重要。这种材料可以用冷水溶解，因此修复后比较容易去除。甲基纤维素拥有良好的抗老化特性，几乎不会发生变色现象，且干燥后不产生张力。但甲基纤维素不能形成膜，与动物胶相比黏合力较差，而且与上述其他胶类不同，不属于"填充剂"[1]，因此只有在特定的情形下才适合用来加固和强化颜料涂层。不得不提及的是，因为黏合力差而且

---

[1] 填充剂的作用是把纸张开放的毛细孔填满，可以提高表面折射率。

老化后的变色相对比较严重，Klucel®品牌的羟丙基纤维素不适合承担此类功能。

此外羟丙基纤维素会产生游离的乙酸，对酸敏性的颜料有一定破坏性影响。笔者在修复实践中曾发现未溶解的粉状羟丙基纤维素液化并凝聚成"糕饼"状团聚物的现象。使用传统的热解气相色谱-质谱分析法，可以在使用25年的Klucel® Mf Nf样品中检测到大量分解产物，主要成分是甲酸、乙酸、丙酸、环戊酮和2-甲氧基乙酸等[46]。

菲勒认为具有较高相对分子质量的羟丙基纤维素会在较长时间后发生显著变化，并通过一系列实验观察部分得以证实[47]94。菲勒还将羟丙基纤维素归类为稳定性较差的水溶性聚合物，指出"……溶液的黏性下降和浊化以及纤维素粉末颜色的变化有可能是酸水解或碱催化氧化的表现，气候对这种材料的老化速度影响很大"[47]55。

只有在所有的水性黏合剂都不能使用、毫无其他办法的情况下才可以考虑使用含有人工树脂的溶剂。其背景原因在于：使用人工树脂后将再难以进行水洗处理，而仅去除树脂一项就会对纸张的纤维结构造成破坏，天然纤维对乙醇、甲酮和碳氢化合物（除脂溶剂）的反应极为敏感。

鉴于糨糊不透明且流动性差，因此也不适用于绘画和手稿的保全和加固工作。

加固剂也可以用轻压喷枪或者市场上常见的喷壶来喷涂。高压空气作业会产生的问题是松动的颜料会被吹掉，进而沾染到别处。落在被加固表面的液滴大小也是需要关注的问题。液滴太大不仅会将纸张和颜料层浸湿，而且容易导致加固剂最终超出所需的剂量，一般会出现颜料层变色、产生应力、形成反光层等问题。

如果颜料层隆起变形，则必须使用带吸管的注射器或者用细貂毛刷子在隆起处下层上胶，然后轻轻按压。执行这一操作也需要事先进行濡湿处理，为了胶水充分深入地渗透进去最好使用乙醇。对于手写字迹颜料渗出以及印刷颜料脱落的情况，不应该处理整张的纸，而是只对笔迹和脱色处实施保护，用加固剂沿笔画线条描涂。

黏合材料的选择主要取决于固定所需的黏合力，此外还取决于画作本身以及印刷材料或者书写材料、文物的状况、措施的可逆性和胶水的抗老化性等因素。在加固处理时，加固材料的可逆性虽然重要，但鉴于其固着在涂层上，日后去掉加固剂时涂层也必定会受到影响。因此选择黏合剂时一定要给未来后续修复预留可操作的余地。比如，人工树脂会封闭纸张毛细孔，影响其他水性黏合剂的使用，所以要尽量避免使用。

6.3.6 修补裂缝和缺损

1. 修补材料

纸质文物修复的独特之处在于：通常需要保护的并非载体上的信息，而是作为载体本身的纸材料。为实现持续保存，必须对纸张采取一定的预防性措施，或者必须对纸张进行加固为下一步修复工作做好准备。纸张在遭受腐蚀（如铁腐蚀和铜腐蚀）或严重霉菌污染时，会呈现出特别脆弱的状态。木纤维纸因为自身老化而变脆的情况更为多见，此时裱糊往往很有必要。在中国装裱后普遍是让纸张自然干燥，而在欧洲使用压制处理的方式则比较常见。究其原因，不仅是修复习惯的差异，而且与文物本身的特点有关，其中包括纸纤维差异以及造纸工艺不同等。但两种处理方法从根本目的而言殊途同归。在干燥过程中纸张会有或轻或重的收缩现象（因不同组成成分之间的差异造成），同时也会发生一定的褶皱变形。无论是绷紧后挂到大墙上还是压制干燥都可以达到避免纸张变形的效果，但纸张表面经过两侧施压后会变得和所选用施压材料表面一样平整。

对于修复欧洲产的纸制品，数十年来行业内更偏向使用日本和纸做装裱材料。日本和纸在纤维长度（决定纸张强度）和透明度两个方面的优势是欧洲纸不能比拟的。修复中国纸质文物时，既可以使用中国产的纸材料也可以选用日本和纸。目前有几家来自德语国家和地区的造纸企业专门从事手工造纸，其产品同样拥有良好的品质，但是主要被用来填补缺损（补缀）。选择合适的装裱用纸时最需关注的条件是纤维的类型及其长度、纸的强度和定量（与原件纸成比例）、手工造纸还是机制卷纸（纤维有一定的方向）、施胶或者未施胶以及纸的酸碱度。用非常薄的、定量为 $1.6 \sim 3.6\,g/m^2$ 的日本构皮纸做裱纸，用甲基纤维素或者甲基羟乙基纤维素作为黏合材料来加固，是应急保护的常见处理办法。

21世纪初市场上出现了一种由胶质和马尼拉麻纤维结合制成的纤维毡（见图6-54），定量为 $0.3\,g/m^2$。这种纤维毡非常薄，贴到纸张裂缝上后几乎不可见，纤维相对较长适合接合裂缝。产品表面已事先涂好甲基纤维素黏合剂，使用时只需加湿使其活化即可。在较敏感的纸上作业时只能用镊子和剪刀来处理，使用此材料可以几乎不留痕迹地修复1800年前的手工纸的裂缝。类似此类的修复用纸也可以自制：取稍结实的日本和纸（定量为 $2 \sim 3\,g/m^2$），用甲基纤维素贴到硅化薄膜上，干燥后纸张能很方便地取下备用，可以随时投入使用。

图6-54　马尼拉麻纤维和甲基纤维素制成的薄纤维毡

与修复用金箔大小一致，定量为 $0.3\,g/m^2$。因其价格昂贵，所以只适合修复珍贵、高价值的文物。

还有一种相对较新且值得推荐的方法是用纯纳米纤维素进行裂缝修补。此类材料共有三种：微纤化纤维素、纳米结晶纤维素和微生物纳米纤维素。可借助特殊拉膜机用纳米纤维素制作薄膜（相关材料及设备见图6-55），也可用培养皿把纳米纤维素制成均质的薄膜。此时 Tylose® MH 300 是最适合用作黏合剂的纤维素。干燥且透明的薄膜可以通过加湿活化后粘到文物上面。即使没有胶水，纤维素仍有很好的黏合效果，还可以增强纸张的强度。材料的相似性（纸张也由纤维素组成）是这一新产品具有良好适应性的原因。

上述材料和方法都很值得推广，使用这些材料和方法对书页进行保护和修复时无须将书籍原本装订拆开。为了保证书籍日后可继续投入使用，使用定量为 $3.6\,g/m^2$ 的薄且平滑的日本构皮纸就可以提供足够强度。提高黏合剂的黏度可以避免透胶和水渍的印迹。在撕坏的书页下面衬一块发光薄膜（见图6-56）可以更加准确地对裂缝进行观察、合拢以及调整。发光薄膜仅有 $1\,mm$ 厚，发热量很小，发出的光也不像看版台那样强，但是仍可提供足够的亮度。图6-57为某1863年版图册的保全加固处理示例。

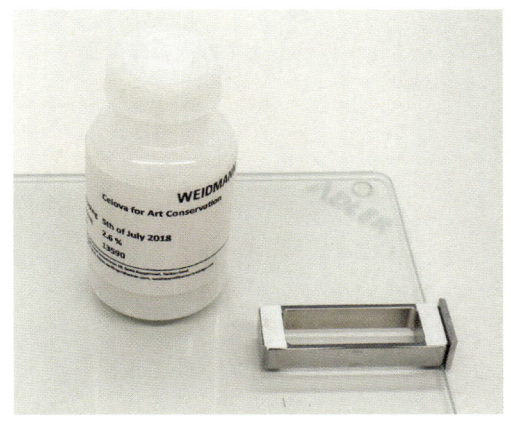

图6-55　纳米纤维素、手动操作的拉膜机以及可在上面拉膜的玻璃板

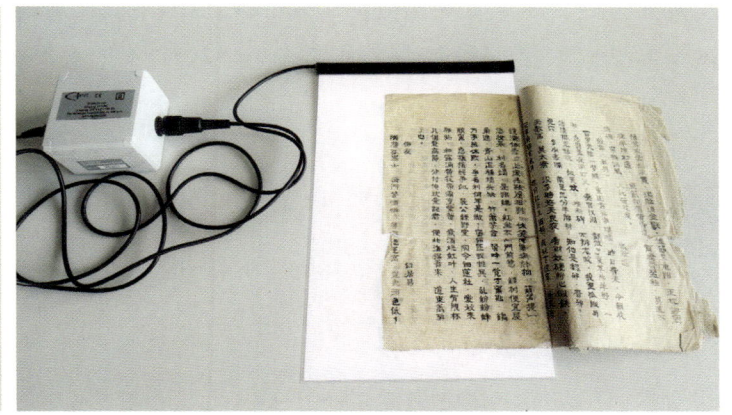

图6-56　发光薄膜的使用示例

SLIMLIGHT发光膜重量轻，有弹性，敏感易损的中国古书也可以使用。

（a）处理前

（b）处理后局部

图6-57　某1863年版图册的保全加固处理示例

图册用纸相对较硬，经反复折叠、开合在纸上形成了15cm长的折痕裂缝，但总体保存状况相对较好。首先将开裂的纸从正面合拢对齐，然后背面用 Tylose® MH1000 和定量为 $3.6\,g/m^2$ 的日本构皮纸进行加固。图册目前已重新投入使用。

2．背面贴补

贴补需要选纸，纸料从特性（施胶、应力）到外观（颜色、丝网结构、纤维）都应与被贴补文物相近，此外纸料不应含明矾。把填补用纸按缺损部位的形状进行裁剪，另外应参考缺损大小再多留出2~5mm。如图6-58所示，在透光工作台上用手术刀把多余部分修整好，确保贴补部分的外沿和重叠的部位不会延伸到原件的正面。可选用经过验证的甲基羟乙基纤维素作为黏合剂。至于嵌补部分是否需要修饰或者是否事先染色，则取决于所修复文物的价值及其使用目的。对于单纯仅以保全文件内容为目的的维护和保养，颜色匹配并无必要。图6-59中的背面贴补文物上的污渍被保留下来，是因为实施漂白可能会给本已严重老化的纸张带来更大风险。

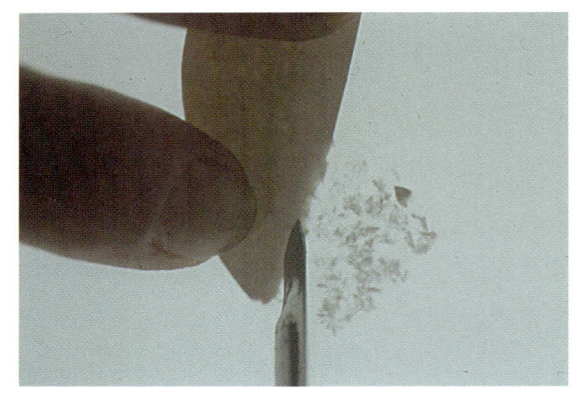

图6-58　在透光工作台上用手术刀打薄背面贴补材料上的胶边

(a) 手稿正面局部　　　　　　　　(b) 手稿背面局部

图6-59　背面装裱后的某手稿

缺失部分露出的为用日本和纸制作的背面装裱。将修补纸打薄后重叠贴在原件背面，所选补纸的颜色应与原稿的最浅色一致。

3. 镶嵌

镶嵌补缀的部分需与缺失部分的大小完全一致。选择嵌纸时务必注意纸张的厚度，以免从正面看到边缘的阴影。纸上的抄纸筛网结构也很重要，尤其是手稿类文物。嵌入的纸必须裁剪干净、整齐，重叠部位和因未填满而留白的边缘会很醒目，因此修复时对齐边缘的操作都是在透光工作台上完成的，具体如图6-60所示。修剪工作应使用手术刀、指甲剪、修甲剪刀来完成。由于通常要补几处缺损，因此背面的每个嵌体都必须用薄的构皮纸（定量为$3.8\,g/m^2$）固定，只有这样才能将所有单个部分固定在一起之后对文物进行完整压制。

（a）缺损壁纸的背面

（b）修剪好的嵌体

图6-60　透光工作台上的严重缺损的壁纸的背面及修剪好的用以修复的嵌体

需要注意的是，嵌入部分应该剪成整块，应尽量避免出现使用过多小块，以免出现大量拼接边。

醒目而微小的破洞镶嵌困难，最好的修补办法是填充。即选用纤维素粉末（见图6-61）作为填充剂，然后以甲基羟乙基纤维素为黏合剂进行混合，形成像腻子一样质地特别细腻的纤维糊，再用抹刀抹到破洞里。填充物融合性非常好，还可以用于后续细节修饰。采用这种方法需要一定的前提条件，文物需要有结实的支撑或者背面用厚实的纸背裱，否则腻子会脱落。修剪整张纸时会剩下些许纸纤维，可以将其收集起来以便用于未来的修复。

图6-61　用于填充的纤维素粉末

4．纸浆纤维修补

实施纸浆纤维修补需要纸浆盒（见图6-62）或纸浆槽、真空负压台（见图6-63）以及用来修补的纤维材料（见图6-64）和黏合纤维用的黏合剂。纸浆盒只在纸质文物体量较小或者缺损部位面积较小时才适用。

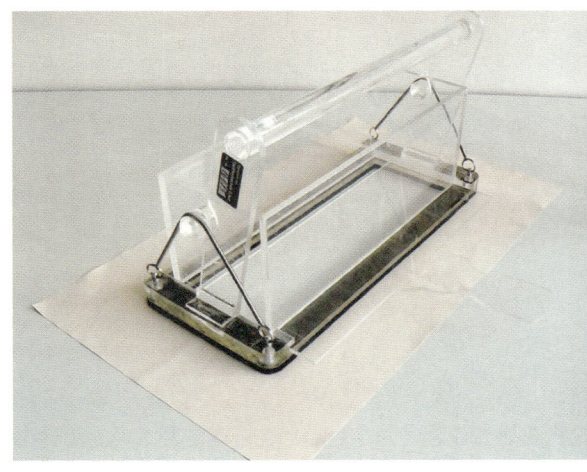

图6-62　放在文物上的垫着橡胶布的小型纸浆盒

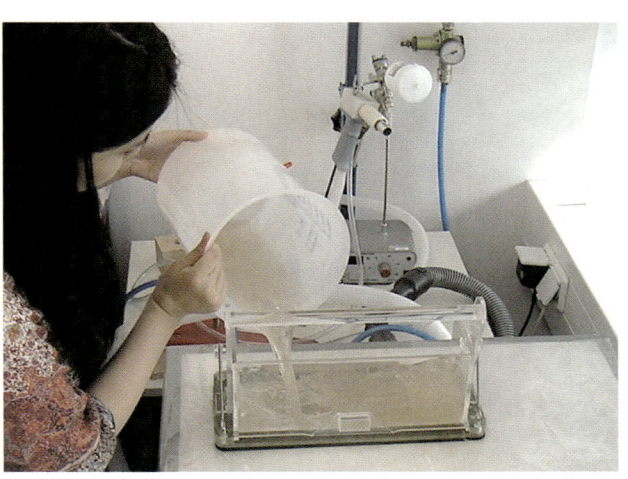

图6-63　在真空负压台上向纸浆盒内注入纤维

(a)各种颜色的棉纤维　　　　　　　　(b)纤维悬浮液及成品纸

图6-64　用于修补的纤维材料

各种颜色的棉纤维可以在市场上购置。可以用不同颜色的纯棉纤维混兑出与待修复文物相配的色调。(b)图中天然纤维以及染成红色的纤维悬浮在水中,二者的混合物在干燥后形成亮粉色的纸。

将可溶于水的马铃薯阳离子淀粉醚(Solvitose® PLV)加入纤维中,能改善纤维彼此间的结合,并且提高纸张的机械性能。淀粉醚在混合物中起防沉剂的作用,可以优化筛网上纸浆流动的速度。

马铃薯阳离子淀粉醚有很强的黏性,浓度为10%的淀粉醚溶液的pH值是8.0。建议将淀粉醚制备成2%的母液:将10g淀粉醚(Solvitose® PLV)边搅拌边注入500mL的温水中慢慢泡涨,在此期间持续搅拌使溶液混合均匀。纤维用量可按照1g的纤维配4mL母液的比例进行计算。即使没有Solvitose® PLV也可以进行纸浆纤维修补,将待修复纸双面裱糊上薄如蝉翼的日本构皮纸可以保证新纸和原件之间的紧密结合。此方法可以用较小的时间成本来修复大量纸质文物。

图6-65～图6-68为采用纸浆纤维修补的相关示例。

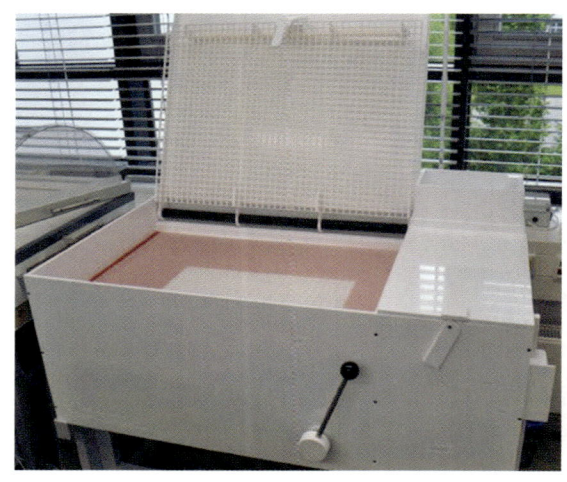

图6-65　在纤维纸浆补纸池中已安置妥当的纸筛和用于覆盖非使用区域的薄膜　　　图6-66　纤维纸浆补纸池中的用红色膜限定补纸面大小的手写绵纸字笺

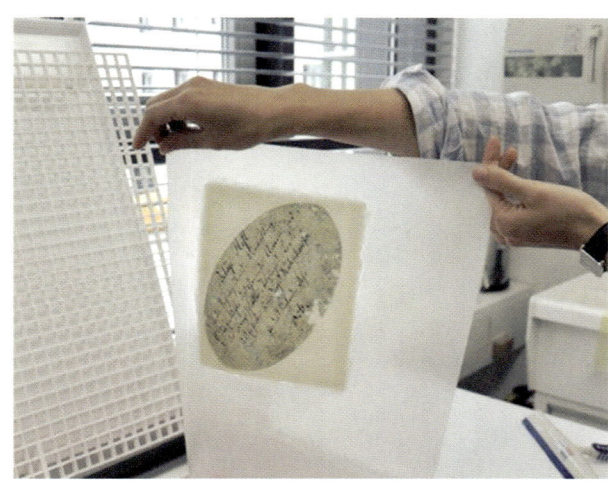

图6-67 从池中取出的破洞均已闭合的补好浆的纸

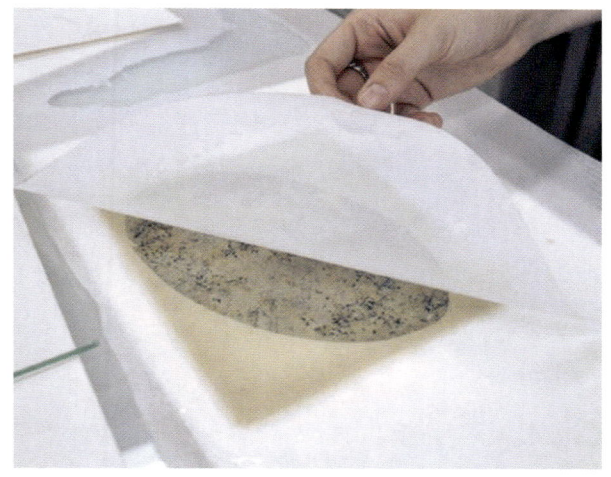

图6-68 放置在工作台上的补好浆的纸

从背面取下纸筛，放在无纺布和厚厚的吸水纸上准备压制干燥，最后再剪成椭圆形。

利用纸浆纤维批量修复德国魏玛市安娜·阿玛利亚公爵夫人图书馆火灾受损古籍是纸浆纤维修补的成功范例（见图6-69）。

（a）修复前

（b）修复后

图6-69 受损古籍修复前后对比

封皮由木材纤维纸制作。经纸浆纤维修复后，封皮的正反两面都用一层定量为3.7g/m²的构皮纸进行贴裱。封皮略微蒙上了一层白色，但不会影响阅读和可辨识性。

5. 装裱

修复一般的裂缝和破洞，预防进一步机械损伤的发生，在文物背面做单面贴裱就足够了。前提是文物背面不含有原始信息而且没有重大美学价值。装裱最重要的意义在于保存文物的使用价值。单面贴裱可能会在日后造成文物发生卷曲，因此始终存在某些隐患，所以首先要明确下列问题：裱糊是否能保证将来的使用安全？为支撑文物仅单面贴裱是否足够？裱纸是否必须透明以保证原件文字和图案内容可读？原件为单面印刷或者绘画是否可以使用不透明的贴裱纸？

根据厚度、颜色以及对潮湿的反应等因素选择合适的纸张。浸湿反应差异主要受纤维类型、填充材料以及所用的胶类等因素影响。例如：某些手工抄制碎布纸因为施胶较多，即使自身很薄也会严重收缩。因此裱纸必须能够对抗抵消这种张力，才能避免发生卷曲，也就是说，裱纸也需要同等程度地上胶。黏合剂的选择及其黏度也会对裱糊修复的成功与否产生较大影响，所选的黏合剂应最大限度地减小张力。对于欧洲的绘画作品而言，甲基纤维素和甲基羟乙基纤维素是最好的选择，只有很大尺寸的硬纸才需要具有更高黏合力的糨糊。最后还需要斟酌的问题：原件和裱纸是否都刷胶？或是只有一种涂胶而另一种只需要濡湿处理？对于这些问题并没有放之四海皆准的办法，欧洲的修复绝大多数情况下都倾向于使用日本和纸作为裱纸。

6．剖纸

剖纸具有提高纸张坚固性的优点，可以在大大增加纸的可使用性的同时保留原件的表面。无论手工抄纸还是机制木纤维纸，理论上任何厚度和型号的纸都可以剖分。

为了确保在后续的贴合处理过程中黏合剂能够均匀地渗透到纸内，只有事先经清洁处理过的无霉菌、污渍、黏合剂等残留物的纸质文物才适合剖纸。图6-70所示为某现代挂图的剖纸试验。剖纸的原理是在待修复纸的两面分别用明胶贴上大小与原件一致的较厚实的纸。明胶结合迅速而且呈凝胶样，非常有利于控制渗入的深度，因而作为黏合剂尤其适合。应根据纸张的当前状况以及由生产条件所决定的纸张特性调整明胶的黏稠度，与手工抄制的施胶很少的老式纸相比，有填充剂且施胶较多的纸可以相应地调低黏稠度。在纸的正反两面均匀刷胶，注意每面的明胶渗透不得超过纸张厚度的三分之一。纸的内部三分之一是剖开工序的预留空间，因此不能上胶。干燥时可稍压上一些重量。待明胶凝固变硬，从纸的任何一个角开始，均匀施力地剖开。两张裱纸同一边的外沿粘在一起，且应在整个处理过程中保持黏合，这样就可以保证在最后拼接时位置准确。在两张剖分出来的纸中间再用较难溶的黏合剂贴上一张很薄但结实的纸用来支撑。在水性黏合剂中加入丙烯酸分散剂可以改善纸张的耐水性，但也会改变纸张本身的特性。拼接并干燥后可以把裱纸上的明胶重新去掉，将明胶放在池子里并加入酵素蛋白酶，可以加速其溶解。过滤纸和结实的日本和纸都适合用作裱纸。为

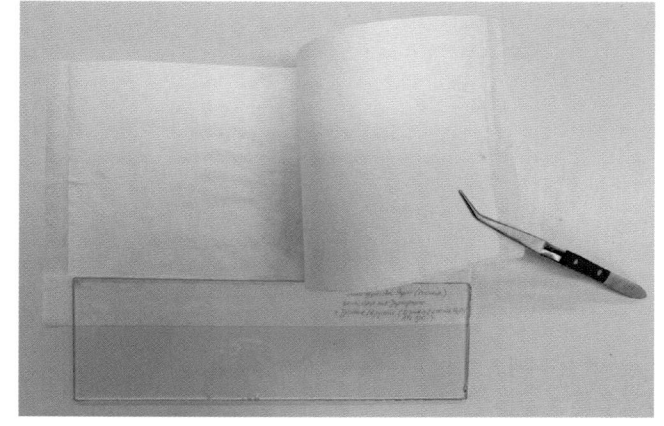

图6-70　某现代挂图的剖纸试验
贴合用纸是非常耐撕扯的构皮纸或绵纸。

了防止原件变得太厚、太僵硬，中间的支撑纸必须薄且结实，这样还可以获得良好的保护效果。

图6-71为剖纸进行修复的相关案例。

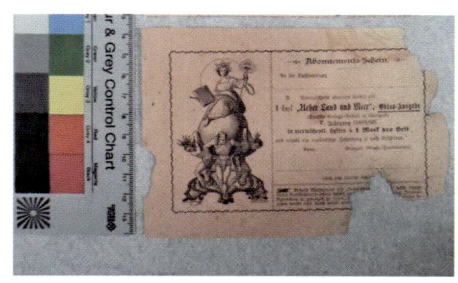  

　　　　(a) 原件　　　　　　　　(b) 剖纸　　　　　　　　(c) 修复后

图6-71　约19世纪90年代某采购订单原件的修复案例

原纸老化、易碎且表面有吸水性，裂缝和已撕裂的纸边使剖分变得极为困难。将10片用碱分解的食用明胶加入200 mL水中混合后再加入一勺甘油。混合剂可以作为中等厚度日本和纸贴合时的黏合剂使用，甘油能保持明胶的弹性。在凝胶的状态下把黏合用的胶刷上去，以避免明胶过度渗透到纸内。

尽管贴合后自然晾干，未进行施压压制，但是最终结果仍不理想：纸张无法按预想的均匀剖分。因此必须借助手术刀手工操作将纸张分离为两层。剖纸作业使用的关键材料是 9g/m^2 的薄日本构皮纸。黏合剂是用丙烯酸分散剂（Plextol B500）和甲基纤维素按照3∶6混合而成的。修复后状态显示已除去裱糊，肉眼可见的缺损部位已被修复。

个案研究证明：掌握剖纸技术有相当难度。目前手工操作比较罕见，使用机器来完成剖分的情况较多。机器可以根据给定的参数进行精准涂胶，而且用力均匀可以确保成功分剖。

6.3.7　处理墨水腐蚀

鞣酸铁墨水有可能是人类制造出来的第一种化学制剂[1]。鉴定鞣酸铁墨水可以考虑使用无渗漏邻菲罗啉试纸（Bathophenanthrolin），规格为75 mm×10 mm，可以检验出二价铁离子[2]、三价铁离子[3]（见图6-72）。

因为墨水会腐蚀纤维，所以具有不可涂改的真实性。虽然墨水并不能完全清除，但在一定条

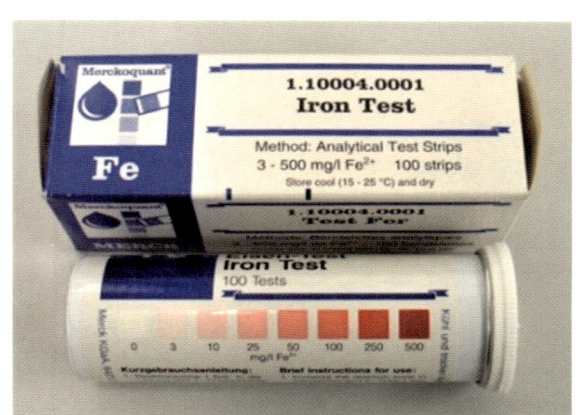

图6-72　铁离子检测试纸（测量单位：mg/L）

---

[1] 最早关于鞣酸铁墨水使用的记录出现在公元前3世纪。

[2] 二价铁离子检测：在笔迹较浓重的位置使用邻菲罗啉试纸检测。把手稿放在化学性质稳定的平面上，试纸用水浸湿，压出多余的水分。将试纸放在所选位置的笔迹上，用塑料膜盖住后，用手指轻按试纸约30 s。随后取下试纸，自然晾干（2～5 min）。如结果呈阳性则颜色转为品红，如结果呈阴性则纸色仍是白色。

[3] 用水将1片邻菲罗啉试纸浸湿后放在测试区域，用塑料薄膜覆盖约30 s。在含有二价铁离子的情况下，试纸干燥2～5 min后颜色变为品红色。测试三价铁离子需要在干燥之前在纸上另外加入1%的抗坏血酸，干燥后品红色增强则含有三价铁离子，这是三价铁离子还原成二价铁离子的缘故。

件下也有部分鞣酸铁墨水可溶于水，溶解成分主要是添加到墨水中的颜料[①]。可溶成分也有可能是过量的二价铁离子、五倍子酸或硫酸的衍生物等，这取决于成分组成的比例（百分比），鉴于铁离子遇水时会散布到整张纸页上，所以颜色较浅的墨水的溶解问题也不容轻视。纸张空白区域也存在腐蚀现象，尤其对受墨水腐蚀损坏比较严重的纸张应多加注意。水洗过程中墨水笔迹线条边的状态健康的纸能够很好地吸收水分，而线条上因腐蚀而脆化的部分吸水很慢或根本无法吸收水分，两者间不同的膨胀系数会导致纸张产生裂纹和破裂。即使存在上述风险，水处理仍然具有明显的优势，经过处理洗脱酸性之后，应加入碳酸镁溶液作为缓冲，随后还可以用水性胶水进行施胶。

处于早期阶段的墨水腐蚀可以用细毛笔在笔迹上涂抹明胶[②]来保护墨水免于洇散。明胶虽然在水中会被泡涨但是不会溶解，因此是可以用于加固的介质。为降低撕裂和破裂的风险必须将书写过的纸张缓慢润湿，湿化过程最好在气候舱中或在Gore-Tex®聚酯毡的帮助下进行。水洗前用乙醇和水按1∶1勾兑成混合液润湿纸体。用乙醇濡湿的作用是通过降低水的表面张力来改善湿气的渗透效果。考虑到被冲洗掉的成分会分布在整张纸面上，因此每次泡洗的溶液只能使用一次，以避免被溶解的成分转移到其他文物上，反复冲洗可以提高清洁效果。

为寻找更有效的方法阻止二价铁离子对纸张的腐蚀，修复界曾使用络合剂进行实验。基于实验结果成功研制了使用植酸钙[③]-碳酸钙溶液来络合铁离子的综合处理方法[48]202。在使用植酸钙充当抑制剂的同时，以碳酸钙作为酸碱度缓冲剂。需要特别注意的是，为了预防墨水变色，处理液的pH值以及处理后纸张的pH值都不得低于6.0，但也不可高于中性值7.0。制备1L的植酸钙-碳酸钙溶液需要准备4.1g的植酸（按40%的浓度加水制成溶液）、0.6g的碳酸钙、1000mL蒸馏水以及少量氨，具体步骤为：将碳酸钙慢慢加入40%的植酸溶液中（会产生二氧化碳，因而可以观察到碳酸盐溶液有气泡出现），随后再注入蒸馏水，此时溶液的pH值大约为4.6，滴入氨液使pH值上升到6.0（pH值越高，溶液乳液状越明显）[48]172。

植酸钙-碳酸钙溶液既可以在负压工作台上喷淋，也可用于浸泡，后一种方法更为有效。大约10min后，可以用铁离子检测方法来检验络合和抑制的效果。测试完成后需要对纸张进行彻底的冲洗，如有必要，还应在冲洗时补充加入碱作为缓冲剂。

实际工作中应根据纸张破损状态选择合适的冲洗方案。墨水侵蚀的程度分为四个等级，主要根据纸张背面侵蚀状况进行评估[④]：

①一级损伤（第一阶段）：纸背稍变暗呈浅褐色。

---

① 鞣酸铁墨水刚开始是无色的，在干燥的过程中因氧化才变成黑色，所以为了方便书写，许多墨水都会加入颜料。一般加入的材料有洋苏木、普鲁士靛蓝等。从1856年起开始使用苯胺染料（动物性颜料），例如亚甲蓝、人造茜素等。
② 明胶品类Novo Tec GP，低硬度，B型，GELITA公司产。
③ 自然界中存在的植酸盐，是无毒且和铁离子结合在一起形成的白色络合物，可以阻止铁在分解纤维素时的催化作用。
④ 具体参见5.2.1节"2.纸张使用中所用材料引起的损伤"部分"（1）墨水腐蚀"相关内容。

②二级损伤（第二阶段）：纸背变成深褐色，没有细裂纹。

③三级损伤（第三阶段）：文字完全透到了纸背，有细裂纹。

④四级损伤（第四阶段）：有材料破损、碎块，已经开始脱落。

一级和二级损伤一般都可以直接喷洒表面活性剂后浸入水中清洗，无须担心纸张受到进一步破坏。至于三级和四级损伤，在低压吸附工作台进行处理比较安全[21]7。使用低压吸附工作台操作的优点是：处理时纸张平放在工作台上，可以避免造成机械性损伤；被释放颗粒由过滤器收集；仅需使用较小剂量的植酸钙-碳酸钙溶液。其缺点在于：作业时不能干预纸背情况，因此不适合用来处理正反面都有文字的文物；仅适合单页修复，缺乏经济性。

还有一种处理墨水腐蚀时保护纸张实体的办法：将纸页夹在两个筛网中间像装在袋子里一样将纸保护起来进行浸泡。此方法特别适合处理两面均有字迹的纸页。图6-73所示案例表现的是处于第一和第二阶段墨水腐蚀的手稿，已变色的手工抄制碎布纸的抗折叠性能已经严重退化，pH值为4.5。修复时，将纸页放入水池先用冷水再用热水各冲洗一次，清洗时墨水未洇散①，洗后纸变亮且柔韧。最后在水池里加入甲基纤维素和碳酸镁可以提供更多保护。

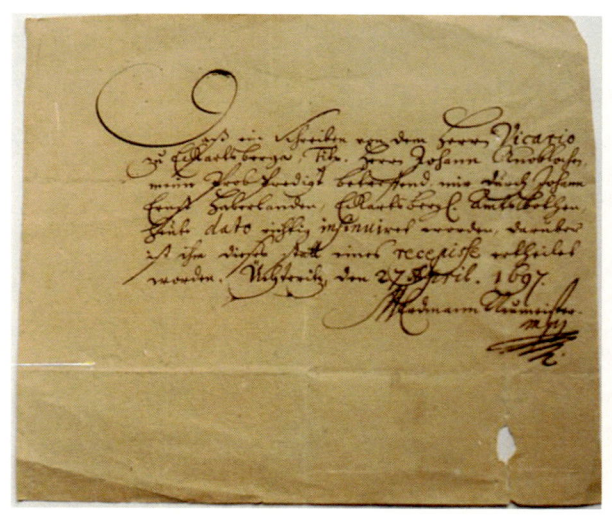 

（a）正面　　　　　　　　　　　　　　（b）背面

图6-73　修复前艾德曼·诺伊梅斯特（Erdmann Neumeister）手稿的正反面（1697年4月27日）

图6-74所示案例中墨水在冷水中溶解的情形较严重，但在热水中却几乎看不出洇散。将纸放在热水中清洗2min，除了笔画有一处很小的渗出，未有任何其他损失。墨水颜色轻微地淡，纸体变亮，纸张质地改善，变得结实柔韧。

---

① 洇散为经常出现的现象，到目前为止无合理解释。

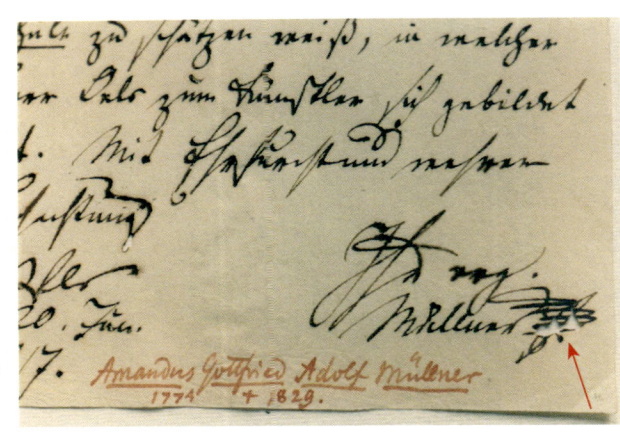 

(a)正面　　　　　　　　　　　　　　　　(b)背面

图6-74　诗人穆尔纳手稿局部(1817年)

签名处有墨水腐蚀现象(箭头所指)。墨水腐蚀几乎完全渗透到背面,修复前为三、四级损伤。

使用定量为9g/m²的日本楮纸及Culminal®甲基纤维素(MC 40)装裱图6-74所示案例中的穆尔纳手稿可以稳定文物状态,防止损伤进一步恶化。除墨水腐蚀外,文物的酸碱度也非常低(pH值为4.5),这是空气中高浓度的二氧化硫造成的,因此十分有必要使用碱性物质进行缓冲。操作时需要注意缓冲溶液的浓度不宜太高,初始pH值不得超过7.5。pH值在处理后几周内会再次下降,恢复到7.0。需要注意的是,过高与过低的酸碱度都会对文物产生负面影响。墨水对碱与酸都具有敏感性,过酸会使纸张变暗,过碱则导致褪色。水洗过程中原纸上的胶和其他聚合物会被冲洗掉,因此必须添加甲基纤维素或动物胶进行补胶。补胶可赋予纸张更大的强度和弹性,在延迟降解的同时还可以保护墨水。

多次检测的结果表明:植酸钙-碳酸钙溶液处理和后续补胶的积极作用并不一定具有永久性,在气候柜中人工老化后其保护效果明显降低。各种试验样品中,以使用植酸钙-碳酸钙溶液处理并配合甲基纤维素进行补胶的保护效果最佳,处理后pH值为6.0～7.0,离子含量也最低,这种方法可以减少纸中羰基的分解。测试溶液的配方为:在500mL水中加入1.7g植酸和0.33g碳酸钙,然后加入少量氨水直到pH值为6.0。[49]

使用明胶裱糊可防止笔迹脱落。明胶可以很牢固地粘在纸上,但如果涂抹过厚,则会产生张力引起脆化。尽管无法确定其普遍性,但明胶确实可以抑制铁离子,通过碱性分解①制成5%浓度的明胶溶液能使二价和三价铁离子明显减少。使用甲基纤维素贴裱效果也很理想,而且不会产生任何张力。测试结果表明:同样使用植酸钙-碳酸钙溶液处理和人工老化后,其他黏合剂保护功能下降较快。淀粉糨糊的测试结果尤其不理想,黏合剂的张力表现较差。除裱糊以外,还要采取其他预防措施,例如保持恒定气候、清洁空气和减少光线照射等。

络合物因为自身的反应能力而成为研究热点,在这个领域的各个方向上人们都在进行实验研

---

① 碱性分解制成的明胶具有羟基,可以中和阳离子。

究，以寻找更可靠的方法。除植酸钙-碳酸钙溶液以外，还可以用其他材料，例如，经证实二亚乙基三胺五乙酸可以取得基本相同的效果。

6.3.8　处理铜腐蚀

铜腐蚀和墨水腐蚀极为相似，目测对比时两种损害外观基本一致。纸张与含铜颜料接触部分会变得非常脆，纸体甚至会大片脱落。二者在修复方面的难点也类似。通常遭受铜腐蚀的纸张酸碱度很低，绿颜色部分尤甚。水冲洗法的优缺点和墨水腐蚀的情况一致，但是二者在处理方法上仍有一定区别。

早在20世纪70年代人们就对用无水试剂处理铜腐蚀的有效性进行了测试，测试技术是从造纸工业借鉴而来。准确地说，就是在造纸制浆时加入镁化合物，既可以阻止金属离子氧化分解纤维素，同时又能提高产量。该成熟经验已应用在文物保护上，即在处理铜腐蚀时使用喷淋系统喷洒碳化的醇镁化合物，这就是所谓的CSC（Conservación de Sustratos Celulósicos）无水处理法。该方法可以减缓二价铜离子对纤维素氧化进程的催化作用，但经人为老化实验证明处理效果尚难完全达到预期。但与水冲洗法相比，该方法负面影响相对较小[50]。目前对可控的湿法处理的研究工作也在进行中。

2007年开发出的另一处理方案是使用3%的1H-苯并三唑①和乙醇溶液稳定（络合）铜离子。溶液具有毒性②，因此很少应用于纸张修复。使用此溶液修复碎布纸还有其他缺点：光照下纸张会变黄，气候波动对反应也有催化作用。如果溶液只用于铜颜料的表面则影响并不大，甚至可忽略不计，但若操作不当则会在颜料边缘留下黄色的印迹。总的来说，铜离子络合处理法效果仍是积极的，穿戴手套、口罩和防护服后完全可以保证安全生产。近年来业界还开展了使用其他溶液进行络合的实验。对1H-苯并三唑和乙醇的混合溶液以及四正丁基溴化铵和乙醇的混合溶液的实验结果都令人振奋。两种混合溶液单独或者联合使用都有良好表现[51]，而达到良好反应效果的前提是，溶液必须完全渗透纸张。

进一步的处理步骤类似于墨水腐蚀：水洗前必须先润湿纸页，在最后一次的清洗水中加入明胶或甲基纤维素。胶水包裹并保护纤维素纤维，碳酸镁中和纸中的酸。裱糊仍然是最常用的保护馆藏的方法。图6-75提供了处理铜腐蚀的相关修复案例。

---

① 1H-苯并三唑大约从1985年开始被普遍用来保护考古或出土的铜质文物。
② 1H-苯并三唑对内分泌有影响，毒性甚强，非必要慎用。

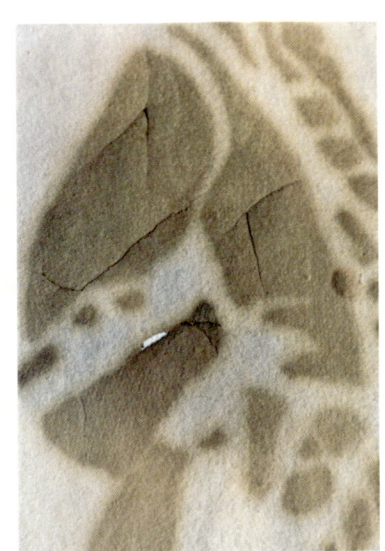

(a)修复前的版画　　　　　　　　(b)修复前版画背面——人物左袖

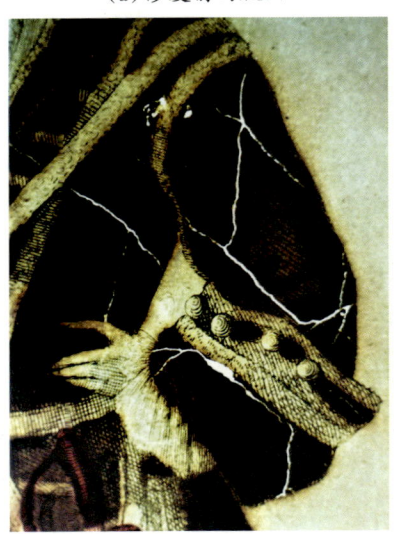

(c)修复前透射光下人物左袖正面　　　　(d)修复后的版画

图6-75　彩色铜版画《狩猎侍从》修复案例

　　版画出自1710年魏森费尔斯的《大公约翰·乔治画集》,作者彼得·申克(Pieter Schenk),制版并印刷于阿姆斯特丹。

　　修复前碎布纸pH值为5.0,铜绿部位的pH值为4.5。原绿色部分全部变成棕色。颜料越多,变色越严重,相应部分纸体的脆化更为严重。到图中严重的铜腐蚀已发展至晚期。水洗后的pH值恢复到7.2左右。为了对铜腐蚀的部位进行保护,版画的背面使用甲基纤维素和日本和纸裱糊。不能除掉的污渍,使用干粉彩进行了遮盖和修版。

6.3.9　处理微生物侵害

　　霉菌通常会发出腐败的气味并造成文物表面变色。通常需要借助显微镜才能观察和确认霉菌的具体形状[①],肉眼可见的仅是真菌的孢子囊部分,而肉眼无法看到的菌丝才是纸张的长期安全隐

---

① 用暗场照明法在显微镜下可以观察到菌丝。

患。广义而言，霉菌研究是一项发轫于食品工业的新兴学科，但完全可以应用于历史文物研究。

可使用相关试纸（见图6-76）检测文物是否被霉菌污染。常见方法如下：用事先准备好的试纸轻轻拍打文物以取得样本，将样本在恒温箱里放置2～7天，如果样本中有菌丝存在则会观察到相应的培养结果，如有必要也可以根据需要适当延长放置时间。

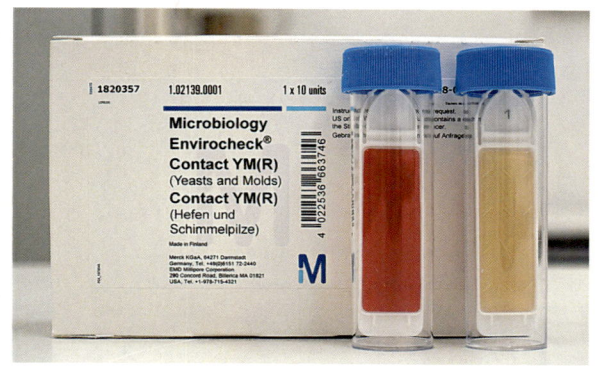

图6-76　Envirochek® YM (R)试纸

一面涂有培养海藻（洋菜），且含0.05%氯化三苯基四氮唑（TTC）。细菌繁殖区域呈红色，颜色来自因TTC减少而生成的红色甲䐶色素。另一面仅涂有培养海藻。培养海藻是一种由美国健康协会（APHA）推荐用于食品研究的介质。

若肉眼简单观察不能直接发现霉菌的侵害，则需要经过具体检测进行甄别。使用生物监测法可以快速获得实验结果，但只有经过培训的少数专业人员才有资质出具霉菌检测报告。鉴定文物是否存在侵害风险，实际上只需要简单几步就能实现。一般采用表面诊断的检测方法，即使用实验测量管和一台操作简便的检测仪器（见图6-77）。该检测方法尤其适用于档案馆和图书馆，能够在侵害发生前提早发现潜在的风险[①]。该方法也可以应用于修复后的检验和评估。

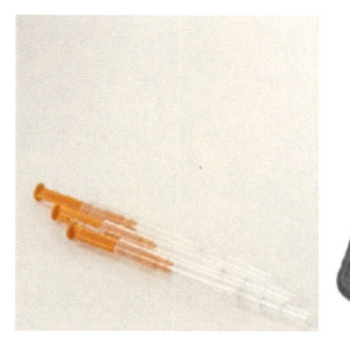

图6-77　带测量管的光度计[②]

此设备用来测量三磷酸腺苷（ATP，完整细胞中）和单磷酸腺苷（AMP，细胞受损后的分解物）的荧光度，通过测试可以获得细胞活性的信息。加入荧光素和荧光素酶，细胞会发光，检测仪器通过测量光度获取必要信息。测量值表示污染物的活跃程度，但无法说明侵害的方式。这一检测方法的优势在于只需几秒钟就可以取得测量结果。

鉴定真菌种类应向专业人士咨询和求助，但是大多数情况下并无精确鉴定的必要。如果文物严重受潮，应先干燥藏品以便隔离感染并防止霉菌扩散。修复人员必须穿戴防护服（PSA类别Ⅲ 5/6型）、口罩（FFP2或FFP3型）、封闭式护目镜、用乳胶或丁腈橡胶制成的手套以及鞋套。首先将文物装在拉伸膜中以防出现不受控制的自然干燥，之后再送往冷藏室。在冷藏室内取下拉伸膜，改用纱布制成的绷带将书包裹起来，随后在真空冷冻干燥舱（真空度低于600Pa）中进行速冻，使

---

① 德国城市代表大会地方档案馆会议推荐使用。
② 基于自然界中萤火虫发光原理研发。

温度降低至-20～-25℃之间。-20℃以下的温度环境可防止纸张降解和进一步发霉。当真空冷冻干燥舱内的温度回升时，冰会直接升华至气态，在真空环境中水分通过这一方式从书中抽出，从而实现干燥。

短时间内骤然降低湿度并不会消灭霉菌，但能破坏其生存基础。此种方法不仅具有对纸张无害的优点，同时不必使用有毒的除菌剂（除菌剂对于接触文化艺术品的人员的身体健康是不利的）。速冻处理之后，为了去除霉菌孢子，有必要再次彻底进行干式清洁。每页纸都必须用刷子刷过或者用乳胶海绵擦拭。随后将霉菌孢子用专业吸尘器吸除，吸尘器滤网的清理也要符合专业的要求①。此类清洁工作最好在图6-78所示的带HEPA②过滤装置的安全工作台（DIN EN 12469 等级1）上进行。接下来需要用体积比为7∶3的纯乙醇和水的混

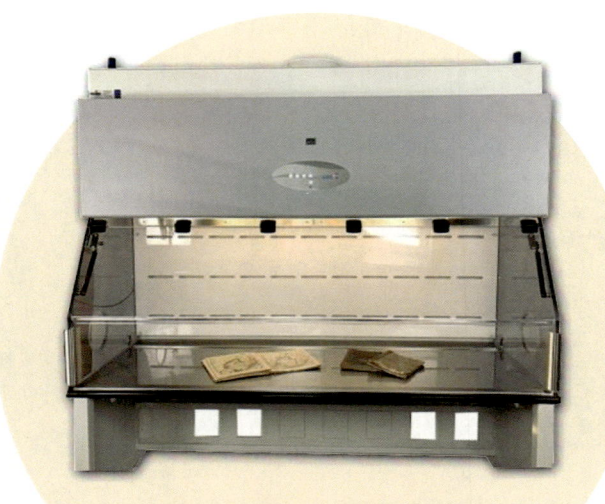

图6-78　带HEPA过滤装置的安全工作台

合溶液进行杀菌，按目前掌握的知识，除一种霉菌③外几乎所有的真菌都会被抑制。但需要保证以下前提：每页纸都需浸湿2.5～3.0min，随后用流水冲洗④并迅速烘干余下的湿气。此方法对于已装订成册的图书而言实施难度较大。

一旦疏忽对环境的控制，侵害随时都会卷土重来。通常情况下，在定期检查、保洁且湿度适当的房间内，不必担心藏品会发生微生物侵害（或者微生物侵害复发）。此外，还有一些其他杀菌方法，诸如用环氧乙烷气熏蒸或者用伽马射线照射等，但都存在一定弊端。气熏法不利于人体健康⑤，会使颜料漂白或者变黄，还会导致纸张过度酸化，而伽马射线会破坏纸张的稳定性。上述两种杀菌方法仅在批量处置而且无更优的替代方法可供选择时才会采用。在极端的情况下还必须对相应的工作场所进行清洁。不建议使用表面活性剂和含磷的清洗剂，因为此类制剂会加速菌类的繁殖。

---

① 工作时须穿戴防护面罩、防护服和手套。
② HEPA＝高效颗粒空气过滤器（high efficiency particulate air filter），为悬浮颗粒过滤器，过滤器等级为H13和H14。
③ 部分产黄青霉菌（*Penicillium chrysogenum*）未被完全杀死，此为未按照处理方法操作所致。
④ 在流水下冲洗后再进行后续清洁可以防止纸张的脱水和收缩变形。
⑤ 环氧乙烷可致癌。

6.3.10 全色修复

1. 基本原则

全色修复旨在完善文物的视觉性外观，使文字内容变得清晰易读，或者使艺术表现力从形式到颜色均获得一致。鉴于此，全色不属于文物保养的范畴，而是一种修复措施。对于印刷品或者绘画作品而言，艺术表现形式的一致性尤为重要。文物上缺损和修补的痕迹、已老化的全色（前次修复）和污渍，通常会分散观赏者对作品本身的注意力，成为艺术欣赏的障碍。为缺损文物提供视觉再平衡可能性全色，能够恢复作品的艺术表现力。

现代修复中对诸如铅颜料黑化及染料褪色等颜料变化现象，在评估方式和处理方法上均发生了较大变化。传统修复中常常以覆绘的方式将颜色褪尽的画作补上鲜艳的颜色或将铅白漂白，但现代修复在对此类老化迹象的处理方式上则相对克制。以铅白为例，无论是使用酒精焙烧还是使用30%的过氧化氢与水以1∶1的比例进行漂白，总会发生一些应在修复中加以避免的化学反应。铅白黑化是碱性碳酸铅被硫（空气中）转化为黑色硫化铅的过程。焙烧和"漂白"都是将硫化铅氧化为硫酸铅的过程。反应生成的硫化铅是一种呈白色的结晶盐，尽管颜色也是白色，但绝非铅白。如果黑色破坏了画面美感，可以使用更加温和的修饰方法加以覆盖。现代修复也更为强调修复材料的可逆性，必须保证未来仍可以清除全色添加的成分。要做到这一点的前提是：所实施的全色修复应具有可辨认性，并且在未来去除添上去的修复材料时不会损坏原件。所以要选择可溶性与原件不同的黏合剂。现代色素的应用使得对全色部位的辨别更为便捷。坦率地说，在原件上实施的全色永远不可能被完全去除。纸质文物的介质几乎只有水溶性黏合剂一种，其因为自身的易溶性也存在重要缺陷。原作的绘画和手迹本身也是用同样方式黏合的，即也是水溶性的。其他可使用黏合剂的缺点则在于：只能与乙醇、丙酮或者乙酸乙酯混合成溶液，而且会使纸张变脆。全色作业中的主要矛盾不仅在于黏合剂，还有会给纸张纤维上色的颜料和色素，这些颜色残留很难去掉。

修复性全色的基本原则归纳如下：

（1）可逆性：任何修复性全色都应在保留后期撤除可能性的同时不损伤原件，这表示修复所使用的介质的可溶性要与原件相区别，且要兼顾易溶特性。

（2）抗老化性：颜料的抗老化性决定了未来全色、修版的次数。因为全色导致颜色加深是对美学的破坏，也会成为日后再次修复的原因。

①黏合剂的耐久性。任何黏合剂都会老化变色，只是变化程度不一而已。纤维素黏合剂因为固态成分较少而变色问题不严重，其成分主要包括甲基纤维素和甲基羟乙基纤维素。

②颜料的耐久性。许多颜料均不耐光照且容易褪色。如果不是使用油或者树脂等结合剂进行保护，部分颜料会变黑。适合用于纸质文物全色的胶、天然橡胶和纤维素都具有吸湿性，因此对

颜料的氧化起不到足够的保护作用。市场销售的成品管装颜料成分配方往往不公开，一般都含有稳定剂阿拉伯树胶、软化剂和染色材料等混合成分，所以须特别警惕颜料的质量问题。优质的管装水彩颜料有"Schmincke Horadam®"和"Winsor & Newton™"等品牌。

（3）辨认修复性全色的目的在于：将文物历史发展变化与出于美学目的而采取的修复区分开来。这一原则的地位在现代文物修复领域日益突出。修复性全色应在一定程度上使非专业人员也能辨认。至于具体差异，可以从全色的结构、从使用更冷的色调、通过着色较浅（或仅用线条、点阵等不涂满）的色块与原作加以区分。

（4）修复性全色应尽可能仅限于补全残缺，但是有时在原件上进行修饰不可规避。例如：一些不能漂白的污渍或者纸张表面被刮坏。

（5）对于文物作品的形式和颜色，修复者不可有任何无端的猜测和臆造。原则上不得对笔法进行修改和填补，只有当前文字的线条被遮挡的时候，为改善其可读性才允许进行适当修补。一切从有利于视觉现状改善出发，修复性全色是为文物本身服务，应该成为全色工作的基本原则，不允许在形式上以及色彩上有任何的歪曲。

至于用来全色的笔刷，特别推荐Winsor & Newton系列7和Da Vinci的狼毫刷。天然黄鼬尾部毛制成的笔刷，笔形饱满，笔腹可以储存绘画颜料，毛尖精细可以画出细致的线条。

2．色彩学理论

目前绘画颜料混色的主要理论是用青色、品红和黄色三原色的减色法。三种颜色混合后最理想的情况下应产生黑色。将两种原色混合可以调成间色，例如用黄色和青色生成绿色。一种原色和一种复色混合可以调成其他的复色，例如蓝绿色或者橙红色。该调色模式应在文物修复工作中得到充分运用。

只有少数有抗老化特性的颜料可以用于全色，并在此基础上调配出所有的色彩。绘画颜料可分为冷色调和暖色调，也可分为中间色调、明快色调以及哑光色调。表6-2对不同绘画颜料进行了介绍。

表6-2 不同绘画颜料介绍

颜料	图例	外观特点
钛白		遮盖性
浅赭石色/赭石金		温暖、哑光、透明漆光、有遮盖性
镉黄		温暖、明快、有遮盖性
镉红		温暖、明快、有遮盖性
深茜红		冷、明快、透明漆光
群青		冷、中性、透明漆光

续表

颜料	图例	外观特点
氢氧化铬绿（亮光）		冷、明快、透明漆光
氧化铬绿（无光泽）		冷静、哑光、强遮盖
锡耶纳赭色（未烧制）		温暖、明快、透明漆光
锡耶纳赭色（烧制）		温暖、明快、透明漆光
土红色（天然）		温暖、中性、有遮盖性
土红色（烧制）		温暖、中性、有遮盖性
范戴克棕（又名卡塞尔土）		温暖、中性、有遮盖性
象牙黑		冷、中性、有遮盖性

以黑、白两色为例，说明如下（不排除例外）：为白色[①]全色通常直接使用材料的基底颜色，即纸或者油灰本身。与之相反，黑色则总是用蓝色来代替，可以按前文所述的混色法调制，可以预见的是，文物上不可能出现绝对的黑色。修复性全色原则上是依照从浅到深、从冷到暖的顺序进行的。

3. 在原件上全色

在原件（原始载体）上进行全色会涉及前述修复可逆性的特殊要求，严格来说其实无法完全实现。为了将问题最小化必须加涂中间层，通过中间层来减小纸面的毛细作用，以此阻止纸纤维吸收用于全色的颜料介质。比如在颜色较深、面积不大的污渍上可以盖一层纸，纸的外沿必须打磨或削薄，以实现全色区域和原件之间的柔和过渡，并避免出现遮盖效果。如覆盖层的颜色与原件一致，则可能不需要再进行修饰。此方法对于锈迹或者墨水污渍最为有效。加盖一层纸后如画面上的污渍背景变淡变亮，则可以稍微调整色调使之相匹配，如此操作下修复的可逆性原则也能得到满足。

文物表面被磨损且画面变薄会增加全色的困难程度。此时唯一的方法是在全色之前用结合剂在相应的部位做局部封闭，以阻止纤维被染色。此时应选用人工树脂，例如 Paraloid™ B72[②] 就是用来全色且颇具可逆操作性的一种人工树脂。与其他产品相比，Paraloid™ B72 具有促进水蒸气扩散的优点。但该树脂的溶剂会使纸张变脆，而且添加人工树脂还会破坏纸张的吸湿性。明胶加糨糊、甲基纤维素加羟甲基纤维素以及明胶加鱼鳔胶等组合都属于水溶性的黏合剂，虽然均有可逆性，但又都或多或少地存在一些缺陷，比如会使画面表面发亮、颜色变暗、濡湿性较差等。总的来

---

① 白色颜料不仅能让画面颜色变亮，而且能转变色调。除此以外，白色颜料还难以被遮盖。锌白会与其他颜料发生化学反应因此不得用于全色。
② Paraloid™ B72是一种具有热塑性的甲基丙烯酸乙酯共聚物，从20世纪50年代起开始应用于文物修复领域，被誉为最稳定的树脂，可溶于乙醇、丙酮、乙酸乙酯、二甲苯、甲苯。

说，黏度相对较高的甲基纤维素或者甲基羟乙基纤维素以及低黏度的明胶，虽然存在发亮的负面影响但是结合效果都很好。未来需要去除修复痕迹时，必须在相对干燥的状态下分层进行，因为水溶性的修饰材料会同时将处于修饰层下面的封闭层一起溶解。下文还将针对全色的可能性以及复原等内容做进一步讨论。

4．线条图案缺失补全

对缺损图案的全色是最为细碎的一类修补工作。对于严重受损且现存画面之间直接关联性较差的文物，补全的意义在于令缺损而不连续的图样易于理解。修复过程中需根据现有所有残余片段用线条依照残留笔意重新构建图案，随后或多或少地进行补画使之变得清晰。当然这一方法只有在不断重复出现的图样上才具有可行性。线条图案缺失补全示例见图6-79。

图6-79　线条图案缺失补全示例[52]

约19世纪30年代的比德迈耶（Biedermeier）风格花边，用维罗呢压制。例图中用黑色线条对连续图案进行补全。通过补全将多个碎片连缀在一起，使之具有一定可读性。鉴于模板图案相同，所以可以根据现有残留部分把缺失的笔迹转抄描绘出来。

5．用透明颜料中性全色

透明全色选取颜色时应优先考虑与整个画面和谐一致的色调，且上色务必均匀。透明全色的作用是把视觉上非常突兀而且破坏整体感的缺损部位柔和地融入到画面整体之中，一方面让缺失部位明显可见，另一方面又不会因此干扰内容整体性。透明全色既可以在背裱之前染色，也可以在背裱后追加。如需事先上色则一定要注意：做背裱的时候不要把原作画面染上颜色。染色颜料可使用茶水或者洋葱皮煮出的汁水，染色颜料有不耐日晒的缺陷，因此还需要用水彩颜料进行后续处理。透明全色示例见图6-80。

图6-80　透明全色示例

尼克拉斯·德·布林（Nicolas de Bryun）的彩色铜版画，安特卫普，约16世纪90年代，出自系列作品《四季》。

画面缺损据载在17世纪即已发生，是在将版画粘贴到盒盖时造成的。缺失部位处于盖子的铰链位置。版画贴在另一幅版画上面，因此需要分别取下，而后分别展出。为了加固和改善视觉外观，版画上被裁掉的部位必须用背纸来装裱，同时还要保留修复痕迹，让观察者能够辨认出缺陷也是盒子的一部分。因此在背裱贴上去后又加涂一层透明的水彩颜料，尽量保持原色的基调。原件不染色，直接用水彩颜料进行全色。

6. 塔特吉欧 (Tratteggio) 阴影线／线条全色法[①]

简单的线条全色修饰是用成行的线条来实现的，以待修复文物的颜色（局部颜色）为标准选择颜料和染料分层进行排线。例如：在修补绿色色调时，将不同的绿色线条排在一起直到达到理想颜色。这种特点清楚地将简单的排线修饰与以选色为基础的塔特吉欧阴影线全色法区分开来。

用选色阴影线全色法补全绿色色调时，需要选用一冷一暖两个色彩，主要是蓝色和黄色，两色并列实现所需视觉效果，而后用另外的第三种，至多第四种颜色加以协调。不同颜色的线条组合赋予文物有活力的视觉效果。一般白色不用来全色，画面亮度仅由纸张基础色提供，只有在表现光线反射（高光）时才会用到白色。根据所要表达的细部特点以及观察距离的差异，线条的长度应在1～5mm之间，仅在大面积全色时才会用到1～2cm长的线条。第一层线条定下基本色调并将耀眼的白色遮盖，线条应均匀、彼此按固定间距平行地用透明纯色画上去。在白色的剩余背景内再画下一层线条。所有的排线层都用不同但尽量为纯色的色彩绘制，彼此并列的透明线条的不同色调在画面混合产生效果。原则上不建议使用超过四种色调来混合，否则会失去亮度。在纸质文物上这种方法不容易实现，因为在纸上上色必须很薄，从而限制了全色排线的层数。主要原因在于，在全色的同时还必须保留纸张原本的特点和亮度。相关示例见图6-81。

图6-81 塔特吉欧阴影线全色法修复示例
由13种颜色构成的手工印花花边，维罗呢，约19世纪30年代。修复后镶补处局部全色。右侧边缘可以看到原作的印花。在本例中使用了塔特吉欧阴影线技术进行还原全色。线条的颜色有变化。虽然全色的颜色观感与原件一致，但是线条比较稀疏，所以明显看出与附近的原作不同。1m距离外观察，还原出的部分能够融入整体之中。

7. 塔特吉欧阴影线中性全色法[②]

阴影线中性全色法具体指抽象色彩全色法，意大利语为astrazione cromatica。抽象色彩法只有在无法还原的缺失部位和远距离欣赏的前提下才能使用，其目的是将白色空白表面融合到残缺的作品中。全色由纯色和间色的成排线条构成，有三种颜色组合方式：

①黄、红、绿、黑。

②黄、红、蓝、黑。

③黄、橙-红、蓝-绿、黑。

以第①种组合方式为例：先用黄色竖直线条画第一层，后面三层分别用红色、绿色及黑色画

[①] 即礼嘉奇诺·塔特吉欧（Rigatino Tratteggio）影线法（阴影线），是1946年到1950年之间罗马中央艺术修复学院为修复壁画而发展出来的方法。

[②] 抽象色彩法（astrazione cromatica）和选择色彩法（selezione cromatica），1970年由安贝托·巴尔迪尼发明。

成锐角对角交叉的线条，在被修饰画面中制造斑驳的视觉效果。这种全色方法因太过醒目所以很少使用，为了使表面均匀、同质，线条必须画得特别细。

按照选择色彩法的原则，选色时要使用同样的色调，但可以通过调整线条的方向来适应作品形式并以示区别，这既关系到画面的样式也涉及用笔方向。此法多用于三维作品，个别构图中线条占绝对优势的二维作品也可以采用此方法。相关示例见图6-82和图6-83。

（a）示例一

（b）示例二

图6-82　阴影线中性全色法修复示例

图（a）是一只青绿色的盒子的局部，约17世纪；图（b）是一座落地钟的共鸣箱的局部，约1755年产。图（a）沿着裂纹绘制线条，主要用黄色和蓝色及少许红色进行全色；图（b）则突出了木纤维的结构，在颜色选取上用了蓝色、红色和少许黄色的线条。两列全色均为未完成的中间过渡状态。

（a）修复前

（b）颜料加固和重新贴裱后局部

（c）完成修复状态[①]

图6-83　某中国画全色修复示例

中国画卷轴，约20世纪初。卷轴和画面都严重损坏，用纸极薄，纸上有折痕，有褐色污渍和破洞，绘画颜料有严重的磨损。经水洗清洁和重新贴裱后，按原式样装裱并装上木轴。使用透明全色，并采用了细且极短的线条仅对非常醒目的缺陷部位加以修补，例如画面上的黑色头发。绘画材料使用了自制甲基纤维素混合中国画颜料。修复全色保留了画作精致的特征以及纸张敏感的特点。文物实际情况并无深度全色的必要，外观保养的目的已经达到。

---

① 修复者为埃尔福特应用科技大学文物保护和修复系学生曾玮炜。

需要简单补充说明的黄金选择法（Selezionedellòro）是一种针对金或黄铜材料的全色方法，使用黄色、红色和绿色明亮颜料来代替重新贴金或镀金。应避免使用土壤颜料，因为土壤颜料呈现哑光色泽，过于暗淡。相关修复示例见图6-84。

(a) 装裱补嵌后状态　　　　　　　　　　　　(b) 完成修复状态

图6-84 《孙武子吴王殿演兵》全色修复示例

照片：安雅·舒伯特[26]

纸本，中国画，17或18世纪。画作系使用水溶性中国画颜料在竹纸上绘制而成。大量裂痕粘补痕迹为前代修复遗留。按照中国修复传统，类似破损情况下应更换命纸重新装裱，缺损部位已变暗的前代全色修复应借此机会一并去除。本案例使用水彩颜料全色，用精细而透明的线条补色。与原画相比，全色部位略微发亮，这是因为新颜料和原有颜料相比变暗速度更快，而原有的颜料已度过暗化过程。

8. 点画全色法

点画全色的修复方法可以令缺陷部位产生闭合的视觉效果。原件因技术和材料等原因呈现出表面结构比较琐碎的问题，使用阴影线全色法会对整体观感造成破坏，此时可以使用点画全色法。在何种情况下适合使用点画全色法，主要取决于修复对象的大小、材质以及工艺技术，也包括文物的价值，此外还要考虑到修复对象的基本状态和图案。点画全色法极为耗时，所以一定要根据缺损部位的大小仔细考量，另外还需要特别注意全色的尺寸与观赏距离有关。从技术原理出发，该方法比较适合栅格化的平版印刷以及使用点彩技法的绘画作品。和塔特吉欧阴影线全色法一样，点画必须使用透明颜色，原则上从远处不应该看清用来全色的点，在就近观看时应该能够清楚地将全色的点与原画区分开来。如果手法不干净、不均匀，则会产生嘈杂感。相关示例见图6-85。

图6-85 点画全色法修复示例

1845年制英国丝绒壁纸的放大细节。颜色较深的位置被羊毛粉（丝绒）覆盖，较亮部分涂着带有丝光感的颜料，使用点画全色法会使相应的部位有丝绒般的视觉感。修饰的点在背景下显得稍亮。

9. 原状全色

原状全色一般具有仿制（覆绘）特征。为了不干扰美学效果，不应令观赏者察觉到修饰痕迹，无论颜色的强度、笔触还是表面的结构都应该与原件保持一致。原状全色修复示例见图6-86。

图6-86 原状全色修复示例
照片：安德里亚·史特伊策尔（Andrea Strietzel）[53]

19世纪20至30年代的法国壁纸花边。全色所用颜料及黏合剂与原作印刷颜料不同，因而后期可以用自然科学检测有效辨识修复部分。但全色颜色和笔法都与原作一致，非修复行业人员基本无法察觉其区别。

10. 复原作业

复原表示不仅修复现有部分，还须根据现有的样例补全原画缺失部分。复原作业应保证复制部分不易被辨认出来。有说服力的复原总是以文物本身作为原始参考的，比如利用在原画其他部位的可供参考的样例和纹样。虽然装饰花纹有描图样板可用，但是还应防止手绘本身带来的个性化创作行为。在缺少可供参考仿制的部分时，一般用点画全色修复的方法对装饰花纹加以复原。复原作业示例见图6-87。

(a) 复原前清理后状态　　　　(b) 复原之后的状态

图6-87 复原作业示例

意大利17世纪的拨弦古钢琴面板，黑底带金色装饰花纹。用金粉复原之后能够清楚地看出点画修复的痕迹。

11. 数字化还原

数字化还原是一种适用于不同尺寸文物的辅助手段，既可以用于修复方案的可行性论证，也可以在不直接复原文物的情况下将相应的空间方案解释清楚，具体如图6-88所示。

图6-88　数字化还原案例一

约19世纪40年代有莫列波纹的法国壁纸，白、灰和金青铜色。只抢救到文物（壁纸）的部分碎片。数字化可以再现当时的室内设计。以残存原始壁纸提供的细节信息为模板，处理后的壁纸（右侧）经数字化拼接后制成墙上及室内环境下的效果图（左侧）。将室内布置进行视觉化处理，生成与彼时时代配套的室内布置的效果图，借助数字化再现建筑内的历史背景。

目前很多修复单位使用专门开发的电脑程序，利用像素技术进行补全。从形态上看，像素补全类似于点画全色法，换言之，即简单线条修饰的像素化。在跨学科研究中，埃尔福特应用科技大学尝试利用信息学专业的技术，以数字化方式为缺损较严重的壁纸进行全色，并取得了成功，具体如图6-89所示。在某些情况下可以利用Photoshop的镜像功能使镜像图案得以复制。鉴于缺乏参照物，图6-89中的阿堪萨斯（Akanthus）花心纹样中间区域比较适合采用中性全色修饰。图中展示的是用像素修饰模拟的中性全色修饰，是以纯数学计算方式用Python语言编程实现的。将用喷墨打印机[①]打印出来的图案卡在壁纸后面，在计算机辅助下的绘制补色工作仅需要3.5天。尽管此项科研工作尚未达到完全令人满意的效果，也不能满足补全修饰的所有技术标准，但鉴于手工绘制取得类似效果需要2到3周的时间，其成果仍有力地证明了此项技术的巨大潜力，同时此方法还具有对原件的干预极少的最大优点。由于此次修复的壁纸上涂有剧毒的施韦因富特绿颜料，这一方法还可以为修复人员提供更好的健康保障。

---

① 喷墨打印颜料比激光打印颜料更为耐光。

（a）修复前　　　　　　　（b）数字化复原的图案　　　　　（c）全色后的完成状态①

图6-89　数字化还原案例二

6.3.11　通草纸作品修复

在一些亚洲国家有使用通草纸制作纸花的传统，欧洲所能接触的通草纸大多与来自中国的绘画作品有关。19世纪初绘制在这种半透明纸上的小幅工笔作品开始流行并且深受欧洲游客的喜爱，进而发展成为热销的进出口商品，以至于很多欧洲客户要等上一年才能拿到订货。通草纸的保存状况往往很差，出于文物保护的目的很多存世作品都已经过修复。通草纸的老化迹象主要表现为变脆、出现裂纹甚至破碎等（见图6-90）。

经年保存的通草纸会逐渐变得对干、湿度变化格外敏感，日晒会使其发黄。大量通草纸作品被裱褙到厚实的纸上，以期达到一定保护效果。同时这种敏感的材料也容易受压损坏，损坏几乎无法复原。图6-90所示文物保存状态相对较好，仅以四个黏合点贴在底板上。图6-91为放大的通草纸表面结构。

图6-90　修复前被贴在底板上的通草纸文物

---

① 2019年埃尔福特应用科技大学文物保护专业与应用计算机专业联合项目。

图6-91 放大的通草纸表面结构
　　大部分细胞壁都被刺破，绘画颜料渗入纤维毛细孔内。

图6-92为修复过程中的文物制图示例。黏合点处使用的人工树脂是一种防止材料收缩的氧化的类萜聚合物。在气候变化的影响下通草纸已出现裂纹，其中一条裂纹横向贯穿画面。使用极性溶剂虽然可以溶解黏合剂，但是同时也会对通草材料造成很大破坏，而且还会滞留在纤维毛细孔里，滞留物日后无论使用何种办法都无法再去除。因此需要考虑使用无极性溶剂进行试验。经验证：黏合剂在石油醚（无极性）的长时间作用下会发生碎裂，随后可以用小型手术刀以机械方式加以去除。

图6-92 修复过程中的文物制图示例
制图：阿妮卡·劳滕伯格（Anika Rauenberg）[54]

正面加固通草纸上的裂缝使用了与日本和纸类似的也是目前最薄的马尼拉麻纸（定量为$0.3\,\text{g/m}^2$）。将薄纸用少量甲基纤维素作为黏合剂润湿，再用刷子和极少量的水重新活化。修复后贴在通草纸上的薄纸肉眼基本无法察觉（见图6-93）。

修复后的文物装在由无酸博物馆用纸板制成的装具内保存（见图6-94）。为防止光线进入，装具加装了玻璃盖和滑盖。装具以原装中国式样装具为模型，使用现代方法和材料制作而成。修复后的文物需在相对湿度为55%~65%的条件下加以保存。

图6-93 修复后裂缝被封闭的通草纸文物

图6-94 装在展览用装具内的通草纸文物
用酸碱度呈中性的博物馆用纸板制作成展览用装具，并在文物下面垫上麻布面的羽绒垫。为便于文物在气候条件发生变化时自由延展，并未进行粘贴固定。背板遮盖了缺失部位以及黏合剂的痕迹。每件文物都用玻璃板覆盖防尘。

6.3.12 羊皮纸作品修复

所谓的羊皮纸是一类书写材料的统称。修复工作中最为常见的是用小牛、山羊和绵羊皮制成的皮纸，极特殊情况下也有一些用未出生或早产的小牛或绵羊极薄的胎皮制成的珍贵书籍和手稿。

羊皮纸是最稳定的也是最为敏感的书画载体。得益于其加工工艺，这种材料抗撕拉性能非常强，pH值呈碱性。与植物原料纸相比，羊皮纸抗空气污染、墨水侵蚀和铜侵蚀的性能也非常卓越。在既往任何时代，羊皮纸都是非常宝贵的信息和绘画载体，因此羊皮纸往往被重复利用。当文稿内容实用意义不大时，古人会用泡沫岩把羊皮纸上的字迹刮去以便重新书写。重复利用的羊皮纸被称作帕里姆佩赛斯特（Palimpseste[①]，通过刮掉已有字迹进行翻新的羊皮纸）。如图6-95所示，用紫外线检测技术可以读取羊皮纸上已刮掉的用鞣酸铁墨水书写的文字。图6-96提供了一个用翻新羊皮纸制作古书封皮的实例，此类现象经常出现在欧洲古籍的修复工作中。目前修复人员一般会把损坏的羊皮纸页从书中取出另为保存，然后使用植物原料纸或者新的羊皮纸取而代之。

---

① 源自拉丁语palimpsestos，由古希腊语palin（重新）和psaein（磨、刮）组成。

下篇 | 德国纸质文物修复

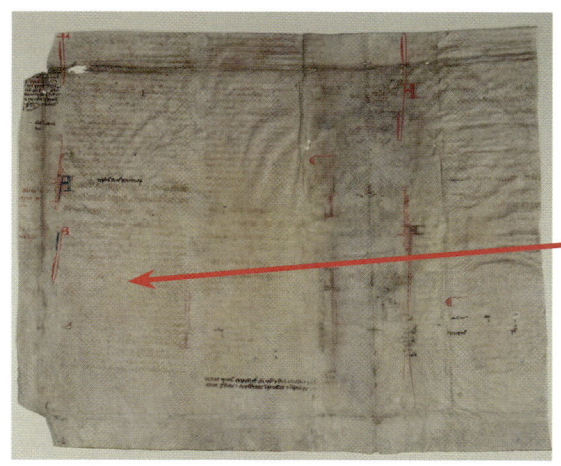

图6-95 一张14世纪羊皮纸单页

正面和背面均写有哥特式小写字母。通过单页可以准确判断羊皮纸所属原书尺寸,翻新造成大量文字褪色。右图中借助紫外线检测技术可清晰辨认褪色文字。

图6-96 采用翻新羊皮纸制作的古书封皮

羊皮纸牢牢地与封皮粘在一起,几处位置已经变得透明。右图中紫外光下残余黏合剂呈现绿色。

恶劣的气候条件是羊皮纸保存面临的最大难题,图6-97显示的是一份巴洛克时期羊皮纸文书的背面(修复前)。羊皮纸在极干燥的条件下会产生角质,而潮湿又会令其产生波纹,极端时还会生霉。绷紧和变形即使在同一张羊皮纸上也会有不同的表现形式。一方面,动物身体不同部位的上皮结构和厚度存在差异,另一方面,工人用半月铁[①]手工加工时存在力道差异。绵羊皮对空气

---

① 半月形刀具,在多个加工步骤中用来清理污垢和纤维中间的蛋白使皮面平整。

湿度非常敏感，会向羊毛生长的一侧卷曲并形成细小的褶皱。真皮层的缩水要比支撑层的缩水更为严重一些，二者之间还有一定的脂肪堆积，脂肪使真皮层和支撑层间的结合并不十分紧密，所以通常加工时要先将支撑层除去，这就是术语中的"剖皮"。

图6-97 一份巴洛克时期羊皮纸文书的背面（修复前）

无准确日期，原始状态未经修复。文书因洪灾而受潮、沾满污泥，遭严重破坏。表面有污泥形成的硬壳，羊皮纸变脆且因缩水而形成波纹褶皱。折边处的小洞据推测很早就已存在。羊皮纸局部缺失，印章遗失。

清洁羊皮纸首先应使用刷子进行机械除尘，对已形成硬壳的污垢则需要用手术刀加以处理。橡皮擦只能用在平滑的表面上，在打磨过的粗糙表面使用橡皮擦会改变表面结构。不能漂白羊皮纸，因为这可能会对羊皮纸造成破坏，但是表面光滑的羊皮纸可以放心使用清水进行湿法清洁。用微孔快修海绵也可以获得迅速清洁的效果。

平整羊皮纸波纹的最好方式是在加湿箱中使羊皮纸缓慢伸展。先将羊皮纸在相对湿度为75%～90%的加湿箱内放置数小时，再喷上由乙醇和水按4∶1的比例混兑成的溶液，随后小心地展开并慢慢拉伸。有时也可以用吸水纸进行简单加湿，按图6-98所示组成层压结构，再于其上稍稍施以压力，几分钟的反应时间就可令羊皮纸伸展开来。

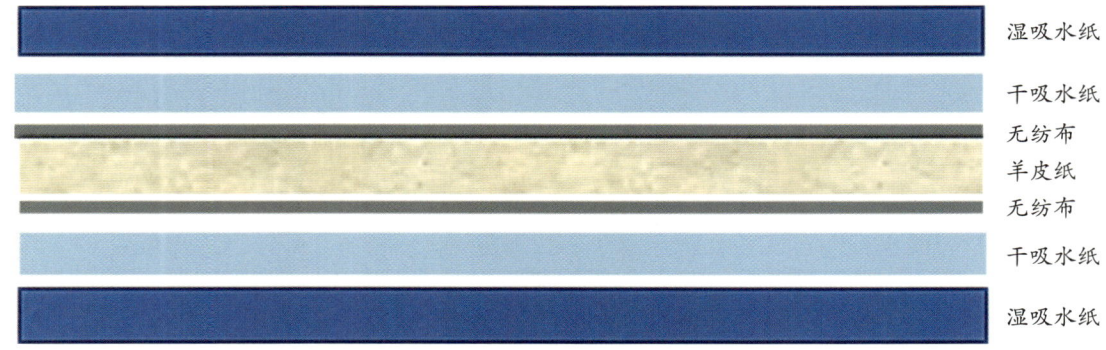

图6-98 羊皮纸加湿工艺层压结构

在光滑平整的垫板上用铅块将潮湿的羊皮纸边沿压住，使材料保持伸展达到平整效果。用若干小钳子小心夹住羊皮纸，固定在一个框里拉伸展开，也能达到同样的效果。如有必要可以数次重复上述步骤。压制羊皮纸只能在非常柔软的层压结构中进行，过大的压力会令羊皮纸变得透明且不再恢复原状。平整后要将羊皮纸放入吸水纸中保持轻压并持续6～8周的时间，以便让材料适应其延展性的变化，否则羊皮纸的波纹状态会出现反弹。

在湿度较大的条件下，长期挤压摆放的以羊皮纸为载体的古代抄本的书页很容易粘到一起。羊皮纸本质上是一张由骨胶原纤维构成的网，贮藏在其中的水分将骨胶原充满。因为老化产生的肽链[1]会被水分溶解，造成书页互相粘连。分离书页需要先将古籍放在气候箱里（100～300 Pa的压力）均匀加湿，然后用一把抹刀实施机械性物理分离。另一种办法是使用真空舱进行分离。真空产生的负压会使水蒸发消耗蒸发热，真空舱内实现冷却，湿羊皮纸中的自由水会凝固成冰，形成的冰可将羊皮纸两边分开。随后再将暖蒸汽压入舱内，使羊皮纸发生动态变化。在气候环境的快速变化和羊皮纸的自身吸水能力共同作用下，页面自动产生分离。

较大幅面的羊皮纸有时是由几张稍小的羊皮纸拼接而成的。鉴于修复后重新准确拼接的可能性极低，故修复时切勿将黏合接缝打开。

为了使羊皮纸光滑必须将其润湿。稀薄的羊皮纸胶可以自制，材料来自羊皮纸碎片或前期加工时产生的羊皮纸粉末。如果采用羊皮纸碎片制胶，则需取一张新的羊皮纸，切成大小不超过5 mm×5 mm的小片，加入4～5倍量的冷水，静置12 h待其泡涨。然后水浴加热至50℃（切不可高于60℃）并且保持该温度反应24 h，其间蒸发掉的水必须随时重新补上。用纱布把形成的胶液过滤一遍，再在制成的胶中加入7%的乙酸和纯乙醇，按3∶1∶1的比例混合。加乙酸能使羊皮纸容易拉伸和抚平，添加乙醇会使蒸发过程加速。采用羊皮纸胶处理后即使是折痕也可以拉平，胶液会使已经角质化的羊皮纸得以恢复，只要稍加喷洒混合溶液就可以产生不错的效果。最后将羊皮纸轻轻按压或拉伸（如有必要）使其干燥。因为插画非常敏感，所以处理图书插画一定要小心操作，采取任何措施前一定要确认操作的安全性。对羊皮纸画进行加固时，应与处理其他类型的纸上的插画一样，使用鱼鳔胶或者鱼鳔胶和藻胶的混合胶进行固定。尽管如此，羊皮纸容易收缩变形的特点仍会对绘画颜料造成一定影响。有许多颜料和黏合剂均不耐乙酸，使用前述方案时需要评估能否使用乙酸，切不可草率行事。

修复工作中曾发现部分真皮古籍被上油保养的情况[2]，消除此类修复错误造成的后果也成了当前修复工作的一项重要内容。在油脂的氧化作用下羊皮纸会角质化而且变成褐色，其吸水性和气候反应能力也会遭到破坏。可采用凝胶脱脂法为羊皮纸除油。用40%的乙醇、40%的轻汽油（沸点范围最大到70℃）和20%的水混合成溶液，再按照混合溶液体积25%的剂量加入Tylose® MH 1000制成凝胶。在羊皮纸表面放上一块无纺布作为垫层以吸附油脂。将凝胶均匀涂抹在垫层无纺布上，最后还必须用塑料膜覆盖凝胶以防过快失水干燥。

粘贴羊皮纸首选鱼鳔胶、羊皮纸胶或糨糊。羊皮纸胶有一定变色发黄的风险，而糨糊则黏合

---

[1] 蛋白质由长的多肽链构成。
[2] 用油脂和甘油处理真皮书籍封面效果并不理想。经验表明，使用这样的方法会令真皮很快变硬、变脆并且老化。大部分博物馆的真皮藏品至今都保持着未经处理的状态，应特别注意做好气候控制和照明技术上的防范措施。（德国奥芬巴赫皮革博物馆建议）

力稍差。所有黏合剂都比羊皮纸含水量高，所以黏合部位容易出现波纹。为避免这种情况发生，必须事先将羊皮纸放入气候箱在70%～85%的湿度条件下进行温湿度预处理。除此以外，还应调高黏合剂的黏稠度。传统工艺一般使用羊皮纸胶，但是鱼鳔胶更有弹性而且黏合效果最好。鱼鳔胶浓度最高不超过10%～15%，基本上5%的浓度就足以获得良好的黏合力。

传统上是以羊皮纸修补羊皮纸，而如今日本和纸更受青睐。日本和纸对湿度变化敏感度低而且对原件造成的物理影响较小。选择和纸的时候也要注意匹配原件的材质。成功黏合的决定性因素是动物皮的种类和质量、羊皮纸表面处理程度（光滑还是粗糙）以及老化和受损情况[①]。

图6-99显示的是修复后的巴洛克时期羊皮纸文书的背面，其修复前原始状态见图6-97。

图6-99 修复后的巴洛克时期羊皮纸文书背面

先用手术刀实施干法清洁，然后喷淋由胶、乙酸、乙醇混合制备的溶液使羊皮纸状态得以恢复。乙酸能使胶原纤维恢复弹性；乙醇可使溶液更好地渗透，也可使潮气快速蒸发。在对羊皮纸实施加湿和拉伸后轻微施重压制。用非常薄的牛盲肠外膜和羊支纸胶来修复裂缝，用打薄的羊皮纸为破洞进行背裱。

羊皮纸也可以像纸一样用纸浆补纸法修补。具体做法如下：在300 mL水中加入3.5 g碎羊皮纸粉末和1 g碎布纸，将混合物均匀地搅拌，随后使用灌肠注射器（或吸鼻器或实验室洗瓶）在透光工作台上点挤修补。作业过程中房间内的相对湿度必须保持在95%，温度20℃，以此避免羊皮纸发生翘曲。[55]该条件只能通过使用隔离密封舱控制周围气候的方法实现。最后，根据羊皮纸的性质将其放在Hollytex®无纺布、吸水纸和毛毡之间进行软性压制。用与纸张干燥工序类似的流程进行晾晒。

在长期潮湿的保存环境下，羊皮纸可能会随着时间的流逝而变质呈玻璃样，这种情况被称为糊化（明胶化）。在这样的降解状态下进行湿化处理，羊皮纸会溶解成类似于明胶的状态，因此糊化受损的羊皮纸材料应避免任何有水分参与的干预方式。与被包裹起来的内部书页相比，在羊皮纸书套上出现糊化的现象更为普遍。

---

① 用于裂缝黏合的材料：Kuranai natural（一种纸产品），定量为9 g/m²，100%马尼拉麻，材料干燥后相对较透明而且很牢固。用于缺损部位填补的材料：Takogami（一种纸产品），定量为43 g/m²，pH值为6.7，100%构皮。

6.4 预防措施和长期维护方案

在一些至今尚未对公众开放的修道院图书馆里，收藏着从中世纪到巴洛克时期的图书及历史手稿。房间均保持了彼时原状且未安装采暖设备①。即使僧侣也很少被允许翻阅图书，更不得将图书带离出馆。使用图书馆时需要将门窗关闭，不仅防盗还能确保在最大程度上避免气候波动。图书馆建筑厚重的砖墙可以防止温度快速波动。图书馆内的窗户都悬挂着窗帘，那些从未修复过的巴洛克天花板上的彩绘色彩华丽鲜艳，几乎很难看到历史的沧桑。保存完好的墙壁装饰得金光闪闪，书中彩绘笔墨如新。建筑和图书极佳的保存状态得益于清洁的空气、随季节变化缓慢的小气候以及对空间与库存负责任的管理。

用含有酸性成分的纸制成的文件、图书面临着巨大的潜在风险。直到20世纪90年代人们才开始意识到纸张衰变的问题并将使用耐老化纸列入保护性的预防措施之中。因此当代的生产规范明确要求书籍生产中仅能使用耐老化纸，唯此才能将图书馆和档案馆中的知识和信息妥善地保存下去。

德国工业标准DIN EN ISO 9706规定了耐老化纸的强度特性、所允许含有或不允许含有的成分、碱性储备、抗氧化性和冷水抽提液的pH值等②。相关要求包括：

①纸张定量在$25\sim70\,g/m^2$区间内时，撕裂度（r，单位为mN）应至少满足公式$r=6g-70$。参数g是纸张的定量，单位为g/m^2；常量6和70的单位分别为$mN\cdot m^2/g$和mN。以g为$70\,g/m^2$计算，则r为350 mN。无论纸张横向还是纵向都需保证达到此参数。样品测试应在温度23℃、相对湿度50%的条件下进行。

②通常情况下每千克纸应至少具有相当于0.4 mol酸的碱储备量。如果使用碳酸钙为缓冲剂，则必须保证每千克纸的碱储备量不小于20 g。

③抗氧化性用卡伯值（Kappa-Zahl）③表示，卡伯值必须小于5.0。

④试样冷水抽提液的pH值必须在$7.5\sim10$之间。[56]69

除重视室内清洁外，调节室内气候、减少光照和防治污染物都是积极性预防工作中应优先考虑的因素。这些因素须通过持续监控加以控制。

---

① 作者在下奥地利州亲见。
② 《德国联邦与州政府（ARK）的档案馆员和档案管理部门负责人会议以及德国城市议会（BKK）联邦各地方档案局会议的联合立场文件》[*Gemeinsames Positionspapier der Konferenz der Archivreferentinnen und -referenten und Leiterinnen und Leiter der Archivverwaltungen des Bundes und der Länder (ARK) sowie der Bundeskonferenz der Kommunalarchive beim Deutschen Städtetag (BKK)*] 中指出，采购用于公共管理纸张时，应统一使用符合DIN EN ISO 9706的耐老化纸，以确保需要脱酸的独特文化载体数量不再继续增加。本文件不适用于符合本标准要求的旧纸。
③ 卡伯值基于纸浆中残留的木质素含量指示纸浆的硬度。纸浆煮得越久就越柔软。卡伯值为$3\sim7$（超软）时一般含有$0.5\%\sim1.0\%$的残留木质素。

采取预防措施的目的是减缓材料和修复成果的老化。从长期保护的目的出发，任何保护或修复都无法与有效预防相提并论，因此需要始终把对藏品的干预理解为紧急措施。治疗后的"患者"远非"治愈""康复"，仅可视作修补完成且亟待"护理"。因此应把进一步预防理解为"治疗"的一部分。安全保管和妥善安置不仅是档案和收藏管理部门的责任，也是修复人员应承担的义务。

必须在修复前明确修复后的保存条件。纸质藏品的材料成分和现状决定其未来收藏空间应具备的条件，譬如：在收藏条件无法改善的情况下，修复受霉菌侵扰的纸质文物将变得毫无意义。

损坏进程和材料变化可分为以下三类：

①由自身材料成分和周围空气污染造成的化学变化，二者均会在高湿度和强光下相互影响而发生作用。

②气候波动后，文物在自行平衡过程中其材料发生的物理变化。

③由不利的微气候条件引发的微生物侵袭所导致的生物性变化。

在人员活动频繁的空间内，小气候的波动以及由此产生的连续温、湿度循环变化问题尤其严重。微气候变化是化学、物理和生物变化的催化剂，是影响材料状态的最大因素。[57]

6.4.1 环境控制

1．温度和相对湿度[58]

如上文所述，在温度变化中相对湿度是实现长期维护的最重要指标。经证明：相近时间内的连续湿度波动对有机材料的保存状态会产生极其不利的影响。此外，长期低于30%的过低湿度会导致纸材料角质化和僵挺，纸张机械性能因此变差，纸纤维的氢键变弱，纸张变脆且易碎。但若湿度过高，则易发生霉菌和其他因细菌生长造成的微生物侵扰。诸如衣鱼之类的害虫也偏好潮湿环境，并能在纸张中找到适宜的营养物质。此外高湿度也会加速纸自身的降解过程。由于所有化学过程均在潮湿条件下进行，因此不仅空气中的酸性气体受到活化，更重要的是，造纸过程中所加入的树脂胶和木浆中的木质素所产生的酸亦被激活。被活化的化学物质也包括彩色印刷品和绘画作品中的铜颜料（含乙酸铜）、手稿中的鞣酸铁墨水（含硫酸亚铁）等。较高湿度时着色剂中的胶水（原本功能仅是将颜料附着在纸上）会使纸张彼此粘连，与此同时颜料中的染料也会渗出。

理论上比较凉爽、温度不超过18℃①的房间比相对暖和的房间对文物保存更为有利。空气相对湿度应保持在30%～40%之间，以防止水汽冷凝。通风不良会形成有利于霉菌和害虫滋生的微气候。空调有助于保持温、湿度相对恒定，通风系统也可以制造空气循环和交换，从而最大程度地减少生物侵扰和空气污染。为保持室内空气清洁，通风系统应安装过滤器。因为某些光源会散发大量热量，因此照明也会对环境产生影响，通风不良时会在墙壁附近形成微气候。

---

① 低于18℃的温度往往会令现场工作人员感到不适。

一味机械地将某一固定值设置为理想状态的做法是不正确的，必须将地域特性和建筑物属性纳入考量。就此问题，郭森施密特提出了弹性室内气候必要性理论（相对湿度：冬季为40%，夏季为65%）[59]。实践经验表明：文物及其材料可以适应气候，甚至会根据气候发生相应变化，较长一段时间内温度和湿度的缓慢波动是可以接受的。从这一经验出发，将藏品转移到全空调调节的环境下会增加其敏感度，因而也会产生不利影响。上述经验是通过长期观察受季节波动影响的藏品而逐步积累起来的。

20世纪70年代末，修复行业内已存在对馆藏全面使用空调的质疑意见。这不仅是由于空调会阻止气候波动，也因为空调系统故障会形成重大安全隐患。事实证明：一旦暴发突发事件，博物馆整栋建筑内的气候将可能崩溃，其后果是由木材、皮革和漆等有机材料制成的文物遭受严重破坏。空调系统还有其他不足：室内空气循环会积聚大量灰尘，而空调的安装、维修以及维护的费用也颇高，另外空调形成的气流往往会令部分人员感到不适。图6-100所示为存放在大教堂图书馆中的中世纪古籍，其所处环境无空调。

图6-100　存放在大教堂图书馆中的中世纪古籍

存放房间不加温采暖。冬季温度为14.5℃，夏季则是18℃。窗户加装木板遮挡，用于阻挡冬季的严寒和夏日的阳光。拱形房间内无空调。厚重的哥特式墙壁使温度和湿度变化缓慢。访客量过大会增加室内湿度，应特别加以限制。因此图书馆仅允许小型专业团体使用。

（1）通用规则。以下建议可作为通用规则加以参考：

①文物保存的相对湿度不宜长期高于60%。绵纸收藏的适宜湿度应保持在45%～55%之间。亚洲文物，尤其是卷轴类，会因为糨糊硬化而变僵变脆，因此应保存在湿度高于50%的条件下。必须考虑到中国大部地区在夏季比德国或欧洲其他地方更为潮湿，而中国文物都是在类似气候条件下制作的。与之相反，含有树脂胶的纸品建议在相对湿度低于40%的条件下保管，最大限度地减小纸中含有的酸性成分活化并发生降解的机会，理论上将温度控制在室温以下有利于文书文物的保存，不超过16～18℃是理想的温度区间。低温时保持相对湿度的稳定有一定难度，如果情况不允许，在温度控制的问题上可以适当从权。

②超出容忍阈值的剧烈气候波动会导致纸张化学反应增强，尤其是非均质类材料制作的书籍，由于不同材料间膨胀系数差异较大而很容易受到影响，应尽可能避免。一般默认的可接受日均温度波动为1℃，相对湿度波动为3%。如果变化过程是在几小时内发生的渐进变化，则可接受3～5℃的气温波动。如果因将文物转移到另外空间而必须面对更为剧烈的变化，则须有一定的保护性装具加以辅助。此时最好采用脱酸硬纸盒子，必要情况下可以使用气候缓冲箱，将文物装在缓冲箱内放置几天使其适应新的环境。更好的方案是根据原先库藏气候调整新空间的环境。当羊

皮纸对气候波动产生不可控制的反应时，这一需求尤为迫切。从前述解释可以发现，并不存在普遍适用的通用解决方案。文物收藏必须考虑本地环境、建筑物本身、收藏的类型、材料和原先长期收藏的空间状况等诸多因素。

（2）解决方案和建议。

①当代主动式和被动式空气调节在建筑物外框保温方案上均有体现。建筑物本身有疏导水蒸气扩散的能力，密封的门窗接缝也是良好保存的前提条件，两道门之间的入口区域构成协调和稳定气候的过渡性区域。利用陈列柜可保护敏感的书籍和展品，并通过预先放置的硅胶①使湿度保持恒定。可根据实际情况在房间内配装加湿器，如空气过于干燥还可使用移动加湿器。但切勿将加湿设备放置在离纸制物品太近的位置，同时也不要过于靠近墙壁，以防水汽凝结和微气候的形成。由混凝土、玻璃或石膏板制成的墙体既不吸湿也不利于水蒸气扩散，因此无法储存水分。利用可以储存水分的材料建造的墙壁和家具便于水蒸气的吸收和扩散，能够缓冲气候变化。为使室内气候更为均匀，摆放若干台加湿器分别用低挡位加湿要优于一台加湿器用高挡位加湿。反之，如果空气湿度过高，则需要安装除湿机除湿。EBCeasy是市场上的新产品，无须用水即可调节空气湿度。此设备通过特殊的膜传导氢离子与周围的空气进行交换，特别适用于由不吸湿的材料制成的相对气密的陈列柜和橱柜。

②弱化窗户采光（深色窗）会减少太阳辐射及与之相关的其他热辐射。如果条件允许，图书馆和工作室的温度应保持在18~20℃。更低的温度对工作人员和参观者来说均不合理。相对湿度须调整为35%~50%。内部通风是防止微气候形成和霉变发生的一种有效措施。在夏季也可以通过清晨短暂有控制地开窗通风来完成②。当然也可以使用带有配套过滤器的通风系统，尤其推荐用活性炭过滤器③来清洁外部引入的空气（DIN EN 13779:2009）[60]。应注意：引入空气时必须加湿，在冬季还必须保证热量回收。通风系统的维护工作是必不可少的，否则向内部引入的空气污染物会超过过滤系统的处理能力。

③必须定期检查气候参数。最简单的方法是使用数据记录仪（见图6-101）。将记录仪分散悬挂或放在室内预先计算出的确定位置，并且至少在一个时期内（即一年，最好是几年）保持不变。定期用计算机读取数据，以便评估和解读数据。随机抽样检查可以使用带有显示器的手持式设备，仍然流行的温湿度计（见图6-102）也是非常实用的设备。通过定期监控可以实现早期预警，避免文物损坏。相关记录也是借展方关心的内容，可以证明借展文物在合同期内存放的气候条件符合规定。

---

① 非晶态二氧化硅有凝胶状、橡胶状或黏稠固体等形态，既能用作干燥剂，也可用作保湿剂。
② 基于埃尔福特应用科技大学纸质文物保存的实践经验。
③ 关于其他过滤装置，请参见本节"3.图书馆、库房和展览中的污染物""4.粉尘和霉菌"。

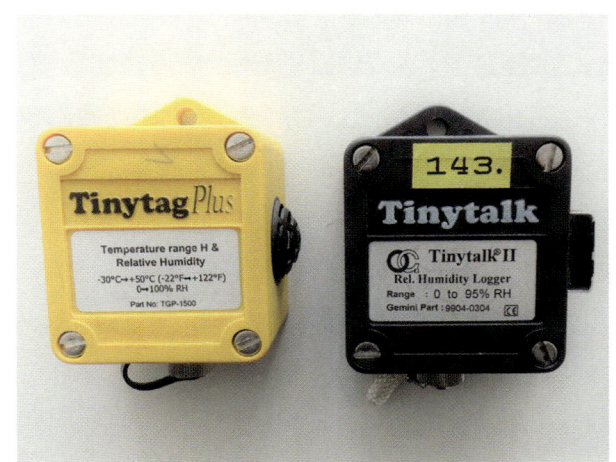

图6-101 数据记录仪示例

将规格仅为6cm×8cm的数据记录仪挂在墙上并不引人注目。根据事先在计算机上输入的测量频率进行测量,存储器最多可以保存一年的数据。图中黄色设备可同时测量温度和湿度,黑色设备仅可测量温、湿度中的一项。

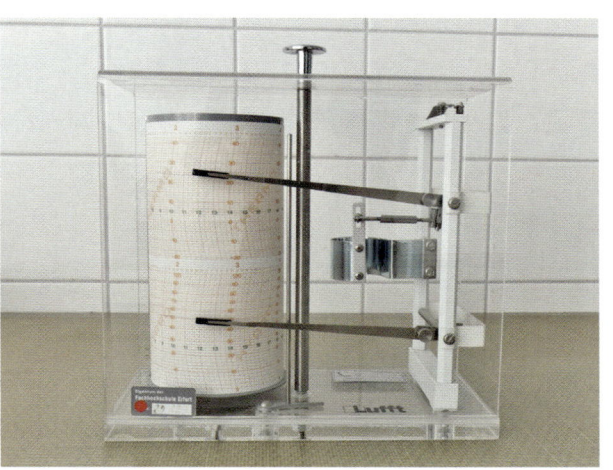

图6-102 温湿度计示例

温湿度计一直是气候测量设备中的佼佼者。用双金属、天然毛发和石英或电子发条进行测量。记录针下的记录条必须经常更换。如果气候稳定,也可以将记录纸多次覆盖使用。还应及时检查记录针的笔尖,坚持经常、规律地校准、维修设备。该设备的缺点是数据无法数字化,只能以纸质图表形式呈现。通常表格只需保留数年。

目前最小的数据记录仪只有记忆棒大小,可以存储200万条测量值。部分企业还提供实时无线传输功能,尤其在发生事故时,收藏室可以时刻处于监控之下。

2. 室内外光照

光照是可能造成纸张破坏的另一重要因素,尤其是含木浆的纸最易受其影响。作为日光光谱的一部分,能量较高的短波紫外辐射(UVA 315~400nm和UVB 280~315nm)可引发或催化有机材料中的光化学反应[1]。部分人工光源也能产生此波段的辐射。木浆纸会因此发生氧化和水解,使发色团变色,造成纸张发黄。

在所有材料表面,对材料产生最大损害的并非照射到材料上的射线,而是材料本身吸收光谱的特性。这一点经常可以在褪色的污渍上观察到。例如:蓝色和黄色混合会产生绿色,其中吸收性较强的黄色经照射而褪色,蓝色吸收短波和高能紫外线辐射较少则褪色较慢,因此褪色后绿色逐渐变为蓝色。另外,新材料会在短时间内发生光化学变化,而已经完成老化过程的相同类型和质量的材料,则在同一时间内几乎不会再发生变化。

光照的重要指标不仅包括光照强度,还有光照的持续时间,即光照总量。长时间照射在物体上的任何光波都具有一定破坏作用。手稿和绘画对光特别敏感,光照下墨水和颜料会很快褪色。而且温度每升高10℃,纸张上发生化学反应和分解活动都会加倍,因此还必须考虑灯光产生的热量。热辐射主要是由长波红外辐射(>780nm)造成的。红外辐射越低的光源散发的热量也就越少。

---

[1] 光化学反应:能量供给导致化合物分裂产生的自由基与氧气发生反应并引发连锁反应,直到被完全破坏(光化学分解)。

目前LED灯的散热量相对较低，但同类产品间会因设计和性能而有差异。比如光通量较小的12 V低压射灯所散发的热量会少一些。相比之下，节能灯的能量损耗为75%，损失以热量形式散发。荧光灯管也只能将大约25%的能量转换为光，效率与节能灯类似。白炽灯表现最差，光效率仅为5%。

解决方案和建议：

（1）纯粹从保存角度出发，应尽可能在暗室内收藏纸质文物。展览中建议最高光照度为50lx，阅览室中最大光照度建议为250lx。与光照度同等重要的因素是光照持续时间。换而言之，如果光照时间有限，文物也可在短期内在较高光照度下进行展示。

光照度不足50lx将无法满足观看文物颜色或细节的需求，因此建议将光敏度高的文物的光照时间减少到每年300h以下，保持50lx以上的光照度。表6-3抄录了德国国家文化机构会议项目SiLK（《文化遗产安全指南》）中的建议。

表6-3　光照的相关建议

材料光敏度分级	光照度极限/lx	年展览时间/(h/a)	年曝光量极限/(lx·h/a)
无分级	无限制	无限制	无限制
低	200	3000	600000
中	50	3000	150000
高	50	300	15000

（2）在窗户上加装紫外线保护膜可以过滤300～380 nm区域内的紫外线，从而延迟敏感材料（如纸张和纺织品，尤其是丝绸）的褪色和分解。性能较好的保护膜可阻挡高达90%以上的UVA紫外辐射[1]。此类保护膜也兼具热保护和防碎裂的功能。薄膜不仅能降低光照度，还可以减少向室内传导的热量，但薄膜的有效范围有一定限制并且会增加清洁窗户的难度。与之相比，在窗外加装反光式或白色百叶窗效果会更好。在室内照明时，使用低紫外线的荧光灯管[2]或者使用低压LED灯是正确的选择。LED灯仅发射很少的紫外和红外辐射，相比其他照明设备破坏威胁最小。

（3）陈列柜可为珍本图书提供额外的保护。最简单的方法是在玻璃展柜外套上外罩，需要时

---

[1] UV CL SR HPR是一种两层的、50 μm厚的透明薄膜。在两个层结构中均含有紫外线吸收剂。这种膜可以过滤99%以上的UVA紫外光，以及400 nm以下的可见光，即可见紫光的第一区域，对紫外线防护性能良好。薄膜也因此在白色背景上呈现淡黄色调。该产品是专为博物馆行业开发的，可以保护橱窗和展柜中的展览品，比其他防褪色损坏的措施更为有效。

[2] 荧光灯管可以用涂有METOLIGHT-ASR的滤光管包裹。聚碳酸酯塑料管也是不错的选择，其在塑料中添加了紫外线阻隔剂。市场上有各种规格的T5、T8和T12管材。

可以将其打开。如果照明设备装在展示柜内部，则可通过运动感应器打开照明并用计时器控制关闭时间。近年来展示柜用LED灯条获得大力推广，这种产品既可以均匀地分配光照，还能最大限度地降低热辐射。更为现代的照明是通过玻璃纤维或光纤技术完成的，光纤照明系统的光源位于展示柜外部，因此展柜内无热负荷。也可以用装有紫外线滤镜的金属卤化物灯作为光源，但滤镜不足以完全抵消全部射线，仍需要在反光器（反光杯）和光纤束之间装上紫外和红外线滤片①。冷光镜灯（Cool Beam）属于卤素白炽灯，其发射的红外线比例较低，使用此种光源必须单独过滤紫外线辐射。

（4）无论光源光照度还是热辐射量都需要定期测量、检查。用照度计（见图6-103）测量光照度，其测量头须符合DIN 5032的A级的要求[17]119。照度计一般用于简单测量，必要时也可以用较为少见的射线测量器测量。现代化的数据记录仪（见图6-104）是测量可见光和紫外线辐射最为理想的仪器。

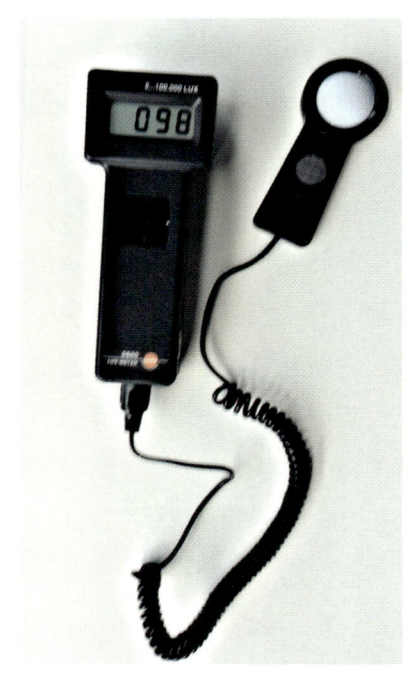

图6-103　通用照度计

图6-104　用于测量可见光和紫外线的数据记录仪

　　这种设备的无线电传感器以预定间隔将测量数据发送到联网基站。借助内部存储器，还可以通过计算机上的USB端口读取数据，从而使该设备具有广泛的用途。实时参数也可以在显示屏上读取。新一代设备都设有非常有价值的实时警报功能。

3．图书馆、库房和展览中的污染物

空气污染主要来自工业（如火力发电）、旧建筑物中的燃煤炉和机动车辆。在工业化和人口稠密地区，粉尘、烟尘、气溶胶和化学气体的排放显然是最高的，主要是由氮氧化物②、二氧化硫和臭氧以不同比例构成的各种污染物。道路交通和化学溶剂导致臭氧值的增加。富含酸的空气是所有植物原料纸和羊皮纸以及油墨、染料和颜料的最大敌人。建筑物的墙壁无法阻挡灰尘和有害气体。

来自室内的有机酸造成的污染也不容小觑。时至今日，几乎没有任何室内装修可以避免使用

---

① 吸收滤光片或二色滤光片。
② 最稳定的氮氧酸是硝酸。

聚氯乙烯塑料。这类材料用于地板覆盖物、门、窗、墙壁覆盖物和管道，并且包含最高可达70%的增塑剂。需要说明的是，由聚乙烯和聚丙烯制成的塑料基本上不含有害物质。此外，即使是建筑行业大力推崇的丙烯酸酯，也包含增塑剂和防腐剂，十分不安全。但是，只要不与文物直接接触，丙烯酸玻璃（聚甲基丙烯酸甲酯）不会造成直接危害。[17]257

为减少火灾风险，年代较为久远的木质库藏品通常涂有阻燃剂涂层。许多阻燃剂确实可以在一定时间内提供保护，但阻燃剂一经燃烧会产生极高毒性，而且在正常条件下也会向周围环境中释放污染物。然而，出于防火目的，尤其是在有客流的建筑物中仍有使用阻燃涂料的需求。

保护古代收藏品，尤其纸质收藏品，应首选无机阻燃材料，比如：氢氧化铝或者氢氧化镁。氢氧化物可以分解出水冷却物体表面并且稀释致燃气体。实验证实氢氧阻燃剂不会与文物材料发生反应。

文物的旧装具也是一种污染源。应检查储存档案、书籍的纸箱与文件夹的耐久性，核实装具是否含有木浆和树脂胶成分，必要时必须更换。

在室内墙壁上以及橱柜和陈列柜的表面偶尔可以观察到黑色薄膜（黑尘现象），该现象通常发生在冬季。这种或多或少有些油腻的黑色薄膜的形成原因目前无法确切解释，类似的微细沉积物也会出现在陈列柜内。这一方面可以归咎于使用增塑剂和低挥发性物质产生的化合物，尤其是脂肪族醛、羧酸、甲醛和杀生物剂等；另一方面，清洁剂和电子设备也会产生易在室内沉积的细小悬浮物，悬浮物通过黏附、凝结和吸附而附着在物体表面。细粉尘（悬浮物）和排放物一起可以形成聚集物，在局部空气湍流的影响下形成不同程度的累积。

表6-4对常见污染源及其所含污染物进行了简要介绍。

表6-4 常见污染源及其所含污染物

污染源	污染物
混凝土砂浆、灰泥	碱性气溶胶
墙壁和吊顶：中密度纤维板、刨花板和层压板	甲醛、乙酸
地板覆盖物：油布、地毯	不饱和脂肪酸、增塑剂、阻燃剂、苯乙烯-丁二烯、杀菌剂、聚氯乙烯
聚苯乙烯和聚氨酯制成的绝缘材料	阻燃剂
涂料：泊漆、油漆颜料	各种溶剂和增塑剂：脂肪族和芳香族碳氢化合物、醇、酮、酯和杀生物剂
黏合剂（比如用于地板的黏合剂）	各种溶剂和增塑剂
木材和木质材料制成的家具、展示柜和架子	乙酸、甲酸、甲醛
纺织品（如帘子）	阻燃剂
喷雾剂，尤其是清洁剂和杀虫剂	碱和酸、挥发性农药（百里香酚、樟脑等）

解决方案和建议：

（1）定期测量挥发性有机物[①]（VOC）含量。测量所需设备比较简单，如：甲醛测量仪（见图6-105）。如果挥发物质长期超标，则必须请专业人员进行排放源排查。通常一台设备只能测量一到二种不同气体，测量较多气体时需要同时使用多台设备进行检测。

（2）必须替换用聚氯乙烯加工制作的地板、覆盖面板和管道等污染源。通风系统可将场所中因日常工作而产生的污染物的含量最小化，使用装有清洁过滤器的通风系统对有污染的房间进行通风。表6-5列出了常见过滤器类型。

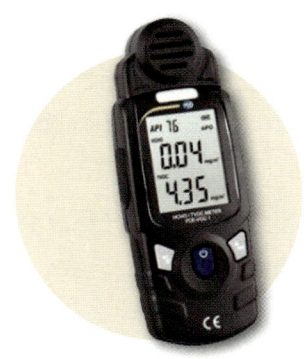

图6-105　甲醛测量仪

表6-5　常见过滤器类型

过滤器类型	过滤排放物
活性炭过滤器	硫氧化物和臭氧，但不包括氮氧化物
静电过滤器	使灰尘、粉尘颗粒带正电，通过带负电荷的金属板加以吸附。此类设备会产生臭氧，因此需要额外的活性炭过滤器过滤臭氧
水幕过滤器	对硫和氮的氧化物及其他酸性污垢颗粒有效果，但对臭氧无效
化学吸附过滤器[②]	利用高锰酸钾将有毒和腐蚀性有害气体转化为中性矿物残渣

（3）除上述过滤器外，市场上还有一些组合式过滤器，因此，时刻关注相关的产品创新十分必要。建议档案馆和图书馆将化学吸附过滤器与活性炭过滤器一起使用[24]333。使用真空吸尘器对房间进行持续而严格的清洁工作可以防止粉尘污染。雾化效果可以通过保持室内空气和低温表面（例如墙壁或窗玻璃）之间的温差来加以控制。为了使房间中的空气流动保持较低水平，冬季时在室内需要使用多个热源均匀加热采暖。单一热源会造成空气流动，也需要更高的温度才能为整个房间供暖。

4．粉尘和霉菌

（1）粉尘。不论是否在文物表面出现固化，粉尘沉积物都会对纸制品构成很大威胁。粉尘具有吸湿性高的特点，会结合空气中的水汽和污染物，同时也是霉菌生长的土壤。任何类型的房间中都会存在或多或少的灰尘，这是无法回避的自然现象。地毯、衣服和鞋子以及头发和皮屑乃至食物都会产生大量的细小颗粒，从而为微生物提供一切生命所需的资源。来自室外交通和植物的灰尘也能进入室内。馆藏大库和阅览室规定的粉尘标准极限值为PM10。尘埃的相关测量标准是空

[①] 沸点范围为50～250℃的有机化合物。室内空气富含挥发性有机化合物，但浓度低于密闭房间。

[②] 最初为航天用过滤器。

气动力学直径小于 10 μm 的颗粒（细尘-PM 10）[①]。

解决方案和建议：

避免使用容易吸附灰尘的织物，如窗帘或地毯等。必须对全部室内空间进行定期清洁。档案室必须用装有 HEPA 过滤器的吸尘器吸尘，再用湿布轻轻擦拭保洁。使用任何种类的扫帚都会引起扬尘而适得其反。必须经常清理书籍，同时用湿布擦拭书架。使用隔离性优良的纸板箱可以保护特别敏感的书籍免受灰尘的侵害。室内空气过滤可以用聚丙烯制成的、分别针对粗尘和细尘的袋式过滤器。为避免堵塞造成的过滤速度下降，可以将几个过滤不同粒径粉尘的过滤器连续前后摆放（粗粒在前，细粒在后）。表6-6列出了不同等级过滤器过滤颗粒大小。

表6-6 不同等级过滤器过滤颗粒大小

过滤器等级	颗粒大小
G1~G4过滤器	粒径 > 10 μm 的较大颗粒
F5~F9过滤器	粒径在 1~10 μm 之间的细小尘埃
H10~H14过滤器	粒径 < 1 μm 的悬浮物
U15~U17过滤器	最小悬浮物

F9过滤器物美价廉，是档案馆和图书馆的理想之选。如能使用F4作为预过滤器，则可以避免过滤器很快堵塞从而延长使用寿命[24]325。

（2）霉菌。检测时如发现霉菌则必须予以高度重视。详细勘察建筑物，论证其作为纸质藏品仓库或档案存放空间的适宜性。检查是否存在不易察觉的管道破裂或墙体湿度升高的现象，排雨槽存在缺陷则会造成建筑物周围墙壁潮湿，切勿将纸质物品存放在室内的外墙一侧。系统地测量温度和湿度有助于迅速获取室内气候恒定与否以及发生突变的信息。如墙壁的隔热效果不佳，遇冷时室内气温会迅速达到露点[②]。外界迅速变冷而墙壁不能再储存水分时，多余的冷凝水会顺着房间内壁流下。此外，窗户漏水也会导致室内气候迅速变化，极端时甚至会形成室内降水。

解决方案和建议：

①紧急处理建议：检查建筑结构是否损坏并及时修理，必须将所有纸质物品从房间中取出或移至房间干燥侧。迅速隔离受害文物是最理想的处理办法，必要时可用拉伸膜包装或用塑料盒装具，以此限制霉菌的扩散[③]。尽快进行清洁和消毒，此前应尽量避免再次搬动。被感染的纸板箱和文件夹必须弃置处理。

②使用除湿机有助于稳定室内气候。持续记录温度和湿度并观察变化可以预防侵害发生。对

---

① 德国联邦环境署提供的信息：为了保护人类健康，颗粒物（PM 10）的每日极值（50 μg/m³）每年不得超过35次，于2005年1月1日生效（欧盟指令1999/30/EG和2008/50/EG）。
② 露点：固定气压下空气中所含的气态水达到饱和开始凝结成液态水所需要达到的温度。
③ 见6.3.9节关于微生物防治内容。

于任何明显的变化都需要分析原因。书籍和书架使用光度计①定期检测ATP和AMP，如检测结果为阳性，则需要在装有HEPA过滤器的安全柜中对受影响书籍的每一页进行除尘，并用消毒剂擦拭地板和所有架子。图6-106给出了用于测量ATP和AMP的设备及试纸。可以参考应用卫生协会（VAH）年度对照清单定期监测以防止重大损害。"档案工作实践经验表明，使用ATP／AMP定期检测的方法无法绝对可靠地检测出全部陈旧损害与安全隐患。"②

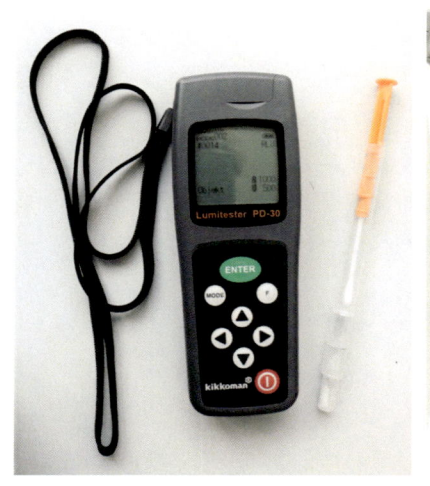
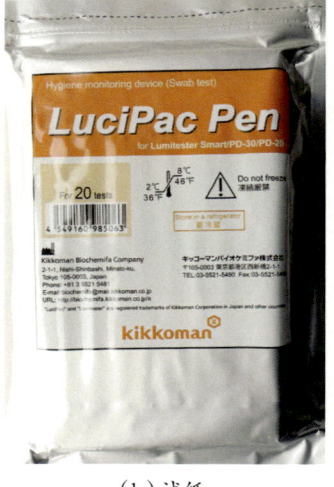

（a）设备　　　　　　（b）试纸

图6-106　用于测量ATP和AMP的设备及试纸

测量文物表面污染的孢子浓度或ATP和AMP的含量，度量单位是KBE（德，koloniebildende einheit）或CFU（英，colony forming unit），即菌落形成单位。ATP存在于所有细胞中，承担能量存储、供应的功能。释放能量后，ATP还原为AMP。设备需要10s记录测量值。每次测量都需要更换试纸。

以下参数可用于测量数据的评估。

工作间菌落形成单位以1000 CFU／m^3为良好，最高容忍值为5000 CFU／m^3。

CEC（欧洲共同体委员会）：＞10000 CFU／m^3代表很高；＜10000 CFU／m^3代表高；＜1000 CFU／m^3代表中；＜200 CFU／m^3代表低。

WHO（世界卫生组织）：＞50 CFU／m^3且仅允许一种真菌，代表必须确认来源；＜150 CFU／m^3且允许几种类型的真菌，代表无须采取任何措施；＜500 CFU／m^3代表正常（仅为普通室外空气传播真菌，如枝孢菌属③）。

德国（建筑生物学指导参数）：＜200 CFU／m^3代表无异常；＜500 CFU／m^3代表弱异常，在预防方面需要采取长期性措施；500～1000 CFU／m^3代表强异常，应立即进行修复；＞1000 CFU／m^3代表极端异常，须采取抢修和抢救措施。

上述全部参数仅为指导性参数，不必理解为绝对值或强制性要求，可根据当地条件和材料表面类型进行解读。显然粗糙表面的参数会比光滑表面的高一些，有机材料（例如纸）比无机材料（例如金属）的参数更高。需要说明的是，正常值以外的测量值尤应加以重视。

---

① 见6.3.9节光度计说明。
② 源自德国档案馆协会（VDA）2018年4月25日研讨会"Notfall Wasser"。
③ 枝孢菌属（*Cladosporium*）有50多种，遍布全球各大洲，是室外空气中最常见的霉菌之一。

5. 病虫害

衣鱼、蟑螂、弓虱、二星毛蠹和鲣节虫等都是纸类的主要害虫。温带地区衣鱼（见图6-107）很常见，它们尤其适合生活在湿度为50%和温度为20℃的环境中，与人类体感舒适的气候完全一致[61]。最近十年间衣鱼在博物馆中的活跃度也有增长趋势。一般情况下识别虫害比较容易，通过害虫的进食痕迹和粪便颗粒一望可知。害虫偏好温暖环境，因此夏季是虫害高发期。

图6-107 风干的衣鱼

发现于一册1895年图书的书页之间，此书用树脂施胶的木浆纸制成。古籍在潮湿环境存放，一定程度上遭受了水蚀。

解决方案和建议：

（1）早期发现和预防是抵抗虫害的最佳手段。清洁的环境、稳定的气候和室内定期通风都可降低虫害风险。规范要点：尽量保持低温；尽量保持较低的相对湿度；控制温度和湿度波动幅度；保持房间和物品清洁[62]85。

（2）维护和持续监控是防止有害生物滋生的主要手段。察觉有疑似虫害时要及早果断采取措施。对于发现虫害侵扰的藏品，应对其进行至少一年的隔离监控，确认害虫不再活动方可解除。对于较旧的建筑物，应预想到已生活在建筑物空隙间的隐藏生物，它们因很难被发现而被长期忽视。

（3）监控诱捕。监控诱捕装置是为昆虫设置的陷阱，通常是带有能粘住昆虫的黏性表面的纸制品，可用于监控蟑螂、甲虫和蛾类等有害昆虫。为了增加捕获量，可以使用仅吸引某特定物种的引诱剂（信息素或诱饵）。目前尚无通用于全部害虫的广谱信息素。精确的监视实际上属于预警工作，旨在预防虫害对书籍和档案材料造成重大损失。定期检查诱捕能够可靠地评估侵害规模。诱捕装置通常应以10m间距放置[62]77，具体情况必须与空间大小和布置相匹配，如书架的密度、人工制品的材料和气候环境等，必要时可以将距离缩小到3～5m。应根据捕获量确定昆虫种类并采取适当的对策。诱捕装置须每6～8周更换一次。

诱捕器大小和形状各不相同，须根据昆虫体型和类型选择。捕捉用肉眼很难识别的非常小的甲虫时，需要捕虫器有非常平坦的入口和表面呈黏性的底面。通过比较房间内不同诱捕装置的捕获量可以确定虫害源，利用网格可以对捕获面上的昆虫加以计量。图6-108和图6-109中展示了几种符合博物馆需求的诱捕装置。其中，悬挂式诱捕装置是针对飞虫的；通用式诱捕装置可以吸引多种昆虫，使用时既可以靠墙摆放，也可以粘在墙壁上；塑料诱捕装置可以利用网格方便计量昆虫数量。图6-109所示装置可以更换不同信息素，扁形的盒子可以塞到墙壁和柜子之间的空隙中。

 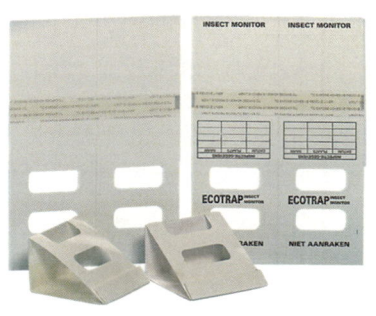 

(a)悬挂式诱捕装置　　　　　(b)通用式诱捕装置　　　　　(c)塑料诱捕装置

图6-108　某公司出品的几种诱捕装置

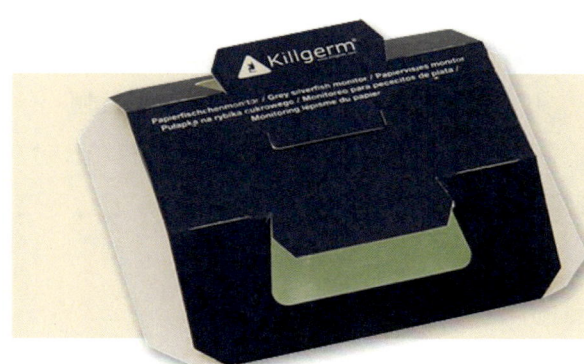

图6-109　一款针对爬虫的诱捕装置

该诱捕装置不含危险成分或杀虫剂。黏性表面涂有的针对某特定物种的引诱剂也是符合食品安全标准的。黏合剂的基质包含各种引诱剂，对衣鱼极具吸引力。

当然这类设备也会捕获一些不会对文物造成伤害的昆虫。由于其他生物的尸体可以成为害虫的食物，因此在档案馆和图书馆中也不应出现。诱捕器尽管有诸多优点，但是需要注意引诱剂可能吸引比正常情况下更多的昆虫。为了防止误解，此处应重申：诱捕器不能作为害虫防治措施，其主要承担的是对虫害监控和预警功能。

（4）防治有害生物。无论使用何种类型的杀虫剂都应始终牢记：杀虫剂不仅能杀死害虫，于人类也是毒药。因此要尽量避免使用。

在博物馆和图书馆中使用移动式氮气系统控制虫害是当今最常用的有效方法。先前使用的有毒气体目前已经被惰性气体[①]替代。在博物馆领域可以单独使用氮气熏蒸，该方法对艺术品几乎无副作用。使用时建议将文物在23℃的密闭帐篷中放置28天，帐篷内氧气含量应为0.3%。对于木材（也包括书籍和纺织品），目前推荐使用所谓的"加速"氮气气化法，该法仅需一周时间即有效。处理时将室内的氧气含量降低到0%，文物含氧量降低到0.1%，以便随后在400～500kPa的压力下填充氮气。处理过程在24～26℃的温度区间进行，相对湿度必须保持在文物材料可以承受的水平。

此外，也可将部分选取出的文物通过热处理的方法在特殊加热舱内实施加热。在生命各个阶段害虫都主要由蛋白质组成，而蛋白质在47℃的温度下会凝固。

---

① 空气中的惰性气体，如稀有气体和氮气等。通常用于降低氧气含量。

文物中的任何生命形式都可以通过加热杀死，但前提条件是施加的热量可以散布到整个物体中（包括核心）。需要注意文物所在空间的相对湿度不能随着温度的升高而降低，否则很容易发生诸如干裂或角质化的损坏。当温度重新下降时，必须降低湿度，以免形成冷凝水。还应该指出：如果事先因固定文物使用了动物胶，则可能引发由于温度升高和潮湿而使胶体功能减弱的问题，进而造成脱落。此类风险尤易发生在高品质的胶水（如鱼鳔胶）上。羊皮纸制成的文物也容易在热处理过程中遭到破坏。

低温处理也可以取得与高温相同的杀虫效果。使用冷冻机制冷至$-30 \sim -40℃$，仅需3天时间即可获得预期效果。某研究表明，在$-20 \sim -30℃$条件下，一周内任何昆虫均能被杀死[63]。文物在低温环境中的存放时间取决于物体的大小、密度和材料，必须确保低温可以传递到虫体。冷冻机须在24h内将物体快速持续降至0℃以下，以保证昆虫没有机会适应新的温度并发现生存策略。

上述所有方法仅适用于暂时扑灭虫害，由于未使用任何杀虫剂，所以不能提供长期保护，必须继续加强预防措施以免再次感染。对于木质文物，有时可以使用硼砂来预防再次感染，但该方法并不适用于所有材料。由于硼砂呈碱性而且具有吸湿性，会引发不可逆的化学反应，因此不建议在纸张中使用。

6.4.2　包装、存放与使用

1. 包装

包装可以起到保护文物的作用。图书装具盒可防止灰尘和污染，从而杜绝霉菌和螨虫的繁殖。适当的包装还可以缓冲强烈的气候波动，使书本免受光照和机械应力。使用碳酸盐缓冲材料制作的包装虽然不能直接改善酸性纸制品的pH值，但可以补偿环境污染的不利影响。

市场上的常见材料并不能满足文物保护的需要，包括纺织品和纸制品等在内的文物需要特殊的、不释放有害物质且自身抗降解的包装材料。依据DIN标准，工业界已推出大量产品作为解决方案，选择产品的最重要指标就是抗老化性。

解决方案和建议：

（1）用于制作文物包装材料的硬纸板和纸张是由棉布或不含木质素的纯纤维素制成的，这种纤维素的卡伯值低于5.0①。根据德国工业标准DIN ISO 16245：2012的建议，纸张和硬纸板不应含有任何染料或颜料，含荧光增白剂的纸张颜色稳定性较差，有色纸板中的染料可能会渗出。硬纸板必须由中性纸材料或碱性缓冲纸材料（约2%的碳酸钙）制成。硬纸板必须可以承受至少20 kPa（基于320 mm × 245 mm的面积）的压力[56]98。对于定量为70 g/m²及以上的纸张，其纵向和横向撕

---

① 用卡伯值可以定义纸浆中木质素的含量。当卡伯值低于5.0（木质素含量为0.5%~1.0%）时，可以认为纸浆不含木质素，适用于生产耐老化纸。

裂度的要求均为350mN。硬纸板（瓦楞纸板除外）的定量必须至少达到$100\,g/m^2$，以实现足够的稳定性。纸板箱的角接缝绝对不能用腐蚀性金属制成，应使用中性黏合剂粘贴钢夹和棉条，黏合剂中不得含有增塑剂，淀粉和乙烯的共聚物都可以满足上述要求。

（2）尽管文物装具是无尘的，但包装材料应具有一定透气性（渗透性），使之不致产生小气候。装具必须略大于被装载物体本身，以便可以完好地从装具箱中取出文物。每个包装都应有用无酸纸制成的标签，标签上有照片、库存编号和标题等信息。通过该措施不仅可以更快地找到文物，而且可以防止在寻找某件特定文物时不必要地反复开启包装。建议每年打开纸箱一次以检查文物状况。适合收藏文物的保护匣、文件夹和书套均由中性或具缓冲性的博物馆用纸板制成。由于介于白色和温暖米色的颜色区间内有不同的色调可供选择，且可选择的厚度也不尽相同，因此装具可以单独地与相应文物配套使用。瓦楞纸板也有多年的实际应用历史，这种材料更加灵活、轻便，而且非常稳定，尤其适合自制盒子。相关生产企业还提供定制成品盒子的服务。图6-110和图6-111显示了不同的图书装具，图6-112为在纸箱中处于打开状态的图书。

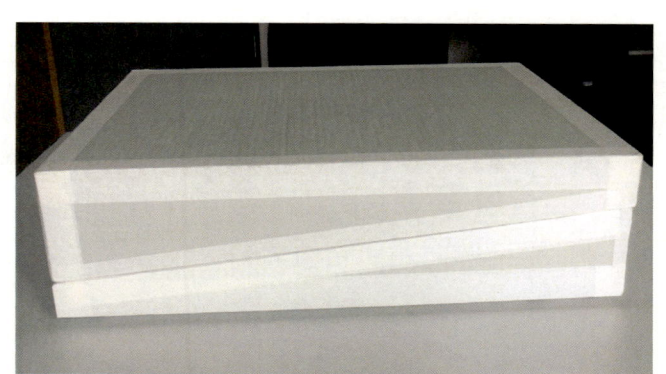

图6-110　专为某重量超过5.5kg的书籍定制的纸箱

纸板箱由双层、无酸的瓦楞纸板制成，用日本楮纸和淀粉糨糊黏合连接。瓦楞纸板条粘贴在盒子底面，不仅稳定性好而且方便取放。

图6-111　经常打开和翻阅的图书的装具

如果书籍使用频繁，需要经常打开和翻阅，则硬纸板盒应比原件规格更大一些，以便将书本留在盒中查阅。保护盒中的楔块可以推到前盖或后盖下方，从而减轻装订承压，楔块上有孔方便抓握。书的封面覆盖着薄页纸。

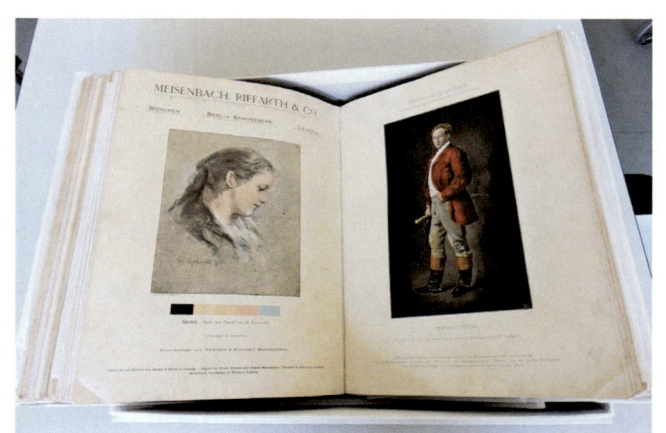

图6-112　在纸箱中处于打开状态的图书

楔形物位于后盖下方，支撑书的重量。这是一本1895年的书名为《当代版画艺术》的专业书籍，内容涉及当时通行的所有印刷种类。由于几乎所有技术目前都已成为历史，且每种技术都在书中相应的纸页有一个或多个原始示例，因此具有很高的史学价值，现代数字化技术无法完全替代其功能，需要专门制作保存包装纸箱。

（3）使用碳酸钙缓冲处理过的薄页纸（pH值为8.0～9.5）包裹手稿和书籍会延缓老化。树脂施胶的纸张尤其需要碱性缓冲以延长其使用寿命。绘画作品则选用酸碱度为中性的薄页纸包装最为理想，因为某些染料和颜料（如含铜颜料）对碱性环境敏感，长时间保存会出现化学反应，导致褪色或变色。

（4）伊他佛阿姆（Ethafoam®）可以作为装具纸箱的支撑物。这是一种由未交联的低密度聚乙烯制成的闭孔泡沫。根据制造商（Sealed Air）所述，其良好的抗冲击和振动阻尼特性使之适用于各种包装领域。伊也佛阿姆泡沫有不同的密度规格，型号分别为150、180、220、280、400、700和900。型号数值越大密度也越大。Ethafoam® 150的密度为$25\,kg/m^3$，相比于Ethafoam® 180，其热导率较低。中等密度的泡沫具有较好的形状稳定性。

（5）在符合文物保护普遍标准的前提下，聚乙烯泡沫塑料通常适合作为艺术和文化产品的包装材料。尽管其湿度阻尼表现中等，但与其他材料相比，此类泡沫具有不含任何增塑剂的决定性优势。多数制造商并不能公开其产品的详细材料成分，故其所出具的纯度证书也不能代表产品不含有有害物质[64]。表6-7中列出了一些常见的对保存归档（包装）有重要意义的产品。

表6-7 常见的对保存归档有重要意义的产品

材料	特性
薄页纸未缓冲	耐老化、无酸、pH值为7.0
薄页纸缓冲	用天然碳酸钙缓冲。根据ISO 18916:2009，pH值为8.0～9.5，无酸，无荧光增白剂①
博物馆用纸	耐老化，根据ISO 18916:2009②进行缓冲。定量为$130\,g/m^2$，厚度为0.15mm，适用于作品集和副本
博物馆用硬纸板	耐老化，脱酸，pH值为7.0，由多个薄层组成，具有更高的刚性。定量为$340\sim2200\,g/m^2$，厚度为0.5～3.0mm
瓦楞纸	pH值为8.5～9.0，中性含胶。③ 定量为$515\sim1735\,g/m^2$，厚度为1.1～8.0mm
档案纸	缓冲和无缓冲均可，非常适合定制信封、文件夹或作为中间夹层④
特卫强无纺布Tyvek® Soft Structure（1622 E）	由100%高压聚乙烯纤维制成的抗撕裂纺毡。质量轻，吸水后不收缩不膨胀，耐污渍、防水、透气、伏贴且柔软如织物⑤
Ethafoam®	具有很高密度的聚乙烯泡沫产品，供减震保护，防反复撞击。重量轻而适用广，高强度且耐水⑥

① KLUG CONSERVATION公司的缓冲纸产品描述。
② KLUG CONSERVATION公司的缓冲博物馆纸产品描述，符合ISO 18916的照相活性测试（PAT）。
③ SCHEMPP公司关于相关材料的说明。
④ Hans Schröder公司的档案包装产品说明。
⑤ Tyvek® Soft Structure相关产品说明。
⑥ Sealed Air公司的Ethafoam®产品说明。

表6-7中所列产品均符合DIN EN ISO 9706中的五项耐老化纸材料制造标准，符合所有相关标准和法规的技术基础，如DIN EN ISO 9706：2010、DIN ISO 16245：2012和DIN 6738：2007。

（6）可选用由不含增塑剂的非层状聚酯制成的透明塑料套。此处聚酯的确切名称为聚对苯二甲酸乙二酯，它是目前最稳定的塑料材料，能够保护纸张免受灰尘和汗渍的侵扰。"……它们非常耐用、形态稳定、具有很高的强度和出色的电、热和物理阻隔性能。此类塑料薄膜酸碱度为绝对中性，即pH值为7.0，透明，对水不敏感，对大多数化学药品以及水蒸气都有抵抗力，抗腐蚀，防渗透，可以隔离油、脂肪和挥发性芳族化合物。在-70℃至150℃的温度范围内可以保持以上全部特性并提供足够的柔韧性。该材料不含增塑剂，不会变黄或变脆[①]，同时具有阻燃性（熔点约为250℃）和出色的耐老化性。由于聚酯薄膜是完全中性的，因此不会与感光乳剂或印刷油墨发生化学反应。"[②]

以下聚酯薄膜已有数十年的使用经验，值得推荐：MELINEX®516，MELINEX®456，Mylar® D和Hostaphan®43 SM。整理破碎的单页时，若使用其他方式无法将其拼接，则可以将碎片塑压到薄膜里。这类产品只能通过加热压制，不得使用含有大量增塑剂和溶剂的黏合剂。另外建议不要完全封闭薄膜，须预留一定大小的用于空气交换的出口。上述薄膜材料存在以下缺点：膜片会产生静电荷，水蒸气不能扩散，膜片本身不支持空气交换，此外价格也相对昂贵。通常也不适用于有高酸负荷的纸张，膜内酸的浓度会逐步增加导致长期维护的条件恶化。

颜料黏合力较低或已老化的、颜料呈粉末状的绘画和彩色印刷品不应保存在任何类型的薄膜中。静电会将颜料吸附到膜片上导致画面受损。聚酯薄膜常用于纸制品的展览，其透明、清晰和有惰性的特性使这类材料对于需在打开状态下展示的书本不可或缺。Mylar® D最常用于保护文档和照片，可以根据需要选用不同厚度的聚酯薄膜，归档经常用到的厚度是25μm、50μm和75μm。

即使短期使用也要避免任何类型的橡皮筋和橡皮圈。此类弹性体由很长的链分子组成，分子间通过硫键连接[17]258，通常用己二酸作为增塑剂。橡胶老化过程中不仅会产生诸如硫化氢、氨和甲醛之类的污染物，而且其中的增塑剂也会向纸张和纸板中挥发和迁移，橡胶本身则会变硬并粘在纸纤维上。

2．陈列与保存

与陈列室和仓库类似，污染也会发生在橱柜和陈列柜的内部。从污染物质来看，胶合板、刨花板和中密度纤维板中挥发出的黏合剂成分基本相同，主要是乙酸和甲醛等。此外，清漆和被杀虫剂污染的纺织品等都会在橱柜和陈列柜中释放有害物质。纺织品中还常会用到丁基化羟基甲苯（一种抗氧化剂）。

无尘是气密陈列柜的最大优势。制造和布置这种陈列柜必须使用不含污染物的材料。污染物

---

① 此描述有一定的时效性。必须强调：所有有机材料最终都会变黄、变脆。
② 源自ANTON GLASER对相关产品的描述。

一旦被释放，内部空间的VOC含量就会达到甚至超过安全临界浓度。气密陈列柜中的VOC会加剧文物的老化。为抵御外界有害物质的侵害，通常使用以硅酮黏合在一起的全玻璃展柜保存文物。以下两个案例可以说明有害物质的危害。

①以一件于20世纪中期制作的科研用生物学人类胚胎模型（超高倍放大）塑料文物为例。"从塑料展品中散发出的不易挥发性气体会在展示柜内部窗格的玻璃上呈现出乳白色云状特征。展柜底座由含尿素树脂的细木工板制成。沉积在玻璃上的不易挥发性有机化合物[①]（SVOC）是人造油漆、塑料和蜡的制造成分，此类成分除可以形成沉淀外还会形成悬浮颗粒物。"[65]

②以硅酸铅玻璃制成的加洛林时期的福音书上的宝石为例。"科学分析表明玻璃覆盖层上的原始材质可能与排放在空气中的乙酸、甲酸和（或）甲醛发生了反应。陈列柜材料释放出的有机酸与玻璃本身含有的碱金属和碱土金属反应形成了乙酸盐和甲酸酯等产物，该过程不可避免地导致了材料的降解。"[56]应当考虑到混合气体可以触发协同效应，因此强烈建议在每一细节都克制地使用具有污染潜在性的材料。[67]

旧木质橱柜和架子通常都是很好的展示用品，其中尤以用硬木材料制成的家具为佳。硬木的优点在于具有高阻燃性，而且是吸湿性良好的材料，能够在一定程度上缓冲相对湿度的波动。硬木虽然会释放甲醛，但排量极小可以忽略不计。而软木除含有甲醛外，还含有甲酸和乙酸。

为玻璃陈列柜安装木质底座被证明是非常不明智的选择。因为这类底座由木工板制成，并涂有未经检验的有色油漆。涂料和清漆向周围空气释放的硝酸，连同阻燃剂中的有害物质一起，均会对文物形成潜在威胁。出于保护目的，某些文物曾用有毒物质和溶液处理过，通常是针对有机材料，这些材料包括纸制品、羊皮纸、皮革、纺织品或木制品。此外，如果金属涂有保护性漆，例如硝化纤维素，也会受到影响。许多污染物都源自先前的修复措施，即使未完全清除的清洁剂也会造成破坏。在使用修复材料之前应检查其成分在干燥和老化过程中是否会排放有害物质。

在保持陈列柜内的档案和艺术品无尘的同时，也要允许一定程度的空气交换，两者很难调和。在存放有纸质文物的通风陈列柜中，纸表面会蒙有一层灰尘。灰尘因其自身特性往往不易清除，因此由手工纸制成的文物最好无尘存放或展示。但是用树脂施胶和使用木浆制作的纸必须放在或陈列在保证通风的陈列柜或橱柜里，因为柜中的纸释放出的气体会很快充满有限的内部空间，单位体积内可以测量到的污染物浓度不断增加进而会加速纸的老化。

（1）解决方案和建议。

书籍和档案资料的保管与摆放尚有诸多亟待改进的不足之处。寻找安全性高、适合博物馆使用的材料仍是一项长期任务。因此目前的工作重点是避免使用已知的、或许会增加损坏可能的材料。如果计划改造或更换陈列柜、橱柜和架子，则必须获得其制作材料的相关信息。

一般建议使用惰性材料如玻璃和金属制作存放设备，此类材料可以直接与纸张接触。绝不能

---

① 低挥发性有机化合物。

使用腐蚀过的金属，常见用于纸制品存放的金属材料是薄钢板。实践证明可以使用有烤瓷涂层的金属，其前提条件是烤瓷粉末涂料的烘烤温度必须高于180℃。还要保证玻璃展示柜内用于边角连接和密封的有机硅不释放任何酸性物质。如不与文物发生直接接触，也可以放心地使用有机玻璃制作展柜。前文介绍的由硬木制成的老式实木橱柜也很适用，尽管硬木橱柜成本高昂，但颇受收藏者的青睐。绝对避免使用随处可见的聚氯乙烯材料。

简单的展柜和橱柜密闭性差，其内部每日发生的空气交换是其自身容积的2倍以上。因而，只有在环境空气满足文物保护要求时方可使用。始终保证空气交换的可控性，通常主动式换气可以通过使用气泵导入经加湿的空气来实现，这样可以有效降低陈列柜中的污染物浓度。该过程可以理解为带有轻微的过压的空气量的再循环。如果室内能保持清洁，则无须担心陈列柜中会有灰尘，每日空气交换的最大上限是总容积的10%。

可以用各种水分平衡介质实现被动式气候调节。最佳且最简单的方法是采用无定形二氧化硅，如硅胶[①]，在许多科技设备和食品包装中都应用这种材料保持干燥。文物保存使用的最主要硅胶产品是ART-SORB®，它非常值得推荐。新产品PRO-SORB®则更胜一筹。后者不含氯化物，粉尘少，更致密、耐用。ART-SORB®最佳适用湿度范围是30%～50%，PRO-SORB®最佳适用湿度范围是30%～60%。上述产品的适用性源自其对水蒸气的吸收能力。两种产品均可批量购买，常见形式为小珠和板状[②]。产品使用寿命长达10年，且用来调节气候柜湿度时易于操作。产品的使用剂量必须根据展示柜或橱柜内部空间的大小和空气湿度以及展柜周围环境空气湿度加以调整。硅胶对温度变化无反应。图6-113展示了一种带有开放式抽屉通风槽的展示柜。

（a）实物图

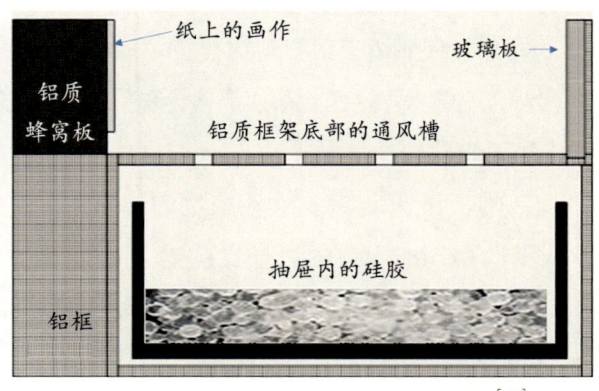
（b）横截面图（绘图：妮寇尔·阿瑞兹[18]）

图6-113　带有开放式抽屉通风槽的展示柜

展示柜为专门设计，由铝和玻璃制成。玻璃下方有纵向布置的两个抽屉隔间，可以存放硅胶。例图中硅胶已经老化。通风槽不仅可以调节湿度，还能在一定程度上保证空气交换，尤其适合保护含有酸性物质的古画。

---

① 由98%的无定形二氧化硅和氯化锂组成，呈凝胶状、橡胶状或固体。
② 某些硅胶产品含有钴，最好选择无钴产品。

一些馆所机构在展柜中使用纺织品，利用缝隙绷在展柜内，以保证空气交换。纺织品既可以形成视觉遮挡也可以防止污染物进入。但事实上纺织品本身可能散发化学物质，且用简单的纺织品也不可能将极细小的污染物颗粒隔离。只有污染物吸收剂可以解决此问题，特殊滤垫特别适用于展示柜。

用活性炭制成的滤垫主要用于分离高分子量的气体。滤垫易于更换而且可以散布放置在较大的区域内，从而实现高效吸收。活性炭孔隙的大小取决于需要过滤的浓度。博物馆和档案馆应使用能更好地结合污染物的细孔滤垫。较低的湿度（低于60%）对展品有利，因为炭从空气中吸收水分会降低其吸附性能。温度升高甚至可能导致已经结合的污染物被重新释放出来。对于低分子量的污染物，应该使用碱性高锰酸钾处理过的滤垫。经过处理的滤垫具有物理和化学双重活性。因为吸附材料富含极易被激活的污染物和化学物质，所以在任何情况下都应避免吸附材料与艺术品和文物直接接触。

"必须保证展柜内部空间一定程度的空气流通以协助吸收污染物。用小型风扇每天只需要操作一次，即可低成本、省人力地实现较好的效果。"[68]

除上述提到的材料外，下列材料在不直接与展品接触的前提下，都可以在有限的时间内用于展示文物：

①尼龙搭扣，不直接接触文物。

②尼龙薄膜（Dartek）和尼龙带，不直接接触文物。

③丙烯颜料（亚克力颜料），不直接接触文物。

④丙烯玻璃（亚克力板），不直接接触文物。

使用黏合剂和密封材料时需要考虑适当的蒸发时间。丙烯酸（类丙烯酸）混合溶液或乳液，以及透明的热熔胶（聚乙烯醇）都适合做黏合剂。基于丙烯树脂（甲基丙烯酸甲酯）的UV黏合剂可用于粘贴丙烯玻璃。

（2）陈列柜和储藏柜中污染物的测量方法。

奥迪（Oddy）测试法是最古老、最知名的测量方法之一。1975年伦敦大英博物馆的安德鲁·奥迪（Andrew Oddy）将其进一步发展为一种标准化的测试程序。该测试成本低且相对易于操作，因此在许多档案馆和收藏单位中得到推广。该测试基于至少60%的相对湿度，对气态排放物在金属表面上形成的腐蚀结果进行测量。下列金属可以作为指示剂：

①银：纯度99.95%，厚度0.25mm，轧制硬度，与硫化物起反应。

②铜：纯度99.9%，厚度0.125mm，硬，与氯化物、氧化物和硫化物反应。

③铅：纯度99.95%，厚度0.1mm，轧制硬度，与有机酸和醛反应。

根据规范准备试验装置才能获得有效的测试结果。测试所需的所有材料（包括器材）必须无挥发性，否则测试结果不准确，因此玻璃是最好的材料。图6-114所示是带有玻璃塞和玻璃钩的自备玻璃罐，三个玻璃钩上分别悬挂金属箔。装有蒸馏水的小试管用棉绒塞"封口"，试管中的水

 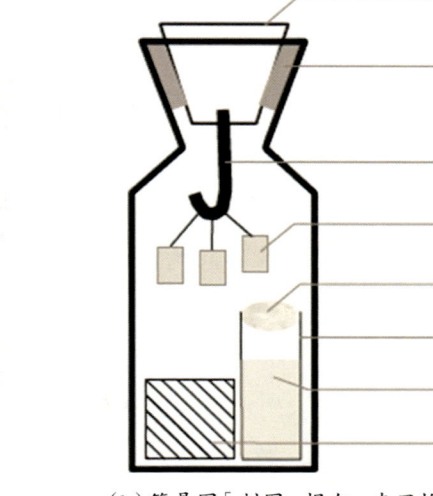

（a）实物图　　　　　（b）简易图［制图：提尔·克里格（Till Krieg）[65]］

图6-114　带有玻璃塞和玻璃钩的自备玻璃罐

可以将玻璃罐中的空气加湿至湿度为100%。将试验材料（例如一块纺织品或木材）从陈列柜中取出放在玻璃罐中，用凡士林将玻璃塞密封起来。每次测试需要6个玻璃罐，其中3个分别悬挂金属箔（银、铜和铅）不放样品作为测试参考，即所谓"零号"参照样品；另外3个分别放一种金属箔和测试样品，金属箔片必须垂直悬挂在罐子内以免碰到蒸馏水。试验中不能用手碰到箔片，否则汗液会导致腐蚀使试验值作废。参照样品和实测样品的玻璃罐结构均须一致。

玻璃罐的容量为50mL，小试管的水容量为0.5mL，金属箔剪成10mm×15mm的尺寸，测试材料重2g。将容器放在恒温60℃的干燥柜中静置28天。关于测试过程的详细描述可以查阅罗宾奈特和西凯特（2004）的著作。[69]13

静置后将参照样品的金属箔同与原始样品放在一起的金属箔进行比较。应当注意参照样品中的敏感金属会被玻璃罐中的氧气轻微氧化，因此主要关注其与被测样品之间的比对结果。氧化程度通常肉眼可见，分为以下三组：P为永久，即被测材料适合长期使用；T为临时，即有时限，使用期6个月；U为不适合，即不能在博物馆中使用。测试的评估标准具体见表6-8。

表6-8　测试的评估标准[69]14

测试结果	银	铜	铅
P	褪色与参照样品一致	褪色与参照样品一致	褪色与参照样品一致
T	轻微变色，通常部分变色，也可能是个别污渍	轻微黑色，少量腐蚀斑点	轻微平面状腐蚀，少量腐蚀点
U	严重变色	黑色和（或）绿色腐蚀，表面无光泽	严重腐蚀，导致褐色、黄色、红色或白色

3. 图书的摆放与使用

造成诸如磕碰、撕裂、折叠和褶皱之类机械损坏的原因主要为摆放和使用不当，最直接的应对方式是通过优化工作人员的操作方式，以及改善读者的使用习惯适当加以规避。同时，应配备适用的架子和橱柜，不仅在材料上，而且在结构上也要方便使用。最底层的架子应在地板上方10～15 cm处。若架子距离地板过近，则书本上容易沉积大量灰尘，且架子下方的地板亦无法清洁。书架顶部的书本和天花板之间至少应有20 cm的距离，以确保空气循环流通[24]358-359。书架间的距离必须保证即使是最大开本的书也有足够的空间可以用手拿到。使用者可以按照图6-115所示取书。

图6-115 取书示例

厚重的书本应用双手取出。绝对不可拉扯书脊上沿取书，多数情况下这样做会把书脊撕裂。可以用一只手把书本从后面推到前面，然后用另一只手将其取出。

文件柜每层抽屉的使用高度约为36 mm，可以避免太多的文物和文件互相堆叠，也能减少因单个抽屉存放过多文本而在取出时发生不必要的意外。很多档案馆还设有金属防火柜，用于存放艺术或历史价值高的文物。根据德国工业标准DIN 4102-2，金属柜耐火等级从F0到F180不等，数字表示耐火时间，90 min（F90）以上的被视为耐火柜。图6-116所示为存放高度合理的金属文件柜。

此外，用棉带将古书捆在一起既可以保护图书不受损坏，也可以保证图书从书架取下时保持紧闭（见图6-117和图6-118），避免夹层、笔记或书信丢失。用此方法还可以将破损的书套固定在一起。使用时应小心取放书本，不可把带子绑在相同高度，且书本之间不宜太紧，以免玉坏。如果棉布带绑在书的下半部分，可以利用绳结末端将书本从书架上取下来，拿取时不得随意拉扯。

图6-116 存放高度合理的金属文件柜

因隔层较低形成了理想的放置高度。这样的设计使文件易于分类和定位，条理清楚，同时也能减少因使用不当造成的意外伤害。

图6-117　15世纪带有书链的古籍

中世纪时将书籍用书链拴在桌子上防盗。部分图书用带有卡扣的棉带防止打开和变形。羊皮纸古本的封皮、书扣损坏时，应始终用棉带捆绑以防羊皮纸翘曲。

图6-118　用带有卡扣的棉带捆绑的古籍

用棉带绑住后绳结用卡扣固定，可以把散页、补充材料和笔记等其他可能会丢失的内容保护起来。斜纹编织的棉带很耐磨且不失柔软。应注意带子不宜绑得太紧，以免出现勒痕造成新的破坏。使用卡扣可以固定棉带，装卸也很方便。此示例中以棉带固定住撕裂的书脊，以免丢失。

古书通常有书角、金属配件以及用于保护和装饰的书扣等配套零件（见图6-119），容易对邻近摆放的书造成伤害。这类古籍原本并不是竖直摆放，而是平躺放置的。平放图书的着力点分布在封面凸起的通常被称为装饰钉的圆钉上。圆钉一般分布在前后封皮的中心和四角，以保护封皮的皮革。建议在图书两侧各放置一个坚固的纸板盒，以保护相邻书上不会出现压痕和刮伤。书芯处也应有垫层以保护其不致撕裂。

图6-119　某15世纪采用羊皮纸作书芯的古籍

木书盖用皮革包裹，四角和中间有圆钉。尺寸约为50cm×80cm，重约30kg，只能水平存放。

无论是在阅览室中使用还是短期展览，某些易损古籍都可以使用托架（见图6-120），须将图书开口角度减小到大约130°。如果书本仅在短时间内展出可以购买常见的楔形书托。书托通常由灰色弹性聚氨酯泡沫制成，泡沫必须相对防滑以保证书本可以牢固地固定在相应的位置。书托上不得覆盖纺织品。

图6-120　市场上的成品书托

　　由英国图书修复专家克里斯托弗·克拉克森（Christopher Clarkson）开发的用泡沫制成的6件套。优选油脂性RG 35/kPa[①]的泡沫作为原料。根据书籍的装订方式和厚度，将各个部分组合在一起，可根据需要展示的页面选取组合方式。

　　最简单、实惠的临时书托的制作方法是取一条毛毡将两侧卷起把书放在上面，具体如图6-121所示。

图6-121　自制的简易书托示例

　　用灰色或白色天然羊毛毡制成的简易书托也可以长期使用。如果毛毡制作时未使用化学药品，则无须担心污染。根据书籍实际情况截取适当长度的毛毡，调整毡卷的高度即可使用。

　　在档案馆和图书馆中，处理古籍、新书、文件和印刷品都要考虑诸多因素，因此需开展相关培训以提高修复人员对工作对象的认识。即使保洁人员也需要了解清洁存放纸质物品的库房的注意事项。

　　在档案馆、图书馆阅读和使用图书的行为准则如下：[70]

　　①犬类和其他宠物不得入内。

　　②档案馆和图书馆中全面禁止携带食物和饮料。

　　③翻阅或使用书籍、文件和纸上艺术品时需清洗双手或佩戴优质棉质手套，双手洗净后不得涂抹护肤品。

　　④古籍只能用光滑、编织精细的棉质手套触摸，微型书画和中世纪手稿仅可触摸空白边缘。

　　⑤工作台或写字桌必须宽大且干净。书籍和档案材料不得悬出桌沿外。

　　⑥仅使用铅笔书写或使用个人电脑记录。

---

① RG=密度，kPa=抗压强度。

⑦禁止在书中题字、画线（包括使用铅笔）或折页标记。
⑧切勿濡湿手指翻页。
⑨严禁撕掉页面及取走夹在其中的附属信息。
⑩书籍不得用来放置个人电脑或支撑手臂，更不得作为书写垫板使用。
⑪图书不应多层堆叠，防止滑落。
⑫避免阳光直射在书桌上。
⑬古籍只能用楔子书托或毛毡卷打开，翻页时需要使用铅制翻页柄。
⑭1980年之前的书籍和其他无法重新购买的图书不得使用复印机复印。

6.4.3 摹本、复制（影印）本、数字化

馆藏数字化属于图书馆日常工作，在历史档案馆中尤为重要。原始文件本身均经预防性保存处理，而数据则存储在服务器或硬盘上。部分情况下还会制作摹本，以协助读者在阅读信息内容的同时还能获得直接体验。当前面临的关键性问题是如何保存易损且快速更新换代的存储介质。及时将资料在不能读取前重新复制和保存，是目前业界疲于应对的问题。柯达公司曾短期推出了有镀金涂层的耐久CD和DVD，其保质期为80~100年。但随着该公司的衰落，仅有少量剩余库存存世。在寻找相对耐老化的材料的过程中，科学家也考虑过已使用了数百年的传统材料，比如用玻璃制成的DVD，即所谓的"Glasmaster Disk"。这种介质具有同玻璃一样容易破裂的显而易见的缺陷。另一个与存储密不可分的问题是读取资料所需的播放器的存世时间。对于特殊设备的依赖性始终是一种风险，而且必然会导致对某些特定企业的依赖。

部分档案馆仍在使用模拟微缩胶片，其抗老化性其实远优于现代存储介质。只要保存得当，可以用纯光学手段保证可读性。但此方法也有局限性，比如管理无标注和未分类的照片有难度，以及照片图像不够清晰等问题。

把玻璃作为存储载体材料具有极大的研究价值。近期南安普敦大学与京都大学工程学院三浦清贵教授实验室共同进行了项目研究，该项目研发成果是一种邮票大小的多层晶体板。"信息以代表0和1的微型点的形式被分层存储。这些点可以使用光学显微镜技术读取并在计算机上进行计算。即使没有特殊的读取设备，后世也可以使用，因此避免了制作出的存储媒体虽然可以持久保存但后世无法解密的问题。根据研究人员的说法，一块晶体板上可以存储360TB的数据。"[1]

利用DNA（脱氧核糖核酸）存储的研究也在进行中。"目前美国研究人员在一项实验中证实，仅用1g DNA物质就可以永久存储215000TB的信息。未来这种由基因组分子制成的存储器可以用于持久的数据档案保存，不仅有数据高密度的优势，而且还有DNA分子的稳定性优势。研究人

---

[1] 源自网络对玻璃存储器的描述（标题：*Speicher aus Glas*）。

员预计其在凉爽干燥的环境中的保质期为数十万年。"[①]

图书馆和档案馆的任务是不断跟踪新的研究进展以探索更适合档案数据的存储方案。

6.4.4 紧急预案[71]

以下给出明斯特大学和州立图书馆馆藏部的紧急预案以供参考。

明斯特大学和州立图书馆馆藏部

重大安全事故紧急预案

1．电话联系人名单（见表6-9）

表6-9　电话联系人名单

部门及人员		电话	
		办公室	个人
馆长：			
副馆长：			
馆藏部	部门主任：		
	业务负责人：		
技术部	部门主任：		
	技术员1：		
	技术员2：		
	职员：		

2．应对基本原则

（1）人员安全第一。仅在消防队许可的情况下才能进入建筑物。

（2）空调技术。尽量降低温度和湿度；保证通风良好（如开窗）。

（3）保护未受损图书。保证受灾区域道路畅通；用保护膜覆盖未受灾书架。

（4）抢救受损图书。由馆藏管理人员确定抢救顺序和区域；被抢救书籍原状保存，即：合拢图书合拢保存，已打开图书打开保存，散页按发现时状态保存，暂不清理污渍，将图书转移至修复室。

3．保护性紧急措施

按表6-10对不同类别纸质文物采取预防措施。

---

① 源自网络描述（标题：*Festplatten aus DNA speichern mehr als jeder Chip*）。

表6-10 不同受损纸质文物的相应预防措施

种类	状态	预防措施
图书	轻度受潮	·竖直、扇面式展开放置并保持干燥,保证大量新鲜空气 ·如有条件可使用风扇和吹风机,向扇面式放置的多册图书同时均匀吹送冷风 ·如果图书无法竖直放置,则可平放。每隔25页放置一张吸水纸板或者过滤纸并按时更换
图书	部分浸湿	·将吸湿材料放置在书页之间
图书	浸湿/极湿	·准备冷冻干燥
散页/簿册	受潮/浸湿	·用晾衣绳晾干,不要使用晾衣架
散页/簿册	极湿	·因悬挂晾晒困难,需要(书写面朝上)放在吸水纸板、毡布或筛子上晾干
散页/簿册	颜料/墨水洇散	·有字迹/绘画的页面朝上放在吸水纸板上。不可叠放,防止串色
缩微品	受潮/浸湿	·使用适当的薄膜或塑料袋包装保湿,用结实的纸箱运输 ·缩微胶卷不得从包装中取出
有涂层的纸页		·所有被涂上涂层的纸页,均应冷冻干燥处理。注意保湿

4．冷冻干燥处理准备规范

（1）将数本图书用塑料伸缩薄膜包裹成块。先将一册书包裹好,然后将第二册紧贴第一册放好,再将两册书一起包裹,依次重复操作。之后书脊向下放入装具箱内。紧急情况下也可以使用垃圾袋包裹,垃圾袋需要用卡扣封口。图书如需打开则需要单独包裹和放置。图书尽量不叠放。如需叠放则不可过高。叠放时,大开本在下,小开本在上。

（2）将运输装具箱编号（书写、贴标签）。

（3）装具箱内物品须简要列表,或者使用录音笔口述记录。

5．装箱规范

装箱时应按图6-122所示规范操作。

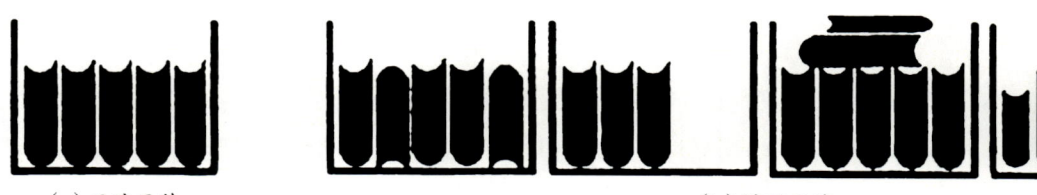

(a)正确示范　　　　　　　　　(b)错误示范

图6-122　装箱示例

7 馆藏编目与修复信息管理

7.1　馆藏编目在文物保护中的作用

将馆藏记录以书面化的形式加以系统编目，可以使档案馆或库房中的资料更为条理化、易于使用。这一管理办法有助于界定物权、记录其他补充信息，例如特定的性质。编目内容也包括照片记录，方便在遗失的情况下加以识别，从而有助于重新购置。在博物馆领域，数据还包括其他附加元素，例如：保存现状、展览条件、相关的公开发表论文、记录和其他文献等。

馆藏编目在几十年前还是通过卡片和手工目录实现的，当今馆藏的全部资料信息均以数据库的形式存储在服务器上。社会对公共收藏信息的准确度和广泛性等方面的需求也在日益增长。在图书馆和博物馆领域，无论从数据输入还是从搜索和使用的角度而言，数据信息化都可以大大减轻工作强度，提高效率。尽管如此，还应该考虑到技术更迭的因素，大量数码技术在短时间内就因技术升级换代而失去相应的设备，进而导致数据难以读取。因此，数码存储器的长期保存和读取设备管理也已成为文物保护的崭新课题。目前数据化的修复档案以光碟和存储器形式存储并移交已成为惯例，因此更为节约空间。鉴于工作中数据化领域专业人员缺口较大，解决将数据及时录入系统并对公众和研究界开放的问题已成为当务之急。

在过去几十年中馆藏数据量成倍增长，因研究和文物保护的需要，收藏单位和机构对藏品信息交流的需求也日益增加。开展保护工作需要更多宏观馆藏和具体个别文物的保存和现状信息，以便根据文物材料和潜在损坏风险加以保存，这对于需要特殊干预的敏感易损的文物尤其重要。

文物的展览功能也是需要考量的课题，必须于展览之前检查文物的基本状态。在数据库的帮助下可以迅速获得相关文物的初步信息,不仅节省时间,还可以规避文物在反复的直接检查过程中造成的物理伤害。使用实物图片可以使数据信息内容更丰富、直观。

在编目和盘点馆藏时,细致核查文物材料和现状的重要性越发突出,馆藏数据库为集成各种收藏和管理职能提供了便利条件。

为了能够充分发挥数据库在管理上的多方面优势,应该考虑工作人员的专业化管理,重要的基本数据必须长期加以管理、维护并且进行多重备份。

下文将就两个方面对数据库在文物修复的编目和馆藏管理中的实际应用加以介绍。

7.2 馆藏数据库的实际应用

7.2.1 动物学教学挂图集馆藏状态分析目录

2012年耶拿弗里德里希·席勒大学向埃尔福特应用科技大学文物保护与修复系提出请求,为新发现的一批300余张动物学教学用图编制一套预防性保护方案。教学用图属于该校动物学教学资料的一部分,故埃尔福特应用科技大学文物保护与修复系从其价值、保管、登记存档三方面提出解决办法。教学用图为1920年至1960年期间制作,从技术上看,既有高质量的印刷品又有手绘的棉布挂图。部分图本损坏严重,另有部分保存相对完好,年代久远的印刷图本具有收藏价值,而手绘的较新藏品均系名家孤本。

将所有教学用图整理后根据损坏情况进行分类是一项繁重的工作。此项目由埃尔福特应用科技大学学生尤利娅·阿布拉莫维奇完成,在为期四个月的项目期内,为该批馆藏建立了一套表格系统,并利用系统迅速而又条理清晰地汇总了每件教学用图的现状。就内容而言,表格包含所有图本的各类变化,如老化成因、早期维护造成的损害等。该方案可以推广应用到全部藏品的管理上,对于检查发现的损坏情形,可以简单地在对应的单元格内进行标注记录。

采用系统化处理方式的优势在于:可以方便地对图本的损坏和修缮进行汇总统计。此方案将损坏程度分为四个级别,用彩色点于表格右上角做标记。例如,红点表示图本损坏特别严重,需要修复。如果有条件则应对濒危图本进行修复,根据现有总表可以相对迅速地预估修复所需时间和费用成本。

表格底部主要记录应急安全处理建议以及关于未来包装和保存的建议。根据图本具体情况建议采取不同保存方式:将图卷起装进筒内、用平板夹进行固定或者吊挂等。对于其中最有价值的由鲍尔·普尔特席勒(Paul Pfurtscheller)绘制的教学用图,可以额外制作四张示例图,以详细记录演示图的现状,包括教学用图正面的缺损、磨痕、开裂、折痕、水渍和污损等情况,以及图背面后期发生的粘贴、补丁或撑杆丢失等问题。

使用图形处理软件metigo MAP 4.0®为上述教学用图制作修复示意图，并按照同样的规格另为其他教学用图制作文物破损示意图。此处将以鲍尔·普尔特席勒的作品为例具体介绍分为四级的现状评估图。[28]

方案的最后部分还对相应的修复材料进行了介绍，例如：预防性修复用无酸纸板和绵纸等。至于存放图纸的包装筒，可以根据专门设计的图纸用相对经济实惠的材料自行加工。

以下将根据实例简要介绍动物学教学挂图集馆藏状态分析目录的编辑方法。其中，相应的损伤分级主要依据表7-1进行。

表7-1 一至四级损伤分级红绿灯系统（耶拿弗里德里希·席勒大学动物学教学挂图集损伤分级）

损伤级别		描述
🟢	一级	几乎无损或损坏极小： 如保存得当可以保持现状，文物不会发生进一步损坏
🟡	二级	轻微受损： 文物已发生损坏，保护后可避免继续损坏
🟠	三级	中度至重度损坏： 已出现信息流失或者材料缺损，有潜在进一步破坏的风险； 悬挂时需要适当条件，建议采取保养措施
🔴	四级	非常严重的损坏，存在生物侵害： 明显的损伤导致严重的信息和物料缺失； 一般不能悬挂使用，必须归档保护； 如不进行杀菌处理则可能威胁整体库藏安全

查明损坏范围，进行损伤分级，并确定归档保护的方法，而后登记到表格内，为将来进一步处理做好准备。表7-2为制作的损伤分级及相应的归档保护办法概览表。

表7-2 损伤分级及相应的归档保护办法概览表

教学图本总计	损伤分级统计				归档保护办法统计
	SK[①] 1 🟢	SK 2 🟡	SK 3 🟠	SK 4 🔴	
322[②]	73	123	50	71	吊挂：67 包装筒：238 平板夹：17

---

① SK：损伤分级。
② 有5张现代图本（1960—1980）不归入历史收藏序列，因此未计入损伤分级统计。

下文利用三个示例（见表7-3～表7-5）介绍制表结构。

表7-3　制表结构示例一

制图人： 鲁道夫·罗伊卡特 （Rudolf Leuckart）		名称： 软体动物/无脊椎动物 两腮目/四腮亚目		库存编号： 00241 宽×高（cm）： 99×135			损伤级别　●		
损伤	0%	10%～ 30%	40%～ 60%	70%～ 90%	100%	备注			
撕裂				√		右上/右下以及左侧从撑杆上撕裂			
折痕			√						
缺损		√							
翘曲		√							
正面残胶	√								
水渍线		√							
蒙尘				√					
边缘波纹褶皱	√								
霉菌破坏	√								
滚边	亚麻（画布）		粘胶带				备注：		
		正面	背面	有黏着力	无黏着力				
悬挂设备材质	金属　√			其他：					
支撑系统材质	金属	木质　√		喷漆		备注：			
撑杆遗失	正面	背面　√		上　√		下　√	备注：		
正面			背面						
亚麻补丁	1处		画布补丁						
胶带补丁			胶带补丁						
纸补丁			纸补丁						
			亚麻贴衬		是		否　√		
			只在背面进行了贴衬						
嵌入式处理			包覆材料粘贴在正面		左	右	上	下	
备注：			是否已黏合		是		否		

归档保护办法：包装筒内保存

应急安全措施：裂缝修复

补充说明：原装亚麻衬布以增加缓冲的方式粘贴在正面

表7-4 制表结构示例二

制图人：柏林大学解剖学院，弗朗茨·弗罗泽（Anatomisches Institut der Universität Berlin, Franz Frohse）		名称：图本4号 智人 全部肌肉后视图		库存编号：00294 宽×高（cm）：70.5×186		损伤级别 ●	
损伤	0%	10%~30%	40%~60%	70%~90%	100%	备注	
撕裂				√			
折痕			√				
缺损		√				当前大量	
翘曲			√				
正面残胶		√					
水渍线	√						
蒙尘				√			
边缘波纹褶皱	√						
霉菌破坏	√						

滚边	亚麻（画布）	粘胶带				备注：
		正面	背面	有黏着力	无黏着力	
悬挂设备材质	金属 √		其他：			
支撑系统材质	金属	木质 √	喷漆	备注：		
撑杆遗失	正面	背面 √	上	下 √	备注：	

正面		背面					
应急安全措施：亚麻布		应急安全措施：亚麻布					
应急安全措施：粘胶带		应急安全措施：粘胶带					
嵌入式处理		亚麻贴衬	是 √		否		
		仅在背面进行了贴衬					
		包覆材料粘贴在正面	左 √	右 √	上 √	下 √	
		是否已黏合	是		否 √		

归档保护的方法：仅在裂缝修复后方可悬挂。最优建议：使用平板夹

应急安全措施：裂缝修复

补充说明：

表7-5　制表结构示例三

制图人：柏林大学解剖学院，弗朗茨·弗罗泽（Anatomisches Institut der Universität Berlin, Franz Frohse）		名称：图本7号 人类的胸腔和腹腔内脏Ⅱ		库存编号：00291 宽×高（cm）：70×95		损伤级别 ●	
损伤	0%	10%~30%	40%~60%	70%~90%	100%	备注	
撕裂		√				2处	
折痕	√						
缺损	√						
翘曲	√						
正面残胶		√				只在边缘范围	
水渍线	√						
蒙尘				√			
边缘波纹褶皱		√					
霉菌破坏	√						

滚边	亚麻（画布）√	粘胶带				备注：
		正面√	背面√	有黏着力√	无黏着力	
悬挂设备材质	金属 √		其他：			
支撑系统材质	金属	木质 √	喷漆	备注：		
撑杆遗失	正面	背面 √	上 √	下 √	备注：	

正面		背面			
应急安全措施：亚麻布		应急安全措施：亚麻布			
应急安全措施：粘胶带		应急安全措施：粘胶带			
嵌入式处理		亚麻贴衬	是 √		否
		仅在背面进行了贴衬			
		包覆材料粘贴在正面	左 √	右 √	上　　下
		是否已黏合	是		否 √

归档保护的方法：包装筒内保存

应急安全措施：

补充说明：

图7-1~图7-4为四张蜘蛛目教学挂图现状分析图。对应的图本名称为《圆蛛》，该教学用图由鲍尔·普尔特席勒绘制。现状分析图对挂图中存在的损伤（如缺损、磨损、折痕等）进行详细标注，并于每幅分析图的左下角制作图例，说明相关损伤标注方式及其尺寸大小和数量。

图7-1 缺损、磨损以及严重折痕分析示意图

图7-2 褶皱、折痕、翘曲和胶黏印痕分析示意图

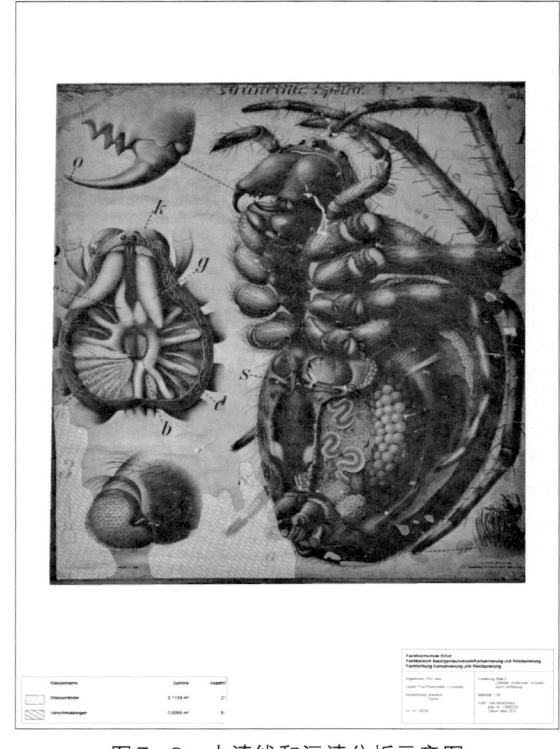

图7-3 水渍线和污渍分析示意图

图7-4 挂图背面的胶黏印痕、增补亚麻贴衬、撑杆缺失及补丁分析示意图

7.2.2 图书馆和档案馆的简化修复记录

撰写修复记录是修复人员在修复所有文物时的必要工作。诚然,在博物馆和档案馆的日常工作中,有限时间与繁重任务之间的矛盾长期存在。在通常情况下,很大比例的藏品在类型、材料、制作工艺和制作年代上均有较高的相似性,意味着修复记录内容经常具有重复性。为节省成本和保存空间,使用相关数据表格确系明智选择。表格中对相关内容有对应的具体描述,仅需要根据文物状况加以标注录入即可。通过表格既可以高效记录藏品,也能快速而系统地读取相关文物的基本概况。表格可以手工记录,也可以使用更为高效的电脑录入。

下文中的实例(以一册古籍为例)可以作为善本古籍修复记录的参考。表格内容应根据藏品情况按材料或类型进行个别调整,以保证记录的完整和准确。在记录过程中,封面(封底)、装饰、装帧等都是特别重要的信息。

1. 修复记录

文物基础信息

- 收藏人　　姓名:马克斯·缪勒(Max Müller)

　　　　　　地址:慕尼黑

　　　　　　电话:……

　　　　　　电子邮箱:……@……

　　　　　　负责人:主任档案员奥托·施密特(Otto Schmidt)

- 文物种类　☐ 彩绘古籍

　　　　　　☐ 抄本/手稿

　　　　　　☑ 印刷本图书

- 文物信息　馆藏编码:……

　　　　　　作者/流派:瓦勒里乌斯·马克西姆斯(Valerius Maximus)

　　　　　　名称:《善言懿行录》(*Dictorum factorum q. memorabilium exempla: Adiecto indice propriorum nominum, rerumque memoria dignarum locupletissimo*)

　　　　　　出版年代:1530

　　　　　　印刷厂:APVD SEB. GRYPHIUM LUGDUNI

　　　　　　产地:里昂

　　　　　　版本:无标识

　　　　　　文本语言:拉丁文

　　　　　　规格:12.3 cm × 7.7 cm × 3.4 cm

　　　　　　标题签标:……

　　　　　　特色:早期斜体印刷

- 收藏人特征　　签名：扉页上鞣酸铁墨水的手写签字，Süßholz 1758；Süßholz 1787；Süßholz filius[①]1787

  收藏章：……

  藏书票：……
- 其他特征　　　右下角鞣酸铁墨水的手写"e"
- 内容简述　　　瓦勒里乌斯·马克西姆斯（Valerius Maximus，1世纪上半叶）是提贝里乌斯（Tiberius）皇帝时期的重要修辞学家。本书为一部用于修辞学学习的汇编，收集了西塞罗、萨卢斯特和利维乌斯等名人历史轶事，用于传授优美演讲艺术，本著作是重要的哲学著作之一
- 文物照片（见图7-5）

(a) 前衬页和扉页　　　　　　　　　　(b) 索引和后衬页

(c) 封面　　　　　　(d) 书脊　　　　　　(e) 封底

图7-5 《善言懿行录》照片

- 书套　　　　压花小牛皮，多层硬纸板
- 书芯　　　　线装，6对双线绳，羊皮纸加固

---

① 拉丁文译文：男性后代。

状态

- 书套　　　书套封面牛皮脱落、表皮开裂①、搭头布（上）和搭头布（下）撕裂且有缺损、两处缝线缺失、刻痕严重、外角上纸板盖受损且裂开
- 书扣　　　去向不明
- 书芯　　　装订基本结实，接头些许脆化，缺少衬页和扉页，内容完整
- 纸张　　　pH值：6.8

　　　　　　绿色笔迹，书页偶有折角，基本状态介于好到很好之间
- 先前的修复和修理　　无
- 损坏图示（见图7-6）

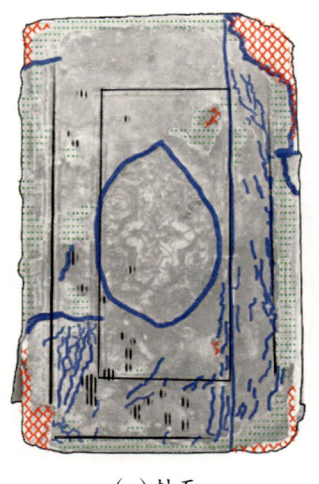　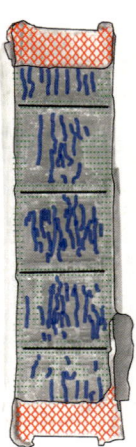　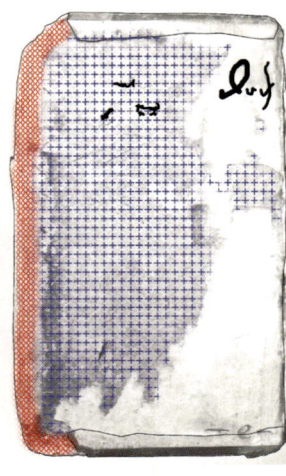

（a）封面　　　（b）书脊　　　（c）封面衬页

图7-6 《善言懿行录》损坏图示

当前使用

皮质书套高危；于脱酸保护纸板盒中保存；数字化保存前须保护书套。

修复

- 目的　　　保存原始状态，仅允许保持使用性的维护措施
- 书套　　　☑ 干燥清洁：笔刷和小型吸尘器

　　　　　　☑ 湿润清洁：棉签蘸水

　　　　　　☐ 拆解书套

　　　　　　☐ 更换蒙皮

　　　　　　☑ 修补蒙皮：植物性鞣制皮革、糨糊

　　　　　　☑ 修补封面板：档案用手工纸、糨糊

---

① 皮革表层。

☐ 修补装饰和浮雕

・书芯　　　☑ 干燥清洁：笔刷和小型吸尘器、"马斯（Mars）"橡皮

☐ 拆解书芯

☐ 水洗清洁

☐ 纤维补纸/背裱

☐ 更换装订和书钉

☑ 修补缝线和书棱：麻线绳、糨糊

☑ 修补/更换环衬：档案纸、糨糊

☐ 修补衬页

☑ 数字化

・保存/使用　　于脱酸纸板盒中保存；仅用于科研目的，使用人员须事先培训

对比案例

1578年的古籍（巴黎）书套非常相似，书扣保存完好（见图7-7）。

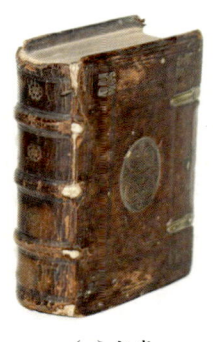  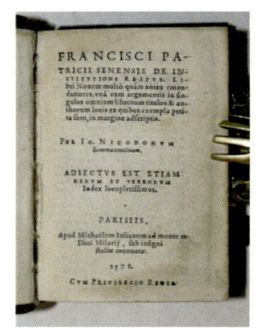

（a）书脊　　　　　　　（b）书扣　　　　　　　（c）扉页

图7-7　1578年古籍对比示例

皮面磨损区域不可出于视觉美化或保护皮革的目的用油脂保养。皮革须换气，因此皮面毛孔绝不能被封闭。长期被隔绝空气的皮革耐久性会下降，必要情况下甚至需要对皮革进行脱脂处理。常见的用甘油软化皮革的方法也是有害的，会导致皮革变干。

简短但详细的记录包含了有利于长期保存的重要信息，文物现状和修复工作都必须针对文物单独说明。损坏情况的图示必须标准化，并且应在所在馆所全部书籍中具有一定实用推广性。损坏图示需要手工绘制，或在更理想的情况下使用电脑绘制，对比案例中的对比示例有助于借助保存相对良好的古籍理解书套和书扣的样式。

2．相关表格

在管理收藏大量文献的档案馆和图书馆中需要使用更简单的列表形式，使逐一对照检查更为便利，可以根据实际藏品情况扩展关键词条。

紧凑的表格形式需要简短的条目。借助缩写可以把胶水、糨糊和胶类的配方用数字表示，纸

张补充材料和补充皮革的鞣制类型的常用配方也可以沿用此方法。例如:糨糊配方1可以表示为K1,糨糊配方2可以表示为K2;L1和L2可以用于胶水,如丙烯酸酯类胶水是A,丙烯酸分散剂以AD表示等。当然这一方法应基于标准化的配方和材料。

说明藏品现状的记录是必不可少的,但并非必须面面俱到,因此在不涉及的条目下无须进行标注。

表7-6为修复记录样表举例。

表7-6 修复记录样表

馆藏编号:＿＿＿＿	状态		措施	
	关键词	处理方法	材料	黏合剂
书套				
√[①]	书套与书芯脱离	粘贴		K1
√	一侧封面缺失	修补	档案馆纸板,1mm	L3
	封面木板损坏			
	封面蒙皮缺失			
	封面蒙皮脱落			
	蒙皮磨损			
	蒙皮缺损			
√	搭头布撕裂	托衬	棉布	K2
√	书脊标题标签缺失			
	变形			
√	书角破损			
	霉变			
	虫蛀			
	污损	干燥	毛刷/橡皮	
书芯				
√	书芯撕裂	粘贴		AD
√	环衬缺失	修补	档案用纸	

---

① 打"√"则说明出现右侧单元格所述情况。

续表

馆藏编号：_____	关键词	处理方法	材料	黏合剂
√	衬页缺失			
√	扉页缺失			
√	内容书页缺失	修补	复制品	AD
	变形			
	霉变			
	虫蛀			
	水浸损害			
		纸张		
√	树脂胶			
√	木浆			
√	pH值	4.5，批量脱酸处理		
√	褶皱/折痕	平整		
	裂痕			
	缺损			
	水迹			
	文本被画线			

日期：
操作人：

日期：
操作人：

8 纸质文物保护与修复报告及修复案例

修复报告可以提供大量有关文物的新认识，其中的一些知识可能对日后研究有非常高的价值。修复报告是对材料技术、加工技术或艺术史、文化史的研究成果的重新评估。对保存和修复方法的描述可以解释和说明文物当前状态，是透过文物外观表象之下更为深入的认知。关于修复材料（例如黏合剂）的说明，无论是对后世修复措施的老化状态评估还是逆向去除修复痕迹都大有裨益。预防性保护措施为文物所有者提供了营造必要外部条件的详细信息，以帮助文物保持当前状态或停止老化进程。修复报告具有多重功能，保存了相当大时间跨度内的重要信息，因此属于文物的一部分。

本章中介绍的两篇案例均为埃尔福特应用科技大学文物保护和修复系的习作与学术论文。书面记录保护和修复工作是不可或缺的工作程序。修复工作中会遇到诸多难题，因此案例的选取在材料、技术和主题方面均有较大差异，报告间的差异主要由习作实践时间、内容和文物价值决定。

第一份案例记录了一份19世纪会计账簿的修复工作。作为本科阶段一次基础练习性研究，该习作包含了大量纸张修复的经典问题，介绍了一些纸张修复的基本技术及研究方法。

第二份案例摘自一篇硕士论文，记录了木托羊皮纸文物的修复工作。修复对象为耶拿弗里德里希·席勒大学收藏的1537年彩色木版画，系哈布斯堡王朝马克西米利安一世皇帝家族谱系。羊皮纸版画在印刷后被蒙在木板上，使用不透明颜料、金、银和羽毛笔手工绘制成家族谱系，其独特的文字框使文物更加珍贵罕见。文物画面气派，彰显皇家威仪，是一份重要的历史文献。其收藏沿革记录也十分详尽，1539—1540年首先收藏于维滕贝格（Wittenberg）选帝侯图书馆，1547年转至魏玛宫殿中暂存，从1549年开始一直保存在耶拿弗里德里希·席勒大学图书馆中，此后该谱系图逐渐被遗忘、尘封，直至2014年才被重新发现。

8.1　文物移交报告和文物修复报告的结构内容和书写形式

文物移交报告及其相关内容在特定时期内具有有效性。与此不同的是，文物修复报告的内容无论在当时还是后世都有着重要意义。

8.1.1　文物移交报告

文物移交报告是证明文物（收藏对象）从某地点转移至另一地点的重要文件。移交报告可以从各方面保证委托人和被委托人的责任安全，使文物下落和状况有据可查。此外，合作双方中至少有一方应办理基本保险。应该注意的是：文物修复失败以及由此造成的损失不应纳入保险的范畴。

文物移交报告是指证明文物修复合同委托人向文物修复执行方递交的移交行为的文件。移交对象是合同所涉及的艺术品或文物收藏品。在合同双方完成对合同对象的检核、验收工作后形成移交报告。移交报告至少一式两份，包含相应的时间和地点信息以及双方签章。文物移交报告具体应包含以下内容：

①修复合同双方的名称和联系方式以及明确的法律责任。
②移交的原因，例如保管、修复或者展出等。
③外借期间关于摆放或悬挂的操作方式、材料技术条件和气候条件的说明。
④移交及临时存放的地点。
⑤移交及返还的时间。
⑥移交对象（文物）的名称。
⑦清晰准确的文物辨识信息，例如关于移交对象的文字描述和馆藏编号等。
⑧文物的最新照片。
⑨满足运输要求的包装方式和包装材料。
⑩保险额。
⑪保险合同，特殊情况下也可以是放弃保险的承诺书。

移交时如不必顾虑温度及湿度变化对文物的影响[①]，则应当场检查移交对象的保养状况。在没

[①] 最好将新存放地点的气候条件按原始存放地点条件进行匹配；也可以充分利用原始包装（即原始包装内的小气候）作为气候（环境）的缓冲，将文物保留在保护套内放置1~3天。

有能够抵御气候条件变化和防范破损的适当包装的情况下，仅运输就可能威胁到文物的安全。由此造成的文物损坏进而引发事后索赔，此种损失一般由被委托人承担。因此有必要在移交报告中附上简要的现状描述以及尽量多的实物照片。

如计划修复文物则须在移交报告中增加修复方法和工作安排等内容。关于文物保护和修复的目标应形成书面约定，将其作为移交报告的有效补充，以避免将来双方在此问题上因理解不同而产生分歧。

修复工作完成后委托方将对文物的状况和修复目标一致性进行检验、甄别并加以确认，合作双方或双方代表在原合同上或者另立的专门合同上签字并签注归还文物日期。

8.1.2　文物修复报告的使用

文物修复报告是"以记录目前及将来的文物保护及调阅参考之信息为目的而创建、搜集、持续整理并长期保存的信息汇编"。[4]15 修复报告集合了所有与文物对象有关的重要历史、艺术史以及材料技术和自然科学方面的数据信息，为书面文物保管方案的编写提供基础。报告主要内容是关于文物保护和修复的详细记录。

早先关于近代文化遗产修缮和修复的报告并不多见，而后代的修复工作者迫切需要此类记录。直到文物保护与修复发展成为一门学科后，编制文字和图片相结合的修复报告才逐渐成为惯例并得到贯彻和执行。有时编写修复报告所耗费的时间几乎占到整个修复工作的三分之一。时至今日，只有在文物价值不高时，委托人才会因不愿承担更多的时间和资金成本而接受一些不提供报告的修复服务。

修复报告的重要性何在？对于修复工作者来说，详细的报告是他们执行规定工作步骤的证据，也是其劳动成本的证明。文物修复力求实现的目标是在修复工作开始前即与委托人商定的，也是在方案框架内借助深入的研究而不断向前推进的，所选的修复方法和使用的材料都经过充分的论证。在整个工作进程中随时拍摄的照片、绘制的草图都为报告的文字内容提供支撑。如果修复人员在关于初始状态、具体做法或者修复后的状态等问题的看法上与委托人产生分歧，则可以报告形式说明事实。文物所有者或文物收藏单位最后将至少有一份打印的和一份数字格式的文件存档，且应保证历史学家、艺术史学者、档案研究学者、文物修复工作者以及其他的专业人士能够查阅此文件。

修复报告包含丰富多样的信息，从任何角度而言都可以称其为一份有价值的历史文献。毋庸置疑的是，每次修复都会在一定程度上损耗文物的历史特征，因此对文物做出准确的描述，对现状进行深入的分析、解释和详细的记录等工作就极为重要。在艺术史方面，特别是一些对比性研究和记录案卷都是极具价值的研究资料。更重要的是，自然科学研究能够提供仅凭肉眼根本无法获得的认知。此处所指的主要是放射检测手段，包括紫外线、红外线以及X射线，另外每种方法还可进一步划分为表面分析和深层分析两类。[72]

根据不同材质和文物种类，射线分析可以在诸如油画签名等鉴定方面提供重要的信息，也可以用于观察凭肉眼无法直接看到的木料拼接的结构，甚至于文物后期发生的一些外观变化，例如后期修饰或者用其他材料所做的修补等情况也会变得一目了然。因此文物射线分析可以简化文物现状的评估工作。对于艺术史研究者而言，上述信息虽然有时很难直接从拍摄的照片上获得，但是却能够在档案中找到对应的文字描述。总之，射线分析是艺术品研究的一个重要环节。

除文物的所有者外，未来的文物修复工作者也是修复报告的最大潜在受益人。修复报告不仅包含了自然科学和历史学方面的信息，还有关于所用材料及其配方以及所采用的制作方法等的详尽数据，能够为修复方案提供佐证和依据。通过报告记录可以方便掌握那些肉眼可见的以及肉眼不能直接观察到的状态变化。

即使极其谨慎的修复工作仍不能避免的现实是：当今修复可能成为未来的潜在破坏因素。对于一般用来黏合的现代人工材料，应收集、整理关于修复材料老化特性的经验数据，掌握其化学成分后，未来进行除胶或者修整时就可以选择合适的方法，而不必事前做一系列检测加以验证。

此外，修复报告的重要性也体现在：有报告记录文档时无须对文物原件进行大量的试验研究，因为大部分参数都已记录在案。

修复报告同时也是未来采取进一步修复措施的重要参考材料。该文件的重要性决定其必须得到重视并长期存档保留。长期保留的前提条件是，不仅要使用至少达到 DIN EN ISO 9706 标准的抗老化纸材①，而且印刷颜料也要满足 DIN ISO 11798 标准②，同时还要满足如耐日晒、不褪色、防水、不含酸、不含铁等要求。数年前依然沿用模拟方式，即使用传统的胶片材料拍摄彩色的照片，然后进行冲洗放大。在此基础上，还会额外拍摄黑白照片作为保险措施，以此来满足长久保存的需求。但是目前几乎只用数字摄影，拍摄黑白照片因此而变得多余。因为数据载体本身就是数字化的，现代各种类型的照片保存格式是基本一致的。

随着时间的推移，报告文档数量不断积累，所占用的空间也因此相应持续增加，会造成占用文物收藏的空间的问题。目前通用的方式是把报告文档存储到数据载体上（刻成数字光盘）移交给委托方。数字格式更便于使用和复制，但还要考虑到即使是数字化的数据载体，也会老化且寿命有限，所以必要时应及时再次复制到新的载体上。为解决这一问题，人们正在尝试使用一些在物理和化学特性上更耐用的材料，例如镀金的 CD 盘片或者玻璃制的 CD 盘片。当前日本的一种新方

---

① 选择纸张的前提条件是，造纸时使用由碳酸钙或者碳酸镁（至少2%～3%）制成的碱性缓冲剂，以及纸张的pH值在7.5～10之间。其中代表纸浆中可氧化材料（如木质素）所占比例的卡伯值要低（在5.0以下），当然最好是100%漂白后的纸浆。
② DIN ISO 11798《信息与文献　纸张上书写、印刷和复印字迹的耐久性和耐用性　要求和试验方法》规定了评价字迹耐久性的要求和检验方法。其中根据字迹的色度、外观、色牢度、耐水性、抗印痕性、抗摩擦性、耐高温性、书写对纸张强度的影响等，从多个方面将标准进行了划分。在三份附件中介绍了测试用纸、检测样品的制备以及光学密度的测量等内容。本标准最后有如下一段有趣而又重要的叙述：墨水字迹大多都很耐久，能满足标准的要求。相对而言，用喷墨或者激光打印出的字迹却表现得"偶尔会有老化的问题"。

法已获成功验证,即将数字信息借助激光技术在防尘的条件下雕刻到石英玻璃存储器的内部。利用这种方法,数据的保存时间预计可达3亿年之久。与此同时,剑桥的科学家们成功地将文字、图片和电影转为数字化的DNA序列,保存为人工DNA,估计这种数据的保存时间应该是以千年计算的,而且所占用的存储空间极小。新材料尚未普及,当今最常采用的方案是把数据保存在拥有多种安全措施的计算机服务器上。

最后引用《威尼斯宪章》第16条中关于报告文件记录和内容发表的决议:"对于所有的保存、保护、修复以及考古发掘等方面的工作,必须同时按照分析评论的报告、图纸、照片的形式编制一份详细而准确的文件。须在其中记录全部的工作步骤:发掘、安全处理、复原、组合,还应记录整个工作过程中确定的所有技术上、形式上的要素。该文件要存放于公共研究机构的档案馆并允许科学工作者查阅,同时建议向全社会公开。"[14]45-60

8.1.3　文物修复报告的形式结构

文物对象不同,与之对应的报告结构也应不同。多年来,无论是以文物材料(石、木、纸张)为依据的细分学科,还是在专业院校、文物管理部门和各种协会、学会内,一直未能建立起一套通行标准。因为该项工作面对的艺术品分类过于复杂以至难以标准化。只要报告记录文档在内容上结构清晰、简单易懂且记录下了所有的重要细节,那么形式结构上的一致性亦不必苛求。国际通行的标准要求在连续大段的文字描述中应插入数量适度的图片以方便读者理解。在编写记录文档时一般须注意以下几方面问题:

1．标识和数据

标识和数据无论对于科学研究还是管理,包括文物丢失或损毁后的准确辨识都有重要意义。在此概念名称下,所有相关的标识和数据都使用缩写且最好制成表格。其中包括:文物对象的名称和代号、出处或发现地、作者或艺术家、签名等,此外还有表现形式、内容以及创作或制作时间、材质数据、采用的技术和外部尺寸、馆藏编号、印章及其他的文字或标记。需要记录的文字中当然也应包含那些在收藏历程中新发生的事件。最后还应记载所有者的信息,再加上一张或多张包含摄影色卡和标尺的文物全图,以此保证对象识别内容完整。

所拍摄照片应标注有关拍摄条件的文字描述,即照明设备、照明设备的布置(距离和角度)以及相机光圈和曝光时间等拍摄参数信息。此类数据将可确保修复前和修复后的两次拍摄在同等条件下完成。该步骤对对比修复前后的状况有极大意义。

2．基本描述

关于文物视觉外观和形式的详细描述是至关重要的。对于上一部分(即"标识和数据")中用关键词形式所表达的内容要加以详细而具体的解释,图文并茂的描述方式会更接近内容的本质,有助于对画面以及文字描述的理解。字体、字形包括语言也是其中的一部分。在图文分析中,修复工作者可以在艺术学科领域里自由发挥，对艺术史全面的掌握此时会大有裨益，另外咨询专业人士寻求指导也很有必要。在记录中不能存在假设成分，必须凭借良好的对事物本质的观察力和理解力获得真实可见的信息，其中包括对象的外观、形状、尺寸和结构等。例如，对于一册书的装订方式进行细致的描述，某一部位的颜色和材料的构成、封面上的装饰等等。观察是完全凭人类的视觉、触觉的才能实现的，而不必借助任何科学辅助手段。

3．出处与断代

研究文物对象的历史首先要采访文物的所有者。关于来源的调查不仅对确定文物的历史地位有重要意义，而且对于文物价值判断也起决定性作用。一本书或者其他文物，如果与著名人物有关联，如曾经被历史名人拥有过或使用过，将具有特殊的价值，就算其本身无法体现特殊的价值，也应算作遗物型文物，哪怕只是一批藏品中的一件或者卷帙的一部分。例如，作为一个系列事件中的某一环节或者一连贯的历史事件中的任意片段，也会因为特定的承启关系和历史语境而有价值的增益。并非所有文物都能被确定地加以断代，至于在博物馆收藏的文物，大多都经过科学的研究和整理，相关重要日期一般均为已知。然而即使是此类藏品，也经常在修复时有新发现，可能产生新的解读。

私人收藏的纸质文物，如果自身不含有日期信息，一般情况下都是未经系统整理的，所以还需要进一步研究其历史起源[1]。如果对一件文物知之甚少，但又确认其有一定的文化价值，则应建议以此为题开展档案研究，并调阅博物馆的藏品目录和历史文献。对于绘画作品，则应由美术院校来研究和鉴定，研究内容包括画笔笔迹、绘画技法和使用材料的鉴定。鉴定书信和手稿类文物的时候，需研究文字的内容、书写风格以及署名。

如某文物表现出某种特征，同时该特征在类似文物也相对存在，这些特征即为显著特征。以绘画作品为例，此时要对比画家描绘人物眼睛和手或者树叶等的风格和方法、画笔的笔迹、设色或构图的风格。研究结果往往仅为推断性的，甚至有一些为假设，但却表达了一种思维方式。通过研究艺术史的关联性来确定文物价值是很有意义的，对保护和修复方案的设计和实施也有一定价值。对于书籍类的文物，则要记录其外观、装订方式以及文物来源和材料的组成。

对所有纸质文物都适用的鉴定特征是筛纸的筛网结构以及可能存在的水印花纹。水印指向特定的造纸作坊，可以反映来源地和生产时间等信息[2]。此处按照1∶1的比例以一枚图形商标来举例，将它与已经辨识出的符号进行对比。例如戴维·温克布恩斯（David Vinckboons）[3]创作的铜版画（见图8-1）的一处水印（见图8-2）：一幢装饰了一只倒着的丰饶之角[4]的房子，即著名的"巴塞

---

[1] 关于这一内容推荐以下书籍：弗里德里希·贝克的《档案资料：历史学辅助学科导论》（第五版增订版）[*Die archivalischen Quellen, Mit einer Einführung in die Historischen Hilfswissenschaften*（5th ed.）]。
[2] 其他可用的方法见5.3.5节。
[3] 戴维·温克布恩斯，荷兰画家，1576—1632年。
[4] 在神话中，丰饶之角装满其主人希望得到的任何东西，引申为聚宝盆。

尔纹章"。

图8-1 彩色铜版画（约1600年）[73]

图8-2 左图所示铜版画中的水印

在两册水印集里发现了与上述铜版画中风格极其相近的水印（见图8-3、图8-4），水印产地均为巴塞尔霍伊斯勒（Heusler）家族的造纸作坊（瑞士）[74-75]，据此可以推测铜版画用纸应为此家族产品。例图间可辨认出明显的相关性。需要说明的是，自16世纪以来巴塞尔一直是欧洲造纸业重镇。

图8-3 对比水印示例一（巴塞尔，1593或1597年）

图8-4 对比水印示例二（巴塞尔，1591年）

因同时代的水印变化较多，所以誊画水印时应力求准确。最简单的办法是用透描法在透光检查台上用较软的铅笔拓画。绘图期间既不可多画也不可加笔修饰。造纸过程中如果筛网使用过度则会出现网格线弯曲或缺损。一些著名的水印藏品已经证明纸浆筛最多只能使用两年。①

4．技术结构

通过颜色、纸张强度、纤维、填充物和涂覆等的描述可以初步确定纸张类型。此类文物评估可视为下一步修复工作的一部分。

纸张纤维种类繁多，如：漂白的或未漂白的；蓝色、红色或者其他彩色纤维；长纤维或者短纤维；木纤维或含有其他添加成分等。可以利用纸张材质检验纸面条件。另外，对于其他使用水彩、水粉或者粉彩绘制的画作，则可以考虑使用银、铅或碳质的硬笔或者直接使用钢笔进行描图，同时还需记录绘画的层结构。通过观察画面表面了解颜料反光或哑光，半透明或不透明，作者是否

---

① 抄纸过程中水印空白边发生偏移甚至消失，水印偶见纸筛修理痕迹。

使用了清漆等。通过以上方法能够获得关于颜料所用黏合剂的初步判断。通过此类观察还可以在处理过程中不断地评估艺术家的创作方法，从而避免错误的修复操作。如文物为印刷品则应首先确定其印刷技术和色数。如果修复对象为一册图书，除描述装订技术和章节形式外，还须确认外包装的材料是动物皮、羊皮纸还是织物，进一步地研究文物的封皮、承装的木壳或纸盒。

技术结构的内容还包括诸如金属饰件之类的装饰、金粉书写的技术、印纹以及纸张的裁切切口是彩色还是金色等问题。在普遍情况下，绘制说明性图示会使记录更为直观，必要时可将需详细描述的细节使用拍照呈现的方法作为补充。

5．自然科学检测

为保证修复工作正确、顺利地开展，修复工作者首先应确定哪些分析、检测工作是有意义的，或者说哪些信息才是修复工作真正需要的。这可能涉及修复对象的技术结构，又可能与其化学成分有关。所以开展自然科学检测是做好文物保护和修复的重要手段。遗憾的是，鲜有收藏机构拥有自属的自然科学实验室。

在鉴定羊皮纸、黏合剂甚至某块补缀时，应寻求专业化学工作者的支持。此外，自然科学实验结果不仅有助于断代，更有助于进行艺术溯源和判断艺术品的真伪，对于那些在科学上还未完全认识且有关的文献档案相对匮乏、但其本身又极具价值的文物尤其有重大意义。

经过一定训练的文物修复工作者需要根据经验自行从研究对象上提取样本，而后附上相应的问题和需求送检实验室。对于化学工作者而言，分析结果取决于研究样本。所以文物修复工作者只有掌握基本的化学和物理知识才能懂得如何正确地提取样本，同时也能够预估到可能出现的研究结果。检测并不能为所有的疑问给出确切答案，有些问题尚待发明新的分析方法来解决，还有一些问题可能永远也无法得到答案。提取样本时总会有异物落到样本上，而化学工作者会照常进行化验和分析，所以在解读实验结果时一定要与自然科学家以及最了解文物本身和文物史的修复工作者共同进行深入探讨。

在修复工作中经常会遇到一种情况：修复中要恢复（撤除）前人曾经做过的修缮工作。这也恰好是一些委托研究的目的和动机。因为对纸张的修复往往是将来造成破损的最大潜在风险，研究结果将有助于分析具体的损坏原因。

特别是一些成分未知且发生老化的黏胶和人工树脂，其可溶性难以判断，因此会带来更严重的问题。此类问题反复发生在糨糊材料上，因为糨糊不是单一成分，而是与其他成分如明矾和松香等混合在一起的。拆开或者解除文物上的黏合部位往往会给文物原件造成很大程度的破坏。了解材料构成之后，既能够节省原本用来大量实验的时间，最主要的是还可以保护文物原件，不必进行有害的溶解实验。至于艺术品的修饰和油画的覆盖色也遵循同样的道理。因为近年来艺术家们常使用人工材料在纸上进行创作，由此产生的可逆性问题自然也就变得复杂起来了。

与传统造纸工艺完全不同，现代纸的制造过程中使用合成树脂黏合和涂覆。使用的胶料发生老化交联后，其中的大量大分子形成三维胶合，溶解性持续降低（有时甚至不可溶）。业内对该领域的经验相对较少，因此自然科学检测是十分必要的。利用科学分析可以找到合适的溶剂来溶解此类物质。但溶剂也可能溶解文物本身而形成严重破坏，因此找出温和且有效的溶剂仍然是修复工作者的一项任务。

面对此类问题时，文物修复工作者经常会使用巴尼克（G. Banik）编制的德文版的托拉卡（G. Torraca）溶剂三角对照表①。[76] 该表列有所有修复中常用的溶剂，并根据其溶解度参数、极性力分量、氢键力分量和色散力分量进行了排列。表中还列出了所有常见非水性的黏合剂（例如油、蜡、树脂等）的参数。将不同表格叠加使用可以找出适用于某类黏合剂的溶解介质。在此基础上，另外附有说明文字和阐述溶剂特性以及毒性的若干内容信息，对相应的技术参数也作了进一步的完善和补充。

此处尚未考虑把黏合剂加入溶剂时的物理变化。通过加入凝胶和加压改变反应时间往往比单独使用溶剂获得的效果更好。②

进行自然科学实验究竟是否有必要？到底应使用何种分析方法？这完全取决于被修复的对象。完成必要的修复工作并无对修复对象进行彻底的化学和物理分析的必要。不一定每次分析都能厘清研究对象的原始制作技术或者历史时代，即使偶尔出现研究结果无法说明事实的情况，也是可以接受的现实。比如当艺术品被劫掠、盗窃或者为了适合个人品位、适应某一特定的环境而进行了外观改造，此类情况都会在一定程度上掩盖其来源。此外还包括文物曾经过类似修复处理而导致几乎全部丧失其本来面貌。对此布拉切特的看法是："相信自然科学能够解决日常所有问题的想法，盲目将看似科学的信息进行堆砌……导致了人们今日的无知和自大。"[6]29

即使无确定的结论也仍然应记录下研究结果，以便为将来的进一步工作留下资料。每次论证都要以面向未来的眼光看待。当下的修复虽然给文物增加了一段新的历史，但是会为日后的解读带来障碍。人们通过不断地积累知识和经验而为后代创造更好的条件，一些目前无法解释的偶然事件在将来也许就能迎刃而解。

总而言之，自然科学分析是修复工作中不可或缺的部分。研究艺术技法时，修复工作者与艺术史家以及化学工程师协同工作可以收获更大的成效。大量事实证明：许多成功的文物保护和修复工作最终都归功于跨学科间的共同参与，集思广益可以产生思路。自然科学为修复工作提供的支持在其中扮演着越来越重要的角色，虽然不必对每件文物均进行实验分析且投入大笔资金进行修复，但是从目前德国公开发表的修复案例来看，绝大多数文物在修复前都进行了前期实验性科

---

① 为一套表格，包含几个不同表格。
② 19世纪末期的一批油画框边条为研究提供了凝胶和压力产生作用的证据。边条是被油画颜料反复浸染过的，其在历史变迁中反复被刷上油画颜料。全部颜料层都保留至今，所有的颜料层均自然老化，因年代差异而变得坚硬、易碎，且油性颜料发生了不可溶解的氧化反应。这些边条可以用于实习操作，以积累使用溶剂的经验。由20多年处理此类文物实践得出的结论：并非反复测试过的溶剂和混合溶剂才有最理想的效果，更有效的办法恰恰是改变反应时间。即使最简单的溶剂，例如水和乙醇，添加到甲基纤维素凝胶内也足以达到颜料层剥离的效果。使用一种只释放溶解性蒸气而不会释放水汽或潮气的凝胶可以进行安全可控的剥离操作。

学研究。尽管如此,却不能因此断定不分析就不能进行修复,或者说不开展科学研究修复工作就绝对不会取得良好的成效。调查研究在某些情况下是必要的而且是非常有效的,但有时却是根本没必要进行的,过度或者不当的实验分析甚至可能会对文物造成破坏。

6. 现状和损坏的原因

文物现状是对文物当前状态的描述性概括和评价,需要将文物从制作完成时刻起直至当下所发生的变化全部记录下来。一方面包括材料在自然老化过程中的变化以及使用中留下的痕迹,例如褪色、变色、包浆等;另一方面还需记录由于保管或者处置不当造成的损坏,例如裂缝、破洞、水渍痕迹等。较大的破坏往往正是由于早期修缮和不合理的修复造成的。

关于现状的描述适当与否往往难以评价。很多时候主要依赖修复工作者的个人经验,无法始终保持公正客观。为了做到直观且尽可能地客观有很多方法可用,以下将逐一介绍。

关于总体状况最简单的记录办法是拍摄照片。拍摄照片对于表现破损和解释破损原因是十分有效的手段。

此处所选实例(见图8-5~图8-8)是一张18世纪意大利碳素和白垩壁画的素描草稿画。[77]文物背面使用了FABRIANO公司生产的纸进行包覆(背衬)。该生产企业为意大利最古老的一家造纸厂,至今仍在生产。

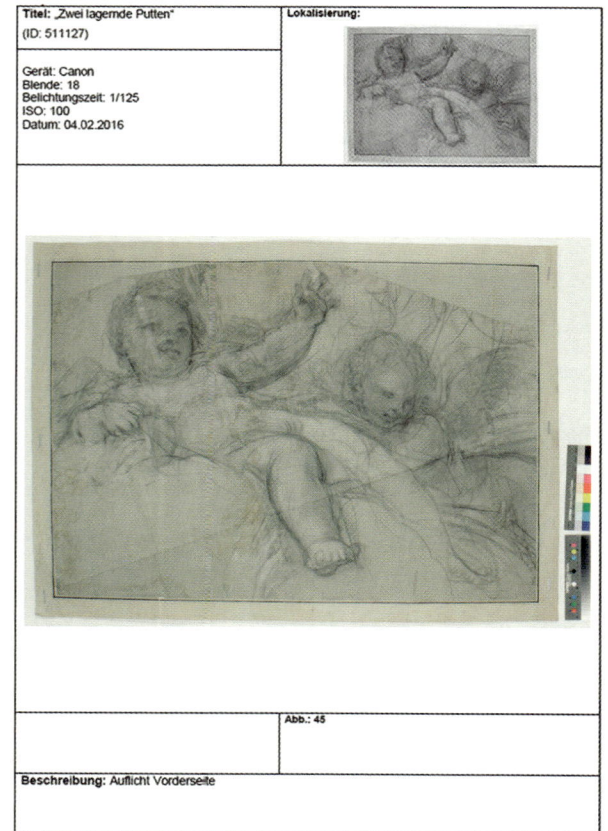

图8-5 直射光下的文物正面
制图:安娜·卢卡斯(Anne Lucas)

记录拍摄位置、拍摄内容和相机设置并创建数据表可以清晰直观地表现局部。在小窗(上部)内可以将大窗口中的画面进行细节性展示。记录相机设置以便在拍摄文物修复后状态时保持与修复前相同的拍摄条件。如此可以防止发生照片定性类的错误。拍照时在文物边放置色卡有助于在未来分析时避免色差。

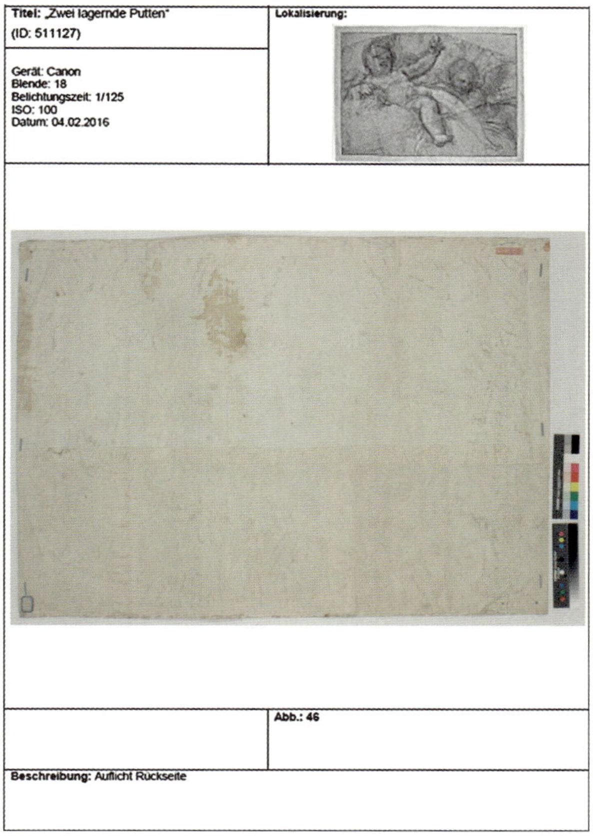

图8-6 直射光下的文物背面
制图：安娜·卢卡斯

为文物正面和背面拍摄照片时布光和相机都应取相同的设置。使用三脚架和摄影灯可以获得更为清晰的、可用来比对的照片。对于需要特别强调的地方，例如图中文物背面的褐色污渍可进行细部微距拍摄，随后归入数据库中。此处色卡并不是用于纠正画面偏色，而是主要起指示物体大小的作用。

图8-7 侧光下的文物正面
制图：安娜·卢卡斯

只需在文物侧面布置一盏摄影灯即可获得侧光。侧光拍摄可以很好地显示纸张的翘曲程度。发生翘曲的原因是使用了黏合力强的胶料。另外侧光下也比较容易看清拼接成一整张画纸的碎页。彼时纸张的宝贵程度一望可知。临时绘制的草图仅为短期使用直至作品完成。因草图并不属于艺术品本身，之后一般按规定应被销毁。这也解释了为什么当时用各种纸头拼成的纸来绘制草图。此种草稿类文物传世极少。

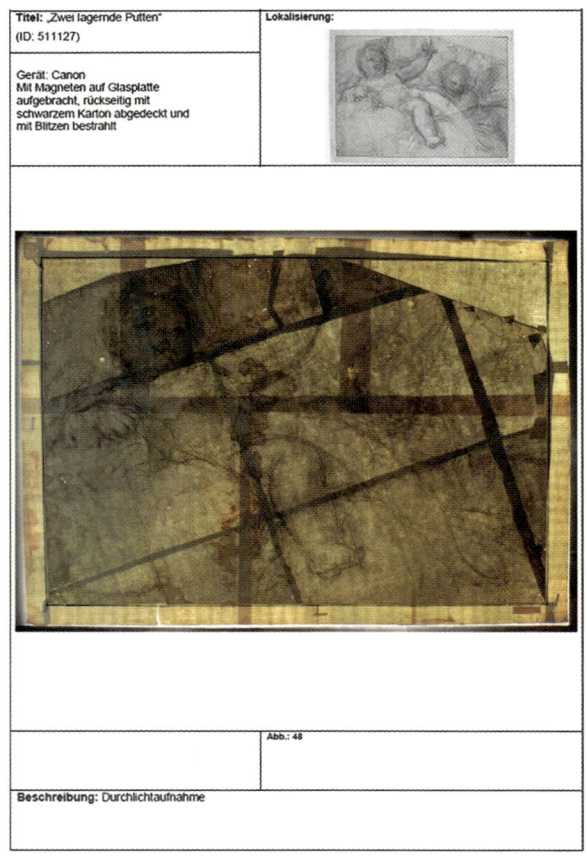

图8-8 透射光下的文物正面
制图：安娜·卢卡斯

透光拍摄是借助装有荧光灯管的反射台来实现的。反射台特别适用于查看反复多次黏合拼接而成的原始书画以及后期贴补上的背面衬层。此外还可以观察到为了封闭裂缝而制作的折边的咬合部分。图上还有若干小洞、一条裂缝和夹在两层纸中间的已经变色的黏合材料。透射光下更容易查看筛网的结构和水印。

通过上述示例可以说明摄影图像对表现、记录文物损坏及发现损坏原因的重要作用。因为每张照片均应分别占用一整页才能保证画面的大小，所以照片记录一般都被收入附录中。只有当一张照片与描述内容直接相关时才以简图的形式与连贯的文字附在一起。

如有条件应把文物的现状和破损按照产生的原因分别归纳并加以评价。可按照以下几类进行归纳：

①老化。如纸张的酸腐蚀、变脆和颜色变深以及蒙上灰尘等。另外黏合剂的脆化及其变色也属于此类老化现象。制作技术上的缺陷属于原生性缺陷，由此产生的某些连带变化也属于老化。气候环境在其中扮演着重要角色。老化状况也经常被描述为古色。

②确认文物使用过程中使用者行为在多大程度上影响和改变了文物现状。一般表现为手汗的印迹、纸上的折角、污渍或者是裂口。

③特殊事件。如水淹、火烧、地震、战争等。此类情况对文物的完整状况会有很大的影响，可能会留下严重的破损。

④修缮和修复。如裱褙（贴衬）、嵌补、全色等。此类情况应单独处理并形成文件，然后按照相应的修复方式加以分类。

文物所有者提供的关于文物近况的重要信息，比如介绍有关文物保管、处理、使用情况以及气候、用途和安放地点等外部影响，往往对于解读文物现状有重要意义。因诸多因素共同产生影响且中间过渡很难清楚划分，有时整理全部信息较为困难。

文物现状评估对文物保护和修复的最终决策有着极其重要的作用。保护和修复的方案、破损强度和破损范围都是重要的参考因素。为了达到直观的效果，最简单的办法是制图记录（含有图和信息的概要记录）。制图可以全面反映当前的实际状况，在将来进行损伤诊断时图纸的价值也非常高。出于同样的原因，针对当前所采取的修复措施也可以利用专门的制图方法图文并茂地加以记录。另外还应编写注解，对在制图过程中所做的标记进行解释说明。

手工绘制图要考虑到老化褪色的因素，应使用专业的黑色墨水绘制。但是在数字化的潮流中，越来越多的手绘卡片图已经实现彩色制图。本行业制图的确切统一标准在实践层面上并不存在，但每家收藏机构应制订相应的内部规定并在今后严格执行。

以下将根据前面例图介绍两张关于绘制文物损伤图的样图，此外还需绘制图例用以解释所绘的各种标记，具体见图8-9和图8-10。

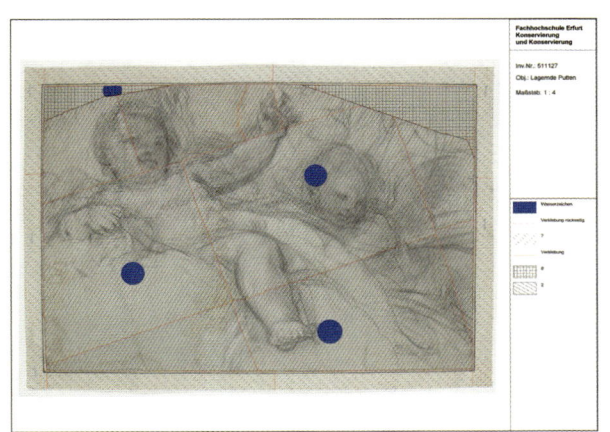

图8-9　绘制的文物损伤现状图一
制图：安娜·卢卡斯

画纸内部的黏合状况用红色线表示；文物背面的粘贴用菱形格图案表示（右上和左侧）；外框的年代较近，见阴影部分；水印的大小和位置用蓝色点表示。

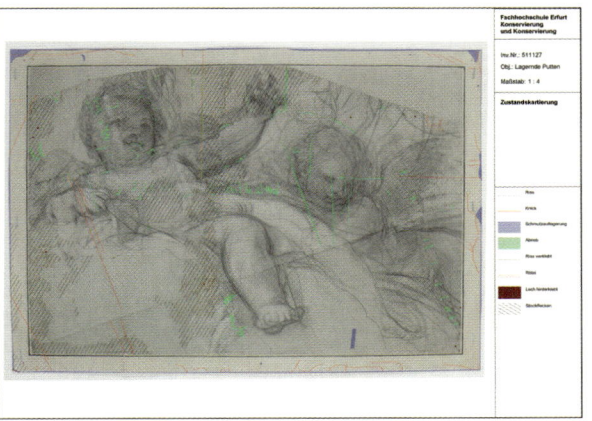

图8-10　绘制的文物损伤现状图二
制图：安娜·卢卡斯

折痕（红色线）；表面污垢（紫色面）；擦痕/磨损（绿色面）；红笔划痕（锯齿线条）；破洞（红色面）；霉斑（阴影部分）。

7. 方案与计划

将文物的年代、唯一性、历史维度、价值和保护现状等全部信息加以总结，并对自然科学研究结果进行评价和汇总，是文物保护和修复方案的基础。设计修复方案时尽管依托科学依据且尽量接近客观，但毕竟不能完全排除个体的和情绪上的主观想象，从而导致一些解决办法上的互相偏离，对此要视具体情况并根据其可能性和可行性进行权衡。设计修复方案的基本原则是应从道德伦理观的角度出发给修复对象以尊重。特别要注意的是：除将来的文物保管外，也要考虑到文物的使用性。如果必须恢复文物的使用价值，则修复的手段必然会有很强的干预性（介入）。如有必要，可提前制订关于文物使用管理的手册或规则。为此无疑需要对人员进行培训，这是此项工作的前提条件。

对于最终决定修复介入的程度和强度的问题，需修复者本人负主要责任。如果采取修复措施则可能导致重要信息的丢失，相反，如果放弃修复则会使有害的物质继续留在文物上。所以对于文物现状判断的正确与否决定了修复措施的成败。

修复介入的最终原则是"少即是多"。这一原则上百年来在文物修复行业里广为流传，约定俗成。其表意为：对于每一次介入性修复都要谨慎考量，仅对紧迫而必要的情况采取措施，避免过度修复。

另外还要根据经验做出决定，修复处理时越是谨慎克制，下次修复可能就越提前。但修复越做越多，在一段时间内也会导致损失加重，因为每一次介入性修复同样也是对原始材料的破坏。正因如此，需要考虑在满足使用目的的前提下，采取预定的修复措施后文物能维持在安全状态的时间到底有多久。至于尽量降低信息损失的风险，此处无须另外强调。

使用添补材料要确保材料在化学和物理上的兼容性以及长期耐用性。为安全起见，使用人工材料和黏合材料时要保证其不会破坏文物原件，而且这些材料应能长期不变地保持可溶性以确保在后续修复时可以不受限制地选择处理方法。

对于确实比较难解决的问题，如果预计未来会有新的科学认识和方法，有时也可以留待日后再解决。但如果文物本身呈现出进一步损坏的趋势，则还是要对文物进行强化保护和预防处理。对于文物之前所做的处理，在不满意的情况下可以多次修复（或撤去）。虽然恢复从前所做的修复可能造成历史信息丢失，但是在此意义上却是符合人文道德价值观的。

最后要说的是文物的长期保存、使用及其视觉外观的问题。图8-11再次阐述了纸质文物修复方案中的所有要点。

一旦经与全部相关人员研究讨论并就最终修复目标达成一致，则应确定达成目标的具体方法以及必要的工作步骤并讨论其必要性。如待处理文物为可以标准化的文物对象，则应就处理方法的适用性和可行性做进一步的研究和试验。相反，如果材料的构成、文物制作或者当前状态都尚不清晰，为了保证随后的文物实物试验能取得最好的结果，则建议先用仿制品进行一系列的测试，这些测试同样也需记入文档。

8. 保护和修复

档案中此类内容是对文物进行实际保养和修复过程的真实记录，全部工作步骤应用文字和图片说明。对操作过程和文物的阶段性状态进行拍摄可使所采取的修复措施一目了然，这也便于文字内容的理解。新添加的以及文物自身保留下来的材料和材料配方都要在文档中进行详细说明。科学修复的工作中不存在所谓"保密"方案，因为这违反了修复的基础伦理原则，且会给将来的进一步处置造成困难。

9. 预防措施的建议

如果未能提前预防则保护措施也仅是在有限时间段内有效果。任何保护和修复都不能达到如预防措施一般的长期维护效果。对文物采取介入手段仅为应急措施，若想长期使用，适当合理的保存、监控和维护才是决定性的因素，所以必须把预防措施的建议也纳入文档记录。对后续的保护以及使用和处置提出相关建议，此为修复工作者的职责所在。并非所有馆所都有充足的人力来

艺术史分类
视觉、艺术性、
风格、技法等方面

技术研究
制造方法、
原件表面和内在特性

技术：技法、颜色构成、
颜料（颗粒）、染料、黏合剂、
符号技术、字体、铅笔、粉笔、墨水、
印刷技术（凸版印刷、凹版印刷、平版印刷等）、
单页、书、经折等

纸张检测和研究

文化史方面
手工造纸或工业造纸，
水印、筛网结构，
表面结构，
纸张强度、纸张大小

自然科学方面
显微镜下：纤维研究，
分析：黏合剂、颜料、
施胶/松香胶，
紫外线、红外线、X射线

现状诊断
材料相关的老化、使用痕迹，
保管不当导致的损毁或破坏，
早期的干预、修缮、艺术修复等，
对文物有影响的历史事件

价值和未来功能
唯一性、历史价值、预期价值，
图书馆主动使用，
长期展览中被动使用，
收入库中不予使用，私人经常使用

环境条件、预防措施
陈列柜、展柜，
在库中适当包装并保存，
气候（温湿度）、光照度、文物存放环境中的有害物质

图8-11 修复数据方案总导图

解读和执行此类建议,因此修复工作者不仅要对此给出建议,还应以行动加以支持。此外,对于某些文物还应该有特殊的预防措施,并以制度的形式加以明确。只有修复工作者的建议得到遵守并执行才能保证修复工作的质量。

10．附件

附件中会提供一些解释说明性的内容,为保证正文的可读性而并未放到连续的文字叙述当中,其中也包括某些与修复工作不直接相关的信息。具体如下:

①艺术或文化科学的背景信息,如有必要也可附上专业人员的有关信函。

②详细的自然科学研究结果,附上相应的图表。

③文物照片,仅用于表现当前的状态而与内容无关,但对于日后的修复有重要作用。例如同样的损伤在不同的位置多次出现。

④因为数量过多而超出文档容量的部分图纸。

⑤使用材料的详单及其相关的技术参数表单,说明材料的化学成分和生产商信息等。

⑥本次修复工作所涉及的文献索引,并应指明引用出处。

8.2　19世纪会计账簿修复案例

本案例以昆豪森地区19世纪会计账簿为修复对象,选取账簿中的179号和199号文件作为具体修复部分进行介绍,修复人为侯然。修复前照片如图8-12～图8-15所示。

图8-12　179号文件正面

图8-13　179号文件背面

图8-14　199号文件正面

图8-15　199号文件背面

8.2.1 修复对象鉴定

1．基本信息

修复对象：昆豪森地区19世纪会计账簿

具体修复部分：179号和199号文件

作者：集体

年代：1836

所有者：德国图林根州昆豪森地方政府

材质：碎布纸、印刷颜料、鞣酸铁墨水

纸张尺寸：高9cm，宽21.5cm，厚0.12mm（179号）
　　　　　高9cm，宽21.5cm，厚0.09mm（199号）

来源地：德国图林根州埃尔福特市昆豪森地区教堂

2．修复对象来源

昆豪森（Kühnhausen）教堂坐落于德国图林根州首府埃尔福特市区以北7km处。教堂始建于15世纪，1703年在原基础上进行翻建时只保留了原有的塔楼，其余建筑部分均被拆除。

1984年在对昆豪森博塔科里教堂（见图8-16、图8-17）进行整修时，于一架有300年历史的管风琴后发现一本账簿。账簿被发现时已残破不堪，据推测可能于1945年第二次世界大战结束前夕被当地村民与其他地方文件一起集中藏匿。纳粹军在撤退前试图烧毁村庄所有相关历史档案，大部分关于村庄历史的文献都被付之一炬，仅其中部分资料因村民们及时抢救幸免于难，此份账簿是其中之一。不幸的是，被抢救出来的大部分文件在战后又被盗走，账簿因此成为有关村庄历

图8-16　昆豪森博塔科里新教堂

图8-17　教堂内部管风琴历史照片（"二战"结束不久后拍摄）

史的极少数珍贵记录。[①]

埃尔福特应用科技大学于2011年2月15日承接了账簿文件的修复工作。接收时大多数书页残落，仅小部分被缝在一起，具体如图8-18所示。账簿共300页左右。根据收据标注日期分析，账簿的页码错乱，纸张保存状况也很差。

经修复组全体人员讨论决定，确定该文件的修复目标为：保存文件信息可读性，不为美化修复对象而进行人为加工。由于该修复工作为学生教学实践，因此修复时将采用三种不同修复方法，以尽量延长文件保存时间。

下文主要以两份账簿内页为例，详细阐述修复理念以及具体实施过程。

图8-18　账簿部分内页送修时状况

8.2.2　修复对象描述

经与教堂中保存的其余账簿文件比较后初步推断：两份文件均来自同一本尺寸略大于A4纸的收据账簿。从被裁切的一边可以判断账簿的原始尺寸。账簿的每一页（联）均印有四份和179号文件相同大小的收据，供登记者填写并撕下保存。经过分析两份文件撕痕可以发现：因纸张上下边缘均被裁切，179号文件来自A4纸的中间位置；199号文件则来自纸张的最上端，该文件的上端边缘无裁切痕迹。

其中，文件字母部分为印刷字体，另有手工填写部分。最上层颜料是表示确认填写数据正确性的红钩，打钩人应是彼时教堂管理人员，与填写表格者并非同一人。

纸张印刷颜料色彩不稳定，颜色渐层介于黑色与深棕色之间。手写部分系羽毛笔蘸墨水写就，判断依据为：每句起笔处墨水色彩覆盖度较高，且接近黑色；书写过程中色彩覆盖度递减，句末最浅且接近棕色，依次循环，而这一现象符合用羽毛笔反复蘸墨水书写的特点。

8.2.3　修复对象现状研究

1．纸张损坏状况

纸张因微生物侵害导致损坏严重。修复前纸纤维已失去韧性，书页几乎无法翻动。黏合剂降解导致部分纸纤维脱离。纸面因暴露在空气中产生了类似绒布的触感，修复时此表面变化使纸张

[①] 相关信息由昆豪森居民艾尔哈德·特滕伯恩（Erhardt Tettenborn）先生口述。

之间很难分开，分离时稍有不慎会使纸张折断。

受微生物的影响，纸张上散落了很多从浅棕色到深棕色的大小不一的斑点。斑点极有可能是细菌和霉菌的代谢产物，像粉尘一样遍布纸张表面。纸张结构上存在纤维断裂和缺损等物理性损伤。此外，纸张边缘有不规则的虫蛀和鼠咬痕迹，部分文本也受到了影响。

纸张存放环境不甚理想，书写使用鞣酸铁墨水，但书写文字部分纸张变化不大，虽有局部墨水渗到纸背，但墨水并未将纸完全腐蚀。

2．酸碱度测试

酸碱度检测是分析纸张保存状况的重要环节。修复前需要对纸张进行酸碱度测试，尤其是含有植物胶成分的工业纸，酸性环境通常会导致纸张进一步劣化和降解。测试结果显示：两份文件的pH值均为5.0，为偏酸性。其中，179号文件酸碱度测试如图8-19所示。对比试纸的颜色后发现与对照色并不完全匹配，推测是由寄生在纸张表面的微生物引起的。

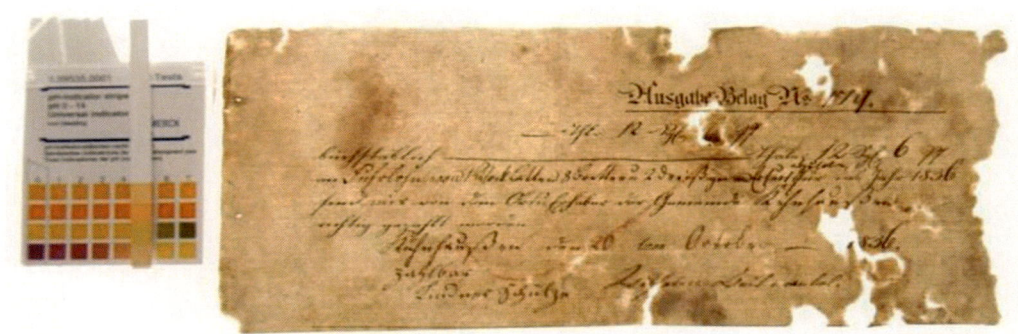

图8-19　179号文件酸碱度测试

8.2.4　实验室检测

1．显微镜检测结果与分析

采用普通显微镜[①]对修复对象表面进行检测，检测结果如图8-20～图8-23所示。分析可以发现：短且细的纸张纤维按同一方向排列压制在一起。纤维走向表明纸张为机制纸。纸张纤维在显微镜下整体光泽度较强，推测可能在生产过程中加入了植物胶作为黏合剂。纤维中含有5%～10%的木质纤维添加物，该添加物一般是抄纸前就被加在备用的纤维团中。一般情况下添加木质素会使纸张更容易酸化和脆化。考虑到木质素直到1843年才被申请专利，可以认为纸中添加的并非真正的木质素，而应该是利用韧皮纤维制得的植物性杂质纤维。

纸张纤维主要组成色为白色，中间还均匀地掺杂着未经漂白的红色及蓝色碎布纤维，纸张在碎布纤维和木质素混色后呈棕色。

---

① 产品名为ASKANIA SMT 4。

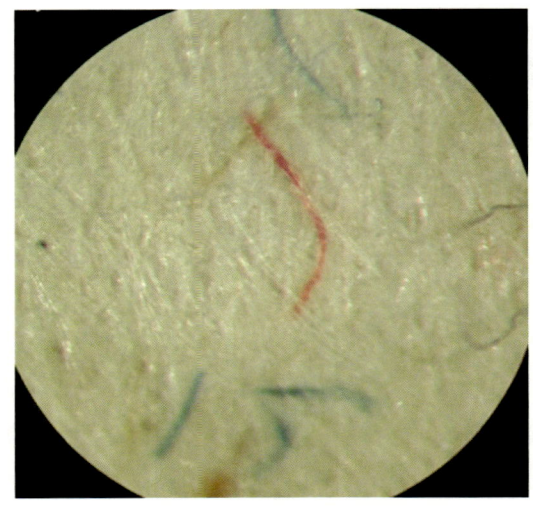
图8-20 纸张纤维显微镜照片

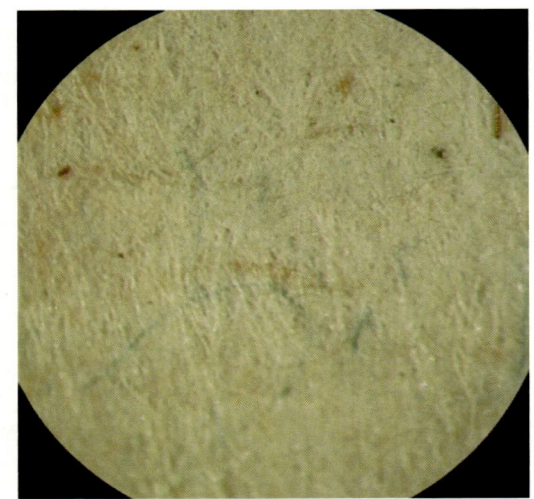
图8-21 纤维压制方向显微镜照片

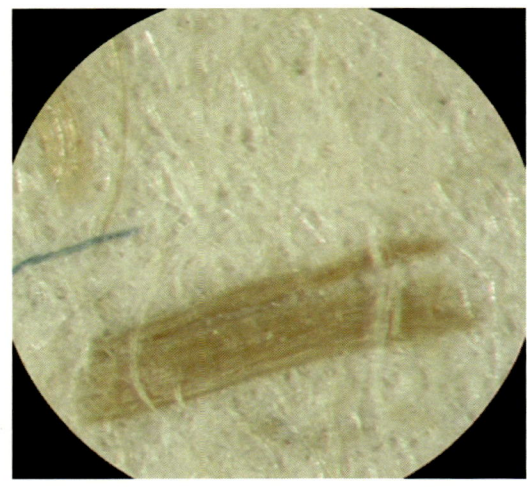
图8-22 木质纤维添加物显微镜照片

图8-23 鞣酸铁墨水显微镜照片

2. 纤维分析

经纸张纤维分析（见图8-24和图8-25）发现：纸由碎布和大麻纤维组成，添加物为脱皮的韧皮植物纤维。

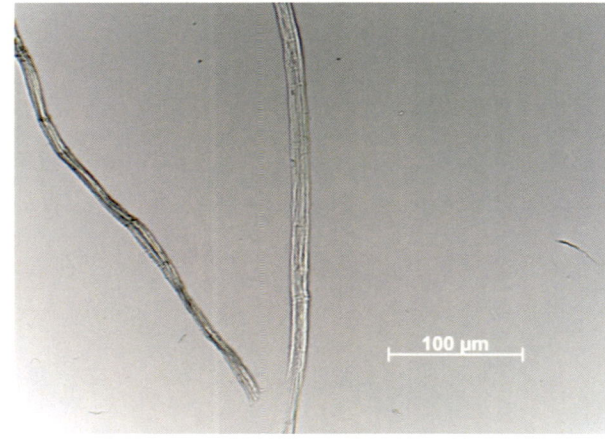
图8-24 纤维分析显微镜照片（透光，无滤镜）

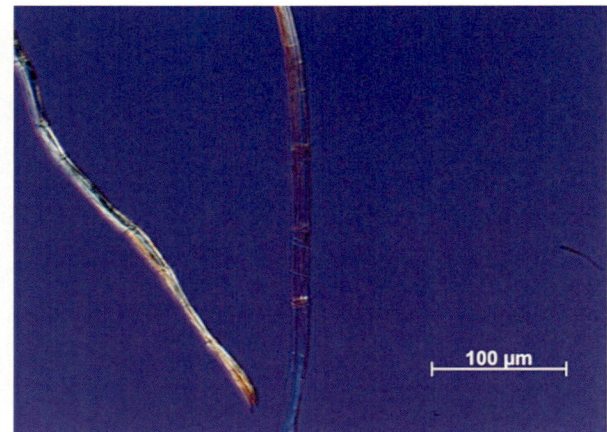
图8-25 纤维分析显微镜照片（带滤镜）

3. 鞣酸铁墨水测试

经测试，书写所用墨水不溶于水。与其他pH值较低的纸张相比，修复对象的墨水字迹保存状况较好，未发现有墨水腐蚀痕迹或鞣酸铁墨水特有的光晕。根据视觉颜色效果判断应是鞣酸铁墨水，再次用试纸进行测试，所得结果为Fe^{2+}（浓度约3mg/L），可以确认是鞣酸铁墨水无疑。图8-26提供了测试时的标准色阶对照表，图8-27为测试10s后的变色效果。

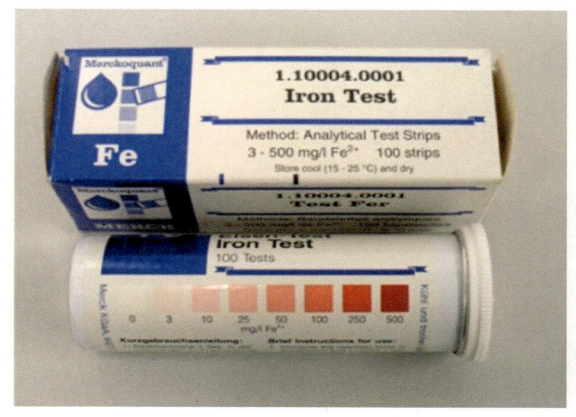

图8-26 标准色阶对照表

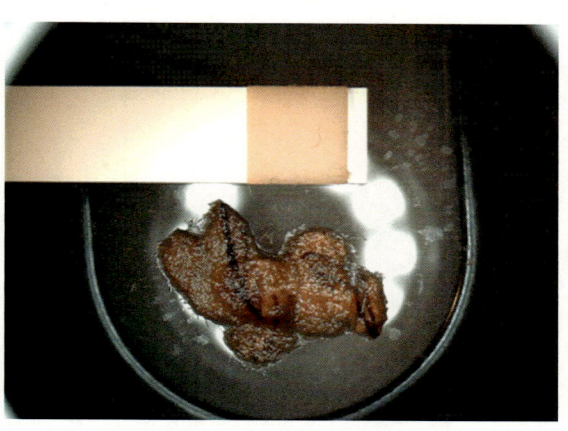

图8-27 测试10s后的变色效果

4. 紫外光检测结果与分析

图8-28和图8-29分别为紫外光下文件的正面和背面。与印刷油墨不同，紫外光下手写墨水可以更明显地显示出来。通过紫外光检测结果可以进一步证实纸上书写使用的是鞣酸铁墨水。同时在紫外光下还可以看到纸张背面下半部的墨水腐蚀痕迹。纸页上红钩部分使用的是彩色铅笔或蜡笔。紫外光检测下纸张受微生物侵害而引起的降解劣化和变色的程度也清晰可见。上述现象仅通过普通光源是无法辨识的。

图8-28 紫外光下文件正面

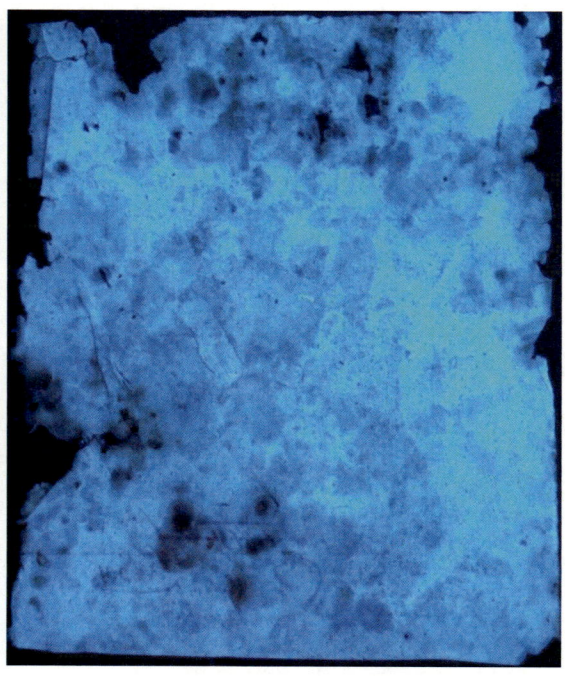

图8-29 紫外光下文件背面

5. 微生物检测结果与分析

为进一步厘清导致纸张损坏的生物学因素，还需对纸张的微生物进行培养和分析。修复过程中使用 Envirochek® Contact YM（R）培养基来测定微生物侵害。培养基有正反两面，其中白色一面用来培养细菌，而红色的一面用来培养霉菌。检测时先将培养基短暂覆盖在被细菌污染的纸张表面，10s后移开并将其置入28.5℃的恒温箱中。培养大约两天后白色面上有红色的斑点显现，一周后斑点上又出现了一些形状各异的玫瑰色真菌。图8-30和图8-31分别为发现的蠕虫状细菌和杆状细菌。

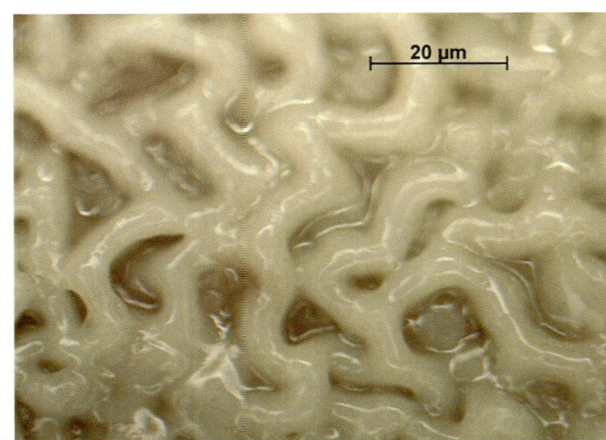
图8-30　蠕虫状细菌

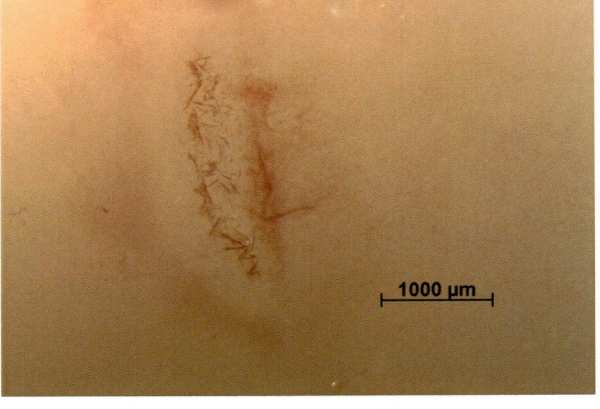
图8-31　杆状细菌

此后进行的两次重复测试结果都与第一次相同，均在白色培养基表面发现了杆状细菌。进一步研究结果表明，该细菌属沙雷氏菌属，同时也有白色和绿色的菌种形成。图8-32显示了白色细菌的生长状况。培养基用于测试霉菌的红色面始终未发生变化。除此之外，在显微镜下还观察到青霉和曲霉（见图8-33）。

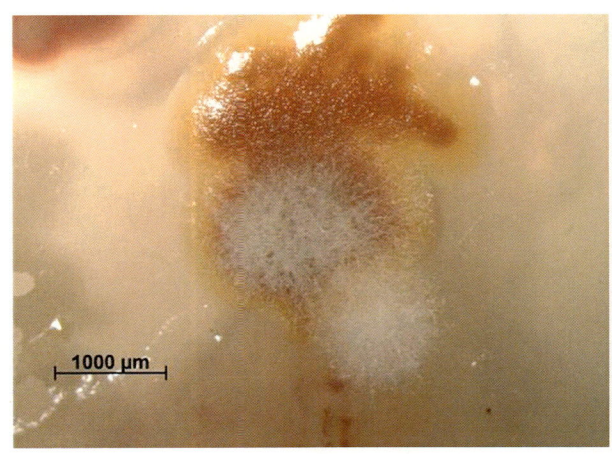
图8-32　白色细菌的生长状况

图8-33　霉菌菌丝

8.2.5　损坏原因分析

综合上述分析结果,可将该账簿文件损坏的主要原因加以归纳:第一,文物被发现前一直存放在教堂的管风琴中,由于教堂环境空气湿度相当高且粉尘较多,纸中的纤维素和半纤维素很容易成为细菌和真菌的培养基,从而导致微生物侵害;第二,真菌会分泌酸性代谢物,进一步引发纸张严重降解;第三,部分缺损来自鼠咬和虫蛀;第四,墨水腐蚀造成部分损坏,鞣酸铁墨水与空气中的硫化物结合也是纸张损坏的重要因素之一。

8.2.6　修复思路和步骤

1. 修复思路

文件修复前损坏已经非常严重,仅少数纸页尚能翻阅不致破损。考虑到该账簿为昆豪森地区珍贵的地方史文件,修复方案应以保护其历史价值作为主要目的。即将有文字信息的部分作为首要保护对象,保证其内容得以流传。

2. 修复步骤

首先,应对被修复文件进行消毒和干燥清洁,以防细菌孢子进一步扩散损坏修复对象和威胁修复人员的健康。其次,须对纸张进行清洗。清洗时使用碱性溶液中和纸张中的酸性物质,以提高纸张的pH值,使纸张状态不再因酸性破坏而继续恶化。第三,为纸张再次填充纤维素也是必要步骤,可以加固纸纤维并使脆化的部分重新恢复韧性。

在对纸张中间和边缘缺损部分进行修复时,可以采用粘贴填补、纸浆填补或镶嵌填补的方法。修复时所需补纸或纸浆纤维应根据各个缺损部分的纸张厚度和颜色进行单独匹配。考虑到账簿今后可能会用于历史研究,为保险起见,有必要在填补后进一步加固。第二层可以选择定量为 $3.7\,\mathrm{g/m^2}$ 的日本楮皮纸[①]。值得注意的是,由于文件美观性居次要地位,因此不需要全色。

目前尚无法确定账簿散页是否应全部重新装订。昆豪森地区的教堂管理人员将于日后用拉丁文重抄账册。

8.2.7　具体修复措施

1. 干燥清洁

干燥清洁时可在纸的正反两面用毛笔轻轻推动橡皮粉[②],目的是去除表面灰尘以及霉菌孢子,

---

① 日本 Paper Nao 公司产。
② Smear Drafting Powder®(德国品牌)。

同时可以让原有的污渍被橡皮粉包裹后更容易被修复专用的吸尘器吸除。操作时修复人员应戴上手套和口罩，以防细菌感染。

2. 消毒措施

防止霉菌进一步扩散是整件修复工作的重要环节。首先要对墨水进行防潮测验，之后才可以对文件进行消毒。消毒用70%乙醇和30%水的混合液体对纸张表面进行喷洒，操作时每个角落都要喷洒到，粗略地喷洒无法彻底消灭霉菌。

3. 溶液清洗和脱酸处理

考虑到纸张上的印刷颜料和手写墨水均不溶于水，可以用专门的溶液对纸张进行清洗。清水洗涤过程可以让纸张得到再次加固，因为纤维在水的作用下会再次缔合①。同时纸张所包含的酸性成分以及表面污渍也会被洗去一部分。

清洗时可将纸张放在一张滤网上浸置于水槽②中（见图8-34），水槽中的水应多次更换直到完全清澈为止。同时可以用一支软毛

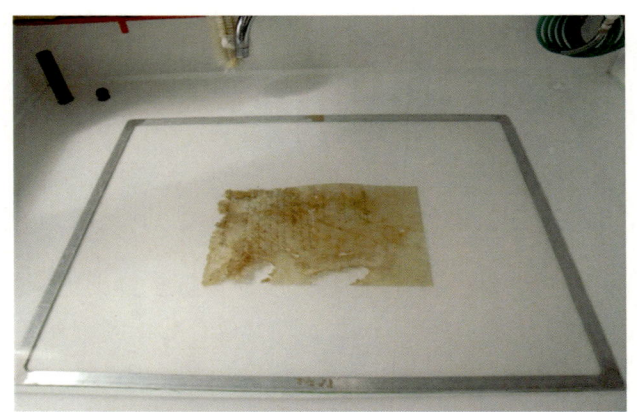

图8-34 被置于滤网上清洗的纸页

笔轻轻按刷纸张表面污渍处，使清洁效果更加理想。[78]另外，在此过程中还要密切关注纸张状况，以免纸张在水中浸泡时间过长，较短纤维重新松开导致纸张降解。

4. 碳酸镁缓冲液应用和纸张加固

为尽量保持脱酸效果，修复过程中可向纸内适当添加碱性成分[79]。在脱酸后需将纸再次浸入装有碱性溶液的水槽中。该碱性溶液可以选择甲基纤维素③和碳酸镁缓冲液配合使用。甲基纤维素具有补充黏合剂的作用，加入后可以让纸纤维再次加固。经过此程序后纸张不再斑驳发脆并呈现柔软而富有韧性的状态。

如图8-35所示，压干纸张时必须将修复对象嵌放在上下两层聚酯无纺布和吸水纸板④之间，在最上方盖上玻璃板并施以重物。采用聚酯无纺布作为修复对象和吸水纸板之间的阻隔物，可以防止修复对象和纸板在干燥后粘在一起。用来压干纸张的所有材料⑤必须在纸张从水槽中取出前准备完毕，并以最快速度将纸张从水槽转移至压干处。这样可以防止吸水饱和的纸张纤维突然转移到干燥环境中发生收缩而引起损坏。

---

① 相同或不同分子间不引起化学性质改变而依靠较弱的键力（如配位共价键、氢键）结合的现象，不会引起共价键的改变。
② 经过滤的pH值为中性的水。
③ 产品名为MC P793-1000，来自Preservation Equipment公司。本案例中所用甲基纤维素均为此产品。
④ 来自Klug Conservation的不同厚度的吸水纸板。
⑤ 德国文物修复术语称为"干燥床"或"干燥套层"。

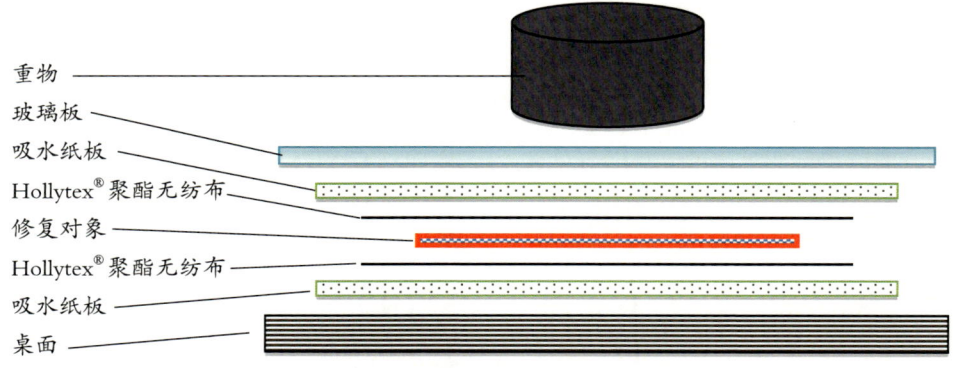

图8-35　压制干燥床(套层)结构图

一般每天要调换一次吸水纸板。① 如果修复对象非常潮湿，则需要在一天中多次调换吸水纸板。由于纸张纤维自身的敏感度较高，轻微的潮湿就可以使其收缩，从而影响纸张表面的平整度。所以，压干过程要一直进行到纸张完全干燥才能结束。图8-36所示为压制干燥过程中的纸张。

图8-36　压制干燥过程中的纸张

5. 缺损填补

由于两份修复对象均有破洞和裂纹，影响了整份文件阅读的流畅性，同时为了保护纸张本身和文件阅读性能，以及维护纸张整体外观和谐统一，还必须对纸张的缺损处进行填补。

填补缺损处所用材料可选用定量为 $52\,g/m^2$ 的日本楮皮纸②，主要是因为这种纸色泽、厚度以及表面纹理与修复对象都较为匹配。

粘贴前首先将楮皮纸裁剪成比缺损处宽2～3mm的补丁，然后用手术刀片小心地将纸张边缘处，即多余2～3mm部分，按从里到外的方向削薄。削薄的目的有两个：一是可以形成一个厚度变化的缓冲区，二是可以将补丁边缘的纤维拉出来一些，使粘贴更为牢固和紧凑。

粘贴时，将补丁粘贴于修复对象的背面。黏合剂为甲基纤维素③。该黏合剂的收缩性小于小麦

---

① 该操作称为"移床"。
② 日本Paper Nao公司产。
③ 调和至凝胶状。

淀粉糨糊，且具有较好的抗老化特性，修复后的纸张颜色透明，不易变黄。同时，甲基纤维素溶于水，是一种理想的可逆修复材料。

在填补过程中还需要注意：由于黏合剂本身潮湿度较高，在完成粘贴后还要对纸张再进行一次压干。压干时纸张贴有补丁的一面最好朝上，这样可以避免纸张翻转时补丁移位或脱落。考虑到纸张仅有一面局部受潮，所以压干时单面盖上吸水纸板即可（见图8-37）。

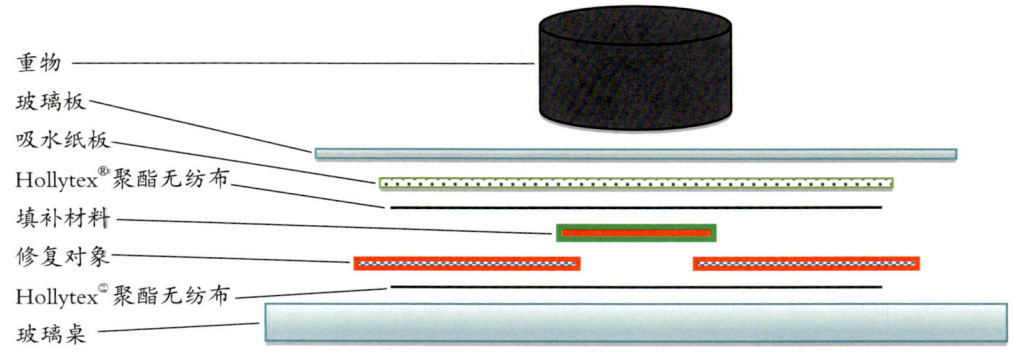

图8-37 填补缺损后干燥床（套层）结构图

6．托裱

托裱也是纸张修复的重要环节。在对纸张缺损处进行填补后，一般会在其背面再次统一以托裱的形式加固一层纸，使缺损处与原件更好地黏合，同时也可以避免日后翻阅造成损坏。托裱位置应选择无文字的一面。账册页托裱选用了日本楮皮纸，定量为 $3.7\,g/m^2$，黏合剂为甲基纤维素，工具为日本制糊刷。

托裱时可先将用于托裱的纸张平放在修复对象背面，然后用糊刷蘸甲基纤维素按从中间到四周呈放射状的方向迅速上糊。刷的力度和速度尽量保持一致，以减少气泡和褶皱产生。托裱完成后需将修复对象再次压干[①]。等纸张完全干燥后，用剪刀将边缘修剪干净即可。用于托裱的纸张由于透明度极高，故对文件外观几乎不会产生任何影响。托裱后的文件如图8-38~图8-41所示。

图8-38 179号文件托裱后正面

图8-39 179号文件托裱后背面

---

① 纸张干燥床（套层）结构与图8-35相同。

图8-40　199号文件托裱后正面

图8-41　199号文件托裱后背面

8.2.8　图片说明

表8-1对19世纪会计账簿修复案例中的相关图片进行了详细说明。

表8-1　相关图片说明

图片编号	图片名称	来源	相机参数	
图8-12	179号文件正面	侯然	相机型号：Nikon D200	
			曝光时间：1/13	
			光圈：6.3	焦距：18
图8-13	179号文件背面	侯然	相机型号：Nikon D200	
			曝光时间：1/13	
			光圈：6.3	焦距：18
图8-14	199号文件正面	侯然	相机型号：Nikon D200	
			曝光时间：1/13	
			光圈：6.3	焦距：18
图8-15	199号文件背面	侯然	相机型号：Nikon D200	
			曝光时间：1/13	
			光圈：6.3	焦距：18
图8-16	昆豪森博塔科里新教堂	Klausnitzer, Maria	相机型号：	
			曝光时间：	
			光圈：	焦距：

续表

图片编号	图片名称	来源	相机参数
图8-17	教堂内部管风琴历史照片（"二战"结束不久后拍摄）	未署名	相机型号： 曝光时间： 光圈：　　　焦距：
图8-18	账簿部分内页送修时状况	Abramowicz, Julia	相机型号： 曝光时间： 光圈：　　　焦距：
图8-19	179号文件酸碱度测试	侯然	相机型号：Nikon D200 曝光时间：1/13 光圈：6.3　　焦距：22
图8-20	纸张纤维显微镜照片	侯然	相机型号：Nikon Coolpix 4500 曝光时间：1/125 光圈：2.8　　焦距：7.85
图8-21	纤维压制方向显微镜照片	侯然	相机型号：Nikon Coolpix 4500 曝光时间：1/30 光圈：2.6　　焦距：7.85
图8-22	木质纤维添加物显微镜照片	侯然	相机型号：Nikon Coolpix 4500 曝光时间：1/30 光圈：2.6　　焦距：7.85
图8-23	鞣酸铁墨水显微镜照片	侯然	相机型号：Nikon Coolpix 4500 曝光时间：1/30 光圈：2.6　　焦距：7.85
图8-24	纤维分析显微镜照片（透光，无滤镜）	曾玮炜	相机型号： 曝光时间： 光圈：　　　焦距：
图8-25	纤维分析显微镜照片（带滤镜）	曾玮炜	相机型号： 曝光时间： 光圈：　　　焦距：

续表

图片编号	图片名称	来源	相机参数
图8-26	标准色阶对照表	Ute Lorenz	相机型号： 曝光时间： 光圈：　　　焦距：
图8-27	测试10s后的变色效果	Ute Lorenz	相机型号： 曝光时间： 光圈：　　　焦距：
图8-28	紫外光下文件正面	侯然	相机型号：Nikon D200 曝光时间：0.4 光圈：4.5　　　焦距：30
图8-29	紫外光下文件背面	侯然	相机型号：Nikon D200 曝光时间：0.4 光圈：4.5　　　焦距：30
图8-30	蠕虫状细菌	曾玮炜	相机型号： 曝光时间： 光圈：　　　焦距：
图8-31	杆状细菌	曾玮炜	相机型号： 曝光时间： 光圈：　　　焦距：
图8-32	白色细菌的生长状况	曾玮炜	相机型号： 曝光时间： 光圈：　　　焦距：
图8-33	霉菌菌丝	曾玮炜	相机型号： 曝光时间： 光圈：　　　焦距：
图8-34	被置于滤网上清洗的纸页	未署名	相机型号： 曝光时间： 光圈：　　　焦距：

续表

图片编号	图片名称	来源	相机参数	
图8-35	压制干燥床(套层)结构图	Ute Lorenz	/	
图8-36	压制干燥过程中的纸张	侯然	相机型号:Nikon D200	
			曝光时间:1/13	
			光圈:6.3	焦距:18
图8-37	填补缺损后干燥床(套层)结构图	Ute Lorenz	/	
图8-38	179号文件托裱后正面	侯然	相机型号:Nikon D200	
			曝光时间:1/13	
			光圈:8	焦距:28
图8-39	179号文件托裱后背面	侯然	相机型号:Nikon D200	
			曝光时间:1/13	
			光圈:8	焦距:28
图8-40	199号文件托裱后正面	侯然	相机型号:Nikon D200	
			曝光时间:1/25	
			光圈:8	焦距:30
图8-41	199号文件托裱后背面	侯然	相机型号:Nikon D200	
			曝光时间:1/25	
			光圈:8	焦距:30

注：部分相机参数不明，未给出。

8.3 木托羊皮纸文物修复案例

案例内容选自2014年的一篇硕士论文，作者为尤利娅·阿布拉莫维奇。例文旨在介绍收藏于耶拿弗里德里希·席勒大学图书馆二号大库的马克西米利安一世皇帝家族谱系的保存与修复。

文物创作于1537年，记载了哈布斯堡(Habsburg)家族世系十代贵族的变迁。从哈布斯堡的鲁道夫一世(Rudolph Ⅰ，1218—1291年)开始，截止到马克西米利安之子——西班牙国王菲利普一世(Felipe Ⅰ de Castilla，1478—1506年)。马克西米利安一世的家族谱系是一件展示家族历史、体现作者及其委托人的创作意志和目的的重要历史文献。

通过史学检索可以厘清文物的制作和使用历史，在此基础上利用科学方法归纳、总结包括羊皮纸、木版画、羽毛笔画、着色、镶框的木板以及金属嵌件在内的文物构成及其维护保养状况。本次研究的目的是确定文物的保存和修复方案，提高文物可读性；在埃尔福特应用科技大学修复中心实验性地将上述方案加以实施；针对未来展示提出一系列文物复原的可行性方案；探讨针对文物的气候调节和保存方法以便长期保持既有状态。

图8-42～图8-47对上述谱系图及其局部区域修复前后进行了对比。

图8-42 谱系图修复前

图8-43 谱系图修复后

图8-44 左上区域文本框修复前

图8-45 左上区域文本框修复后

图8-46 树形谱系中部区域固定、清理和复原前

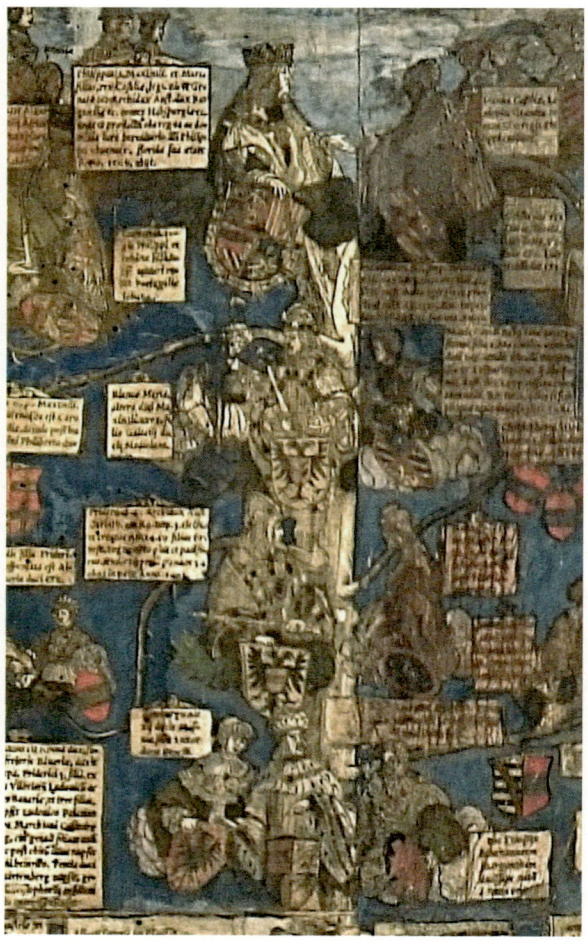

图8-47 树形谱系中部区域固定、清理和复原后

8.3.1 文物研究

1. 文物描述

马克西米利安一世皇帝家族谱系高118cm，宽61.5cm。彩绘木版画印在按水平四行、每行两张的排列方式交叠拼接在一起的八张羊皮纸上。画作贴装于一块木板托上。木板形状竖直，由三块竖放的条形木板从侧边拼接黏合而成，用木边制成外框将画作镶嵌起来。文物背面有一只手工打造的吊环，似是早先为展示时方便挂到墙上而制作的。

依视觉习惯可以将文物从上到下分为三个区域。上部区域除标题外，左右两侧各有一以鹰爪擎起的拉丁文文本框；中部区域的家族谱系图表现了十个世代三十多名哈布斯堡家族成员及其配偶、徽章以及简要个人生平，此外还记录了大约四十位祖先的名字；底部区域也有左右两个以凹弧饰和纹饰围绕的拉丁文文本框。木版画整体色彩丰富。

2. 历史研究

哈布斯堡家族以皇帝身份统治其帝国近700年。王朝始于中世纪，结束于20世纪。1273年尚为邦伯的鲁道夫一世当选罗马帝国皇帝，开始了王朝世系。[80]

大约在勃艮第宫廷时期，皇帝马克西米利安开始对其出身问题产生了极大兴趣，为此特命拉蒂斯劳斯·桑塔姆（Ladislaus Sunthaym）和雅克布·门内尔博士（Dr. Jakob Mennel）对其谱系进行研究。[81]16 随后通过制作印刷品将哈布斯堡王朝的荣耀广布天下、传世流芳。目前已知有超过二十种不同版本的谱系存世。[81]8, 31-39 其自我标榜的巅峰之作分别是制作于1512—1517年间的高3.57m的《凯旋门》（*Ehrenpforte*）和完成于1512—1515年间的长达54m的《马克西米利安皇帝凯旋图》（*Triumphzug Kaiser Maximilians*）两幅巨型木版画。[82] 阿尔布雷希特·丢勒（Albrecht Dürer）、约格·布罗伊（Jörg Breu）、卢卡斯·卡纳赫（Lucas Cranach）、汉斯·绍弗兰（Hans Schäuffelein）、阿尔布雷希特·阿尔特多弗尔（Albrecht Altdorfer）等名家都曾参与创作。[83]

本案例木版画作者应为小约格·布罗伊（Jörg Breu der Jüngere）①。另一件印法类似但着色不同的作品现存于奥格斯堡伯爵画库内。② 奥格斯堡的谱系图完成时间应在1536—1538年。经比较可以发现作者在耶拿的谱系图上对家族历史进行了补充，在谱系最顶行以羽毛笔画的形式添加了部分家族成员。补充内容分别在谱系图的上、下以左右文本分列的方式贴在木板上。通过文本框记录了作品的制作时间为1537年。文本框补充部分以不透明颜料着色，并用羽毛笔画突出了如衮服和冠冕等部分白颜色的细节。最后再在木板上加装装饰框和方便悬挂的金属环。耶拿的谱系图比奥格斯堡的谱系图内容更为全面，外观更为豪华气派。还以羽毛笔画的形式补充记录了马克西米利安世系的部分早殇幼儿，体现了委托人务求全面记录的强烈意愿。目前无法确认补充内容是

---
① 小约格·布罗伊，1510—1547年。
② 比对评估是根据奥格斯堡（Augsburg）提供的摄影进行的。

否系哈布斯堡家族委托制作抑或其他公侯家族馈赠，但可以确定补充部分在1540年前即已完成。

3．技术分析

技术分析是准确进行现状评估的唯一手段。除日光下的正常检查外，另有一些适用的、对文物本身无损的研究方法可供选择。紫外线、远红外线[①]和X射线[②]、化学染色法以及显微检测等技术都可以提供重要的相关信息。[③]

（1）羊皮纸。文物的羊皮纸表面光滑、不透光、无毛孔和纹理痕迹，但所属动物种类无法鉴定。根据均匀的表面与其弱纹理可以推测为羔羊皮，但也可能取自山羊或者绵羊。[84]羊皮纸厚度约为0.22mm，分析表明羊皮纸是用一层薄淀粉糊粘在木板上的。

羊皮纸上两处破洞应为动物受伤所致，但不排除在剥皮、剔肉或刮毛等环节中发生的可能性。下方文本区域有一处经印刷且裁剪适当的羊皮纸补丁，推测这是用来遮盖印刷错误的。下部区域两张羊皮纸重叠处也有两块用于增加强度的补丁，无法明确区分此补丁系文物原状还是后期修补措施。

文物是八张羊皮纸拼贴组合而成，羊皮纸表面因印刷需要经过处理，此后再把羊皮纸贴到木板上。羊皮纸表面有打磨的痕迹[④]，可以检测到白垩，白垩应为打底填料，但也可能是用于打磨皮面的材料。

（2）木版画。文物中部的画面为木版印刷。画面上宽度不等的黑线涂料均匀，字母边缘可以观察到凸版印刷压边的典型特征。印刷油墨的着色成分是炭黑，以蛋白质为黏合剂。文本通篇字号大小一律为2.5mm，字体一致，仅有行距变化。在树形谱系图和文本框中文字行距分别为2mm和2.5mm。文本框中字符形状较窄。

（3）羽毛笔画。谱系图上方后期添加的人物系羽毛笔绘制，墨水种类无法鉴定。羽毛笔画上的黑色线束的疏密变化及其线条的起伏转折与毗邻的木版画相似。羽毛笔绘制的黑线颜色更浓重，且因运笔墨色变化由浓及淡。

（4）着色。文物上部文本区细节部分使用透明颜料和描金绘制。树形谱系图则用透明和不透明颜料以描金、描银画法描绘。下部文本框内也用到透明颜料，因此可以透光看到纸底。清晰而迥异的色调和浓淡不同的着色产生了层次细腻的色彩。目前可以看到的颜色有黄色、红色和褐色。哑光和天鹅绒般的不透明绘画沿着整个画面的轮廓线延伸。画面的个别细节可以观察到覆绘（遮盖），例如某些谱系树的枝端。作者在画面的蓝色底色上施以精美的描金，每个人物的专属徽章以及文字说明都在底色上投下清晰的阴影，增加了空间感和真实感。用不透明颜料绘制的区域使用的纯色与透明颜料相得益彰，使用了白色、红色、蓝色、绿色和棕色等色彩，颜料用蛋白质黏合

---

① 红外相机JENOPTIK，型号：VarioTHERM™ head 2。
② 西门子伦琴放射线机，型号：Polymobil 10。
③ 埃尔福特应用科技大学的科学实验室，由化学硕士分析师弗兰克·穆哈进行相关检测。
④ 一般情况下打磨羊皮纸表面使用泡沫岩，把泡沫岩粉、玻璃粉或者粉碎的贝壳加水调稠作为抛光剂。

剂调和。背景上、天空中以及徽章上的蓝色用粗磨颗粒的蓝铜矿颜料绘制，也含有少量孔雀石成分。① 徽章的红色颜料中可以检测到朱砂成分。沙丘和叶片的色调是淡灰橄榄绿色和棕色。局部区域能见到投射出的祖母绿，这是使用滑石粉制成的绿色颜料，使人联想到作品原初的色彩。白色颜料是白垩和白铅的混合物。很有意境的阴影是用大青和白垩混合颜料绘制的，如今则显现出浅褐色。描金、描银同样使用了含有蛋白质的黏合剂。经检测分析，徽章的描金、描银是以金、银粉作为颜料。

（5）木板（底板）。画托木板经鉴定是松柏类木材（极可能是松木）制成。② 黏合剂成分已无法鉴定。③ 木纹的年轮从老到新的边界清晰，可以看出木板是纵向切割原木制成的。大板是用条形板按照树心对树心、树心对板边的方式拼接而成。只能在木板的背面看到加工痕迹以及局部表面高度的差异。

（6）装饰框。侧边框所用板条（松木）是事先切出斜面然后装到画上的，作为整个画面的外框用以保护贴在底板上的羊皮纸。目前仅存两侧边框，被木钉牢牢地固定在木板上，钉子彼此间的距离大约有25cm。缺失板条的位置尚有钉孔。顶部边框已经遗失，上端木板断面纹理上有三处边长为0.7cm的正方形留白，为先前木刻装饰的痕迹。边框以黑褐色涂料上色。

（7）挂环。挂环系手工打制，用两颗钉子和一个底座固定在木板上，可以满足悬挂功能。材料为热镀锡铁。④

4．文物现状与损坏原因

（1）羊皮纸。羊皮纸变脆变黄，有明显的灰尘和污垢层，且已沉积并固化，既含有威胁文物安全的化学成分，也是微生物生长的温床。崴希特·奥托（Wächter Otto）认为："羊皮纸作为画面载体，从保护角度而言，灰尘沉积会使羊皮纸变脆并增加其吸湿性，会导致羊皮纸发生如开裂或裂纹等机械性损坏。"[85] 吸收水分后的羊皮纸表面发黏，更易沾染污垢。暴露在光线下堆积的灰尘和油脂性污垢会导致羊皮纸泛黄和褐变。[86] 个别机械性损坏（例如裂缝和瑕疵）会导致羊皮纸边缘卷曲，可能会使羊皮纸发生分层。原本被盖在边框下方的位置上有一处明显的透明半月形形变，变形部位左侧有显著的裂缝，显然是在加工过程中出现的。将尚处于潮湿状态下的动物皮绷紧，其拉伸不均的部位会变得透明，当然也可能此处原是动物背部和腿部间过渡部位的皮肤。在形变的左侧有明显的裂纹堆积。

文物背面用于固定羊皮纸的铁钉引起了局部氧化。边框丢失前此区域因被边框覆盖而形成了微气候。[87]22 木底板的背面有水浸痕迹（时间不详），水渍处文物正面的木板和羊皮纸上均出现了明显垂直的裂纹。浸水和快速干燥使形成裂缝的风险倍增，一旦伸缩张力超过木材可以承受的强

---

① 碱式碳酸铜和蛋白质一起构成稳定的合成物，原本不稳定的石青由此变得稳定。理论上用水性颜料作画会更为耐久。
② 木材材质经埃尔福特应用科技大学林业与生态系统管理专业的黛西·菲比琦博士（女，Dr. rer. nat. Daisy Fiebich）鉴定。
③ 推测为蛋白质基黏合剂，其中有酪朊、皮胶、骨胶或鱼胶。
④ 经埃尔福特应用科技大学贝恩哈特·麦教授（Prof. Bernhard Mai）使用移动RFA（射频）仪检测。

度就会出现裂纹，羊皮纸也会随木板一起开裂。浸水时木板中的酸性物质和具有染色性的物质，如木质素或单宁酸会析出，继而进入羊皮纸，受影响位置的画面线条和颜色因此变得模糊且呈深褐色。每张羊皮纸遇水发生的膨胀和收缩各有差异，因此羊皮纸间的黏合边缘也出现了偏移。文物下部区域羊皮纸表面受水浸影响产生黄色或褐色的水渍线。羊皮纸和木板之间的淀粉胶部分失效形成袋状空隙。局部羊皮纸腐烂较严重造成缺损，该区域的表面光泽不均匀现象显著，推断是早期修复使用胶水固定受损区域造成。

文物上部文本区的损坏是由蛋白涂层引起，涂层现已严重变褐，使得画面和拉丁文字的可读性大大降低。事实证明，该涂层不仅对材料有害，而且对美学效果也造成不利影响，导致不借助辅助工具无法阅读文字内容，透明色和描金也难以辨认。涂层应是历史上某次修复的产物，其目的是恢复模糊的文字和画面的可读性。①

涂层和羊皮纸膨胀系数之间的显著差异对羊皮纸的吸湿性产生了很大影响。[88-89]最初涂层的弹性相对尚佳，但随着时间的推移逐步减小。目前涂层已经脆化并形成无数的细小裂纹，且部分翘起形成碗状，在此过程中羊皮纸也被严重损坏。涂层对羊皮纸的黏附力高于羊皮纸和木材之间的黏附力，因此对羊皮纸形成拉扯，造成了羊皮纸多处分层使得文字翘起。除机械性损坏外，周围气候导致的化学反应也使羊皮纸发生严重的褐变。带有涂层的羊皮纸的pH值为6.8，②显然这为羊皮纸提供了一定程度的保护，抵消了部分外部影响，例如空气中的含硫气体。其他区域的羊皮纸酸度都较高，pH值达到6.0。③

文物局部区域存在微生物侵染，从菌丝体形状和排列看是由喷溅的水造成的，比如清洁地板时溅出的水④。侵染主要发生在下方的羊皮纸页和木板横断面上，真菌团呈白色或黄色，直径约1cm。羊皮纸上发黄部位是由真菌在羊皮纸表面留下的有机酸代谢产物造成的。[90]233-238

木板和羊皮纸上都发现虫蛀通道，有颜色覆盖的区域羊皮纸上形成垂直裂缝。如今敞开的蛀孔在彼时被侵害时是遮盖住的，大量蛀孔后期出现塌陷的原因可以用木材吸湿性来解释。木材释放水分时，与蛀洞相邻的完好区域的木材的干燥速度将比被破坏变薄的木材层慢[87]76，因此发生翘曲，最终导致木材崩裂。崩坏处的羊皮纸与木托分离悬空，一旦气候变化即被撕裂。

（2）木版画。通过制作横截面切片并在显微镜下观察、分析能准确判断印刷颜料黏合剂退化的状态。水蒸气、有害气体（例如空气中的硫化氢或二氧化硫）在光、热作用下产生的过氧化氢会腐蚀有机黏合剂[91]。在自然的氧化过程中黏合剂逐渐失去弹性，最终导致失效。此外，羊皮纸对温湿度的反应加上膨胀和收缩特性会使颜料层出现网状细裂纹。羊皮纸缺损也造成版画内容缺失。羊皮纸表面浸水导致画面内容受损、下方文本框信息丢失。羊皮纸遇水后水敏度高的印刷颜

---

① 因资料不足无法对修复历史做出更精确的描述，此外尚不清楚上述措施是文物完成后即采取的还是在不同时间内分步实施的。
② 羊皮纸的酸碱度用实验用pH测量计（LAB 850）测定。
③ 皮革加工的碱性储备在一定程度上可防止过度酸化。
④ 与1974年的耶拿摄影档案相比，由于分辨率较差，无法判断近年来发生的损坏程度，但是彼时明显尚未发生微生物侵染。

料颗粒被水冲走然后移位到完全不相干的部位上。树形谱系画面局部印刷颜料和着色几乎完全遗失且损坏严重。但值得注意的是，此问题仅出现在画面中央的树干部位，推测与木板背面对应位置曾经受潮有关。这大约是历史上某次清理的痕迹，其目的应是使严重变色且难以辨认的画面重新变得可读，文物下方正方形清理痕迹可以佐证。

（3）羽毛笔画。未见任何损坏。

（4）着色。由沉积且硬化的尘土层形成的污损使文物的着色显得灰暗、无光泽。虽有褪色，但透明颜料画目前状况基本良好。文物下部浸水区域文字的着色退化较严重。

画面部分透明颜料发生了一定程度上的化学变化。打磨粗糙的颜料颗粒受外部的影响较大，容易发生聚合、氧化和交联等化学反应[87]76。例如，亮绿色的氯铜矿颜料由于化学变化转化成草酸铜，呈现为哑光的橄榄绿色；用石青绘制的背景，可以透过表面裂痕和刮痕看到下面亮蓝色的颜料；以大青和白垩混合调制的用来绘制阴影的颜料目前颜色偏黄，是有机黏合剂在含钙颜料基质上发生微生物分解形成的草酸钙水合物造成的。

由于羊皮纸是一种对气候变化反应较大的材料，因此当湿度波动时相对较脆和柔性差的不透明颜料涂层会受到影响，形成裂纹或局部出现碗状翘起和褶皱。这种变化在用粗糙蓝色石青颜料绘制的背景图上尤为明显。颜料碎片化脱落，一些脱落的颜料块发生位移粘在其他地方，含有脂肪的羊皮纸也会加剧颜料剥落[92]145-161。蓝色背景上的描金没有变化且表现稳定，但徽章上的描银则因为污染生成硫化银变成蓝黑色而失去光泽。早先的表面清洁使文物上部和中间区域产生了深色水印，着色也发生一定程度的脱色。

（5）木板（底板）。木底板的灰尘、污渍较多，局部表面有严重污斑。背面有许多利器造成的划伤。左上角有一处因机械冲击造成的木质断裂①。这些损伤基本源于日常使用，在悬挂和摘下时尤其容易发生，也可能是储藏和搬运时造成的。文物也存在一定的诸如形变等结构性损伤。拼粘在一起的数块木板因结构差异出现了细微的凹形弯曲（从正面观察）。木材料和黏胶都对潮湿反应敏感，容易发生形变。木板下部出现了裂缝和深色水渍线。

文物的正面和背面都可以观察到破坏木材的害虫蛀洞，相互连接的边材正中的洞口尤其明显，蛀眼的直径在0.2～1.5mm之间。通过伦琴射线（X光）分析获得关于胶黏接缝沿线破坏的程度和范围等信息②。虫道走向大多顺着纤维的方向，很少有横向的虫道。虫道宽度在0.2～1mm之间，差异很大。虫道依年轮走向发展，偏软的生长期较早部分的木材已被虫蛀坏，后期生长的密度较大的木材则完好无损。竖板块的板边是蛀眼集中的地方。这是由于板边的材质较软，所含的蛋白质比例较高，木质素比例较低，基本不含单宁酸，是蛀虫的理想食物来源。但是，总体上木板状态稳定。

---

① 检查背面时发现。
② 参数设定：灯管电压40 kV，曝光时间8 mAs，距目标距离1 m。

（6）装饰框。木板上下边框的边条已遗失。材料应力使木板弯曲变形、边框松动，甚至可能已经折断。余下的左右边框在边角上也有因磕碰造成的木质断裂，部分木钉凸出在外。经年使用已将栗褐色的油漆磨掉，部分位置露出原木①[93]，还可看到划痕造成的损坏。

（7）挂环。木板上的镀锡铁钉已松脱。锡较铁的化学性质更为稳定，可形成保护层，但如果锡层受损则铁钉会被腐蚀[94]。

8.3.2　处理方案

马克西米利安一世皇帝家族谱系有着历史、学术和艺术三重价值。作为已逝年代的见证，家族谱系再现了哈布斯堡皇室家族的历史，在艺术表现以及材料运用方面折射出王朝的实力。通过对家族谱系的进一步研究，可以追溯制作委托人，了解其意图和拥有的资金实力。

实施保护措施的目的在于保护具有独特历史价值的文物实体，并使之流传后世，此外还需优先考虑其文字可读性以便用于历史研究。干预措施应主要限于清除对原始材料具有破坏性的沉积物和涂层，最为紧急的任务是消除生物侵害的隐患。应使用软刷清除表面浮尘等沉积物，随后对整个文物表面进行消毒处理。

印刷颜料和不透明颜料的黏合介质已经严重削弱，应选择尽可能降低机械负荷的颜料固定方法。可选择在显微观察下妥善地使用加固剂恢复印刷颜料和不透明颜料在羊皮纸上的附着力，在加固的同时要清理灰尘和污垢，不应改变画面的表面性质和视觉外观。考虑到羊皮纸和印刷色的水敏性，应优先选择干法清洁。如果附着在文物表面的灰尘层异常牢固，则必须使用湿法清洁。湿法清洁前必须对清洁方法加以测试以减少水渍生成的风险。原则上应避免颜色和结构变化发生。

应对文物上部手工书写文本区的蛋白涂层加以重视，具有文献价值的文字几乎难以辨认，在保护羊皮纸、印刷色和颜料着色稳定的同时，应尝试对涂层加以清理。须增强羊皮纸和木板间的黏合度，但要尽量克制使用增强剂以免阻塞羊皮纸内部纤维孔隙。在上部区域还须固定被昆虫破坏的木材料，木托板开胶的接缝也必须加以固定。此外，还须对文物背面用于悬挂的手工锻造的挂环进行物理清洁，为防止金属进一步腐蚀应加涂保护层。

临时方案中包含基础性的、有计划的保养措施。实施前要就各种可能应用到的技术进行充分探讨，并在样本上有计划地进行处理试验，以期达到相对满意的文物保护效果。如果需采取修复措施，则应讨论几种补色复原的可行性方案。尤其是那些因外部影响而受损的位置，其中包括曾经因严重受潮以及清理而变得模糊的部位。还需确认是否有必要在形式上补做已经遗失的装饰条（木框边条）。

---

① 未鉴定涂料类型，颜料可溶于水、胶水或油。

8.3.3 保护措施

1. 干法清理羊皮纸

（1）橡皮擦、橡胶粉、玻璃纤维笔、手术刀。推荐使用如下方法对羊皮纸进行干法清理：使用橡皮擦[95]253-261或橡胶粉或玻璃纤维笔[90]233-238进行清理，也可以考虑使用手术刀[95]253-261小心地对表面进行刮削。所有方法都具有各自特定的优缺点，必须以差异化的方式评估其效果。天然橡胶可能会在表面留下残渣，导致羊皮纸变色或出现色斑，同时也会为微生物生长提供培养基[96]33-34。羊皮纸上的裂缝和缺口边缘不能使用橡胶擦。羊皮纸和底板之间局部脱胶的地方，由于材料本身易损，因而清理工作也相对复杂。橡胶粉对文物表面影响较温和，使用粉末擦拭时力度较小，但清理过程中可能有部分粉末进入羊皮纸和木板之间，造成即使深度清洁也难以去除的残留。使用玻璃纤维笔和手术刀会对羊皮纸产生较大的机械压力，纤维笔上脱落的玻璃纤维颗粒可能会形成残渣留在文物表面。

使用各种橡皮擦①、橡皮笔②，以及玻璃纤维笔、手术刀和橡胶粉③进行了清理试验。通过一系列干法清理试验，总结如下：除橡皮笔3921象牙（Radiermine 3921 elfenbein ECOBRA）和橡胶水泥擦（Crepe Rubber Cement Pick up）以外，其他方法在样本上都留下或多或少的残渣。尽管系列试验在样本上取得了良好的效果，但两种橡皮擦都无法去除文物上面的污垢。

（2）激光处理。只有当涂层的相关阈值低于材料自身阈值时，才可以使用激光清洁[97]7-26。尽管羊皮纸对激光的吸收率较低，但仍不能考虑使用激光打薄或去除污垢层。黑色印刷色和老化形成的深褐色会改变羊皮纸材料的吸收性能。激光处理会使文物暂时暴露于极高的温度之下，存在羊皮纸变形、变硬或收缩的风险。另外，诸如朱砂、孔雀石和石青等颜料在高温下也不稳定，可能会导致变色、色移或变黑[97]7-26。由于作业会产生较高机械应力以及后续存在残留物的清洁问题，也不应考虑使用软喷砂材料（例如软木粉）进行清洁。因此文物需要实施湿法清洁。

2. 湿法清理羊皮纸

必须指出：为保持弹性和不发生角质化，羊皮纸理论上仅能承受极少水分，且应避免水分渗透过度④。在最坏的情况下，水会破坏蛋白质胶原蛋白纤维之间的键，导致蛋白质分子分解并最终形成明胶。

潮湿会造成羊皮纸变形从而波及版画和着色涂层。在潮气可直接作用于羊皮纸的位置，气候反应已导致颜料层出现细纹，同样也造成了羊皮纸和木托之间的淀粉糊溶解。

---

① Läufer公司的"Universal 0400"和"SUPRA 0340"橡皮擦以及橡胶水泥擦（购自Gabi Kleindorfer）。
② 橡皮笔分别为Eberhard Faber公司的73、75和77号，以及来自ECOBRA公司的编号为3921的橡皮笔。
③ NO-SMEAR制图粉，无磨蚀性和无毒性。
④ 例如：非常干燥的羊皮纸黏合剂可用湿布保养或放置在气候舱（相对湿度为65%～75%）内，以便能够吸收所需水分。

首先对几种湿法清洁羊皮纸表面的可行性方案进行检测，从而确定合适的加固技术。随后确认可行技术是否可以转化应用在版画和不透明彩绘上。在部分颗粒非常粗糙的颜料上只能用润湿的棉签小心滚动以除去灰尘和污垢。

（1）乙醇、水及其混合物。对羊皮纸进行湿法处理时建议使用乙醇（也可用甲醇、异丙醇）[90]233-238，也可按7∶3或1∶1的比例和水混兑①。鉴于用水过多会泡涨羊皮纸，所以应尽量减少用水比例②。

使用纯乙醇材料被泡涨的程度最小③，肉眼观察不到纤维结构或表面有任何变化，干燥后试验样本会恢复到初始厚度。加水混兑后羊皮纸明显被泡涨，即使完全干燥后，胶原蛋白纤维仍保持膨胀。文物上的尘土和污垢层用水可以获得均匀而迅速的清理效果。用催化酶也可以溶解覆盖层，但是明显需要更长的处理时间，而且表面处理效果不规律、不均匀。

（2）清洁膏、凝胶和压制材料。从敏感和已损坏的表面上去除膏状残留物很困难，因此不予考虑。使用压制材料会使其渗入羊皮纸，所以也应排除。尤其是在不平整的文物表面，压制材料会造成材料与文物之间不均匀接触。用Tylose® MH 300④和Tylose® MH 1000⑤以及Klucel® M⑥等类型纤维素衍生物⑦制成的凝胶⑧，渗出水分较少且能控制渗透度。以水为溶解Tylose® MH 300和Tylose® MH 1000的溶剂。Klucel® M则用水和乙醇溶解[98]148，如用纯水为溶剂，则会因滞水能力造成水分过度渗透使试样出现膨胀。

（3）同步纤维饱和湿法清洁。前期测试结果表明：羊皮纸对水有较高反应性，因此考虑使用溶剂饱和浸透羊皮纸之后再以水性溶液对其进行清洗。可以使用脂肪烃和环状烃以及沸点不同的测试汽油（干洗油）作为纤维饱和剂进行测试。测试结果显示测试汽油的溶胀系数为0[87]100，因此不会产生任何溶胀效果。在用水清洁的前提下，可以考虑添加挥发速度高的溶剂提高效果。清洁前应检查文物表面的机械负荷力。

将溶剂正己烷（沸点68~69℃）、正庚烷（沸点98℃）和低挥发性特殊沸点测试汽油（沸点

---

① 此情况下水是用来去除黏附的有机杂质和污垢的。
② 应注意乙醇具有脱脂性，且会使蛋白质性质发生变化。不建议后续润滑，羊皮纸总体油脂过剩会增加着色危险。羊皮纸另一面也仅可非常有限地用水。
③ 在山羊皮制成的试样上用不同试剂进行测试。仅用水难以达到效果，需要添加异丙醇或乙醇。测试过程中，异丙醇和水分别采用1∶1和7∶3的比例，乙醇和水分别采用1∶1和7∶3的比例。经过3 min的浸没浴后进行显微镜检查，检查是否发生变化或材料损坏。大约15年未使用的羊皮纸和大约500年历史的手写羊皮纸（以前用作古籍维修的二次利用）用作测试样本。
④ 生产公司为ShinEtsu SE Tylose GmbH & Co. KG.。
⑤ 生产公司为ShinEtsu SE Tylose GmbH & Co. KG.。
⑥ 生产公司为Hercules Aqualon。
⑦ 此处还需要一定量的水。对于中和所需的碱性胺，必须进行彻底的后续清洁，否则胺会残留在物体上。必须避免使用丙烯酸聚合物Carbopol。同时不应考虑皂石凝胶，其完全干燥后会牢固地黏附在表面上，日后清洁将更加困难。
⑧ 凝胶的浓度为8%。建议在蒸馏水中的浓度至少为4%。

140～200℃）滴到试样上后无法观察到羊皮纸的变化。使用适当方法在文物[①]上进行的实验表明，正己烷和正庚烷溶剂不能提供足够的防水保护，会造成羊皮纸膨胀、软化和变形，而且会造成结构变化和表面粗糙。使用特殊沸点测试汽油作为纤维饱和剂，可以在最小软化度的前提下用水对文物进行清洗。

使用三种清洁方法在以特殊沸点测试汽油作为纤维饱和剂的羊皮纸上进行测试：用水润湿棉球滚动擦拭、在和纸上清洁、用比例为1∶1的乙醚与水的混合物擦拭。后两种方法效果明显较差：和纸清洁效果差，而乙醚的蒸发时间导致清洁效果不佳，并且增加了文物表面的机械应力。

将羊皮纸纤维在测试汽油中暂时饱和浸透，用湿润度极低的棉球滚动擦拭获得了令人满意的清洁效果。处理过的羊皮纸仅在表面有限度地软化，灰尘和污垢沉积物快速均匀地溶开，减少了羊皮纸表面的负荷，即使在已褐化的区域也有明显效果。清洁完毕后用吸水纸板轻压放置以加速干燥。

3．木版画固定

选择固定版画的方法不仅应依据材料表面的光泽度，也要考虑到不同材料的黏稠度，同时固定媒介的酸碱度和柔韧性也有决定性意义，更重要的是要为日后的再次固定预留余地。加固剂必须既能充分固定羊皮纸和印刷颜料，也可以承担水洗和机械清洁的强度。

（1）纤维素衍生物。使用任意羟丙基纤维素都能使羊皮纸保持较高柔韧性且不易受微生物侵害，尤其是在乙醇中溶解度较好的羟丙基纤维素。将Klucel® M和Klucel® G[②]分别以3%和10%的浓度溶解于乙醇制成凝胶[90]233-238，然后分别测试。在年代相近的用水敏墨水书写的羊皮纸上施涂凝胶，测试发现，凝胶无法保证书写文字不受影响，而且由于浓度为10%的Klucel®凝胶黏度较高极难施涂，因此无法应用在精致的木版印刷作品上。

（2）明胶。使用不同类型的明胶需要对不同产品有精确的了解。工业明胶生产过程中受到较多污染且可能含有防腐剂，食用和药物明胶纯度明显更高，而照相明胶的标准最高[99]。不同类型的明胶对使用浓度范围和凝胶强度[③]的调节精度有不同要求，其成膜性也各有差异。

对以下类型的明胶进行检测：

①工业明胶粉（凝胶强度为60～380g）[④]。

②工业明胶片（凝胶强度为200～220g）[⑤]。

③各种食用明胶。

---

① 为了评估老化材料的性能，已在类似年代的羊皮纸上进行了测试。
② 生产公司为Hercules Aqualon。
③ 布鲁姆值表示明胶的凝胶强度：布鲁姆值在50～100g之间的为低水华，100～200g之间的为中水华，200～300g则属于高水华。
④ pH值为5.5～7.0。
⑤ pH值为6.0～7.0。

④修复用照相明胶1号（B型，凝胶强度约为250g）[①]。

⑤明胶Novo Tec GP（B型，凝胶强度约为85g）。

鱼鳔胶具有良好的固定效果，因其含有高弹蛋白可保持高度的柔韧性。低浓度时鱼鳔胶张力低，添加日本红藻胶Jun Funori®可以使加固剂渗透得更深，但必须进行单独测试。

使用不同明胶分别以浓度10%和20%制备溶液。就颜色而言，食用明胶和照相明胶几乎是无色的。使用10%浓度的工业明胶粉或Novo Tec GP明胶后，羊皮纸表面光泽呈丝光样。其他种类明胶会形成高光，因此可以被排除在外。明胶浓度为20%时会产生较高黏度造成使用困难。个别种类的明胶还有时间限制，会迅速凝固在刷子上。明胶变黄的趋势对黑色印刷颜料影响并不严重，然而在施涂过程中明胶会流到没有颜料的纸面造成清理困难，从而会形成阴影。

总之，没有任何一种明胶的实验结果能在试样上产生满意的结果。滚动擦拭的机械清洁过程中会将胀大的明胶一并去除。使用鱼鳔胶与藻胶的混合物还会导致水敏性书写材料的损耗。

（3）挥发性黏合剂。环十二烷属饱和脂环族碳氢化合物，室温下呈现稳定聚集态。但一段时间后会因为气压原因完全升华，不会留下任何痕迹[100]。可以利用环十二烷的这种性质进行清洁，但清洁后要采取适当的保护措施。

因为羊皮纸对特殊沸点测试汽油耐受性好，因此可以考虑与环十二烷混合使用[②]。但使用环十二烷还不足以填满印刷颜料敞开的表面[101]，在物理清洁时只能散布涂在整个物体表面上，而不能有针对性地定点使用。

当环十二烷溶于蒸发缓慢的溶剂中时会形成长针状晶体，与快速挥发的化合物（形成无定形沉淀物并最终形成固体膜）相比，其对机械应力的抵抗力明显较低。挥发性较快的正己烷可显著改善应用性，但也缺乏稳定性。

（4）丙烯酸系树脂。针对"皮革、羊皮纸上的颜料特性以及由此而产生的保养问题"[92]145-161，可以用丙烯酸树脂分散体来加固敏感材料。丙烯酸树脂分散体的优良特性表现在透气（水蒸气）性、橡胶弹力、高耐光和耐老化性[③]等方面。

产品Wesutex® D-340是以丙烯酸酯和甲基丙烯酸酯为基础的、不含软化剂的聚合物分散体，pH值在8.3~9.8之间，膜断裂伸长率约为300%，遇水后稍有泛白的趋向，抗紫外线能力强[④]。产品Lascaux®透明漆2（575）2061无光泽，属于可被水稀释的纯丙烯酸酯，干透后不溶于水且耐刮。试验证明，使用哑光膜干燥后确实可以避免表面光泽。

在年代相近的使用水敏墨水书写的羊皮纸上检测丙烯酸树脂产品在10%浓度时对文字的加固效果。产品Lascaux®透明漆2（575）2061哑光型可以形成一层略呈乳白色无光泽的膜。使用

---

① B型通过碱性消解取得，制作材料是牛皮。
② 使用电磁搅拌器制备含有10g环十二烷和8.0g特殊沸点试验汽油（140~200℃）的饱和溶液。
③ 必须将室温保持在20℃以下，否则，热塑性和玻璃上较低的温度会导致表面发黏。
④ 由WESUTEX GmbH提供。

产品 Wesutex® D-340 后文字上呈现出些许光泽，一系列试验后结果是积极的。在羊皮纸表面应用中，文物保护膜在湿法清洁后可以像箔片一样被剥离。由于试验羊皮纸表面比文物表面更光滑，水分可以在薄膜下迁移并溶解薄膜，因此另需测试产品 Paraloid™ B72[①]和 Paraloid™ B44[②]的扩大实验。

关于 Paraloid™ B72 的特性，学界有各种不同观点[102]。理论上该产品具有良好的耐老化性，是公认的最稳定、最耐久的人工树脂。它在干燥状态下的 pH 值为 7.9 左右，老化后的 pH 值约为 7.1。但是，在其他特性问题上存在争议。部分观点指出该树脂涂层具有弹性[103]，另有部分观点指出该树脂涂层硬而不脆。对于其变色特性也存在相矛盾的观点，有部分意见认为树脂有颜色变暗的问题。丙烯酸酯具有抵抗微生物侵袭的能力[104]，对水、酸、油、脂肪和其他化学物质都具有相当的抵抗力[103]。

将两种产品分别加入乙酸乙酯和丙酮中，制备成 1% 的溶液。Paraloid™ B44 的乙酸乙酯溶液试验会溢出印刷线外。涂刷 Paraloid™ B72 的乙酸乙酯溶液，经水清洁处理后会出现白色浑浊物[③]。Paraloid™ B72 与丙酮溶液的试验效果非常好，尽管处置的时间相对较短，但是保护剂已经充分地渗入了纤维材料，在清洁过程中试验样本上的文字没有被破坏。在此基础上可以开发出一种技术，既可以减少溶液中的固体含量、延长处置时间，也能降低光泽度。

用 1% 浓度的 Paraloid™ B72 进行降低光泽度的试验，具体操作如下：

①丙酮/乙醇（9∶1）。

②丙酮/乙醇（1∶1）。

③丙酮＋0.5g Acematt® HK 125。

④丙酮/乙酸乙酯（1∶1）。

只有加入无定形硅酸 Acematt® HK 125 才会使涂层出现比较彻底的哑光效果，黑色试验样本被一层乳样的薄膜所覆盖[④]。使用乙醇也可获得非常满意的效果。而使用乙醇稀释的丙酮溶液（1∶1），能使表面光泽呈现出类似丝光的哑光效果，其渗透深度和适用性都非常好，涂覆后溶液材料停留在印刷色所在位置上未发生流失。

在试验样本的水敏性文字上分别使用低至 0.4%、0.6% 和 0.8% 浓度的 Paraloid™ B72（溶入 1∶1 的丙酮和乙醇混合溶液中）进行文字保护处理，试验全部获得成功。在文物上依次用 0.2% 和 0.4% 的浓度进行涂刷，其牢固程度尚不能完全满足清洁需要。在此基础上用 0.6% 的浓度追加涂刷一次后达到要求效果。羊皮纸不会被完全浸透，但加固剂渗入充分足以达到保护目的。

---

① Paraloid™ B72 是甲基丙烯酸乙酯（EMA）和甲基丙烯酸甲酯（MMA）的共聚物，可以形成透明的弹性膜。使用时可以将颗粒溶解在丙酮、乙酸乙酯或双丙酮醇中，并且可以将其分散在乙醇中。
② Paraloid™ B44 是 EMA 和 MMA 的共聚物，可以形成透明、牢固的黏合剂层，可溶于甲苯、二甲苯、丙酮、丁酮以及某些酯，但在大多数醇类化合物中都不可溶。
③ 蒸发导致。
④ 在黑色卡纸上试验。

与纤维素衍生物、鱼鳔胶和各种明胶相比，这一方案的优势明显。

4．着色加固和清理

Paraloid™ B72也可以用来加固石青背景色的着色[①]。将0.4%浓度的药剂（丙酮/乙醇混合溶剂，1∶1）用刷子轻轻涂抹，既可以起到清洁作用，也能保护颜料。不透明颜料着色的区域污垢较少，不会对颜料颗粒形成机械破坏。使用Paraloid™ B72不会造成着色颜色变深，但是应注意在有透明颜料和描金、描银的区域使用时要格外小心。

5．羊皮纸材料加固

如果不设法加固已严重损坏的手写文本框区域的羊皮纸则会导致进一步的损害。此处涂覆的含蛋白质、富张力的涂层必须适当削减或去除。动物胶不能承担此功能。经过一系列对印刷色和着色的试验证明，低浓度的Paraloid™ B72溶液具有良好的效果。必须确定何种浓度的溶液可以充分加固羊皮纸，另外还应保证日后可以削减涂层。

丙酮/乙醇（1∶1）溶剂可以使Paraloid™ B72更为深入地渗透到羊皮纸的结构中。此外，该溶液还可以重新活化蛋白涂层。实验使用特殊沸点测试汽油代替乙醇[②]，尽管涂层未显现变化，但颜色变暗严重的区域证明该方案存在缺陷。在未进行最低限度重新活化时，很难区分木版印刷的黑线与深褐色的涂层区。使用浓度为0.2%、0.4%、0.6%和0.8%的Paraloid™ B72的丙酮/乙醇（1∶1）溶液涂抹，分四次提升浓度，涂刷后可以达到预期效果。一方面可以使加固剂深层渗透（0.2%），另一方面可以形成稳定的保护层（0.8%）。树脂含量相对较低的溶液可以充分稳定羊皮纸，另外加固剂还能够恢复羊皮纸和木板之间的胶连状态。

6．文本框区域覆盖层削减

（1）溶剂。羊皮纸和印刷色、透明颜料以及描金笔触都被蛋白涂层渗透。实验表明含蛋白质的涂层可以用水或酶溶解。但部分印刷色非常易碎并且完全依赖涂层维持，无法使用水或酶处理。羊皮纸、印刷色和着色颜料在可溶性、溶胀性能乃至化学分解性上的差异，即可区分性，为解决这一问题提供了一定可能性[98]117。

可根据楞氏三角图对那些与水有相似溶解特性的溶剂进行试验，包括乙醇、异丙醇、正己烷、正丁醇、乙醚、二噁烷、特殊沸点测试汽油和丙酮[98]120-121, 171-172。另外，还需要再经过改变沸点测试。

（2）用手术刀进行物理清理。也可以用物理方法替代溶剂进行清理。选定一块大小为1cm×1cm的区域，对已开裂且颜色暗深的表面覆盖层进行物理性清理试验。普通手术刀的刀刃太粗糙无法处理精细印刷线条，可以特别选用FEATHER公司的显微外科专用刀片"Tellerskalper

---

[①] 乙醇和丙酮都不会对颜料和黏合剂产生负面影响，加固剂用刷子涂抹。
[②] 假设木材在水的作用下的溶胀系数为100，则丙酮的溶胀系数为64，乙醇的溶胀系数为83，汽油没有溶胀作用。

（碟手术刀）"①和"Crescentskalper（半月手术刀）"②。因为印刷色和描金画被结实地包裹在表面涂层内，稍有不慎即遭破坏，所以手工处理必须严格控制在羊皮纸裸露的区域之内，并且作业时要十分小心。

7. 加固木底板

木托板结构稳定，故只需用填料加固蛀洞。使用凝固剂填充蛀洞通道进行加固以确保木托板给羊皮纸提供足够的稳定性。但被羊皮纸封闭的部位不能直接接触，因此需要将凝固剂注射进木板。

在对羊皮纸进行加固以及清理蛋白涂层的过程中，使用 Paraloid^{TM} B72（溶解在丙酮中，按1∶1的比例用乙醇稀释）作为加固剂的做法是成功的，需要探讨同样方法是否可以同步用于木材料。使用高浓度的丙烯酸树脂也可以保护木板上脱胶的接缝。

依次将0.2%、0.4%、0.6%、0.8%浓度的 Paraloid^{TM} B72的丙酮/乙醇（1∶1）溶液涂到被虫蛀过的部位，实施中可以用注射器注射。结果表明，该方法可以实现补强的目的，洞内的木屑粉明显变得坚固了。

8. 机械清洁挂环

文物悬挂后看不到背面手工打制的挂环，保养挂环的目标是削弱挂环上的腐蚀产物。在此不考虑对挂环采取溶剂清洁的办法，应该用手术刀来除掉腐蚀产物。

必须处理挂环上的锈迹，使用手术刀作业可以避免损坏未被腐蚀的金属。理想情况下镀锡铁材料的古锈应加以保留，处理后加涂保护层可防止腐蚀进一步发生。保护层建议使用浓度为3%的 Paraloid^{TM} B72的丁酮溶液，涂抹后光泽度低且加工效果好。

不建议使用蜡（例如 Cosmoloid H 80），蜡的残留物可能会渗入木质并引发变色，且易与灰尘颗粒结合[87]30-31。

9. 实施措施

（1）防治生物侵害。使用清除有害粉尘的真空吸尘器清除生物污染。随后用乙醇和蒸馏水（比例为7∶3）混合液进行消毒处理，再用超声波雾化器对受影响的区域进行数次喷雾，分多次喷雾可以避免过度加湿。使用限制部分吸力的博物馆真空吸尘器和刷子对文物进行清理，将尼龙织物蒙在真空吸尘器的吸头上可以防止吸入松动的文物材料。

（2）蛋白涂层清理。清理文物羊皮纸上部区域的蛋白涂层，依次按0.2%、0.4%、0.6%、0.8%的浓度将 Paraloid^{TM} B72溶解到丙酮和乙醇混合液中（按1∶1的比例稀释），然后用毛刷涂到羊皮纸上。同时用相同浓度的溶液注射虫道进行加固。随后可以用FEATHER公司的"碟手术刀"和"半月手术刀"小心地手工打薄涂层。在虫蛀的部位有必要进行局部紫外线照射检查，以区

---

① 两侧圆形、边缘锋利，可实现精细加工。
② 锋利的刀片，带有直边和钝尖。

分用肉眼无法分辨的涂层和印刷色。清理后用4%浓度的Paraloid™ B 72溶液进行追加加固。处理后表面光泽度极低且羊皮纸无颜色变化，可读性明显增强。

8.3.4 修复措施

1．关于修复方案的探讨

罗马帝国皇帝马克西米利安一世的家族谱系细节丰富，是为展示和近距离观看而设计制作的。下文探讨文物修复和复原的各种可能性。该文物既是文献也是艺术品，应该适当满足展览需要。文物产权单位目前已考虑展出，因此需要从展览角度出发对修复方案加以讨论。

（1）方案一：只清理不修版修饰。不对文物进行任何形式的修饰。蛋白涂层仅做削减处理。应考虑到表面清理会使羊皮纸明显变亮。纯保护式修复很难取得整体均匀一致的美学处理效果。

绘图中早期修复造成的模糊区域非常醒目，尤其是该区域羊皮纸颜色较浅，树形图上多个祖先包括马克西米利安本人均受影响。羊皮纸拼合重叠的边缘破裂处腐烂严重。如果将画面用垂直线和水平线分割开来，破损部位显得很突出，严重破坏和影响了观者的视觉感受。然而，如果不探究产生水渍的原因以及应采取的清洁措施，仅维持此状态，那么文物历史和美学价值就无法得到必要呈现。

（2）方案二：适当修版修饰。通过对受损和模糊木版画修版的方式进行修复，可以协调视觉上彼此高度分化的区域。因有奥格斯堡的谱系图可以作为平行参考，复原修版并不需要任何主观猜想，只需在不脱离画面关联性并维持整体印象的前提下修复损坏部分即可。在图案仍完整的部位与图案模糊的或者是因为羊皮纸老化而丢失了的部位之间进行修补形成过渡，改善文物的可读性，通过这种方式可以给观者提供整体、一致的画面。

因浸水而造成的印刷色褪色也是可以进行修饰的，但遗失的文本框部分已无法复原，在完好无损的部位和受损的部位之间所做的调和过渡可以使画面更为突出。修版前需要在印刷颜料上涂加固剂作为保护层。

（3）方案三：淡化和去除损坏。作为方案二的补充，可以对画面蓝色背景上的水渍线、污迹和磨损的着色加以修饰，使用不同的修饰技巧处理树形谱系绘画区域和下部文本框区域。修饰遮盖文本区域的水渍边缘，必须将修饰介质直接涂在羊皮纸上，无须另涂加固剂作为中间层。通过润饰后文本会更为醒目，但这一措施涉及较大面积的修饰，将覆盖羊皮纸表面结构和古色。并无必要实施全无瑕疵的彻底修饰，这会严重干预和遮盖文物的历史原貌。应考虑到文物表面由于其非均质状态造成的不统一的视觉效果，大量修饰会导致中下区域与上部文本框的差异更为明显。

（4）结论。文物原本具有近距离展示功能，含有诸多细节描绘，因此需要非常精细的修饰。修饰复原既要融入作品，还要与原作有一定区分。需要依从以下原则：

① 与原作相比，色调更浅。
② 修饰木版画时可以使用较窄线条。
③ 修饰样式可以与原始样式在点、线上有所区别。

可以用炭黑加纤维素衍生物做修版颜料。此材料可溶于乙醇，使修版在干燥（少水）的条件下也能得以迅速实施。

2．装饰框复原

可在不复原已经遗失的雕刻皇冠的前提下对边框加以修复，但需要讨论是否应该对边框进行修补（重做）以及其他可能的选项。边框与文本框和谱系图是美学整体，同时还保护着木托板上部和下部已经损坏的侧边。修复的边框必须依照木板凹曲率加以调整和加衬，使用磁体将复原的边条固定的方案可以同时确保实现美观性和可逆性。此外，边框须能够随木板形变改变状态，不会挤压木托板。

8.3.5 展望——气候调节与文物展出

考虑到文物被归入库房后存放的温湿度条件，为达到持久保护的目的，亟须对保存条件进行相应调整。务必保持气候恒定，避免温度和相对湿度的波动，根据各种材料的吸收能力相应地调整空气湿度，尤其需要排除再次发生微生物侵害的潜在风险。

对于羊皮纸的建议性保存温度最高不超过18℃，相对湿度在55%左右[90]233-238,[92]145-161；木材保存的空气湿度在55%到60%；金属保存所需相对湿度为5%到40%[96]64，可接受的变化幅度明显稍大。

鉴于羊皮纸的敏感度极高，所以必须考虑适当牺牲金属保存的标准。对于该文物的保存，建议尽量保持18℃的恒定温度及55%左右的相对湿度，将羊皮纸和木材变化的可能性最小化。金属原涂层可以承受更大的空气湿度，因此该方案具有可行性。为排除不当光照在羊皮纸和颜料上发生漂白效应，应避免日光直射。光敏材料建议容忍光照度设在50 lx[87]22。另外，应尽量保持环境空气无尘。

展示形式和方案尚不成熟。单独展出时需要一套支撑结构将文物重新固定到墙面上，该结构应起到对文物背面挂环和三块松木板间接缝的减负作用。定制的展示柜是满足所有条件的最佳解决方案，既能防止灰尘沉积，又能装配有紫外线保护功能的玻璃以保护颜料和染料。即使室内气候波动，也可放置硅胶来稳定气候。

参考文献

[1] BONNARDOT A. Die Kunst Kupferstiche zu restaurieren und Flecken aus Papier zu entfernen[M]. Quedlinburg: Schäfer, 1859.

[2] SCHWEIDLER M. Die Instandsetzung von Kupferstichen, Zeichnungen, Büchern usw... Alte Fehler und neue Methoden bei der Beseitigung von Altersschäden an graphischem Kulturgut[M]. Stuttgart: Buchbinder-Verlag, 1938.

[3] JANIS K. Restaurierungsethik im Kontext von Wissenschaft und Praxis[M]. München: Peter Lang GmbH, Internationaler Verlag der Wissenschaften, 2005.

[4] DIN DEUTSCHES INSTITUT FÜR NORMUNG E.V. DIN-Taschenbuch 409: Erhaltung des kulturellen Erbes: DIN EN 15898: 2011-2012[S]. 1. Auflage. Berlin: Beuth Verlag, 2014.

[5] BRANDI C. Theorie der Restaurierung[M]. München: Siegl, 2007.

[6] BRACHERT T. Patina: Von Nutzen und Nachteil der Restaurierung[M]. 2. Auflage. München: Callwey, 1995.

[7] RIEGL A. Gesammelte Aufsätze: Klassische Texte der Wiener Schule der Kunstgeschichte[M]. Band 5. Wien: Facultas, 1996.

[8] RIEGL A. Der moderne Denkmalkultus: Sein Wesen und seine Entstehung[M]. Wien: Forgotten Books, 1903.

[9] KOLLER M. Vom Zeitproblem in der Konservierung[C] // Aktive Substanzerhaltung. Band 5. Wien: Österreichischer Restauratorenverband, 1996.

[10] BENJAMIN W. Das Kunstwerk im Zeitalter seiner technischen Reproduzierbarkeit[M]. 3. Auflage. Berlin: Suhrkamp Verlag, 2013.

[11] GLAß J. Buddhistische Wandmalereien. Konservierung und Restaurierung im Champa Lhakhang, Leh, Ladakh[D]. Erfurt: Praxissemesterarbeit an der Fachhochschule Erfurt, 2007.

[12] FRIEDLÄNDER M. Von Kunst und Kennerschaft[M]. Leipzig: Reclam, 1992.

[13] EULER B. Alterswert Schmutz-Denkmalwert Schmutz[C] // LACHMANN N. Schmutz: Zeitdokument oder Schadensbild? Wien: Österreichischer Restauratorenverband, 2000, 7: 7.

[14] ICOMOS. International charter for the conservation and restoration of monuments and sites (the venice charter 1964)[Z]. Venice, 1964.

[15] BARTELS K. Papierherstellung in Deutschland: Von der Gründung der ersten Papierfabriken in Berlin und Brandenburg bis heute[M]. Berlin: BeBra Wissenschaft Verlag, 2011: 47.

[16] ANDERS M, BARTSCH P, BREDERECK K, u.a. Zur chemischen Festigung von Papier in Zusammenhang mit der Papierentsäuerung[J]. IADA, 1995: 81-86.

[17] HILBERT G. Sammlungsgut in Sicherheit: Beleuchtung und Lichtschutz, Klimatisierung, Schadstoffprävention, Schädlingsbekämpfung, Sicherungstechnik, Brandschutz, Gefahrenmanagement[M]. Berliner Schriften zur Museumskunde Band 1, 3. Auflage. Berlin: Gebr. Mann Verlag, 2002.

[18] ARETZ N. Bleistiftzeichnung auf Transparentpapier von Hermann Foetsch 1846: Untersuchung und Entwicklung einer Konservierungstechnologie[D]. Erfurt: Bachelorarbeit an der Fachhochschule Erfurt, 2013.

[19] WÄCHTER W. Bücher erhalten, pflegen und restaurieren[M]. Stuttgart: Hauswedell, 1997: 214.

[20] SCHUBERT A. Durchführung einer kombinierten Calciumphytat-Calciumcarbonat-Behandlung[D]. Erfurt: Projektarbeit an der Fachhochschule Erfurt, 2007.

[21] BANIK G. Tintenfraß[M]. Stuttgart: Selbstverlag, Staatliche Akademie der Bildenden Künste Stuttgart, 2000.

[22] BANIK G, MARINGER F, STACHELBERGER H. Erscheinungen und Probleme des Kupferfraßes in der Buchmalerei[J]. Restaurator, 1982,5:71-93.

[23] KITAZAWA S. Japanische Hängerollbilder: Ihre Montage und Restaurierung[D]. Erfurt: Bachelorarbeit an der Fachhochschule Erfurt, 2012.

[24] GIOVANNINI A. De Tutela Librorum. La conservation des livres et des documents d'archives / Die Erhaltung von Büchern und Archivalien[M]. Baden: Hier und Jetzt, 2010.

[25] WÄCHTER O. Die Neutralisierung säurehaltiger Papiere[J]. IADA, 1971: 53-64.

[26] SCHUBERT A. Untersuchung Konservierung und Restaurierung einer Malerei auf Papier China vermutlich 17./18. Jahrhundert Inv. Nr.: 5002 aus dem Besitz des Deutschen Tapetenmuseums in Kassel[D]. Erfurt: Diplomarbeit an der Fachhochschule Erfurt, 2007.

[27] MÜLLER-HESS D. Hinweise zur Entfernung von Kautschuk-Harz-Selbstklebebändern und deren Rückständen auf Papier[C] // Aktive Substanzerhaltung. Band 5. Wien: Österreichischer Restauratorenverband, 1996: 45.

[28] ABRAMOWICZ J. Die zoologische Rollkarte „Dipteria I. Musca domestica" von Prof. Dr. Paul Pfurtscheller aus der Universitätssammlung zu Jena[D]. Erfurt: Bachelorarbeit an der Fachhochschule Erfurt, 2012.

[29] HANNUSCH B. „Les Courses des Chevaux" eine Bildtapete aus der Zeit um 1840 im Waldhaus „Japan" zu Bleicherode[D]. Erfurt: Diplomarbeit an der Fachhochschule Erfurt, 2000.

[30] SCHMIEDKUNZ S. Ein Fragment einer Leinwandtapete des späten 18. Jahrhunderts aus einem Großbürgerhaus in Schleusingen[D]. Erfurt: Projektarbeit an der Fachhochschule Erfurt, 2013.

[31] THEILE S. Faseruntersuchungen an einer Papierbeklebung auf Holz, Ende 19. Jahrhundert[D]. Erfurt: Projektarbeit an der Fachhochschule Erfurt, 2009.

[32] RINTELEN L. Faserkatalog und Begleitende schriftliche Arbeit zum digitalen Faserkatalog[D]. Erfurt: Projektarbeit an der Fachhochschule Erfurt, 2007.

[33] HOLLE H, SCHREINER M. Sichtbarmachung von Wasserzeichen[J]. Papierrestaurierung, 2004, 5(4): 11-19.

[34] MÜLLER C. Verantwortungsethik[G] // PIEPER A. Geschichte der neueren Ethik. Band 2. Tübingen: UTB, 1992: 119.

[35] RICHARD W. Die Lehren des Konfuzius: Die vier konfuzianischen Bücher, Die große Wissenschaft A, Die Grundlagen[M]. Frankfurt: Zweitausendeins, 2008: 635.

[36] MAO T. Über die Praxis: Über den Zusammenhang von Erkenntnis und Praxis, von Wissen und Handeln[M] // Mao Tse-Tung Ausgewählte werke Band I. Peking: Verlag für fremdsprachige literatur, 1968: 363.

[37] NOEHLES M. Die Kunst des Radierens[J]. Papier Restaurierung, 2002, 3 (1): 22-28.

[38] WEIGEL P. Die Kartensammlung Perthes Gotha Konservatorische Behandlung und bibliothekarische Ersterschließung eines Massenpapierbestandes[J]. Zeitschrift für Bibliothekswesen und Bibliographie, 2012, 59 (1):42-50.

[39] WEIGEL P, KREIENBRINK C. Papierreinigung mit Elektrostatik-Entstaubung, Reinigung und Neuordnung der Kartensammlung Perthes[J]. Restauro, 2013, 2: 39-43.

[40] PFEIFER J. Die letzten Augenblicke Sr. Majestät Friedrich Wilhelm III, Königs von Preußen, umgeben von den Hohen Seinigen[D]. Erfurt: Projektarbeit an der Fachhochschule Erfurt, 2016.

[41] KITAZAWA S. Der japanische Farbholzschnitt[D]. Erfurt: Projektarbeit an der Fachhochschule Erfurt, 2010.

[42] SEIDEL A. Irreversible Kleisterverklebungen von Papiertapeten auf Holz und das Löseverhalten in Abhängigkeit diverser Beimengungen und Konzentrationen[D]. Erfurt: Projektarbeit an der Fachhochschule Erfurt, 2008.

[43] NIEHUS L, HENNIGES U, HORSKY M, u.a. Reducing the Risks of Hydrogen Peroxide Bleaching in Presence of Iron Ions in Paper[J]. RESTAURATOR, 2012, 33 (3/4): 356 – 394.

[44] ABRAMOWICZ J. Konstruktion eines Karibari und Aufspannung der Moirétapete von 1818 aus Weimar[D]. Erfurt: Projektarbeit an der Fachhochschule Erfurt, 2012.

[45] MESSERSCHMIDT L. Restaurierung eines chinesischen Rollbildes[D]. Erfurt: Projektarbeit an der Fachhochschule Erfurt, 2010.

[46] WINDMÜLLER A. Untersuchung des Alterungsverhaltens von Hydroxypropylcellulose am Beispiel von Klucel®[D]. Erfurt: Projektarbeit an der Fachhochschule Erfurt, 2018: 18-22.

[47] FELLER R L, WILT M. Evaluation of cellulose ethers for conservation[M] // Research in conservation: 3. Marina del Rey, CA: The Getty Conservation Institute, 1990.

[48] BANIK G, WEBER H. Tintenfraßschäden und ihre Behandlung[M]. Stuttgart: Kohlhammer, 1999.

[49] HOFMANN C, PUCHINGER L, SCHREINER M, u.a. Österreichisches Tintenfrass-Projekt (Teil 1): Vergleichende Untersuchung von Behandlungsmethoden[J]. PapierRestaurierung, 2004, 5 (3): 29-36.

[50] HENNIGES U, SCHRÖTER K. Die Behandlung von Kupferfraß auf Papier: Nichtwässrige Sprühsysysteme auf Magnesiumalkoholatbasis[C]. Göttingen: X. IADA Congress, 2003.

[51] AHN K, HARTL A, HOFMANN C, et al. Investigation of the stabilization of verdigris-containing rag paper by wet chemical treatments[J]. Heritage Science, 2014, 2 (13): 12.

[52] GRUNZ R. Konservierung und Restaurierung einer Tapete mit Bordüre des Biedermeier um 1830[D]. Erfurt: Projektarbeit an der Fachhochschule Erfurt, 2007.

[53] STRIETZEL A. Konservierung und Restaurierung einer französischen Tapete mit Bordüre um 1830[D]. Erfurt: Projektarbeit an der Fachhochschule Erfurt, 2007.

[54] RAUTENBERG A. Untersuchungen des Materials sowie konservatorische und restauratorische Maßnahmen an chinesischen Miniaturmalereien auf Pith paper[D]. Erfurt:

Praxissemesterarbeit an der Fachhochschule Erfurt, 2018.

[55] SCHULZ R, SPREER L. Herausforderung: Fehlstellenergänzung an Pergament, Eine Entwicklung aus der Praxis[J]. Restauro, 2017 (2): 36-39.

[56] DIN DEUTSCHES INSTITUT FÜR NORMUNG E.V. HOFMANN R, WIESNER H. Bestanderhaltung in Archiven und Bibliotheken[S]. 5. Auflage. Berlin: Beuth Verlag, 2015.

[57] BERNARDI A. Die Auswirkung der Umgebung auf Kulturgüter[M]. Padova: CNR-ISAC, 2010 : 17.

[58] DIN DEUTSCHES INSTITUT FÜR NORMUNG E.V. DIN-Taschenbuch 343: Information und Dokumentation, Bibliotheks- und Archivbau, Indexierung, Umschriften, Digitale Langzeitarchivierung, Codierung[S]. Berlin: Beuth Verlag, 2018:78-94.

[59] SCHREMS B. Beleuchtung und relative Luftfeuchtigkeit. Über die Entstehung der Grenzwerte[C] // Restaurierung und Zeitgeist. Band 9. Wien: Österreichischer Restauratorenverband, 2003: 57.

[60] SCHIEWECK A, SALTHAMMER T. Schadstoffe im Museum[M]. Stuttgart: Fraunhofer IRB Verlag, 2013: 28.

[61] LANDSBERGER B, QUERNER P. Neuer Materialschädling in der Kulturlandschaft Papierfischchen breiten sich in Museen und Depots aus[J]. Zeitschrift für Konservierung und Restaurierung, 2017 (2): 14-21.

[62] PINNIGER D, LANDSBERGER B, MEYER A. u.a. Handbuch Integriertes Schädlingsmanagement in Museen, Archiven und historischen Gebäuden[M]. Berlin: Gebr. Mann Verlag, 2016.

[63] STRANG T. Controlling Insect Pests with Low Temperature [J]. Canadian Conservation Institute (CCI) Notes, 1997 ,3 (3): 1-4.

[64] PAPENHEIM S. Polyethylenschaumstoffe als Verpackungsmaterial für Kunst- und Kulturgüter. Statische Druck- und Wärmeleitfähigkeitsuntersuchungen[D]. Erfurt: Projektarbeit an der Fachhochschule Erfurt, 2013:78.

[65] KRIEG T. Humanembryologische Repliken, Zentrum Anatomie, Georg August Universität Göttingen[D]. Erfurt: Masterarbeit an der Fachhochschule Erfurt, 2019.

[66] DREWELLO R. Von Erfolgen und Misserfolgen - das heikle Thema „Prävention" [C/CD] // FACHHOCHSCHULE ERFURT FACHBEREICH KONSERVIERUNG UND RESTAURIERUNG, GERMANISCHES NATIONALMUSEUM NÜRNBERG, INSTITUT FÜR KUNSTTECHNIK UND KONSERVIERUNG, DEUTSCHE BUNDESSTIFTUNG UMWELT: Schadstoffvermeidung im Museum. Osnabrück: DBU, 2005: 116.

[67] VON ULMANNA. Von den Unwegsamkeiten Prävention durchzusetzen[C/CD]// FACHHOCHSCHULE ERFURT FACHBEREICH KONSERVIERUNG UND RESTAURIERUNG, GERMANISCHES NATIONALMUSEUM NÜRNBERG, INSTITUT FÜR KUNSTTECHNIK UND KONSERVIERUNG, DEUTSCHE BUNDESSTIFTUNG UMWELT: Schadstoffvermeidung im Museum. Osnabrück: DBU, 2005 : 73.

[68] HOHENSTATT P. Schadstoffe im Vitrinenbau: Einführung von Normen für Vitrinen in Italien[C/CD] // FACHHOCHSCHULE ERFURT FACHBEREICH KONSERVIERUNG UND RESTAURIERUNG, GERMANISCHES NATIONALMUSEUM NÜRNBERG, INSTITUT FÜR KUNSTTECHNIK UND KONSERVIERUNG, DEUTSCHE BUNDESSTIFTUNG UMWELT: Schadstoffvermeidung im Museum. Osnabrück: DBU, 2005:61.

[69] THICKETT D, LEE L. Selection of Materials for the Storage or Display of Museum Objects[M]. London: The British Museum, 2004.

[70] ENGEL P. Schriftguterhaltung in Archiven und Bibliotheken: Ein Handbuch für Musik-, Kirchen-, Kommunal-, Privat-und Literaturarchive/-bibliotheken und die Denkmalpflege[M]. Wien: Verlag Ferdinand Berger & Söhne, 2018.

[71] FELDMANN R. Bestandserhaltung: Eine Einführung[R]. Blaubeuren: Deutscher Bibliotheksverband, 2016.

[72] MAIRINGER F. Untersuchungen von Kunstwerken mit sichtbaren und unsichtbaren Strahlen[M]. Wien: Inst. f. Farbenlehre u. Farbenchemie an d. Akad. d. Bildenden Künste, 1977: 15.

[73] LORENZ U. Oktav-Virginal, süddeutsch, Anfang 17. Jahrhundert, aus dem Besitz des Musikinstrumentenmuseums der Universität Leipzig. Inv. Nr. 36 [D]. Wien: Magisterarbeit an der Akademie der bildenden Künste Wien, 1991: 52-77.

[74] TSCHUDIN P. The Ancient Paper-Mills of Basle and their Marks[M]. Hilversum: Paper Publications Society, 1958.

[75] BRIQUET C. Les Filigranes: dictionnaire historique des marques du papier dès leur apparition vers 1282 jusqu'en 1600[M]. Band 2. Stuttgart: Hiersemann, 1907.

[76] BANIK G, KRIST G. Lösungsmittel in der Restaurierung[M]. 2. Auflage. Wien: Verlag Der Apfel, 1984.

[77] LUCAS A. 18 Objekte der Grafischen Sammlung der Klassik-Stiftung Weimar: Bestandsaufnahme, kunsttechnologische Untersuchung und Lagerungskonzept für eine präventive Konservierung[D]. Erfurt: Praxissemesterarbeit an der Fachhochschule Erfurt, 2016: 69-72.

[78] TROBAS K. Grundlagen der Papierrestaurierung[M]. Graz: Akademische Druck-

und Verlagsanstalt, 1987: 172.

[79] WÄCHTER W. Buchrestaurierung: Das Grundwissen des Buch- und Papierrestaurators[M]. 3. Auflage. Leipzig: Fachbuchverlag, 1987: 70.

[80] HEIMANN H. Die Habsburger: Dynastie und Kaiserreiche[M]. 3. Auflage. München: C.H.Beck, 2006: 14.

[81] LASCHITZER S. Die Genealogie des Kaisers Maximilian I[G] // Jahrbuch der kunsthistorischen Sammlungen des Allerhöchsten Kaiserhauses. Band 7. Wien: K. k. Hof-Buchdrucker, 1888.

[82] APPUHN H, VON HEUSINGER C. Riesenholzschnitte und Papiertapeten der Renaissance[M]. Unterschneidheim: Uhl Verlag, 1976: 55-56.

[83] KOSCHATZKY W. Die Kunst des Aquarells[M]. 4. Auflage. München: Pawlak, Herrsch, 1991: 138-142.

[84] EISENLOHR E. Die Pergamente der St. Galler Urkunden (8.-10. Jahrhundert): Ein praktischer Versuch zur Bestimmung von Tierhäuten[G] // RÜCK P. Pergament: Geschichte, Struktur, Restaurierung und Herstellung heute. Sigmaringen: Jan Thorbecke Verlag, 1991: 63-95.

[85] WÄCHTER O. Das Pergament als Bildträger. Der konservatorische Aspekt[G] // RÜCK P. Pergament: Geschichte. Struktur, Restaurierung und Herstellung heute. Sigmaringen: Jan Thorbecke Verlag, 1991: 279-298.

[86] MARTINOVSKY I. Die neuesten Tschechoslowakischen Erfahrungen auf dem Gebiet der Pergamentrestaurierung[G] // RÜCK P. Pergament: Geschichte, Struktur, Restaurierung und Herstellung heute. Sigmaringen: Jan Thorbecke Verlag, 1991:247-252.

[87] BÜNSCHE B, MEIER G, SCHRAMM H, u.a. Konservierung von Gemälden und Holzskulpturen[M]. Berlin: Callwey, 1990.

[88] FUCHS R. Pergament-Material, Geschichte, Restaurierung[G] // Kölner Beiträge zur Restaurierung und Konservierung von Kunst- und Kulturgut. München: Anton Siegl Fachbuchhandlung GmbH, 2001: 263-278.

[89] OLTROGGE D, FUCHS R. Naturwissenschaftliche Untersuchungen an historischem Pergament[C] // Internationale Leder- und Pergamenttagung vom 8. Mai bis 12. Mai 1989. Offenbach am Main: Deutsches Ledermuseum/Schuhmuseum, 1989: 104-115.

[90] RITTERPUSCH L. Pergament-Restaurierung[G] // RÜCK P. Pergament: Geschichte, Struktur, Restaurierung und Herstellung heute. Sigmaringen: Jan Thorbecke Verlag, 1991.

[91] DOERNER M. Malmaterial und seine Verwendung im Bilde[M]. 18. Auflage.

Stuttgart: Ferdinand Enke Verlag, 1994: 25.

[92] GÖPRICH J, JÄGERS E. Das Verhalten von Farben auf Leder- / Pergamentobjekten und die daraus resultierenden konservatorischen Probleme[C] // Internationale Leder- und Pergamenttagung vom 8. Mai bis 12. Mai 1989. Offenbach am Main: Deutsches Ledermuseum/Schuhmuseum, 1989.

[93] SCHNUAS E. Oberflächenbehandlung alter Möbel[M]. Ravensburg: Maier, 1992: 66-68.

[94] KOESLING V. Vom Feuerstein zum Bakelit: Historische Werkstoffe verstehen[M]. Stuttgart: Theiss, 2001: 132.

[95] ROSA H, STRZELCZYK A B. Parchment - Report on the Conservation and Scientific Methods developed in the Laboratory of Paper and Leather Conservation at the Nicolaus Copernicus University, Torui, Poland[G] // RÜCK P. Pergament: Geschichte, Struktur, Restaurierung und Herstellung heute. Sigmaringen: Jan Thorbecke Verlag, 1991.

[96] DEICHSEL J. Ein Schreibkästchen aus dem 18. Jahrhundert aus dem Bestand der Sammlungen des Schlosses Friedenstein in Gotha: seine Konservierung und Restaurierung im Hinblick auf die Vielfalt der verwendeten Materialien[D]. Erfurt: Master-Thesis an der Fachhochschule Erfurt, 2013.

[97] SIEDEL H. Reinigung von Natursteinoberflächen an Denkmalobjekten: Traditionell oder mit dem Laserstrahl[C]// WIEDEMANN G, BAUER-BORNEMANN U, KLOTZBACH U. Laseranwendung in Restaurierung und Denkmalpflege: Grundlagen-Chancen-Perspektiven. Stuttgart: Fraunhofer IRB Verlag, 2009.

[98] PIETSCH A. Lösemittel. Ein Leitfaden für die restauratorische Praxis[M]. Stuttgart: Theiss, 2005.

[99] KOLBE G. Gelatine: Eigenschaften und Auswahlkriterien in der Papierrestaurierung[J]. Journal of Paper Conservation, 2001, 2: 41-56.

[100] UHLIG U. Cyclododecan für archäologische Funde? Konservierung von archäologischem Eisen[J]. Restauro, 2002 (8): 580-583.

[101] HANGELEITER H. Erfahrungen mit flüchtigen Bindemitteln. Teil 2: vorübergehende Verfestigung, schützende oder verdämmende Versiegelung von Oberflächen an Gemälden, Stein oder Wandmalereien[J]. Restauro, 1998 (7): 468-473.

[102] GRÄBITZ Y. Konservierung und Restaurierung der chinesischen Tapete aus dem Sommerpalais zu Greiz (Thür.)[D]. Erfurt: Diplomarbeit an der Fachhochschule Erfurt, 2004: 47-48.

[103] HEYN C, PETERSEN K, KRUMBEIN WE. Untersuchungen zum mikrobiellen Abbau in der Denkmalpflege eingesetzter synthetischer Polymere[J]. Zeitschrift für Kunsttechnologie und Konservierung, 1996(10): 87-105.

[104] FAHD M I. Resistance of some Cosolidation Materials to Microorganisms: Paraloid B72, Primal AC33, Namex and Befix[J]. Zeitschrift für Kunsttechnologie und Konservierung, 1994(8): 147-149.

附录

布劳博伊伦建议

—— 档案馆及图书馆资料的修复与保存问题之建议[①]

前言

在修复损坏的档案材料或图书馆藏书的工作中，档案管理人员或图书管理人员必须与修复人员密切合作。在此过程中，修复人员主要负责"如何"将修复对象加以恢复的问题。同时，修复对象作为相应历史的亲历者、见证者，修复人员还应关注其在形成和流传过程中产生的一些通常并不显著而又于识别过程中不可缺少且必须加以保留的元素。因此，档案管理人员或图书管理人员需要在采取修复措施的过程中为修"什么"和修到"什么程度"提供必要信息。鉴于此，提出问题的意识成为工作人员从事相关工作不可或缺的前提条件，而知识和经验则是必要的补充条件。除了相应的专业背景，其他辅助学科的知识和技能，如档案学、文本学、外交学、装订学、印章学或者制图学等，对于不同修复对象的相关修复工作具有一定的指导意义。

《布劳博伊伦建议》是为功能齐备、运行有效的，具有修复、保存功能和复印、缩微摄影职能的核心修复机构而特别起草的。其初衷是有效约束巴登－符腾堡州保护受损或濒危档案和图书馆资料特别方案的实施。上述机构需要执行国家档案馆、两个地方级国家图书馆，以及国家高校图书馆的修复任务。联合作业需要各方合作，一

[①] 本文第一次发表于《图书馆与图书馆学》(*Zeitschrift für Bibliothekswesen und Bibliographie*)第39期(1992年)。

方面是档案馆和图书馆之间的合作，另一方面是档案馆、图书馆与修复机构的合作。任何一项修复任务都须有相应的具体描述信息，以便修复机构从中了解必要信息，即从档案管理或者图书管理的角度需要达到的不同要求。如果修复机构在个别情况下未获得有关任务实施的特殊说明，则任务提出者需要明确修复机构应如何工作，以及修复工作完成时应达到的要求。以上流程必须在科学的基础上制订并加以执行，必须被所有参与者广泛接受，并能在实践中得到切实贯彻。

为达上述目的，特集中档案管理员、图书管理员、装订专家、修复工作者和自然科学家召开研讨会，就前文所述内容进行讨论，在总结既往工作的基础上，为档案馆及图书馆资料制定共同的修复基本原则。在修复中心各工作室的主要负责人阿尔弗雷德·维尔豪森（Alfred Wellhäuser），以及工作组组长苏珊娜·迈克尔（Susanne Mäckle）和伊莉娜·库克尔豪森（Irene Kückelhaus）的带领下，参会人员结合实践成功地提出了具有可操作性的建议。

目录

1 普遍性原则
1.1 采取修复措施的目的
1.2 应急性保护措施
1.3 修复的基本原则
1.4 老化痕迹和包浆
1.5 修复方案的决策
1.6 修复方案记录文件
1.7 修复措施的经济适用性问题
1.8 已修复对象的保护性包装

2 档案室和图书馆资料的修复措施
2.1 卷册(古代抄本、手稿、官方文件记录等)
2.1.1 受损卷册的应急措施
2.1.2 原始书套的保存
2.1.3 带有压花工艺的皮质封面
2.1.4 残片、碎块
2.1.5 利用部分旧材料翻新或重做封皮
2.1.6 未装订的书页
2.1.7 后期添加的文件或书页
2.1.8 保护性封皮
2.1.9 采用保护性封皮的决策依据
2.2 手稿和档案
2.2.1 止损应急措施
2.2.2 保留所有信息
2.2.3 保留原始规格大小
2.2.4 保留原始格式
2.2.5 补全缺失部分
2.2.6 特殊传世形式
2.2.7 大型原件归档
2.3 地图、图纸、大规格文件
2.3.1 避免损坏的措施

2.3.2 保留所有信息

2.3.3 保留原有的流传形式

2.3.4 改变规格

2.3.5 补全缺失部分

2.4 羊皮纸文件

2.4.1 止损应急措施

2.4.2 保留所有信息

2.4.3 补全缺失部分

2.4.4 平置修复后文件

2.4.5 传世产生的特殊形式

2.4.6 古本彩绘羊皮纸

2.5 封印

2.5.1 止损应急措施

2.5.2 修复破损的封印，补全缺失的部分

2.5.3 干预的可识别性

2.5.4 已脱落的封印

2.5.5 压印或凹陷的封印

2.5.6 封印密封袋

2.5.7 保护性包装

2.5.8 使用模具或复制品实施保护

1 普遍性原则

1.1 采取修复措施的目的

针对档案馆和图书馆所保存文化遗产的所有保护措施，其首要目的就是保护和保存。对现存藏品应加以保护，以阻止其遭到进一步的损坏，特别是采取诸如清洁、书籍保养、制作适于保护对象的装具和气候（温、湿度）调节等必要保存措施。在保护、保存的过程中，原则上应采用对原物质影响最小的材料。

修复工作的目的是恢复文物的原始状态，以及恢复与每件保护对象实际寿命相应的使用性能，并避免可能出现的危害性因素。对于会影响保护对象使用性能的不合理需求，如复印或者与之类似的负荷极大的作业方式，应在修复过程中加以避免。修复措施通常应服从、服务于保护和保存措施。

1.2 应急性保护措施

对保护对象影响最小以及最经济的保护措施是拍摄缩微胶卷（胶卷摄影保护法）、制作复制品或使用其他替代媒介。实施保护措施后，原件可以在许多情况下无须进一步处理直接装进保护性包装内独立保存，并且在一般情况下停止使用。

1.3 修复的基本原则

应仅在必要的情况下采取修复措施，以确保文化遗产能够持续保留其形成和使用过程中产生的传世形式。

对保护对象的原始材料、物理外观或传世外观结构产生影响的所有措施，应遵循以下工作规范进行操作：

①材料和辅助材料的选取和使用应从安全性与可逆性出发。
②原则上使用相同或相似的且高品质的材料。
③在所有处理措施中必须将对可逆性的考量置于首位。
④尽可能地保留其外观风貌。
⑤所采取措施必须保证一定的透明度，即肉眼辨识度，以保持保护对象原初的外观美感。
⑥在技术条件允许的前提下，可利用的原始材料应尽量保留或恢复其相关历史功能。
⑦在不会危害保护对象的情况下，所有能对相关辅助学科提供信息的、有重要意义的元素都

应加以保存。

上文所述原则同样适用于一些会造成部分原材料替代的措施，例如卷册的拆分及一些清洁性工作。实施上述措施时必须在必要的专业指导下进行。

1.4 老化痕迹和包浆

老化痕迹是被保护文物的真实历史及其传世过程的一部分。只有当老化痕迹对保护对象造成危害的情况下，才需要采取措施加以清除，或者说如果在修复损坏部分的过程中不可避免地需要清除老化痕迹，比如脱酸措施，方有必要清除老化痕迹。

1.5 修复方案的决策

是否采取修复措施（见1.3）原则上应由档案管理人员或图书管理人员（保存人员、修复人员、部门负责人或馆藏负责人）做出专业决策。具体的修复措施应协同专门的修复人员共同决定，在协调的过程中立力求达成一致意见。管理层应在专家参与的情况下，将修复人员意见核实后，再行使在修复问题方面的决策权。所有决定都应对保护对象以及保管机构高度负责，并遵守崇高的职业道德标准。

档案馆或图书馆的组织经营应该遵循上述方式，为相关的修复措施提前做好准备，且做出专业并负责任的决定。

1.6 修复方案记录文件

文物如需修复，则应于修复工作之前，以适当的文字描述详加记录，必要时应配合使用照片。记录内容为文物在修复前的状态以及在修复过程中发现的问题。如出现异常情况无法获得对辅助性科学问题有意义的细节或内容，则应将该特殊情况加以详尽记录。修复报告的副本应交给原件的保存机构。

1.7 修复措施的经济适用性问题

修复工作应依据修复对象的损坏程度开展。修复费用应考虑相关保护目标所引申出的表现形式的保存意义（例如独一性特点——孤本），尽力协调修复措施与经济性之间的合理关系。修复措施的合理性和经济性应基于1.5部分相关内容加以决策。为了保证修复措施的合理性和经济性，修复机构应对相关费用做出粗略的估计。一旦修复人员在实施修复工作的过程中发现可预见成本超过估算费用（超过10%），应通知上级并尽可能找到可以减少时间和材料成本的方法。

1.8 已修复对象的保护性包装

修复完毕后移交的已修复对象应该装入合适且由耐老化、无害的材料制成的防护盒内或其他保护性包装内。不再使用的部分，例如旧书册残缺的碎片，应该在放入合适的、具有保护性的独立包装后，再置入文物包装内。

2 档案室和图书馆资料的修复措施

如无其他规定的措施（见1.5），则以下准则适用于档案室和图书馆资料的保护和修复。

2.1 卷册（古代抄本、手稿、官方文件记录等）

2.1.1 受损卷册的应急措施

受损卷册（尤其是书脊或装帧的损坏）的内部书芯（装订、纸页）无论是完整或者已被损坏，都应采取紧急措施将其放入保护盒中或其他硬质保护性包装中。经常使用的卷册应首先拍摄副本，以此替代损坏或修复完毕的原始卷册供将来使用。根据古籍封面的重要性，可以考虑依据2.1.2中所述建议实施修复措施，或参考2.1.8制作保护性封皮。

2.1.2 原始书套的保存

具有历史或艺术价值的原装书套或后期另制书套应该按如下方式保存：所有可用的原始部分必须重新加以利用；相关的历史功能（记录）必须保持其可辨认性；为了修补现有原始部分的残缺和空隙，所采用的材料应该尽可能地与原始材料保持一致或至少使用同类材料；如原始材料经检测不适宜保存，则应选用适当的材料加以替换。

2.1.3 带有压花工艺的皮质封面

为了不损坏压印质量，贴金（描金）的牛皮纸或羊皮纸，或者是压印的牛皮纸或羊皮纸，都应尽可能地保留在封皮之上。封皮的使用性应予以保留。

2.1.4 残片、碎块

用于加固版心、书脊，以及封面与书脊连接处的纸张碎片，在未被重新装订使用的情况下，应于修复工作完成后归还保管机构。如有可能则应尽量与修复完毕的文献共同保管。整理所收集的残存碎片时注意要保护相关信息。同时还应将所有不可再次使用的残余材料送回保管机构。是否取出、替换或拆除粘连成块的纸页，以及修复后资料的保存问题，需由保管机构与修复机构相互协商后做出决定。

2.1.5 利用部分旧材料翻新或重做封皮

修复封皮时粘贴坚固的旧书脊会导致书脊硬化并影响其功能和翻阅，在这种情况下应舍弃使用陈旧的书脊部分。

只有在下述情况时可以将旧皮质封皮粘贴在新的皮质封皮上：原有信息（装饰、压花、标题等）是十分重要的或者原封皮有美学和历史学价值，且在重新的黏合装订下不会影响其保存。

无论如何都无法继续使用的封皮部分必须与修复对象一起送还保管机构。

2.1.6 未装订的书页

未装订的书页或书写材料及印刷材料，虽已形成卷册但未被装订成册的部分，应保存在保护盒或其他合适的硬质保护性包装中。对于使用频率较高的资料，应该为其制作利于保存的封皮（见2.1.8）。

2.1.7 后期添加的文件或书页

卷册中（例如官方记录）后期额外插入的或附上的零散文件或书页，在修复过程中不可与卷册合并装订，需要另外以适宜的方式加以保存，并与卷册分别存放。

2.1.8 保护性封皮

使用保护性封皮的唯一目的是保护书芯（内容），使资料具有理想的使用性。根据原始卷册的制作时间、材料、尺寸和使用频率，可从多种封皮样板中选取一种合适的作为保护性封皮。根据经验，此类保护性封皮在保存过程中具有稳定性、耐久性和功能性。封皮可以根据需求加以调整，例如：

①加洛林式封皮，带有笔直的书脊，适用于旧羊皮纸手稿。

②B.利维（B. Levy）装订风格，弧形书脊、无压花木质封皮，专门装订大型古版书、大型官方记录。

③克拉克森（Clarkson）装订风格，由羊皮纸或者其他合适的材料制成的可弯曲封皮，由皮质束带装订，适用于中小尺寸纸张的手稿、早期官方记录、印刷作品。

④四分之一折叠式装订（Quarter-joint binding），适用于许多现代卷册，平铺式开口。

⑤G.佛罗斯特（G. Frost）装订风格，用纸板或硬壳纸的简单链状线圈式装订，适用于使用频

率较低的卷册，如发票和附件。

制作保护性封皮时应有意识地使用经久耐用且尽量无害的材料（无酸、无木浆、有碱性缓冲）。在修复原始封皮时需做出一些权宜性的妥协措施，但在制作保护性封皮时则无须有此顾虑。

2.1.9　采用保护性封皮的决策依据

为达到保护目的，修复过程中可能会在某些情况下采用保护性封皮（见2.1.8）而非封皮的原始样式，具体情况如下：

①现有封皮无法保护书芯或者是会对书芯造成损害。

②现有封皮结构功能不足。

③现有封皮并非原始封皮。

④原始封皮残缺且不再具有实用功能，以及再次装订后的封皮无法保证长时间保存和使用。

⑤原始封皮系18世纪后定型批量生产，源于同一时期的同一批次的图书，且装帧无艺术以及手工艺价值或无文献学和装帧学上的突出特点。该系列中的许多图书仍保留其原始状态，且使用保护性封皮比修复原始封皮更加经济。

2.2　手稿和档案

2.2.1　止损应急措施

已损坏或濒危的手稿、档案应存放在合适的且结实的保护性包装中，保护性包装必须能够承受保护对象的自身重量。通常情况下这些文件不得再使用，如需频繁使用则应马上拍摄，拍摄后原始版本通常情况下不再使用。

2.2.2　保留所有信息

所有信息（包括图章、封印、眉批、彩色铅笔标记等）都必须加以保留，即使此类信息可能存在损坏隐患（例如存在隐患的印章题款）或增加保护难度，也只能在保管机构允许的情况下方可去除。无论是被撕开还是割裂的文件（例如公司债券）都具有法律意义，可能记录有重要历史信息。此外，封印的密封文件亦不得拆开，即使是暂时性的。

2.2.3　保留原始规格大小

原则上原始规格大小应加以保留。经证实会导致保护对象缩小或膨胀以及永久性放大的处理方式通常是不合适的。如为保证其稳定性必须改变规格大小（例如边缘的磨损），则必须清楚标识原来的规格大小。

2.2.4 保留原始格式

原则上原始格式在档案修复后应予以保留。修复工作应确保将零散档案登记在案，并保留其形成承继关系（顺序）。要合理评估文件的保护和利用，力求达到平衡，并应就保护方法进行相应的研究（巴登-符腾堡州的一系列省级修复计划）。

2.2.5 补全缺失部分

补全仅可应用于防止进一步损坏，尤其是残缺的部分威胁到文物稳定性或会进一步造成信息丢失的情况。

2.2.6 特殊传世形式

特殊传世形式（例如原储存容器中被卷起来的契约等）应加以保留。

2.2.7 大型原件归档

多层折叠的大型原始文件在修复之后不宜再归档存放，应在工作室复制后制成副本归放于档案中。从档案中提取的文件应根据其来源标注，而后送还保管机构。如需将大型原始文件归档，则修复后不应再次在原折叠处折叠。

2.3 地图、图纸、大规格文件

2.3.1 避免损坏的措施

地图、图纸以及其他大规格文件的预防性保护措施极其重要，可通过保护对象的相应保存以及包装来实现。对象移动，如提起、运输和重新放置等，与在阅览室中使用一样也具有潜在风险。及时为保护对象进行保护性的拍摄，并用与文件一致的拍摄品来替代原件，对于原件的保护至关重要。

2.3.2 保留所有信息

所有信息（包括图章、封印、眉批、彩色铅笔标记等）都必须加以保留，即使此类信息可能存在损坏隐患（例如存在隐患的印章题款）或增加保护难度，也只能在保管机构允许的情况下方可去除。

2.3.3　保留原有的流传形式

原始的流传形式原则上应依据其尺寸、规格以及物理结构加以修复并保留。会造成损害的元素（例如粗纤维材料的文件）应予以去除。复制只能在保管机构和修复机构意见达成一致的情况下进行操作。保护对象规格超大时，只能在保管机构同意的情况下加以分割。如有必要，应按照保护对象原始的组成部分来分割，或者在对该对象信息内容不受影响的位置加以分割。卷起来的保护对象在修复过程中应平铺或者悬挂。

2.3.4　改变规格

修复过程中进行的一些必要的措施会改变保护对象规格。保护对象所产生的一切变化，即使变化极小，都必须记录在案。

2.3.5　补全缺失部分

补全仅可应用于防止进一步损坏，尤其是残缺的部分威胁到文物稳定性或者会进一步造成信息丢失的情况。

2.4　羊皮纸文件

2.4.1　止损应急措施

已损坏或濒危的羊皮纸文件应存放于合适的且结实的保护性包装中，保护性包装必须能够承受保护对象的自身重量。通常情况下这些文件不得再使用，如需频繁使用则应马上拍摄，拍摄后原始版本通常情况下不再使用。羊皮纸的储存对湿度的要求较高，需要特别注意。

2.4.2　保留所有信息

所有信息（包括图章、封印、眉批、彩色铅笔标记等）都必须加以保留，即使此类信息可能存在损坏隐患（例如存在隐患的印章题款）或增加保护难度，也只能在保管机构允许的情况下方可去除。无论是被撕开还是割裂的文件（例如公司债券）都具有法律意义，或许可以提供分类所需的史料来源。此类标记不允许任意去除。

2.4.3　补全缺失部分

为了控制损坏范围需要补全缺失部位，尤其是文件的稳定性受到威胁或者会进一步造成信息丢失的情况。

2.4.4 平置修复后文件

修复时平置的文件不应再被折叠。羊皮纸对周围的储存环境尤其敏感,在极度干燥的条件下会弯曲或者变形。由于羊皮纸的存放需要更高的湿度,因此有必要特别注意。

2.4.5 传世产生的特殊形式

保存状况允许的情况下,传世产生的特殊形式(经卷等)应加以保留。

2.4.6 古本彩绘羊皮纸

针对古本彩绘羊皮纸采取的避免其损坏的措施(夹入或者覆盖适合的纸张以保护其彩绘、平整平放、添加保护膜等)应优先于修复措施。修复措施只有在与保管机构达成协议的情况下,且经由经验丰富的专业人员深入分析后,方可实施。

2.5 封印

2.5.1 止损应急措施

如有必要,破损或者是难以保存(易碎)的封印应与文件一同保存在合适的且结实的保护性包装中,保护性包装必须能够承受保护对象的自身重量。通常情况下保护对象不宜再使用。如果需要频繁使用且保护状态允许,则应为封印拍照以便使用。

2.5.2 修复破损的封印,补全缺失的部分

在保管机构无异议,且该封印对于辅助科学研究有重大意义时,可以补全封印缺失部分并且清除损坏的部分(改动封印)。原则上可以恢复封印轮廓使之能够被识别出来。保留下来的原始材料的剩余部分可封闭保存,以避免其在处理不当的情况下造成进一步的损坏。

2.5.3 干预的可识别性

封印的修复和补全须使用相同类型的材料(蜡),该材料颜色应明显不同于原始材料(通常比较亮)。干预应可以在黑白的封印照片中易于辨别。

2.5.4 已脱落的封印

已脱落的封印只能在征得保管机构的同意后,方可在保管机构指定的位置重新安置。如果保管机构无其他意见,封印即使在受损情况下依旧应重新固定到原文书上。封印的加固以及填充是

必要的。如需重新制作悬挂部件则应使用天然颜料。崭新的羊皮纸封印通常不需要匀色处理。

2.5.5　压印或凹陷的封印

压印或凹陷的封印不应在保存或修复的过程中去除。该条规则同样适用于档案封印。

2.5.6　封印密封袋

通常只有在小密封袋内的封印（印章）具有可修复性的情况下，才可将小密封袋拆开。修复完成之后需要将该密封袋贴到用于固定封印用的羊皮纸条上。

2.5.7　保护性包装

为了更好地保护封印，需在修复和（或）防腐保护之后将其夹放在合适的纸中或保存在特殊胶囊中。保管机构应该确保此保护性包装的长期使用性能。

2.5.8　使用模具或复制品实施保护

为保护修复后的封印，由保管机构决定是否为其制作倒模模具或者照片以便在阅览室中使用。在有多件同样封印的情况下，保管机构应为其中一件封印制作模具或者拍照复制。

后记

为加强中德两国纸质文物修复者的交流与合作，2014年褚树青馆长和舞忒·洛恩茨教授组织中德两国的专家学者，开启了这本《让文明复活——中德纸质文物修复技术》的编撰工作，旨在通过介绍各自的修复技术与修复理念，学习及借鉴不同的修复技术及经验，也希望能引起更多的不同国家、不同民族的纸质文物修复者进行行业交流，取长补短。

本书的编撰，从框架设计到内容编排经过了多次讨论，可以说是集体努力的结果。全书分为综述、上篇（中国纸质文物修复）、下篇（德国纸质文物修复）三部分。综述部分由褚树青撰写，金新秀协助查找了部分资料。上篇（中国纸质文物修复）共4章，其中潘美娣撰写了第1章第4节，第2章第1节、第2节的"古籍的修复"部分、第3节的"线装古籍的装帧""金镶玉式线装古籍的装帧""特殊装帧古籍的修复与装帧"部分，第4章第1节；杜伟生撰写了第1章第3节，第2章第3节的"书画的装裱"部分，第4章第2节；陈硕、沈少英合撰了第2章第2节的"书画的修复"部分；赵凌撰写了第2章第4节；金新秀编写了第1章第1、2节，第3章；汪帆撰写了第4章第3节；赵凌选配上篇的所有图片，包括图片的收集、整理，以及图片说明文字的撰写等。下篇（德国纸质文物修复）由舞忒·洛恩茨主持、执笔并提供大部分图片，文本翻译者为王荻。修复案例分别由侯然与Julia Abramowicz撰写，部分实例和图片来自埃尔福特应用科技大学历届学生的修复报告与作业，其中包括Anne Lucas、Anja Schubert、Nicole Aretz、Birgit Hannusch、Simone Schmiedkunz、Sina Theile、Lena Rintelen、Janin Pfeifer、Satchi Kitazawa、Arlett Seidel、Lydia Messerschmidt、Verena Bernhard、Rico Grunz、Anna Maria Kußauer、Zeng Weiwei、Andrea Strietzel、Anika Rauenberg、Till Krieg、Stefanie Papenheim、Lara Marita Haps、Jan Deichsel等。刘丽东、赵凌、陈锋平负责组织安排、协调联络工作，为本书的编撰与出版做了大量工作，褚树青负责全书的审定工作，赵凌、王荻、金新秀负责统稿工作，周宇麟负责各章节提要的翻译工作，刘丽东、赵凌、王荻、侯然、陈锋平、陈硕、沈少英、杨晓荣、彭喜双、沈静等负责校稿工作。

在此特别感谢潘美娣、杜伟生两位老师，没有两位老师的大力支持，本书实难写成并出版，特别是潘老师把她多年来积累的古籍修复图片提供给我们使用，为本书增添了一抹亮色。感谢郑飞熊为本书做书画修复示范，感谢孙望皓拍摄照片。在本书的编写和审定过程中，还得到了张志清、翁连溪、杨光辉、陈谊等专家学者的帮助，浙江科学技术出版社莫亚元、苏亚娟、杜宇洁三位编辑为本书的出版付出不少心血，在此一并表示由衷的感谢。

本书虽经长期磨合，但仍存在诸多偏颇缺漏，敬请各位专家学者批评指正。书中所引一些当代学者的成果，或有未尽注明之处，亦请谅解。

金新秀

2024年1月2日